AF637285

AMRA

DAVID ICKE

DIE FALLE

WAS SIE IST, WIE SIE FUNKTIONIERT UND WIE WIR IHREN ILLUSIONEN ENTKOMMEN

Aus dem Englischen von
Michael Görden

AMRA

Besuchen Sie unseren Shop:
www.AmraVerlag.de

Ihre 80-Minuten-Gratis-CD erwartet Sie.
Unser Geschenk an Sie … einfach anfordern!

Englische Originalausgabe:
THE TRAP. WHAT IT IS, HOW IT WORKS
AND HOW WE ESCAPE ITS ILLUSIONS

Deutscher Erstdruck im AMRA Verlag
Hotline: + 49 (0) 61 81 – 18 93 92
Service: Info@AmraVerlag.de

Herausgeber & Lektor	Michael Nagula
Einbandgestaltung	Intrinsic Corners
Layout & Satz	Birgit Letsch
Innenillustrationen	Neil Hague
Cover & weitere Illus	Gareth Icke
Druck & Bindung	CPI books GmbH

ISBN Printausgabe 978-3-95447-639-8
ISBN eBook 978-3-95447-640-4

First published in August 2022 by ickonic publishing, New
Enterprise House, St Helens Street, Derby DE1 3GY, UK
German edition under license of copyright © by David Icke
Art & Illustrations are protected under the Copyright Act © 1988
German Rights © 2023 by AMRA Verlag & Records, Hanau

Folgende Bücher mit ähnlicher Thematik sind bei uns erhältlich:
Guido Grant – Das Asyl-Drama. Deutschlands Flüchtlinge und die EU
Len Kasten – Die Dunkle Flotte. Weltraumprogramm des Vierten Reichs
Megan Rose – Willkommen in der Zukunft. Die Galaktische Föderation
Daniella Fenton – Hybride Menschen. Vorwort von Erich von Däniken
Ted Mahr – Die ganze Welt wird Eins sein! Vorwort von Paul Hellyer
Michael E. Salla – Space Force. Unsere Star Trek Zukunft

Alle Rechte der Verbreitung vorbehalten, auch durch Funk, Fernsehen und sonstige Kommunikationsmittel, fotomechanische, digitale oder vertonte Wiedergabe sowie des auszugsweisen Nachdrucks. Im Text enthaltene externe Links konnten vom Verlag nur bis zum Zeitpunkt der Buchveröffentlichung eingesehen werden. Auf spätere Veränderungen hat der Verlag keinerlei Einfluss. Eine Haftung des Verlags ist daher ausgeschlossen.

Wir möchten unsere Leser darauf hinweisen, dass der Autor und der Verlag viel Liebe und finanziellen Aufwand in die Entstehung dieses Buches gesteckt haben und auf einen entsprechenden Rückfluss durch den Verkauf angewiesen sind. Deshalb ist die nicht genehmigte Verbreitung dieses Buches durch digitale Medien, auch auszugsweise, untersagt und strafbar. Wir bitten Sie herzlich darum, durch die Wahrung der Rechte den erheblichen persönlichen Einsatz von Autor und Verlag wertzuschätzen.

Allen, die sich nicht der Tyrannei beugen
und einen offenen Geist haben, der ihnen allein gehört.

Allen, für die das Gleiche gälte,
wenn sie sich dafür entscheiden würden.

Christianne van Wijk
für all die faszinierenden Gespräche,
die wir miteinander führten.

Inhalt

Life is what happens to you
while you're busy making other plans.

Das Leben ist das, was dir widerfährt,
während du gerade eifrig andere Pläne schmiedest.

John Lennon

Is this the real life? Is this just fantasy?
Caught in a landslide, no escape from reality.
Open your eyes, look up to the skies and see.

Ist dies das wahre Leben? Ist es nur Fantasie?
Gefangen in einem Erdrutsch, kein Entkommen vor der Wirklichkeit.
Mach die Augen auf, schau zum Himmel hoch und sehe.

Freddie Mercury

Kapitel 1

Wir sind hier, um uns zu erinnern

David Icke ist ein visionäres Genie. Jeder, der das in dieser späten Phase des Spiels nicht erkennt, ist verblendet, ignorant oder dumm.

JAMES DELINGPOLE

Wer hätte gedacht, dass inmitten all der Jahrzehnte des Spottes und der Beschimpfungen eines Tages ein angesehener Journalist einmal solche Worte über diesen Irren David Icke schreiben würde? Ich hoffe, dass meine Lebenserfahrung gezeigt hat, wie wichtig es ist, seine Wahrheit zu sagen, wie auch immer die aussehen mag, unabhängig von den Aktionen und Reaktionen anderer. Die Menschheit wurde über Tausende von Jahren hinweg von dem, was wir »Zeit« nennen, in eine Realitätsblase manipuliert, um sich selbst und das Leben in einer so kleinen, mikroskopischen Kurzsichtigkeit zu sehen, dass nur noch die Grundfunktionen des Überlebens die Wahrnehmung des »Lebens« ausmachen. Das ändert sich zwar gerade, da immer mehr Menschen aus ihrer Trance erwachen, aber für große Teile der Menschheitsfamilie ist es nach wie vor so. Daher wird jeder, der sich jenseits dieser Mauern der kurzsichtigen Wahrnehmung zeigt, denkt, fühlt und weiß, mit Spott, Beschimpfungen und Ablehnung von Seiten derjenigen konfrontiert werden, die den erweiterten Sinn der Realität, der vermittelt wird, buchstäblich nicht erfassen oder verstehen können. Dennoch müssen wir unsere Wahrheit aussprechen. Wir *müssen.* Ohne diese unerschütterliche Entschlossenheit, das festgefahrene Muster der Konventionen in Frage zu stellen, kann sich nichts ändern. Die Wahrnehmungsvortexe drehen sich, während der Rest des Flusses – das Unendliche Potenzial – ungesehen und unerkannt vorbeifließt. Als mein Bewusstsein 1990 erwachte und dann Anfang des folgenden Jahres förmlich explodierte, beschloss ich, meine Wahrheit zu sagen. Keine noch so großen Angriffe und

Beleidigungen hätten mich davon abhalten können. Um es in menschlichen Worten auszudrücken: *Ich bin ein sturer Bastard.* Und zwar so hartnäckig, dass ich wie der Schlussstein eines Torbogens umso stärker werde, je mehr Druck man auf mich ausübt. Diese Stärke ist nicht »menschlich«, sie ist jenseits des Menschlichen. Ich bin nicht menschlich. Und Sie sind es auch nicht. Das »Menschliche« ist die große Illusion und die Grundlage unserer Massenknechtschaft. Wir sind NICHT menschlich. Wir sind ein Bewusstsein, das eine kurze *Erfahrung* macht, die wir »menschlich« nennen. Es ist diese Offenbarung, die uns befreien wird.

Ich führe ein wundervolles Leben ... *wundervoll* ... und ich würde keinen einzigen Tag davon missen wollen – weder die guten noch die schlechten, noch die Tage dazwischen. Wenn ich das täte, würde ich das Wahrnehmungsnetz zerstören, das auf so vielen Ebenen und in so vielen Facetten jene Magie heraufbeschwor, die mich dahin geführt hat, wo ich heute bin. Ich liebe den Ort, an dem ich heute bin. Warum sollte ich also den unglaublichen Erfahrungsschatz, der mich hierher brachte, verändern wollen? Ich würde jedoch gerne viele der Dinge ändern, die mir in einem Leben außergewöhnlicher Synchronizität bewusst geworden sind, seit mein Bewusstsein in den Jahren 1990/91 explodierte, eine Woge des Spottes und der Beschimpfungen über mich hereinbrach und ich mich schließlich, drei Jahrzehnte später, rehabilitiert fand. Wahrscheinlich haben bereits Hunderte von Millionen Menschen auf der ganzen Welt erkannt, wie sehr ich recht habe, und es werden ständig mehr, während es immer noch viele gibt, die versuchen, die krasse Wahrheit zu verdrängen, dass ich *bestätigt* worden bin. Sie können dies nur durch Selbsttäuschung tun.

Mehr als dreißig Jahre lang habe ich vorhergesagt, dass die aktuellen Ereignisse eintreten würden, und jetzt sind sie da. Die Frage ist: *Woher* wusste ich das? Warum werden Dinge, die ich gesagt habe und die so weit hergeholt erschienen, zunehmend von Mainstream-Wissenschaftlern unterstützt? Schließlich habe ich die Schule mit fünfzehn Jahren ohne einen Abschluss verlassen, um Profifußballer zu werden. Für den intellektuellen Verstand ist das ein Paradoxon. Wie konnte ich das alles ohne eine angemessene »Ausbildung« wissen? Ich konnte es wissen, weil die »Welt« nicht so ist, wie die Menschen denken oder wie man es ihnen *weismachen* will. Der intellektuelle Verstand muss der Diener der erweiterten Bewusstseinszustände sein. Doch ganz im Gegenteil ist der Intellekt schon lange der Herr und nicht der Diener. Wenn sich das zeigt, wird die Zellentür zur Weisheit, zum Wissen, zugeschlagen und unsere »Welt« ist das Ergebnis. Ich werde in den ersten Kapiteln Schlüsselmomente aus meinem Leben schildern, um einen »menschlichen« Lebensentwurf zu liefern, mit dem wir die wirklich tiefen Ebenen der Realität vergleichen können, die wir anschließend erforschen werden. Meine Lebenserfahrung wird Ihnen auch den Hintergrund dafür liefern, woher meine Informationen der letzten zweiunddreißig Jahre stammen, nachdem ich jetzt mein siebzigstes »Jahr« im Irrenhaus Erde verbringe.

Ich kam im Erdenjahr 1952 »hier« an und hatte, wie heutzutage viele andere auch, die Mission, die Kontrolle über die menschliche Wahrnehmung den Klauen einer zutiefst bösen (inversen) Macht zu entreißen, die sich auf zahllose verschiedene Arten manifestiert, wie ich noch aufzeigen werde. Das war mir natürlich nicht bewusst, als ich in einer Sozialsiedlung in Leicester, England, aufwuchs, zur Schule ging und eine Karriere im Profifußball machte. Es war mir auch nicht klar, als diese Karriere mit Arthritis endete und ich danach Zeitungs-, Radio- und Fernsehjournalist sowie landesweit bekannter Sportmoderator bei der BBC wurde. Ich wusste es nicht, als ich Ende der 1980er Jahre aus dem Nichts heraus nationaler Sprecher der britischen Grünen wurde. Aber nach einem Besuch bei einem Medium im Jahr 1990 *wusste* ich es und als mein Realitätssinn 1991 auf einem Hügel in Peru aus den Angeln gehoben wurde. Man spricht von lebensverändernden Momenten. Das erzählt nicht einmal ansatzweise die Geschichte dessen, was mir an jenem Tag widerfuhr. Ich werde all diese Erlebnisse und noch viele mehr im weiteren Verlauf beschreiben. Sie sind ein wesentlicher Grund dafür, warum ich aktuelle Ereignisse vorhersagen konnte und der Mainstream-»Wissenschaft« über drei Jahrzehnte hinweg oft weit voraus war.

Ich habe so viel gelernt (der richtige Begriff wäre »erinnert«, wie wir noch sehen werden), darunter auch, dass es keinen Tod gibt und dass das, was wir Tod *nennen*, nur ein Übergang zwischen verschiedenen Ausdrucksformen des Lebens ist. Und wir sind weit davon entfernt, nur *Spielfiguren* im Spiel anderer sein zu müssen. Wir können unsere erlebte Realität kontrollieren, wenn wir wissen, wie wir das anstellen. Aber wenn wir das nicht tun, sind wir Spielfiguren in einem fremden Spiel, und das ist die Situation, in der sich fast jeder von uns befindet. Ich habe gelernt (mich daran *erinnert*), was für eine psychopathische Kraft hinter all dem steckt, wie sie durch ihre verborgenen Netzwerke agiert und zu welchem Zweck. Das Wissen um dieses »Endziel« hat es mir ermöglicht, aktuelle Ereignisse vorherzusagen. Mir wurde auch gezeigt – damit ich mich erinnern kann –, dass das, was wir die menschliche Welt nennen, eine massiv fortgeschrittene Version eines Computersystems der virtuellen Realität ist, das geschaffen wurde, um unseren Realitätssinn zu fangen und unser niederes Bewusstsein in einer sich ständig wiederholenden Rückkopplungsschleife zwischen verschiedenen Ebenen dieser Simulation oder »Matrix« gefangen zu halten. Das ist der Prozess, den man »Reinkarnation« nennt. Die Physik unserer Realität und der Computerspiele ist dieselbe, wie der Physiker und Kosmologe Max Tegmark am Massachusetts Institute of Technology (MIT) herausstellte. Wer hätte bei der Lawine des Spottes, der einst über mich hereinbrach, gedacht, dass man einmal eine Schlagzeile lesen würden, die lautet: »Wir schulden David Icke … eine Entschuldigung, wenn das Quantenexperiment beweist, dass wir in einer Matrix leben.« Oder dass der Artikel mit der Zeile beginnen würde: »Sagen Sie es lieber nur leise weiter, aber viele angesehene Wissenschaftler und Akademiker sind zunehmend von der Behauptung des linken Provokateurs David Icke überzeugt, dass unsere Realität eine künstliche Simulation ist.« Als ich kurz nach der Jahrtausendwende sagte, dass wir in einer Simulation leben und ihre »Wände« die Lichtgeschwindigkeit sind, wer hätte damals geglaubt, dass zwanzig Jahre später ein Artikel im Mainstream-Magazin *Scientific American* zu demselben Schluss kommen würde? Wie konnte ich das so viel früher wissen, ohne ein Examen bestanden zu haben oder über eine allgemeine Schulbildung hinaus akademisch geschult worden zu sein? Es wird sich noch zeigen. Der Punkt ist: Zu diesen Erkenntnissen zu gelangen, steht *jedem* Menschen offen. Es sollte unsere natürliche Gabe sein, das zu begreifen.

Um die Simulation zu verstehen, muss man die menschliche Gesellschaft verstehen, und um die menschliche Gesellschaft zu verstehen, muss man … die *Wahrnehmung* verstehen. Wir werden noch sehen, dass die Wahrnehmung sowohl die Grundlage der menschlichen Kontrolle ist als auch das Mittel, das uns von dieser Kontrolle befreien kann. Die Simulation oder Matrix manipuliert unsere Wahrnehmung, und derjenige, der hinter der Simulation steht, weiß, dass aus der Wahrnehmung heraus alles – wirklich *alles* – entsteht. Jedes noch so kleinste Detail der Erfahrung.

Hallo Welt!

Ich wurde am 29. April 1952 in einem Innenstadt-Viertel von Leicester in den englischen East Midlands geboren (siehe Abbildung 1 und Abbildung 2). Unser Reihenhaus befand sich in der Lead Street, die in die Wharf Street mündete (siehe Abbildung 3). Die Lead Street wurde schon bald nach meiner Geburt im Rahmen eines Stadtsanierungsprogramms abgerissen. Meine früheste Erinnerung ist, dass ich in einem kargen Raum an einem trostlosen, leeren Tisch saß, auf dem nur eine Flasche sterilisierter Milch stand, die mit einem Deckel versehen war, wie man ihn von Bierflaschen kennt. Sie hielt sich länger als normale Milch und war daher billiger, was angesichts der Tatsache, dass wir knapp bei Kasse waren, ziemlich wichtig gewesen ist. Ich meine *wirklich* knapp bei Kasse, richtig arm. Meine zweite Erinnerung – nur eine flüchtige – war der Gang zum Bus, um in eine neue Sozialbausiedlung zu ziehen, die in den 1950er

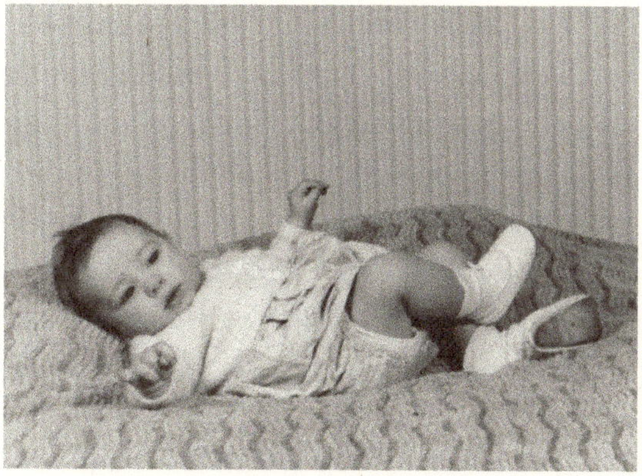

Abb. 1. Hallo Welt! Habe ich mich freiwillig für das hier gemeldet?

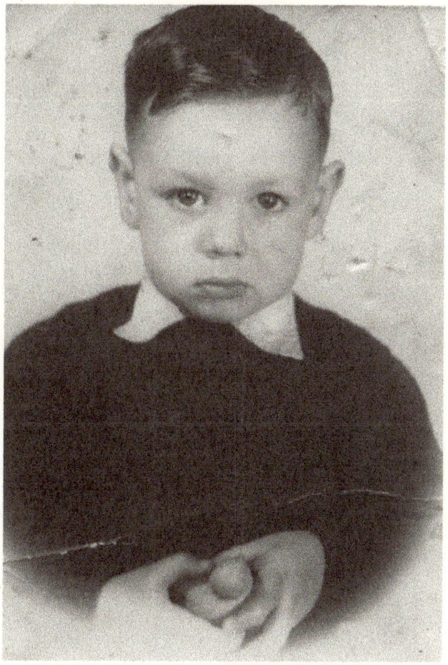

Abb. 2. Ich bin mir nicht sicher, ob es mir hier gefällt.

Abb. 3. Lead Street, Leicester, im Jahr 1952 – mein erstes Zuhause, bevor es im Zuge der Slumbeseitigung wegsaniert wurde.

Jahren am Stadtrand von Leicester errichtet wurde. Sie sollte mein Zuhause sein, bis ich 1967 wegzog, um Profifußball zu spielen. Auch später lebte ich da für kurze Zeit, und mein jüngerer Bruder Paul wohnt nach wie vor dort. Ich habe auch noch einen älteren Bruder, Trevor. Paul und ich teilten nach seiner Ankunft das gleiche kleine Schlafzimmer und haben glücklicherweise bis heute den gleichen Sinn für Humor. Es dauert nie lange, bis wir anfangen zusammen zu lachen. Mein Vater Beric wurde 1907 geboren und hatte ein schwieriges Leben. Er wuchs während des Ersten Weltkriegs auf und kämpfte dann darum, die Große Depression der 1930er Jahre zu überleben (siehe Abbildung 4). Während der Depression wanderte er vierhundert Kilometer von London nach Blackpool im Nordwesten Englands und schlief jede Nacht auf der Suche nach Sommerarbeit auf der »Goldenen Meile« an der Strandpromenade von Blackpool. Arbeit konnte er trotzdem keine finden und lief weitere dreißig Kilometer nach Preston, wo er einen Job in einer Fabrik bekam.

Bald begann der Zweite Weltkrieg, und mein Vater meldete sich freiwillig zum Medical Corp. Er wollte immer Arzt werden, aber sein finanzieller und sozialer Hintergrund machte dies in einem Großbritannien, das von Klassenunterschieden geprägt war, unmöglich. Dennoch war er ein brillanter autodidaktischer »Arzt«. Wir hatten einen offiziellen Arzt namens Redizch oder so ähnlich, den wir, ob richtig oder falsch, Rediski aussprachen. Er stellte seine Rezepte aus, bevor man überhaupt gesagt hatte, wie man sich fühlte. Immer wieder erzählte ich meinem Vater von Redizchs Diagnosen und er antwortete, der habe sich geirrt. Die medizinischen Diagnosen meines Vaters erwiesen sich stets als richtig. Er diente während des Krieges im Nahen Osten und in Nordafrika und kam dann über Italien nach Nordeuropa, was ihn für den Rest seines Lebens sehr prägte. Er erzählte mir immer wieder von seinen Erlebnissen und wie er sich endgültig von der Religion abwandte, als er Familien und Kinder sah, die in bitterer Armut an Orten wie Neapel lebten, umgeben von prächtigen Kirchen, in denen die Geistlichen die Armen obendrein noch um Geld baten.

Mein Vater war im Herzen ein Rebell und sehr misstrauisch gegenüber Autoritäten. Es fiel ihm schwer, Ungerechtigkeit zu ertragen, und er verlor viele Jobs, weil er sie nicht hinnehmen wollte. In einem Londoner Pub wurde er gefeuert, weil er den Besitzer, der einen jungen Angestellten schlecht behandelte, zu Boden schlug, was dann zu seiner Migration nach Blackpool führte. Später wurde er von Arbeitskollegen in einer Schuhfabrik gedrängt, sie wegen der schlechten Behandlung durch die Chefs zu repräsentieren, und als er ihre Vertretung übernahm, wurde er auf der Stelle entlassen. Er erzählte mir, wie er einige Sachen von seinem Arbeitsplatz abholte und all diejenigen, die ihn gedrängt hatten, ihr Sprecher zu sein – weil sie sich selbst nicht trauten – mit gesenktem Kopf dasaßen und an ihm vorbeisahen, als er ohne Job abziehen musste. Das hat ihn gelehrt, wie meine eigenen Erfahrungen es mich gelehrt haben, nie etwas aus der Motivation zu tun, anderen helfen zu wollen. Halten Sie sich fern von dieser Motivation. Wenn Sie diese Motivation haben, werden Sie enttäuscht und verletzt sein, wenn sich dieselben Menschen, für die Sie sich eingesetzt haben, gegen Sie wenden. Tun Sie stattdessen das, von dem Sie wissen, dass es *richtig* ist, und dadurch wird den Menschen geholfen. Wenn die sich dann gegen Sie wenden, ist die Dynamik eine andere. Sie haben es nicht für sie getan. Sie haben es getan, weil Sie wussten, dass es das *Richtige* war. Sie haben keine Beziehung zu einzelnen Personen, sondern tun, was richtig, gerecht und fair ist, *weil* es richtig, gerecht und fair ist, unabhängig von den beteiligten Personen. So lebe ich mein Leben bis zum heutigen Tag.

Mein Vater blieb auch beim Militär ein Rebell und kam mit vielem davon. Er war bereit, Dinge zu tun, die andere nicht tun wollten. Dazu gehörte, Leichenteile von in Stücke gesprengten Soldaten aufzusammeln und sie in Särgen nach Hause zu schicken, die mit Zusatzgewichten beschwert waren, damit ihre Familien glaubten, sie enthielten einen ganzen Körper, obwohl es nur ein paar Teile davon waren. Die Behörden brauchten ihn, und das hat er ausgenutzt. Er beteiligte sich zum Beispiel daran, bei einem hochgradig gefährlichen Offizier, dessen Idiotie zahlreiche Todesopfer forderte, fälschlicherweise Tuberkulose zu diagnostizieren. Auf diese Weise wurde sichergestellt, dass der Offizier nach England zurückgeschickt wurde und nicht mehr in der Lage war, sein tödliches Befehlschaos anzurichten. Als mein Vater die British Empire Medal für die Rettung von Piloten und Besatzungsmitgliedern aus einem abgestürzten, brennenden Flugzeug auf dem Flugplatz Chipping Warden in Oxfordshire erhielt, wurde er so gut wie unantastbar. Man holte ihn abends aus den örtlichen Kneipen ab, verfrachtete ihn in einen Lastwagen, warf ihn ins Bett und brachte ihn am nächsten Morgen wieder zur Arbeit. Es wurde nie etwas gegen ihn unternommen. Er war einfach unbezahlbar, und die Medaille war sein Schutz. Die ganze Familie Icke hat den Rebellen in ihrer DNA. Aber seine Schwierigkeiten und Lebenserfahrungen machten ihn nicht zu einem Mann, mit dem es sich gut zusammenleben ließ. Er war wütend und frustriert über die Welt und konnte schnell aufbrausend werden. Dahinter steckte jedoch ein Sinn für Anstand, und er weinte leicht beim Anblick von Ungerechtigkeit. Ich bin das genaue Gegenteil. Ungerechtigkeit bringt mich nicht zum Weinen. Meine Reaktion ist der Wunsch, es wieder gut zu machen. Was mich (sehr leicht) zum Weinen bringt, sind Freundlichkeit und Menschen, die sich freuen und glücklich sind. Ich habe eine Schwäche für weinerliche Filme mit Happy End. Ich bin in einer Atmosphäre aufgewachsen, in der ich Autoritäten in Frage gestellt und niemals aufgegeben habe. Mein Vater sagte mir schon in jungen Jahren: »Du bist erst dann erledigt, wenn du dir selbst sagst, dass du am Ende bist. Es spielt keine Rolle, was andere sagen.« Das hat mir sehr geholfen, als ich 1991 mit einer Flut von Spott und Hohn überzogen wurde.

Abb. 4. Mein Vater Beric, ein durch und durch anständiger Mann, der allerdings schnell aufbrausend werden konnte.

Wenn der Kassierer klingelt

Meine Mutter Barbara war ganz anders. Als sie aufwuchs, wurde sie von meinem Großvater von Ort zu Ort und von Haus zu Haus geschleppt. Sie bekam nie das, was man eine Erziehung nennen würde. Mein Vater sagte einmal zu mir: »Du hast das Aussehen deiner Mutter und den Verstand deines Vaters und Gott sei Dank ist es nicht umgekehrt.« In keiner Weise eine Akademikerin, war sie doch in vielen Dingen sehr klug. Mein Vater brauchte sie mehr als umgekehrt. Sie war unglaublich loyal und die Art von Frau, die man an seiner Seite haben möchte, wenn es hart auf hart kommt, was in meiner Kindheit so gut wie immer der Fall war (siehe Abbildung 5). Ich ging mit ihr donnerstagmittags zur Gents Clock Factory in der St. Saviour's Road in Leicester, wo mein Vater mit seiner Lohntüte wartete, damit wir am Abend essen konnten. Sie beschwerte sich nie und zog einfach ihr Ding durch. Wir Kinder haben uns auch nicht beschwert. Wir kannten es nicht anders. Man vermisst nichts, was man nie hatte – anders als in der Zeit nach dem Massenkonsum durch die Manipulationen der Werbung, dem die nachfolgenden Generationen ausgesetzt waren.

An Weihnachten fuhr meine Mutter mit mir im Kinderwagen zu den Geschäften und lieferte dort das Spielzeug ab, das mein Vater gebastelt hatte, um die Haushaltskasse aufzubessern. Er benutzte runde Kuchenformen, um Spielzeugbanjos zu bauen, und das erste Weihnachtsgeschenk, an das ich mich erinnere, war ein großer Holzbus, den er für mich gemacht hatte. Meine Mutter erzählte den Geschäftsinhabern, dass sie mit einem Kinderwagen auslieferte, weil der Lieferwagen eine Panne habe – ein Lieferwagen, den wir nie hatten. Und dann gab es da noch die vielen Male, als der Kassierer der Gemeindekasse wegen der Miete an die Tür klopfte und meine Mutter zu mir sagte: *»Pssst!«* Zuerst wusste ich nicht, was los war, aber dann lernte ich, dass der Gemeindekassierer, wenn er keine Antwort bekam (was bei Leuten, die die Miete in der betreffenden Woche nicht bezahlen konnten, oft der Fall war), durchs Fenster spähte. Wenn wir uns im vorderen Zimmer aufhielten, versteckten wir uns schnell hinter der Couch. Meine Eltern waren ein tolles Gespann, wenn auch nicht immer in Harmonie miteinander, um es vorsichtig auszudrücken. Er war eher der Wütende, der sehr aggressiv werden konnte, und sie war die weibliche Ruhe selbst, die er so dringend brauchte. Als ich noch klein war, sang sie immer, wenn sie den Steinboden putzte oder die Haustürschwelle polierte, was eine Obsession der Frauen der Arbeiterklasse jener Zeit zu sein schien. Eines ihrer regelmäßigen Lieder zur Weihnachtszeit war »The Little Boy That Santa Claus Forgot« (»Der kleine Junge, den der Weihnachtsmann vergessen hatte«), das vor allem durch die Gesangslegende Vera Lynn aus dem Krieg bekannt war.

Das Lied handelte davon, dass ein kleiner Junge zu Weihnachten kein Spielzeug erhielt, während alle anderen etwas bekamen. Ich folgte meiner Mom beim Putzen und sagte ihr, dass der kleine Junge meins haben könne! Es treibt mir immer noch Tränen in die Augen, wenn ich nur daran denke. Spielen Sie mir bloß nicht dieses Lied vor.

Abb. 5. Meine Mutter war für mich wie ein Kumpel. Sie hatte immer ein wachsames Auge auf mich.

Ein weiterer wichtiger Aspekt meiner Kindheit ist, dass sie kurz nach ihrem Beginn schon fast zu Ende gegangen wäre. Ich war noch sehr klein, als ich vor Caister-on-Sea unweit von Great Yarmouth, Grafschaft Norfolk, in der Nordsee herumpaddelte. Mein Kanu fiel um und ich ging unter. Während ich dies schreibe, erinnere ich mich deutlich daran, wie ich auf dem Rücken lag und durch das Wasser in den Himmel schaute. Ich machte keinerlei Anstalten, nach oben zu gelangen. Alles war so ruhig und ich war damit zufrieden, einfach nur zu erleben, wie schön das alles ist. Dann sah ich das Gesicht meines Bruders Trevor über mir, und sein Arm tauchte ein und zog mich herauf. Das Nächste, was ich wusste, war, dass ich bäuchlings auf dem Strand lag und Wasser hustete. Ich habe mich oft gefragt, ob ich dort vielleicht einfach liegen geblieben wäre, aber dank Trevor war es nicht so, und ich habe es nie herausgefunden. Wie gut, dass er nach mir geschaut und mitbekommen hatte, wie ich untergegangen bin. Seltsam war nur, dass ich, obwohl mich das Erlebnis in dem Moment nicht beunruhigte, durch das Aushusten des Wassers und das Ringen nach Luft einen Großteil meiner Kindheit lang Angst vor Wasser hatte. Um dem Schwimmunterricht in der Schule zu entgehen, behauptete ich, meine Badehose vergessen zu haben, und lernte erst in meinen Dreißigern schwimmen. Eine weitere Angst, die ich als Kind hatte, waren Hunde. Wenn ich irgendwo spazieren ging, schienen sie mich immer zum Ziel ihrer Aufmerksamkeit zu machen und zu bellen. Als ich erkannte, wie Realität funktioniert, verstand ich warum. Sie nahmen die Energie auf, die ich ausstrahlte. Heute liebe ich Hunde. Ihre Augen und Gesichter sind magisch.

Wenn ich auf mein Leben und alles, was geschehen ist, zurückblicke, kam ich symbolisch gesprochen mit »Laufschuhen« aus dem Mutterleib, um von Erfahrung zu Erfahrung und von Emotion zu Emotion zu sprinten und so schnell wie möglich so viel Wissen wie möglich zu sammeln. Dabei ging es darum, wie es denn ist und was es eigentlich bedeutet, »menschlich« zu sein und wie die »menschliche« Welt kontrolliert wird. Natürlich wusste ich damals nicht, warum diese Erfahrungen nötig waren. Sie waren jedoch wesentlich für das, von dem meine höheren Bewusstseinsebenen bereits wussten, dass es noch kommen würde. Andere, die ebenfalls eindeutig auf diese Welt gelangt sind, um die Kontrolle über die Menschheit zu brechen, werden meine Achterbahnerfahrung zweifellos wiedererkennen. Wissen Sie, um zu verstehen, wie das Spiel gespielt wird, müssen Sie alle wichtigen Teile des Spiels erleben! Ich saß einmal in einem Kreis von Menschen aus allen Altersgruppen und Gesellschaftsschichten, und als sie ihre persönlichen Geschichten erzählten, dachte ich: »Wow, das ist mir auch passiert«, »Ja, ich weiß genau, wie sich das anfühlt« und »Mensch, das habe ich auch gemacht.« Das ist es, was ich mit Laufschuhen meine.

Der schüchterne Dave. So ist er eben.

Ich spreche und schreibe viel über das »kleine Ich«, eine Mentalität, durch die sich die Menschen als machtlos betrachten, ihr Leben zu beeinflussen. Sie sind Mitläufer und Reagierer, keine Anführer und Einflussnehmer. Das »kleine Ich« ist die Grundlage der Mentalität in der Matrix-Simulation und für die Wenigen, die die Vielen kontrollieren, von entscheidender Bedeutung. Ich habe Verständnis für das »kleine Ich«. Ich kenne es aus eigener Erfahrung. In meinen frühen Jahren und als ich zur Schule ging, habe ich mich immer zurückgezogen und ein Leben als Außenseiter geführt, weil ich dachte, dass es mein Schicksal sei, ein Außenseiter zu sein.

Es kam mir nie in den Sinn, dass jemals etwas Besonderes passieren würde. Besonders, anders und erfolgreich waren nur die anderen. Meine Lebenserfahrung in den 1950er und frühen 1960er Jahren, bei der ich von der Hand in den Mund leben musste, bestätigte nur, dass meine Gegenwart meine Zukunft sein würde. Es ist eine lebenslange Eigenschaft von mir, mich zurückzuziehen, Zeit allein zu verbringen und meine Privatsphäre zu genießen. Das ist ziemlich ironisch, wenn man bedenkt, dass fast alles, was ich getan habe, seit ich fünfzehn Jahre alt war, in irgendeiner Weise in der Öffentlichkeit stattfand. Der Grund, warum ich die Einsamkeit suche, hat sich jedoch geändert. Heute ziehe ich mich zurück, um zwischen den Auftritten auf der öffentlichen Bühne meine Ruhe zu finden. Als Kind habe ich mich einfach vor der Welt versteckt. Ich war extrem schüchtern, hatte wenig zu sagen und meine Mutter lachte über mich, weil ich auf die andere Straßenseite auswich, um einer Begrüßung aus dem Weg zu gehen. Wenn ich schüchtern sage, dann meine ich das wirklich so. Ich weiß, dass der erste Tag in der Whitehall Infant School, der Vorschule unseres Städtchens, ein Albtraum für mich war. Ich rannte zur Mittagszeit nach Hause, um meiner Mutter zu sagen, dass ich die Schule nicht mochte und nicht wieder hingehen wollte. Als sie mir sagte, dass ich aber hingehen müsse, brach es mir das Herz. Ich hatte jeden Tag Angst.

Meine größte Angst war jedoch der Zahnarzt. Ich erinnere mich noch daran, wie ich mit meiner Mutter zum Zahnziehen in eine Schulzahnklinik ging. Wenn wir den Zahnarzt aufsuchten, fragte ich meine Mutter stets, ob ich auf dem Weg dorthin etwas zu essen haben könnte. Ich wusste, wenn sie »nein« sagte, würde ich mit »dem Gas« betäubt und mir ein Zahn gezogen werden. Das hat sie mir immer erst einmal verschwiegen. Sie wusste, dass ich sonst abhauen würde, und an dem Tag tat ich das auch. Der Zahnarzt führte die Gasmaske auf mein Gesicht und in letzter Sekunde schlug ich ihm gegen die Brust, sprang auf, machte einen Hechtsprung um ihn herum und rannte in einem Irrsinnstempo aus dem Behandlungsraum, durch das Wartezimmer und auf die Straße hinaus. Ich rannte immer weiter, während meine Mutter, wie stets die Einkaufstasche am Arm, aus der Ferne rief: »David, David! Komm zurück!« Ich drehte mich um und sah, wie sie hinter mir herlief, und mir wurde klar, dass es keinen Ausweg mehr gab. Ich hatte Zahnschmerzen und die würden erst verschwinden, wenn ich zurückging. Am nächs-

Abb. 6. Auf dem Matschweg zur Vorschule, an der Hand meiner Mutter. Wir sind gleich hinter den ersten drei links zu sehen – ich mit meinem dunklen Mantel, der Mütze und den Gummistiefeln. Das Bild wurde 1957 aufgenommen, als ich fünf Jahre alt war und gerade eingeschult wurde.

ten Tag erzählte mir eines der Kinder in der Schule, dass es im Wartezimmer gesessen hatte, als ich vorbeirannte. Na, großartig! Wieder einer von diesen unendlich vielen schlechten Tagen für mein Selbstwertgefühl.

In den Jahren, nachdem wir aus dem Slum in der Lead Street in ein neues Haus in einer neuen Siedlung gezogen waren, war die Straße zur Whitehall Infant School noch ein Feldweg. Ich glaube mich zu erinnern, dass sie im Volksmund als »Halsabschneider-Gasse« bekannt war. Mein Vater setzte sich dafür ein, dass der Weg asphaltiert wurde, und Jahrzehnte später fand ich einen Artikel mit Foto aus der damaligen Lokalzeitung, der über seine Bemühungen berichtete. Auf dem Foto ist meine Mutter gleich neben mir zu sehen – wobei ich die Mütze trage, die man als Schüler der Whitehall Infant School eben trug (siehe Abbildung 6).

Ungefähr zur gleichen Zeit – vielleicht 1958 – hatte ich in der Vorschule ein Erlebnis, das einerseits für mich in dieser Zeit typisch war, aber auch einen unheimlichen Vorgeschmack darauf gab, wohin mein Leben später führen sollte. Ich nahm an einer Schulaufführung teil (Schulaufführungen haben in meinem Leben eine große Rolle gespielt, wie wir noch sehen werden), und natürlich hatte ich eine Starrolle. Ich war ein Baum. Graham Glover, der Liebling des Lehrers, war der Prinz in unserer Aufführung von Dornröschen, und ich wünschte ihm nur das Beste. Schon der Gedanke, in der Öffentlichkeit einen Text zu sprechen, wäre für mich eine Katastrophe gewesen. Ich stand in einer Gruppe von anderen Jungs mit braunen Hosen, grünen Oberteilen und etwas auf dem Kopf, das Äste symbolisieren sollte. Die Idee war, dass der Prinz die Bäume mit seiner fiktiven Sense fällen sollte und wir umfallen würden, wenn er vorbeikam. Ich war ganz bei der Sache, aber Graham Glover kam nie in meine Nähe, also dachte ich, wie kann ich fallen, wenn er so weit weg ist? Das wäre doch albern. Alle anderen Bäume fielen um, egal wo er war, und ich blieb allein stehen. Das Publikum aus Eltern und Lehrern begann zu kichern und dann zu lachen. Ich stand da und dachte: »Warum lachen die denn? Er hat sich mir nicht genähert, wie kann ich dann umfallen?« Die Symbolik, dass ich mich weigerte umzufallen, während alle über mich lachten, war ein Hinweis darauf, was in meinem Leben noch folgen sollte.

Anderntags wurde ich von der Schulleiterin, Miss Wilkinson, aus der Klasse gerufen. Stellen Sie sich eine klassische Schuldirektorin der 1950er Jahre vor – das ist sie! Groß, kräftig, Tweedrock und Tweedjacke; ihre Schultern waren so breit, dass man meinte, sie trüge Schulterpolster, bevor die überhaupt in Mode kamen. Sie beugte sich über mich wie diese grausige Cruella De Vil in *101 Dalmatiner* und schimpfte darüber, wie ich das Stück, die Schule und mich selbst nur dermaßen lächerlich machen könne. Mit schriller Stimme zog sie mich zur Rechenschaft: »Du hast mich im Stich gelassen, du hast die Schule im Stich gelassen, und am schlimmsten ist, dass du dich selbst im Stich gelassen hast.« Nun, ich habe trotzdem gelacht. Miss Wilkinson und das Theaterstück waren zwar ein weiterer Schlag für mein Selbstwertgefühl, aber – was für ein Vorbote und eine Vorbereitung auf das, was noch kommen sollte!

Aufwärts und Abwärts

Inzwischen ging ich auf die Whitehall Junior School nebenan, die Grundschule, und mein Leben und mein Benehmen änderten sich dank des Fußballs. Der asphaltierte Spielplatz lag an einer leichten Steigung und wir spielten ein Spiel, das wir »Uppers and Downers« nannten. Jemand kickte einen Plastikfußball in die Luft, rief »Aufwärts und Abwärts« und jeder wählte aus, für welches Team er spielen wollte – für die Aufwärts- oder die Abwärtsseite. Die Teams konnten dadurch sehr ungleichmäßig sein, aber es hat irgendwie funktioniert. Ich war von Anfang an von der Position des Torwarts angetan, für die sich kaum jemand interessierte. Die meisten Kinder wollten Tore schießen, während ich welche halten wollte. Der Spielplatz ist immer noch da, ebenso wie die Aula der Vorschule, in der mein Baum nicht fallen wollte.

Eines Tages sah ich in der Schule einen Aushang an der Tür, auf dem alle, die an einem Probetraining für die Fußballmannschaft des dritten Schuljahres interessiert waren, gebeten wurden, ihren Namen einzutragen. Ich dachte keine Sekunde lang daran, das zu tun. Für die Schulmannschaft spielen? Ich würde nie reinkommen, was sollte das also bringen? Kurz darauf – ich war auf dem Nachhauseweg – lief ein Junge lief hinter mir her. Er rief, ich möge stehen bleiben. Er sagte, der Fußballlehrer Mr. Rickard (so sprach man seinen Namen jedenfalls aus) wolle, dass ich am nächsten Tag zum Probetraining für die Mannschaft komme. Er sagte, er habe mich auf dem Spielplatz im Tor spielen sehen. Ich rannte aufgeregt nach Hause, um es meinem Vater zu erzählen. Dann dämmerte mir, dass ich gar keine Fußballschuhe hatte. Wir hatten auch kein Geld für Fußballschuhe, die bisher ja überhaupt nicht nötig gewesen waren. Und die Geschäfte wären ohnehin geschlossen, wenn mein Vater von der Arbeit heimkam. Damals hatten die Geschäfte strenge Öffnungszeiten. Es gab keine Supermärkte, die Tag und Nacht offen hatten. Es gab überhaupt keine Supermärkte, punktum. Doch als mein Vater kam, ging ich mit ihm zu den nächstgelegenen Läden, in denen es vielleicht eine Chance gab, Fußballschuhe zu ergattern, in der Hoffnung, dass einer zufällig noch geöffnet war. Die Hoffnung war vergebens. Wir fanden schließlich einen winzigen Laden in der Green Lane Road in Leicester, der Krimskrams verkaufte. Im Schaufenster lag ein Paar *Fuß-*

Abb. 7. Meine erste Fußballmannschaft mit Mr. »Rickard«. Ich bin der Vierte von links hinten.

ballschuhe, und er hatte *noch offen*. Das Problem war nur, dass man den Fund kaum als »Fußballschuhe« bezeichnen konnte. Ja, es waren Stiefel, und ja, man konnte mit ihnen einen Ball kicken. Aber da hörte der Vergleich auch schon auf. Zunächst einmal waren es kolossale Erwachsenenstiefel, die viel zu groß für mich waren und vielleicht um 1915 herum auf dem neuesten Stand des Schuhdesigns gewesen waren. Sie hätten gut zu einem Taucher jener Zeit gepasst mit so einem großen Metallhelm, der die Schuhe trug, um das Abtauchen zu erleichtern. Sie hatten eine riesige Zehenkappe aus Metall und kosteten sieben Shilling und sechs Pence, was heute etwa 38 Pence – rund 44 Cent – entspricht. Für damalige Verhältnisse waren sie völlig überteuert.

Am nächsten Tag ging ich mit meinen Stiefeln zum Probetraining als Torwart und sorgte für große Heiterkeit. Ein anderer Junge wurde als Torwart ausgewählt und ich musste irgendwie im Außenfeld spielen, um in die Mannschaft zu kommen. Für diese letzte Position waren nur noch ich und ein anderer Junge übrig. Mr. Rickard entschied, dass wir beide auf das Tor schießen sollten und derjenige mit dem kräftigeren Schuss reinkommen würde. Nun, es sollte kein echter Wettbewerb werden. Ich hatte

Abb. 8. Whitehall School, Pokalsieger von Leicester 1963. Ich bin der Vierte von links hinten.

Stiefel mit Zehenkappen, mit denen man Raketen hätte abschießen können. Ich schoss den Ball mit der Stahlspitze, der förmlich um Gnade flehte, als ich zutrat. Er war drin!! Ich kann Ihnen gar nicht sagen, wie viel Selbstvertrauen das einem kleinen Jungen gab, der bis dahin keines hatte. Ich habe heute noch Tränen in den Augen, wenn ich daran denke. Mein Gott, ich *kann* etwas.

In meinem ersten Spiel für die Schule habe ich dann ein Tor geschossen, das mein Vater verpasste. Er neigte dazu, das Haus zu verlassen, wenn er eigentlich schon woanders ankommen sollte. Als er schließlich eintraf, rannte ich zu ihm und rief: »Ich habe ein Tor geschossen, ich habe ein Tor geschossen!« Allerdings war das keine so große Leistung, wenn man bedenkt, dass wir 16:0 gegen eine katholische Schule namens *The Newry* gewonnen hatten, die für Fußball das war, was Bill Gates für den menschlichen Anstand ist. Kurz darauf wechselte der Torwart, der statt meiner ausgewählt worden war, in die Mannschaft des vierten Jahrgangs, und nun stand ich im Tor (siehe Abbildung 7). Ich beschloss sofort, was ich werden wollte – *Profifußballer*. Was für ein Ehrgeiz für einen Jungen, der zwei Wochen zuvor noch dachte, er würde es nie zu etwas bringen. In der nächsten Saison spielte ich für die Mannschaft der vierten Klasse und wir gewannen einen Pokal-Wettbewerb, an dem alle Schulen in Leicester teilnehmen konnten. Das war eine unglaubliche Leistung – vielleicht ist dieser Icke-Junge ja doch nicht so ein Versager (siehe Abbildung 8).

In diesem Zusammenhang sollte ich noch etwas anderes erwähnen. Ich hatte bis dahin zwar ein geringes Selbstwertgefühl und rechnete ganz und gar nicht damit, es zu etwas zu bringen, aber es gab da etwas, was dazu im Widerspruch stand. Irgendwo tief in meinem Innern hatte ich von klein auf das Gefühl, dass ich dazu bestimmt war, »meine Aufgabe zu erfüllen«. Als hätte das Schicksal, wenn Sie so wollen, etwas mit mir vor. Das kam aus einer anderen Ecke als mein fehlender Glaube an mich selbst. Es war mehr ein Gefühl als ein Gedanke. Das Gefühl kam und ging. Als ich mir das Ziel setzte, Fußballer zu werden, dachte ich, dass dies die »Bestimmung« sein könnte, von der ich spürte, dass sie auf mich wartete.

Vorbestimmte »Zufälle«

Es gab noch ein paar andere Ereignisse in der Whitehall Junior School, die mir in Erinnerung geblieben sind, und wenn ich zurückblicke, waren sie nicht zufällig. Sie führten mich durch das Labyrinth des Lebens und aktivierten Eigenschaften in mir, von denen ich bis dahin nicht gewusst hatte, dass ich sie überhaupt besaß, und die in meinem Leben noch von entscheidender Bedeutung sein sollten. Andere Ebenen von mir wussten jedoch davon. Das, was ich als Körper-Geist bezeichne – im Grunde die fünf Sinne –, sind nur ein Teil unseres multidimensionalen Bewusstseins. Wir sind viel mehr als das, wenn wir unseren Geist für erweiterte Bewusstseinszustände öffnen. Tun wir das nicht, bleibt unsere Wahrnehmung in der Kurzsichtigkeit der fünf Sinne gefangen und wir sind traumhaft leicht manipulierbar. Körper und Geist sind wie ein Mensch, der in einem Kanu den Fluss hinunter paddelt. Die Grenze seiner Sicht und seines Bewusstseins ist die nächste Biegung des Flusses. Unser erweitertes Bewusstsein jenseits der Simulation, jenseits der Wahrnehmung durch die fünf Sinne, kann den ganzen Fluss von der Quelle bis zum Meer sehen. Was für den Körper-Geist eine Sache bedeutet, bedeutet für das erweiterte Bewusstsein etwas ganz anderes. Zum Beispiel könnte das Kanu ein Leck haben und Sie paddeln zum Ufer, wütend über Ihr »Pech«. Dann kommt jemand zu Ihnen und sagt: »Mein Gott, haben Sie ein Glück! Hinter der nächsten Ecke ist ein riesiger Wasserfall!« Solche Situationen sind mir mein ganzes Leben lang passiert, auch schon vor meinem bewussten Erwachen im

Jahr 1990. Ich begann sie erst danach zu erkennen, aber sie widerfuhren mir schon, seit ich ein kleines Kind war. Es schienen einfach nur Zufälle und »Glücksfälle« zu sein, bis ich bewusst genug wurde, um das Muster zu erkennen und zu begreifen, dass etwas Seltsames geschah, das nicht durch bloße »Zufälle« erklärt werden konnte. Diese Enthüllung sollte jedoch noch Jahrzehnte auf sich warten lassen, während ich erstmal meinen Weg durch das Schulsystem suchte.

Im dritten Jahr in Whitehall wurde mir vom Fußballlehrer der vierten Klasse gesagt, ich möge meinen Klassenlehrer um Erlaubnis bitten, am wöchentlichen Fußballtraining teilnehmen zu dürfen, das für die Jungen der vierten Klasse auf dem Lehrplan stand. Ich fragte ihn also in der ersten Woche und er sagte ja. In der zweiten Woche, als ich im Tor spielte, kam ein Junge aus meiner Klasse und sagte, ich solle sofort zurückkommen. Als ich das tat, wurde ich vor allen von einem mürrischen Arschloch von Lehrer gedemütigt. Ich dachte, er hätte mir die Erlaubnis gegeben, jede Woche zum Training zu gehen. Hatte er aber nicht. Es folgte etwas Unerklärliches. Ich setzte mich an mein Pult, und er diktierte einen Rechtschreibtest für die Klasse. Heutzutage bin ich recht gut in Rechtschreibung – durch jahrzehntelanges Üben – und es gibt ja noch die Rechtschreibkontrolle des Schreibprogramms. In meiner Schulzeit war ich eine Niete. Am Ende der Stunde verkündete der Lehrer die Ergebnisse des Rechtschreibtests. Irgendwie – *irgendwie* – war ich *Klassenbester* geworden. Wie bitte? Ich? In Rechtschrei-

Abb. 9. Meine Abschlussklasse an der Whitehall Junior School mit dem »Schiefer«-Lehrer. Ich bin wieder der Vierte von links hinten – meine übliche Position!

bung? Ich muss schon sagen, ich habe seine Verlegenheit echt genossen, während ich selbst es kaum glauben konnte, als er mir mitteilte, dass der Junge, den er gerade noch vor allen anderen beschimpft hatte und von dem er glaubte, dass er minderbegabt war, den Test gewonnen hatte. Von da an entwickelte ich eine »Fick dich«-Einstellung gegenüber allen, die versuchten, mich herabzusetzen und zu beleidigen. Das kam mir nach 1990 sehr gelegen. Im selben Jahr wurde ich mit demselben Lehrer zum einzigen Mal in meinem Leben Klassenbester bei den Abschlussprüfungen. Das war der einzige Punkt in meiner Schullaufbahn, an dem ich mich wirklich angestrengt hatte. Ich wollte Profifußballer werden – *das wusste ich* –, also wozu brauchte ich dann diesen ganzen Schulmist? Tatsächlich gab es noch einen anderen Grund, den ich damals nicht kannte: *Wozu brauche ich diese ganze Wahrnehmungsprogrammierung?*

Der andere Vorfall, an den ich mich erinnere, ereignete sich in meinem letzten Jahr in Whitehall, als ich einen Lehrer hatte, der mir etwas Respekt entgegenbrachte. Er ließ ein sehr zerbrechliches Stück Schiefer in der Klasse herumgehen. Als der Junge vor mir es mir gab, zerbrach ich es aus Versehen in zwei Teile, als ich ausprobieren wollte, wie stark es war. O nein! Ich sah zu, wie die beiden Stücke ihre Reise zurück zum Lehrer fortsetzten, der wütend war, als er zwei Stücke statt einem bekam. »Wer hat die Schiefertafel zerbrochen?«, rief er. Es folgte Stille. Konnte ich damit durchkommen? Das dachte ich, bis er in der Klasse herumging und jedes Kind fragte, ob die Schiefertafel schon zerbrochen war, als sie bei ihm ankam. Mir war klar, dass ich nur dann überleben würde, wenn ich sagte, dass sie kaputt war, als ich sie erhielt, und damit dem Jungen vor mir die Schuld in die Schuhe schob. Das konnte ich nicht tun – und so war ich meinem Schicksal ausgeliefert. Der Lehrer, ein anständiger Mann, wurde nicht wütend. Er sagte, wie enttäuscht er war, dass ich es nicht sofort zugegeben hatte. Das tat mehr weh als jede Tracht Prügel. Das Gute daran war, dass ich mich weigerte, mich selbst zu schützen, indem ich jemand anderem die Schuld gab, was ich auch hätte tun können. Diese Einstellung hat mich seither nicht mehr verlassen. Es ist wirklich erstaunlich, wie scheinbar zufällige »kleine« Vorfälle und Entscheidungen, vor allem in der Kindheit, einen tiefgreifenden Einfluss auf das Leben haben können (siehe Abbildung 9).

Vier wunderbare Jahre

Ein Fußballprofi zu werden war alles, was für mich zählte, als ich 1963 von Whitehall auf eine weiterführende Schule, die Crown Hills Secondary Modern, wechselte. Whitehall gibt es immer noch, so wie sie einst war, während in Crown Hills eine Schule des gleichen Namen am früheren Ort steht, allerdings mit einem grausam hässlichen Gebäude, das das einzigartige Bauwerk, das ich kannte, jetzt ersetzt. Ich sollte von Whitehall auf eine andere Schule namens Spencefield gehen, auf der Rugby und nicht Fußball gespielt wurde. Eine Gruppe von uns bekam dann aber die Erlaubnis, auf die Crown Hills zu wechseln, die in vielerlei Hinsicht absolut spitzenmäßig war. Zur gleichen Zeit, als ich ankam, gab es einen großen Personalwechsel, und obwohl die Schule nie meine Priorität war (um es gelinde auszudrücken), hatte ich dort fantastische vier Jahre (siehe Abbildung 10). Die große Mehrheit des Lehrkörpers war brillant und ich

Abb. 10. Die Crown Hills School in der Gwendolen Road in den 1960er Jahren. (Mit freundlicher Genehmigung von Tony Danvers.)

Abb. 11. Ein Schulfoto von der Crown Hills, 1966, als ich vierzehn war. Ich bin der im Kreis, der gerade mal wieder vor sich hindöst (tagträumt).

kann mich noch immer an ihre Namen erinnern: Mr. Danvers, Stone, Jay, Hartley, Duggan, Woodcock und Jones. Der staatliche Lehrplan war natürlich darauf ausgerichtet, junge Menschen so zu formen, wie sie dem Staat passten, aber er hatte nicht annähernd das Ausmaß an Wahrnehmungsprogrammierung, das wir heute erleben. Die Lehrer in Crown Hills erlaubten eine Freiheit des Denkens und der Meinungsäußerung, die die Jugendlichen der heutigen Generationen kaum glauben würden. Sie waren auch großartige Persönlichkeiten, oft sehr lustig, und sie haben sich besonders ins Zeug gelegt, um den Schülern zu helfen und sie zu unterstützen, auch wenn sie es gar nicht mussten. Es war eine andere Zeit und eine bessere.

Inzwischen war ich ein wenig rebellisch geworden. Die Lernerei langweilte mich und ich konnte nicht erkennen, was davon in dem Leben, das mir vorschwebte, jemals von Nutzen sein sollte. Gleichzeitig war es eine Freude, mit meinen Freunden in der Schule zu sein und in dieser unvergesslichen Atmosphäre zu lernen. Meine Französischlehrerin, eine reizende Dame namens »Madame Barwood«, machte es sich zu Beginn jeder Unterrichtsstunde zur obersten Priorität, eine Ausrede zu finden, um mich auf den Flur zu verweisen – besonders am späten Freitag. Sie wusste, dass ich kein Interesse daran hatte, Französisch zu lernen, und so zog sie anscheinend die Schlussfolgerung, was ich davon denn schon hätte. Ich mochte sie trotzdem und als ich ihr Jahre nach meinem Abgang einmal auf der Straße begegnete, haben wir uns köstlich über damals amüsiert. Bis heute ist der einzige französische Satz, an den ich mich erinnere: »Quelle heure est-il?« Wenn Sie jemals in Paris sind und wissen wollen, wie spät es ist, bin ich Ihr Mann. Der Schuldirektor, ein Typ namens Oldfield, den ich nicht wirklich mochte, unterrichtete freitags eine Klasse nebenan und kam oft heraus, um einen Anruf entgegenzunehmen und mir einen Blick zuzuwerfen, wenn ich allein auf dem Flur stand. Was, *du schon wieder*? Ich war kein übellauniger Rebell – ein Rebell auf der Suche nach einem Grund – es war nur so, dass mich das meiste, was man mir beizubringen versuchte, einfach nicht interessierte. Ich wusste instinktiv, dass ich das meiste davon niemals brauchen würde, und so war es dann auch. Das meiste von dem, für das ich mich interessierte – wie das Fach Geschichte –, habe ich jahrzehntelang wieder *ver*lernen müssen, weil es einfach nicht oder zumindest nur teilweise stimmte.

Zu Beginn eines jeden Schuljahres stand ich in der Warteschlange vor dem neuen Klassenzimmer immer ganz vorne, damit ich meinen Platz für das Jahr neben den Fenstern mit Blick auf den Sportplatz bekommen konnte. Ich verbrachte viele Stunden damit, verträumt aus dem Fenster zu schauen, so wie ich auch heute noch einen großen Teil meines Lebens mit Tagträumen verbringe (siehe Abbildung 11). Tagträumen ist meine Form der Meditation, bei der ich meinen Gedanken einfach freien Lauf lasse, ganz ohne ohne sie zu begrenzen. »Icke, schau nach vorn!« und »Icke, hör auf zu träumen!« lauteten die regelmäßigen Rufe der Lehrer, die versuchten, meinen Kopf mit Mathe (igitt!) oder was auch immer zu füllen. Ich war nur in Englisch (Schreiben, nicht der Rest), Geschichte und Erdkunde bei der Sache. Alles andere ging an mir vorbei. Ach ja, und dann war da noch Kunst mit einem Spitzenlehrer, Tony Danvers. Er ermutigte die Kinder immer, kreativ zu sein, auch wenn man nicht zeichnen oder malen konnte (wie ich). Mit Tonys Ermutigung habe ich eine symbolische Darstellung des großen englischen Torwarts Gordon Banks, meines damaligen Helden, aus Gips und Draht angefertigt. Tony gab das Werk in eine Kunstausstellung – das einzige Mal in meinem Leben, dass ich an einer teilnahm, denn ich bin künstlerisch ein Vollversager. »Gordon« war nicht besonders gut, um ehrlich zu sein, und ließ Banks wie den Gewinner eines Kuchenessens aussehen. Aber Tony war ein hervorragender Lehrer und machte Kunst zu dem, was sie sein sollte – Spaß! Es war eine Freude, wieder mit ihm in Verbindung zu treten, als ich mit dem Schreiben dieses Buches begann, und er hat mir einige der Fotos, die Sie hier sehen, zur Verfügung gestellt (siehe Abbildung 12).

Abb. 12. Ich spiele irgendwas in einem Crown-Hills-Stück in meinem letzten Schuljahr. Ich bin der zweite von links mit dem Speer. (Mit freundlicher Genehmigung von Tony Danvers.)

Ich erinnere mich noch an vieles aus meiner Zeit an dieser Schule und meistens denke ich gerne daran zurück. Aber auch hier gab es im Nachhinein Schlüsselmomente, die mich tief berührten und auf das vorbereiteten, was kommen sollte. So gab es dort einen Schulschläger, der wie alle Tyrannen die Menschen mit der Angst vor den Folgen unterwarf, was ihnen geschähe, wenn sie nicht tun, was er sagt. Die Folgen mussten nicht unbedingt eintreten – der Gedanke an sie reichte schon aus (siehe die Menschheit seit Tausenden von Jahren). Eines Tages hörten er und die Gruppe der Jungen um ihn herum, allesamt Feiglinge, auf, mit mir zu sprechen und ein verbales Mobbing setzte ein, das wochenlang andauerte. Ich war damals dreizehn Jahre alt. Der Obermobber drohte mir oft, mich zu verprügeln. Mein Vater sah, dass ich unglücklich war, und fragte mich, was denn los sei. Als ich ihm davon erzählte, meinte er: »Gut, geh in die Schule, such dir den Hauptverantwortlichen heraus und sag ihm, dass du es mit ihm aufnehmen wirst.« Die Botschaft war: Wenn du ein Problem hast, blick ihm ins Auge und geh es an! Wenn Sie einen Schikanierer haben, lassen Sie sich nicht einschüchtern und fügen Sie sich nicht! Und dann, am nächsten Schultag, kam der Schläger mit seiner Bande zu mir und sagte, ich möge nach der Schule auf den Jungen-Toiletten auf ihn warten. Er wolle mich, ja, »verprügeln«. Ich sehe noch sein Gesicht vor mir, als ich entgegnete: »Okay, ich werde da sein.« Das war nicht die Antwort, die er erwartet hatte. Und nachdem alle anderen Kinder nach Hause gegangen waren, wartete ich allein auf der Toilette. Der Mobber kam mit seiner »Gang« herein und verbrachte die nächsten fünfzehn Minuten damit, nach mir zu schlagen, ohne einen einzigen Treffer zu landen. Was auch immer er versuchte, ich blockte ihn ab. Es war wie eine Zeitlupe von Neo in *Matrix*! Dann ging ich auf ihn zu und es sah so aus, als wollte ich ihn schlagen (was ich gar nicht vorhatte, aber das wusste er ja nicht) – er wich zurück wie ein verängstigtes Kaninchen. Oh, das war also der große, böse Schläger, wenn sein Bluff aufflog! Er zog ab, seine Bande im Schlepptau, ohne einen einzigen Schlag gelandet zu haben. Anderntags fingen sie alle wieder an, mit mir zu reden, und das Mobbing hörte auf. Bis heute weigere ich mich, mich einem Tyrannen zu beugen, ganz gleich, wer es auch sein mag, ein Beamter in einer Leuchtweste oder ein Psychopath, der hinter der Massenkontrolle von Menschen steht. Dies war ein weiteres scheinbar beiläufiges Kindheitserlebnis, das mich tiefgreifend geprägt hat.

Von den großen Stiefeln zum Fußballprofi

Drei Jahre lang spielte ich für die Crown-Hills-Fußballmannschaften – in den ersten beiden Jahren oft auf dem Feld –, und meine Chancen, Fußballer zu werden, schwanden zusehends dahin. Um von den Scouts der Profiklubs gesehen zu werden, musste man für die Auswahlmannschaft seiner Stadt spielen. Der Gedanke dahinter war, dass man nicht gut genug sein konnte, um für Fußballvereine interessant zu sein, wenn man es nicht in die Stadtmannschaft schaffte. Ich war weit davon entfernt, das zu schaffen.

Dann kam mein Durchbruch – und er führte mich zurück auf den Weg des Ehrgeizes, der mich Jahre zuvor mit den riesigen Stiefeln, die mein Vater mir spendierte, gepackt hatte. Es gab ein Probetraining für die U14-Mannschaft der Leicester Schools und mein Sportlehrer, ein toller Kerl namens Mr. Stone, schickte mich zusammen mit

Abb. 13. Die U15-Mannschaft der Leicester-Schulen im Jahr 1967, als sich die Scouts der Profivereine für sie interessierten. Diesmal bin ich der Dritte von links hinten.

ein paar anderen hin. Der Haken an der Sache war, dass er mich als Feldspieler schickte. Es war selbstverständlich, dass der ausgewiesene Torwart ein Junge namens Dave Vallance sein würde. Er spielte bereits ein Jahr höher in der U15-Mannschaft der Leicester Schools und würde natürlich auch für seine eigene Altersgruppe ausgewählt werden. Und so erschien ich denn eines kalten und nebligen Morgens auf einem taufeuchten Rasen, der heute als Ellis Meadows bekannt ist und damals wohl zu der alten John Ellis School gehörte. Es wurden halbstündige Spiele mit verschiedenen Gruppen von Testspielern abgehalten. Ich war auf diesem Niveau als Feldspieler ziemlich unbrauchbar und nicht mit dem Herzen bei der Sache. Ich war Torwart und das war alles, was ich jemals sein wollte. Der verantwortliche Lehrer sagte etwa vieren von uns, wir sollten in einem Bereich abseits des Spielfelds etwas herumkicken, er würde uns rufen, wenn er uns wieder brauche. Das war eindeutig ein »Danke, das war's dann«. Ich dachte darüber nach, wie es mit meinem Ehrgeiz wohl weitergehen sollte. Etwa fünf Minuten später hörte ich in der Ferne einen Ruf des Lehrers: »He, spielt einer von euch Jungs im Tor?« Ich rannte blitzschnell zu ihm – »Ja, ich«! Der andere Torwart, der mit Vallance zusammenspielte, hatte sich verletzt und ich übernahm das Tor. Ich habe mich gut geschlagen und der Lehrer sagte mir hinterher, ich solle zum nächsten Testspiel kommen, denn »wir brauchen einen Ersatztorwart für Dave Vallance«. Na immerhin …

Das nächste Testspiel fand in Form eines vollständigen Spiels zwischen zwei Mannschaften der überlebenden Testspieler statt und die Auswahl ergab eine Mannschaft, die weitaus talentierter war als die andere – mit mir in der anderen. Während des gesamten Spiels wurde ich mit Schüssen aus allen Richtungen bombardiert und es war einer dieser Tage, an denen der Ball mich irgendwie selbst dann noch getroffen hätte, wenn ich in die falsche Richtung gehechtet wäre. Mein Tor war unter Dauerbeschuss, aber nur ein Schuss ging ins Netz. Das war die beste Leistung meines Lebens, genau zum richtigen Zeitpunkt. Der Trainer sagte fairerweise, dass er mich für die Mannschaft auswählen müsse, weil ich im Testspiel so gut gehalten hatte.

Wir hatten die seltsame Situation, dass Vallance für die U15-Mannschaft spielte und trotzdem nicht in die U14-Mannschaft aufgenommen wurde. Ein paar Wochen später sah mich ein Scout des Arsenal Football Club für die Mannschaft spielen und ich ging in der Woche, in der England 1966 zum ersten Mal die Weltmeisterschaft gewann, zum Probetraining dorthin. Die gesamte englische Mannschaft kam in der Woche vor dem Finale in Wembley auf den Trainingsplatz von Arsenal, wo die Spieler, die nicht in der Hauptmannschaft spielten, ein Trainingsspiel gegen Arsenal absolvierten. Ich stand an der Seitenlinie neben diesen weltberühmten Spielern, darunter der Kapitän Bobby Moore und mein Held, der damalige Torwart von Leicester City, Gordon Banks. Was für ein Traum für ein Kind, das Fußball liebte. Ich hatte Torwarttechniken studiert, indem ich Banks Woche für Woche hinter dem Tor in Leicesters ehemaligem Stadion, der Filbert Street, beobachtete. Arsenal bat mich, einen sogenannten Schülervertrag zu unterschreiben, aber mein Vater wollte erst einmal abwarten. Ein weiterer berühmter Torhüter, den ich aus dem Schulfußball in Leicester kannte, war Peter Shilton, der bereits mit sechzehn Jahren für die erste Mannschaft von Leicester City spielte und später mehr Spiele für England absolvierte als jeder andere Spieler (125) und den Rekord für die meisten Pflichtspieleinsätze im Weltfußball hält – 1.390. Ich hätte bei Leicester unterschreiben können, aber zu der Zeit war Gordon Banks in der ersten Mannschaft und Peter Shilton sein Reservespieler und ich hielt es für das Beste, woanders hinzugehen! In der nächsten Saison wurde ich dann vor Dave Vallance für die U15-Mannschaft der Leicester Boys und das Team der Leicestershire County Schools ausgewählt. Alles nahm seinen Lauf (siehe Abbildung 13).

Ich wurde von Scouts dem FC Liverpool für Testspiele empfohlen, auch Nottingham Forest, Blackpool, Millwall und anderen Klubs. Mein Vater bestand darauf, dass ich es zuerst bei Coventry City probieren sollte, damals von einem extravaganten Mann namens Jimmy Hill gemanagt. Er hatte den Verein in der Saison, in der ich 1967 zu ihnen stieß, aus der dritten Liga in die erste Liga geführt. Ich spielte nur eine halbe Stunde im

Testspiel, bevor man mir einen Vollzeitvertrag anbot. Coventry war vierzig Kilometer von Leicester entfernt und das bedeutete, dass ich an den Wochenenden nach den Spielen nach Hause fahren konnte. Sechs Jahre nach meinem »Stahlspitzenstiefel«-Testspiel in Whitehall hatte ich die Schule nun tatsächlich hinter mir gelassen, um Profifußballer zu werden. Wäre es dazu gekommen, wenn sich der Torhüter beim U14-Testspiel in Leicester nicht verletzt hätte, nachdem ich zunächst abgelehnt worden war? Sehr viel unwahrscheinlicher, muss man sagen. Das sind die »Zufälle« und »Glücksfälle«, die mein Leben stets begleitet haben. Der Erfolg im Fußball hat mich gerettet. Gott weiß, was ich sonst getan hätte. Schon als Kind war mir der Gedanke, in einer Fabrik oder einem Büro zu arbeiten – wo die meisten aus meiner Schule landeten – unerträglich gewesen. Ich hatte nicht den Kopf dafür. Wo wären wir ohne Menschen, die in Fabriken und Büros arbeiten, was die Produktion und die Organisation angeht? *Ich weiß das*, und ich werde diejenigen, die diesen Weg einschlagen, niemals verurteilen. Es ist nur so, dass ich vor Langeweile gestorben wäre, und das wusste ich schon sehr früh. Gott sei Dank gab es den Fußball, der mir einen Ausweg bot!

Crown Hills zu verlassen fiel mir nicht leicht, auch wenn ich wusste, wohin ich ging. Ich hatte die vier Jahre dort geliebt, in denen ich davon träumen konnte, Fußballer zu werden und alles zu tun, was ich wollte. Jetzt musste ich das in einer ganz anderen Umgebung verwirklichen. Im letzten Schuljahr brauchte ich nur noch zu einem Probetraining zu erscheinen, um zu wissen, dass ich ausgewählt werden würde, denn mein Selbstvertrauen und meine Fähigkeiten blühten auf. Nun ging es also in eine andere Stadt, wo ich mich mit Leuten messen sollte, die älter und besser oder mindestens genauso gut waren wie ich. Meine Beziehung zum Fußball musste sich ändern und das tat sie auch. Schweren Herzens verließ ich Crown Hills, um meinem Ehrgeiz zu folgen. Tschüss, Crown Hills, danke für die Erinnerungen.

Übrigens gab es auch ein Mädchen, das noch auf der Schule war und mit dem ich in Kontakt bleiben wollte. Ich fühlte mich extrem zu ihr hingezogen und sie sich zu mir. Ich war sogar in sie verliebt, jedenfalls so sehr, wie ein 15-Jähriger dazu in der Lage ist. Wir schrieben uns ein paar Monate lang jede Woche, als ich nach Coventry ging, bevor sie mich plötzlich und ohne jede Erklärung aus heiterem Himmel fallen ließ. Ich habe nie erfahren, warum, aber bizarrer Weise – und ich meine wirklich bizarrer Weise – trat sie 52 Jahre später wieder in mein Leben. Nun, nicht »sie« im wörtlichen Sinne, aber Sie werden später im Buch sehen, was ich damit meine.

Ich war im Begriff, meinen Traum zu leben, und ich wusste jetzt endlich, warum ich schon als Kind immer das Gefühl hatte, »hier zu sein, um eine Aufgabe zu erfüllen«. Ich war hier, um ein Fußballer zu sein. Ja, das war's. Oder?

Kapitel 2

Durch das Labyrinth geführt

Es ist nicht nötig, ein Labyrinth zu bauen, wenn das ganze Universum eines ist.

JORGE LUIS BORGES (1899-1986)

Der Manager von Coventry City, Jimmy Hill, trat drei Wochen nach meinem Einzug in die »Bude« zurück – gleich zu Beginn meiner beruflichen Laufbahn als Fußballer. Noel Cantwell, ein ziemlich netter Kerl, ersetzte ihn. Ich hatte Noel erst kurz zuvor von der Tribüne aus beobachtet, wie er in Leicester für Manchester United gespielt hatte, und nun war er auf einmal mein Vereinsmanager.

Jimmy Hill ging zum Fernsehen, wo ich ihn viele Jahre später wiedertraf und mit ihm zusammenarbeitete, während Noel die Aufgabe übernahm, die Mannschaft von Coventry City in der ersten Liga zu halten, und das mit einem Spielerkader, der auf diesem Niveau nur begrenzte Fähigkeiten besaß. Die Tatsache, dass er das mit einigen sehr knappen Ergebnissen auch geschafft hat, spricht für ihn. Noel hatte ein großes Herz und war eine große Unterstützung für mich.

Was der ersten Mannschaft von Coventry an hochkarätigen Talenten fehlte, machte sie durch ihre Spielerpersönlichkeiten mehr als wett. Die Stimmung in der Mannschaft war immer lustig, besonders Dank des hervorragenden Torhüters Bill Glazier, der immer extrem viel schwadronierte, wenn er sauer war. Alle wussten, dass er zu viel getrunken hatte, wenn ihm seine Konsonanten an die falschen Stellen rutschten. Dann gab es da zwei Spieler, die Cantwell zu uns holte – Maurice Setters, der mit ihm bei Manchester United gespielt hatte, und Ernie Hunt von Everton. Beide waren verrückt. Ernie war einer der versiertesten Spieler, die ich je aus nächster Nähe gesehen habe, und mit Sicherheit der lustigste. Wenn er mit seinem breiten West-Country-Akzent in eine seiner Geschichten oder Lieder einstieg, musste man weinen. Maurice war ein Verteidiger, der nicht laufen konnte, krumme Beine hatte, zu viel Gewicht mit sich herumschleppte und viel kleiner war als die meisten Stürmer, die er deckte. Trotz alledem war er kaum zu übertreffen. Er kannte alle Tricks, ein kleiner Stoß hier, ein kleiner Tritt dort, genau im richtigen Moment. Ich habe in den vielen Spielen, die wir zusammen bestritten haben, viel von seiner langjährigen Erfahrung gelernt.

Cantwells Arbeit wurde nicht gerade erleichtert, als eines Nachts die Haupttribüne an der Highfield Road niederbrannte. Graham Paddon, ein Jugendspieler, der später mit West Ham den FA Cup gewann, rief mich gleich am nächsten Morgen an, um mir zu sagen, dass es ein Feuer gegeben hatte. Natürlich trafen wir uns augenblicklich und eilten zum Brandort. Kaum bogen wir um die Ecke der Reihenhausstraße, sahen wir überall Feuerwehrfahrzeuge und dahinter ein großes Loch in der Tribüne. Wir eilten zu dem einen Ende, das noch intakt war, und stießen dort auf Cantwell. Er schickte uns hinein, um die Fußballschuhe der ersten Mannschaft zu retten, während einige der großen Holzbalken noch immer brannten und die Feuerwehr eifrig weiter am Löschen war. Knöcheltief standen wir im Wasser. Tags darauf las ich in der Zeitung, dass Cantwell persönlich auf die brennende Tribüne gestürmt sei, um »die Fußballschuhe zu retten«. Na ja, ein wenig anders war es schon gewesen. Ich hatte einen schwarzen Pullover getragen und der Geruch des Qualms ging nie mehr ganz raus. Stellen Sie sich vor, Sie müssten heute an dem Mann mit dem Clipboard vorbeikommen, auf dem steht, wer von den Leuten das brennende Gebäude betreten darf.

Der Torwart

Ich war fünfzehn und gerade aus der Schule, als ich anfing, für die U18-Jugendmannschaft von Coventry zu spielen, mit und gegen Spieler, die oft größer, stärker und sicherlich auch älter und erfahrener waren (siehe Abbildung 14 und Abbildung 15). Einige spielten bereits in den ersten Mannschaften von Erstligisten und kamen nur noch bei großen Pokalspielen in die Jugendmannschaft. Das Spiel war so viel schneller, als ich es kannte, die Schüsse härter und die physische Auseinandersetzung viel rauer, manchmal sogar brutal. Ich musste sehr schnell erwachsen werden und mich in jeder Hinsicht geistig und körperlich auf den neuesten Stand bringen. Dabei spielte es keine Rolle, wie alt ich war – fünfzehn oder nicht –, es galt, Leistung zu bringen, oder man war raus. Das war eine echte Herausforderung.

Ein paar Monate nach Beginn der beruflichen Laufbahn musste ich auch noch den Schlag verkraften, von meinem Mädchen in Crown Hills abserviert zu werden. Dabei war mir ein älterer Cousin aus Leicester, der mir vor meinem Wechsel nach Coventry noch nie begegnet war, nicht gerade eine große Hilfe. Er spielte als Innenverteidiger in

Abb. 14. So sah ich aus, als ich zu Coventry kam. Ich war gerade fünfzehn geworden und sollte schnell erwachsen werden.

Abb. 15. Fußballer-Sammelkarte aus meiner Anfangszeit bei Coventry City.

der Jugendmannschaft, war drei Jahre älter als ich und einer der arrogantesten Menschen, die mir jemals untergekommen waren. Bei jedem Gegentor, das durch einen seiner Fehler verursacht wurde, zeigte er auf den Jungen hinter ihm, also auf mich. Er wurde später bei einigen Vereinen Spieler der ersten Mannschaft und ging dann spurlos unter. Ich bin mir sicher, dass er in seiner gesamten Karriere (seiner eigenen Vorstellung nach) nie ein einziges Tor kassiert hat, an dem nicht ein anderer schuld war.

Ich war in jenen Tagen super-fit. Obwohl ich gerade erst aus der Schule kam, gewann ich Crossläufe gegen viel ältere Spieler der ersten Mannschaft oft – buchstäblich – mit einem Vorsprung von anderthalb Kilometern. Ich konnte rennen wie der Wind, wie man so schön sagt, und da war es schon eine echte Ironie, dass diese Fitness schließlich meine Karriere vereiteln sollte. Außerdem wollte ich fast zwanghaft lernen und mich verbessern. Ich blieb immer noch auf dem Trainingsplatz und arbeitete an der einen oder anderen Fähigkeit, wenn das offizielle Training schon längst vorbei war. Der wichtigste Wettbewerb im professionellen Jugendfußball war der FA Youth Cup, das Jugendäquivalent zum FA Cup, an dem jeder Profiverein teilnahm, auch die Regionalmannschaften. In dieser ersten Saison, als ich noch fünfzehn war, kamen wir durch alle Runden bis ins Halbfinale. Angesichts der Konkurrenz, die wir zu bewältigen

Abb. 16. Die Jugendmannschaft von Coventry City in der Saison 1967/68, aus der ich ohne Vorwarnung entlassen wurde. Ich war fünfzehn und bin der dritte von rechts hinten.

hatten, war das eine beachtliche Leistung (siehe Abbildung 16). Ich spielte im ersten Spiel des Halbfinales, das aus Hin- und Rückspiel bestand, auswärts bei Crystal Palace. Wir erreichten ein Unentschieden, was wirklich gut war, denn das Rückspiel fand zu Hause statt. Dann kam für mich völlig unerwartet der Absturz. Mein Leben sollte sich innerhalb weniger Minuten in vielerlei Hinsicht ändern.

Es geschah im Frühjahr 1968. Ich saß auf dem Rasen des Ryton-Trainingsgeländes von Coventry, und es war der Tag vor dem Rückspiel, als der Trainer der Jugendmannschaft, Pat Saward, ein ehemaliger Spieler von Aston Villa, die von ihm ausgewählte Mannschaft vorlas. Er leitete seine Ankündigung mit den Worten ein: »Einige von euch werden enttäuscht sein, wenn sie das hören.« Dann verlas Saward die Mannschaft und ich war nicht dabei. *Was?* Ich hatte bisher in jedem Spiel mitgespielt. Ich hatte Saward nie wirklich gemocht oder ihm vertraut und jetzt mochte ich ihn noch weniger. Stets hatte ich das Gefühl gehabt, dass es ihm an Integrität fehlte, und damit hatte ich auch nicht Unrecht. Ich war fünfzehn, hatte in jeder Runde des Wettbewerbs gespielt, einschließlich des Hinspiels des Halbfinales, und er ließ mich einfach fallen, ohne vorher mit mir zu sprechen, um den Schlag vielleicht etwas abzumildern oder mich auf irgendeine andere Art auf diese schreckliche Entscheidung vorzubereiten. Ich bekam es erst mit, als er die Aufstellung vorlas. Noch schlimmer war, dass er anschließend sagte, alle Spieler der ausgewählten Mannschaft sollten mit ihm zum Training gehen und wir anderen uns einen Ball schnappen und ein wenig herumkicken. Die Worte des Lehrers bei der Schulprobe in Leicester wiederholten sich, bloß dass es diesmal kein Happy End geben würde. Ganz im Gegenteil. Ich war wie betäubt, als ich sah, wie die Mannschaft, in der ich die ganze Saison über gespielt hatte (und die später das Finale verlor), in der Ferne verschwand und eine Handvoll von uns sich selbst überließ.

Der schwarze Tag, genauer gesagt die schwarzen zwanzig Minuten, war jedoch noch nicht vorbei. Wir machten eine Übung, bei der jemand den Ball in den Torraum schoss und ich herauskam, um ihn unter dem Druck der anderen Spieler zu fangen. Kurz nachdem wir mit dem Training angefangen hatten, stürzte sich ein großer Junge auf mich und rammte mir sein Knie in den linken Oberschenkel. Ich ging zu Boden, als wäre ich von der Kugel eines Scharfschützen getroffen worden. Schmerz war gar kein Ausdruck. Und selbst das war noch nicht das Ende dieses wirklich grandiosen Tages … Ich wurde zum Physiotherapeuten des Clubs, Norman Pilgrim, gebracht, der ein wirklich netter Kerl war. Er diagnostizierte ein Hämatom – »eine abnormale Ansammlung von Blut außerhalb eines Blutgefäßes« –, das nach einem Tritt, wie ich ihn abbekommen hatte, schon mal auftreten kann. Es sah aus wie ein riesiges Ei, das sich auf meinem Oberschenkel gebildet hatte. In Coventry nannten wir so etwas den Eine-Woche-zu-Haus-Knubbel. Norman schickte mich also nach Hause, damit ich mich eine Woche lang ausruhen konnte, bevor er mit der Behandlung begann. Am Morgen hatte ich mich noch darauf gefreut, am nächsten Abend im Halbfinal-Rückspiel vor einer großen Zuschauermenge im Stadion an der Highfield Road in Coventry zu spielen, und nun saß ich allein in dem Gästehaus, in dem ich in der Westminster Road in Coventry wohnte, mit bandagiertem Oberschenkel und gebrochenem Herzen.

Eine wichtige Vorbereitung darauf, wohin mein Leben mich schließlich führen sollte, bestand darin, emotional unglaublich stark zu werden. Sonst hätte ich nicht überstehen können, was noch vor mit lag. Jeder, der nicht mit einem unerbittlichen emotionalen Druck umgehen kann, geschweige denn mit einer bloßen Enttäuschung, wäre im Kielwasser dessen, was auf mich zukommen würde, schnell untergegangen. Das Leben gibt einem oft seine größten Geschenke, indem es sie geschickt als den schlimmsten Albtraum kaschiert. Schauen Sie sich Ihr eigenes Leben an und Sie werden sehen, dass die schlechten Zeiten Ihnen die Chance gaben, weiser, einfühlsamer und emotional stärker zu werden. Ich habe in meinem Leben viele emotionale Schläge und Enttäuschungen erlebt (aber auch viele großartige Momente), die mir die innere Stärke verliehen haben, weiterzumachen, egal, was mir in den Weg gelegt wird. Diese Erfahrungen können Sie zerstören oder Sie emotional unzerstörbar machen. Man selbst

Abb. 17. Im Ausland mit Coventry. Pat Saward steht ganz links hinten und Bob Stockley kauert vorne rechts. Mich kennt ihr ja inzwischen!

hat die Wahl. Ich habe mich für Letzteres entschieden. Die Wutanfälle meines Vaters überlebte man auch nur, wenn man emotionale Stärke besaß, und bei mir fing das schon früh an – genau so, wie es vorbestimmt war. Mein ganzes Leben hat die Worte des deutschen Philosophen Friedrich Nietzsche (1844-1900) bestätigt: »Man muss es *nötig* haben, stark zu sein: sonst wird man's nie.«

Ich würde gerne sagen, dass sich die Dinge nach diesen zwanzig Minuten, die mein Leben verändert haben, wieder verbesserten, aber ich will ehrlich sein. Es sollte noch schlimmer kommen – viel schlimmer. Als der Verband entfernt wurde, war mein linkes Knie stark geschwollen. Mir wurde gesagt, dass sich dort von dem Schlag Blut und Splitter gesammelt hatten. Meine Körpersysteme würden das bald absorbieren und mir würde es gut gehen, lautete die vage medizinische Prognose. Das Knie ist jedoch bis heute geschwollen, obwohl es nie geschmerzt hat. Norman Pilgrim und der Clubchirurg im örtlichen Krankenhaus waren zunehmend verwirrt, als die Schwellung nicht zurückging. Ich habe etwa sechs Monate lang nicht gespielt, während alle versuchten, das Problem zu lösen. Da ich keine Schmerzen hatte, rieten sie mir, wieder zu spielen und abzuwarten, was passiert. Das tat ich, das Knie war trotz der Schwellung in Ordnung, und die erfolgreichste Zeit meiner Coventry-Karriere begann. In der folgenden Saison, als ich siebzehn Jahre alt war, spielte ich in einer Jugendmannschaft voller hochtalentierter Spieler unter der Leitung von Dennis Mortimer, der später Kapitän von Aston Villa werden sollte, als sie 1982 den Europapokal gewannen.

Inzwischen war ich sehr selbstbewusst, ebenso als Torhüter wie als Mensch. Der schüchterne kleine Junge in Whitehall war wie eine Figur aus einem anderen Leben. Bob Stockley, ein Coventry-Spieler, der in den 1970er Jahren für Wimbledon in dem denkwürdigen FA-Cup-Lauf spielen sollte, wurde mein bester Freund. Zumindest die Leser aus Großbritannien, die sich noch an die legendäre BBC-Fernsehserie *The Likely Lads* erinnern, können sich ein Bild von unserer Beziehung machen. Wir gingen in Nachtclubs und Diskotheken voller Hoffnung, Mädchen kennenzulernen, und kamen immer allein nach Hause! Aber wir hatten so viel zu lachen. Er war ein großartiger Junge, ein toller Kerl, und ich hoffe sehr, dass es ihm gut geht.

Abb. 18. Ein Programmheft mit Dennis Mortimer auf dem Cover für eines der fantastischen Coventry-Spurs-Spiele. Viele dieser Spieler schafften es später in die erste Mannschaft, darunter auch ich.

Jeden Sommer spielte Coventry in den Niederlanden, einmal auch in Frankreich, gegen die besten Mannschaften Europas, darunter Barcelona und Real Madrid. Meine Erfahrung, mein Horizont und mein Sinn für Individualität und Persönlichkeit entwickelten sich schnell (siehe Abbildung 17). In der Saison 1969/70 schafften wir es erneut durch die Runden des FA Youth Cup. Wir schlugen Manchester United in Old Trafford mit 1:0 und erreichten sogar das Finale gegen eine Mannschaft von Tottenham Hotspur, zu der auch die künftigen Spitzenspieler Graeme Souness sowie Stephen John Perryman gehörten (siehe Abbildung 18). Ich sage »künftige« Spitzenspieler, aber sie waren be-

Abb. 19 und Abb. 20. Mein Einsatz für Coventry City gegen Tottenham Hotspur 1970 an der White Hart Lane.

reits herausragend und Souness war mit sechzehn Jahren schon eine richtige Spielerpersönlichkeit. Er war bereits der Spieler, Manager und jetzige TV-Fußballkommentator, als der er bekannt werden sollte. Ich mochte ihn. Er war ein arroganter Mistkerl, total von sich überzeugt. Aber er war auch einzigartig. Ich mag solche Ausnahmeerscheinungen. Das Endspiel ging über Hin- und Rückspiel, aber die Mannschaften waren gleich gut, so dass es zu vier Spielen kam, bevor sie uns an der berühmten White Hart

Lane mit 1:0 besiegten und den Pokal gewannen (siehe Abbildung 19 und Abbildung 20). Es war eine fantastische Saison gewesen, wenngleich, wie sich später herausstellte, sie uns nur eine kurze Atempause von der Realität verschafft hatte.

In der nächsten Saison war ich zu alt für die Jugendmannschaft und Coventry lieh mich an andere Vereine aus, um Erfahrungen auf höherem Niveau zu sammeln. Ich verbrachte drei Monate bei Oxford United, damals in der Second Division, der heutigen Championship, unter der Leitung von Ron Atkinson oder »Big Ron« (so nannte man ihn), der sich später einen Namen als Manager von Vereinen wie Manchester United machte und auch als brillanter Fußballkommentator mit seinen »Ronismus«-Phrasen bekannt wurde. Er kreierte Redewendungen wie »get at them early doors«, was bedeutet, den Gegner von Anfang an richtig hart anzugehen und gleich mal ein Tor zu schießen. Keine Ahnung, was »Türen« (doors) damit zu tun haben. Die Redewendung benutzte er schon in Oxford. Seine Fernsehkarriere wurde durch den Mob der politischen Korrektheit zerstört. Er machte eine vermeintlich rassistische Bemerkung, als er dachte, das Mikro wäre abgeschaltet. Die Tyrannei politischer Korrektheit kennt kein Pardon und lässt keinen Fehler durchgehen. Sie müssen einen zerstören. Dafür sind sie da. Ich sagte, diese Bemerkung sei »vermeintlich rassistisch« gewesen. Sie war zwar, gelinde gesagt, alles andere als nett, aber ich kannte Ron Atkinson über viele Jahre hinweg von mehreren Fußball- und Fernseh-Begegnungen da und dort und er war alles andere als ein Rassist. Im Gegenteil! Er war es, der schwarzen Spielern zum großen Durchbruch verhalf, als er West Bromwich Albion managte und ein Team um sie herum aufbaute. Nichts von alledem spielte noch eine Rolle. Der Mob der politischen Korrektheit verzehrt sich in einem trügerischen Gefühl der Selbstgerechtigkeit und sobald er Blut riecht, muss er es auch schmecken. Reißen Sie den Selbstgerechten die Maske herunter, und Sie werden immer feststellen, dass sie all das, wogegen sie wettern, selbst sind.

Oxford United blieb mir auch deshalb gut in Erinnerung, weil sie mir den Daumen brachen und dafür sorgten, dass mein rechter Knöchel grundlos anschwoll. Im Gegensatz zu meinem linken Knie war es diesmal schmerzhaft – *sehr* schmerzhaft. Was zum Teufel? Was war da los? Die Schwellung wollte nicht zurückgehen und ich fuhr wieder mal nach Coventry, um mich behandeln zu lassen. Ich versuchte weiterzumachen und wurde als Ersatztorwart ausgewählt, als die erste Mannschaft von Coventry auswärts bei Bayern München in einem europäischen Wettbewerb mit Fußballlegenden wie Franz Beckenbauer und Gerd Müller im Team spielte. Coventry verlor 6:0 und es wären 20:0 gewesen, wenn ich auf dem Platz gestanden hätte. Ich hatte starke Schmerzen und mein Knöchel war bandagiert. Dann beruhigte er sich wieder ein wenig, obwohl er immer noch geschwollen war, und ich ging auf Leihbasis zu Northampton Town, wo ich eine

Schwäche im linken Knie spürte, aber keine echten Schmerzen hatte. Ich kehrte nach Coventry zurück und sie dachten, es müsse ein Knorpelschaden sein. Man operierte mich und es war nicht der Knorpel. Inzwischen war auch mein linker Ellbogen ohne ersichtlichen Grund geschwollen.

»Es ist vorbei, mein Sohn« (He, mal langsam!)

Das Unvermeidliche geschah und ich bekam die Diagnose, dass ich wahrscheinlich rheumatoide Arthritis habe und meine Karriere vorbei ist. Ich war gerade einmal neunzehn Jahre alt. Was mit den großen Stiefeln in Whitehall begann, hatte jetzt ein Ende gefunden, so schien es zumindest. Natürlich war ich am Boden zerstört. Das Schlimmste war, zurück nach Leicester zu fahren, um es meinem Vater zu sagen. Er hatte ein sehr herausforderndes Leben hinter sich und ich wusste, was es ihm bedeutete, dass ich so erfolgreich meinen eigenen Weg gefunden hatte. Er kam mir von der Uhrenfabrik Gents entgegen, zu der ich als Kind immer mit meiner Mutter gegangen war, um am Donnerstagmittag den Wochenlohn abzuholen. Es war ein furchtbarer Moment. Mein Vater hatte die unangenehme Eigenschaft, nach einer Enttäuschung seine Wut und Frustration an jemandem auszulassen, und diesmal war ich derjenige. Dadurch zerbrach unsere Beziehung auf Jahre hinaus, und selbst als sie wieder geflickt war, wurde sie nie mehr wie früher. In dieser Zeit lernte ich Linda kennen, die ich innerhalb weniger Monate nach unserer ersten Begegnung heiratete und die für die nächsten neunundzwanzig Jahre meine Frau sein sollte (siehe Abbildung 21). Sie ist immer noch eine großartige Freundin, wohnt in der Nähe und hilft mir in vielerlei Hinsicht, so dass ich mich zu einhundert Prozent auf meine Arbeit konzentrieren kann. Wir haben drei Kinder, Kerry, Gareth und Jaymie, die alle für die Freiheit einstehen und mir eine enor-

Abb. 21. Eheschließung mit Linda am 30. September 1971, nur vier Monate nach unserer Begegnung.

me Unterstützung sind. Ich fand in Linda jemanden, der mir die dringend benötigte Wärme und Liebe gab. Meine Fußballkarriere war vorbei, mein Vater hatte mich praktisch zu Hause rausgeschmissen und ich hatte nicht einmal mehr einen Platz zum Schlafen. Linda lebte in Leamington Spa, nicht weit von Coventry entfernt, war ein Fan von Coventry City und hatte die Spiele um den FA Youth Cup an der Highfield Road mitverfolgt. Sie half mir, eine Pension in Leamington zu finden, wo ich eine Woche lang wohnen konnte, und anschließend eine richtige Wohnung. Lustigerweise war unser Hausarzt in Leamington kein anderer als Vernon Coleman, der fast fünfzig Jahre später eine der führenden Stimmen in Großbritannien wurde, die den »Covid«-Schwindel aufdeckten. Wir teilten uns 2021 die Bühne bei einer großen öffentlichen Kundgebung auf dem Londoner Trafalgar Square.

Und wie sollte es nun weitergehen? Ungefähr zu dieser Zeit rief mich John Camkin an, Direktor bei Coventry City und Inhaber einer Reisebürokette, die ihren Hauptsitz ausgerechnet in Leamington Spa hatte. Er fragte mich, was ich vorhatte, und ich sagte, dass ich immer noch entschlossen wäre, weiter zu spielen, sobald sich meine Gelenke beruhigt hätten. John war ein ehemaliger Sportjournalist bei überregionalen Zeitungen, arbeitete manchmal als Fernsehkommentator und hatte eine Menge Kontakte im Fußball. Er bot mir einen Job in seinem Reisebüro an – ich war furchtbar als Verkäufer – und sagte, er würde sich bei ein paar Fußballvereinen umhören. Und so ergab sich ein Angebot von einem großen Fußballer, John Charles, der damals Manager eines semiprofessionellen Vereins, Hereford United, war (siehe Abbildung 22). Der große (nein, kolossale) John war als »sanfter Riese« bekannt und galt in Italien, wo er für Juventus gespielt hatte, als Legende. Ich habe für Hereford gegen ihn gespielt, als er zu einem anderen Verein wechselte, um dort zu spielen und zu managen, und er war auch mit über vierzig Jahren noch ein harter Brocken. John war ein toller Kerl, viel zu nett, um Fußballmanager zu sein, obwohl er mir einmal ein Wrack von einem »Auto« verkauft hat, von dem regelmäßig Teile abfielen wie von einem Clownsauto im Zirkus. Der Rost hielt es zusammen, na ja, die meiste Zeit über. Hereford spielte in der Southern League, einer Liga außerhalb der Profi-Ligen, in der ein paar Mal in der Woche, wenn möglich, trainiert und auch gespielt wurde. Die Spieler finanzierten sich durch andere Jobs, so wie ich im Reisebüro, bis ich wegen meiner Untauglichkeit selbst kündigte. Dieser Job bestätigte meinen Instinkt, dass ich niemals einen »richtigen Job« ausüben könnte. Meine Langeweile-Schwelle war viel zu niedrig.

John Charles verließ Hereford ein paar Monate nach meinem Eintritt und wurde durch Colin Addison ersetzt, der sich als Spielermanager einen Namen machte und den Verein zu einem historischen FA-Cup-Erfolg führte, zu dem auch der berühmte

Abb. 22. Die Mannschaft von Hereford United, als ich zum ersten Mal mitmachte und versuchte, meine Karriere trotz meiner Arthritis zu retten. Ganz links in der ersten Reihe sieht man den großartigen John Charles.

Sieg über den Erstligisten Newcastle United im Jahr 1972 gehörte. Ich war zu Beginn der Saison in der Mannschaft gewesen und verlor meinen Platz durch eine einmonatige Verletzung. Leider konnte ich meinen Platz für die Pokalrunde nicht zurückerhalten. In der folgenden Saison stieg Hereford in die Profiliga auf und ich wurde wieder Vollzeitprofi. Meine Gelenke hatten sich beruhigt. Die Schwellungen waren immer noch da, aber ich hatte keine Schmerzen mehr – vorerst. Die Saison verlief genau umgekehrt wie die vorherige. Ich wurde aus der Mannschaft herausgenommen und bekam dann früh meinen Platz zurück, den ich bis zum Ende behielt, als wir in unserer ersten Profisaison den Liga-Erhalt schafften.

Wenn ich zurückblicke, scheine ich immer in erfolgreichen Teams gespielt zu haben, von der ersten Mannschaft in Whitehall bis hin zu Hereford. Wir spielten zu Hause in einer wunderbaren Atmosphäre, in der jede Woche Schilder mit der Aufschrift »Tickets ausverkauft« aufgehängt wurden, denn damals war der Fußballverein so ziemlich für die ganze Stadt der Mittelpunkt der Aufmerksamkeit. »Hereford United, wir alle lieben dich« lautete das Vereinslied – und so war es wirklich (siehe Abbildung 23

Abb. 23. Bei Hereford United im Alter von zwanzig Jahren, als wir in unserer ersten Saison in der Profi-Fußballliga den Aufstieg schafften.

Abb. 24. Karikatur in der Lokalzeitung des in Westengland gelegenen Hereford.

und Abbildung 24). Meine Karriere hatte neu begonnen, nachdem alles verloren gewesen zu sein schien. Ich war erst zwanzig Jahre alt und spielte in einer Erstliga-Profimannschaft, was für einen so jungen Torwart selten war. Damals kassierte ich die zweitwenigsten Gegentreffer in allen vier Spielklassen der englischen Football League. Außerdem hatte ich die wenigsten Gegentore pro Spiel aller Torhüter in der Geschichte von Hereford United kassiert, ein Rekord, der laut der Lokalzeitung immer noch besteht (siehe Abbildung 25). In meiner Welt war alles in Ordnung. Ich war wieder auf dem richtigen Weg. Na ja, vielleicht nicht ganz.

Es gab eine dunkle Seite, die nur Linda und ich kannten. Hereford ist die Heimat der SAS, der Eliteeinheit Special Air Services der britischen Armee, die einen Stützpunkt außerhalb der Stadt in einem Ort namens Credenhill hatte. Für die damalige Zeit hatten sie ganz erstklassige Sporteinrichtungen und Sportplätze und wir haben dort jeden Tag trainiert. Kaum vorstellbar, dass das heute erlaubt wäre, aber dies war lange vor 9/11 und dem vorgetäuschten »Krieg gegen den Terror«. Mit fortschreitender Saison kamen jedoch die kalten Morgen – und meine Arthritis kehrte mit voller Wucht zurück. Ich konnte es dem Verein nicht sagen, sonst hätten sie sich nach einem neuen Torwart umgesehen. Ich spielte gut, also war es zunächst auch nicht weiter offensichtlich, dass ich ein Problem hatte, zumindest jeden Morgen in Creden-

Abb. 25. Den Ball über die Latte gelenkt. Zu den Spielen von Hereford kamen so viele Zuschauer, dass sie am Spielfeldrand sitzen mussten, wie im Hintergrund zu erkennen ist. Stellen Sie sich vor, was los wäre, wenn das heute jemand täte.

hill beim Aufwärmen. Meine Gelenke waren steif und schmerzten, bis sie warm waren. Jeden Tag wachte ich mit der Gewissheit auf, dass ich bald mindestens eine halbe Stunde mit manchmal unerträglichen Schmerzen zu tun haben würde. Ich erfand jede Menge Ausreden für mein Hinken – »Oh, ich habe mir etwas gezerrt« oder »Ich glaube, ich habe mir eine Blase gelaufen«. Es war stets die gleiche Ursache – die Arthritis in meinen Knien (mittlerweile in beiden) und in meinen Knöcheln. »Mit dir stimmt immer irgendwas nicht, Ickey«, sagten die anderen Spieler, aber ich lachte es weg, obwohl ich dabei dachte: »Wenn du wüsstest!« Erstaunlicherweise verspürte ich in den eigentlichen Spielen nie Schmerzen, was mir unerklärlich erschien. Ich kann Ihnen versichern, wenn Sie in jemandem die absolute Entschlossenheit wecken wollen, nicht aufzugeben, dann lassen Sie ihn sich an kalten oder eisigen englischen Morgen mit rheumatoider Arthritis aufwärmen, damit er Profifußballer bleiben kann. Das dürfte reichen.

In dieser Saison kam es zu einem Vorfall, der mir einen starken Einblick in die Tatsache verschaffte, dass die Realität, die wir zu sehen glauben, nicht alles ist, was es gibt. Ich war schon mein Leben lang offen dafür gewesen, aber dies war meine erste direkte Erfahrung. Wir spielten ein Pokalspiel gegen Barnet im alten Underhill Stadion im Norden von London. An diesem Abend war es brechend voll und es herrschte eine unglaubliche Atmosphäre. Ich erinnere mich noch, dass der Ball etwa fünfzehn Meter vor dem Tor bei einem Spieler von Barnet landete und er ihn mit unglaublicher Kraft sofort traf. Als Torhüter denkt man oft, dass der Ball drin ist, wenn so auf das Tor geschossen wird, und dann kann man ihn doch noch irgendwie abwehren. Dies war ein solcher Fall. Ich sah in Echtzeit, wie der Ball den Fuß des Spielers verließ, aber dann lief alles wie in Zeitlupe ab. Das Stadiongeschrei wurde zur Stille, als ich mich nach links in Richtung des Balls bewegte. Ich hob vom Boden ab, als der Ball in die linke obere Ecke flog – alles in Zeitlupe und ohne Ton. Ich wölbte meinen Kopf zurück und sah, wie meine rechte Hand den Ball berührte und ihn gerade so weit ablenkte, dass er ein paar Zentimeter über die Latte ging. In dem Moment, in dem ich den Ball berührte, beschleunigte sich alles wieder auf die normale Geschwindigkeit und die Geräusche der Zuschauer kamen zurück, als hätte ich die Stummschalttaste gedrückt. Als ich landete und meine Mannschaftskameraden herbeieilten, um mir zuzurufen: »Toll gerettet, Ickey«, lag ich nur da und dachte: »Was um Himmels willen ist gerade passiert?« Nun, vielleicht nicht gerade, »um Himmels willen«. Dieses Erlebnis hat mich nie verlassen und ich sehe es jetzt noch vor mir, während ich dies schreibe. Es war die beste Abwehr, die ich je gemacht habe. Verdammt, dachte ich, es gibt mehr Dinge zwischen Himmel und Erde, als meine Schulweisheit sich träumen lässt. O ja, ganz sicher.

Sich Nadeln setzen lassen

Ich suchte nach irgendetwas, um die Schmerzen und Schwellungen zu lindern, und da die Schulmedizin mich aufgegeben hatte, musste ich mich anderweitig umsehen. Nach dem vernichtenden Urteil in Coventry, das meine Karriere beendet sei, hatte man mir eine große Dose Indocin verschrieben und mich gewarnt, dass ich in meinen Dreißigern im Rollstuhl sitzen könnte, weil die Arthritis schon in jungen Jahren begonnen hatte. Darauf hatte ich nur eine Antwort: »Das wird auf keinen Fall passieren.« Ich fragte nach, ob das Indocin die Arthritis heilen würde. Nein, sagte man mir, es würde nur die Schmerzen lindern. Na gut, dann können Sie es behalten, dachte ich. Schon in diesem frühen Alter war ich dank meines Vaters äußerst skeptisch gegenüber Pharmaunternehmen und ihren Produkten. Und das war richtig so. Später las ich, dass Indocin und ähnliche nichtsteroidale Entzündungshemmer mit anderen Handelsnamen alles andere als gut für die Gesundheit sind:

> »Nichtsteroidale Antirheumatika (NSAIDs) verursachen ein erhöhtes Risiko für schwerwiegende kardiovaskuläre Thrombosen, einschließlich akutem Herzinfarkt

und Schlaganfall, die tödlich sein können. Dieses Risiko kann zu Beginn der Behandlung auftreten und mit der Dauer der Einnahme zunehmen ... NSAIDs verursachen ein erhöhtes Risiko für schwerwiegende gastrointestinale unerwünschte Ereignisse, einschließlich Blutungen, Geschwüren und Perforationen des Magens oder des Darms, die tödlich sein können. Diese Ereignisse können jederzeit während der Einnahme und ohne Warnsymptome auftreten.«

Ich habe diese Medikamente als Neunzehnjähriger verschrieben bekommen und nichts über die möglichen Auswirkungen oder die Liste anderer unerwünschter Nebenwirkungen erfahren, die so lang ist, dass sich einem die Nackenhaare sträuben. Hätte ich sie genommen, wäre ich schon lange tot, ermordet von Big Pharma und dem Arzt, der mir die Einnahme empfohlen hatte, ohne sich um die Auswirkungen zu kümmern oder mich auch nur zu warnen. Doch kurz nachdem wir uns 1971 kennengelernt hatten, erzählte mir Linda, dass sie einen Artikel über einen Mann in Kenilworth, unweit von Leamington Spa, gelesen hatte, der Menschen mit etwas heilte, das sich Akupunktur nennt. Ich ging zu ihm und es stellte sich heraus, dass er von meiner Arthritis-Geschichte in der Lokalzeitung gelesen hatte.

Ich hatte nicht nur einen Akupunkturarzt gefunden – ich hatte Professor J. R. Worsley (1923-2003) gefunden. Er gilt heute als »allgemein anerkannter Begründer und Hauptlehrer der Fünf-Elemente-Akupunktur in der modernen Welt, der dieses Medizinsystem in den Westen brachte«. Er und die anderen fähigen Menschen in seiner Praxis haben dafür gesorgt, dass ich in den Jahren in Hereford trotz aller Widrigkeiten Fußball spielen konnte. Ich weiß noch genau, wie ich mir an einem Donnerstagmorgen, zwei Tage vor einem Spiel, im Training das Handgelenk verletzte und mir gesagt wurde, dass ich nie rechtzeitig fit werden würde, um zu spielen. Ich verließ das Training und fuhr die über einhundert Kilometer nach Kenilworth, um mir ein paar Nadeln ins Handgelenk setzen zu lassen. Ich war schon immer offen gewesen für andere Wege, Dinge zu tun, und misstrauisch gegenüber jeder Art von Autorität. Und ich interessierte mich sehr für die Akupunktur, die mir eindeutig half, während die Schulmedizin es nicht konnte. Ich las, warum sie funktionierte, und hörte mir die Erklärungen von Professor Worsley im Laufe der Behandlungen an.

Der Körper ist ein Energiefeld (Information) und die Akupunktur harmonisiert dessen Fluss mit ihren hauchdünnen Nadeln. Das war eine andere Sichtweise auf die Welt, für die sich mein Geist nun öffnete. Die Arthritis war zwar schmerzhaft, aber sie gab mir auch viele Geschenke, nicht zuletzt entwickelte ich dadurch eine unerschütterliche Entschlossenheit. Akupunktur ist nur ein perfektes Beispiel dafür, wie die Unterdrückung von Wissen dazu führt, dass man nicht weiß, was möglich ist. Die Leute sagen, dass man sich keine Nadel in den Fuß stechen kann, um Kopfschmerzen zu heilen. Ihre Fünf-Sinne-Körper-Geist-Myopie nimmt nur Punkte wahr und kann nicht erkennen, wie der Fuß und der Kopf miteinander verbunden sind. Nun, sie sind es, weil das Körperfeld von Energieströmen durchdrungen ist, die Meridiane genannt werden, und diese in Kreisläufen funktionieren, von denen einige durch den Fuß und den Kopf verlaufen. Wenn eine Blockade oder eine Störung des Energieflusses im Fuß weiter oben im Kreislauf zu Kopfschmerzen führt, nützt es wohl nichts, die Nadel in den Kopf zu stecken. Oh, sagen die fünf Sinne, das habe ich nicht gewusst. Nein. Die wissen so gut wie nichts über irgendetwas, das ist das Problem.

»Es ist vorbei, mein Sohn«
(Okay, diesmal war es das ...)

Das Ende meiner Fußballkarriere kam ironischerweise zwischen den Spielzeiten im Sommer 1973. In den letzten Wochen der vergangenen Saison waren die Schmerzen verschwunden und ich konnte mich tatsächlich jeden Morgen fast normal aufwärmen. Die frühlingshaften Temperaturen hatten geholfen, aber es war mehr als das. Ich war gerade einundzwanzig Jahre alt geworden und hatte einen neuen Vertrag bei Hereford unterschrieben, als das Ende kam. Ich ging eines Abends ins Bett, schaute zu meinem linken Knie hinunter und stellte fest, dass es zum ersten Mal seit dem Schlag auf den Oberschenkel im Jahr 1968 nicht mehr geschwollen war.

Mein Gott, ich habe es geschafft, dachte ich, es ist weg!

Am nächsten Morgen wachte ich im Halbschlaf auf und stellte fest, dass ich weder atmen noch mich bewegen konnte. Ich versuchte, Linda, die neben mir lag, anzustupsen. Doch nichts geschah. Ich war wie erstarrt. Die entsetzliche Angst stieg in mir auf, dass ich sterben würde, bis ich schließlich nach Luft schnappte und sofort das Gefühl in meinen Körper zurückkehrte – ein Gefühl, als würde man mir Messer in jedes einzelne Gelenk rammen. Ich war als Profifußballer ins Bett gegangen und wachte auf, um nie wieder zu spielen. Linda musste mir in den ersten drei Tagen sogar auf die Toilette helfen. Kein unteres Gelenk ließ sich mehr bewegen und wenn ich es doch versuchte, war der Schmerz unerträglich. Ich hoffte, dass es sich wieder beruhigen würde, bevor in ein paar Monaten die nächste Saison begann.

Es wurde zwar besser, aber nie genug, um zu spielen. Der Arzt im Clubkrankenhaus riet mir, mit dem Spielen aufzuhören. Das brauchte man mir nicht zu sagen, denn ich *konnte* zu diesem Zeitpunkt einfach nicht mehr spielen. Als ich versuchte, mit dem Vorsaisontraining zu beginnen, waren die Schmerzen zu stark und ließen sich nicht mehr verbergen. Der Manager Colin Addison bat mich, ihn mittags in seinem Büro zu treffen, eine Stunde bevor ich den Bescheid aus dem Krankenhaus erhielt. Was folgte, war ein bizarrer gegenseitiger Austausch, in dem er mir sagte, dass ich mich im Training nicht genug anstrenge (klar, ich hatte ja Schmerzen) und ich ihm sagte, dass meine Karriere vorbei sei. Es dauerte eine Weile, bis er mir zuhörte.

Später sollte ich auf mein Leben zurückblicken und feststellen, dass immer, wenn eine Tür zuging, sich eine andere öffnete. Sobald sich eine Tür schloss, tat sich eine neue auf, sobald etwas endete, begann etwas anderes, völlig übergangslos. Jahrelang schien alles reiner Zufall gewesen zu sein. Später wurde mir klar, dass etwas anderes dahintersteckte. So auch diesmal: Die Lokalzeitung von Hereford brachte einen Aufmacher über das Ende meiner Karriere und ich wurde gebeten, mich live in der Fernsehsendung *ATV Today*, die über die Region Hereford berichtete, in Birmingham interviewen zu lassen. Der Interviewer war ein bekannter Sportmoderator, Gary Newbon, und er sprach mit mir, der seine Karriere gerade beendet hatte, und mit dem Kricketspieler Mike Hendrick, der soeben eine Laufbahn als englischer Bowler begann. Das Interview war Teil der Vorabendnachrichten und wir drei schlichen auf Zehenspitzen ins Studio, während die Nachrichten verlesen wurden.

Gary Newbon ging auf und ab, und ich schaute mich nach den Moderatoren, Kameras und Scheinwerfern um und spürte die knisternde Spannung in der Atmosphäre. Ich weiß noch, dass ich dachte: »Ickey, das ist was für dich, Junge.« Ich machte das Interview und fragte Newbon danach, wie ich zum Fernsehen kommen könnte. Er meinte, das liefe normalerweise über Zeitungen oder das Radio. Während der Heimfahrt erzählte ich Linda, dass ich beim Fernsehen arbeiten wolle, und setzte mir das Ziel, eine BBC-Sport-Sendung namens *Grandstand* [»Haupttribüne«, vergleichbar mit der ARD-Sportschau] zu moderieren, die den gesamten Samstagnachmittag und später auch den Sonntag umfasste. Die beiden Hauptmoderatoren waren Frank Bough und David Coleman. Coleman hatte ich zum ersten Mal als Kind in den späten 1950er Jahren die Sendung moderieren sehen.

Für die meisten Menschen wäre das ein völlig absurdes Ziel gewesen. Aber ich hatte mir als damals Zehnjähriger vorgenommen, professioneller Torwart zu werden, was damals nur 92 Personen in den ersten Profimannschaften jeden Samstag gelang – und es hatte geklappt. Jetzt wollte ich eine Fernsehshow moderieren, die während ihrer gesamten Laufzeit zwischen 1958 und 2007 nur von einer Handvoll Menschen moderiert worden war.

Da kam mir der Direktor von Coventry City, John Camkin, gerade recht. Er rief mich an und fragte mich, was ich jetzt machen wolle. Ich sagte ihm, dass ich Journalist werden wollte, um dann zum Fernsehen zu gehen. Er sagte, er würde mit ein paar Leuten sprechen, die er aus seiner eigenen Zeit bei Zeitungen und Fernsehen kenne. Ich hatte den Journalismus schon immer als zweites Standbein im Kopf gehabt, da ich von klein auf Tages- und Sportzeitungen verschlungen hatte, besonders die Berichterstattung über die Spiele von Leicester City durch Laurie Simpkin, einen Redakteur des örtlichen *Leicester Mercury*. Er vermittelte mir später einen Job bei der Zeitung, was eine weitere bemerkenswerte Synchronizität darstellte. John Camkin kam mit einem Angebot eines alten Freundes von der Londoner *Daily Mail* auf mich zu, der ein Journalismus-College in Harlow, Essex, leitete, an das die Zeitungen in den Midlands und im Süden Englands ihre jungen Journalisten zur Ausbildung schickten. Sein Name war Bill Hicks, ein Namensvetter des brillanten und spirituell tiefgründigen amerikanischen Komikers, und er sagte, dass er mich allen Zeitungen, mit denen er zusammenarbeitete, empfehlen würde, wenn ich nach Harlow käme und die Aufnahmeprüfung für sein College bestehen würde. Ich bestand und er hielt sein Wort. Nur zwei Zeitungen meldeten sich, der *Kent Messenger* und, wie es der Zufall wollte, der *Leicester Advertiser*, der zur Leicester-Mercury-Gruppe gehörte. Das mangelnde Interesse hatte zwei Gründe. Damals galten alle Fußballer als dumm (siehe »Journalisten« heute) und ich hatte keinerlei Bildungsabschluss, nachdem ich mit fünfzehn die Schule verlassen hatte, um Fußball zu spielen. Der Universität kam ich am nächsten, als ich für Oxford United spielte, und von angehenden Journalisten wurde immer erwartet, dass sie einen Universitätsabschluss haben, als ob das irgendwie für grundlegende Intelligenz sorgen würde. Das ist nicht der Fall. Es bedeutet, dass Sie ein ausreichend gutes Gedächtnis haben, um das, was Ihnen gesagt wurde, in einer Prüfungsarbeit zu wiederholen. Angeborene Intelligenz, die nicht gelehrt werden kann, ist etwas ganz anderes, und die heutige Form von sogenanntem »Journalismus« im Mainstream lässt diese Intelligenz fast völlig vermissen. Die Branche verlangt jetzt willfährige Klone, keine von Natur aus intelligenten Menschen, die der Wahrheit um der Wahrheit willen nachgehen.

Die Grundlagen des Journalismus sind, wie das Schreiben im Allgemeinen, nicht schwer. Beim Schreiben von Büchern zum Beispiel geht es einfach darum, über das geschriebene Wort ein Gespräch mit dem Leser zu führen. Richtiger Journalismus bedeutet, den Menschen zu sagen, was sie wissen müssen, und die Fragen zu stellen, die die Öffentlichkeit gerne stellen würde, aber nicht stellen kann. Zu diesen Fragen gehören: Was ist passiert, warum, wie, wann und wer war daran beteiligt? Der heutige Fake-Journalismus kann Ihnen manchmal sagen, was passiert ist (wenn Sie wirklich Glück haben und nicht die übliche Umkehrung erfolgt). Er sagt Ihnen aber nicht, *warum* es passiert ist, in Bezug auf den tatsächlichen Kontext und die Auswirkungen. Außerdem erfahren Sie in den meisten Fällen, besonders bei wichtigen Themen und gesellschaftlichen Veränderungen, nicht, wer wirklich für die Geschehnisse hinter den Kulissen verantwortlich ist. Für unsere Fake-Journalisten gibt es kein »Hinter den Kulissen« und auch keine Manipulationen im Verborgenen. So etwas ist immer gleich eine »Verschwörungstheorie«, egal wie viele Beweise es dafür gibt. Der heutige Journalismus ist eine Propagandamaschine, eine Operation zur Manipulation der Massenwahrnehmung, nichts weiter. Die »Covid«-Ära hat dies zweifelsfrei bewiesen. Mehr noch, die journalistischen Fälschungen zielen darauf ab, diejenigen in den alternativen und unabhängigen Medien zu dämonisieren und zu unterdrücken, die noch daran arbeiten, die Wahrheit aufzudecken. Wie die Fälscher nachts schlafen können, ist mir schleierhaft, aber angesichts ihres Mangels an Integrität und Selbstbewusstsein vermute ich, dass »wie ein Baby« die richtige Antwort sein könnte.

Der *Leicester Advertiser* bot mir die Stelle an, weil niemand sonst sie haben wollte. Die Zeitung berichtete über Leicestershires plattes Land, wo kaum jemand lebte. Alle städtischen Gebiete hatten ihre eigene Zeitung, alles andere deckte der *Advertiser* ab. In dem Gebiet gab es mehr Schafe als Menschen. Ich ging zu Dorfläden, Postämtern und dem örtlichen Pfarrer, um »Nachrichten« zu sammeln. Oh, Sie verkaufen auch Gebrauchtwaren? Es gibt ein Konzert in der Dorfhalle? Schnell – halten Sie die die Druckerpresse an! Kurz nachdem ich angefangen hatte, als Reaktion auf einen Bergarbeiterstreik Kohlevorräte zu horten, kam es in Großbritannien zu einer Drei-Tage-Arbeitswoche. Ich nahm an einer Gemeinderatssitzung teil, bei der der große Saal geschlossen war und alle um einen Gasofen in der winzigen Küche saßen und über das Dorfgeschehen diskutierten. Noch wenige Monate zuvor war ich bei Hereford United unter dem Gejohle der Menge, die meinen Namen skandierte, in mein Tor gerannt, und jetzt saß ich in einer Dorfküche und hörte mir Diskussionen über Straßenlaternen an. Ich will den Journalismus auf diesem Niveau nicht schlecht machen. Er ist in jeder Demokratie notwendig, und viele Lokalzeitungen sind seither leider systematisch zerstört worden. Aber diese Arbeit entsprach einfach nicht meiner Vorstellung von einem Journalisten, der sich für Kampagnen einsetzt. Trotzdem, hallo, es war ein Anfang! Mein Blick war fest auf die *Grandstand*-Moderation gerichtet, wie fern sie auch liegen mochte. Meine Besuche bei Postämtern, Pfarrern und örtlichen Lebensmittelläden waren mehr

Kuhstall als Watergate, und wenn die Druckauflage des *Leicester Advertiser* ein Mensch gewesen wäre, hätte er an einer Herz-Lungen-Maschine gehangen. Der *Advertiser* war eine Steuerabschreibung für den *Leicester Mercury* und nicht viel mehr. Das war die unterste Sprosse der untersten Leiter und ich musste hier raus!

Ich begann, samstags für eine lokale Nachrichtenagentur, die einem echten Original, Roland Orton, gehörte, Radioberichte über Spiele von Leicester City zu machen. Schon bald bot er mir einen Job in seinem Büro an – auf derselben Etage wie *BBC Radio Leicester*. Aufgrund meiner Nähe und meines Fußballhintergrunds wurde ich Reporter für die Spiele von Leicester City – meine erste, wenn auch unbedeutende Arbeit für die BBC. Dies geschah neben meiner Tätigkeit für Rolands Nachrichtenagentur in Leicester, die ihre Nachrichten und Sportberichte an lokale und nationale Zeitungen und Radiosender verkaufte. Das war ein großer Schritt nach oben gegenüber den Dorfläden. Meine erste Fußballreportage mit Roland machte ich für *BRMB Radio* in Birmingham, für das ich ein paar Jahre später arbeiten sollte.

Bei der Nachrichtenagentur war man fast rund um die Uhr auf Abruf und ich war der einzige feste Reporter, nur ein oder zwei andere kamen und gingen. Ich wollte die berechenbareren Arbeitszeiten einer Zeitung mit festen Schichten und hatte ein Auge auf den *Leicester Mercury* geworfen. Bei der Hauptzeitung konnte man mir nichts anbieten, aber bei einer ihrer anderen Zeitungen, dem *Loughborough Monitor*, war eine Stelle frei. Ich nahm die Stelle an, in der Hoffnung, dass sich irgendwann etwas beim *Mercury* ergeben würde, was schließlich auch der Fall sein sollte.

Loughborough liegt im Norden von Leicestershire und ich lebte südlich von Leicester in dem Dorf Croft. Linda und ich waren ziemlich pleite und versuchten, eine Hypothek abzuzahlen. Als unser Auto buchstäblich auseinanderfiel (wie das, das John Charles mir verkauft hatte), bestand meine Zeit beim *Monitor* darin, noch vor Sonnenaufgang aufzustehen, einen knappen Kilometer zum Bus zu laufen, der zum nächsten Bahnhof fuhr, einen Zug nach Leicester zu nehmen, in einen Zug nach Loughborough umzusteigen und dann quer durch die Stadt zu den *Monitor*-Büros zu laufen – und das alles vor 9 Uhr morgens. Ich arbeitete die Mittagspause durch, um mich eine Stunde früher auf den umgekehrten Weg machen zu können. Glückliche Tage. Und schließlich kam der *Mercury*-Job, er wurde mir von Laurie Simpkin angeboten. Ich verbrachte dort zwei tolle Jahre und lernte das Handwerk von Grund auf.

Seltsam war, dass ich trotz der ganzen Zeit, die ich zwischen dem *Advertiser* und dem *Mercury* in und um Leicester lebte und arbeitete, nicht ein einziges Mal einem der Jungs begegnete, die ich von meinen drei verschiedenen Schulen kannte, obwohl mich der *Mercury*-Job ständig durch die ganze Stadt führte. Ich wohnte weiterhin in Croft und verbrachte viel Zeit in Leicester, bis ich meinen nächsten Job bei BRMB in Birmingham annahm. Trotzdem habe ich nie jemanden wiedergesehen.

Treibende Kraft

Während meines gesamten Lebens vor 1990 hatte ich einen unstillbaren inneren Antrieb, der mich beharrlich sein ließ. Zuerst wollte ich trotz meiner Arthritis Torwart bleiben und danach das Ziel erreichen, *Grandstand* zu moderieren. Dieser unermüdliche Drang ließ mich nirgendwo lange verweilen und so sehr ich die Arbeit beim *Mercury* auch mochte, bewarb ich mich schließlich erfolgreich bei BRMB, um als Radiojournalist in der Nachrichtenredaktion in Birmingham in den alten ATV-Fernsehstudios in Aston neben der Ansells-Brauerei und der HP-Soßenfabrik zu arbeiten. Wenn Sie die aromatische Mixtur aus Bier und brauner Soße morgens um 6 Uhr nach einer durchwachten Nacht noch nicht in der Nase hatten, haben Sie nicht gelebt. Ich arbeitete dort zwei Jahre, um zu lernen, wie man Rundfunksprecher wird, mit einer Unterbrechung mittendrin, nachdem John Camkin und Jimmy Hill, der kurzzeitig mein erster Manager bei Coventry City war und jetzt ein berühmter Fußballsprecher und Experte ist, wieder mal eingriffen.

Sie hatten den Auftrag erhalten, den Fußball in Saudi-Arabien zu verbessern, und John wollte mich als Teil des Teams haben. Es gab dafür viel mehr Geld, als ich als Journalist selbst mit einem großen Coup verdient hätte. Der Vertrag, der mir angeboten wurde, lief über zwei Jahre, aber aufgrund der verrückten saudischen Anti-Frauen-Gesetze durften mich weder meine Frau noch meine Familie begleiten. Zu diesem Zeitpunkt war Kerry bereits geboren und das war natürlich ein wichtiger Faktor. Ich hatte es satt, pleite zu sein und alte Autos zu haben, die nicht funktionierten – ein ständiges Thema, seit ich die Schule verlassen hatte. Hier ergab sich endlich die Chance, da rauszukommen, und ich nahm den Job an. Aber ich hielt es nicht zwei Jahre, sondern nur acht Wochen aus. Fast von Tag eins an wollte ich nach Hause zurück. Saudi-Arabien war ein verrücktes Land mit verrückten Gesetzen, die von verrückten Menschen erlassen wurden. Einige der Menschen, die ich kennenlernte, waren liebenswert, wenn auch gänzlich von ihrer Religion beherrscht, während die Behörden und ihre Lakaien regelrecht durchgeknallt waren. Das gilt heute unter dem psychopathischen »Kronprinzen« Mohammed bin Salman noch mehr. All die Öl-Milliarden, die dem Volk von den faschistischen, falschen »königlichen« Familien gestohlen wurden, haben das Land nicht davor bewahrt, völlig am Rad zu drehen. Ich vermisste meine Familie. Scheiß auf das Geld. Es war mir nicht mehr wichtig. Ich wollte nur noch weg.

John Camkin sah, wie unglücklich ich war, und schlug mir vor, für eine Woche zum Nachdenken nach Hause zu fliegen. Er wusste genau wie ich, dass es keinen Rückflug geben würde, wenn ich erst einmal im Flugzeug nach Heathrow saß. In diesen zwei Monaten lernte ich jedoch Saudi-Arabien und seine Heucheleien aus erster Hand kennen, wie zum Beispiel den Alkohol, der heimlich für die Royals über Scheinfirmen wie Möbelimporteure geliefert wurde, während die strengen und extrem islamischen Gesetze von denselben hand- und kopfabhackenden »Royals« durchgesetzt wurden, die überhaupt keine »Royals« sind. Sie sind nicht-islamische Eindringlinge, wie auch in allen anderen »königlich« kontrollierten arabischen Ländern, einschließlich der Vereinigten Arabischen Emirate, Bahrain und Katar (siehe mein echt umfangreiches 9/11-Enthüllungsbuch *The Trigger*).

Der TV-Reporter

Eine weitere Synchronizität folgte, als ich nach Großbritannien zurückkehrte. Mein alter Job bei BRMB war nun besetzt, aber ein Mann, mit dem ich zusammengearbeitet hatte, war gerade dabei zu gehen, und es gab eine perfekt getimte Stelle für mich, um zurückzukehren. Wir hatten viel Spaß, besonders im Umfeld einer Gestalt in oft zu grellen Gebrauchtwagenverkäufer-Anzügen namens Tony Butler, der den Sport für den Sender präsentierte. Er war mir gegenüber misstrauisch. Er glaubte wohl, ich wollte seinen Job, obwohl das absolut das Letzte war, wonach mir der Sinn stand. Ich hatte nur *Grandstand* im Kopf, sonst nichts. Ich erinnere mich, dass Tony mich wütend anrief, als ich über ein Spiel aus dem Stadion von Coventry City berichtete. Ich war Nachrichtenjournalist und berichtete am Wochenende über Fußball. Das Stadion von Coventry war an jenem Tag nur spärlich besucht, die Zuschauer saßen verstreut auf der Betonterrasse. Ich beschrieb den Platz als einen Spotted Dick, der mit getrockneten Früchten gespickt ist, auch als Suet Pudding bekannt – in Coventry ein süßes Dessert mit Rosinen. Aber Dick hat noch eine zweite Bedeutung, nämlich »Pimmel«, und Tony Butler, der mich sofort anrief, um mir zu sagen, dass ich im Radio nicht »Pimmel« sagen dürfe, hatte von dem Dessert offenbar bisher nichts gehört. An die Slangbedeutung von »dick« musste ich denken, als ich den Hörer auflegte. Ich blieb noch ein weiteres Jahr bei BRMB, bis ich eine Stellenausschreibung als »Lokaljournalist« im BBC-Studio in Birmingham entdeckte, und zwar für eine Sendung namens *Midlands Today*, die ich schon als Kind angeschaut hatte. Ihre Moderatoren und Reporter wie Tom Coyne, Alan Towers und Geoffrey Green waren in den Midlands ein Begriff – und nun sollte ich zu ihnen stoßen, denn ich bekam die Stelle.

Abb. 26. In der Nachrichtenredaktion von Midlands Today. Ich war immer am Schaffen. Nach dem Motto: »Ich muss! Ich muss! Ich muss!«

Der Begriff »Lokaljournalist« wurde in der Stellenanzeige als Schreiben von Nachrichtentexten mit »gelegentlichen Auftritten vor der Kamera« definiert. Ich dachte mir: Genial! Ich wollte meinem Ziel, dem Fernsehen, näherkommen und würde bestimmt nicht im Hintergrund bleiben. Ich arbeitete jetzt für die BBC, die *Grandstand* produzierte. Da war keine Zeit, um das Tempo zu drosseln. Ich verbrachte meine Freizeit bis zum Ende der Kündigungsfrist bei BRMB in der Nachrichtenredaktion von *Midlands Today*, um so viel wie möglich zu lernen, bevor ich dort anfing. Und am Samstag meiner ersten Woche, als ich meinen BBC-Ausweis hatte, mit dem ich in jedes BBC-Gebäude gelangen konnte, fuhr ich nach London, um mir die Studio-Aufzeichnung von *Grandstand* anzusehen. Dabei lernte ich viele der Leute kennen, mit denen ich ein paar Jahre später zusammenarbeiten sollte, darunter den Moderator Frank Bough, dessen Charme und lockere Art ihn zu Recht zu einer Fernsehlegende machten. Er war an diesem Tag sehr nett zu mir. He, jetzt hatte ich es schon mal bis ins *Grandstand*-Studio geschafft und dabei wollte ich es nicht belassen.

Als ich bei *Midlands Today* anfing, bemerkte ich, dass, wenn die designierten Reporter am Morgen zu Terminen geschickt worden waren – die Ereignisse, von denen wir wussten, dass sie stattfanden –, jedes News-Ereignis, das außer der Reihe bekannt wurde, von einem der Lokaljournalisten abgedeckt werden musste. Mir fiel auch auf, dass wir oft während der Mittagspause auf diese Storys aufmerksam wurden. Ich begann, mir Sandwiches zu holen und allein im Newsroom zu sitzen, während alle anderen in die BBC-Bar gingen. Tag für Tag kam der Produzent zur Tür herein und fand mich allein in der Redaktion vor: »David, schnappen Sie sich ein Team, es gibt eine Story.« Sehr bald wurden aus »gelegentlichen Auftritten vor der Kamera« allabendliche Auftritte in der Sendung und ich wurde zum Vollzeitreporter umfunktioniert (siehe Abbildung 26). Ich meldete mich freiwillig für die Wochenendjobs und verbrachte mehrere Abende nach der Arbeit mit dem Moderator zur Aufrechterhaltung der Programmkontinuität, dem reizenden David Stevens, um an meinen Präsentationsfähigkeiten zu feilen. Das erinnerte mich an all die zusätzlichen Stunden auf dem Trainingsplatz, für die ich mich bei Coventry City entschieden hatte. Als ich zu Coventry kam, wurde ich gefragt, was ich erreichen wollte. Ich hätte sagen können, ein Spitzenspieler oder ein Spieler der ersten Mannschaft. Ich habe gesagt, dass ich der beste Torwart werden wollte, der je gelebt hat. So war ich. Enge Horizonte waren nicht mehr mein Ding, nachdem der kleine Junge mit den großen Stiefeln Geschichte war. Irgendetwas trieb mich immer an, in allem, was ich tat, der Beste zu sein. Allerdings galt das nicht für den Rest meines Lebens, ich war nicht zwanghaft besessen. Nur wenn ich etwas erreichen wollte, setzte ich alles daran, es zu schaffen. Das ist auch so geblieben, wenngleich heute auf eine viel entspanntere Art und Weise. Der Antrieb ist immer noch da, aber das »Ich muss, ich muss, ich muss« hat mit dem Alter und der Erfahrung nachgelassen.

Wieder einmal dachten die etablierten Moderatoren und Reporter von *Midlands Today*, die ich schon als Kind gesehen hatte, ich wollte ihnen den Rang ablaufen. Das galt besonders für Tom Coyne, der schon Angst davor hatte, dass die neue Reinigungskraft ihn als Moderator der Sendung ablösen könnte. Sein Auftreten vor und hinter der Kamera hätte nicht unterschiedlicher sein können, und das sollte ich bei vielen Fernsehleuten so erleben. Geoffrey Green, damals im fortgeschrittenen Alter, war besonders misstrauisch gegenüber dem jungen Hüpfer, als den er mich wahrnahm. Er war ein griesgrämiger alter Knacker, aber ich mochte ihn trotzdem. Wieder einmal hatten sie mich alle falsch eingeschätzt. Ich wollte weder ihre Jobs, noch wollte ich sie übergehen. Ich wollte *Midlands Today* so schnell wie möglich hinter mich bringen und nach London zu *Grandstand* weiterziehen. Ich blieb zwei Jahre (ein wiederkehrendes Thema bei mir) – jeweils zwei Jahre bei Hereford United, dem *Leicester Advertiser*, der Presseagentur von Leicester, dem *Leicester Mercury*, BRMB, *Midlands Today* und das Gleiche bei meinem nächsten Job als Sportmoderator für die landesweite, in London ansässige BBC-Sendung *Newsnight*, die heute noch läuft.

Der Job bei *Newsnight* wurde mir zur gleichen Zeit angeboten wie ein weiterer beim *Midlands-Today*-Konkurrenten *ATV Today*, der zu *Central News* wurde. Was für eine Synchronizität wäre das gewesen, wenn ich den ATV-Job angenommen und dieselbe Sendung im selben Studio moderiert hätte, in dem ich von Gary Newbon (der immer noch dort war) interviewt worden war, als meine Fußballkarriere endete – jenem Studio, in dem ich beschloss, dass das Fernsehen mein neues Ziel war.

ATV Today befand sich jedoch in Birmingham und *Newsnight* im BBC-Fernsehzentrum in London, von wo *Grandstand* ausgestrahlt wurde. ATV bot zwar deutlich mehr Geld, ich brauchte die BBC nur zu verlassen, aber das hatte keinerlei Einfluss auf meine Entscheidung. Die BBC war für mich *Grandstand* und das bedeutete mir mehr als Geld. Es war eine gute Entscheidung, ATV abzulehnen, denn kurz darauf kam das Angebot von *Newsnight*, das bald zu *Grandstand* führen sollte.

Der TV-Moderator

Seit ich Journalist geworden war, hatte ich mich auf Nachrichten spezialisiert, mit Sport als Beigabe hier und da, und bei *Newsnight* sollte es zum ersten Mal ganz um Sport gehen. Die Ereignisse begannen sich nun zu überschlagen. Nur wenige Monate nach meinem Wechsel vom regionalen Fernsehen zu *Newsnight*, wo die nationalen Fernsehproduzenten mich sehen konnten, erhielt ich einen Anruf im *Newsnight*-Büro: »Hallo, David, hier ist Martin Hopkins von *Grandstand*.« Mir stockte der Atem. *Grandstand!* Am Ende der Sendung, wenn um 17:45 Uhr immer die Fußballergebnisse eintrafen und die Zuschauerzahl ihren Höhepunkt erreichte, fasste ein Moderator namens Tony Gubba alle Spiele zusammen, über die *nicht* ein Reporter vor Ort berichtete, und ging die neuen Tabellenstände mit den Ergebnissen des Tages durch. Martin Hopkins, ein langjähriges Redaktionsmitglied von *Grandstand*, sagte mir am Telefon, dass Gubba bald für zwei Wochen abwesend sein würde, und wollte wissen, ob ich nicht für ihn einspringen wollte. Ich brauchte 0,1 Sekunden, um Ja zu sagen, und er erwiderte, er müsse sich noch mit ein paar Leuten absprechen, würde sich aber in einer guten Stunde wieder bei mir melden. Ich tigerte auf und ab und fieberte dem Anruf entgegen, und als der endlich kam, hörte ich Hopkins sagen: »Okay, ist gebongt.« Ich tanzte wie ein Irrer im Büro herum, fassungslos über das, was gerade geschehen war.

In den nächsten zwei Wochen ging ich ins *Grandstand*-Studio, um Tony durch seinen Nachmittag zu begleiten und zu sehen, was alles zu tun war – bis zum Tag meines ersten *Grandstand*-Auftritts. Die Sendung war vielleicht fünf Minuten lang, aber sehr intensiv und fast vollständig improvisiert, abgesehen von einer schriftlichen Eröffnung mit endlosen Durchstreichungen und neu hinzugenommenen Texten, wenn Spiele mit sehr späten Toren wechselten. Es mussten auch Bilder von relevanten Spielern eingefügt werden, und es grenzte immer an eine Katastrophe, weil es so eilig war. Der Sendeplatz wurde buchstäblich Minuten nach dem Ende der Spiele bereitgestellt, und Informationen über Änderungen in den Tabellen bekam man oft zugesteckt, während man schon live auf Sendung war, und da sie handschriftlich verfasst waren, konnte man nur hoffen, sich einen Reim darauf zu machen. Frank Bough übergab an mich und ich schaffte es gerade so durch die erste Sendung, während mir der brillante Martin Hopkins ins Ohr sprach. Danach war ich erschöpft von der schieren Intensität der Konzentration. Wenn ich es vermasseln würde, wäre das mein Ende bei *Grandstand.* Alles, was weniger als erstklassig war, flog raus.

In der folgenden Woche war ich zurück, ergänzte mein Eröffnungsskript mit den üblichen späten Änderungen und ging hinüber, um mich neben Frank zu setzen. Am Telefon wurde gerade eine Fußballreportage übertragen, und ich wusste, wenn sie beendet war, wäre ich live auf Sendung. Ich setzte mich hin, schaute auf meine Unterlagen – und sah nichts als ein leeres Blatt. Mein Herz machte einen Sprung. Ich blätterte hastig durch die Papiere und fand kein Eröffnungsskript. »Ich habe mein Skript nicht«, sagte ich laut. Sekunden, ich meine, *wirklich Sekunden*, bevor ich auf Sendung ging, kam John Tidy, der für alle Grafiken und Untertitel der Sendung zuständig war, zu mir und sagte: »Meinen Sie das hier?« Es war das Skript. Ich hätte ihn küssen können. Das Nächste, was ich höre, ist, wie Frank Bough an mich übergibt: »Und hier ist David Icke mit dem Rest des Fußballs.« Das Ende meiner *Grandstand*-Karriere war bloß noch Sekunden entfernt gewesen. Ich war so erleichtert, dass sich mein ganzer Körper entspannte und ich den Slot mit der größten Zuversicht vortrug, die einem das Überleben einer Beinahe-Katastrophe nur geben kann. »Sie haben das gut gelesen«, meinte Frank hinterher zu mir und bestätigte damit den schmalen Grat zwischen Erfolg und Katastrophe. Innerhalb weniger Wochen wurde mir dieser Spot dauerhaft übertragen. Ich gehörte nun zum Team von *Grandstand.*

Durch diese Erfahrung lernte ich auch die Vorzüge des »open-talkback« kennen, bei dem die Moderatoren Ohrstöpsel tragen, damit die Regie mit ihnen sprechen kann, während sie live auf Sendung sind. Bislang war es in meinem Ohr still gewesen, es sei denn, der Produzent drückte einen Knopf, weil er mit mir reden wollte. Beim offenen Talkback, das ich von da an für den Rest meiner Fernsehkarriere praktizieren sollte, gab es immer eine stehende Verbindung und man hörte alles mit, was im Studio geschah und gesagt wurde. Man musste sich das heraussuchen und darauf reagieren, was relevant war, während man in die Kamera sprach, und den Rest weglassen. Live-Sportübertragungen änderten sich in der Regel so schnell, dass die Produzenten nicht jedes Mal einen Knopf drücken konnten, wenn sie mit einem sprechen wollten. Deshalb hörte ich alles live mit.

Ich arbeitete weiter für *Newsnight* mit *Grandstand* an den Samstagen und sah und lernte aus nächster Nähe von den legendären Moderatoren Frank Bough und David Coleman, die ich beide als Kind in Leicester gesehen hatte. Ich verstand mich gut mit beiden. Coleman hatte den Ruf, hart zu arbeiten und überkritisch zu sein. Ich durchschaute diesen Blödsinn und entdeckte einen Mann, der vor allem ein großes Herz hatte. Wie so viele Menschen sollte seine scheinbar arrogante Seite nur seine Verletzlichkeit und Unsicherheit verdecken. 1982 wurde mir ein Vollzeitvertrag in der Sportabteilung der BBC angeboten, nachdem ich von *Newsnight* beurlaubt worden war, um über die Fußballweltmeisterschaft in Spanien zu berichten. Ich sollte über die nordirische Mannschaft berichten, von der man annahm, dass sie nur die ersten Gruppenspiele bestreiten würde, bevor sie ausschied. Stattdessen wurde sie zu einer der größten Geschichten des Turniers, als sie sich für das Achtelfinale qualifizierte, nachdem sie das Gastgeberland Spanien in Valencia, wo wir stationiert waren, geschlagen hatte. Ich saß in der ersten Halbzeit neben einer Werbetafel direkt hinter dem spanischen Torwart, als die Iren das einzige Tor des Spiels erzielten. Neben mir saß der Produzent Brian Barwick, der später Leiter von BBC Sport und Chief Executive des Fußballverbands werden sollte. Brian war damals ein frecher Liverpooler (vielleicht ist er es immer noch). Als er sah, dass ich mir von niemandem etwas gefallen ließ, kamen wir gut miteinander aus und ich mochte ihn sehr, ebenso wie den großen walisischen Rugbyspieler Cliff Morgan, der die BBC-Abteilung für Sport und Außenübertragungen leitete. Er bat darum, mich nach der Weltmeisterschaft zu treffen, um mir zu meiner Arbeit zu gratulieren, und wir hatten ein wunderbares Gespräch. Cliff war ein emotionaler Mann, der die Sprache liebte und das Talent eines walisischen Redners besaß. Ich erinnere mich, dass er an jenem Tag zu mir sagte: »David – verliere nie deine Gabe des Staunens.« Das habe ich nie.

Über Nacht ein landesweit bekanntes Gesicht

Meine Vollzeitstelle bei BBC Sport fiel mit den Commonwealth Games 1982 in Brisbane zusammen, als praktisch alle Moderatoren und Reporter nach Australien gingen und die wenigen von uns, die zurückblieben, alle Sendungen in Großbritannien moderieren mussten. Plötzlich, fast im Handumdrehen, war ich als Teil der Commonwealth-Games-Programme am frühen Morgen überall im überregionalen Fernsehen zu sehen. Dann schlief ich ein paar Stunden, bevor ich am Abend zur Hauptsendezeit die *Horse of the Year Show* aus der Wembley Arena moderierte, obwohl ich absolut nichts über Pferde wusste. Am Ende der Woche war ich immer völlig erschöpft, aber es war der Beginn einiger phänomenaler Jahre, in denen mein Gesicht ständig auf dem britischen Fernsehbildschirm zu sehen war und in all den Sendungen auftauchte, die ich als Junge so aufmerksam verfolgt hatte, darunter auch die Hauptsendung *Match of the Day*. Die wurde von Jimmy Hill moderiert, meinem ersten Manager in Coventry und dem Mann, der letztlich hinter der Sache in Saudi-Arabien stand. Jimmy war ein leidenschaftlicher Fußballfan und sehr witzig mit einem ausgeprägten Sinn für Humor und Spaß. Ich war der bei weitem jüngste Moderator von BBC Sport – 1982 war ich erst dreißig Jahre alt – und arbeitete mit den Legenden der Sportübertragungsgeschichte zusammen. Sie wurden nie übertroffen und werden es in der heute oft so faden Welt des Fernsehens auch nicht mehr werden. Alle von ihnen waren einzigartige Persönlichkeiten, die den Rahmen sprengten.

Neben Jimmy Hill gab es die Moderatoren Coleman, Bough, später Des Lynam und die Kommentatoren Coleman (Fußball und Leichtathletik), Harry Carpenter (Boxen), Peter O'Sullevan (Pferderennen), Richie Benaud (Kricket), John Arlott (Kricket), Peter Allis (Golf), Ron Pickering (Leichtathletik), Brendan Foster (Leichtathletik), Murray Walker (Autorennen), Ted Lowe (Snooker), Eddie Waring (Rugby League), Bill McLaren (Rugby Union); Dan »Oh, I say« Maskell (Tennis), David Vine (Snooker, Skifahren, alles, was sich bewegt), Sid Waddell (Darts) und John Motson (Fußball). Ich traf Motson zum ersten Mal beim Mittagessen vor dem Spiel, in dem Hereford United 1972 Newcastle im FA Cup schlug. Sein Kommentar zu diesem Spiel sollte seine Karriere begründen. Eine weitere berühmte Stimme, nicht so sehr ein Gesicht, war Len Martin, der von der ersten Ausgabe im Jahr 1958 bis zu seinem Tod 1995 die Fußballergebnisse auf *Grandstand* verlas. Heute mag es keine große Sache mehr sein, die Fußballergebnisse zu verlesen, aber jeder, der damals in Großbritannien lebte, kannte die einzigartige Stimme und den Vortrag von Len Martin. Ich war in der Blütezeit von BBC Sport dabei, bevor die Verträge für Sportübertragungen an Pay-to-View-Kanäle verloren gingen und die Abteilung zu dem vergleichsweise kleinen Haufen wurde, der sie heute ist. Ich betrachte meine Zeit dort als ein absolutes Privileg.

Ich arbeitete auch an der Seite einiger der berühmtesten – inzwischen legendären – Nachrichtensprecher Großbritanniens, als ich gebeten wurde, jeden Samstagabend den Sport in den *BBC News* zu moderieren, und zwar auf einem Sendeplatz, der eine der höchsten Einschaltquoten der Woche hatte, da er auf die nicht weniger legendäre BBC-Samstagabend-Unterhaltung folgte, die es heute nicht mehr gibt. Zwei der Nachrichtenmoderatoren waren damals Moira Stewart, einer der nettesten Menschen, mit denen ich beim Fernsehen zusammengearbeitet habe, und die reizende Jill Dando, die später von einem nach wie vor unbekannten Attentäter vor ihrer Haustür ermordet wurde. Meine bewegendste Erinnerung an diese Zeiten bei *BBC News* ist der 15. April 1989. *Match of the Day* berichtete über das FA-Cup-Halbfinale in Hillsborough, Sheffield, zwischen Liverpool und Nottingham Forest. Das Spiel wurde nicht live ausgestrahlt, aber ich konnte es live mitverfolgen, da die Übertragung im Television Centre in London aufgezeichnet wurde. Ich beobachtete, wie sich zu Beginn des Spiels etwas Beunruhigendes abspielte und rief dem Nachrichtensprecher zu, er solle auf Fußball umschalten: »Hier passiert was Schlimmes!« Es war schlimm – *wirklich schlimm*. Ich sah die Hillsborough-Katastrophe, bei der 96 Liverpool-Fans, Kinder und Erwachsene, in dem Gedränge starben, das auf die Entscheidung der Polizei von South Yorkshire folgte, viel zu viele Menschen in einen bereits dicht gedrängten Bereich hinter einem der Tore zu lassen. Es begann eine abscheuliche Vertuschung durch die Polizei und es dauerte Jahrzehnte, bis die hartnäckigen Familien schließlich ein Urteil erwirkten, dass die Polizei und nicht die Fans für die Tragödie verantwortlich waren. Aber machen Sie sich keine Gedanken. Verschwörungen gibt es nicht, oder? Alles nur Theorien.

Abb. 27. Moderator von BBC Breakfast Time, Großbritanniens erstem Frühstückfernsehen, mit Selina Scott vorne in der Mitte und Frank Bough zu ihrer Rechten.

Zu meiner Fernsehkarriere gehörte auch die Moderation der Freitagabend-Ausgabe von *Nationwide*, eine der wichtigsten Sendungen des Tages. Ich gehörte zum ersten Team, das – unter der Leitung von Frank Bough und Selina Scott – *Breakfast Time* moderierte. Es war das erste Frühstücksfernsehen Großbritanniens, 1983 mit sehr viel

Abb. 28. Das Team des Saturday Superstore mit John Craven, Mike Read, Keith Chegwin und Sarah Greene.

Aufhebens und unter großem Tamtam eingeführt (siehe Abbildung 27). Bereits in den allerersten Wochen kam, etwa zwei Jahre nach ihrer Hochzeit mit Prinz Charles, sogar Prinzessin Diana persönlich zu einem »königlichen« Besuch in die Sendung. Als ich Diana vorgestellt wurde, stellte ich verblüfft fest, wie groß sie doch war und wie ängstlich ihr Blick wirkte, was ich damals noch nicht verstand. Fünfzehn Jahre später sollte ich die Hintergründe ihrer Ermordung in einem Pariser Straßentunnel in *Das Größte Geheimnis* aufdecken. Von meinen Kollegen mochte ich damals in meinen *Breakfast-Time*-Jahren vor allem Selina Scott. Sie war eine authentische Frau, unberührt von der Hysterie um den Promi-Status, der sie damals umgab und der Frank Bough, der sich selbst als »Star« der Sendung sah, eindeutig ärgerte. Selina interviewte mich viel später, als sie für *Sky News* arbeitete und ich mitten im Gespött der Massenmedien stand. Sie war genauso warmherzig und freundlich, wie ich sie in Erinnerung hatte, und behandelte mich mit einem in den Mainstream-Medien seltenen Respekt. Ich war auch Moderator einer Jugendsendung, *Saturday Superstore*, die 1982 startete und von Discjockey Mike Read und Sarah Greene an der Seite eines der damaligen Stars des Kinderfernsehens, Keith Chegwin, moderiert wurde (siehe Abbildung 28).

Keith war ein toller Kerl. Ich traf ihn viele Jahre später auf einem Autobahnraststätten-Parkplatz und obwohl ich damals schon als der »Spinner« der Nation verschrien war, begegnete er mir, wie Selina Scott, warmherzig, freundlich und respektvoll. Dafür und für sein herzliches Lachen werde ich Keith immer in guter Erinnerung behalten. In der Samstagsendung *Superstore* konnte ich all die berühmten Leute und Popstars der damaligen Zeit kennenlernen, so wie schon bei *Breakfast Time*. Apropos, ich habe den *Monkees*-Sänger Davy Jones einmal im Zug nach London getroffen. Er kam in mein Abteil, als ich auf dem Weg zur BBC war und er zu seiner West End Show fuhr. Davy ist einer der nettesten Menschen, mit denen ich je geplaudert habe, und wie Selina und Keith hatte er nicht den Hauch eines überdrehten Showbiz-Ego.

Mein Fokus lag immer auf dem nächsten Ziel, das mir vor Augen stand, so dass ich das, was ich gerade erreicht hatte, eigentlich nie wirklich ausgekostet und genossen habe. Stets arbeitete ich bereits darauf hin, was zu erreichen ich mir neu vorgenommen hatte. Okay, das wäre erledigt – was jetzt? Das lag an den »Laufschuhen«, mit denen ich schon aus dem Mutterleib gekommen war. Das Schreiben dieses kurzen biografischen Abschnitts – und mein Gott, es gäbe noch so viel mehr zu erzählen – hat mich dazu gebracht, mein Leben neu zu betrachten. Ich war in jenen Jahren überall im Fernsehen zu sehen und habe viel erlebt, noch bevor mir die Ereignisse von 1990/91 eine völlig veränderte Sicht auf das Leben schenkten.

Geschafft!

Und damit zurück zu *Grandstand.* Diese Sendung war seit dem Ende meiner Fußballkarriere mein ständiger Ehrgeiz gewesen, und Mitte der 1980er Jahre war es dann soweit: Ich wurde gebeten, die Sonntagsausgabe zu moderieren. All die Jahre – na ja, eigentlich nur etwa zwölf – und all die Mühe, und jetzt fuhr ich von meinem damaligen Wohnort Oakley, Buckinghamshire, nach London, um meine erste Sendung zu machen. Ich hatte Tränen in den Augen, als ich daran dachte, wie ich mich mit zerfetzten Fußballträumen und einem schmerzenden Körper vom Boden aufgerappelt und mir im Fernsehstudio in Birmingham sofort ein neues Ziel gesetzt hatte. Jetzt hatte ich es erreicht (siehe Abbildung 29). Bei *Grandstand* lief es sehr gut, aber etwas Merkwürdiges geschah. Als ich mein Ziel erreicht hatte, verlor ich das Interesse am Fernsehen. Das Feuer in meinem Bauch, das mich zu *Grandstand* getrieben hatte, ließ dramatisch nach, während ich mich von hinterhältiger, engstirniger Borniertheit umgeben fühlte und die Sportredaktion der BBC von Leuten geleitet wurde, die einem Therapeuten lebenslange Arbeit geboten hätten. Ich war nie weiter als eine Trennscheibe von dieser Studioumge-

Abb. 29. Endlich kam der magische Tag, an dem ich zum ersten Mal Grandstand präsentierte.

Abb. 30. Snooker – mein Fernseh-Highlight und glorreicher Altweibersommer.

bung entfernt und das wurde mir immer bewusster, je mehr sich mein Herz aus der Fernsehwelt zurückzog. Ich bereitete meine Skripte zu Hause auf der Isle of Wight vor, wohin ich 1982 gezogen war, fuhr erst so spät wie möglich nach London, um eine Sendung zu machen, und ließ immer ein Taxi mit laufendem Motor vor dem Television Centre auf die Schlusstitel warten. Ich saß schon im Zug nach Hause am Londoner Bahnhof Waterloo, bevor der Rest der Crew in der BBC-Bar war. Mike Murphy, der Redakteur von *Grandstand*, der mir diese Sendungen ermöglichte und mir noch viele weitere versprach, verließ die BBC und wurde durch einen dieser Menschen ersetzt, für die ein Therapeut keine weiteren Kunden mehr braucht. *Grandstand* und ich gingen getrennte Wege, und im Nachhinein betrachtet war klar, dass es passieren musste.

Ich wurde in der Londoner Produktion von BBC Sport immer mehr an den Rand gedrängt, aber ich hatte einen letzten und glorreichen Altweibersommer bei einer weitaus menschlicheren Sendung in Manchester, die von einem wirklich anständigen Kerl, Nick Hunter, geleitet wurde. Ihm wurde nie die Anerkennung zuteil, die er dafür verdient, dass er in den 1980er Jahren aus einer Randsportart wie Snooker ein weltweites Fernsehphänomen gemacht hat. Nick stellte mich als Snooker-Moderator ein, als meine Karriere in London am Abklingen war, und brachte mich vor ein Fernsehpublikum, von dem die Londoner nur träumen konnten. Snooker explodierte förmlich als Mittelpunkt des nationalen Interesses und die Spieler waren erstaunliche, einzigartige Charaktere, darunter Cliff Thorburn, Bill Werbeniuk, Kirk Stevens, der brillante Jimmy White, Ray Reardon, John Virgo, Terry Griffiths, John Spencer, Dennis Taylor und ein quecksilbriges Genie, das für immer neue Tragik sorgte, Alex »Hurricane« Higgins. Alex konnte im einen Moment der netteste Mensch der Welt sein und gleich darauf zu einem regelrechten Albtraum werden. Snooker erreichte seinen Zuschauerrekord mit dem von meinem Kollegen David Vine moderierten Weltmeisterschaftsfinale 1985 zwischen dem Weltklassespieler Steve Davis und dem irischen Außenseiter Dennis Taylor, das bis zum letzten Ball des Best-of-35-Frame-Matches ging, bevor Taylor gewann. Die Sendung erreichte 18,5 Millionen Zuschauer – fast ein Drittel der damaligen britischen Bevölkerung – und ist bis heute sowohl der Zuschauerrekord für den Sender BBC-2 als auch die größte Einschaltquote nach Mitternacht in der britischen Fernsehgeschichte. Bei der heutigen Verwässerung der Einschaltquoten durch mehrere Kanäle wird diese Zahl niemals mehr erreicht werden. Das war Snooker in jenen Tagen. Es war eine wunderbare Zeit und es war ein Privileg, daran teilzuhaben (siehe Abbildung 30). Ich habe meine letzte Snooker-Weltmeisterschaft mit Nick im Frühjahr 1990 im Crucible Theatre in Sheffield kommentiert. Meine BBC- und meine gesamte Fernsehkarriere waren nur noch zwei Monate von ihrem Ende entfernt.

Der »Politiker«

Als mein Interesse am Fernsehen ab Mitte der 1980er Jahre nachließ, wandte ich mich anderen Dingen zu, vor allem dem, was die menschliche Wirtschaftstätigkeit dem antat, was ich damals als die natürliche Welt wahrnahm (dazu später mehr). Damit meine ich nicht den Erderwärmungsschwindel, der gerade aufkam (siehe den »Covid«-Schwindel, der von denselben Leuten ins Leben gerufen wurde). Das Klima war bei weitem nicht der dominierende Faktor in der sogenannten »grünen Bewegung« wie heute. Die »Grünen« kümmerten sich damals um alle Aspekte der Umweltverschmutzung – zu der zuletzt auch das massenhafte Tragen von Masken gehörte, das die Grünen im Allgemeinen ohne Rücksicht auf die Folgen für die Umwelt gefördert oder sogar gefordert haben. Meine Bedenken betrafen die Zerstörung schöner Landschaften durch unangemessene Bebauung und die Belastung der Umwelt durch Umweltverschmutzung auf allen Ebenen – Luft, Lebensmittel, Wasser, alles Mögliche. Mein Interesse begann auf der Isle of Wight, als ich sah, wie Landschaften und einzigartige städtische und dörfliche Gebiete durch Gebäude zerstört wurden, die ein Kind hätte entwerfen können und die in keiner Weise zu dem passten, was dort bereits vorhanden war.

Es ging nicht darum, jegliche Entwicklung zu stoppen, sondern vielmehr darum, welche Art von Entwicklung stattfinden sollte und wo? Mir wurde klar, dass diese Entscheidungen von einem Netzwerk von Freimaurern und Satanisten auf der Insel getroffen wurden, die man zusammen als Inselmafia bezeichnen könnte. Sie kontrollierten die Gemeinderäte – heute ein einziger Rat – und insbesondere die Planungsabteilung, die das größte Mitspracherecht hatte, was gebaut wurde und was nicht. Mit anderen Worten: Diejenigen, die fantastische Gewinne aus den vom Rat genehmigten Bauvorhaben ziehen konnten, hatten ihn unter Kontrolle. Wenn man den Wert eines Grundstücks durch die Erteilung einer Baugenehmigung enorm steigern kann, wird Korruption immer weit verbreitet sein. Die Isle of Wight war – und *ist* – mit reichlich Korruption gesegnet. Die nicht einmal 400 Quadratkilometer große Insel ist trotz der Anstrengungen der Korruptionsmafia immer noch sehr schön, aber sie hat eine sehr dunkle und satanische Schattenseite, die ich verständlicherweise verachte. Ich betrachte es als eine Ehre und ein Geschenk, dass ich mich an der Gründung von Island Watch beteiligen durfte, einer Organisation, die sich gegen unangemessene Entwicklungsprojekte und die damit verbundene Korruption einsetzt. Damals begann ich den Einfluss der Freimaurer und anderer Geheimgesellschaften zu erkennen, als ich feststellte, dass die Entscheidungen, die der Insel-Gemeinderat scheinbar abends in der Öffentlichkeit traf, in Wahrheit nachmittags in der Freimaurerloge beschlossen wurden. Die »öffentliche Debatte« war also eine Farce.

Ich überlegte, ob ich in die Politik gehen sollte, um dagegen und gegen die zunehmende Zentralisierung der Macht, die man später »Globalisierung« genannt hat, zu kämpfen. Mitte der 1980er Jahre schaute ich mir zuerst die Liberale Partei (heute die Liberaldemokraten) an, die den Abgeordneten der Insel im Parlament stellten, und ich erlebte einen Crashkurs in politischer Heuchelei, Verlogenheit und Betrug. Gott, es war furchtbar und die Leute waren entsetzlich. Wirklich gruselig. Kurz nachdem ich der Liberalen – wohlgemerkt der *Liberalen* – Partei beigetreten war, spendete ich Geld an eine von der Stadtverwaltung betriebene Schule für Behinderte, nachdem man mir kleine Kinder gezeigt hatte, die so hirngeschädigt waren, dass sie nur auf einem flachen Plastikfahrzeug mit Rädern liegen konnten, um es nach Kräften mit ihren Füßen in Bewegung zu setzen. Ein Blick auf ihre Gesichter brach einem das Herz. Nur wenn man ein Herz hat, natürlich. Erstaunlicherweise teilte mir der Leiter der Schule mit, dass sie von diesen Gefährten aus Geldmangel nicht genug hatten. Ich war fassungslos über so viel gefühllose Ungerechtigkeit und spendete das Geld, das sie für weitere dieser Fahrzeuge benötigten. Meine Spende wurde nie öffentlich gemacht und das war auch nicht meine Absicht gewesen, aber sie kam führenden Mitgliedern der örtlichen Liberalen Partei zu Ohren, die zur damaligen Zeit den Stadtrat leiteten. Das führte dazu, dass der Prominenteste von ihnen, ein Mann namens Morris Barton, mir sagte, ich hätte diese Spende gar nicht machen dürfen. Er meinte, dass die Partei sich damit dem Vorwurf der politischen Opposition aussetzen würde, die Schule nicht ausreichend zu finanzieren, weil ein Mitglied der Partei privat Geld spenden müsse. Ich war ein Neuling in der Politik und ich war sprachlos und zutiefst erschüttert über das, was ich da hörte. Die Liberale Partei und ich trennten uns daraufhin sehr schnell. Morris Barton war der klassische Politiker und wenn er jemals die Wahrheit gesagt hätte, wäre sein Körper vor Schreck genetisch implodiert. Er bildete jedoch nicht die Ausnahme, sondern war vielmehr ein Musterbeispiel für diese weltweit verbreitete Spezies.

Abb. 31. Gewählter nationaler Sprecher der Grünen Partei.

Dann wandte ich mich der Grünen Partei zu, die sich kurz zuvor noch Ökologische Partei genannt hatte. Ihr intellektueller Vordenker war Jonathan Porritt, den ich als unglaublich arrogant empfand. Ihr politisches Programm enthielt jedoch viel, das ich unterstützen konnte. Die Grüne Partei setzte sich für eine vernünftige Umweltpolitik und für Gerechtigkeit und Fairness für alle Menschen ein. Zumindest war das *damals* so. Erzählen Sie mir bitte nichts von der ach so »woken« grünen Bewegung von heute, die die Rede- und Meinungsfreiheit nicht etwa für ein Recht, sondern für ein Verbrechen hält. Ich wandte mich seinerzeit an die Zentrale, um zu erfahren, ob sie ein Büro oder eine Kontaktperson auf der Isle of Wight hätten, und man antwortete mir, dass es auf meiner Insel keine Grüne-Partei-Gruppe gäbe, nicht einmal einen Kontakt. Das muss 1988 gewesen sein. Diese Antwort ermutigte mich, einen Ortsverband auf der Isle of Wight zu gründen, also organisierte ich ein paar öffentliche Versammlungen – und los ging's!

Was dann geschah, war völlig lächerlich und ließ mich zum ersten Mal über eine höhere Macht nachdenken, die mein Leben lenkt. Ein paar Wochen nach der Gründung des Ortsverbands auf der Isle of Wight erhielten wir einen Brief von der Regionalpartei, in dem sie uns einlud, einen Delegierten zu ihrem vierteljährlichen Treffen aller lokalen Parteien in Süd- und Mittelengland in Winchester in Hampshire zu schicken. Ich ging hin und nach stundenlanger sinnloser Nabelschau erklärte die Vorsitzende, dass der Vertreter der Regionalpartei im nationalen Parteirat an diesem Tag zurücktreten würde und dass sie Nominierungen für einen Ersatz benötigten. Niemand meldete sich freiwillig, und so tat ich es, nach dem Motto: Irgendjemand muss es ja tun. Ich war erst seit ein paar Wochen Mitglied der Grünen Partei und saß nun im nationalen Parteirat. *Dunnerlittchen!* Keine zwei Wochen danach fand eine Ratssitzung statt und ich fand mich in einem Gebäude in der Nähe des Regents Park in London ein, wo eine weitere Nabelschau auf höherer Ebene erfolgte. Kurz vor der Mittagspause sagte der Mann, der den Vorsitz führte, dass sie »Sprecher« wählen müssten, die die Partei im kommenden Jahr in den Medien vertreten sollten, und dass er bei der Wiederaufnahme der Sitzung Nominierungen entgegennehmen würde. Während des Mittagessens kam ein Mann zu mir und sagte: »Sie sind doch beim Fernsehen, oder?« »Ja«, antwortete ich. »Dann haben Sie also Medienerfahrung?«, fuhr er fort. »Nun, ich denke schon.« »Wenn Sie Ihren Namen als Sprecher vorschlagen, werde ich Sie unterstützen«, kam die Pointe. »Okay, warum nicht? Ich bin für alles zu haben.« Kurze Zeit später wurde ich zum nationalen Sprecher der Grünen Partei gewählt – wieder nur wenige Wochen nach meinem Beitritt (siehe Abbildung 31). Es war verrückt.

Tschüss, Maggie!

Ich dachte nicht, dass es angesichts der winzigen Anhängerschaft der Grünen Partei und des fast völligen Desinteresses der Medien viel bedeuten würde, offiziell ein Politiker auf nationaler Ebene zu sein. Die Ereignisse sollten das Gegenteil beweisen, und zwar schnell. Umweltverschmutzung und andere Umweltbelange wurden allmählich zum Thema und die öffentliche Aufmerksamkeit richtete sich vor den Europawahlen im Sommer 1989 darauf. Das Ergebnis waren zwei Millionen Stimmen für die Grüne Partei in Großbritannien! Wir waren plötzlich, wenn auch nur für kurze Zeit, ein Akteur auf der politischen Bühne, bis sich die Partei in einem Krieg zwischen den »Fundis« und den »Realos« zerfleischte. Die »Fundis« vertraten diejenigen, die die ökologische Kernpolitik und deren Prinzipien beibehalten wollten, und die anderen, die »Realos«, wollten diese Prinzipien ändern, um mehr Stimmen zu gewinnen und für den Mainstream akzeptabler zu sein. Ich stand in der Mitte und war das, was ich einen Fundi-Realo nannte. Ich wollte die Grundprinzipien beibehalten, sie aber klarer, zugänglicher und professioneller darstellen.

Nach dem Erfolg bei den Europawahlen sprach ich in den nationalen Medien über Politik und das kam bei den BBC-Sport-Leuten und der BBC-Hierarchie im Allgemeinen nicht gut an. Offenbar gab es einen Konflikt zwischen der Präsentation von Sport und der Aussage, dass das Wirtschaftssystem die Umwelt zerstört. Ich könnte es verstehen, wenn ich die Nachrichten moderiert hätte, aber das hatte ich nicht mehr getan, seit ich bei *Newsnight* aufgehört hatte. Der Knackpunkt kam, als ich mich weigerte, die von Premierministerin Margaret Thatcher 1989 eingeführte »Poll Tax« oder »Community Charge« zu zahlen, eine Kopfsteuer, die jeder Bürger zu berappen hatte – Menschen mit kleinen und großen Einkommen sollten alle das Gleiche bezahlen, was offensichtlich ungerecht war, und eine große Zahl von Menschen weigerte sich unter Protest zu zahlen. Darauf folgte eine weitere bemerkenswerte Reihe von Synchronizitäten. Die ersten Gerichtsverhandlungen für Nichtzahler hätten überall in Großbritannien stattfinden können, aber sie fanden ausgerechnet in der kleinen Stadt Newport auf der Isle of Wight statt, wo dann auch noch mein Fall verhandelt wurde. Die Anhörungen erregten landesweit und in der ganzen Welt Aufmerksamkeit. Als ich mit Linda im Bus aus Ryde ankam, fand ich eine unglaubliche Anzahl von Fotografen vor, die mich umringten und sich wie eine einzige Einheit bewegten. Es war wie die Szene in dem Film *Notting Hill*, als ein Mann ahnungslos die Tür öffnet und eine Masse von Kameras auf ihn gerichtet ist. Das ist mir ein paar Mal in verschiedenen Situationen passiert, und es ist ein ziemlich beeindruckender Anblick.

An diesem Tag waren so viele vor Gericht geladen, dass sie sechs bis acht Menschen auf einmal abfertigten, statt nur einen. Als ich an der Reihe war, stand ein junger Mann mit mir in der Schlange, den ich schon bei einer Reihe von Protestveranstaltungen gesehen hatte. Er war juristisch sehr beschlagen beim Studium der Regeln und Vorschriften. Als die Richter das durchgingen, was sie für eine weitere Gruppe hielten, die sie abstempeln wollten, hob er die Hand und bat um das Wort. Er fragte die Richter, wann die Vorladungen der Staatsanwaltschaft an die Leute verschickt worden waren und wie das mit der Zeit zwischen der Nichtzahlung und der Ausstellung einer Vorladung zusammenpasste, die das Gesetz vorschreibt. Die Richter berieten sich mit der Gerichtsschreiberin. Die Atmosphäre um sie herum und ihre Haltung änderten sich zusehends. Sie kündigten eine Vertagung an. Als sie zurückkehrten, erklärten sie, dass alle Vorladungen für diesen Tag zu früh verschickt worden waren und damit alle zugestellten Anklagen ungültig seien. Jeder könne gehen. Ich hob die Hand und wies darauf hin, dass diejenigen, die an diesem Tag vor Gericht geladen waren, einen Tagessatz sowie ihre Reisekosten verloren hatten und diese erstattet werden müssten. Die Richter stimmten zu und ich erhielt schließlich meine 2,50 Pfund Busfahrgeld. Margaret Thatchers »Poll Tax« erholte sich nie von dieser Demütigung an der ersten juristischen Hürde, und sie selbst auch nicht. Die Steuer sollte abgeschafft werden, ebenso wie Thatcher im folgenden Jahr, als sie von ihrer eigenen Partei gestürzt wurde. Die »Eiserne Lady« war also doch nicht so »eisern«, wenn die Menschen sich ihr widersetzten.

Am nächsten Tag hatte ich einen Termin im Fernsehzentrum in London mit dem Leiter der Sportabteilung Jonathan Martin. Er war ein typischer Vertreter des herrschenden Systems, auch wenn er vorgab, sozialistische Tendenzen zu haben, und ich vertraute ihm nie so sehr wie Cliff Morgan. Tatsächlich war Cliff damals der einzige, dem ich bei der BBC in London vertraute. Als ich in Martins Büro kam, lagen die Morgenzeitungen auf seinem Tisch, die meisten mit meinem Bild auf der Titelseite nach dem Poll-Tax-Debakel in Newport am Tag zuvor. »Was ich jetzt zu sagen habe, hat damit nichts zu tun«, verkündete er und bestätigte damit, dass es zum Teil wohl doch so war. Er sagte, dass die BBC meinen Vertrag, der nur noch ein paar Wochen lief, nicht verlängern würde.

Man hatte nicht einmal den Anstand gehabt, mich vorzuwarnen und mir eine längere Vorlaufzeit zu geben, damit ich mich um ein anderes Einkommen kümmern konnte. Den Wochenendjob bei *BBC News* hatte ich bereits in einem bizarren Gespräch mit dem damaligen Nachrichtenchef Tony Hall verloren, dem späteren Generaldirektor der BBC und künftigen Baron Hall of Birkenhead. Diese ausgefallenen Titel sind so armselig. Hall rief mich an, um mir mitzuteilen, dass ich aufgrund meiner politischen Aktivitäten nicht mehr in der Samstagsnachrichtensendung arbeiten könne. Das Problem war, dass er es einfach nicht auf den Punkt bringen konnte. Er druckste ständig herum. Ich rettete ihn vor dem Stottern, indem ich ihm sagte, dass ich es für das Beste hielte, wenn ich zurücktreten würde. »Oh, wirklich?«, entgegnete er und die Erleichterung in seiner Stimme war fast schon komisch. So endete also meine Fernsehkarriere. War ich niedergeschlagen? Nein, ganz und gar nicht. Ich hatte

Bedenken, wie ich meinen Lebensunterhalt verdienen sollte, aber nicht nur Baron Hall war erleichtert. Erleichterung durchströmte auch meinen Körper. Ich war endlich frei von dem Unsinn, den ich zu verabscheuen gelernt hatte – von Nick Hunter und dem Team in Manchester einmal abgesehen –, und zu diesem Zeitpunkt zeigte sich bereits ein anderes Leben auf ganz außergewöhnliche Weise.

Die lenkende Hand

Ich hatte geglaubt, dass meine Fortschritte bei der Verfolgung meiner zahlreichen Ziele auf Glück, harte Arbeit und Konzentration zurückzuführen waren. Jetzt wurde mir klar, dass mein ganzes Leben auf viele verschiedene Arten und Weisen in eine bestimmte Richtung gelaufen war. Es gab keinen Zeitpunkt, an dem die »Reise« begonnen hatte. Es gab nur den Moment, in dem sie mir bewusst wurde. Mein ganzes Leben war die »Reise«. Als ich innerhalb weniger Wochen zum nationalen Sprecher der britischen Grünen Partei wurde, begann ich das Muster zu überdenken und zurückzublicken. Ich setzte mir ein Ziel und erreichte es mit »schicksalhaften« Pausen, die genau zur richtigen Zeit eintraten, und sobald das Ziel erreicht war, geschah etwas, das mich weiterbrachte, wobei ein Zeitraum von etwa zwei Jahren oft die ungefähre Zeitspanne war. Zu meinem »Glück« gehörte unter anderem:

- Die großen Zehenkappenschuhe, mit denen ich den Ball viel härter kicken konnte als die anderen Kinder und in meine erste Schulmannschaft kam.
- Der Torwart, der sich beim Testspiel der Leicester Schoolboys verletzte, nachdem ich als Feldspieler abgelehnt worden war.
- Das Spiel meines Lebens beim zweiten Testspiel, das mich trotz aller Widrigkeiten in die Mannschaft brachte und auf den Weg zum Profifußballer.
- Die perfekt getimten Interventionen von John Camkin mit genau den richtigen Kontakten im Fußball und in den Medien, um mich über seinen Freund John Charles zu Hereford United und dann über seinen Freund Bill Hicks in den Journalismus zu bringen.
- John Camkin hatte seinen Sitz in Leamington Spa, wohin ich kurz zuvor gezogen war, weil es die Heimatstadt von Linda war, die ich gerade erst kennengelernt hatte.
- Dass ich ganz in der Nähe den weltberühmten Akupunkteur Professor J. R. Worsley fand, der meine Karriere zwei Jahre lang in Hereford am Laufen hielt, als ich eigentlich gar nicht hätte spielen können.

- Dass ich zwei Tage nach dem Ende meiner Karriere in die *ATV Today Show* eingeladen wurde, was sofort meine TV-Ambitionen auslöste, die mich über die Enttäuschung hinweg zum nächsten Ziel trieben.
- Wie ich von John Camkins Freund Bill Hicks an all die Zeitungen im Süden und in den Midlands von England empfohlen wurde und eine von nur zwei, die darauf reagierten, in meiner Heimatstadt war (mit allem, was dazugehörte, zumindest in Leicester).
- Der Durchbruch bei *Grandstand* aus dem Nichts in dem Programm, das seit jenem Interview bei ATV mein Ziel gewesen war, und der Zwischenfall mit John Tidy, als mich Sekunden vor dem *Grandstand*-Desaster bewahrten, das meine Ambitionen sofort beendet hätte.
- Der nie erwartete Erfolg Nordirlands bei der Fußballweltmeisterschaft 1982, der mir einen Vertrag mit BBC Sport einbrachte, und wie ich gerade noch rechtzeitig vor der Abwanderung der Mitarbeiter zu den Commonwealth Games 1982 in Australien dazukam, was mir sofort die Möglichkeit gab, in meiner Heimat schnell ein landesweit bekanntes Gesicht zu werden.
- Die Snooker-Gelegenheit zum richtigen Zeitpunkt, um meine Karriere wieder anzukurbeln, als sie in London verblasste.
- Die abenteuerliche Geschwindigkeit, mit der ich von meinem Beitritt zur Grünen Partei zu ihrem nationalen Sprecher wurde, und das weniger als ein Jahr vor dem einen großen Wahlerfolg, der mich als Politiker landesweit bekannt machte, wenn auch nur kurz.
- Newport, Isle of Wight, war von allen Städten Großbritanniens die erste Stadt, in der ein Gerichtsverfahren wegen der Poll Tax stattfand, und ein Mann in meiner Reihe von Angeklagten stoppte die Strafverfolgung und machte die Poll Tax und Margaret Thatcher zur Lachnummer.

Die lange Liste der Synchronizitäten, »Zufälle« und des »Glücks« immer im richtigen Augenblick geht weiter und weiter. Zur Zeit der Gerichtsverfahren gegen die Grüne Partei und die Kopfsteuer glaubte ich nicht mehr an »Glück«. Ja, ich war fokussiert und arbeitete hart, aber mal im Ernst, das konnte doch wohl nicht alles sein. Irgendetwas Seltsames war im Gange. Die Frage war nur – *was?*

Ich war dabei, es herauszufinden.

Kapitel 3

A Kind of Magic – eine Art Magie

Beständigkeit, Beharrlichkeit und Ausdauer trotz aller Hindernisse, Entmutigungen und Unmöglichkeiten: Das ist es, was in allen Dingen die starke Seele von der schwachen unterscheidet.

THOMAS CARLYLE (1795-1881)

»Etwas Seltsames war im Gange« – dieses Thema nahm an Fahrt auf, während aus 1988 das Jahr 1989 wurde. Ich begann, eine Präsenz um mich herum zu spüren. Wenn ich allein in einem Raum war, war es, als wäre ich nicht allein. Ich behielt das für mich, da ich weiterhin für die BBC und die Grüne Partei arbeitete. Die Monate vergingen und die Präsenz wurde für mich immer spürbarer und offensichtlicher.

Ich hatte so etwas noch nie zuvor erlebt und nun wurde es zu einem Teil meines Lebens und immer unleugbarer. Im März 1990, als ich für die BBC in London arbeitete, war ich auf dem Weg zurück in mein Zimmer im Kensington Hilton Hotel in Holland Park, weniger als zwanzig Minuten zu Fuß vom BBC-Sendezentrum entfernt. Als ich dort auf dem Bett saß, war die Präsenz so stark, dass ich in den Raum hinein sagte: »Wenn da etwas ist, würden Sie mich bitte kontaktieren, denn Sie machen mich wahnsinnig.« Ein paar Tage später war ich mit meinem damals neunjährigen Sohn Gareth auf dem Weg zum Mittagessen in einem Café am Bahnhof Ryde in der Nähe unseres Hauses, aber das Café war voll.

Als wir wieder gehen wollten, hielt mich ein Bahnangestellter an, um über Fußball zu reden, und als das Gespräch endete, konnte ich Gaz nicht mehr sehen. Ich wusste, dass er in dem Andenken- und Zeitungsladen am Bahnhof sein würde, um sich die Bücher über die historischen Eisenbahnen der Isle of Wight anzusehen. Das tat er dort ständig bei jeder sich bietenden Gelegenheit. Gareth und Jaymie haben beide meine Liebe zu Dampfeisenbahnen geerbt, auch wenn sie schon lange nicht mehr auf öffentlichen Strecken fuhren, als sie geboren wurden.

Abb. 32. Das Betty-Shine-Buch aus dem Regal für romantische Liebesschmöker.

Ich ging also hinüber zu dem Laden (den es immer noch gibt, wenn auch an einer etwas anderen Stelle) und da stand er mit einem Eisenbahnbuch in der Hand. Ich sagte: »Komm, Gaz, wir gehen in der Stadt etwas essen.« Als ich mich umdrehte und aufbrechen wollte, spürte ich, wie sich die Atmosphäre um mich herum veränderte. Heute weiß ich, dass es ein elektromagnetisches Feld war. Es war dasselbe Gefühl, das ich bei der Präsenz hatte, nur viel stärker. Meine Füße fühlten sich an, als würden sie von zwei Magneten auf den Boden gezogen, und dann hörte ich Worte durch meinen Geist fließen: »Geh und sieh dir die Bücher auf der anderen Seite an.« Es war weniger eine Stimme als vielmehr eine sehr starke Gedankenform, die absolut nicht bewusst von mir erzeugt wurde. Offensichtlich verwirrt ging ich mit Gaz, der immer noch in sein Buch vertieft war, auf die andere Seite des Ladens, von der ich wusste, dass sie dort einige Taschenbücher mit romantischen Liebesschmökern führten, die Touristen am Strand lasen. Ich war fassungslos über das, was hier geschah, und darüber, dass ich nicht verstand, wie die Art von Büchern, die sie dort verkauften, für mich von Bedeutung sein sollte. Zwischen all den Liebesromanen der Schriftstellerin Barbara Cartland und eines Verlags namens Mills & Boon sah ich ein Buch mit einem Frauengesicht auf dem Cover, das *Mind to Mind* hieß (siehe Abbildung 32). Ich nahm es zur Hand, weil es so anders war als die anderen, und drehte es um, um den Klappentext zu lesen. Da sah ich das Wort »Medium«. Bei dem Buch handelte es sich um eine Art Autobiografie, geschrieben von dem professionellen britischen Medium Betty Shine. Ich fragte mich sofort, ob sie die Präsenz um mich herum wohl wahrnehmen würde. Ich verschlang das Buch innerhalb von vierundzwanzig Stunden und kontaktierte sie, um einen Besuch zu vereinbaren. Ich erzählte ihr nichts von dem, was mir im letzten Jahr mit der Präsenz passiert war. Stattdessen sagte ich, dass ich Arthritis habe und dass die Reiki-Energieheilung, die sie mit ihren Händen durchführte, vielleicht hilfreich sein könnte. Das wäre ein Bonus gewesen. Mein eigentliches Interesse war, ob sie irgendetwas um mich herum wahrnehmen würde.

Mein neues Leben beginnt

Ich besuchte Betty ein paar Mal in ihrem Haus in dem Dorf Ditchling bei Brighton an der englischen Südküste. Sie führte ihre Heilungen durch, während wir ein interessantes Gespräch über die Ebenen der Realität führten, die wir nicht sehen können. Das hatte mich schon immer fasziniert. Erst recht nach meiner seltsamen Erfahrung mit der Zeitlupenrettung beim Spiel von Hereford in Barnet und dem, was ich dank Professor Worsley über die energetische Grundlage der Akupunktur gelernt habe. Dann, bei meinem dritten von vier Besuchen, änderte sich mein Leben für immer. Ich saß auf der Liege in ihrem Behandlungszimmer, während sie mein linkes Knie behandelte, als ich das Gefühl hatte, ein Spinnennetz im Gesicht zu spüren. Ich dachte sofort an ihr Buch, in dem sie sagt, dass es sich manchmal wie ein Spinnennetz anfühlt, wenn andere Ebenen der Realität versuchen, Kontakt herzustellen. Das tat es tatsächlich. Was ich damals noch nicht wusste, war, dass ich ein elektromagnetisches Feld spürte, durch das andere Realitäten mit dieser kommunizieren. Es ist dasselbe Phänomen wie die Haare im Nacken oder auf dem Arm, die sich aufstellen, wenn man an einem Ort ist, der sich unheimlich anfühlt (der »Spuk« oder das Geistwesen beeinflusst das elektromagnetische Feld), oder wenn Sie sich in einer aufgeregten Menschenmenge befinden, die durch ihre Emotionen Elektromagnetismus erzeugt.

Keine fünfzehn Sekunden, nachdem ich das Spinnennetz gespürt hatte, warf Betty, ohne dass ich einen Mucks gemacht hatte, den Kopf zurück und rief: »Wow! Das ist stark. Dafür muss ich meine Augen schließen.« Sie sagte, dass sie in ihrem Geist eine altertümliche chinesische Gestalt sah, die einen Namen nannte, und meinte: »Sokrates ist bei mir.« Ich hatte keine Ahnung, wer Sokrates war, außer dass jemand mit diesem Namen einmal für Brasilien Fußball gespielt hatte. »Der« Sokrates hingegen war ein antiker griechischer Philosoph, der zum Tode verurteilt wurde, weil er »die Jugend verdarb«, indem er ihr die Wahrheit sagte, von der die Obrigkeit nicht wollte, dass sie sie erfuhr. Medien sagten mir später, dass ich in »früheren Leben« Sokrates und der italienische Philosoph Giordano Bruno gewesen sei. Sokrates starb im wahrsten Sinn des Wortes lachend über die Obrigkeit, indem er 399 vor Christus Schierling trank, und Bruno lachte auch, als er 1600 von der römischen Kirche wegen »Ketzerei« (dafür, dass er die

Wahrheit sagte) auf dem Scheiterhaufen verbrannt wurde. Ich behaupte nicht, dass ich diese Menschen war, sondern nur, dass mir das gesagt wurde, nichts weiter. Betty Shine meinte, die chinesisch aussehende Gestalt habe sie gebeten, Informationen an mich weiterzugeben, und während ich dort saß, immer noch BBC-Moderator und Sprecher der Grünen Partei, teilte sie mir das Folgende mit:

- Wir wissen um seinen Wunsch, dass wir ihn kontaktieren, aber der Zeitpunkt war nicht günstig (Betty wusste nichts von meinen Worten im Hotelzimmer).
- Er wurde hierher geführt, um kontaktiert zu werden, nicht um geheilt zu werden. Aber eines Tages wird er vollständig geheilt sein.
- Er ist ein Heiler, der hier ist, um die Erde zu heilen, und er wird weltberühmt sein. Er wird auf enormen Widerstand stoßen, aber wir werden immer da sein, um ihn zu beschützen.
- Geistig ist er noch ein Kind, aber er wird die geistigen Reichtümer erhalten.
- Manchmal wird er Dinge sagen und sich fragen, woher sie kommen. Es werden unsere Worte sein.
- Man wird ihm Wissen einflößen, und zu anderen Zeiten wird man ihn zur Erkenntnis führen.
- Er wurde als Jugendlicher wegen seines Mutes ausgewählt. Er wurde geprüft und hat alle Prüfungen bestanden.
- Er wurde zum Fußball geführt, um Disziplin zu lernen, aber als er diese gelernt hatte, war es an der Zeit, sich weiterzuentwickeln. Er musste auch lernen, mit Enttäuschungen umzugehen, alle Emotionen zu erleben und wieder aufzustehen und weiterzumachen. Der spirituelle Weg ist hart und niemand macht es ihm leicht.
- Er wird immer das haben, was er braucht, aber nicht mehr.

Einerseits war ich natürlich verblüfft und die »normale« Reaktion hätte darin bestanden, das, was mir gesagt wurde, als lächerlich abzutun. »Ich bin ein Heiler und ich bin hier, um die Erde zu heilen?« Ich moderiere Snooker-Meisterschaften! »Ich werde weltberühmt werden?« Wofür denn? Doch andererseits konnte ich es nicht einfach von der Hand weisen. Die ganze Sache kam mir irgendwie bekannt vor. Benommen stieg ich am nahegelegenen Bahnhof in den Zug und fuhr nach London, um eine Sendung bei der BBC zu moderieren. Aus dem Fenster des Waggons betrachtete ich die Welt, während ich versuchte, mir einen Reim darauf zu machen, was gerade passiert war. Vor allem diese Sätze gaben meinem bisherigen Leben Sinn:

»Er wurde zum Fußball geführt, um Disziplin zu lernen, aber als er diese gelernt hatte, war es an der Zeit, sich weiterzuentwickeln. Er musste auch lernen, mit Enttäuschungen umzugehen, alle Emotionen zu erleben und wieder aufzustehen und weiterzumachen.«

Mein Leben war in der Tat wie ein Gang durch ein Labyrinth gewesen, wobei eine unbekannte Kraft mir Türen öffnete und sie wieder schloss: Tu dies, erlebe das, okay, weiter. Jetzt mach das, erlebe dies, okay, weiter. Der reinste Dauerlauf durchs Leben. Ich hatte auf jeden Fall gelernt, mit Enttäuschungen umzugehen, hatte alle Emotionen durchgemacht und wusste inzwischen auch, wie man aufstand und weitermachte. Und es sollte nicht lange dauern, bis mein neues Leben mir den letzten Rest emotionaler Kraft abverlangte, um aufzustehen und weiterzumachen. Die Aussage »der spirituelle Weg ist hart und niemand macht es ihm leicht« sollte sich zusehends bestätigen. Ich sollte erkennen, dass mein bisheriges Leben lediglich eine Vorbereitung auf meine wahre Berufung gewesen war und warum ich von klein auf das Gefühl hatte, eine bestimmte Aufgabe erfüllen zu müssen. Wie sich nun herausstellte, war es nicht die gewesen, Fußballer zu werden, und ich erkannte, dass meine Jahre im Journalismus und beim Fernsehen mir gezeigt hatten, wie die Medien und »das System« funktionierten, und das Fernsehen mir ein berühmtes öffentliches Gesicht gegeben hatte, so dass ich mit meinen »Enthüllungen« nicht ignoriert werden konnte. Als ich mich Anfang 1991 schließlich mit einem Buch zu Wort meldete, erhielt ich eine fantastische Publicity und ein historisches Ausmaß an Spott. Aber das machte nichts. Ich wurde nicht ignoriert und das war damals die Hauptsache. Mein Gott, dachte ich, als ich an jenem Betty-Shine-Tag am Bahnhof Waterloo ankam: *Wer bin ich? Was bin ich? Warum ich? Wohin soll das alles führen*? Eine Woche später kehrte ich zu Betty zurück und diese Botschaften wurden mir übermittelt:

- Ein Mann kann die Welt nicht verändern, aber ein Mann kann die Botschaft vermitteln, die die Welt verändern wird.
- Versuche nicht, alles allein zu machen. Geh Hand in Hand mit anderen, damit ihr euch gegenseitig auffangen könnt, wenn ihr fallt.
- Er wird in drei Jahren fünf Bücher schreiben. Das geschriebene Wort wird für immer da sein. Das gesprochene Wort verweht im Wind.
- Politik ist nichts für ihn. Er ist zu spirituell. Politik ist antispirituell und wird ihn sehr unglücklich machen.
- Er wird die Politik verlassen. Er muss nichts tun. Es wird schrittweise über ein Jahr hinweg geschehen.

- Es wird eine andere Art von Flugmaschine geben, ganz anders als die Flugzeuge von heute. (Es gab auch eine Zeile über das Kommen von Elektroautos.)
- Zeit wird keine Bedeutung mehr haben. Wo du sein willst, wirst du sein.

All diese Botschaften, die für mich Anfang 1990 durchgegeben wurden, sind entweder bereits eingetreten oder doch im Begriff, einzutreten. Ich habe zum Beispiel fünf Bücher in drei Jahren geschrieben, obwohl mir das erst klar wurde, als das fünfte Buch erschienen war und ich die Monate zurückzählte. Jeder Autor wird dir sagen, dass es eine Herausforderung ist, ein Buch pro Jahr zu schreiben, geschweige denn fünf in drei Jahren. Wenn man außerdem bedenkt, dass ich inzwischen dreiundzwanzig Bücher geschrieben habe – einige davon sind ziemlich umfangreiche Brocken –, und ich einmal zu Linda sagte, dass ich nie ein Buch schreiben würde, weil ich nicht genug zu sagen hätte … Auch die folgende Aussage hat sich weitgehend bewahrheitet: »Eines Tages wird er vollständig geheilt sein.« Nachdem ich mit dem Fußball aufgehört hatte, schritt meine Arthritis weiter voran. Sie steckte in beiden Knien, Knöcheln und Handgelenken, in den Zehen, im Nacken, in der Hüfte, im unteren Rücken und später auch in den Händen. Der spirituelle Weg ist hart und niemand macht es einem leicht! Haha. In meiner Zeit als Journalist in Leicester war das Gehen zeitweise extrem schmerzhaft und ich hatte oft Rückenschmerzen. Ich hatte keine Ahnung, wie ein Leben ohne Schmerzen aussieht. Wenn ich eine Waggontür öffnen wollte, die damals noch einen Drehknopf hatte, musste ich warten, bis jemand anderes kam. Wenn *ich* es versuchte, war der Schmerz unerträglich. Das alles geschah, während ich beim Fernsehen war. Deshalb ist meine Schmerzgrenze heute extrem hoch. Ich bin daran gewöhnt.

Der Tiefpunkt kam etwa 2007, als ich eine Reise nach Indien unternahm. Die Arthritis war so schlimm, dass ich in Socken durch den Flughafen Heathrow ging, damit ich mit den Füßen über den Boden schlurfen konnte. Ich konnte nicht einmal mehr meine Beine anheben, um richtig zu gehen. Zum Glück war es Terminal 5, das einen glatten Boden ohne Teppich hatte. Ich saß am Abflug-Gate, bis alle anderen im Flugzeug waren, um nicht in der Schlange stehen zu müssen. Ich fragte mich, wie ich den mehr als achtstündigen Flug eingepfercht in der Viehklasse überleben sollte. Als ich dem Steward meine Bordkarte reichte und er sie durch die Maschine zog, ertönte ein Piepton. *Was ist denn jetzt los?*, dachte ich. »Oh, Sie sind in die Business Class upgegradet worden, Sir«, sagte er. Ich fing tatsächlich an, leise zu weinen, als ich ins Flugzeug schlurfte, so erleichtert war ich und getröstet durch das Wissen, dass sich jemand »da draußen« um mich kümmerte. Solche kleinen »Zeichen« und »Glücksmomente« waren eine Konstante in meinem Leben. Den ganzen Flug nach Indien verbrachte ich in der Business Class liegend und die meiste Zeit schlafend, erschöpft von den Schmerzen. Als ich in meinem Hotel in der Nähe von Tiruvannamalai unterhalb des Berges Arunachala ankam, der den Hindus heilig ist, schlief ich fast achtundvierzig Stunden lang bei geschlossenen Vorhängen und wusste manchmal nicht, ob es Tag oder Nacht war. Danach ging es meinen Gelenken besser, obwohl die Besucher der Tempel alle im Lotussitz saßen (vergiss es), während ich auf meinem klappbaren Gartenstuhl hockte, den ich mitgebracht hatte, weil ich wusste, dass das Sitzen auf dem Boden für mich nicht in Frage kommen würde. Die Leute sahen mich sehr seltsam an, während ich über die Lächerlichkeit des Ganzen lachte. Die Indienreise erfolgte zum Höhepunkt meiner Arthritis-Schmerzen und von da an wurde es besser. Als ich schon dachte, jetzt bliebe mir der Rollstuhl nicht mehr erspart, wurden sie immer weniger. Heute stört die Krankheit mich überhaupt nicht mehr und ich bin seit vielen Jahren schmerzfrei.

Neu durchstarten

Mein Leben sollte sich nach den Besuchen bei Betty Shine dramatisch verändern. Nur wenige Wochen später verlängerte die BBC meinen Vertrag nicht mehr und ich war arbeitslos und ohne Einkommen. Es stand mir frei, den Wegen zu folgen, die sich mir darboten. Ich begann, mich aus der Arbeit in der Grünen Partei zurückzuziehen. Ich wollte auf Distanz gehen, weil ich wusste, dass die Zeit kommen würde, in der ich darüber sprechen musste, was sich tatsächlich abspielte, und dass dies viel Skepsis und Hohn hervorrufen würde. Wieviel wirklich, das sollte ich Anfang 1991 herausfinden. Ich wollte die Partei so gut wie möglich davor schützen. Im Einklang mit den Mitteilungen von Betty Shine dauerte es fast ein Jahr, um sich vollständig aus der Politik zurückzuziehen. Ich vertraute einigen Insidern der Grünen Partei an, was ich erlebte, und schon bald kursierten in der Partei die Gerüchte, dass der nationale Sprecher David Icke ein wenig *gaga* geworden sei. Wenn Sie Beschränktheit erleben wollen, die sich für besonders weltoffen hält, sollten Sie zu den Grünen gehen, und das gilt heute umso mehr, seit der grüne Geist zu einem allumfassenden, betonierten Wahnsinn geronnen ist, der sich »Woke« nennt.

Meine Zeit in der Grünen Partei hatte mir sowohl Einblick in die grüne Denkweise gegeben – die jetzt viel extremer ist – als auch aus nächster Nähe in die Politik als solche, was mir später sehr nützlich sein würde. Ich kam zu dem Schluss, dass die Politik sich nicht ändern würde und dass sie alle, egal wie die Partei heißt, welche Farbe die Anstecknadel auch hat und wie sehr sie beteuern mögen, »anders« zu sein, dieselbe politische Denkweise haben. Caroline Lucas, die erste Abgeordnete der Grünen Partei in Großbritanniens Parlament, arbeitete in der Landesgeschäftsstelle, als ich noch dabei war. Fast jedes Mal, wenn sie heute den Mund aufmacht, unterstützt sie die Agenda einer globalen Multimilliardärs-Elite, während sie denkt, sie sei »gegen das Establishment«. Die globale grüne Bewegung und die grünen Parteien, die ihren politischen Flügel repräsentieren, sind zu kaum mehr als einer faschistischen Tyrannei und einem die Meinungsfreiheit auslöschenden Mob verkommen, der die koordinierte, finstere Agenda der Milliardäre und Konzerne fördert, die ich nun schon seit mehr als drei Jahrzehnten aufdecke.

Als ich die BBC verließ, erhielt ich ein oder zwei kleinere Angebote für Fernseharbeiten, aber ich war nicht interessiert. Ich hatte mich entschlossen, dass ich *das hier* machen würde, was auch immer »das« sein mochte. Inzwischen war mir klar, dass das Leben ewig ist und dass wir ewige Ausdrucksformen des Bewusstseins sind, die eine kurze Erfahrung machen, Mensch genannt. Das Schlimmste, was mir passieren konnte, war also, ein Menschenleben komplett zu vermasseln, und dieses Risiko konnte ich eingehen. Mal schauen, wohin mich das führt, dachte ich. Meine Familie wusste nichts von meinen seltsamen Erfahrungen, als die Umwälzungen in meinem und ihrem Leben einsetzten. Wie sollten sie auch verstehen, was mit Dave und Dad geschah? Ich verstand es ja selbst nicht, wieviel weniger sollten sie es dann tun. Es ist ihnen hoch anzurechnen, dass sie trotz der Flutwelle des Spottes, die wenig später über mich hereinbrach, zu mir hielt (siehe Abbildung 33). Zum Glück hatte ich schon immer unter meinen Einkommensverhältnissen gelebt, was die Ausgaben anging, und es war ein bisschen Geld da, um ein Jahr ohne bezahlte Arbeit zu überstehen. Die Vorstellung, sich bis zum Hals zu verschulden (und damit abhängig zu machen), um einen teuren Lebensstil in einem großen Haus zu führen, hat mich nie gereizt. Ich schätze, es hat mich geprägt, dass ich in meinen jungen Jahren – und auch danach – mit einem Gehalt aufgewachsen bin, das nur bis zum Ende der Woche oder des Monats reichte. Außerdem gab es ja die Botschaft: »Er wird immer haben, was er braucht«, und genauso war es auch.

Die Botschaften von Betty Shine hielten, was sie versprachen, denn mein Leben wurde zu einer außergewöhnlichen Abfolge von »Zufällen« und Ereignissen. Ich wurde tatsächlich zum Wissen geführt und es wurde mir in den Kopf gepflanzt. Dies geschah durch die Synchronizität von Menschen, die ich traf, durch Bücher, Dokumente und persönliche Erfahrungen, erst zu Hause und später im Ausland. Ich hatte nie ein Buch von Anfang bis Ende gelesen, ehe ich in den Zwanzigern war, und auch danach nicht sehr oft. Jetzt lese ich leidenschaftlich gerne. Nach einem Buch ging ich zum nächsten über –

Jahr für Jahr. In der Schule hatte ich mich nicht um Bildung gekümmert und mit einem Mal suchte ich auf meine ganz eigene Art und Weise und zu meinen Bedingungen nach immer mehr Wissen aus allen erdenklichen Quellen. Dann, in den frühen 1990ern, wurde ich zu Informationen geführt, aus denen ich Schlüsse über das zog, was vor sich ging. Es folgten Namen, Daten, Orte und Details, die diese Schlussfolgerungen untermauerten. Seitdem arbeite ich nach dem Prinzip: »Wissen wird ihm in den Kopf gepflanzt und zu anderen Zeiten wird er zum Wissen geführt.« Dann war da noch diese Zeile: »Manchmal wird er Dinge sagen und sich fragen, woher sie kommen. Es werden unsere Worte sein.« Meine Güte, wie oft das schon passiert ist – ständig.

Abb. 33. Meine Familie in meiner Fernsehzeit: Klein-Kerry, Baby Gareth und mein Bruder Paul, der jetzt ebenfalls ein Streiter für die Freiheit ist, hinten in der Mitte. Wir ahnten ja nicht, was auf uns zukommen würde.

Danach hielt ich jedes Jahr eine Anzahl öffentlicher Vorträge, von denen viele bis zu elf Stunden dauerten, so viele Informationen hatte ich bis dahin zusammengetragen und bekommen. Immer wieder sagte ich in diesen Vorträgen und auch in Interviews Dinge, bei denen ich dachte: »Verdammt, das ist interessant, woher habe ich das?« Das hält bis heute an und führte kurz nach der Jahrtausendwende zu meiner aus dem Nichts geborenen Schlussfolgerung, dass wir in einer simulierten Realität leben, die durch die Lichtgeschwindigkeit begrenzt ist, was seither durch die sich sammelnden Beweise sogar vom wissenschaftlichen Mainstream bestätigt wird. Wenn du in den Monaten nach Betty Shine im Jahr 1990 ein Medium treffen wolltest, brauchtest du nur mir zu folgen. Betty war die Einzige, die ich bewusst aufsuchte, den Rest erledigte die Synchronizität. Hallo, was machst du denn so? Ich bin ein Medium. Mein Gott, nicht schon wieder eines! Bei einer solchen Gelegenheit erhielt ich eine Mitteilung, die sich später als sehr genau herausstellte:

»Diamanten können sogar im Schlamm gefunden werden – das Wasser wäscht sie sauber ... Suche die Diamanten, die funkelnde Wahrheit, die Klarheit, die Vollkommenheit des Wortes. Die Strudel des Lebens tragen dich dorthin, wo die Diamanten sind. Gehe in Resonanz mit der Vollkommenheit der Kristalle. Mühsames Suchen ist nicht nötig. Der Weg ist bereits vorgezeichnet. Du brauchst nur den Hinweisen folgen ...

... Wir führen dich auf einem festgelegten Weg. Du lernst, was wir dich lehren. Es war schon alles organisiert, bevor du inkarniert bist.«

Ein paar Monate später befand ich mich eines Nachts in Kanada am Ufer des Oldman River, etwa einhundertachtzig Kilometer von Calgary in Alberta entfernt. Im Schein der Taschenlampe erkannte ich eine Menge heller, rautenförmiger weißer Steine, die im Schlamm lagen und vom zurückweichenden Fluss freigespült wurden. Jetzt konnte ich deutlich erkennen, dass mein ganzes Leben von dem Moment an, als ich geboren wurde, darauf ausgerichtet war, das zu tun, was ich jetzt tue. Wie wahr – ich musste nur den Hinweisen folgen. Genau das habe ich getan, als sie mir gezeigt wurden. Die Herausforderung bestand darin, diesen Hinweisen zu folgen und zu kommunizieren, was sie aussagen, wohl wissend, was das für die Reaktion der Öffentlichkeit bedeuten würde. Wie Sie vielleicht bemerkt haben, war das für mich noch nie ein Problem.

Den Rest des Jahres 1990 über arbeitete ich an meinem ersten Buch über diese Themen und darüber, was in meinem Leben geschehen war. Ich nannte es *Truth Vibrations* – »Wahrheitsschwingungen«. Der Titel verdankte sich einer Zusammenführung von Informationen durch Medien über eine energetische Frequenz, die in unsere Realität eingespeist werden sollte, um die Menschheit aus ihrem Schlaf zu erwecken, der durch Kräfte aufrechterhalten wurde, die ich später aufdecken sollte. Mir wurde gesagt, dass diese Frequenz oder Schwingungsveränderung zwei wesentliche Auswirkungen haben würde. Sie würde die verschlossenen Gemüter für eine größere Realität des Selbst und der »Welt« öffnen, wobei die offensten zuerst betroffen wären und schließlich sogar diejenigen wachgerüttelt würden, die zu dieser Zeit Vorhängeschlösser an ihrem Verstand hatten. Der andere Effekt – daher auch der Buchtitel – war, dass die Schwingungsveränderung all das an die Oberfläche bringen würde, was vor uns verborgen war. Als man mir das 1990 sagte, gab es keinen Beweis dafür, dass irgendetwas davon stimmte. Wenn Sie die globale Gesellschaft betrachteten, fehlte es an Anzeichen dafür, dass die Menschen aus ihrem induzierten Wahrnehmungskoma erwachten oder das Verborgene enthüllt wurde. Dies blieb noch viele Jahre so, was ich durch die Ablehnung und den Spott, der mir entgegengebracht wurde, deutlich zu spüren bekam. Dann kam die Jahrtausendwende mit 9/11 und den westlichen Eroberungs- und Zerstörungskriegen im Nahen Osten. Ich konnte deutlich erkennen, wie es sich in den Köpfen zu regen begann und immer mehr Menschen die Welt anders sahen. Das hat sich immer weiter ausgebreitet, bis jetzt durch die »Covid«-Ära ein Tsunami des Erwachens ausgelöst worden ist. Alles, was bisher verborgen gewesen war, begann sich uns zu offenbaren – kein Scherz. Schauen Sie sich an, was diejenigen offenen Geistes über die Welt und die Kräfte hinter den Ereignissen wissen, was sie 1990, 1995, 2000, 2005, 2010, 2015 und so weiter noch nicht wussten. Es ist fantastisch, was alles ans Licht gekommen ist, wie meine früheren Bücher und dieses Buch deutlich zeigen.

Nachricht an den Verstand: Du wirst gleich explodieren!

Truth Vibrations (»Wahrheitsschwingungen«) ging Ende 1990 in Druck und sollte im darauffolgenden Mai veröffentlicht werden, um das, was von meinem alten Leben noch übrig war, in Flammen aufgehen zu lassen. Schon vor Weihnachten, als das Buch fertig war, verspürte ich den Drang, nach Peru zu reisen. Ich hatte keine Ahnung, warum. Ich wusste nichts über Peru. Im gleichen Zeitraum schaltete ich den Fernseher ein und es lief vielleicht gerade eine Dokumentation über Peru oder ich ging am örtlichen Reisebüro vorbei und sah im Schaufenster eine Werbung für Reisen nach Peru. Aus reiner Intuition – die mich jetzt ständig begleitete – buchte ich jedenfalls einen Flug nach Lima, Peru, den ich mir eigentlich gar nicht leisten konnte. Intuition entsteht durch das Herzchakra in der Mitte der Brust – einem von vielen Vortexen, die als »Räder des Lichts« (so die Übersetzung des indischen Begriffs »Chakra«) bekannt sind und das menschliche Energiefeld durchdringen (mehr dazu später). Aus diesem Grund spüren wir die Intuition in der Brust

Abb. 34. Der Herzvortex im Chakra-System, der das menschliche Energiefeld durchdringt, ist unsere wichtigste Verbindung zum erweiterten Bewusstsein jenseits der Simulation.

(siehe Abbildung 34). Ein weiterer Chakra-Vortex, der mit Emotionen zu tun hat, ist mit dem Bauchbereich verbunden. Deshalb spüren wir dort Emotionen und Menschen bekommen »die Hosen voll«, wenn sie emotional nervös und ängstlich sind. Beobachten Sie die Körpersprache von jemandem, der sagt, dass er intuitiv *weiß* – »ich *weiß* es einfach« – seine Hände werden unweigerlich zur Brust gehen. Wenn Menschen sagen, dass sie denken, wandert ihre Hand zum Kopf. Dies sind alles Hinweise darauf, woher die Quelle der Wahrnehmung, des Wissens oder des Denkens kommt.

Denken ist ein Akt der Wahrnehmung innerhalb der strengen Grenzen des menschlichen Simulationsbewusstseins, während intuitives Wissen aus Erscheinungsformen der Realität stammt, die weit über die menschliche Sphäre und ihre phänomenalen Illusionsebenen hinausgehen. Die gedankliche Wahrnehmung resultiert aus einer Abfolge von Gedanken, die zu einer Schlussfolgerung führen, während die Intuition als ein komplettes Paket ohne eine Vorlaufsequenz kommt. Das Herz *weiß*, weil es mit der Ebene des Bewusstseins verbunden ist, die *weiß*. Der Kopf/Verstand *denkt*, weil er es *nicht* weiß und versuchen muss, es mithilfe einer Gedankenabfolge herauszufinden (siehe Abbildung 35). Meine Schlussfolgerungen erreichen mich zuerst durch das Herz, dann kommen die detaillierten Beweise, die sie stützen, in Form von Daten, Orten und Menschen über den Verstand. Das Bewusstsein des Herzens und das Bewusstsein des Verstandes sind miteinander verbunden, oder sollten es zumindest sein. Sie sind jedoch nicht ein und dasselbe. Auch hierzu später mehr.

Aus meinen geplanten zwei Wochen in Peru wurden deren drei inmitten einer unglaublichen Reihe von Synchronizitäten und Erfahrungen. Ich landete früh am Morgen in Lima und wusste nicht, was ich als nächstes tun würde. Die Ereignisse überschlugen sich von dem Moment an, als ich die Gepäckhalle betrat, und innerhalb einer Stunde nach meiner Ankunft saß ich in einem anderen Flugzeug nach Cusco in den Anden, wo bereits ein gebuchtes Hotel auf mich wartete. Diese Geschichte erzähle ich in anderen Büchern. Ich saß dort im Hotel auf dem Bett und dachte: »Okay, was jetzt?« Eine weitere Stunde voller »Zufälle« verging und ich wurde mit einem peruanischen Reiseführer und seiner zweiwöchigen Besichtigungstour zusammengebracht. Ich besuchte alle wichtigen Sehenswürdigkeiten, darunter auch das außergewöhnliche und atemberaubende Machu Picchu, und der Reiseführer nahm mich mit in die Stadt Puno am Titicacasee, der mit einer Höhe von fast vier Kilometern über dem Meeresspiegel als der höchstgelegene schiffbare See der Welt gilt. Er buchte uns in ein Hotel namens Sillustani ein, das nach einer Inka-Stätte benannt ist, die vierzig Autominuten entfernt liegt. Überall im Hotel hingen Bilder von Sillustani und als ich mir eines davon ansah, hatte ich das überwältigende Gefühl – wieder einmal –, dass ich dorthin musste. Am nächsten Tag fuhr ich in einem Minibus-Taxi mit dem Reiseleiter und einem Fahrer dorthin und verbrachte eine Stunde damit, die Ruinen zu besichtigen. Es war wunderschön, von der Anhöhe aus über das Land auf einen See und die fernen Berge zu blicken, aber ich kehrte mit einem ziemlichen Gefühl der Enttäuschung zu dem Bus zurück. Was ich erlebt hatte, entsprach nicht dem starken Drang, den ich am Abend zuvor verspürt hatte. Das sollte sich jedoch bald dramatisch ändern.

Abb. 35. Denken und Wissen kommen aus ganz unterschiedlichen Quellen.

Ein paar Minuten später, auf dem Weg zurück nach Puno, sah ich gedankenverloren aus dem Autofenster. Mein Blick schweifte zu einem Hügel zu meiner Rechten. Worte begannen sich in meinem Kopf zu wiederholen: »Komm zu mir, komm zu mir, komm zu mir.« Konnte mein Leben noch seltsamer werden? Neun Monate zuvor hatte ich für die BBC Snooker moderiert und war nationaler Sprecher der Grünen Partei gewesen. Jetzt war ich in Peru und ein verdammter Hügel sprach zu mir. Ich bat den Fahrer anzuhalten und stieg auf den Hügel, wo ich einen Steinkreis vorfand. Ich habe das noch nie erwähnt, weil ich erst herausfinden wollte, wie das möglich sein konnte, und jetzt weiß ich es. Ich fand einen Steinkreis auf der Kuppe des Hügels vor – einen Steinkreis, der »physisch« gar nicht da war! Klar, ihr wisst doch, der Icke ist verrückt. Nun, im Nachhinein, nach zweiunddreißig Jahren, vielleicht doch nicht so ganz. Ich habe damals wirklich einen Steinkreis gesehen und werde Ihnen gleich erzählen, was aus ihm wurde. In dem Kreis gab es ein paar Steine mit einprägsamen Formen, die es mir leicht gemacht haben, mich zu erinnern. Mit einer Gruppe von Leuten kehrte ich 2012 anlässlich meines sechzigsten Geburtstags nach Sillustani zurück und auch zu dem Hügel, um ihnen den Kreis zu zeigen. *Er war nicht mehr da*. Der Hügel war natürlich noch da, aber der Steinkreis nicht. Stattdessen befand er sich im Hauptbereich der Sillustani-Stätte und sah genau so aus, wie ich ihn auf dem Hügel wahrgenommen hatte, etwa anderthalb Kilometer von dem Ort entfernt, an dem er sich damals »physisch« befand. Ich erkannte einige der Steine wieder, die ich mir damals gut eingeprägt hatte. Die Unstimmigkeiten waren keine verblasste Erinnerung. Unmittelbar nach der Reise hatte ich von dem Steinkreis auf dem Hügel erzählt und meine Geschichte hat sich nie geändert.

Abb. 36. Meine Rückkehr nach Sillustani im Jahr 2012.

Ein ganzer Steinkreis war »*verschoben*« worden? Hm? Nicht ganz, jedenfalls nicht »physisch«. Ich werde Ihnen später erklären, wie das geschehen konnte, wenn wir die illusorische Natur der »physischen« Realität betrachten. Es gibt nämlich keine »physische« Realität, wie wir sie wahrnehmen, man braucht sich nur mit der Quantenphysik zu beschäftigen, um das zu verstehen. Etliche Menschen haben mir berichtet, vor allem im letzten Jahr, dass Gegenstände in ihrem Haus verschwunden sind. Sie erinnern sich genau, wo sie gelegen hatten, und manchmal tauchten sie auch genau dort wieder auf. Die Geschichten sind viel zu zahlreich, um sie abzutun, und außerdem habe ich das Phänomen selbst erlebt. Ich wohne in einer winzigen Wohnung, in der Dinge nicht einfach verschwinden können, aber sie sind verschwunden, obwohl ich genau wusste, wo sie waren. Wenn Ihnen das alles zu verrückt und abwegig erscheint (aus der Perspektive des »Normalen« ist es das auch), dann sollten Sie sich auf das Folgende gefasst machen.

Ich ging damals also in die Mitte des Kreises und erlebte eine Wiederholung dessen, was in dem Zeitungsladen in Ryde geschehen war. Meine Fußsohlen fingen an zu brennen und zu kribbeln, eine Art Magnetismus, und ich konnte die Füße nicht mehr bewegen. Ich spürte, wie die Energie in meinen Kopf pulsierte (wo sich der Kronenchakra-Vortex befindet) und durch mich hindurch in den Boden strömte. Ein weiterer Strom kam aus der anderen Richtung, von unten herauf. Meine Arme streckten sich spontan im 45-Grad-Winkel aus. Ich habe keine bewusste Entscheidung dazu getroffen. Es passierte einfach. Bei meiner Rückkehr nach Sillustani im Jahr 2012 stellte ich diesen Moment nach (siehe Abbildung 36). Dann hörte ich eine »Stimme« in meinem Kopf, die sagte: »Darüber wird man in hundert Jahren noch sprechen« und »Es wird vorbei sein, wenn du den Regen spürst«. Ich stand unter der glühenden Sonne Perus und blickte in einen strahlend blauen Himmel, an dem keine einzige Wolke zu sehen war. *Welcher Regen? Woher?* Die Energie, die mich durchströmte, wurde immer stärker, bis mein ganzer Körper zitterte (siehe Abbildung 37). Meine Zeitwahrnehmung verschwand, als ich in einen Bereich des Bewusstseins eintrat, in dem es keine Zeit gibt, da sie nur eine Illusion der Simulation ist, wie ich noch erklären werde. Während all dies geschah, war ich größtenteils »da

Abb. 37. Eine symbolische Darstellung dessen, was mir in Sillustani widerfuhr.

draußen« und in einem anderen Bereich des Bewusstseins. Ich kehrte ab und zu in mein Bewusstsein zurück, so wie wenn Sie mit dem Auto fahren und sich nicht an die letzten Kilometer erinnern können. Ihr bewusster Verstand ist woanders und Ihr Unterbewusstsein hat das Steuer übernommen. In einer dieser bewussten Phasen sah ich in der Ferne einen hellgrauen Nebel über den Bergen. Der Nebel wurde sehr schnell immer dunkler und ich konnte jetzt erkennen, dass es in der Ferne heftig regnete. Ich beobachtete, wie der Sturm lächerlich schnell auf mich zukam, bis dunkle Wolken die Sonne verdeckten und eine Wand aus treppenförmigem Regen über den Hügel kam und mich mit solcher Wucht traf, dass ich augenblicklich durchnässt war. Die Front des Sturms war eine gerade Linie, wie mit dem Lineal gezogen, eine »Regenwand«. Wenn Sie diese Szene in einem Film zeigen würden, würden die Leute über die Vorstellung lachen, dass so etwas jemals passieren könnte, aber es ist wirklich passiert. Als der Regen einsetzte, hörte die Energie, die mich fast eine Stunde lang durchströmt hatte, sofort auf. Meine Arme waren die ganze Zeit in der Luft gewesen und ich hatte es nicht als Belastung empfunden. Jetzt waren meine Schultern ganz steif und schmerzten und meine Beine so schwach, dass ich Mühe hatte, mich aufrecht zu halten. Die Energie strömte immer noch aus meinen Füßen und Händen und das blieb auch die nächsten vierundzwanzig Stunden so. In der Nacht konnte ich deswegen nicht schlafen.

Was war gerade passiert?

Ich hatte keine Ahnung, was passiert war oder was es zu bedeuten hatte, und es dauerte Jahre, bis ich den Prozess vollständig verstand. Meine Wahrnehmungsblase war zerplatzt und ich wurde in einen viel höheren und erweiterten Bewusstseinszustand versetzt. Dieser Wandel, der sich auf mein ganzes Leben auswirkte, sollte sich bald in Zeitungsschlagzeilen und öffentlichem Spott niederschlagen. Informationen, Konzepte, Wahrnehmungen strömten in mein Bewusstsein und mein Unterbewusstsein und meine Fähigkeit, all das zu verarbeiten, war durch die schiere Menge überfordert. Es war so, als würde man einem Computer zu schnell zu viele Anweisungen geben. Er hängt sich auf und friert ein. Er kann nicht alles gleichzeitig verarbeiten.

Ich bin gewissermaßen auf die gleiche Weise eingefroren und es dauerte etwa drei Monate, bis ich dann zu einer der meist verspotteten Personen in der britischen Geschichte wurde. Als ich wieder »auftaute«, sagten die Leute, sie dächten, ich sei »verrückt geworden«, obwohl ich für sie noch immer die Person war, die sie gekannt hatten. Ja, »David« war zurückgekehrt, wenn auch nicht mehr derselbe.

Ich verhielt mich zwar wie immer und hatte die vertraute Persönlichkeit, aber ich sah die Welt jetzt mit anderen Augen. Auf dem Heimflug von Peru war ich noch der alte gewesen, doch schon bald nach meiner Ankunft in England begannen sich die Folgen des Erlebnisses auf dem Hügel zu manifestieren. Ich wusste nicht mehr, wo ich mich befand. Ich war eine Woche länger in Peru geblieben und hatte meinen Flug umbuchen müssen. Das Geld war mir ausgegangen, weil damals kaum jemand – nur in Peru – meine Kreditkarte akzeptieren wollte. Ich hatte mein Radio eintauschen müssen, um ein Taxi zum Flughafen zu organisieren. Selbst dann war ich nur auf Standby gewesen und wenn ich den Flug nicht bekam, hatte ich keine Ahnung, wie es weitergehen würde. Eine gedankliche »Stimme« sagte immer wieder, keine Sorge, du wirst den Flug bekommen, und irgendwann sagten »sie« mir, dass sie einen Sitz mit viel Beinfreiheit für mich gefunden hätten. Man kann das als Wunschdenken abschreiben. Aber als alle Passagiere eingecheckt waren und der Flug bald starten sollte, wurde ich an den Schalter gerufen. Ich konnte mitfliegen und als ich an Bord ging, befand sich mein Sitz direkt neben dem Notausstieg mit sehr viel Beinfreiheit. Solche Dinge werden häufig veranlasst, um jemandem Vertrauen in das zu geben, was ihm mitgeteilt wird, und um ihm zu sagen: »Keine Sorge, wir kümmern uns um dich und das werden wir immer tun.« Sie haben sich auf jeden Fall um mich gekümmert. Der israelisch-amerikanische Wissenschaftler Itzhak Bentov schreibt in seinem 1988 erschienenen Buch *Auf der Spur des wilden Pendels* über Erfahrungen wie die meinen:

»Es ist eine Ironie des Schicksals, dass Menschen, bei denen die evolutionären Prozesse der Natur schneller in Gang gekommen sind und die als fortgeschrittene Mutanten der menschlichen Rasse betrachtet werden können, von ihren »normalen« Altersgenossen als subnormal abgestempelt werden. Aufgrund von Gesprächen mit meinen Psychiaterfreunden wage ich zu vermuten, dass dieser Prozess nicht so exotisch und selten ist, wie man uns glauben machen möchte, und dass möglicherweise 25 bis 30 Prozent aller eingewiesenen Schizophrenen zu dieser Kategorie gehören – eine enorme Verschwendung von menschlichem Potenzial.

Der Grund dafür ist, dass sie plötzlich in eine Situation katapultiert wurden, in der sie in mehr als einer Realität funktionieren. Sie können Dinge sehen und hören, die in unseren benachbarten Realitäten, das heißt in der Astralwelt oder anderen höheren Realitäten, geschehen, weil ihre ›Frequenzantworten‹ erweitert wurden … Der Ansturm an Informationen kann überwältigend sein, und sie beginnen, zwei oder drei Realitäten zu vermischen und zu verwechseln.«

Abb. 38. In der inzwischen legendären Wogan-Show.

Das ist genau das, was mir widerfahren ist, und ich funktioniere immer noch in weitaus mehr als einer Realität – sehr viel mehr als einer. Der Unterschied ist einzig der, dass ich sie alle in ein einheitliches, zusammenhängendes Ganzes integriert habe. In der Zeit nach Peru wechselte ich ständig zwischen den Realitäten hin und her und versuchte verzweifelt, einen Sinn darin zu sehen. Wenn Sie mich in den ersten drei Monaten nach meiner Rückkehr aus Sillustani nach meinem Namen gefragt hätten, hätte ich nachsehen müssen. Ich hatte keine Ahnung, was los war. Es war, als befände ich mich in einem permanenten Wachtraum. Mitten in all dem wurde ich eingeladen, in einer BBC-Talkshow zur besten Sendezeit aufzutreten, die von dem damals megaberühmten Iren Terry Wogan moderiert wurde. Was dann folgte, wurde zur Fernsehfolklore. Das Publikum lachte mich innerhalb weniger Minuten aus, angestachelt von Wogan, der sich Jahre später öffentlich für sein Verhalten entschuldigen sollte (siehe Abbildung 38). Im Jahr 2006 interviewte er mich erneut in einer Retrospektive seiner Sendungen, und der Austausch verlief ganz anders: Wogan schien mit meinen Informationen, die vom Publikum gut aufgenommen wurden, überfordert zu sein, was ich verständlicherweise als sehr kathartisch empfand. Das erste Interview im Jahr 1991 jedoch brannte in etwas mehr als fünfzehn Minuten jede Brücke zu meinem früheren Leben nieder. Es gab kein Zurück mehr. Es gab nichts, wohin ich zurückkehren konnte. Ich konnte in Großbritannien keine Straße mehr entlanggehen, ohne dass man auf mich zeigte und mich auslachte. Ich stand jahrelang im Mittelpunkt eines unaufhörlichen Spottes, wie ihn nur wenige je erlebt haben. Die Häme hatte historische Ausmaße.

Kerry und Gareth wurden von »Journalisten« auf dem Schulweg verfolgt und dort jeden Tag wegen ihres verrückten Vaters gnadenlos verhöhnt. Wenn Sie einen Eindruck von der Menschheit in ihrer schlimmsten Form bekommen möchten, in all den Tiefen ihrer empathielosen Ignoranz und Engstirngkeit, dann hätten Sie 1991 und im folgenden Jahrzehnt bei den Ickes vorbeischauen müssen. Selbst heute, nachdem all das, was ich vorausgesagt habe, eingetreten ist, gibt es immer noch Legionen von Menschen, die so sehr in ihrer programmierten Selbsttäuschung gefangen sind, dass mein Name bei ihnen ein reflexartiges »Icke ist ein Spinner« hervorruft. Mit Selbsttäuschung meine ich, dass sie die Erzählungen der Autoritäten als ihre eigene Meinung wiederholen, obwohl sie nur das glauben, was die Autoritäten sie glauben lassen wollen, weil es den Autoritäten nützt. Sie tun das, weil die Autorität will, dass sie glauben, »Icke ist ein Spinner«. Ich sollte darüber lachen, weil es wirklich jämmerlich ist, das zu sehen. Wie solche Leute von »Covid«-Impfung zu »Covid«-Impfung weiterhin funktionsfähig bleiben, ist mir schleierhaft. Was als eine Sache erscheint, kann aus einem anderen Blickwinkel betrachtet eine ganz andere sein. Das Leben gibt Ihnen nicht immer das, was Sie wollen, sondern das, was Sie brauchen. Eine Mitteilung, die ich in jenen frühen Jahren von einem Medium erhielt, lautete:

»Wahre Liebe gibt dem Empfänger nicht immer das, was er gerne hätte, aber sie wird ihm immer das geben, was für ihn am besten ist. Heißen Sie also alles willkommen, was Sie erhalten, ob es Ihnen gefällt oder nicht. Denken Sie über alles nach, was Ihnen nicht gefällt, und schauen Sie, ob Sie erkennen können, warum es notwendig war. Die Akzeptanz wird dann sehr viel leichter sein.«

Raus aus dem Kerker

Diese Jahre des unaufhörlichen Spottes haben mich tatsächlich aus dem Gefängnis befreit, in dem die meisten Menschen leben, nämlich der Angst davor, was andere Menschen denken. Mein Leben enthüllte Geheimnisse und Wahrheiten, die so fantastisch waren, dass jeder, der sich noch Gedanken darüber macht, wie er von anderen wahrgenommen wird, niemals darüber gesprochen hätte, geschweige denn so öffentlich. Mein bewusster Verstand wusste nicht, was auf mich zukommen würde, aber andere Ebenen von mir wussten es. Ich wurde darauf vorbereitet. Mein ganzes bisheriges Leben war eine Vorbereitung auf das gewesen, wozu ich hierhergekommen war. Man spricht nicht über gestaltwandelnde Reptilien, wenn man sich auch nur im geringsten Gedanken darüber macht, wie andere einen sehen. Wenn Sie mit dem jahrelangen unnachgiebigen Spott und der gnadenlosen Verachtung konfrontiert werden, wie ich es erlebt habe, ziehen Sie sich entweder von der Welt zurück und verstecken sich oder Sie strecken Ihr Kinn hoch, zeigen Ihre Brust und lassen zu, dass das Feuer Sie zu unzerbrechlichem Stahl härtet. Ich entschied mich für Letzteres (siehe Abbildung 39).

Abb. 39. Machen Sie mich lächerlich und beschimpfen Sie mich so oft, wie Sie wollen. Sie werden mich nicht brechen. Ich kann nicht gebrochen werden.

Ich wollte nur meine Wahrheit sagen und kein noch so starkes Bombardement mit Hohn und Spott sollte mich davon abhalten (siehe Abbildung 40).

Inmitten dieses hysterischen Hohngelächters begab ich mich auf eine Vortragsreise zu den Studentenwerken diverser Universitäten, die von meinem alten Fernseh-Agenten Paul Vaughan organisiert wurde, der zu mir hielt und sich als echter Freund erwies. Können Sie sich vorstellen, was an diesen Unis geschah? Ich weiß noch, wie ich nach meiner ersten Universitätsveranstaltung in Bangor in Nordwales in den frühen 1990er Jahren durch die Nacht nach Hause fuhr. Ich war den ganzen Abend über von dem dicht gepackten Studentenpublikum verspottet worden und anstatt zu übernachten, wollte ich nur noch nach Hause. Welchen Sinn hatte es, weiterzumachen? Überall, wo ich hinkam, wurde ich beschimpft und verhöhnt. Außerhalb meines Zuhauses konnte ich mich dem nirgendwo mehr entziehen, wo Menschen waren. Der Morgen dämmerte schon, während ich eine verlassene Landstraße entlangfuhr. Ein Medium hatte mir ein Jahr zuvor gesagt, ich möge mir ein Symbol aussuchen, das »sie« mir zeigen könnten, um Antworten auf Fragen zu übermitteln. Hinter dem rechten Ohr des Mediums hatte auf einem Regal ein Aquarium gestanden. »Ich entscheide mich für einen Fisch«, hatte ich gesagt. Als sich die Dunkelheit an diesem frühen Morgen auf der einsamen und verlassenen Landstraße lichtete, rief ich: »Zeigt mir einen Fisch, wenn das, was ich tue, überhaupt etwas bringt – wenn es sich lohnt, weiterzumachen.« Genau in dem Moment – und ich meine genau in dem Moment –, als ich die Frage stellte, tauchte vor mir auf einer Anhöhe ein großer blauer Lieferwagen auf. Es war das erste Fahrzeug, das ich seit langem in der Nacht gesehen hatte. Als das Fahrzeug näherkam, sah ich, dass es sich um einen Fish & Chips-Lieferwagen handelte, auf dessen Windschutzscheibe das Wort »Fisch« prangte. Der »Zufall« war so fantastisch, dass ich dachte, okay, ich mache noch ein bisschen weiter und schaue, wohin es mich führt.

Die Studenten buchten mich, damit ich an ihren Unis spreche, wohl wissend, dass sie mich zu ihrer Unterhaltung der Lächerlichkeit preisgeben würden. Nun ja, wie die meisten Menschen waren sie sich ihrer selbst nicht bewusst genug, um zu erkennen, dass das, was wir tun und sagen, eine Aussage über uns selbst ist und nicht über diejenigen, von denen wir glauben, dass wir eine Aussage über sie machen. Ich weiß noch, wie ich an einer bestimmten Universität vor ein vollbesetztes Publikum von Studenten trat. Das Gelächter, der Spott und die Beschimpfungen waren so laut und lang anhaltend, dass es Minuten dauerte, bis ich sprechen konnte. Ich stand geduldig da und sah sie einfach nur an, verzweifelt darüber, dass es sich um potenziell einflussreiche Persönlichkeiten von morgen handelte. Schließlich beruhigten sie sich und der Raum wurde still. Ich sagte: »Sie denken, ich sei geisteskrank, nicht wahr?« Es folgte noch mehr Aufruhr, als sie ihre Zustimmung riefen. Ich ließ den Lärm wieder in der Stille vergehen. »Und was sagt das über Sie aus?«, fragte ich. »Sie sind heute Abend hierhergekommen, um jemanden lächerlich zu machen, den Sie für geisteskrank halten.«

Abb. 40. Freiheit ist die lebensverändernde Kraft der Worte: »Es ist mir scheißegal.«

Man hätte eine Stecknadel fallen hören können, als diese Erkenntnis einsickerte, und für den Rest des Abends herrschte respektvolles Schweigen, bis auf vier junge Kerle, die hinten an der Bar saßen und weiterhin Zwischenrufe machten. Der Raum war dunkel, so dass ich sie nicht sehen konnte. Als ich in der zweiten Hälfte Fragen stellte, bat ich darum, das Licht einzuschalten und das Mikro für die erste Frage den Deppen im hinteren Bereich zu geben. Sie zuckten zurück, als stünde das Mikro in Flammen, und das war das Letzte, was wir von ihnen hörten. Aus der Dunkelheit heraus höhnische Bemerkungen zu schreien ist der Modus Operandi von Feiglingen und wie bei allen Tyrannen erweist sich, wenn ihnen jemand die Stirn bietet, dass sie Eier in Nanogröße haben. Meine Erfahrung auf den Schultoiletten von Crown Hills mit dem Tyrannen und seiner Bande hatte mir das gezeigt und diese Lektion war mir immer wieder nützlich. Mein ganzes bisheriges Leben gab mir das stoische Rüstzeug, das ich brauchte, und deshalb ist alles so gekommen, wie es gekommen ist.

Die Angst vor dem, was andere von Ihnen denken, ist ein Gefängnis, das so gut wie jeden versklavt. Darauf gründet das Gruppendenken, wenn Menschen sich in das Glaubenssystem der Gruppe einfügen und ihre eigene, einzigartige Lebensauffassung verschweigen, sofern sie eine haben. Sobald Sie die Zustimmung anderer suchen, statt Ihre Einzigartigkeit zum Ausdruck zu bringen, sind Sie nicht mehr »Sie«, Ihr einzigartiges »Sie«. Stattdessen werden Sie zu *denen*, den anderen, indem Sie Ihre Ansichten und Ihr Verhalten für die Gruppe akzeptabel gestalten – genau so funktionieren Sekten. Nun, wie es so schön heißt: Scheiß auf das Spiel der Soldaten. Ich bin ich, und wenn das jemandem nicht passt, dann ist das sein gutes Recht, aber ich bleibe ich und ich werde nicht zu einem anderen werden, bloß weil andere das so wollen. Sie können denken, was sie wollen – *ich auch*, schönen Dank noch.

Nehmen wir nur einmal die »Covid«-Ära, in der es darum ging, das Gruppendenken (Autoritätsdenken) zu forcieren und diese geronnene Psyche gegen das individuelle Denken derjenigen zu wenden, die sich gegen die Lügen wehren und den gefälschten »Impfstoff«, der gar keiner ist, nicht gespritzt haben wollten. Meine Familie, Kerry, Gareth und Linda, wurde durch ihre Verbindung zu mir mit Spott überschüttet, obwohl ich glaube, dass Linda vielen Leuten eher leidtat, weil sie mit einem Verrückten wie mir zusammenlebte. Kerry, Gareth und später auch Jaymie wurden alle in ihrer Persönlichkeit gestärkt, indem sie die Erfahrung des Spottes über ihren Vater nutzten, um sich nicht mehr darum zu kümmern, was andere von ihnen denken. Was mir im Laufe der Jahre so wehgetan hat, nämlich die Wirkung meines Handelns auf sie, hat sich als genau das herausgestellt, was sie brauchten, um diese Erfahrung zu machen. Der spirituelle Weg ist hart und niemand macht es einem leicht. Aber er ist es wert, gegangen zu werden. Sehen Sie sich an, was sie jetzt tun – sie bauen Internettplattformen und Gruppen auf, um die Tyrannei herauszufordern und die Freiheit zu verteidigen. Ich möchte gar nicht daran denken, dass sie auch ein anderes, stumpfsinniges Leben hätten führen können, indem sie in einer Bank oder Behörde arbeiteten, statt ihre Einzigartigkeit in jeder Minute eines jeden Tages zum Ausdruck zu bringen.

Während die Welt mich fast überall, wo ich öffentlich auftauchte, auslachte, geschah Erstaunliches, als ich immer weiter in die Ferne reiste. Ich sammelte zunehmend detaillierte Informationen darüber, dass diejenigen, die die Welt zu lenken scheinen, in Wahrheit Schachfiguren derer sind, von denen sie ihrerseits kontrolliert werden. Später stieß ich auf die nichtmenschliche Kraft, die hinter alledem steckt, und noch später auf die illusorische Natur unserer scheinbar »physischen« Welt und die Simulation, die die Menschheit in Knechtschaft hält. Ich werde auf all diese Aspekte eingehen und sie im weiteren Verlauf zu einem kohärenten Ganzen zusammenfügen. Die Informationen kamen von Whistleblowern, Personen innerhalb der Netzwerke von Regierung, Militär und Geheimdiensten, Forschern auf Spezialgebieten, Büchern, Dokumenten, direkten persönlichen Erfahrungen – die Quellen waren zahlreich. Es entstand ein außergewöhnliches Bild, das sich bis zum heutigen Tag zu einem immer größeren Wissen erweitert. Sobald ein neues Thema in mein Leben trat, erreichten mich plötzlich aus allen Richtungen Informationen zu diesem Thema. Dieser wiederkehrende Prozess hat mich immer tiefer in den Kaninchenbau der sogenannten Verschwörungstheorien gebracht, denn so wurde ich an Wissen herangeführt und Wissen wurde mir in den Kopf gepflanzt. Dieses Buch ist das jüngste Ergebnis davon.

Der ständige Strom von Informationen, die in den letzten zweiunddreißig Jahren in mein Leben gekommen sind, wäre an sich schon unglaublich genug, aber es gibt noch viel mehr zu berichten. Die herausragende »paranormale« Erfahrung auf dem Hügel in Peru war nur ein Beispiel für Ereignisse, die nicht durch die offizielle und »normale«, »wissenschaftliche« Sichtweise der Realität erklärt werden können – die nachweislich fehlerhaft ist, von Grund auf. Das »Para«-Normale ist für mich zu einem Teil des Lebens geworden und in Wirklichkeit ist daran rein gar nichts »para«. Die kurzsichtige »Wissenschaft« fügt einfach »para« zu allem hinzu, was ihr beschränkter Verstand sich nicht erklären kann.

Adler-Legenden

Ich beschreibe jetzt eine Kette von Ereignissen als Beispiel für die Erfahrungen, die ich gemacht habe und die die »Wissenschaft« nicht erklären kann, obwohl sie durchaus erklärbar sind und später in diesem Buch auch erklärt werden. Es geht dabei um die amerikanischen und kanadischen Ureinwohner, ein Thema, das zwischen 1991 und 1993 eine große Rolle in meinem Leben spielte. Ich weiß noch, als ich 1993 in Houston, Texas, in einem Hotel zum ersten Mal auf einer »New Age«-Veranstaltung über meine Verschwörungsthemen sprach. Das Event war so abgedreht (sogar für mich!), dass ich vor meiner Rede erst einmal einen kleinen Spaziergang machen musste, um mich zu sammeln. Bei der »Vorstellung« vor mir waren Leute als Planeten verkleidet auf die Bühne gerannt und wieder herunter.

Ich war mit »Yeva« nach Texas gereist, die mit ihrem langen grauen Haar wie eine indianische Grandmother aussah. Wir hatten uns etwas mehr als ein Jahr zuvor in Glastonbury in Somerset in einem Haus neben dem berühmten Glastonbury Tor kennengelernt. Damals war Yeva ein Geschenk des Himmels für mich (siehe Abbildung 41).

Abb. 41. Die reizende Yeva – eine großartige Dame und wundervolle Freundin.

Während ich immer noch zu verstehen versuchte, was um alles in der Welt mit meinem Leben geschah, hatte sie bereits langjährige Erfahrung in esoterischen Kreisen und verfügte über beträchtliche außersinnliche Fähigkeiten. Wir begannen, gemeinsam zu reisen und Vorträge zu organisieren, zu denen kein Mensch kam. Bei einer Gelegenheit fuhr sie mit mir nach Houston und während ich meine neunzig Minuten sprach, sah ich, dass sie sich intensiv mit einem indianisch aussehenden Mann unterhielt. Als ich fertig war, kam sie zu mir und sagte: »Du musst mit diesem Mann sprechen.« Das tat ich und er war tatsächlich ein amerikanischer Ureinwohner. Er sagte, dass er sonst nie zu New-Age-Veranstaltungen ginge. Er fände sie albern, aber etwas habe ihm gesagt, dass er zu dieser Veranstaltung kommen solle. Er hatte einen kleinen Stand, an dem er seine Waren verkaufte. Dieser Mann meinte, als ich angefangen habe zu sprechen, habe er gewusst, was ihn hierhergetrieben habe. »Wir haben eine Legende«, sagte er, »über einen weißen Mann, der nach Turtle Island [Amerika] kommen und alles verändern würde – Sie sind dieser Mann.« Er reichte mir eine wunderschöne Adlerfeder, die ich bis heute neben meinem Bett aufbewahre. Ich wusste nichts von dieser Legende. Als ich die Geschichte, von der er sprach, recherchierte, las ich, dass das Volk der Hopi in Arizona die Rückkehr von Pahāna erwartet, ihrem »verlorenen weißen Bruder«, der aus dem Osten kommen und Frieden und eine neue Religion bringen wird. Ich bin für den Frieden, aber nicht für eine neue oder irgendeine Religion, obwohl der Begriff in diesem Zusammenhang im weitesten Sinne verwendet wird. Die Legende besagt, dass Pahāna in Rot gekleidet zurückkehren und den fehlenden Teil einer heiligen Hopi-Tafel mitbringen wird. In einem Internet-Artikel heißt es dazu:

»Viele Hopi glauben, dass wir in der Endzeit leben, und erwarten daher die baldige Rückkehr von Pahāna. Der verlorene weiße Bruder sollte vor der Zeit der ›Großen

Reinigung‹ der Hopi-Prophezeiung eintreffen. Der Glaube an den verlorenen weißen Bruder ist so stark, dass die Hopi sogar ihre Toten in Richtung Osten begraben, in Erwartung des Pahāna, der aus dieser Richtung kommen wird.«

Als ich monatelang in Arizona lebte, besuchte ich oft das Hopi-Reservat und auch das Navajo-Land an der Grenze zu Utah im beeindruckenden Monument Valley. Etwas Merkwürdiges geschah, als ich mit dem Indianer vor dem Hotel in Houston sprach. Er sagte mir, was er zu sagen hatte, ich schaute kurz in eine andere Richtung, und als ich mich ihm wieder zuwandte – *schwupps!* –, war er weg, einfach verschwunden. Ich behaupte nicht, dass ich »Pahāna« bin. Ich schildere nur, was mir passiert ist.

Das Thema der amerikanischen und kanadischen Ureinwohner begleitete mich zu diesem Zeitpunkt bereits seit einigen Jahren. Die folgende Geschichte begann in Calgary, Kanada, als ich das Glenbow Museum besuchte, wo eine ganze Etage der Geschichte und Kultur der kanadischen Ureinwohner gewidmet ist. An der Wand sah ich ein Bild von Sitting On An Eagle Tail, dem einstigen Häuptling des Stammes der Peigan, auch Piikani genannt. Sie bekamen Ende des neunzehnten Jahrhunderts ein Reservat in Alberta zugewiesen. Ich betrachtete das Bild eine Weile und etwas zog mich magisch an. Als ich später an diesem Tag auf dem Land der Ureinwohner war, ging ich in einen Laden, der Bücher über die Geschichte der kanadischen Ureinwohner verkaufte. In einem der Bücher sah ich wieder den Namen Sitting On An Eagle Tail, auch bekannt als Zaotze Tapitapiw. Er war ein Freund von Crowfoot, dem berühmten Häuptling der Blackfoot. Die Peigan/Piikani waren und sind Teil einer Stammesgruppierung, die auch als Blackfoot Confederacy bekannt ist.

Zu der Zeit, als ich dort war, gab es eine große Kontroverse über die Überflutung von heiligem indigenem Land durch den Bau des Oldman-River-Damms, der mehr als zwei Autostunden südlich von Calgary liegt. Ich besuchte die Baustelle, um zu sehen, was dort vor sich ging, und auf dieser Reise hatte ich das Erlebnis »Diamanten im Schlamm«, von dem ich bereits erzählt habe. Ich nahm die landschaftlich reizvolle Route abseits der Hauptstraße und hielt an einer Stelle an, an der das Land mein Herz zum Singen brachte. Ich stieg aus dem Auto und schaute auf die Landschaft hinaus. Es fühlte sich irgendwie wie zu Hause an. Später erfuhr ich, dass dies das Land war, das Eagle Tail für das Peigan/Piikani-Reservat ausgewählt hatte – und dies ist es heute noch. Anschließend besuchte ich das Blackfoot-Reservat, um Crowfoot's Grab hoch oben auf einem düsteren Bergrücken meinen Respekt zu zollen – nun ja, es war sowieso düster an jenem Tag – und dann machte ich mich auf den Weg zum nahegelegenen Blackfoot-Museum. Als ich dort ankam, fand ich ein Schild vor, auf dem »Museum geschlossen«

stand, und ich dachte, dass ich wohl nicht mehr hineinkäme. Trotzdem lief ich die Treppe des Gebäudes hinauf, in dem das kleine Museum im ersten Stock untergebracht war, in der Hoffnung, dass noch jemand da war und mich hineinlassen würde. Aber es kam besser: Die Tür des Museums war nur angelehnt, niemand war da und ich konnte einfach hineingehen. Vor mir lag zwischen einigen wenigen anderen Exponaten der Original-Medizinbeutel von Zaotze Tapitapiw – Eagle Tail.

Federn vom Himmel

Einige Zeit später besuchte ich mit Yeva das Pitt Rivers Museum in Oxford, in dem viele Artefakte der amerikanischen Ureinwohner ausgestellt waren, die man ihnen während des Beinahe-Völkermords an den Indianern Nordamerikas geraubt hatte – für ihre Kultur und ihre Lebensweise sicherlich ein Genozid. Als ich das Auto im Stadtzentrum abstellte, erkannte mich ein Student und kam mit mir ins Gespräch. Ich fragte ihn nach dem Weg zu den Pitt Rivers, aber er schickte uns, wie sich herausstellte, in die falsche Richtung. Als ich mit Yeva in die falsche Richtung ging und anfing zu erzählen, was mir in Kanada passiert war, erwähnte ich den Namen Sitting On An Eagle Tail und sah sofort ein Pubschild, auf dem ein Baby abgebildet war, das mit einem Adler flog. Die Kneipe hieß *Eagle & Child* und ich las später, dies war ein regelmäßiger Treffpunkt für die Oxforder Schriftsteller J. R. R. Tolkien, der *Der Herr der Ringe* schrieb, und C. S. Lewis, Autor der *Narnia*-Bücher, der 1950 bei einem Treffen in der Kneipe Korrekturfahnen von *Der König von Narnia* verteilt hatte. Beide erforschten die Natur der Realität. An diesem Abend hatten Yeva und ich uns zu einem privaten Besuch in Stonehenge verabredet, den man damals noch machen konnte. Bei einem späteren nächtlichen Besuch hat man mir dann den weiteren Zutritt zu den Steinen untersagt, weil ich Musik gespielt hatte. Der Wachmann sagte, es könnte Beschwerden geben. Ich schaute mich damals in alle Richtungen um und sah von Horizont zu Horizont kein anderes Gebäude und fragte: »Was? Von den Nachbarn?« Als ich einer angeblich »spirituellen« Frau davon erzählte, rief sie eine Zeitung an, um die Geschichte zu veröffentlichen. Da stand dann, dass ich zu einer Gruppe gehört hätte, die nackt in Stonehenge tanzte. Schade, dass es nicht stimmte. Wäre bestimmt lustig gewesen.

Yeva war ein visuelles Medium und als wir in jener Nacht in der Dunkelheit zwischen den Steinen saßen, sagte sie, dass sie die gesamte Salisbury-Ebene sehe, mit indianischen Tipis bedeckt. Dann erklärte sie, dass eine lange Reihe indianischer Geister auf uns zukomme und der Häuptling an der Spitze einen langen Kopfschmuck in der

Hand hielte, den er mir mit den Worten »Es ist Zeit, dir deine Federn zu geben« oder so ähnlich überreichte. Am nächsten Morgen wollte ich mir ein Abteigebäude in Amesbury, dem nächstgelegenen Dorf zu Stonehenge, ansehen, das heute das Amesbury Abbey Care Home ist. Yeva übernachtete in der nahegelegenen Kirche, und ich ging den Weg zur Abtei hinunter und fand sie verschlossen vor. Als ich zurückkam, sah ich Yeva auf der anderen Seite des Kirchhofs, wie sie sich bückte und immer wieder etwas aus dem Gras aufhob. *Was zum …?* Ich ging auf sie zu, um zu sehen, dass sie Federn aufhob, die buchstäblich aus dem Nichts in einer Höhe von etwa dreißig Metern auftauchten und über das ganze Gras fielen. Es regnete Federn. Die wenigen Bäume auf dem Kirchhof waren nicht sehr hoch und es gab sicherlich keine Vögel in der Nähe. Selbst wenn es welche gegeben hätte, wie hätten sie Hunderte von Federn produzieren können, die sich buchstäblich aus dem Äther etwa dreißig Meter über uns manifestierten? Ich stand da und sah zu, wie sie sich manifestierten und fielen. Wir waren ewig dort und sammelten so viele ein, wie wir tragen konnten. Es waren weit über dreihundert, bevor wir aufgaben, obwohl es immer weiterregnete. Ich nahm sie mit nach Hause und bewahrte sie jahrelang auf. Das ist doch unmöglich, oder?

Wir werden noch sehen, dass es *sehr wohl* möglich ist. Ich habe mit vielen Menschen auf der ganzen Welt gesprochen, die Gegenstände gesehen haben, die »aus dem Nichts« auftauchten, darunter Münzen, Kristalle, viele verschiedene Dinge, die sie aufbewahrt haben. Wir befinden uns »in« einer *Simulation.* Könnte ein Entwickler eines Virtual-Reality-Spiels nicht ein Programm einfügen, in dem Federn aus dem Himmel fallen? Oder ein Sturm superschnell aus den Bergen kommt? Oder ein Steinkreis … Sie verstehen, was ich meine, und wir werden noch viel tiefer in die Materie einsteigen.

Allein im Saal

Außergewöhnliche Erlebnisse wie dieses widerfuhren mir zwar nicht ständig – also nicht jeden Tag –, aber sie waren alles andere als selten. *Was* ich fast täglich erlebte, waren die Synchronizitäten in meinem Leben, die mich zu Informationen führten. In den ersten Jahren ging es hauptsächlich darum, dass diejenigen, die scheinbar die Welt regieren, nicht diejenigen sind, die sie tatsächlich regieren. Dann, ab 1996, als ich zum ersten Mal auf »Vortragsreisen« durch Amerika ging, kam die nichtmenschliche und reptilische Dimension hinzu, nach der Jahrtausendwende zeigte sich dann der Schlüssel zu allem – die illusorische Natur der »physischen« Realität. Es folgten Enthüllungen über die Simulation und nun für dieses Buch eine weitere Ebene des Wissens über die menschliche Notlage und wie wir in die Unendlichkeit entkommen können. Den Begriff »Vortragsreisen« habe ich in Anführungszeichen gesetzt, weil ich zwar sprach, aber fast niemand zuhörte. Man kann diese Reisen eigentlich kaum als »Tournee« bezeichnen, außer im wörtlichen Sinne. Eine Freiheitsorganisation in Kalifornien half mir 1996 bei meiner ersten »Vortragsreise« durch die Vereinigten Staaten, da sie auch den langjährigen Forscher Jordan Maxwell unterstützte, den ich in jenem Jahr kennenlernte. Ich sprach Abend für Abend vor einem winzigen Publikum, manchmal vor fünf Leuten im Wohnzimmer, wie eines Abends in New England. Ich sprach in Portland, Oregon, wo der Organisator zu Beginn sagte, wie erfreut er sei, so viele Menschen dort zu sehen. Es waren vierzig. Verdammt, was hatte er erwartet? Es war manchmal herzzerreißend, drei Monate lang Tag für Tag, Woche für Woche zu durchleben – sprich: zu durchschlafen –, während das Interesse an meinen Informationen so gut wie gar nicht vorhanden war. »Was soll das bringen?«, ging es mir oft genug durch den Kopf. Aber irgendetwas tief in meinem Inneren trieb mich ständig an, und gerade als ich am Tiefpunkt war, geschah etwas, das mir Auftrieb gab und mich weitermachen ließ.

Auf der »Tournee« 1996 überwältigte mich die Sinnlosigkeit des Ganzen fast, als ich in Vancouver, Kanada, zu einer einsamen Veranstaltung kam, die von einem großartigen Mann, Joseph Duggan, organisiert wurde. Er war ein lautstarker Kämpfer für die Freiheit trotz seiner schweren Parkinson-Krankheit. Joseph hatte einen Konferenzraum in einem Hotel gemietet. Ich erwartete einen weiteren Abend, an dem ich vor leeren Stühlen sprechen würde, aber der Raum war mit 250 Personen voll besetzt. Das gab mir so viel Auftrieb, dass ich weitermachen konnte. Im nächsten Jahr waren es 350, im darauffolgenden 750, dann 1.000 und danach wären es Tausende gewesen, wenn nicht ultrazionistische Organisationen und ein Typ namens Richard Warman, ein Regierungsangestellter in Ottawa, der davon besessen zu sein schien, mich daran zu hindern, in der Öffentlichkeit zu sprechen, Buchungen storniert hätten. Es gibt eine britische Channel-4-Dokumentation über seine Bemühungen, mich aufzuhalten, die von einem Mann namens John Ronson produziert wurde und immer noch im Internet zu sehen ist. All die Anstrengungen, die Warman unternommen hat, um mich zu stoppen, erregten weltweite Aufmerksamkeit und waren letztlich vergebens. Seine Entschlossenheit gegen meine – da hatte er keine Chance.

Zu Hause in Großbritannien war es genau dasselbe. Yeva reiste mit mir durch Großbritannien. Ich baute oft die Stuhlreihen auf, sprach dann zu den leeren Stühlen, und baute sie wieder ab, ärmer als bei meiner Ankunft. Die Leute fragten mich: »Wo fließt das ganze Geld hin?« »Raus aus meinem Leben«, lautete die Antwort. Ich erinnere mich an eine »Tournee«, bei der ich vor leeren Sälen sprach und meine Hoffnungen auf den Vortrag in Manchester setzte, wo es viel mehr Interesse zu geben schien und ein viel aufgeschlosseneres Publikum zu erwarten war. An diesem Nachmittag besuchten wir das alte Set der Granada-Studios, in dem die legendäre Fernsehserie *Coronation Street* entstand. Die erste Folge hatte ich 1960 noch in Schwarzweiß zu Hause in Leicester gesehen, als ich acht Jahre alt war. Etwa sechzig Jahre später traf ich jetzt einen Schauspieler, der in dieser ersten Folge mitgespielt hatte und heute noch dabei ist, William Roache, der Ken Barlow spielt, und führte ein langes Gespräch mit ihm. Bill ist geistig äußerst rege und der am jüngsten aussehende 88-Jährige, dem ich je begegnet bin. Es war außergewöhnlich. Was er auch einnimmt, ich will etwas davon. Es war interessant, das »Street«-Set zu sehen und den größten Teil der Publikumsführung drinnen mitzuerleben und ich freute mich darauf, an dem Abend zu einer größeren Anzahl von Leuten zu sprechen. Als Yeva und ich dann wieder hinausgingen, um uns auf den Weg zum Veranstaltungsort zu machen, wurden wir von einem gewaltigen Schneesturm überrascht. Er kam so schnell, tief und heftig, dass, als wir – langsam – zum Veranstaltungsort fuhren, die Wetterberichte im Radio die Leute warnten, nicht auf die Straße zu gehen, wenn es nicht unbedingt nötig sei. Es sollte ein weiterer Abend mit leeren Sitzen werden und am nächsten Abend in einem Theater in Forres, Schottland, das, glaube ich, 325 Sitze hatte, von denen nur die erste Reihe besetzt war, war es dasselbe. Wieder eine »Vortragsreise« die zum Albtraum wurde, und als nur noch ein einziger Veranstaltungsort in der schottischen Hauptstadt Edinburgh übrig war, spielte ich mit dem Gedanken, die Sache abzubrechen. Was dann geschah, wurde zu einem Leitmotiv in jenen frühen Jahren, denn Hunderte von Menschen kamen zu der Veranstaltung in Edinburgh, während ich mit mir kämpfte, ob ich überhaupt noch weitermachte.

Abb. 42. »Was hat das alles zu bedeuten, Yeve?«
»Keine Ahnung, Dave.«

Der Tiefpunkt war vielleicht die Reise nach Houston, als das Geld nur so aus meinen Taschen floss und nichts nachkam. Ich wurde für den Vortrag in Houston nicht bezahlt, hatte aber eine Menge aus England mitgebrachter Bücher verkauft … für mich *damals* jedenfalls eine Menge. Kurz vor der Fahrt zum Flughafen wurde ich dann gebeten,

Abb. 43. Neil, Ayem und ich nach einem Vortrag, den ich in Amsterdam gehalten habe. Es mag enorme Herausforderungen gegeben haben, aber es gab auch viel zu lachen.

einem lokalen Radiosender ein Interview zu geben, und ich zog dafür meine Jacke aus. Am Flughafen stellte ich fest, dass ich die Jacke im Verkaufsraum vergessen hatte, und die Veranstalterin, die mich zum Flughafen begleitet hatte, fuhr schnell zurück, um sie zu holen. Sie fand sie, allerdings ohne die ganzen Buchverkaufseinnahmen darin. Es folgte ein langer Flug nach Hause, auf dem ich vollkommen niedergeschmettert war. Yeva und ich aßen in Imbissen am Straßenrand, die *Little Chefs* und *Happy Eaters* hießen. Wir starrten ins Leere und versuchten, dem Ganzen einen Sinn abzuringen. »Was hat das alles zu bedeuten, Yeve?«, sagte ich immer wieder. »Keine Ahnung, Dave«, war ihre Antwort und wir fuhren weiter zum nächsten leeren Veranstaltungsort. Wir hatten diesen Dialog so oft, dass es zu einem Witz zwischen uns wurde (siehe Abbildung 42). Zwei weitere großartige Freunde, die mir ab etwa 1994 beistanden, waren der Künstler Neil Hague, der mir noch heute mit seinen Kunstwerken und seinen verlegerischen Fähigkeiten zur Seite steht, und eine einmalige Persönlichkeit aus Liverpool, die einfach als »Ayem« bekannt war und 2019 verstarb. Sie teilte perfekt meinen Sinn für Humor und wir haben viel gelacht (siehe Abbildung 43).

Das Blatt wendet sich (endlich!)

Die Lage blieb die ganzen 1990er Jahre über ziemlich gleich, obwohl das Interesse mit der Veröffentlichung von *Das Größte Geheimnis* im Jahr 1998 deutlich zunahm, eines Buches, das man zum »Stein von Rosetta« der Verschwörungstheorie-Bewegung erklärt hat. Als ich anfing, gab es diese Bewegung nur in Form einiger weniger Individuen, und jetzt ist sie ein internationales Phänomen, trotz der verzweifelten Bemühungen von Behörden weltweit, sie zu zensieren und abzuschaffen. Der Stein von Rosetta wurde zweitausend Jahre nach seiner Entstehung gefunden, das Fragment einer ägyptischen Stele aus Memphis, mit dessen Hilfe Gelehrte den Code der lange verschollenen Sprache der Hieroglyphen knacken konnten. Ich habe daran gearbeitet, den Code einer globalen Verschwörung zur Versklavung der gesamten menschlichen Rasse zu knacken, und nach den offenkundig inszenierten Anschlägen vom 11. September 2001, die ganz und gar nicht das Werk von »neunzehn arabischen Flugzeug-Entführern« waren, nahm das Interesse an meiner Arbeit rapide zu (siehe hierzu mein 9/11-Mammut-Enthüllungsbuch *The Trigger*). Das Interesse stieg weiter, als George Bush und Tony Blair im Auftrag ihrer Herren über Massenvernichtungswaffen logen, um eine katastrophale Invasion des Irak zu rechtfertigen, und die Dynamik verstärkte sich noch weiter durch zwei ganztägige Veranstaltungen in der Wembley Arena in London, wo ich 1967 für Coventry City in einem im Fernsehen übertragenen nationalen Fünfer-Turnier gespielt und später Sportprogramme moderiert hatte, darunter die *Horse of the Year Show* der BBC. In den Jahren 2012 und 2014 dort auf die Bühne zu gehen und all diese Tausende von Menschen zu sehen, bewies, dass das Eis endlich gebrochen war (siehe Abbildung 44 und Abbildung 45). Mit der »Covid«-Ära war meine Arbeit dann weltweit anerkannt. Dabei hatte ich in zahlreichen Büchern schon seit den frühen 1990er Jahren davor gewarnt, dass das, was heute geschieht, kommen würde, wenn die Menschheit nicht

Abb. 44. Auf der Bühne der Wembley Arena – das Blatt hat sich gewendet.

Abb. 45: Was für großartige Momente die beiden Wembley-Auftritte für eine Familie waren, die für ihr Verbrechen, nach der Wahrheit zu suchen, so viel durchgemacht hatte. Jaymie organisierte die Veranstaltung 2014, als seine geschäftlichen und organisatorischen Talente sich zeigten. Sie führten dann auch zur Medienplattform Ickonic, die seine Schöpfung ist.

aufwacht und erkennt, wer die wahren Kontrolleure sind und welche Agenda eines globalen, technologisch aufgezwungenen Faschismus sie verfolgen. Fast zwei Jahrzehnte lang habe ich allein gelebt, um mich voll und ganz auf meine Aufgabe zu konzentrieren, und mich nicht ein einziges Mal einsam gefühlt. Es gibt so viel zu tun und jede Minute dieser Konzentration hat sich gelohnt. Seltsam, ich bin bekannt dafür, dass ich viel rede – und rede und rede –, aber in Wahrheit verbringe ich 95 Prozent meines Lebens damit, zuzuhören und still zu sein. Reden und Schreiben vermitteln Informationen. Zuhören und Hinsehen decken sie auf.

Nachdem ich von den Mainstream-Medien lächerlich gemacht worden war, werde ich nun ignoriert – lassen Sie niemanden wissen, was er sagt, denn es würde für sie zu viel Sinn ergeben. Ich wurde im Frühjahr 2020 von YouTube, Facebook, Twitter und allem, was sich im Mainstream-Internet bewegte, verbannt, als ich aufdeckte, dass »Covid« ein gigantischer Betrug war, um einen faschistischen Wandel in der Welt herbeizuführen – genau das ist dann auch passiert. Früher wurde ich überall lächerlich gemacht, wo ich hinkam. Jetzt werde ich auf der ganzen Welt auf der Straße von Menschen angehalten, die das, was ich tue, unterstützen und mehr darüber wissen wollen. Ich habe auf dem Trafalgar Square in London vor vierzigtausend Menschen gesprochen (siehe Abbildung 46). www.davidicke.com wird jede Woche von Millionen Menschen besucht, während Jaymie bei Ickonic Media ein fantastisches Team aufgebaut hat, zu dem auch Gareth gehört, ein hervorragender Moderator. Ickonic ist jetzt ein alternatives Netflix, mit Nachrichtensendungen, Serien, Originaldokumentationen und Filmen in Hülle und Fülle. Wöchentlich kommt neues Material dazu. Jeden Samstag mache ich meine eigene Sendung, in der ich die Puzzlestücke zusammensetze, und habe auf Ickonic auch eine 13-teilige Serie über die Natur der Realität sowie viele andere Beiträge präsentiert. Alle meine Vorträge, die ich seit den 1990er Jahren in Wembley und an vielen anderen Orten und in vielen Ländern gehalten habe, sind ebenfalls auf dieser Plattform zu sehen. Jaymie und Gareth sind beide mit ihren unterschiedlichen und sich ergänzenden Talenten zu wichtigen Persönlichkeiten in der Freiheitsbewegung geworden (siehe Abbildung 47 und Abbildung 48). Der multitalentierte Gaz beaufsichtigt auch all meine Buchveröffentlichungen und den Vertrieb. In einer medialen Botschaft aus dem Jahr 1990 hieß es über meine Tochter Kerry: »Eines Tages wird deine Tochter selbst ihren Stern sehen und sich auf den Weg machen.« Sie hat genau das getan und sich – ebenfalls durch harte und herausfordernde Erfahrungen – zu einem ganz und gar außergewöhnlichen Menschen (oder besser gesagt Bewusstsein) und führenden Licht in der Freiheitsbewegung auf der Isle of Wight entwickelt, wo sich gerade eine Gemeinschaft aus gleichgesinnten, erwachenden Menschen bildet. Wir fahren immer gemeinsam zu den Freiheitsmär-

Abb. 46. Freiheitskundgebung auf dem Trafalgar Square im Jahr 2020. (Foto: Alan Ball)

schen und Kundgebungen in London. Die Botschaft, die Betty Shine 1990 übermittelte, hat sich als erstaunliche Prophezeiung darüber erwiesen, wohin mein Leben führen würde, und ich könnte nicht stolzer darauf sein, wie sich alles entwickelt hat. Jetzt stehen wir vor der epischen Herausforderung, die Arbeit zu Ende zu bringen und den globalen Faschismus gerade dann zu vereiteln, als er glaubte, das Spiel sei gewonnen.

Ein außergewöhnlicher Aspekt dessen, was meine Kinder erreicht haben, ist, dass ich sie nie ermutigt habe, auf mich zu hören, meine Informationen zu akzeptieren oder meinen Weg zu gehen. Daran glaube ich nicht. Das Beste, was Eltern für ihre Kinder tun können, ist meiner Meinung nach, ihnen die Freiheit zu geben, ihren eigenen, einzigartigen Weg zu gehen. Unterstützen Sie sie und leiten Sie sie aus Ihrer eigenen Erfahrung an, aber zwingen oder manipulieren Sie sie niemals zu dem, was sie Ihrer Meinung nach tun sollten. Sie sind einzigartig und müssen das auch zum Ausdruck bringen dürfen. Meine beiden Söhne wurden Torhüter, obwohl ich sie nie dazu ermutigt habe, auf dieser Position zu spielen. Sie haben es sich ausgesucht. Gareth spielte später für die englische Beach-Soccer-Mannschaft in ganz Europa, Jaymie spielte für die Jugendmannschaften des FC Portsmouth und hatte Testspiele bei Manchester United und Aston Villa. Gareth schien eine Vollzeitkarriere als Singer-Songwriter anzustreben und Kerry, die in ihrer Schulzeit eine brillante Mittelstreckenläuferin war, wurde eine hervorragende Mutter und eine hochintelligente Kämpferin für die Freiheit mit einem Rückgrat aus Stahl. Der Lauf des Lebens und die Umstände brachten sie alle dazu, sich auf die Verteidigung der Freiheit zu konzentrieren und dafür in die Arena der Öffentlichkeit zu treten. Ich habe sie nicht ermutigt. Ich wollte ihnen ihre Entscheidungen nicht aufzwingen. Es ist einfach so gekommen.

Ehrgeiz ist gut, aber nur, wenn er nicht alle anderen Möglichkeiten ausschließt. Wenn man ein Ziel verfolgt und es nicht erreicht, nützt es nichts, mit dem Kopf gegen die verschlossene Tür zu hämmern, während andere Türen weit offenstehen und rufen: »Hier drüben.« Schauen Sie sich meine Erfahrungen an und Sie sehen das immer wieder. Das Leben hat einen Fluss, wenn Sie dafür wach sind. Sie können diesem Fluss folgen und auf der Welle surfen oder mit einem Mono-Ehrgeiz dagegen ankämpfen, der nur zu einem Mono-Geist, Frustration und dem Gefühl des Versagens führt. Sie haben nicht versagt. Sie haben sich einfach für einen Weg entschieden, der nicht für Sie geeignet ist. Vielleicht hat die gesellschaftliche Programmierung ihn gewählt. Vielleicht waren es Ihre Eltern. Ich habe viele Menschen im fortgeschrittenen Alter getroffen, die sich immer noch schuldig fühlen, weil sie nicht das getan haben, was ihre Eltern für sie wollten. *Vergessen Sie es.* Ihre Eltern geht Ihr Leben nichts an.

Eltern sollten Unterstützer sein, keine Diktatoren.

Eine weitere Sache, die ich bei meinen Kindern nicht gemacht habe, war, sie vor jeder Erfahrung und emotionalen Herausforderung zu schützen. Damit tut man ihnen keinen Gefallen. Ich hatte inzwischen gesehen, welches Maß an geistiger und emotionaler Stärke mir meine Herausforderungen im Leben eingebracht hatten. Wenn man Kinder vor allen unangenehmen Lebenserfahrungen schützt, werden sie, wenn sie dann als Erwachsene in die Welt hinausgehen, von ihr zerrieben. Sie werden einfach keine emotionalen Werkzeuge haben, um damit fertig zu werden. Zu was wir werden bestimmt die Summe der Erfahrungen, die wir gemacht haben, und der Erfahrungen anderer Menschen, von denen wir *gelernt* haben. Wenn jemand auf eine Weise handelt, die uns beibringt, nicht das gleiche zu tun, sollten wir ihm danken und ihn nicht für seinen »Fehler« verurteilen. Der andere muss damit zurechtkommen, aber sein »Fehler« und seine Konsequenzen haben uns ein Geschenk der Erkenntnis gebracht. Das Problem ist nicht, dass man schwierige Erfahrungen macht. Das Problem ist vielmehr, dass man nicht daraus lernt, dass man daraus keine Weisheit erlangt, was bedeutet, dass man dazu be-

Abb. 47 und Abb. 48. Gareth und Jaymie … Wir sind so stolz auf sie. (Foto: Alan Ball)

stimmt ist, die schwierige Erfahrung vielleicht immer und immer wieder zu wiederholen. Ein »Fehler« ist nur dann negativ, wenn Sie nicht aus dem lernen, was er Ihnen zeigt, und ihn deshalb wiederholen. Es gibt keine »Fehler«, nur das Lernen aus Erfahrungen – oder eben nicht. »Fehler« sind entweder wunderbare Gelegenheiten, um zu lernen und Weisheit zu erlangen, oder Katastrophen, die wiederholt werden müssen. Wir treffen die Wahl. Ich liebe das, was ich »gelebte« Menschen nenne, die eine Persönlichkeit entwickelt haben, deren Stärke aus der Überwindung von Widrigkeiten entstand. Sie sind die Weisen, die etwas zu sagen haben, das nicht direkt aus einer täglichen Nachrichtensendung stammt. Diejenigen, die ein einfaches, vor Herausforderungen geschütztes Leben hatten, haben so wenig zu sagen, weil sie so wenig erlebt haben, das sie beschäftigt und ihnen *Leben* gegeben hat.

Ich habe einige der Eckpfeiler und Ereignisse in meinen bisher siebzig Jahren skizziert, die als Beispiele für spätere Erklärungen dafür dienen können, warum die »Welt« so ist, wie sie ist – oder zu sein scheint. Denjenigen, die meine Arbeit noch nicht kennen, vermittelt es auch ein Gefühl dafür, woher die Informationen stammen, die aus verschiedenen Quellen synchron zu mir kommen und sich aus Puzzlestücken zu einem Ganzen zusammenfügen. Ich habe kein »normales« Leben geführt, das kann man wohl sagen, aber was ist schon »normal«? Es ist ein simuliertes »normal«; es ist das menschliche »Normal«-Programm. Es ist die Art und Weise, wie Sie Ihr Leben gemäß diesem programmierten »Normal« leben sollen. Was ist »normal« außer dem, was »normal« gemacht wird? »Normal« ist lediglich das, was die meisten Menschen tun, es ist das Gewohnte, das ist alles. Das macht es nicht zum richtigen Weg oder, was am wichtigsten ist, zum einzigen Weg. Wir lernen aus Erfahrung, und wenn Sie die Erfahrung zensieren, zensieren Sie das Lernen. Sie zensieren den Weg zur Erleuchtung. Wenn wir die lineare »Zeit« der fünf Sinne benutzen, dann hat uns das, was wir *waren*, zu dem gemacht, was wir *sind*. Ohne das *»waren«* gibt es kein *»sind«*. Das *»waren«*, das *»gewesen sein«*, das *»getan haben«* sind nur Erfahrungen bei der Erforschung der Ewigkeit. Was ist das »Gestern« anderes als eine Erfahrung, die uns zu dem gemacht hat, was wir »heute« sind? Intelligente, wache Menschen lernen aus Erfahrungen. Schlafende Menschen wiederholen sie. Das ist der einzige wirkliche Unterschied.

Mein Leben war darauf ausgerichtet, alles zu erleben, was ich erleben musste, dorthin zu gehen, wohin ich gehen musste, um mein Bewusstsein zu erweitern und die menschliche Notlage zu verstehen. Auf dieser Grundlage konnte mein Leben niemals »normal« sein. Wie sollte es auch? Meine Ziele und Prioritäten standen von Anfang an im Widerspruch zu einer »normalen« menschlichen Erfahrung. Seit damals, als mir 1991 der Kopf wegflog, habe ich mein Leben nicht mehr als menschliches Leben betrachtet, mit

Abb. 49. Nach all den Jahren immer noch verrückt – und genauso wild entschlossen. (Foto: Alan Ball)

menschlichen Zielen und Ambitionen, der Notwendigkeit, »menschliche« Dinge zu tun und auf »menschliche« Weise zu leben. Ich habe mein Leben als einen Job gesehen. Wenn das bedeutete, dass ich viel von Urlauben, Tagen, Nächten und gefühltem Spaß verpasste, dann war das eben so. Ich bin hierhergekommen, um zu arbeiten, und irgendwann werde ich nach Hause zurückkehren. In mein wahres Zuhause, nicht in ein illusorisches. Die Abkehr von der »Normalität« hat viele Herausforderungen mit sich gebracht, viel Spott und Beschimpfungen, aber das alles war es wert. Ich würde nichts daran ändern wollen (siehe Abbildung 49).

Ich werde nun darlegen, was die Synchronizität der Erfahrungen und Informationen auf meinen Reisen in rund sechzig Ländern in den letzten zweiunddreißig Jahren mir über die Realität gezeigt hat, die wir als menschliche Gesellschaft wahrnehmen. Mit den Informationen und Erkenntnissen, die sich im Weiteren kontinuierlich entfalten werden, gehe ich eingehender als je zuvor der Frage nach, wo wir sind, was wir sind und warum wir überhaupt »hier« sind.

Kapitel 4

Der Wahnsinn hat Methode

Das Auge sieht nur, was der Verstand zu begreifen bereit ist.

ROBERTSON DAVIES (1913-1995)

Die fast unvorstellbaren Synchronizitäten in den mehr als drei Jahrzehnten, seit ich 1990 Betty Shines Wohnzimmer betrat, haben mir so viel über die Welt gezeigt, von der wir denken – *denken* –, dass wir in ihr leben. Es war eine magische Reise, trotz der manchmal schwierigen Herausforderungen, die es immer wieder gab.

Ich habe gesehen (mich daran erinnert), dass das Leben für immer und ewig ist. Es ist kein Sprint, es ist die Endlosigkeit, Zeitlosigkeit und Glückseligkeit der Ewigkeit. Es gibt keinen Tod – nur Leben. Wenn wir das vergessen, fangen die Probleme an. Unsere Wahrnehmung fokussiert dann das, was wir »Leben« nennen, auf die biblischen sechzig Jahre plus zehn, die unseren Aufenthalt zwischen Wiege und Grab symbolisieren. Unsere Aufmerksamkeit richtet sich auf eine scheinbare »Körperlichkeit«, die eigentlich nur als kurze und illusorische Erfahrung existiert. Diese Phantom-Körperlichkeit präsentiert den menschlichen Sinnen eine Phantom-»Welt« der Begrenztheit, des »Ich kann nicht« und des »Es ist nicht möglich«. Aus dieser Fünf-Sinne-Realität entsteht die falsche und gebrochene Selbstidentität mit menschlichen Bezeichnungen – Rasse, Kultur, Geschlecht und Sexualität, Einkommensklasse, »Klasse«, Politik und all der Rest –, die nicht mehr sind als vorübergehende Ereignisse, die wir fälschlicherweise für »uns« halten. Sie sind nicht »wir«. Sie sind *Erfahrungen.* Das »Ich« ist etwas anderes. Wenn dieses Wissen verloren geht, entsteht die menschliche Welt der illusorischen »Vergangenheit« und »Gegenwart«, die wir als »Geschichte« und »Gegenwart« definieren; eine Welt, in der das verwirrte und abgetrennte Bewusstsein versucht, dem Nicht-Existenten, das wir für »real« halten, einen Sinn zu geben: die virtuelle Realität, die als »reale Welt« wahrgenommen wird. »Ich lebe in der realen Welt, Kumpel« ist die Visitenkarte der selbsternannten »Schlaumeier«, die jede Vorstellung von anderen Realitäten abtun, während sie in einer alles andere als »realen Welt« leben. Es ist eine Rückkopplungsschleife der sich selbst aufrechterhaltenden Illusion, die eine Wahrnehmung einfängt, indem der Glaube zur wahrgenommenen Realität wird und die wahrgenommene Realität zum Glauben. So geht es ständig weiter, und solange der Kreislauf nicht unterbrochen wird, ist keine Veränderung möglich. Die Wiederholung der immer gleichen Selbsttäuschung hat noch nie etwas verändert.

Wie sollte oder könnte das auch möglich sein?

Ich werde in diesem Kapitel zusammenfassen, was ich über die wahre Natur der Welt, die wir sehen, herausgefunden habe, und von da an immer tiefer in die Welt eindringen, die wir *nicht* sehen, einschließlich der Matrix oder Simulation, die versucht, uns in der Knechtschaft ihrer künstlichen Illusionen zu halten und uns von der ursprünglichen und unendlichen Realität jenseits ihrer technologischen Außengrenzen zu trennen. Diejenigen, die hinter dem halsbrecherischen Abstieg in die globale Dystopie stehen, den ich in meinen Büchern schon so lange vorausgesagt habe, wissen, wie die Menschen mit der Realität interagieren und wie wir unsere Realität mit unseren Wahrnehmungszuständen *erschaffen*. Sie wollen nur nicht, dass die Bevölkerung das weiß. Diese Enthüllung würde uns befreien, und die wenigen Auserwählten horten und verstecken dieses Wissen über Generationen hinweg in einem globalen Netzwerk von Geheimgesellschaften, die ich als den Globalen Kult bezeichne. Gleichzeitig unterdrücken und verspotten sie das »okkulte« (verborgene) Wissen da, wo es in der menschlichen Gesellschaft bereits verbreitet ist, so gut es geht, und blockieren seine Verbreitung in der »Bildung«, den Medien, der Mainstream-Wissenschaft und der Medizin. Sie wissen, dass die Wahrnehmung das Verhalten und die Erfahrung bestimmt, und wenn sie die Wahrnehmung kontrollieren können, kontrollieren sie auch das Verhalten und die Erfahrung. Wahrnehmung = Verhalten = Erfahrung sowie kollektives Verhalten (manifestierte Wahrnehmung) bilden das, was wir menschliche Gesellschaft nennen. Kontrolliert man die Wahrnehmung, kontrolliert man die Welt. Man kontrolliert die Wahrnehmung, indem man den Verstand so programmiert, dass er die Realität so wahrnimmt, wie man es wünscht.

Wir werden sehen, dass sogar die visuelle Wahrnehmung nicht von den Augen, sondern vom Geist diktiert wird. Wo existiert diese »menschliche Welt«, wie wir sie erleben? In Ihrem Geist und nirgendwo sonst. Der Kult weiß das, während die anvisierte Bevölkerung dies überwiegend nicht weiß. Dieser kolossale Vorteil ist die Grundlage dafür, dass die Wenigen die Vielen kontrollieren und dies schon immer getan haben. Das Ziel ist nicht in erster Linie Ihr Körper. Es ist Ihr *Verstand*.

Die Menschen weisen zu Recht auf die Strukturen der Kontrolle durch Regierungen, Medien, Unternehmen und jenes organisierte Verbrechen hin, das man als »Bankwesen« und »Finanzsystem« bezeichnet. Wenn Sie tiefer in den Kaninchenbau eindringen, werden Sie feststellen, dass all diese scheinbar »physischen« Phänomene als Architekten der *Wahrnehmung* agieren. Es ist *alles* nur Wahrnehmung. Wenn Sie Zugang zu »Geld« haben, haben Sie eine bestimmte Wahrnehmung; wenn nicht, haben Sie eine andere Wahrnehmung und nicht zuletzt eine andere Vorstellung von Ihrem eigenen Potenzial, das Leben zu leben, das Sie sich wünschen. Was Sie glauben, nehmen Sie wahr, und was Sie wahrnehmen, erleben Sie – es ist eine Rückkopplungsschleife. Wahrnehmen und Glauben sind austauschbar. Verhalten und Erfahrung sind immer das Ergebnis, unabhängig von ihrer Reihenfolge. Regierungen und ihre Behörden mögen den Anschein erwecken, Entscheidungen zu treffen und Gesetze zu erlassen, die sich auf die Bevölkerung auswirken, aber im Grunde genommen sagen Regierungen der Bevölkerung, was sie glauben und wahrnehmen soll. Aus diesem Grund werden die Regierungen heute von ganzen Armeen von Verhaltenspsychologen beherrscht. Der »Covid«-Schwindel – und es ist ein Schwindel! – wird in meinen letzten beiden Büchern *Die Antwort* und *Wahrnehmungen eines abtrünnigen Denkers* detailliert aufgedeckt. Der Schwindel wurde von Psychologen vorangetrieben. All die Einschränkungen, die künstlichen Ausgrenzungen, die Isolation und die Gesichtswindel-Masken haben nichts mit dem Schutz der Gesundheit zu tun. Man zielt nur darauf ab, die Wahrnehmung neu zu verdrahten, so dass Sie sich aus Angst vor einem Geister-»Virus« und/oder aus Angst davor, nicht das zu tun, was die Regierung Ihnen als angebliche Reaktion auf dieses Geister-»Virus« vorschreibt, sanftmütig und bedingungslos anpassen.

Seit den 1990er Jahren habe ich die Techniken der Bewusstseinskontrolle auf beiden Seiten des Atlantiks studiert. Dabei habe ich mit einer langen Liste von Menschen gesprochen, die in schreckliche Gehirnwäscheprogramme der Regierung, des Militärs oder des Geheimdienstes verwickelt waren, wie das berüchtigte MKUltra in Nordamerika, das in den 1970er Jahren an die Öffentlichkeit gelangte (oder zumindest ein Teil davon). Ich habe Geschichten über erzwungene Isolation, Gehirnwäsche und Masken gehört, die eingesetzt wurden, um zu desorientieren, die Wahrnehmung zu manipulieren, zu entmenschlichen, zu entindividualisieren und dem Gehirn den Sauerstoff zu entziehen, den es braucht, um Informationen angemessen zu verarbeiten. Ich habe beobachtet, wie genau diese Techniken in der »Covid«-Ära auf die Weltbevölkerung angewendet wurden. Sie haben große Teile der Menschheit in gehorsame Konformität versetzt und Freiheiten, für die mutige Menschen lange gekämpft haben, Psychopathen überlassen, die die Ereignisse für ihre eigenen, wahrhaft bösen Ziele inszenieren.

Masken sind ein Klassiker. Unzählige wissenschaftliche Arbeiten haben gezeigt, dass die Gewebelücken in den Masken viel größer sind als das, was man als Viruspartikel *bezeichnet* (mehr dazu später). Einige Wissenschaftler haben darauf hingewiesen, dass Masken das Äquivalent zu dem Versuch sind, Moskitos mit einem Maschendrahtzaun aufzuhalten. Oh, aber Chirurgen tragen Masken, schreien die Programmierten. Ja – um zu verhindern, dass Speichel in offene Wunden fällt, und nicht, um Mikropartikel eines »Virus« aufzuhalten, *dessen Existenz nie bewiesen wurde.* Ich weise seit dem Sommer 2020 darauf hin, dass Masken zum Aufhalten von »Viruspartikeln« nutzlos sind, selbst wenn es sie gäbe, weil die Löcher im Maskengewebe wesentlich größer sind als die »Viruspartikel«. Die Centers for Disease Control and Prevention (CDC) in den Vereinigten Staaten brauchten bis 2021, um zuzugeben, dass Stoffmasken völlig nutzlos sind. Das Eingeständnis kam, nachdem die schlimmsten Schäden für die Gesundheit und Psyche von Erwachsenen und Kindern bereits angerichtet waren: verminderte Sauerstoffaufnahme, erhöhte Werte an Kohlendioxid, das der Körper auszuscheiden versucht, Bakterien und Fasern in den Masken, die in die Lunge eingeatmet werden, einschließlich krebserregendem Titandioxid, Entmenschlichung durch Blockierung der Mimik und verheerende Auswirkungen auf Babys, die ihre Wahrnehmungsprägung über die Gesichter der Eltern und anderer Menschen beziehen. Allein eine einzige Logopädin berichtete von einem *364-prozentigen* Anstieg der Überweisungen wegen Sprachproblemen bei sehr jungen Kindern, wobei »auch die Autismus-Symptome in die Höhe schossen«. Die Therapeutin sagte: »Es ist sehr wichtig, dass Kinder Ihr Gesicht sehen, um zu lernen, denn sie beobachten Ihren Mund.« Wenn Sie eine Maske tragen, sehen sie den nicht – und genau da liegt das Problem.

Masken wurden im Laufe der Geschichte als Symbole der Unterwerfung und zur buchstäblichen und psychologischen Verstummung verwendet (siehe Abbildung 50). Sie werden auch heute noch aus demselben Grund verwendet, wenn die Menschen ihre Zwangsjacken nur sehen könnten und sich daraus befreien würden. Die Amerikanerin Cathy O'Brien, eine gute Freundin, die jahrzehntelang unter MKUltra und seinem elitären Ableger Project Monarch gelitten hat, erzählte mir, wie ihre Tochter Kelly gezwungen wurde, ab ihrem zweiten Lebensjahr eine Maske zu tragen, als Teil ihrer Bewusstseinsprogrammierung und um ihrem Gehirn den Sauerstoff zu entziehen, den es für eine gesunde Entwicklung braucht. Cathy war ein weiteres Beispiel von Synchronizität in meinem Leben. Eine Bekannte in Schottland schickte mir Cathys

Abb. 50. Das Gesicht der Angst – genau wie geplant: »Man kann gar nicht vorsichtig genug sein.« Kleiner Irrtum, Kumpel, man kann!

unglaubliches Buch *Die Trance-Formation Amerikas: Die wahre Lebensgeschichte einer CIA-Sklavin unter Mind-Control*, das ich sofort an einem Tag verschlang. Zwei Wochen später saß ich auf einer Konferenz Tausende von Kilometern entfernt in Denver, Colorado, an einem Signiertisch direkt neben ihr, und seither ist sie eine enge Freundin. Stellen Sie sich vor, was mit dem Verstand und den Gehirnen der jungen Menschen, ganz zu schweigen von den Erwachsenen, geschieht, wenn sie in der Schule den ganzen Tag Masken tragen und ihnen beigebracht wird, dass ihre Mitschüler eine tödliche Bedrohung darstellen. Wir müssen nicht darüber spekulieren, warum Selbstmorde und Depressionen unter jungen Menschen so stark zunehmen. Cathy weist darauf hin, dass der Musiker Michael Jackson ein Produkt des andauernden MKUltra war (es wurde nie beendet), und wofür war er berühmt? Für die Besessenheit, eine Maske zu tragen. Jeder Aspekt von »Covid« hatte eine psychologische Absicht, bis hin zu dem gefälschten »Virus« selbst, der nichts anderes ist als ein »Virus« des Geistes – ähnlich einem Computervirus. Die Welt und die Realität werden für Sie ganz anders aussehen, wenn Sie dieses Buch beendet haben. Masken sind nur *ein* Beispiel für eine Flutwelle von Angriffen auf die Psyche, um Wahrnehmung und Verhalten zu diktieren.

Schnappt sie euch so früh wie möglich!

Abb. 51. »Holt sie früh ab, behaltet sie ein Leben lang.« Die Wahrnehmungsprogrammierung beginnt schon im frühesten Alter und hält ein Leben lang an, es sei denn, wir durchbrechen das Programm, indem wir selbständig denken.

Die Regierung in all ihren Formen und Ausprägungen ist eine Maschine zur Wahrnehmungsprogrammierung, und das beginnt schon im frühesten Alter mit der staatlich kontrollierten »Bildung«, die speziell dafür geschaffen wurde, »ihre« Wahrnehmung während aller prägenden Jahre herunterzuladen und den Realitätssinn der Bevölkerung für ein ganzes Menschenleben zu beeinflussen und zu verfestigen (siehe Abbildung 51). John D. Rockefeller, der amerikanische Öl-, Bank- und Pharmamagnat, gründete zu Beginn des zwanzigsten Jahrhunderts das US General Education Board und verriet den wahren Grund für das »Bildungssystem«, als er sagte: »Ich will keine Nation von Denkern – ich will eine Nation von Arbeitern.« Rockefellers Mitbegründer und Wirtschaftsberater, Frederick T. Gates, griff diesen Ansatz auf:

> »Wir träumen davon, grenzenlose Ressourcen zu haben, und die Menschen unterwerfen sich mit absoluter Fügsamkeit unserer formenden Hand. Die gegenwärtigen Bildungskonventionen verblassen in unseren Köpfen, und ungehindert von Traditionen arbeiten wir an einer dankbaren und reaktionsfähigen Landbevölkerung nach unseren Vorstellungen.
>
> Wir werden nicht versuchen, diese Menschen oder eines ihrer Kinder zu Philosophen, Gelehrten oder Wissenschaftlern zu machen. Wir werden unter ihnen nicht nach Autoren, Rednern, Dichtern oder Literaten suchen. Wir werden nicht nach großen Künstlern, Malern oder Musikern Ausschau halten. Wir werden auch nicht den bescheidenen Ehrgeiz hegen, aus ihrer Mitte Anwälte, Ärzte, Prediger und Staatsmänner heranzuziehen, von denen wir heute reichlich haben.«

Alles dreht sich um Wahrnehmungskontrolle mit dem Ziel der Verhaltenskontrolle, denn Informationen führen zu Wahrnehmung, die zu Verhalten führt, das wiederum die menschliche Gesellschaft und vor allem deren Entwicklungsrichtung bestimmt. Ich hatte das Glück, in den 1950er und 1960er Jahren in Schulen zu gehen, in denen ehrliche und integre Lehrer unterrichteten, denen das, was sie taten, wichtig war. Hinzu kam, dass ich im Herzen immer ein Rebell war, der die Dinge nicht für bare Münze nahm, egal wer mir sagte, dass ich sie glauben sollte. Der staatliche Lehrplan war schon damals darauf ausgelegt, die Wahrnehmung zu programmieren, aber noch nicht in dem extremen Maß wie heute. Die meisten Lehrer, die ich in Crown Hills hatte, ermutigten vor allem dazu, Fragen zu stellen und zu lernen, *wie* man denkt, und nicht nur, *was* man denkt. Nicht so heute. Oh, mein Gott, nein. Die heutigen Schulen und Universitäten sind Gefangenenlager für den Verstand, denn die Kontrolle der Wahrnehmung hat ein neues Ausmaß an Niedertracht erreicht (siehe Abbildung 52). Die Lehrer sind zu Gefängniswärtern geworden, die selbst von demselben System programmiert wurden, das sie nun gedankenlos den jüngsten Generationen aufzwingen. Sie sind programmierte Programmierer, Blinde, die Blinde führen – oder versuchen, sie zu Blinden zu machen. Die Ideologen unter ihnen tun dies wissentlich, um der Agenda ihrer Herren zu dienen, nicht zuletzt über die gekaperten Lehrergewerkschaften auf der ganzen Welt. Lehrer, die sehen können, was passiert, sind in einem Netz gefangen, das ihnen keinen Handlungsspielraum lässt. Sie unterrichten nach den Vorgaben des Staates und zu dessen Bedingungen oder sie werden vor die Tür gesetzt. Ein falsches Wort unter der politisch korrekten Tyrannei der »Woken« (den völlig Eingeschläferten), die uns jetzt überrollt, und Sie kriegen einen Tritt in den Hintern. Es ist eine Welt, in der 2 + 2 = 5. Wenn Sie zu behaupten wagen, das Ergebnis sei 4, sind Sie ein rassistischer, der Kultur feindlich gegenüberstehender, die Pronomen verletzender Transphobiker. Die Wahrnehmungsmyopie der vom »Woke«-Kult ausgelösten und finanzierten Psychose hat lange genug an Intensität zugenommen, um die Welt der Erwachsenen mit voll programmierten Agenten des Wahnsinns zu überschwemmen – Erwachsenen, die nicht einmal mehr der Einschüchterung bedürfen, um sich in die Schranken weisen zu lassen. Der »Woke« verbringt sein ganzes Leben »bei Fuß«, was als »unterwürfiges Einverständnis oder Gehorsam« definiert wird – als »der Befehl eines Herrchens an sein Haustier, sich nicht zu entfernen«. Nach dieser Definition ist der größte Teil der Menschheit »bei Fuß«.

Lehrer und Akademiker, die sich dem nicht fügen, werden von genau den jungen Menschen, die sie nicht programmieren wollen, aus ihren Jobs gejagt und gemobbt. Was für eine Ironie! »Sie programmieren uns nicht, wie es der Staat verlangt, und deshalb machen wir Sie fertig.« Das ist eine eklatante Umkehrung in einer Gesellschaft, die aus Gründen, die ich späterhin noch erläutern werde, von Umkehrungen nur so wimmelt. Viele großartige Lehrer sind uns verloren gegangen, weil sie die schreckliche Realität dessen, was ihnen aufgezwungen wurde, nicht mehr ertragen konnten, nämlich junge Menschen einem kranken und krankmachenden Staatsapparat zu unterwerfen. Auf die gleiche Weise haben großartige Polizisten und Polizistinnen vor denselben faschistischen Forderungen des Staates kapituliert und wurden durch Psychopathen und Software-Gehirne ersetzt, die unfähig sind, das Programm in Frage zu stellen. Der weltweite Rausch der Entlassung von »ungeimpften« Polizisten, Militärangehörigen, medizinischem Personal, Lehrern und anderen im gesamten System diente dazu, die Belegschaft und die Institutionen von denjenigen zu säubern, die einen eigenen Willen und das Rückgrat haben zu sagen: »Mein Körper gehört mir und ist nicht das Eigentum eines Psychopathen oder eines Idioten mit einer Spritze.« Die Entscheidung, den gefälschten Impfstoff, der gar kein Impfstoff ist, abzulehnen, hat die Freidenker von den bedingungslos gefügigen Menschen getrennt. Daher müssen die nicht unterwürfigen Freidenker mit dem vollen Nachdruck des unreflektierten Gehorsams eines Großteils der übrigen Bevölkerung vernichtet werden.

Abb. 52. Kinder auf den Arbeitsplatz vorbereiten: das eigentliche Ziel der »Bildung« – umfangreiche Studien haben gezeigt, dass sie genau das tut. (Bild: David Dees)

Ich bezeichne diese »Impfstoffe« als Fälschungen, weil sie nach allen glaubwürdigen Kriterien – den Kriterien, die vor »Covid« galten – keiner einzigen Definition eines »Impfstoffs« entsprechen. Wenn es sich nicht um einen Impfstoff handelt, dürfen wir nicht in die Falle tappen, ihn als solchen zu bezeichnen, nur weil er nach offiziellen Angaben einer sei. Ich weigere mich, das zu tun, und füge jeder Erwähnung immer den Zusatz »gefälscht« hinzu oder bezeichne ihn als Scheinimpfstoff. Die offizielle und frühere Definition eines Impfstoffs lautet, dass er das Immunsystem stimuliert und programmiert, um zu verhindern, dass sich Menschen mit einer Krankheit infizieren oder sie auf andere übertragen. Nicht einmal die Hersteller der gefälschten »Covid«-Impfstoffe behaupten das, und die Beweise seit der Markteinführung haben bestätigt, wie nutzlos die Impfstoffe in dieser Hinsicht sind.

Sie wurden aus einem ganz anderen Grund entwickelt.

Die Antwort lautet VIER!

Schulen und Universitäten sind heute ausgewachsene Programmiermaschinen, in denen wahrnehmungsprogrammierte (oder willfährige) »Lehrer« den jungen Menschen den monumentalsten und unbeweisbarsten Mist in den Kopf setzen. Die Kinder nehmen diesen Software-Download auf und versuchen dann, ihre zutiefst verzerrte Realität denjenigen aufzuzwingen, die die Intelligenz und Aufgeschlossenheit besitzen, eine andere Meinung zu vertreten oder zumindest die Gültigkeit des besagten monumentalen Mists in Frage zu stellen. 2 + 2 = 5 wird zu »Das weiß doch jeder«. Und warum? Ganz einfach, weil die meisten von ihnen nur 2 + 2 = 5 hören und das, was sie in ihrer täglichen Erfahrung nicht in Frage stellen, als ihre Realität akzeptieren (siehe Abbildung 53). Andere Ansichten werden zum Schweigen gebracht und verteufelt, um zu verhindern, dass sie Teil des Wahrnehmungsmixes der potenziellen Möglichkeiten sind. Wenn Sie wollen, dass die Menschen nur eine Möglichkeit wahrnehmen – *Ihre* Möglichkeit –, dann wirkt jede offene Debatte wie Knoblauch auf einen Vampir, und wenn man mit seinem unbeweisbaren Geschwätz keine Debatte gewinnen kann, dann führt man eben keine. Hier haben Sie den *wahren* Grund für die »Cancel Culture«. Sobald Sie auch nur verbal akzeptieren, dass 2 + 2 = 5 ist, hat Ihr Verstand seinen Selbstrespekt aufgegeben, und wenn der weg ist, bleibt nur noch die Unterwerfung. Die Tyrannei hat Sie dann an den Eiern, und bei jedem Druck, der ausgeübt wird, sprechen Sie höher. In dem verzweifelten Bemühen, ihre Scham vor sich selbst zu verbergen, glauben diejenigen, die rückgratlos so tun, als wären 2 + 2 = 5, schließlich selbst daran, um sich weiszumachen, dass Sie ihre Selbstachtung und Würde nicht aufgegeben haben. Das können sie nur erreichen, wenn Sie anfangen zu *glauben*, dass die Antwort 5 ist, und so schreitet der Gänsemarsch des psychologischen Faschismus unaufhaltsam voran, indem er immer mehr Bewusstseine durch direkte Angriffe oder durch die illusionäre Aufrechterhaltung der Selbstachtung absorbiert.

Das Wirken der Gedankenpolizei ist bereits so umfassend, dass ein Gerät namens »Themis« entstand, für Klassenzimmer und soziale Situationen. Es wurde darauf programmiert, »beleidigende« Äußerungen zu erkennen und zu unterbrechen. Ein etwa zweiminütiger Alarm wird ausgelöst, wenn das Gerät politisch inkorrekte Sprache, Witze, rassistische Begriffe (alles ist rassistisch) und Kommentare über das »Körperbild« erkennt. Die Entwickler sagen, es sei »ein Versuch, politische Korrektheit als Weltanschauung in einem Produkt zu manifestieren«, und es wird getestet, indem es Debatten an britischen Schulen und Universitäten moderiert. Lassen wir das Marketinggeschwätz einmal weg – das Gerät soll jede Debatte *unterbinden* und den Sprachgebrauch einschränken. Genau so, wie es George Orwell (1903-1950) mit seinem »Neusprech« in *1984* beschrieben hat, das die Sprache von jedem Wort säubert, das tatsächlich etwas bedeutet. Orwell wies darauf hin, dass wir in Worten denken und dass die Abschaffung aller Wörter, die irgendetwas detailliert darstellen, auch bedeutet, dass die Menschen nicht mehr über irgendetwas im Detail *nachdenken* können. Die Kult-hörigen Woken mit ihrer politischen Korrektheit betreiben Orwells berüchtigtes Neusprech unter einem anderen Namen. Das Reden ist der sprachliche Ausdruck des Verstandes, und wenn man auf das Reden abzielt, zielt man auf den Verstand ab. Es dreht sich alles um den Verstand, was später, wenn wir die Tiefen des Kaninchenbaus erforschen, noch durchaus Sinn ergeben wird. Die Woken haben die Komiker zugrunde gerichtet, weil sie keinen Sinn für Humor und seine ausgleichendste Eigenschaft haben – die Fähigkeit, über sich selbst zu lachen. Man kann Woken alles vorwerfen, aber nicht, dass sie sich selbst – und *alles* andere – nicht ernst genug nehmen.

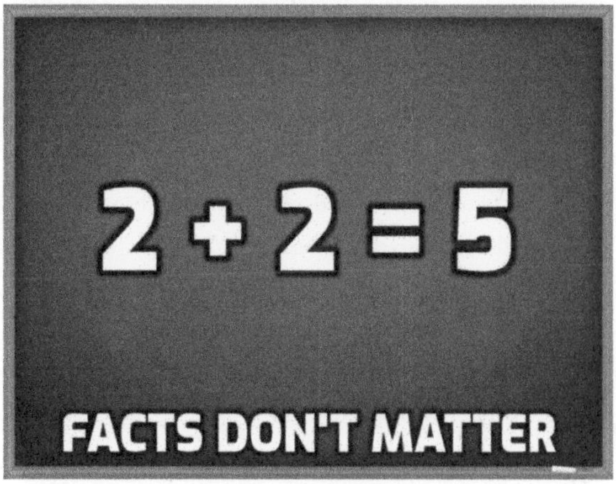

Abb. 53. »Bildung« ist Indoktrination.

Sie können einen Woken und einen Freidenker daran unterscheiden, wann die Schlussfolgerung kommt. Die Schlussfolgerungen eines Woken stehen immer am Beginn eines Arguments. *Man sagt Ihnen*, wie Ihre eigene Schlussfolgerung auszusehen hat. Dem Woken-Verstand wird eingeredet, dass alle Weißen privilegiert sind – selbst die, die auf der Straße schlafen und in Armut leben. Die Schlussfolgerung steht am Anfang, von der Macht der Wiederholung und des Gruppendenkens legitimiert, und keine noch so große Menge an gegenteiligen Informationen kann die ursprüngliche Schlussfolgerung erschüttern. Wenn die Macht der Logik und der Beweise dem auch nur nahe kommt, muss sie zensiert und zum Schweigen gebracht werden. Je lächerlicher die Schlussfolgerungen werden und je leichter sie zu widerlegen sind, desto extremer und hysterischer wird der zensorische Mob.

Die Kult-Milliardäre, die diesen Woke-Irrsinn finanzieren, versuchen dabei krampfhaft ihr Lachen zu unterdrücken. Siehe den Schwindel mit »Covid« und dem vom Menschen verursachten Klimawandel, die beide von *denselben* Leuten, wie Bill Gates, gefördert werden. Ein Psychopath wie Gates sorgt sich um die Gesundheit der Menschen und einen Planeten, den diejenigen, die er repräsentiert, systematisch zerstören? *Soll man das ernst nehmen?* Menschen, die aus dem Woken erwacht sind oder den Irrsinn gar nicht erst akzeptiert haben, kommen immer erst am Ende einer Argumentation zu ihren Schlussfolgerungen und nicht am Anfang. Sie analysieren die Behauptungen und Gegenbehauptungen und prüfen die Beweise, bevor sie zu einer für sie eindeutigen Schlussfolgerung gelangen, und sie sind offen dafür, dass ihre ursprünglichen Ansichten durch die Aussagekraft von Informationen und Erfahrungen geändert werden. Sie sind nicht so arrogant und naiv, dass sie glauben, es gäbe nichts mehr zu wissen, obwohl es *immer* mehr zu wissen gibt. Das wird im weiteren Verlauf dieses Buches deutlich werden. Sie können die Macht der Programmierung über das rationale Denken erkennen, wenn der Woke-Mob von uns verlangt, dass wir glauben, es sei völlig in Ordnung, dass ein Kerl mit einem Schwanz Zugang zu den Toiletten und Umkleidekabinen von Frauen und Mädchen hat, nur weil er behauptet, er habe eine weibliche Identität. Man sollte annehmen, dass die Vergewaltigungen und sexuellen Übergriffe auf Frauen und Mädchen durch schwanzbehängte »Frauen« in ehemals reinen Fraueneinrichtungen und Gefängnissen selbst die Woke-Irren aus ihrem Koma aufwecken würden. Aber nein. Sie sind unaufweckbar.

Frauen sind nur eine Fiktion

An dieser programmierten Aussage, die in die Woken-Gehirne gehämmert wurde, wird sich nichts ändern und stattdessen werden diejenigen, die sich für Frauen und Mädchen einsetzen, zur Zielscheibe des Zorns der Woken. Das ist klassische Gedankenkontrolle, bei der die Wahrnehmung heruntergeladen wird und der Verstand zu unhinterfragtem »Eingabe bestätigt«-Gehorsam erstarrt, so wie ein Computer auf kodierte Eingaben antwortet. Die Grüne Partei Großbritanniens veranlasste diejenigen, die noch einigermaßen bei Verstand sind, zum Austritt aus der Partei, als sie eine als Mann geborene »Transfrau« zur Leiterin der »Frauengruppe« der Partei ernannte. Die Grünen sind nun eine Anti-Frauen-Partei, die Frauen als »Nicht-Männer« bezeichnet, was genau der Botschaft des Kultes entspricht. Die Universität Leicester hat einen männlichen Studenten, der sich als Trans-Frau identifiziert, zum »Frauenbeauftragten« ernannt. Dieselbe Gruppe hat die Internationale Frauenwoche in »Womxn's Week« umbenannt, ein perfektes Beispiel für die Tugendhaftigkeit und Selbstbesessenheit der Woken. Der Frauensport wird denjenigen, die als Frauen geboren wurden, von »Frauen« in männlichen Körpern mit mehr Kraft und Muskelmasse entrissen. Der amerikanische Schwimmer William Thomas war als Mann auf Platz 462, änderte dann seinen Namen in »Lia«, gab an, eine Frau zu sein, und wurde ein Frauenschwimmmeister, der Rekorde brach. »Lia« hat baumelnde Teile. Ihr Körper ist der eines Mannes und niemand mit einem männlichen Körper sollte gegen Frauen antreten. Ende. Gründen Sie eine neue Kategorie für solche Schwimmer. Basta, erledigt. Aber der Kult will keine faire Lösung, wenn das, was geschieht, seiner Agenda dient. Frauen, die sich beschweren, werden von der hirnlosen Anti-Hass-Hassbrigade als Transphobiker:innen beschimpft.

Es ist mir völlig egal, als was sich die Leute identifizieren – identifizieren Sie sich als Motorradfahrer, wenn Sie wollen – wen zum Teufel kümmert das? Machen Sie, was Sie wollen, solange Sie es nicht anderen aufzwingen, das ist meine Philosophie. Auf dieser Grundlage ist es eine verdammte Unverschämtheit, den Frauen und Mädchen von heute selbsternannte »Frauen« mit Schwänzen aufzudrängen. Das übliche Woke-Mobbing führt dazu, dass die Menschen Angst davor haben, überhaupt noch zu definieren, was eine Frau ist. Wir haben das bei der Woke-Richterin Ketanji Brown Jackson bei den Senatsanhörungen zu ihrer Nominierung für den Obersten Gerichtshof der USA gesehen. Sie wurde gebeten, eine Frau zu definieren, und sagte, sie könne das nicht, weil »ich keine Biologin bin«. Ich bin es auch nicht, aber was halten Sie von Folgendem, Frau Jackson: Eine Frau ist ein menschliches Wesen, das mit weiblichen Geschlechtsorganen geboren wird. Wie die Frauenrechtlerin Kellie-Jay Keen sagte: »Ich bin keine Tierärztin, aber ich weiß, was ein Hund ist.« Keen meint, dass »die einzigen Menschen, die heutzutage als Frauen bezeichnet werden, eigentlich Männer sind«. Jacksons Zögern – und das der meisten anderen Menschen –, eine Frau genau zu definieren, rührt von der Angst her, gegen die tyrannische Woke-Orthodoxie zu verstoßen. Wie wir später sehen werden, steckt hinter diesen Extremen der Umnachtung eine dunkle und unheilvolle Agenda, von der selbst die Aktivisten, oder zumindest die meisten von ihnen, nichts ahnen. Hier kommt mir ein berühmtes Voltaire-Zitat in den Sinn: »Wer Sie dazu bringt, Absurditäten zu glauben, kann Sie auch dazu bringen, Gräueltaten zu begehen.« Darum geht es in Wahrheit, und es steckt noch mehr dahinter. Es handelt sich um eine psychologische Kriegsführung, die darauf abzielt, die Kontrolle über die menschliche Psyche zu erlangen, indem der Glaube an eklatante Absurditäten und die daraus resultierende Beseitigung der Selbstachtung gefördert wird. Sobald dies erreicht ist, kann der gekaperte Verstand dann dazu gebracht werden, auch Gräueltaten zu billigen.

Der Wahnsinn hat Methode und fügt sich zu einem atemberaubenden Netz von miteinander verbundenen Täuschungen, die auf der Kontrolle von Informationen (Wahrnehmung) durch die Regierungen, die »Bildung«, die Mainstream-Medien und die psychopathischen Plattformen des Silicon Valley beruhen. Bei Woke geht es auch darum, schwache Menschen zu entwickeln, die Angst vor ihrem eigenen Schatten haben und sich nicht gegen die Übergriffe der Machthaber wehren wollen. Schwache und verängstigte Menschen wollen, dass die Staatsgewalt sie vor ebendem schützt, wovor die Staatsgewalt die Angst in ihnen schürt. Ersetzen Sie »schützen« durch Kontrolle. Deshalb wird der Jugend gesagt, sie solle sich über alles aufregen, beleidigt sein und sich über alles empören, was sich bewegt, und über vieles, was sich nicht bewegt. Aus diesem Grund werden Archäologiestudenten vor einer »gut erhaltenen archäologischen Leiche« gewarnt, weil sie daran etwas »grausam« finden könnten. Studenten der Forensik erhalten eine mündliche Warnung vor Bildern, die Blutmuster, Tatorte und Leichen zeigen. Bibelstudenten werden vor »Themen wie sexuelle Gewalt und Missbrauch« oder Beschreibungen des Ablebens von Jesus gewarnt. Und dann sind da noch die unzähligen »Mikroaggressionen«, über die sich »Minderheiten« aufregen sollen, egal wie lächerlich trivial und unbeabsichtigt sie sind.

Ist es da verwunderlich, dass so viele der jungen Generationen von der »Covid«-Propaganda in Panik versetzt werden und zu Vollstreckern des Maskenfaschismus, Impffaschismus und Isolationsfaschismus werden? Sie wurden ihr ganzes Leben lang darauf vorbereitet, so zu sein. Erst geht es um die Wahrnehmung, dann um den Verstand. Diese jungen Menschen tun mir leid, wirklich leid. Sie kommen aus dem Mutterleib und schon sagen ihnen programmierte Eltern, was sie glauben sollen; später sagen ihnen programmierte Lehrer das Gleiche im Zusammenspiel mit den programmierten Mainstream-Medien. Jeder Zugang zu anderen Ansichten, die das schwachsinnige Narrativ in Frage stellen, wird durch die sozialen Medien zensiert, so dass sie immer nur die schwachsinnige offizielle Version hören – von *allem.* Warum sollten wir überrascht sein, dass die Woken schockierend viel Unsinn glauben, wenn das alles ist, was sie jemals gehört haben? Außerdem werden sie ermutigt, jeden zu hassen und zu verteufeln, der ihnen eine andere Geschichte erzählt. Welche Chance haben sie, wenn sie die Kontrolle über ihren eigenen Verstand nicht zurückgewinnen?

Der globale Kult

Ich werde in der Analyse des auf der Simulation basierenden mehrstufigen Kontrollsystems weit über die Welt der menschlichen fünf Sinne hinausgehen. Ich werde jedoch mit der Realität beginnen, die jeder kennt, der illusorischen »physischen« Welt des scheinbar alltäglichen »Lebens«. Wir werden später sehen, dass »physisch« überhaupt nicht physisch ist, aber Sie verstehen sicher, wovon ich hier rede. Öffnen Sie die Augen und schon ist es da. Das ist der Ort, an dem die fünf Sinne uns sagen, dass wir »sind«, obwohl wir es nicht sind, und an dem alles so aussieht, als wäre es von allem anderen getrennt, mit leerem »Raum« dazwischen. Es ist die Welt der Gebäude, Fahrzeuge, Straßen und Felder, des Sauerstoffs, des Kohlendioxids (diesem Bastard), der Bankensysteme, der Unternehmen, der Regierungen und des Wahrnehmungsschwindels, der sich Schulen, Universitäten, Medien und Silicon Valley nennt. Die fünf Sinne mögen die Illusion von Getrenntheit vermitteln und mehr ist es auch nicht – nur Illusion. Alles ist in jeder Hinsicht miteinander verbunden, sei es durch ein Meer des Bewusstseins jenseits der (lächerlichen) Grenzen des menschlichen »Sehens« oder durch die Tatsache, dass all diese Bankensysteme, Unternehmen, Regierungen und Wahrnehmungsbetrüger von demselben Kontroll-Netz oder Globalen Kult beherrscht werden, der die Agenda der totalen Kontrolle der Menschheit verfolgt. Wir sehen heute, wie weit diese Agenda in ihrem langjährigen Streben bereits fortgeschritten ist, doch so extrem sie auch geworden ist, es liegt noch ein weiter Weg vor ihr. Das geplante Ende lässt den dystopischsten Science-fiction-Film wie *Mary Poppins* aussehen.

Der globale Kult funktioniert wie ein Spinnennetz, das sich mit seinen klebrigen Fäden in jede Facette des menschlichen Lebens verstrickt hat, wie ich in anderen Büchern detailliert dokumentiere. Dies geschah nicht über Nacht oder im Laufe von Jahrzehnten, sondern über Tausende von Jahren unserer Zeitwahrnehmung hinweg. Sie können den Weg des Kults zur globalen Kontrolle bequem im antiken Mesopotamien aufspüren, dem »Land zwischen zwei Flüssen«, dem Tigris und dem Euphrat, in Sumer und Babylon, das heute Irak heißt. Dies ist ein guter Ausgangspunkt, selbst wenn die Geschichte noch weiter zurückreicht.

Wo immer der Kult sein operatives Zentrum hatte, entstand ein Reich. Das babylonische und andere mesopotamische Reiche – das zu einem bestimmten Zeitpunkt auch Ägypten umfasste – wurde zum Römischen Reich, als der Kult Rom gründete. Später, als der Kult sein Hauptquartier in Großbritannien errichtete, folgte das britische Empire, über dem die Sonne nie unterging, so umfangreich war sein globaler Grundbesitz. Zur gleichen Zeit infiltrierte der Kult andere Länder Europas, die sich gemeinsam daran machten, über die Reiche von Großbritannien, Frankreich, Belgien, Deutschland, Spanien, Portugal, den Niederlanden und Italien die ganze Welt zu erobern. Während der kolonialen Besetzung fast des gesamten Globus errichtete der Kult in jedem Land untergeordnete Netzwerke von Geheimgesellschaften und familiären Blutlinien. Als dann der Kolonialismus scheinbar mit der »Entkolonialisierung« endete, war dies nicht mehr als ein Ende der offenen Kontrolle, die durch die viel mächtigere verdeckte Kontrolle ersetzt wurde.

Bei der kolonialen Herrschaft wussten die Unterdrückten wenigstens noch, wer sie kontrollierte. Verdeckte Kontrolle bedeutet, dass die Bevölkerung keine Ahnung hat, wer ihre wahren Herrscher sind, während sie glaubt, dass diejenigen, die sie zu sehen bekommt, auch die Entscheidungen treffen, wie politische Führer und andere Träger dunkler Anzüge. Das ist aber nicht der Fall. Mit der Kolonialisierung der Welt durch die Europäer wurde der Kult global und mit der Globalisierung und der weltweiten Zentralisierung der Macht in allen Bereichen des Lebens wurde dies immer deutlicher. Damit die Wenigen die Vielen kontrollieren können, muss die Entscheidungsfindung zentralisiert werden, und um die Welt zu kontrollieren, muss die Entscheidungsfindung auf globaler Ebene erfolgen. Je mehr sie die Macht zentralisieren, desto mehr Macht müssen sie noch schneller zentralisieren, so dass der Prozess immer schneller und schneller abläuft, und genau das ist passiert.

Geld aus dem Nichts

Der globale Kult ist ein Netzwerk von Geheimgesellschaften und halbgeheimen Gruppen mit einer ineinander greifenden Führung, die ich »Die Spinne« nenne, aus der die Agenda für die Menschheit hervorgeht, ähnlich wie eine Spinne, die ihr Netz webt, bis alles gefangen ist und sich nicht mehr winden kann (siehe Abbildung 54). Wenn sich das heute bereits so anfühlt, dann liegt das daran, dass es so ist. Die Spinne ist letztlich nicht menschlich, aber das kommt später. Die Stränge des Netzes, die der Spinne am nächsten stehen, sind die exklusivsten Geheimgesellschaften und die meisten von ihnen haben nicht einmal Namen, was es schwieriger macht, sie aufzuspüren und zu entlarven. Ihre Mitglieder sind am besten informiert und versuchen, sich nicht in der Öffentlichkeit zu zeigen. Auf der nächsten Ebene befinden sich Familien wie die Rothschilds und Rockefellers, oder besser gesagt, ihre einflussreichsten Persönlichkeiten, die als oberste »Fixer« fungieren und letztlich der nichtmenschlichen Kraft hinter allem unterstehen. Die Rothschilds haben die Struktur der planetarischen Massenkontrolle

Abb. 54. Der Aufbau des globalen Kults, der es den Wenigen erlaubt, die Welt heimlich zu lenken. (Bild: Neil Hague)

geschaffen, die als modernes Bankensystem bekannt ist und deren Ursprünge bis nach Babylon zurückverfolgt werden können.

Den Menschen Geld zu leihen, das es nicht gibt, genannt »Kredit«, und dafür Zinsen zu verlangen, ist schon lange ein Eckpfeiler der menschlichen Kontrolle. Es versklavt die Menschen in einem Netz von Schulden, die, wenn sie nicht zurückgezahlt werden können, dem Kult-Bankensystem erlauben, Vermögenswerte wie Häuser, Unternehmen, Land und Ressourcen als Gegenleistung für die Nicht-Rückzahlung des fiktiven »Kredits« *plus Zinsen* zu beschlagnahmen. Dieses »plus Zinsen« ist entscheidend. Die meisten Menschen haben keine Ahnung, wie »Geld« geschaffen wird. Es hat doch etwas mit der Regierung zu tun, oder? Nun, nein, eigentlich nicht. »Geld« wird überwiegend von privaten Banken innerhalb des Systems des vom Kult beherrschten Finanzsystems geschaffen, die Kredite aus frischem »Geld« vergeben, das nie existiert hat und auch nie existieren wird, außer in einer wahnhaften Theorie. Es entsteht nur in der fiktiven Buchung des

»Kredits«. Die Regierungen könnten Geld zinsfrei erschaffen und es zinsfrei unter der Bevölkerung zirkulieren lassen. Stattdessen wird die Währung selbst – die Tauscheinheit, die den Handel ermöglicht – von Anfang an als zinstragende Schuld erschaffen. Das ist in jeder rationalen Gesellschaft Wahnsinn, aber in einer irrationalen Gesellschaft völlig normal. Es wurden »Gesetze« erlassen, die die Kreditvergabe mit Mindestreserven erlauben. Diese »Gesetze« sind das Ergebnis des Kults, der sowohl das Bankennetz als auch die Regierungen kontrolliert. Vereinfacht ausgedrückt bedeutet dies, dass die Banken »Geld« verleihen können, das sie nicht haben, nämlich als »Kredit«, ein Buch-»Geld«, das nur als theoretisches Konzept und Zahlen auf einem Bildschirm existiert.

Der andere eingebaute Haken an der Sache ist, dass dieser Kredit gegen Zinsen »verliehen« wird, während die Zinsen nie erwirtschaftet werden können. Wenn Sie bei einer Bank einen »Kredit« von, sagen wir, 100.000 Euro aufnehmen, wird die Bank über ihr Computersystem einen Kredit in Höhe von 100.000 Euro vergeben. Sie verpflichten sich, die 100.000 Euro plus Zinsen zurückzuzahlen, und hier ist der Haken: Die Zinsen sind nirgendwo als »Kredit« verbucht, das Geld dafür existiert nicht. Nur das Kapital des »Kredits« wird in die theoretische Existenz transferiert. Das passiert bei jedem »Kredit« und bedeutet, dass nie genug »Geld« im Umlauf ist, um alle Schulden und Zinsen zurückzuzahlen. Der Verlust von Häusern, Unternehmen, Land und Ressourcen ist in die Struktur des Bankensystems eingebaut. In Zeiten der Hochkonjunktur (ausgelöst durch eine *Ausweitung* der Kredite, die die Banken als »Darlehen« in Umlauf bringen) fällt dies weniger auf; aber während eines finanziellen Abschwungs oder einer Rezession (ausgelöst durch die *Reduzierung* der »Kreditgelder«, die die Banken als »Darlehen« in Umlauf bringen) wird dies öffentlich zur Schau gestellt, wenn die Bankrotteure ihr Vermögen an die Banken überschreiben, weil sie Kredite plus Zinsen nicht zurückzahlen können, die es nie gab, nicht gibt und nie geben wird. Für viele ist diese Situation unausweichlich, da einfach nicht genug »Geld« im Umlauf ist, um alle ausstehenden »Kredite« plus Zinsen zurückzuzahlen, weil die »Zinsen« nie geschaffen werden. Das Bankwesen ist ganz einfach eine kriminelle Aktivität und sollte als solche behandelt werden. Dieses groteske System wird von den geheimen Ebenen des inneren Netzes gesteuert, die vor allem den Rothschilds gehören.

Ich höre die Leute sagen, dass es bei den Banken und dem Rest der windigen »Finanzwelt« nur um Gier geht. Ja, das ist natürlich ein wichtiger Faktor, wenn auch nicht der wichtigste für den inneren Kreis des Kults. Der wichtigste Faktor ist *Kontrolle*. Der Kult hat ein globales System aufgebaut, das die Entscheidungsfreiheit mit dem Besitz von »Geld« oder Reichtum in seinen verschiedenen Formen verknüpft hat. Je mehr »Geld« Sie besitzen, desto mehr Entscheidungsmöglichkeiten haben Sie, und was ist

Freiheit? Es ist die Fähigkeit, Entscheidungen zu treffen. Je mehr Wahlmöglichkeiten Sie haben, desto freier sind Sie und umgekehrt. Die Kontrolle über das Geld (wer es hat und wer nicht) kontrolliert die Freiheit (wer es hat und wer nicht). Das ist der wahre Grund, warum die Welt so strukturiert ist, dass sie auf dem Fundament des illusorischen »Geldes« steht. Das Bankensystem ist in der Tat organisiertes Verbrechen und gehört dem Kult als Grundlage der globalen Kontrolle.

Vom Verborgenen zum Sichtbaren

Wenn wir uns weiter von der Spinne, den exklusivsten Geheimgesellschaften und den Ebenen der Rothschilds und Rockefellers entfernen, kommen wir zu den Geheimgesellschaften, über deren Existenz wir Bescheid wissen, wenn auch nicht über ihre Manipulationen. Dazu gehören die Freimaurer (die innere Elite, nicht die breite Masse), die Malteserritter (die eng mit der globalen Finanzwelt verbunden sind), die Tempelritter, Opus Dei, das Allerheiligste des Jesuitenordens und die Skull & Bones Society in Amerika, die mit vielen US-Präsidenten und Menschen in anderen einflussreichen Positionen in Verbindung steht. Das Netzwerk der Geheimgesellschaften ist gigantisch und untersteht letztlich denselben Herren. Die meisten ihrer Mitglieder wissen das nicht, weil sie streng in Stufen des »Grades« (Grad des Wissens) unterteilt sind. Sie steigen nur dann in die nächsthöhere Stufe auf, wenn sie als würdig oder sicher erachtet werden, das dort vorhandene Wissen zu erhalten. Die meisten Freimaurer kommen zum Beispiel nie über die untersten drei Gradstufen, die sogenannten »Blauen Grade«, hinaus, obwohl es dreiunddreißig Stufen des Schottischen Ritus gibt (siehe Abbildung 55). Selbst an der scheinbaren Spitze dieser Geheimbundpyramiden werden die Auserwählten noch in höhere Stufen geführt, von deren Existenz andere Mitglieder nicht einmal etwas ahnen. Hier findet das eigentliche Geschehen aufgrund des erweiterten Wissens darüber statt, wohin die Welt wirklich gelenkt wird, von wem und zu welchem Zweck. Ich bezeichne die Mitglieder dieser Stufen als die Illuminaten, um sie von den »einzelnen« Geheimgesellschaften zu unterscheiden, von denen die Illuminaten mit Personal beliefert werden (siehe Abbildung 56).

Die Eingeweihten der Geheimgesellschaften und deren halbgeheimen Ableger werden im gesamten nationalen und globalen System in Macht- und Einflusspositionen gebracht. Alle unterstehen letztlich der Spinne und ihrer Agenda, auch wenn die weniger bedeutenden nicht einmal wissen, dass es eine Spinne gibt. Es müssen nur vergleichsweise wenige Positionen in einer Organisation kontrolliert werden, um die gesamte Struktur zu kontrollieren. Sie müssen nur *die* Positionen sichern, die wichtige Entscheidungen treffen und diktieren, wer eingestellt und entlassen wird. Auf diese Weise können Sie das Personal schnell besetzen mit den psychopathischen Wissenden (den Wenigen), den psychopathisch Unwissenden (den Vielen) und den einfach nur Gehorsamen, die ohne etwas in Frage zu stellen oder Widerspruch zu leisten alles tun, was man ihnen sagt (der großen Mehrheit). Die Welt wird von Psychopathen kontrolliert und unwissentlich in ihrem Namen von willfährigen Idioten verwaltet. Nie war dies offensichtlicher als in der »Covid«-Ära.

Wir erreichen nun den Punkt im Netz, an dem das Verborgene auf das Sichtbare trifft. Hier haben wir das, was ich als »Schwellen«-Organisationen bezeichne, deren

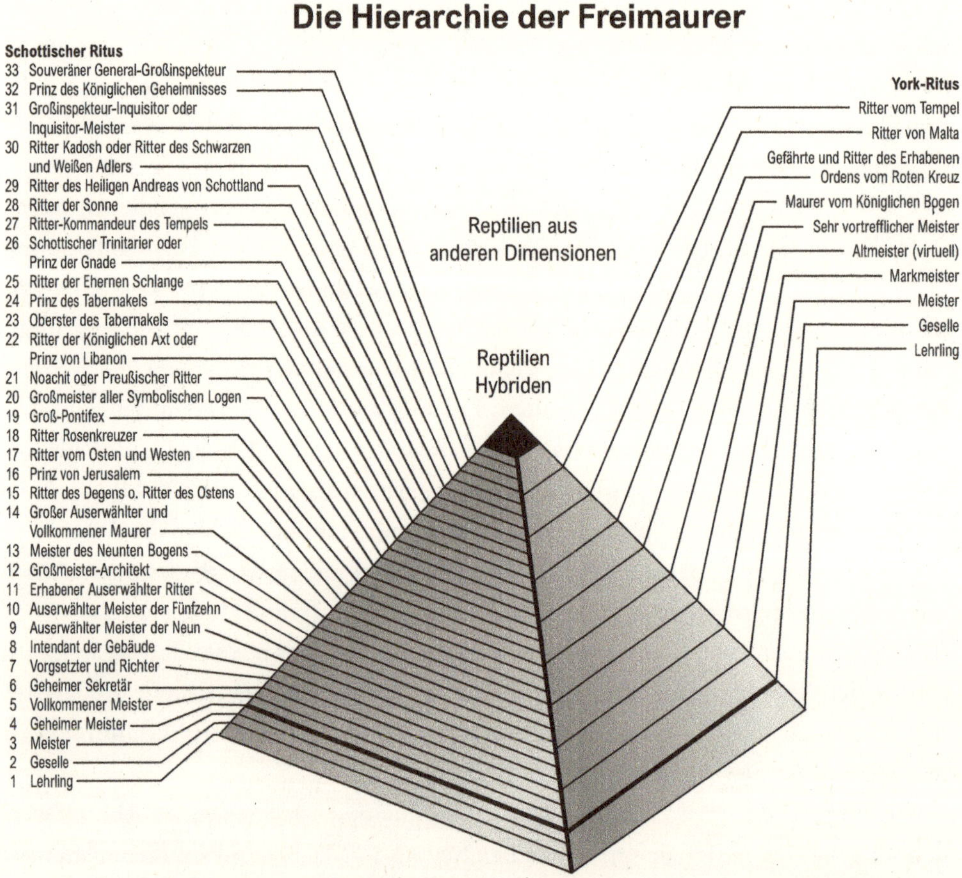

Abb. 55. Die freimaurerische Struktur veranschaulicht die Unterteilung der Mitglieder der Geheimgesellschaft in verschiedene Wissensstufen – Stufen der Unwissenheit, außer für den inneren Kreis.

Illuminaten-Grade

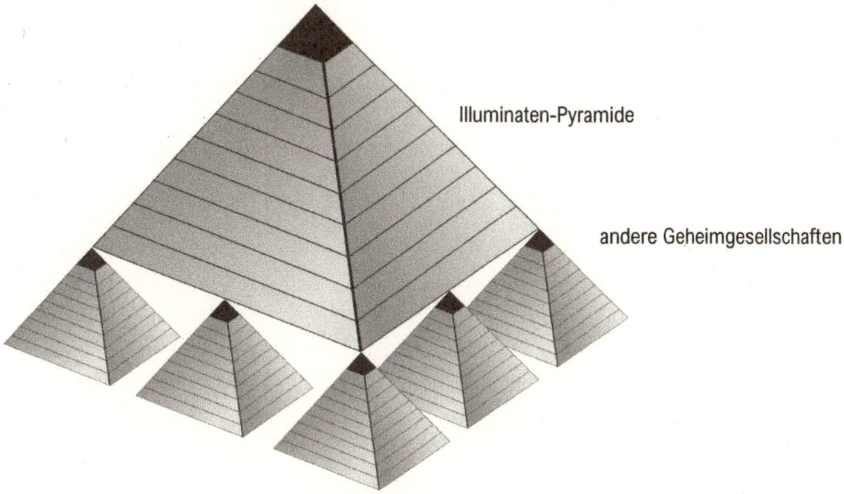

Abb. 56. Die Illuminaten nehmen sorgfältig ausgewählte Eingeweihte von der Spitze anderer Geheimgesellschaften auf, um ihnen Wissen zu vermitteln, über das auch die offiziellen Ebenen der Geheimgesellschaften nicht verfügen.

Aufgabe es ist, die Agenda, die von der Spinne durch das unsichtbare Reich der Geheimgesellschaften vorgegeben wird, in die Welt des Sichtbaren zu tragen, und zwar über Regierungen und ihre Behörden, Unternehmen, Mainstream-Medien, Silicon-Valley-Plattformen, »Gesundheitssysteme«, »Bildung« und dergleichen mehr. Schwellenorganisationen sind halbgeheim, da sie vordergründig in der Öffentlichkeit agieren, während sie unter der Oberfläche eine geheime Agenda verfolgen. Dazu gehören die Bilderberg-Gruppe, der Rat für Auswärtige Beziehungen in den Vereinigten Staaten, die Trilaterale Kommission, das Royal Institute of International Affairs in London und der Club of Rome, der 1968 vom Kult gegründet wurde, um Umweltprobleme für die Zentralisierung der globalen Macht auszunutzen und eine Rechtfertigung für Eingriffe in das Leben jedes Menschen zu haben (siehe Abbildung 57). Vom Club of Rome stammt der Schwindel des »vom Menschen verursachten Klimawandels«, der in Wahrheit gar nicht stattfindet (mehr hierzu in *Alles, was Sie wissen sollten, Ihnen aber nie jemand erzählt hat*). Die Bilderberg-Gruppe ist nach dem *Hotel De Bilderberg* in Oosterbeek, Niederlande, benannt, wo sie 1954 ihr erstes offizielles Treffen abhielt. Dieses Netzwerk hält sich aus der Öffentlichkeit heraus, ist aber inzwischen weit weniger geheimnisvoll als früher, weil wir in den alternativen Medien immer mehr seiner Manipulationen aufgedeckt haben. An dieser Schwelle befinden sich auch die scheinbar Millionen von

»Denkfabriken« und Nichtregierungsorganisationen (NGOs), einschließlich der Open Society Foundations des Kult-Aktivisten George Soros, die eine so zentrale Rolle gespielt haben bei der Finanzierung und Orchestrierung des Aufstiegs der dem Kult dienenden »Woke«-Mentalität, der dem Kult dienenden Operation »Black Lives Matter« (BLM) und der unglaublichen Wanderungen von Menschen aus dem Nahen Osten und Afrika nach Europa und über die systematisch ungeschützte Südgrenze der Vereinigten Staaten aus Süd- und Mittelamerika (und jetzt auch aus der ganzen Welt). Die massive Vertreibung der Ukrainer nach der russischen Invasion ist ein weiterer Schachzug des Kults, um die globale Bevölkerungsstruktur durch kulturelle Verschmelzung zu einer Wahrnehmungs-Monokultur zu verändern – zu einer »Eine-Welt-Kultur«.

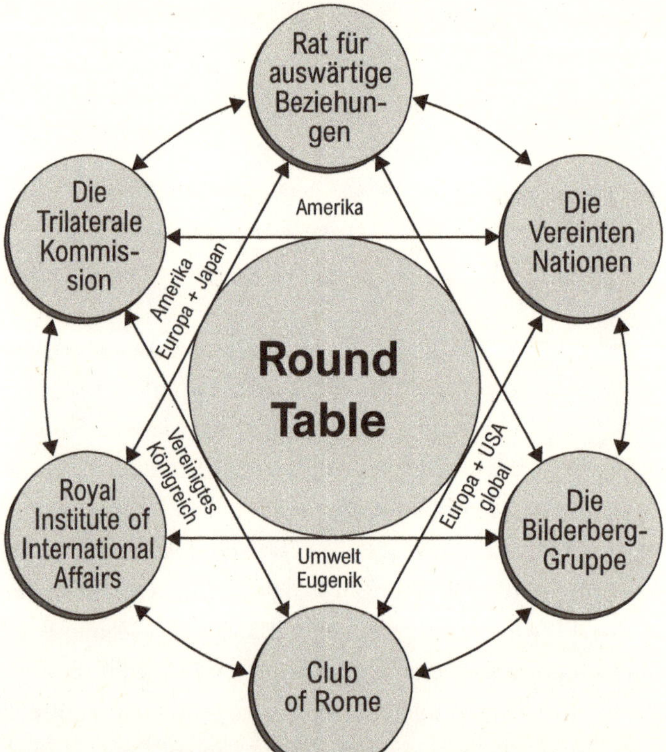

Abb. 57: Einige dieser Schwellenorganisationen werden von der in London ansässigen, von den Rothschilds geschaffenen Geheimgesellschaft mit dem Namen Round Table koordiniert, deren erster Leiter der Rothschild-Agent Cecil Rhodes in den letzten Jahren des neunzehnten Jahrhunderts war. Auch ein außergewöhnliches globales Netzwerk von Denkfabriken (Think Tanks) und Nichtregierungsorganisationen (NGOs) ist Teil dieser Netzknoten.

Seit Amtsantritt des amerikanischen Präsidenten Joe Biden überqueren jedes Jahr zwei Millionen Menschen unbehelligt die offene US-Grenze. Viele von ihnen erhalten von der Regierung finanzierte Flüge von abgeschotteten und bewachten Flughäfen, um sich im Land niederzulassen – eine kalkulierte Politik zur Veränderung der kulturellen Dynamik Amerikas. Die rassistischen Angriffe auf Weiße sind Teil dieser Strategie, und dasselbe geschieht auch in Europa. Die Weißen stehen im Visier, weil sie die größte rassische Gruppe in der westlichen Gesellschaft darstellen, die der Kult zu demontieren und in sein Weltsystem zu integrieren versucht. Sobald die Weißen unterworfen sind, wird der Kult auf andere Rassengruppen losgehen, bis alle unterworfen sind. Die unkontrollierte Masseneinwanderung anderer Kulturen in den Westen habe ich schon vor langer Zeit in meinen Büchern vorausgesagt, als ich erklärte, dass Leute wie Soros darauf hinarbeiten, eine Situation zu schaffen, in der so viele Menschen auf die südliche Grenze der USA zusteuern, dass sie in Verbindung mit der Regierungspolitik, die dieses Verhalten fördert, nicht mehr aufzuhalten sein werden. Genau das ist geschehen. Wie konnte ich das wissen? Es war von langer Hand geplant. Der Kult will alle Nationen und jedes Gefühl von Nationalität zerstören, damit alle in einer zentral gesteuerten, technologisch kontrollierten globalen faschistischen Diktatur aufgehen können. Tarnorganisationen und Think Tanks haben die Aufgabe, den politischen Konsens in der Regierung und das System im Allgemeinen zu manipulieren, damit der Kult (die Spinne) die Ereignisse und die Richtung diktieren kann. Hunderte von Millionen spielen dabei mit, ohne zu wissen, dass es überhaupt einen Kult oder gar eine Spinne gibt. Einflussreiche Menschen in Politik, Wirtschaft, Bankwesen, Medien und anderen Institutionen werden zu Treffen und Mitgliedschaften in Spitzenorganisationen wie Bilderberg und den Think Tanks und NGOs eingeladen, um ihre Gedanken zu einer Konsenspolitik zu verdichten, die die Welt in die vom Kult (der Spinne) gewünschte Richtung führt. Was ist das für eine Richtung? Wir erleben sie bereits.

Schauen, ohne zu sehen

Von den Schwellenorganisationen dehnt sich das Netz des Kultes auf die menschliche Gesellschaft und das »Alltagsleben« aus. Dies ist das Reich des Schaubaren, der fünf Sinne, wo alles zufällig und getrennt von allem anderen erscheint. Die Menschen schauen auf die Welt, aber die meisten sehen sie nicht. Es gibt weder Zufälligkeit noch Getrenntheit. Die Regierungen und ihre Behörden, das Finanzsystem, die Unternehmen, die Mainstream-Medien, die Plattformen des Silicon Valley, die »Gesundheitssysteme« (einschließlich der Weltgesundheitsorganisation WHO) und das »Bildungswesen« scheinen keine offensichtlichen Zusammenhänge zu haben, wenn die Menschen das tägliche Geschehen beobachten. In Wirklichkeit sind sie alle wie Geheimgesellschaften strukturiert und wenden die gleichen Techniken der Wissenskontrolle an. Diejenigen, die an der Spitze stehen, kennen ihre wahre Motivation und ihre Daseinsberechtigung, während diejenigen, die ganz unten stehen, dies nicht wissen. Diejenigen, die dazwischen liegen, wissen es in unterschiedlichem Maße, je nach ihrem Platz in der Hierarchie. Der Groschen (Cent) fällt, wenn Sie erkennen, dass all diese Organisationen und Agenturen durch das Netz des Kults miteinander verbunden sind, sobald man tief genug in ihre Struktur eindringt. Diese Erkenntnis, die mir schon vor Jahrzehnten gezeigt wurde, gibt der Welt und den täglichen Ereignissen einen Sinn. Warum sollten zum Beispiel die Plattformen im Silicon Valley diejenigen zensieren, die das lächerlich verlogene Narrativ der WHO in Bezug auf »Covid« in Frage stellen und entlarven? Das erscheint unerklärlich, solange man sie fälschlich als Foren für Informations- und Meinungsaustausch betrachtet. Es ist nicht mehr so verwirrend, wenn man weiß, dass die WHO 1948 von der Kult-Familie Rockefeller gegründet wurde, um die globale Macht über die Gesundheit unter einem Dach zu konzentrieren, und dass Facebook (Meta), Google (dem YouTube gehört), Twitter und so weiter vom Kult kontrollierte Organisationen sind (siehe den Nachtrag am Ende von Kapitel 5 über Elon Musk und Twitter). Facebook und Google wurden mit Kult-Geldern aus verschiedenen Quellen finanziert, darunter der DARPA, der im Besitz des Kults befindlichen technologischen Entwicklungsabteilung des Pentagons, und des In-Q-Tel, der im Besitz des Kults befindlichen technologischen Seed-Finanzierungsagentur der CIA.

Die Weltgesundheitsorganisation (WHO), die all ihren Mitgliedsländern weltweit die »Covid«-Politik diktiert hat, wird heute auf dem Wege der Finanzierung durch einen engen und langjährigen Partner der Rockefeller-Familie, Bill Gates, kontrolliert. Die Verbindung zwischen den Familien Rockefeller und Gates reicht weit zurück und ich habe Genealogien gesehen, die besagen, dass die beiden Familien aus derselben Blutlinie stammen. Die in *Privatbesitz* befindliche und vom Kult kontrollierte Weltgesundheitsorganisation, die ebenfalls vom Kult kontrollierte Europäische Union und andere vom Kult kontrollierte Mitgliedsländer planen derzeit einen rechtsverbindlichen »Vertrag«, der eine zentral diktierte (vom Kult diktierte) Reaktion der WHO auf alle künftigen »Pandemien« ermöglichen soll. Was die WHO (die Rockefellers, Gates und der Kult) den Ländern vorschreibt, das müssen sie auch tun. Die global zentralisierte Kontrolle der »Gesundheitspolitik«, zu deren Sicherung die Rockefellers die Weltgesundheitsorganisation gegründet haben, wäre damit erreicht. Damit einher geht die Auslöschung aller alternativen Medien, die die Lügen dieser Psychopathen aufdecken. In diesem Sinne kann der »Covid«-Schwindel, so extrem er auch ist, nur als eine Etappe in einem viel größeren Plan gesehen werden. Die »Covid«-Karte wird wieder ausgespielt werden – so wie es in China geschieht, während ich dies schreibe – und sie haben noch viele andere Pandemie-Karten auszuspielen, insbesondere wenn die nächste Stufe der WHO-Kontrolle durch den »Vertrag« erreicht ist. Einmal mehr geht es um die Zentralisierung der Macht auf globaler Ebene.

Der Kult genehmigt den Kult

Damit wird auch klar, warum Big Pharma ausnahmslos die Erlaubnis erhält, ihre gefälschten »Covid«-Impfstoffe ohne ordnungsgemäße Tests oder Langzeitversuche an jedem beliebigen Patienten einzusetzen. Dem Kult gehört das massenmörderische Big-Pharma-Kartell und damit auch die Zulassungsbehörden für Medikamente und Impfstoffe, wie die massenmörderischen US Centers for Disease Control and Prevention (CDC), die massenmörderische Food and Drug Administration (FDA) und die massenmörderische UK Medicines and Healthcare Products Regulatory Agency (MHRA). Der Kult bittet den Kult um Erlaubnis, die Scheinimpfstoff-Agenda des Kults voranzutreiben, und warum sollte die Erlaubnis nicht erteilt werden? Diese psychopathisch korrupten »Regulierungsbehörden« sind nicht dazu da, die Öffentlichkeit vor Schaden zu bewahren. Sie stecken mit den Pharmakonzernen unter einer Decke und haben trotz all der Todesfälle und Gesundheitsschäden eine Notfallgenehmigung für gefälschte Impfstoffe erteilt, die immer jüngeren Altersgruppen verabreicht werden sollen. Der Kult will, dass die Weltbevölkerung seinen tödlichen und genetisch verändernden Inhalten ausgeliefert wird, und die Agenten des Kults in den Aufsichtsbehörden versuchen sicherzustellen, dass dies geschieht. Alle, die in irgendeiner Weise daran beteiligt sind, werden vom absolut Bösen getrieben.

Das Pharmakartell wurde von der Rockefeller-Familie durch den Ölmagnaten John D. Rockefeller (1839-1937) gegründet, der auch den Niedergang alternativer Heilmethoden veranlasste und der Menschheit die allopathische oder Skalpell- und Medikamenten-»Medizin« aufzwang. Rockefeller starb im Alter von 97 Jahren mit seinem persönlichen Homöopathen am Bett, während er versuchte, die Homöopathie für alle anderen abzuschaffen. Haben Sie sich jemals gefragt, warum so viele dieser Hauptakteure des Kults so lange leben? Sie bekommen nicht die gleiche Behandlung wie alle anderen. Die Kult-hörige Familie Rockefeller hat Big Pharma und die Weltgesundheitsorganisation gegründet, die Teil der Vereinten Nationen ist, an deren Gründung die Rockefellers ebenfalls maßgeblich beteiligt waren. Das UN-Gebäude in New York steht auf einem enorm wertvollen Grundstück, das von der Familie Rockefeller kostenlos zur Verfügung gestellt wurde. Rockefeller bedeutet Kult, so wie Rothschild Kult bedeutet. Der Kult hat sich die Kontrolle über die Regierung, die globale Finanzwelt und den Handel gesichert und – was am wichtigsten ist – er hat sich das Eigentum an der »Bildung«, den Mainstream-Medien und den Silicon-Valley-Plattformen – also der Wahrnehmung – angeeignet. Auf nationaler und internationaler Ebene bildet diese Kombination die ständige Regierung, die unkontrolliert weitermacht, egal wer theoretisch an der politischen Macht ist. Parteien kommen und gehen (und werden ohnehin von denselben Leuten kontrolliert), während die ständige Regierung immer da ist (siehe Abbildung 58). Ich weise schon seit Jahrzehnten auf diese Struktur hin und jetzt hat sie einen Namen bekommen: »Deep State« – der Tiefe Staat.

Der Einfluss und die Kontrolle des Kults beruhen auf der Übernahme der menschlichen Wahrnehmung, und die Wahrnehmung wiederum beruht auf Informationen. Wir formen unsere Wahrnehmung aus Informationen, die wir aus welcher Quelle auch immer erhalten. Wenn der Kult die Wahrnehmung – und damit das Verhalten – diktieren will, muss er diktieren, was die Menschen sehen und hören, indem er sich die Kommunikationsmittel aneignet und alles zensiert, was eine andere Sichtweise auf sich selbst, die Welt und die Ereignisse bietet. Der Kult hat die großen Social-Media-Plattformen geschaffen und andere aufgekauft. Ihr inzwischen aberwitziges Ausmaß an Zensur ist das Werk des Kultes über seine Handlanger wie Mark Zuckerberg bei Facebook (Meta), Sergey Brin und Larry Page bei Google und Alphabet, Susan Wojcicki bei YouTube und Parag Agrawal bei Twitter, der den Kiffer Jack Dorsey als CEO abgelöst hat. Agrawal wurde in Indien geboren und zog erst 2005 in die Vereinigten Staaten, um an der Stanford University zu studieren. Jetzt kontrolliert er, zumindest offiziell, was die Amerikaner – ebenso wie der Rest der Menschheit – auf seiner Plattform kommunizieren können. Seine Einstellung zur Freiheit wird in diesem Zitat aus dem Jahr 2020 deutlich: »Unsere Aufgabe ist es nicht, an den Ersten Verfassungszusatz [der theoretisch die Redefreiheit garantiert] gebunden zu sein, sondern unsere Aufgabe ist es, einem gesunden öffentlichen Diskurs zu dienen … [und] uns weniger darauf zu konzentrieren, über die Redefreiheit nachzudenken, sondern darüber, wie sich die Zeiten geändert haben.« Übersetzt aus dem Orwellschen Neusprech heißt das: »Unsere Aufgabe ist es, nicht an den Ersten Verfassungszusatz gebunden zu sein, sondern Sie nur das sehen zu lassen, was meine Herren wollen, dass Sie es sehen.« Agrawal wurde speziell für diese Aufgabe ausgewählt und er tut es bereitwillig. Wie Tucker Carlson, ein Moderator von *Cable News*, über Agrawal sagte: »Ein einzelner Mann, der die grundlegenden Werte Amerikas völlig unverhohlen verachtet, darf entscheiden, worüber die Amerikaner reden dürfen.« Wir werden sehen, ob Agrawal den Kauf von Twitter durch Elon »Ich bin auf Ihrer Seite, ehrlich« Musk überlebt. [Verlagsanmerkung: Er wurde von Musk sofort entlassen.]

Die Agenten des Kults haben bereits seit langem Mainstream-Zeitungen, Zeitschriften, Radiosender sowie Fernsehanstalten gegründet und aufgekauft, bis zu dem Punkt, an dem die Medien jetzt im Besitz von erschreckend wenigen Konzernen sind, deren Führung tatsächlich vollständig dem Kult untersteht. Dies erklärt die außergewöhnliche Tiefe, Breite und Koordiniertheit von Zensur und Lügen in der »Covid«-Ära, in der dieselbe Täuschung und Vertuschung der Wahrheit sklavisch von angeblichen »Journalisten« auf der ganzen Welt verbreitet wurde. Die »unabhängige« Suchmaschine DuckDuckGo hat ihre Politik der Nicht-Zensur aufgegeben, als sie im März 2022 ankündigte, dass »russische Desinformation« (wer entscheidet das?) in ihren Suchergebnissen heruntergestuft werden soll. Glücklicherweise haben zwei andere Suchmaschinen-Anbieter, Brave Search und Presearch, erklärt, dass sie an unvoreingenommenen Listen festhalten werden. Der Kult kontrolliert außerdem das Narrativ von Amerikas nächtlichen Talkshow-Moderatoren wie dem unglaublich unlustigen John Oliver, Stephen Colbert, Jimmy Kimmel und James Corden. Jeden Abend plappern sie das Narrativ des Kults nach, während sie diejenigen, die die faschistische Orthodoxie in Frage stellen, lächerlich machen oder dämonisieren. Sie verfügen zusammen nicht über eine einzige Gehirnzelle und deshalb haben sie auch den Job. Colbert mit seinem Multimillionen-Jahresgehalt sagte, es sei ihm egal, wenn der Benzinpreis auf 15 Pfund pro Gallone (etwa 5 Euro der Liter) steigt, weil es gut für die Seele sei, das zu zahlen, um die Ukraine zu unterstützen. In Wirklichkeit schaden die Preiserhöhungen nur den Amerikanern – dem Publikum dieses Mannes. Diese Leu-

Abb. 58. Die Kult-Struktur der Kontrolle in den Ländern und auf globaler Ebene von oben nach unten: Die ständige Regierung (»Tiefer Staat«), der Kult, Geheimgesellschaften, Finanz- und Bankensystem, Militär/Geheimdienste, die Medienpolitik von »Big Pharma«, weltweit agierende Unternehmen, Regierungsbehörden, Gesetze/Gerichte, Medien (Silicon Valley), Politik und »gewählte« Regierung, »das Volk«.

te scheren sich einen Dreck um ihre Zuschauer. Sie alle haben die Zunge im Arsch der herrschenden Klasse, um ihre Arbeitsplätze zu sichern. Was immer sie uns erzählen, ist das, was der Kult uns glauben lassen will.

Ich wurde bereits im Frühjahr 2020 von allen wichtigen Internetplattformen gelöscht, als ich begann, die »Covid«-Lüge sehr öffentlich und erfolgreich als gigantischen globalen Schwindel zu entlarven. Alles, was ich damals gesagt habe, hat sich entweder als wahr herausgestellt oder es wurde nie bewiesen, dass es falsch ist. Sie können meine umfassende Demontage der Existenz des SARS-CoV-2-»Virus« in *Wahrnehmungen eines abtrünnigen Denkers* nachlesen. Ich werde einige der wichtigsten Punkte später noch einmal aufgreifen. Es stimmt, was ich gesagt habe, nämlich dass das »Virus« in keiner wissenschaftlichen Arbeit nachgewiesen wurde und dass es sich bei dem »Virus« um eine computergenerierte Genomfälschung handelt. Ich hatte im April 2020 Recht, als ich sagte, dass der PCR-Test nicht auf das »Virus« testet, weil er es nicht kann, dass Lockdowns auf die Wirtschaft und den Lebensunterhalt abzielen und nichts mit der Gesundheit zu tun haben, dass Masken nutzlos sind, um vor »viralen« Partikeln zu schützen, die so winzig sind, dass man sie nur unter einem Elektronenmikroskop sehen kann, und dass Masken den Menschen ernsthaft schaden, was die Gesundheit der Atemwege (wie ironisch) und die Psyche betrifft. Letzteres gilt insbesondere für Kinder und Jugendliche. Ich hatte Recht, dass das »Virus« ein Schwindel war, um die »Impfung« der Bevölkerung aus sehr sinisteren Gründen zu rechtfertigen. All diese Argumente, die ich im Frühjahr 2020 vorbrachte, sind inzwischen durch eine Flut von Beweisen und in vielen Fällen sogar durch offizielle Eingeständnisse bestätigt worden; aber ich wurde zensiert und verbannt. Und warum? Fake News – *Falschinformationen!* Das ist in der Kult-Sprache die Bezeichnung für die Wahrheit. Selbst wenn das, was ich gesagt habe, nicht korrekt gewesen wäre, habe ich immer noch ein Recht auf meine Meinung in einer Gesellschaft, die glaubhaft behauptet, eine freie Gesellschaft zu sein. Die eigentliche Grundlage der Freiheit ist das Recht, sich zu irren. Sobald dieses Recht verloren geht, entscheidet eine Obrigkeit darüber, was richtig und falsch ist, und nicht mehr das Volk durch freies Denken – so entsteht Tyrannei.

Zensur: Die Visitenkarte der Tyrannei

Wir haben jetzt ein Stadium erreicht, in dem Ärzte und Wissenschaftler, die auf ihrem Gebiet herausragende Leistungen erbringen, zensiert und gelöscht werden, weil sie die offenkundige Widersprüchlichkeit und Verlogenheit des Kult-Narratives zu »Covid«

Abb. 59. Die vom Kult geschaffene und finanzierte Woke-Bewegung ist eine klassische satanistische Umkehrung, bei der »Inklusion« gleichbedeutend ist mit »Ausgrenzung« und »Demokratie« gleichbedeutend mit »Faschismus«. Dies ist eine Szene aus dem täglichen Zwei-Minuten-Hass-Ritual in der Verfilmung von Orwells 1984.

und den »Impfstoffen« in Frage stellen. Jeder, der die Wahrheit sagt oder Menschen eine Plattform bietet, um die Wahrheit zu sagen, wird von der »liberalen« faschistischen Woke-Mafia zum Schweigen gebracht (siehe Abbildung 59). Wir haben dies bei dem amerikanischen Podcast-Moderator Joe Rogan gesehen, nachdem er Experten auf ihrem Gebiet die Möglichkeit gegeben hatte, das »Covid«-Narrativ in seiner Spotify-Show herauszufordern, die ein Publikum von etwa elf Millionen Zuschauern erreicht. Die Situation spitzte sich zu, als zwei Gäste die Gefahren und katastrophalen Folgen der gefälschten »Covid«-Impfstoffe aufzeigten, die nicht die bisherigen Kriterien für einen Impfstoff erfüllen. Es handelt sich bei diesen Impfstoffen um eine Gentherapie, bei der der Körper mit synthetischem Genmaterial in Form von mRNA (m = »messenger« oder besser gesagt modifizierte RNA) in einem *noch nie zuvor beim Menschen angewandten Verfahren* genetisch manipuliert wird.

Stefan Oelrich, Leiter der Pharmasparte von Bayer, stellte 2021 vor sechstausend Teilnehmern des alljährlich in Berlin stattfindenden World Health Summit klar, dass mRNA-»Covid«-Impfstoffe gar keine Impfstoffe sind, sondern eine Gentherapie als Teil einer »Bio-Revolution«. Er sagte, wenn die Impfstoffe als das vermarktet würden, was sie wirklich sind, würde die Öffentlichkeit sie ablehnen:

> »Wir machen wirklich den Sprung [um die Innovation voranzutreiben] – wir als Unternehmen, Bayer – in den Zell- und Gentherapien … Letztlich sind die mRNA-Impfstoffe ein Beispiel für diese Zell- und Gentherapie. Ich sage immer gerne: Wenn wir vor zwei Jahren die Öffentlichkeit befragt hätten – ›wären Sie bereit, eine Gen- oder Zelltherapie in Ihren Körper zu injizieren?‹ –, hätten wir wahrscheinlich eine Ablehnungsquote von 95 Prozent gehabt.«

Sie sagen ihnen nicht, was die gefälschten Impfstoffe wirklich sind. Sie sagen ihnen, dass sie die Menschen vor »Covid« schützen werden, obwohl die Impfstoffe dazu gar nicht gedacht sind, wie wir noch sehen werden. Entscheidend dabei ist die Zensur derjenigen, die den Menschen die Wahrheit sagen wollen. Je qualifizierter sie dazu sind, desto dringender müssen sie zum Schweigen gebracht werden. Dazu gehören auch Insider, die offizielle Daten darüber veröffentlicht haben, dass die gefälschten Impfstoff-»Studien« betrügerisch waren und es sich gar nicht um »Studien« handelte. In Rogans Fall sprach er mit Dr. Robert Malone, einem Pionier der mRNA-Technik, die in den gefälschten »Covid«-Impfstoffen verwendet wird, und dem amerikanischen Kardiologen Dr. Peter McCullough, einem stellvertretenden Chefarzt für Innere Medizin am Baylor University Medical Center, der zu Recht und unter Vorlage von Beweisen sagte, dass die gefälschte »Pandemie« absichtlich geplant war und die gefälschten Impfstoffe Tausende von Menschen töten. Dann folgte die übliche Bühnenshow auf dem Kult-geküssten Spotify mit Witzfiguren wie dem systemtreuen »Rocker« (haha) Neil Young und der Sängerin Joni Mitchell. Young und Mitchell zogen ihre Musik aus Protest gegen Rogans »Fehlinformationen« (die »Fehlinformationen« von zwei Experten auf ihrem Gebiet) von Spotify ab. Prinz Harry und Meghan Markle, dieses Paar von professionellen Trotteln und Woken, sagten, sie seien »besorgt« über die »Fehlinformation«, was alles ist, was man zur Bestätigung braucht, dass die »Fehlinformation«, über die sie »besorgt« waren, wahr sein muss. Herr und Frau »Königskinder« waren jedoch nicht besorgt genug, um von ihrem gigantischen Spotify-Vertrag zurückzutreten. Spotify ist natürlich eingeknickt – so steht es im Drehbuch für solche Bühnenshows – und hat zunächst siebzig Rogan-Podcasts vom Netz genommen und angekündigt, alle Inhalte auf der Plattform, die das offizielle »Covid«-Narrativ in Frage stellen, mit Warnhinweisen zu versehen. Anschließend prahlte Spotify damit, bereits zwanzigtausend andere Videos gelöscht zu haben, die »Covid« und die gefälschten »Impfstoffe« in Frage stellten.

Während der Rogan-Kontroverse wurde aufgedeckt, dass der Haupteigentümer von Spotify auch der Haupteigentümer des »Covid«-Impfstoffherstellers Moderna ist. Es handelt sich um die in Schottland gegründete Vermögensverwaltungsgesellschaft Baillie

Gifford & Company, die fast 46 Millionen Aktien von Moderna im Wert von mehr als 11,6 Milliarden Dollar besitzt. Sie sind der größte Aktionär von Spotify mit 22 Millionen Aktien im Wert von mehr als 22 Milliarden Dollar.

Der holländische Podcaster Jorn Luka wurde in dieser Zeit von Spotify gesperrt, weil er ein Interview mit mir veröffentlicht hatte. Das hätte keine Überraschung sein sollen, da Spotify mich schon im Frühjahr 2020 gesperrt hat. Rogan hat sich in all den Jahren, in denen sein Podcast auf YouTube lief, bevor er zu Spotify wechselte, geweigert, mich zu interviewen. Ich habe keine Ahnung, warum, wenn man bedenkt, welche Themen ich behandle, die mit seinen Inhalten zu tun haben. Ich bezweifle, dass er es jetzt, wo ihm die Zensoren über die Schulter schauen, nachholen wird.

Rogan hat den Fehler gemacht, sich für seine Inhalte zu entschuldigen und zu sagen, dass er sich um mehr »Ausgewogenheit« bemühen werde, was bedeutet, dass er nur noch Leute mit offiziellen Meinungen zu Wort kommen lässt. 99,9 Prozent der Mainstream-Medien fördern die »offizielle Meinung« und verbieten jede andere. Doch Rogans Podcast ist ein seltenes Beispiel dafür, dass der Semi-Mainstream eine andere Meinung vertritt, die dann aber mit der offiziellen Meinung »ausgewogen« werden muss. Das ist ein Witz. Wenn Rogan diese Leute zu Gast hat, hoffe ich, dass er die Fragen stellt und die Punkte anspricht, auf die sie keine Chance haben, glaubwürdig zu antworten. Wir werden sehen. Wir haben schon die Cancel Culture, mit der Leute aus dem öffentlichen Raum ausgeschlossen werden, aber das wird noch verstärkt durch das, was ich die »Sack-und-Asche-Kultur« nenne, bei der die Leute auf die Knie fallen und sich bei der Meute entschuldigen, um sie zu besänftigen. Der Pöbel wird niemals besänftigt. Je mehr Sie ihm geben, desto mehr will er, bis er Sie vernichtet hat. Ich habe die Erfahrung gemacht, dass es am besten ist, ihre Unvernunft zu ignorieren, das heißt überhaupt nicht zu reagieren, sondern einfach so weiterzumachen wie bisher. Sie geben bald auf, wenn Sie sich nicht beugen und ihnen keine Ermutigung geben.

Nur die Schwachen und Verlogenen zensieren

Zensur ist kein Zeichen von Macht. Sie ist eine Bestätigung der Schwäche. Wenn man weiß, dass es ein Kinderspiel ist, das eigene Narrativ zu demontieren, bringt man diejenigen, die es demontieren, einfach zum Schweigen oder versucht, sie zum Schweigen zu bringen. Ich möchte niemanden zensieren. Ich glaube an die Freiheit der Meinungsäußerung und bin ohnehin zuversichtlich, dass das, was ich sage, in jeder Debatte standhalten kann. Der Kult und seine Vertreter wissen, dass ihr Narrativ im Licht der Öffentlichkeit nicht standhalten kann, und von diesem Punkt der Schwäche aus müssen sie zensieren. Zuckerberg, Brin, Page, Wojcicki, Agrawal und alle anderen, die weltweit an den Lügen und der Zensur beteiligt sind, haben sich Verbrechen gegen die Menschheit schuldig gemacht, denn die gefälschten Impfstoffe haben Menschen das Leben gekostet, die sich vielleicht anders entschieden hätten, wenn ihr Recht auf informierte Zustimmung nicht von den Zensoren zerstört worden wäre. Keiner dieser Namen und andere Beteiligte auf der ganzen Welt werden sich um diese Konsequenzen scheren. Um das zu tun, was sie tun, müssen sie in erster Linie Psychopathen sein, die keine Empathie, kein Mitgefühl und kein Herz haben.

Ein weiterer Aspekt der Informations- und Wahrnehmungskontrolle sind die »Faktenchecker«-Organisationen, wie der von Gates finanzierte NewsGuard und andere wie Full Fact, Snopes und Reuters, die in den Covid- und Vor-Covid-Jahren immer mehr an Bedeutung gewonnen haben. Ihre Aufgabe ist es, alle das offizielle Narrativ störenden Fakten zu überprüfen und festzustellen, dass jede Infragestellung ungerechtfertigt und das offizielle Narrativ immer richtig ist. Wie diese Leute mit sich selbst leben können, ist mir ein Rätsel. Die vom Kult kontrollierten Unternehmen im Silicon Valley zensieren Beiträge auf der Grundlage der vom Kult kontrollierten falschen »Faktenchecker«, die sie als »Fehlinformationen« bezeichnen, unabhängig davon, wie viele Beweise für das Gesagte vorliegen. Einer der schlimmsten ist der von der Business-Elite finanzierte »Faktenchecker« NewsGuard, der sich mit der American Federation of Teachers (AFT), der zweitgrößten US-Lehrergewerkschaft, zusammengetan hat, die auf eine obligatorische »Covid«-Scheinimpfung und Masken für Schulkinder drängt. Die AFT ist per Definition faschistisch und die Kult-Agenda gehört zu ihrer ideologischen DNA. Bei dieser »Partnerschaft« geht es darum, Schulkindern zu sagen, was sie glauben sollen und was nicht, unter dem Vorwand, ihnen zu helfen, »sich in einem Meer von Online-Fehlinformationen zurechtzufinden«. Im Kontext des Kultes bedeutet »Fehlinformation« »die Wahrheit« oder näher an der Wahrheit. Vieles, was diese »Faktenprüfer« in Bezug auf »Covid«, diktatorische Einschränkungen und gefälschte Impfstoffe als »Fehlinformationen« bezeichnet haben, hat sich als wahr herausgestellt. In einem Artikel auf www.childrenshealthdefense.org wird darauf hingewiesen: »… ein genauerer Blick auf die Berater, Partner und Investoren von NewsGuard offenbart ein Geflecht von Interessen, das eng mit dem Militär, den Geheimdiensten, den Medien und dem politischen Establishment sowie mit der Welt des Unternehmensmarketings verbunden ist – einschließlich einer Werbeagentur, die wegen illegaler Vermarktung von Opioiden verklagt wurde«. Ein Mitglied des NewsGuard-Beirats ist Michael Hayden, CIA-Direktor während der Präsidentschaft von Boy Bush.

Schulen sind jetzt Programmierungszentren, nichts weiter, und Lehrer, die dies unterstützen und dafür einstehen, angeführt von den vom Kult mitbestimmten Lehrergewerkschaften, sind eine verdammte Schande für die Kinder, die eigentlich von ihren Lehrern beschützt werden sollten.

Imran Ahmed: Professioneller Zensor

Eine weitere Figur, die erwähnt werden muss, ist der professionelle Zensor Imran Ahmed, ein Banker und Aktivist der superwoken britischen Labour Party. Ahmed leitet ein Zentrum gegen digitalen Hass: das Center for Countering Digital Hate, oder, wie ich es lieber nenne, das Center *for* Digital Hate. Beachten Sie die amerikanische Schreibweise von Center für eine vermeintlich britische Organisation. Ahmeds Modus Operandi besteht darin, Medienorganisationen aufzufordern, seine Zielpersonen wegen »Rassismus« und »Hassreden« zu verbieten und zum Schweigen zu bringen. Das ist schon ein starkes Stück, wenn diese »Anti-Hasser« versuchen, diejenigen zu dämonisieren (Hass zu schüren), von denen sie nicht wollen, dass die Öffentlichkeit sie hört. Am aufschlussreichsten war, wie Ahmed und sein Digital Hate, als die »Covid«-Karte ausgespielt wurde, sofort dazu übergingen, »Hass« als Grund für das Verbot des öffentlichen Diskurses zu verwenden und die anzugreifen, die das offizielle »Covid«-Narrativ und später die gefälschten Impfstoffe in Frage stellten. Es war eine schnelle und bemerkenswerte Umstellung. Dasselbe geschah, als er Informationen und Meinungen ins Visier nahm, die dem offiziellen Narrativ der russischen Invasion in der Ukraine widersprachen. Ahmed erklärte der erbärmlich schlechten Zeitschrift *Mother Jones*: »Es gibt bestimmte Personen in der Welt der Impfgegner, die für prorussische Propaganda empfänglich sind.« Ahmed wandelt seine Gestalt schneller als die Queen, aber immer mit einem roten Faden – er zensiert diejenigen, die das offizielle Narrativ in Frage stellen und entlarven. Wer ist für die Propaganda des Kults empfänglich, Herr Ahmed? Wir wissen, wer Sie sind, wir wissen, warum Sie tun, was Sie tun, und wir wissen, warum Sie so viel Zugang zu den Mainstream-Medien haben, Herr Ahmed. Wenn Sie in Ihrem Job gut wären, würden Sie es nicht so offensichtlich machen, aber Sie sind es nicht. Wie gut.

Ahmed, das kann man wohl mit Fug und Recht behaupten, ist nicht gerade der Klügste unter Gottes weiter Sonne, der jemals seine Lippen bewegt hat. Dank seiner Kontakte muss er das auch nicht sein, wenn Softball-Fragen von Softball-Leuten zu seiner täglichen Diät gehören. Sein Hintern geht schon bei dem bloßen Gedanken auf Grundeis, live mit mir zu debattieren, weshalb er sich weigert. Es bliebe nicht viel von ihm übrig, und das weiß er auch. Sein Modus Operandi besteht darin, Empörung darüber zu heucheln, dass Plattformen in den sozialen Medien noch abweichende Standpunkte zulassen, um denselben Plattformen einen Vorwand zu liefern, noch mehr zu zensieren. Ahmed hat sich dafür eingesetzt, dass ich von YouTube, Facebook und Twitter verbannt werde, und wie immer kräht er vor Freude über jeden »Mitmenschen«, dem er die Rechte verweigert, die er für sich selbst fordert. Er ist so ein netter Mann. Ahmed wird von den Mainstream-Medien und Politikern als »Experte« für »Falschinformationen« präsentiert, während er die große Agenda für die Massenzensur von Meinungen und Informationen vertritt, die die offiziellen Märchen in Frage stellen.

Eine Frage, die Sie nie hören werden, wenn ein Lakai des Kultes ein Interview mit Ahmed führt, ist diese: »Wer zum Teufel sind Sie, um zu entscheiden, was die Öffentlichkeit hören darf und was nicht?« Es ist viel besser für ihre Karriere, wenn sie sagen: »Ja, Herr Ahmed, nein, Herr Ahmed, gibt es noch etwas, was Sie sagen möchten, oder jemanden, den Sie verteufeln möchten, Herr Ahmed?« Ich habe einmal ein Interview mit ihm gesehen, das die woke Cathy Newman auf dem britischen Sender *Channel 4 News* geführt hat. Ich bedaure nur, dass ich keinen Kotzbeutel zur Hand hatte. Ein Unterstützer von www.davidicke.com hat es sich zur Aufgabe gemacht, das Netz auf alles hin zu durchforsten, was mit Ahmed, Digital Hate und dem riesigen Netzwerk von Zensurorganisationen, Personal und Geldgebern verbunden ist. Dieses Netzwerk erstreckt sich über den Atlantik bis in die Vereinigten Staaten und die Demokratische Partei, die ganz im Bann des Kultes steht und völlig woke ist. Ahmed begann, in den amerikanischen Woke-Medien aufzutreten, die sich im Besitz des Kults befinden, und wieder einmal wird ihm freie Hand gelassen, um zu dämonisieren, wen er will. Eine seiner Zielscheiben ist der durch und durch anständige Robert F. Kennedy jr., der hervorragende Arbeit leistet, indem er die gefälschten Impfstoffe und das Kult-kontrollierte Big-Pharma-Kartell entlarvt. Dazu gehört auch eine gründlich recherchierte Entlarvung des massenmordenden psychopathischen »Gesundheitschefs« Anthony Fauci in seinem inzwischen verfilmten Buch *Das wahre Gesicht des Dr. Fauci*. Warum sollte Imran Ahmed Robert F. Kennedy jr. zum Schweigen bringen wollen, frage ich mich. Kann man sich doch gar nicht vorstellen, oder? Ich meine, wer würde davon profitieren?

Es heißt, wenn Ihnen die Zensur durch Big Tech nicht gefällt, gründen Sie doch Ihre eigene Plattform. Wenn Sie das tun, sind die Zensoren der Regierung genauso hinter Ihnen her, da sie längst unabhängige Webseiten ins Visier nehmen. Ein von Imran Ahmed propagierter Gesetzesentwurf der britischen Regierung zur »Online-Sicherheit« durchläuft gerade die parlamentarische Beratung, während ich dies schreibe. Das Gesetz behauptet, es gehe um sexuellen Missbrauch von Kindern im Internet, terroristisches Material, Rassenhass und Aufruf zur Gewalt. In Wahrheit geht es darum, die alternativen Medien mit empfindlichen Geldstrafen zu vernichten, wenn die faschistische staatliche Rundfunkregulierungsbehörde Ofcom einen Inhalt als »schädlich« einstuft. Die Inhalte können völlig legal und zulässig sein. Egal – wenn Ofcom entscheidet, dass er »schädlich« sein könnte, muss er gelöscht werden oder es drohen Geld- und sogar Gefängnisstrafen. Die Ofcom ist bösartig, seit sie 2001 von Tony Blair gegründet wurde. Heute wird sie von Melanie Dawes geleitet, einer Karriere-Bürokratin ohne Medienerfahrung. Sie war zuvor Staatssekretärin im Ministerium für Wohnungsbau, Gemeinden und Kommunalverwaltung und hat für das Finanzministerium, die Steuerbehörde und das berüchtigte Kabinettsbüro gearbeitet, von wo aus die »Covid«-Maßnahmen von einer Armee von Verhaltenspsychologen orchestriert wurden. Medienerfahrung ist für eine britische Rundfunk- und Medienaufsichtsbehörde nicht notwendig, wenn man dort einfach nur einen vorgegebenen Job erledigen soll. Dawes übernahm das Amt im Februar 2020, gerade als »Covid« anlief und die Zensur für diejenigen erforderlich wurde, die die Lügen ihrer Herren aufdeckten.

Im Frühjahr 2020 wurde ich per Ofcom-Dekret aus allen britischen Mainstream-Medien verbannt (die sich natürlich willenlos fügten), als ich »Covid« als Schwindel entlarvte und erklärte, dass der PCR-Test nicht auf das »Virus« testet. Beides war wahr, wie immer mehr Menschen jetzt erkennen. Die Wahrheit ist jedoch kein Schutz gegen die Zensur-Tyrannei. Sie ist der *Grund* für die Zensur-Tyrannei. Die Ofcom-Mitarbeiterin Melanie Dawes sollte sich in einem neuen Nürnberger Prozess verantworten, weil sie der Öffentlichkeit zum wiederholten Mal die Zustimmung nach dem Nürnberger Kodex der Nachkriegszeit verweigert hat, der den Missbrauch von Menschen durch Medikamente ohne Kenntnis ihrer Wirkungen und möglichen Folgen verhindern soll. Dawes verweigerte diese informierte Zustimmung durch die Zensur dessen, was die britischen Rundfunkmedien sagen und wen sie interviewen durften. Die Ofcom wurde als staatliche Zensurbehörde für alle Rundfunk- und Internetinformationen eingerichtet, die der Kult nicht sehen will. Blair hat die gleiche Masche angewandt, als er »emotionalen Schaden« als Grund für den Staat einführte, um liebenden Eltern ihre Kinder zu stehlen. Zehntausende Familien wurden auf dieser Grundlage bereits erbarmungslos auseinandergerissen. Wenn die Psychopathen des Sozialdienstes keinen Grund für einen körperlichen Schaden finden können, um Kinder zu stehlen, erfinden sie einen fadenscheinigen »emotionalen Schaden«, der von einem Richter im nicht öffentlichen Familiengericht abgesegnet wird und keinen Einspruch zulässt. Jetzt sehen wir, wie dies weiter umgesetzt wird durch die Ofcom und ihre »schädlichen Inhalte«, zu denen auch »Fehlinformationen« gehören – der Euphemismus des Kults für die Wahrheit. Das faschistische Trudeau-Regime in Kanada, das dem Kult gehört, versucht dasselbe, während ich das hier schreibe, mit dem Gesetzentwurf C11 zum »Schutz der Kanadier vor schädlichen Inhalten«. Das Gesetz würde der Regierung, wie im faschistischen Großbritannien, die vollständige Kontrolle darüber geben, was Sie veröffentlichen und sehen dürfen und auf welche Webseiten Sie zugreifen können. Das globale Muster ist eklatant. Das Ministerium für Heimatfaschismus in den Vereinigten Staaten setzt das Infragestellen und Anzweifeln von Narrativen der Regierung jetzt offiziell mit »Terrorismus« gleich. »Hass«, »Schaden« und »Terrorismus« sind nur das, was der Kult als solche dekretiert, wie wir gesehen haben, als Facebook/Meta seine »Hass-Richtlinien« außer Kraft setzte, indem es Menschen in der Ukraine, Russland, Polen, Lettland, Litauen, Estland, der Slowakei, Ungarn und Rumänien erlaubte, »im Zusammenhang mit der ukrainischen Invasion« zur Gewalt gegen Russen aufzurufen. In internen eMails, über die Reuters berichtet, wurde den Moderatoren mitgeteilt, dass auch Beiträge, die zum Mord an Wladimir Putin aufrufen, erlaubt sind. Sie können Hassbotschaften posten, solange Sie die Leute hassen, von denen sie wollen, dass Sie sie hassen.

Big Tech und die Medien arbeiten als Vollzeit-Propagandisten für den Kult. Die Hunter-Biden-Laptop-Geschichte ist ein besonders krasses Beispiel dafür. In den letzten Wochen vor den Präsidentschaftswahlen 2020 wurde Joe Bidens korrupter und minderbemittelter Sohn (es ist offensichtlich genetisch bedingt) durch seinen eigenen, verloren gegangenen Computer entlarvt, auf dem sich Beweise fanden, dass er in Zusammenarbeit mit seinem Vater und anderen Familienmitgliedern eine Geld-gegen-Einfluss-Masche betrieb. Dadurch erhielten die Bidens Millionen aus Übersee, vor allem aus der Ukraine, aber auch aus Katar, Russland und China. Joe Biden verkaufte politische Entscheidungen, die diese Länder betrafen, als er noch Vizepräsident des vom Kult kontrollierten Barack Obama war. Die Enthüllungen hätten Bidens Ambitionen auf die Präsidentschaft offensichtlich beenden müssen. Stattdessen zensierte Big Tech die Verbreitung der Geschichte, während Big Media ihre Bedeutung herunterspielte und sie als »russische Desinformation« titulierte. Selbst die Kult-kontrollierte *New York Times*, die dazu beigetragen hatte, die Geschichte zu begraben, musste im März 2022 einräumen, dass sie wahr war. Wer sich selbst ernst nimmt, hat das von Anfang an gewusst. Als das Eingeständnis der *Times* schließlich kam, war Biden natürlich schon Präsident und der Job erledigt. Der »Faktenchecker« NewsGuard hatte die ganze Zeit behauptet, die Biden-Laptop-Geschichte sei eine »Fehlinformation«, die wahrscheinlich aus Russland stamme. Wurden sie für ihre Lügen von *irgendeiner* Plattform verbannt? Natürlich nicht. Es war die richtige Art von Lüge, also ging das in Ordnung.

Bei Zensur geht es um die Manipulation der Wahrnehmung, also um die Manipulation des Denkens. Ich sage es noch einmal: Es dreht sich alles um das *Denken*. Ich werde auf dieses immer wiederkehrende Thema zurückkommen, das sich durch alle Bereiche zieht, wenn wir tiefer und tiefer in die Ebenen der Täuschung eintauchen.

Normalisierung des Nazismus

Ich sage und schreibe schon seit Jahrzehnten, dass es das Ziel des Kults ist, einen Punkt der Informationskontrolle zu erreichen, an dem niemand mehr etwas sieht oder hört, das nicht von einer offiziellen Stelle gebilligt wurde. Das ist es, was das britische Gesetz zur Online-Sicherheit und ähnliche Gesetze in Kanada und anderswo wirklich zu erreichen versuchen. Orwell hat eine solche Gesellschaft schon vor langer Zeit beschrieben. Das bedeutet, dass wir unabhängig vom Ausmaß der Zensur, das Sie jetzt sehen, noch lange nicht am Ende dieses Weges angelangt sind. »Covid« wurde entwickelt, um Zensur »normal« und akzeptabel erscheinen zu lassen. Wir haben gesehen, wie nahtlos das von dem, was Sie bei »Covid« beobachten konnten, zu dem überging, was Sie bei der russischen Invasion in der Ukraine beobachten können. Die »bösen Impfgegner«, die angegriffen und zum Schweigen gebracht werden müssen, wurden zu »bösen Russen«, die angegriffen und zum Schweigen gebracht werden müssen, unabhängig von ihren Ansichten oder ihrem Hintergrund. Orwells Konzept der täglichen zwei Minuten Hass wurde auf Twitter zu Stunden und Stunden. Zwei faschistische amerikanische Senatoren, die sich als Demokraten ausgeben, haben einen Gesetzesentwurf eingebracht, der die Zensur »legalisieren« und die Redefreiheit kriminalisieren soll, was gegen den ersten Verfassungszusatz verstößt, der die Redefreiheit verteidigt. Es handelt sich um zwei Schwachköpfe namens Ben Ray Luján und Chris Murphy. Der letztgenannte Schwachkopf verkündete:

> »Während dieser Pandemie waren die Auswirkungen von Fehlinformationen verheerend. Gerüchte und Verschwörungstheorien über die Wirksamkeit von Masken oder die Sicherheit von Impfstoffen grassieren immer noch in den sozialen Medien und haben Tausende von Todesfällen verursacht, die hätten verhindert werden können.
>
> Diese Gesetzgebung wird uns dabei helfen, klug gegen Fehlinformationen vorzugehen und wissenschaftlich fundierte Gesundheitsinformationen effektiv zu fördern, vor allem, wenn wir den Kampf gegen Covid-19 fortsetzen und uns auf künftige Notfälle im Gesundheitswesen vorbereiten.«

Was für ein gewaltiger Lügner, wo das Gegenteil doch wahr ist! Unglaublich viele Menschen sind durch die gefälschten Impfstoffe gestorben. Sie sehen, worauf es hier ankommt: »… auf künftige Notfälle im Gesundheitswesen vorbereiten.« Die alternativen Medien haben ihnen trotz aller Zensur jede Menge Steine in den Weg gelegt. Jetzt versuchen sie, alle anderen Beweise und Stimmen zu löschen, um sich auf die nächste »Gesundheitskrise« vorzubereiten, die sie schon lange geplant haben. Bidens Generalarzt »Dr.« Vivek Murthy, ein weiterer Faschist im Auftrag des Kults, forderte von den großen Tech-Plattformen des Kults offiziell die Herausgabe von Daten über »das Ausmaß der Covid-19-Fehlinformationen in sozialen Netzwerken, Suchmaschinen, Crowd-Funding-Plattformen, eCommerce-Plattformen und Instant-Messaging-Systemen«. Murthy verlangte von den Tech-Tyrannen Informationen über »wichtige Quellen von Covid-19-Fehlinformationen«, die von dem offiziellen Narrativ abwichen – einem Narrativ, das sich längst als ein Sündenpfuhl von Lügen erwiesen hat. »Es geht darum, die Gesundheit der Nation zu schützen«, sagte Murthy und lieferte damit ein klassisches Beispiel für die Umkehrungen des Kults. Diese widerlichen Leute müssen sich einem Prozess wie dem in Nürnberg stellen, wenn die Vernunft die Kontrolle über den menschlichen Verstand zurückgewinnt.

Das Web-Netzwerk bei der Arbeit

Die Koordination zwischen Kult und Web erklärt, warum so viele der alternativen Stimmen, die von den Kult-Medienkonzernen zensiert werden, auch von den Kultkontrollierten Finanzkonzernen verfolgt wurden, um ihre Arbeit zu verhindern. Ich wurde von PayPal, das sich im Besitz des Kults befindet, gesperrt, und ich habe es nicht einmal benutzt! Kanadische Trucker haben über die Crowdfunding-Website GoFundMe zehn Millionen Dollar für ihren Massenprotest gegen den Kult-Handlanger Premierminister Justin Trudeau und seinen »Covid«-Faschismus gesammelt. Der Feigling Trudeau machte sich aus dem Staub, als Zehntausende von Truckern aus ganz Kanada in der Hauptstadt Ottawa eintrafen. Trudeau behauptete, er müsse in Isolation, nachdem er positiv auf »Covid« getestet worden sei (obwohl er dreimal mit dem Scheinimpfstoff geimpft wurde, den er den Truckern aufzwingen wollte, um »die Kanadier vor Covid« zu schützen). Er hat natürlich gelogen und sich in Wahrheit von den Lastwagenfahrern isoliert, die durch das gesammelte Geld die nötige finanzielle Unterstützung hatten, um in Ottawa zu bleiben, bis Trudeaus (vom Kult geforderte) Impfzwang-Verordnung fallen gelassen wurde. Der Kult wusste, dass das Geld wichtig war, und

GoFundMe fror den Fonds ein und wollte nicht zulassen, dass Spenden für die Trucker aus der Öffentlichkeit an die Trucker gehen. GoFundMe sagte sogar einmal, dass das Geld stattdessen einfach an Wohltätigkeitsorganisationen seiner Wahl gehen würde. So funktioniert der Kult im Internet und GoFundMe muss von jedem boykottiert werden, der auch nur einen Funken Respekt vor Freiheit und Integrität hat. Mehr über die Verbindungen von GoFundMe folgen in Kürze.

Die Netzwerke im Internet zeigen auch, warum und wie es zu einer derartigen Koordination und gegenseitigen Unterstützung zwischen »Woke«-Organisationen, die sich als »Systemgegner« bezeichnen, und Milliardärskonzernen im Bereich der Technologie und des Handels gekommen ist. Dem Kult gehören sie alle, von Black Lives Matter und der Transgender-Bewegung bis hin zu Apple, Microsoft und George Soros. Wer genau hinschaut, wird feststellen, dass alle Forderungen der »Woken« in all ihren Formen genau zur Agenda des Kults passen. Dazu gehört alles, von der faschistischen »Covid«-Orthodoxie, der rassistischen Bevölkerungsspaltung, um zu spalten und zu beherrschen, über die Masseneinwanderung, die die nationalen Kulturen und die Demographie verändern soll, die Transgender-Hysterie, die die menschliche Genetik verändern soll (mehr dazu später), bis hin zum vom Menschen verursachten »Klimawandel«, der auf so ungeheuerlichen Lügen beruht, dass es einem den Atem verschlägt, und der dem Osten die Kontrolle über die globale Energieversorgung auf Kosten des vom Kult anvisierten Westens überlässt. Wokeness wurde durch das gefälschte »Bildungssystem« in immer extremeren Auswüchsen indoktriniert, um die ignorante Unterwürfigkeit gegenüber der Autorität zu vermitteln, zu der Wokeness geworden ist und die von Anfang an so geplant war. Organisationen wie Extinction Rebellion protestieren »gegen die Staatsgewalt« und fordern genau die grüne Faschismus-Agenda, die die Staatsgewalt (der Kult) durch den Club of Rome und andere Einrichtungen durchsetzen will. Da kann man nur fassungslos mit dem Kopf schütteln.

Die ignorante Arroganz der Kult-Marionette Greta Thunberg ist ein besonders krasses Beispiel. Durch die Pilzmethode – man lässt sie im Dunkeln und füttert sie mit Schwachsinn – wird so viel Schwachsinn in die Köpfe hineingepackt, dass die Betreffenden dann versuchen, ihren Schwachsinn allen anderen aufzuzwingen. Habe ich schon Greta Thunberg erwähnt? Oder »Covid«? Oder die angeblichen Impfstoffe? Wir befinden uns in einem Zug, der von Schwachsinn angeheizt wird und auf die Verdummung zusteuert, wobei er eine endlose Reihe von Wagen hinter sich herzieht, die bis zum Überlaufen mit Schwachsinn gefüllt sind. Schwachsinn wird mit noch mehr Schwachsinn bekämpft – Unwissenheit wird mit noch mehr Unwissenheit bekämpft. Der Glaube an ein natürlich vorkommendes »Virus« (Schwachsinn) wird von denen in Frage gestellt, die behaupten, es sei in einem Labor in Wuhan freigesetzt worden (noch mehr Schwachsinn), obwohl es nie einen wissenschaftlichen Beweis dafür gab, dass es überhaupt einen »Virus« gibt. Schwachsinn wird als Wahrheit bezeichnet und die Wahrheit als Fehlinformation und viele wollen die Wahrheit nicht sehen, weil sie als Fehlinformation bezeichnet wird. Sie können nicht selbst entscheiden und lassen sich stattdessen ihre Schlussfolgerungen mit einem Schleifchen und einem »Pre-Poo/Vorher-Toilettenparfum« liefern, um den Schwachsinn zu verschleiern. Ja, ein solches Produkt gibt es wirklich, wie ich mit Erstaunen feststellte, und es ist auch bitter nötig, wenn Gates sprechen will. Glücklicherweise fangen immer mehr Menschen an, das zu begreifen, und das müssen sie auch – *so schnell wie möglich.*

Die Auswahl der Handlanger

Menschen kommen nicht zufällig in politische oder andere Machtpositionen, wenn sie entscheidend dafür sind, die Kult-Agenda voranzubringen. Der Kult und seine nichtmenschlichen Herren überlassen nichts gerne dem Zufall und haben Angst vor Zuständen, die sie nicht vorhersehen können. Sie wollen Gewissheit und den Endstand wissen, bevor das Spiel beginnt. Das bedeutet, dass sie versuchen, beide Seiten und den Schiedsrichter zu kontrollieren (siehe Arzneimittelbehörden und Big Pharma). Ich habe schon vor langer Zeit gelernt, dass diejenigen, die später in Schlüsselpositionen aufsteigen, von klein auf aufgebaut und programmiert und für das ausgewählt werden, was sie schließlich tun sollen. Das politische Zweiparteiensystem, manchmal auch das Dreiparteiensystem, ist leicht zu kontrollieren, wenn man seine Agenten in diesen Parteien in wichtigen Positionen hat, um sicherzustellen, dass die eigenen Leute in Führungspositionen gewählt werden. »Demokratien« sind in Wirklichkeit Einparteienstaaten, wie wir an den vom Kult beherrschten Demokraten und den vom Kult beherrschten Republikanern in den Vereinigten Staaten und in Großbritannien an der vom Kult beherrschten Konservativen Partei und der vom Kult beherrschten Labour Party sehen. Die Konservative Partei verhängte als Reaktion auf den »Covid«-Schwindel faschistische Beschränkungen für die Bevölkerung, und was sagte die »Opposition« der Labour Party? Sie waren ihr nicht faschistisch genug. Der Kult kontrolliert die Medien, die Meinungsforschungsinstitute und zunehmend auch die Wahlverfahren selbst, um sich den Mann oder die Frau zu sichern, die er als Präsident, Premierminister, Ministerpräsident oder Gouverneur haben will, und die Verwendung von Wahlmaschinen macht das noch einfacher. Es ist naiv zu glauben, dass Donald Trump ein Außenseiter war, der sich gegen das System auflehnte und so für eine Amtszeit Präsident wurde. Trump ist Teil des Systems und hat die Aufgabe, seine Anhänger zu einem glorreichen Scheitern zu führen, das bereits absehbar ist. Er ist ein Rattenfänger für diejenigen, die viele Lügen durchschauen können, aber leider nicht seine. Ich sah Trump kommen, als er 2016 für das Amt kandidierte. In anderen Büchern habe ich seinen Hintergrund ausführlich beschrieben. Ein »Retter« ist er nicht. Ganz im Gegenteil.

Eine der wichtigsten Organisationen des Kults, die solche Handlanger auf das Amt vorbereiten, wird geleitet von Klaus Schwab, einem Wirtschaftswissenschaftler und Maschinenbauingenieur. Er ist Organisator des Weltwirtschaftsforums (WEF) des Kults, das an vorderster Front an den Schwindeln über »Covid« und den Klimawandel beteiligt war. Es waren Schwab und sein WEF, die die Marionette Thunberg auf die Weltbühne brachten. Sie wurde aus vielen Gründen sorgfältig ausgewählt, unter anderem um die Unterstützung der jungen Menschen für Klimaschutzmaßnahmen zu gewinnen, weil sie sonst keine Zukunft haben, und um zu verhindern, dass der nachweisliche Mist, den Thunberg wiederholt, in Frage gestellt wird, weil dies bei jemandem in ihrem Alter »grausam« wäre. Bei den seltenen Gelegenheiten, bei denen man ihr auch nur die leisesten skeptischen Fragen gestellt hat, war sie völlig verloren. Thunberg ist eine ahnungslose Skript-Vorleserin, die ihr Mantra wiederholt, mehr nicht. Die Ausbeutung ihrer Person ist eine Schande. Schauen Sie sich die »Lösungen« für den »vom Menschen verursachten Klimawandel« an und vergleichen Sie sie mit den »Lösungen« für »Covid«. Es geht um die Kontrolle über alle Teilbereiche unseres Lebens, also um die Kult-Agenda pur. Was für ein Zufall, dass beide Schwindel von denselben Leuten betrieben werden, darunter Schwab und Gates.

Die »grüne« Klimaagenda hat dazu geführt, dass der Westen bei der Energieversorgung von Bezugsquellen abhängig geworden ist, die er nicht kontrolliert – nicht zuletzt Russland. Bidens Reaktion auf die Invasion bestand darin, die Einfuhr russischer Brennstoffe zu verbieten, von denen die USA – dank ihm – abhängig geworden waren. Das hat die Kosten für Treibstoff (und damit für alles andere) dort weiter in die Höhe getrieben; die Bevölkerung wird ausgepresst, bis nichts mehr geht. Die Energiekosten werden manipuliert, um sie dazu zu zwingen, der grünen (faschistischen) Agenda des Kultes zu folgen. Weder Russland noch China scheren sich einen Deut um den »Klimawandel«, denn beide wissen, dass er ein Schwindel ist, und versorgen sich selbst mit billiger Energie (durch neue Kohlekraftwerke in China), während der Westen im Zuge von »Covid«, der Reduzierung fossiler Brennstoffe und der Reaktion auf die russische Invasion in der Ukraine unter noch mehr Energieabhängigkeit und steigenden Preisen leidet. Schauen Sie sich an, wie die Kult-kontrollierten »Grünen« die westlichen

Länder für die Verwendung von CO_2-Brennstoffen verurteilen, während sie China ignorieren, das weltweit führend in der CO_2-Produktion ist. Währenddessen steigt der Westen auf Solarzellen um – die zu 80 Prozent *in China* hergestellt werden! Das sind alles Figuren auf dem Schachbrett des Kults, um den Westen zugunsten des vom Kult kontrollierten China und des Ostens zu demontieren.

Wenn der Mythos der »globalen Erwärmung« wahr ist, warum dürfen dann nur »Experten«, die das Skript wiederholen, in den Medien auftreten und nicht auch diejenigen, die mehr Wissen über CO_2 haben? Für sie gilt ein Auftrittsverbot. Warum warnen die Milliardäre des Kults wie Bill Gates vor dem »Anstieg des Meeresspiegels«, während sie gleichzeitig millionenschwere Häuser am Strand kaufen? Wer Angst vor einer Debatte hat (wie diese angeblichen »Experten« und Medienorganisationen), vertraut offensichtlich nicht darauf, dass seine Behauptungen einer Überprüfung standhalten werden. Die vom Kult vereinnahmte BBC ist in jeder Hinsicht ein krasses Beispiel. Eine Milliarde Dollar wurde ausgegeben, um das australische Great Barrier Reef zu »retten«, während das Australian Institute of Marine Science berichtete, dass der Korallenbewuchs im nördlichen Riff um 27 Prozent und in den zentralen und südlichen Gebieten um 26 und 39 Prozent zugenommen hat. Das Narrativ wiederholende »Experten« wie das woke BBC-»Nationalheiligtum« David Attenborough und der »Journalist« George Monbiot vom britischen *Guardian* haben uns jahrzehntelang erzählt, dass das Riff wegen des CO_2-Anstiegs, dem Gas des Lebens, »stirbt«. Das stimmt natürlich nicht. Ohne Kohlendioxid wären wir schon alle tot. Besonders unsere Nahrungsversorgung hängt davon ab. Die »globale Erwärmung« und der »Klimawandel«, der sich daraus ergeben soll, obwohl die Temperaturen längst nicht mehr steigen, ist eine Spezialität von Schwab und Gates, um die dystopische Umgestaltung der menschlichen Gesellschaft zu rechtfertigen und China und Russland in einem geplanten wirtschaftlichen und militärischen Krieg zwischen Ost und West auf dem Weg zu einem globalen dystopischen Staat die entscheidenden Vorteile zu verschaffen.

Klaus Schwab wurde in Deutschland geboren, als die Nazis an der Macht waren, und das hatte eindeutig Auswirkungen auf ihn. Er stieg im Kult-Netzwerk schnell auf, als seine Karriere in der Manipulation zu florieren begann. Er wurde Mitglied des Lenkungsausschusses der Bilderberg-Gruppe, einer Schwellenorganisation des Kults, und war fünf Jahre lang Direktor der britischen *Daily-Mail*-Gruppe. 1971 gründete er im Alter von nur zweiunddreißig Jahren das European Management Forum, an dessen erstem Treffen 440 Führungskräfte aus einunddreißig Nationen teilnahmen. In Anbetracht seines mangelnden internationalen Bekanntheitsgrades ist das an sich schon bemerkenswert. Da müssen noch andere Kräfte am Werk gewesen sein. Zweifellos waren seine Verbindungen zum berüchtigten Kult- und Bilderberg-Aktivisten Henry Kissinger hilfreich, dem ehemaligen US-Außenminister und Nationalen Sicherheitsberater. Schwabs Unternehmen änderte 1987 seinen Namen in Weltwirtschaftsforum und ist bekannt dafür, dass es jedes Jahr das Treffen der Kult-Handlanger in Davos, Schweiz, veranstaltet. An diesen Treffen nimmt das »Who's Who« der politischen und sonstigen Führungselite der Welt in rund 1.500 Privatjets teil, um unter anderem zu fordern, dass die menschliche Gesellschaft verändert wird, um die Welt vor dem »Klimawandel« zu retten. Das WEF wird von etwa eintausend multinationalen Kult-Unternehmen finanziert. Schwab selbst ist kaum mehr als ein Laufbursche, und wie bei anderen seiner Art hat ihn sein bedingungsloser Dienst am Bösen extrem reich gemacht. Die Motivation des WEF wird durch die Mitglieder seines Kuratoriums bestätigt, zu denen auch Larry Fink gehört, der CEO von BlackRock, der größten Investmentgesellschaft der Welt, zu der wir gleich mehr sagen werden. Weitere WEF-Treuhänder sind die berüchtigte Kult-Agentin Christine Lagarde, ehemalige geschäftsführende Direktorin des Internationalen Währungsfonds (IWF), die Präsidentin der Europäischen Zentralbank wurde, Mark Carney, ein wichtiger Akteur im globalen Finanzwesen, ehemaliger Gouverneur der Bank of Canada und der Bank of England und führende Persönlichkeit in der Bank für Internationalen Zahlungsausgleich, die die Kult-Politik zwischen den Zentralbanken koordiniert, sowie Königin Rania von Jordanien, die von der Zeitschrift *Forbes* zu den einhundert mächtigsten Frauen der Welt gezählt wird.

Schule für Handlanger

Der deutsche Autor, Forscher und Journalist Ernst Wolff hat untersucht, wie Schwab die Young Global Leaders School gegründet und geleitet hat, die viele der »Führer« in den Jahren des »Covid«-Schwindels auf ihrem Weg ins Amt absolviert haben. Kein Wunder, dass sie alle während der gesamten vorgetäuschten Pandemie von demselben Liedblatt des Kults abgelesen und fast genau gleich reagiert haben. In *Wahrnehmungen eines abtrünnigen Denkers* beschreibe ich detailliert, wie das Personal in Politik, Regierung und Gesundheitswesen weltweit durch »Trainingskurse« darauf vorbereitet (programmiert) wurde, jetzt in Schlüsselpositionen zu sein, um den Massen das Narrativ und die Agenda des Kultes in unhinterfragter und unreflektierter Koordination aufzuzwingen. Schwab gründete 1992 das Ausbildungsprogramm Global Leaders for Tomorrow, aus dem 2004 die Schule für Young Global Leaders wurde. Damit werden junge, willfährige und psychopathische Menschen ausgewählt, um wichtige Positionen zu besetzen und die Umwandlung der menschlichen Gesellschaft in eine zentral diktierte faschistische Tyrannei voranzutreiben. Zu den Namen der ersten »Klasse« im Jahr 1992 gehörten Angela Merkel, die langjährige Bundeskanzlerin von Deutschland, Nicolas Sarkozy, der Präsident von Frankreich wurde, und, ja … Tony Blair, ein Kult-Agent vom Scheitel bis zur Sohle und von 1997 bis 2007 Premierminister des Vereinigten Königreichs, eine Position, in der er bei der Invasion des Irak im Jahr 2003, die mit der Lüge von Massenvernichtungswaffen gerechtfertigt wurde, zum Massenmord an ungezählten Irakern beitrug. Dieser Kriegsverbrecher hat jede faschistische Maßnahme der »Covid«-Periode lautstark unterstützt und in seinem Leben noch nie einen Kult-Hintern gesehen, den er nicht sofort lecken wollte.

Andere Schwab-Absolventen waren die ehemalige Blair-Beraterin und spätere neuseeländische Premierministerin Jacinda Ardern, die Neuseeland faschistisch werden ließ, Gesundheitsminister Greg Hunt, der Australien faschistisch werden ließ, Emmanuel Macron, der Frankreich faschistisch werden ließ, Gouverneur Gavin Newsom, der Kalifornien faschistisch werden ließ, Premierminister Justin Trudeau, der Kanada faschistisch werden ließ, und Chrystia Freeland, seine stellvertretende Premierministerin und Finanzministerin in Trudeaus Regierung, die ihm half, Kanada faschistisch zu machen. Eine weitere Person ist Devi Sridhar, Professorin und Lehrstuhlinhaberin für Globale Öffentliche Gesundheit (Global Public Health) an der University of Edinburgh, die die schottische Regierung im Umgang mit »Covid« beraten hat – ein »Ratschlag«, der Schottland ebenfalls den »Covid«-Faschismus brachte. Eine weitere, ironischerweise unter »Freeland« bekannte Person ist ein langjähriger Aktivposten bei Schwab und sitzt im Kuratorium seines Weltwirtschaftsforums. Freeland ist die Enkelin des in der Ukraine geborenen Nazi-Kollaborateurs Michael Chomiak (Mykhailo Khomiak), eines von den Nazis ausgebildeten Spionage- und Propagandaagenten, der nach dem Krieg bis in die 1980er Jahre von den polnischen Behörden wegen Nazi-Kollaboration gesucht wurde, während er sich in Kanada aufhielt, wo er 1984 verstarb. Schwab sagte 2017 in einem Interview, dass etwa die Hälfte von Trudeaus Kabinett durch seine »Schule« gegangen sei. Das ist die Kult-Kamarilla, die mit der Verhängung des Kriegsrechts auf die friedlichen Proteste der Trucker gegen den Impfzwang reagierte. Die faschistischen Angriffe auf die Trucker wurden vom Kult über Trudeau und Freeland, die Schwab gehören, orchestriert. Schwab prahlte außerdem damit, dass auch der argentinische Präsident Alberto Fernández und der russische Ministerpräsident Wladimir Putin Absolventen der Young Global Leader waren. Ein Zufall? Ja, sicher, was sonst? Aber Putin ist doch der Bösewicht, den der Westen hasst, oder? Bühnenshow, Freunde! Reines Kult-Theater. Putins Reaktion auf »Covid« und all die mit »Covid« gerechtfertigten Überwachungssysteme war die gleiche wie die des vom Kult beherrschten Westens und des vom Kult beherrschten Chinas. Andere Absolventen der Schwab-Schule sind:

Jean-Claude Juncker, ehemaliger Premierminister von Luxemburg und Präsident der Europäischen Kommission; José Manuel Barroso, ehemaliger Präsident der Europäischen Kommission; Alexander De Croo, Premierminister von Belgien; Sanna Marin, Premierministerin von Finnland; Carlos Alvarado Quesada, Präsident von Costa Rica; Peter Buttigieg, US-Verkehrsminister; Sebastian Kurz, ehemaliger Bundeskanzler von Österreich; Annalena Baerbock von den deutschen Grünen, Außenministerin, Vorsitzende von Bündnis 90/Die Grünen; Jens Spahn, ehemaliger deutscher Bundesminister für Gesundheit 2018 bis 2021; Philipp Rösler, ehemaliger deutscher Bundesminister für Gesundheit und Wirtschaft und Technologie, 2014 von Schwab zum Geschäftsführer des Weltwirtschaftsforums ernannt; Faisal Alibrahim, saudi-arabischer Minister für Wirtschaft und Planung; Vasudha Vats, Vizepräsidentin von Pfizer; Richard Branson mit seinem legendären Virgin; Jacob Wallenberg von der schwedischen Elitefamilie, die als die »schwedischen Rothschilds« bekannt sind; Chelsea Clinton, Tochter der zutiefst korrupten und unglaublich bösartigen Kult-Agenten Bill und Hillary Clinton, die ich seit 1994 in all ihren Gräueln entlarve.

Schwabs Absolventen dominieren auch das Internet mit Bill »Covid-Faschist« Gates bei Microsoft; Jeff Bezos, Amazon-Gründer und Besitzer der *Washington Post*; Larry Page, Gründer von Google; Mark Zuckerberg, Gründer von Facebook; Niklas Zennström, Gründer von Skype; Jimmy Wales, Gründer des Narrativs Wikipedia, und Jack Ma, Gründer des chinesischen Internet-Tech-Riesen Alibaba. Dazu kommen noch »Könige« aus Schweden, Norwegen, Dänemark und den Niederlanden, Leonardo DiCaprio, Schauspieler und UN-Klimabotschafter, der Sänger Bono (ein guter Kumpel von Bill Gates) und viele Politiker, die den Klima-Schwindel des Kults vorantreiben, sowie der »Grüne« David de Rothschild und Ricken Patel, Gründer von Avaaz, der den Klimawandel und andere Kult-Agenden vehement propagiert. Außerdem sind Minister, Politiker und Beamte aus Pakistan, Dänemark, Mali, den Malediven, Südafrika, Israel, Bhutan, Ruanda und Angola sowie Schwab-Absolventen aus der globalen Unternehmenswelt und den Medien dabei. Sie können einen Schwab-Absolventen haben, der in ein Land einmarschiert, Schwab-Absolventen, die ihn mit Krokodilstränen (buchstäblich) verurteilen und Schwab-Absolventen, die der Öffentlichkeit über das Ereignis berichten. Das nenne ich mal »alles intern« halten.

Der Autor Ernst Wolff schreibt, dass Schwabs Schule anscheinend auch einige Kritiker des Systems aufnimmt, um die Illusion von Vielfalt aufrechtzuerhalten. Derzeit gibt es etwa 1.300 Absolventen der Schule aus Nordamerika, Europa, Asien, Afrika und Südamerika, also noch viele weitere Kult-Handlanger, die darauf vorbereitet sind, weltweit strategische Positionen zu besetzen und alles zu tun, was ihre Meister verlangen. Schwab und das WEF haben 2012 auch die Global Shapers Community gegründet, in der Personen unter dreißig Jahren aus der ganzen Welt, die von der Schule als Führungspersönlichkeiten identifiziert wurden, zusammenkommen. Der italienische Faschist Benito Mussolini definierte Faschismus folgendermaßen: »Faschismus sollte besser Korporatismus genannt werden [die Beteiligung gesellschaftlicher Gruppen an politischen Entscheidungsprozessen], denn er ist eine Verschmelzung von staatlicher und unternehmerischer Macht. Kommunismus ist die Absorption der Macht von Unternehmen durch den Staat. Deshalb sage ich, dass Faschismus und Kommunismus zweierlei Maskierungen desselben Gesichts sind.« Das erklärte Ziel des Kult-Agenten Schwab und des WEF ist die »Zusammenarbeit« zwischen der öffentlichen Hand und privaten Unternehmen, und daher stammt auch das von Blair und anderen Schwab-Absolventen so sehr propagierte Thema der »öffentlich-privaten Partnerschaft«. Dies ist ein trojanisches Pferd für die Kult-Konzerne, um die Regierung zu übernehmen. Noch einmal Mussolini: »Der Faschismus sollte besser Korporatismus genannt werden, denn er ist eine Verschmelzung von staatlicher und unternehmerischer Macht.«

Web-Verbindungen

Zu diesem Thema hier ein Beispiel dafür, wie das Unternehmensnetz mit dem Netzwerk des Kultes aus Regierung, Militär und Geheimdiensten verbunden ist. Ich habe bereits erwähnt, dass die kanadischen Trucker, die Anfang 2022 in der Hauptstadt Ottawa und anderswo ihren Massenprotest gegen den Impfzwang mit Scheinimpfstoffen starteten, über die Crowdfunding-Webseite GoFundMe zehn Millionen Dollar an öffentlichen Spenden sammelten, damit sie finanziell abgesichert an Ort und Stelle bleiben konnten. Der Kult und seine Lakaien der kanadischen Regierung wollten diese Gelder blockieren und plötzlich gab GoFundMe, das angeblich ein »unabhängiges« Unternehmen ist, bekannt, dass das Geld nicht an die Trucker ausgezahlt würde. Sie erfanden ein paar lahme Ausreden, die zeigten, dass sie nicht einmal versuchten zu verbergen, was vor sich ging. Der amerikanische Journalist Jon Rappoport hat die Hintergründe von GoFundMe untersucht und Folgendes herausgefunden: Zwei Unternehmen, Accel und Technology Crossover Ventures (TCV), halten die Mehrheit der Anteile an GoFundMe. Es handelt sich dabei um dasselbe Accel, das 2004 dreizehn Millionen Dollar in das junge College-Unternehmen eines gewissen Mark Zuckerberg investierte, das sich schnell zum weltweiten Kommunikationsgiganten Facebook entwickeln sollte. Accel wird von Jim Breyer geleitet, einem Sohn ungarisch-jüdischer Einwanderer, der ein milliardenschweres Mitglied des Weltwirtschaftsforums des Kults, des Council on Foreign Relations (CFR) und ein Großinvestor in China ist. Rappoport weist darauf hin, dass Breyer den Vorsitz eines anderen Unternehmens, der National Venture Capital Association of America, innehatte und dass im selben Jahr 2004 ein Mann namens Gilman Louie in den Vorstand eintrat. Louie war der erste CEO der CIA-eigenen Technologiefinanzierungsgesellschaft In-Q-Tel (auch I-Q-T), die Unternehmen unterstützt, die für die CIA nützliche Technologien für die Datenerfassung entwickeln. Louie von der CIA war an einem anderen von Breyer geleiteten Unternehmen, BBN Technologies, beteiligt, das Dr. Anita Jones beschäftigte, die für In-Q-Tel gearbeitet hatte und Beraterin der DARPA war, dem finsteren technologischen Entwicklungsarm des Pentagon, der das Internet erschaffen hatte. Ist es nicht erstaunlich, dass nichts davon in das mythische Narrativ von Zuckerberg und Facebook einfließt, das zur weltweit größten Webseite für Datensammlung und Personenprofilerstellung wurde? Sie wissen schon – derselbe Zuckerberg, der auf Facebook alles zensiert, was das tödliche Narrativ über »Covid«, den »vom Menschen verursachten Klimawandel« und vieles andere in Frage stellt. Breyers Accel hat außerdem in Spotify investiert, das durch die Zensurmaßnahmen von Joe Rogan berüchtigt wurde. Wie Rappoport es ausdrückt: »GoFundMe, Accel, Facebook, CIA, In-Q-Tel, Jim Breyer, CFR, Weltwirtschaftsforum, große Investitionen in China. Im Grunde genommen ein Club.« Vor diesem Hintergrund kann ich mir beim besten Willen nicht vorstellen, warum GoFundMe Gelder für die nach Freiheit verlangenden Trucker blockieren wollte, nein, wirklich nicht. Die Trucker sammelten dann über GiveSendGo weitere Millionen an öffentlichen Spenden, die nach einem Antrag der Regierung von Premierminister Doug Ford vom Ontario Superior Court of *(No)* Justice eingefroren wurden. Daraufhin beantragte die Toronto-Dominion-Bank erfolgreich bei demselben Gericht, die Spendenkonten der Trucker mit 1,1 Millionen Dollar einzufrieren. Sie können deutlich sehen, wie das Netz funktioniert.

Der Völkermord des Kults

Natürlich geschieht nichts davon zufällig und der Wahnsinn hat immer Methode. Ich werde später noch viel ausführlicher darauf eingehen. Kurz gesagt: Hinter dem Globalen Kult steht letztlich eine nichtmenschliche Macht, die das Ziel hat, die menschliche Gesellschaft zu infiltrieren (erreicht) und dann zu übernehmen (fast erreicht), indem sie die Wahrnehmung mittels Technologie kontrolliert. Dazu gehört auch ein Programm zur Massenentvölkerung, das ich lange vorausgesagt habe und nun als Folge der »Covid«-Scheinimpfstoffe ausgespielt wird. Scott Davison, CEO des großen US-Versicherungsunternehmens OneAmerica, sagte, dass, als die fingierten Impfstoffe allgemein im Umlauf waren, die Zahl der Todesfälle bei Menschen im arbeitsfähigen Alter zwischen achtzehn und vierundsechzig Jahren im dritten Quartal 2021 um 40 Prozent anstiegen. Davison erklärte: »Wir sehen im Moment die höchsten Todesraten, die wir in der Geschichte des Versicherungswesens je gesehen haben – nicht nur bei OneAmerica. Die Daten stimmen mit denen aller Marktteilnehmer in diesem Geschäft überein.« Er bezeichnete die Zahlen als »enorm, enorm«. »Um Ihnen eine Vorstellung davon zu geben, wie schwerwiegend das ist: Eine Drei-Sigma-Katastrophe oder eine Katastrophe, die sich alle zweihundert Jahre ereignet, würde einen Anstieg von zehn Prozent gegenüber der Zeit vor der Pandemie bedeuten«, erklärte er. Also sind 40 Prozent einfach unerhört. Davison zufolge setzte sich dieser Trend im nächsten Quartal fort.

Die deutsche Krankenkasse BKK ProVita erklärte, dass die Daten über Impf-Nebenwirkungen »erheblich« unterrepräsentiert seien und weit über den offiziellen Zahlen lägen. BKK-Vorstand Andreas Schöfbeck meinte dazu: »Nach unseren Berechnungen halten wir bisher vierhunderttausend Arztbesuche unserer Versicherten aufgrund von Impfkomplikationen für realistisch.« Er fügte hinzu, dass, wenn man diese Zahlen für die deutsche Bevölkerung von dreiundachtzig Millionen auf ein Jahr hochrechnet, wahrscheinlich zwischen 2,5 bis drei *Millionen* Deutsche wegen Impfkomplikationen ärztlich behandelt wurden. Daten des britischen Office for National Statistics (ONS) vom Februar 2022 haben ergeben, dass die Sterblichkeitsrate bei Kindern mit sogenannten Impfungen vierundfünfzig Mal höher ist als bei Kindern ohne Impfungen. Bestattungsunternehmen haben erklärt, dass die Zahl der Todesfälle in ihren Betrieben während der »Pandemie« von 2020 nicht gestiegen ist – wo war also das »Virus«? Dies änderte sich dramatisch nach der Einführung des Scheinimpfstoffs Ende 2020, Anfang 2021. »So etwas habe ich noch nie gesehen«, sagte ein Bestatter. Ein anderer in Sydney, Australien, beschrieb, dass Menschen in Scharen eingeäschert wurden, nachdem sie an den Nebenwirkungen des Scheinimpfstoffs wie »Herzinfarkt, Schlaganfall und Blutgerinnsel« gestorben waren. Viele Bestattungsunternehmen seien gezwungen, große Gefrierschränke für die Lagerung der Toten zu beschaffen. »Einige Bestattungsinstitute stellen extra große Gefrierschränke auf, die mindestens zwanzig Leichen fassen – manche von ihnen haben bis zu acht große Container geordert, die jeweils zwanzig Leichen fassen.« Das Health Advisory and Recovery Team (HART) ist eine Gruppe britischer Ärzte, Wissenschaftler, Ökonomen, Psychologen und Akademiker, die sich zusammengeschlossen haben, um ihre Besorgnis über die offizielle Reaktion auf die »Covid-Pandemie« zu artikulieren. Sie berichteten Anfang 2022, dass die Zahl der Notrufe für Herzstillstände im Jahr 2021, als die gefälschten Impfstoffe verfügbar waren, sprunghaft angestiegen ist:

> »Es ist bemerkenswert, dass 2019 und 2020 die Anzahl der Herzstillstände wie zu erwarten fast identisch ist – nur 0,2 Prozent Unterschied. Allerdings wurde dann dieser Ausgangswert in 2021 um 14 Prozent übertroffen. Auf der Basis von 2019/2020 lag die Zahl der Notrufe wegen Herzinfarkten mit 27.800 zusätzlichen Fällen um 30 Prozent über dem erwarteten Niveau. Das entspricht mehr als fünfhundert zusätzlichen Herzinfarkten pro Tag (obwohl sie nicht gleichmäßig über das Jahr verteilt waren). Zwischen 90 und 97 Prozent dieser Menschen werden dadurch gestorben sein.«

Der amerikanische Bestatter und Einbalsamierer Richard Hirschman legte offen, dass er Arterien und Venen gesehen hat, die mit unnatürlichen Blutgerinnseln aus seltsamen faserigen Materialien gefüllt sind, die das Gefäßsystem verstopfen. Sie können im Internet Videos davon sehen, wie die Gerinnsel aus Leichen entfernt werden. Ihre Länge und ihr Ausmaß sind schockierend. Kein Wunder, dass die Behörden Autopsien an »Covid«-Patienten untersagt haben. Hirschman sagte, er habe so etwas in seiner mehr als zwanzigjährigen Erfahrung als zertifizierter Einbalsamierer noch nie gesehen. Er bestätigte, dass andere in der Branche dasselbe feststellen. Hirschman beschrieb Gerinnsel und »wurmartige Strukturen« (siehe Abbildung 60). Er sah sie zum ersten Mal Ende 2020. Bald darauf fanden sie sich in der Hälfte der Leichen, die er einbalsamierte. Später waren es 80 bis 90 Prozent. Was in einem Gliedmaße passiert, passiert in beiden, es ist also körperlich universell und nicht ortsspezifisch. Hirschman sagte, er habe einen Anstieg der Todesfälle durch Herzinfarkte und Schlaganfälle beobachtet und angesichts der Blutgerinnsel, die er sah, war das keine Überraschung:

> »Wenn dies durch den Impfstoff verursacht wird, und mein Bauchgefühl sagt mir, dass es so ist … stellen Sie sich vor, wie viele Menschen in Zukunft noch sterben werden, weil die Menschen mit dieser Art von Substanz, die in ihren Gefäßen herumschwimmt, nicht leben können … Wenn eines dieser kleinen faserigen Gewebe ins Gehirn gelangt, wird es zu einem Schlaganfall kommen. Wenn es in Ihr Herz gelangt, wird es zu einem Herzinfarkt führen.«

Abb. 60. Die »wurmartigen Strukturen«, die in den Körpern von verstorbenen scheingeimpften Menschen gefunden werden.

Die im US Vaccine Adverse Event Reporting System (VAERS) zusammengestellten Daten zeigen, dass die »Covid«-Scheinimpfstoffe fast fünfzig Mal tödlicher sind als die Grippeimpfstoffe, gemessen an der Anzahl der Dosen: 743.179 unerwünschte Vorfälle im Zusammenhang mit der »Covid«-Impfung in einem Zeitraum von *vierzehn Monaten* gegenüber 137.533 Vorfällen bei der Grippeimpfung in über *dreizehn Jahren*. Bei den Schlaganfällen sieht es ähnlich aus: 4.532 gemeldete Fälle bei Covid-Impfungen in *vierzehn Monaten* gegenüber 122 in *dreizehn Jahren* bei der Grippeimpfung.

Schlagzeilen von außerhalb der Mainstream-Medien begannen die Realität widerzuspiegeln, die die vom Kult kontrollierten Medien zu unterdrücken versuchten: »Warum steigen die Todesfälle im weitgehend durchgeimpften Dänemark auf ein Rekordhoch?«; »Todesfälle und Schäden durch mRNA-Impfstoff nehmen in Europa rapide zu«; »Länder mit hohen Covid-Impfraten verzeichnen in 2021 alle einen außergewöhnlichen Anstieg der Sterberate – neue Studien geben Impfungen die Schuld«; »Eltern protestieren in Genf, Schweiz, wegen Tod von Kindern durch Pfizer-Impfstoffe«; »CDC-Daten zeigen 40-prozentigen Anstieg der Todesfälle bei 18- bis 49-Jährigen in den USA im Jahr 2021«; »Todesfälle bei FIFA-Fußballern entsprachen allein im Dezember 2021 dem Jahresdurchschnitt der letzten zwölf Jahre«; »Regierung muss Covid-Impfung von Kindern sofort stoppen und die Ursache für den Anstieg der Todesfälle bei Kindern untersuchen«; »Großbritannien verzeichnet fünf Mal mehr Todesfälle in zwölf Monaten durch Covid-Impfung als Todesfälle durch alle Impfstoffe zusammen in 21 Jahren & Twitter will nicht, dass Sie das herausfinden«; »Zahl der Todesfälle bei männlichen Teenagern nach Covid-Impfung im Jahr 2021 um 53 Prozent gestiegen – Todesfälle korrelieren perfekt mit der Verabreichung der Dosen 1, 2 und 3«; »Neue Studie zeigt, dass die Zahl der Todesfälle in 145 Ländern nach Einführung von Covid-Impfstoffen gestiegen ist«.

Wo Rauch ist, da ist auch Feuer

Zur gleichen Zeit verbreiteten »Ärzte« des britischen Gesundheitsdienstes National Health Service (NHS) im Rahmen des 2010 gegründeten sogenannten Vaccine Confidence Project, das Vertrauen in Impfstoffe herstellen soll, im Internet schockierende und nachweisliche Lügen über die Impfungen und ihre Wirksamkeit und Sicherheit. Der Zweck der »vertrauensbildenden« Maßnahmen bestand darin, dass die Öffentlichkeit den Scheinimpfstoff ohne Rücksicht auf die bereits dokumentierten Folgen annimmt. Wo bleibt die Selbstachtung dieser »Ärzte«? Der Trend zu Todesfällen und Gesundheitsschäden wird sich fortsetzen bei Scheinimpfstoffen, die selbstreplizierendes synthetisches Genmaterial enthalten, das sich immer weiter ausbreitet. Wissenschaftler und Ärzte in Großbritannien, Neuseeland, Deutschland, Spanien, Amerika und anderswo haben außerdem festgestellt, dass die Impfstoffe tödliche Graphenoxid-Nanopartikel enthalten. Graphen wird in Batterien, Superkondensatoren, Biosensoren und Medikamenten verwendet und kann den Körper nach der Infusion durch die Scheinimpfstoffe im Nanomaßstab in Stücke schneiden. Graphen leitet elektrische Signale, einschließlich der Kommunikation zwischen Zellen, und kann daher das gesamte Kommunikationssystem des Körpers verändern und die Dynamik zwischen Körper und Gehirn neu verdrahten. Nein, das ist keine »Verschwörungstheorie«. In Graphen-Werbevideos wird behauptet, dass diese Fähigkeit eine Möglichkeit sei, Wirbelsäulenverletzungen, Alzheimer und Krebs zu heilen. Manche behaupten, dass Graphen schnell aus dem Körper ausgeschieden werde, aber das stimmt nicht. Spinnen, die mit Graphen besprüht wurden, starben größtenteils, während diejenigen, die überlebten, begannen, Netze mit Graphen zu spinnen, die unglaublich stark waren. Graphen wird nicht aus dem Körper ausgeschieden, es wird zu einem Teil des Körpers. Wenn es einmal im Körper ist, sind dies nur einige der Folgen, die entstehen können:

> Blutgerinnsel; Schädigung der roten Blutkörperchen und des Immunsystems; Entzündung multipler Organe; entzündete Schleimhäute und Verlust des Geschmacks oder Geruchs (Entzündung der Schleimhäute) und ein ungewöhnlicher metallischer

Geschmack im Mund; magnetische Eigenschaften, die erklären könnten, warum viele Menschen feststellen, dass ihr Körper magnetisch auf metallische Gegenstände reagiert; Neurodegeneration im Gehirn; viele Wirkungen von Graphenoxid entsprechen den angeblichen Symptomen von »Covid-19«.

Graphen kann Blutgefäße und Gewebe auf Nanoebene zerschneiden. Wenn Graphen in den Grippe-»Impfstoffen« enthalten war, die vor dem Auftreten von »SARS-COV-2« vor allem alten Menschen verabreicht wurden, würde dies Phänomene erklären, die »Covid-19« zugeschrieben werden. Ärzte und Forscher haben Graphen-Nanoröhrchen im Blut von Menschen gefunden, denen Scheinimpfstoffe verabreicht wurde (siehe Abbildung 61). Sie können im Internet Videos sehen, in denen Graphen sich selbst zu Netzwerken zusammensetzt, wenn es durch Elektrizität/Elektromagnetismus stimuliert wird, und es ist klar, dass das, was die Scheinimpfstoffe in den Körper einbringen, so konzipiert ist, dass es mit WLAN und 5G interagiert – aus Gründen, auf die ich später noch eingehen werde. Graphen kann Magnetismus erzeugen, was die magnetische Beschaffenheit der Haut bei einigen Scheinimpfungen erklären würde, insbesondere an der Injektionsstelle. Graphen-Nanopartikel sind höchstwahrscheinlich auch an dem Phänomen des »Shedding« beteiligt, bei dem »Covid«-geimpfte Menschen ihren injizierten Wirkstoff an nicht geimpfte Menschen weitergeben, die dann ähnliche Symptome entwickeln. Hautkontakt soll einer der Übertragungswege sein. Im Blut von Scheingeimpften wurden außerdem schlangenähnliche Strukturen gefunden, die sich miteinander verbinden und zu einem »matrixartigen« Material zusammensetzen. So etwas wurde im menschlichen Körper bislang noch nie gesehen. Das Gleiche gilt für selbstorganisierende kristalline Substanzen, die im Blut und in Ampullen mit Scheinimpfstoffen gefunden wurden. Es hat sich gezeigt, dass diese aufleuchten, wenn ein Smartphone in der Nähe ist. Tausende davon wurden in einem einzigen Tropfen Blut oder Ampullen-Material entdeckt. Nichts von alledem wird in den offiziellen Listen der Inhaltsstoffe erwähnt.

Pfizer hat zusammen mit der US Food and Drug Administration (FDA) versucht, die Veröffentlichung der Daten aus seinen gefälschten Impfstoff-»Studien« um *fünfundsiebzig Jahre* zu verschleppen. So sehr kümmern sie sich um Sie und Ihr Recht auf informierte Zustimmung. Als ein Gericht den Antrag ablehnte, kamen erstaunliche Enthüllungen aus den Dokumenten ans Licht. Der Londoner *Daily Express* berichtete, dass Pfizer, als es die FDA-Zulassung beantragte, von fast *158.000 Nebenwirkungen* des gefälschten Impfstoffs wusste. Kein Wunder, dass das Unternehmen beantragte, die Dokumente für fünfundsiebzig Jahre unter Verschluss zu halten. Zu den uner-

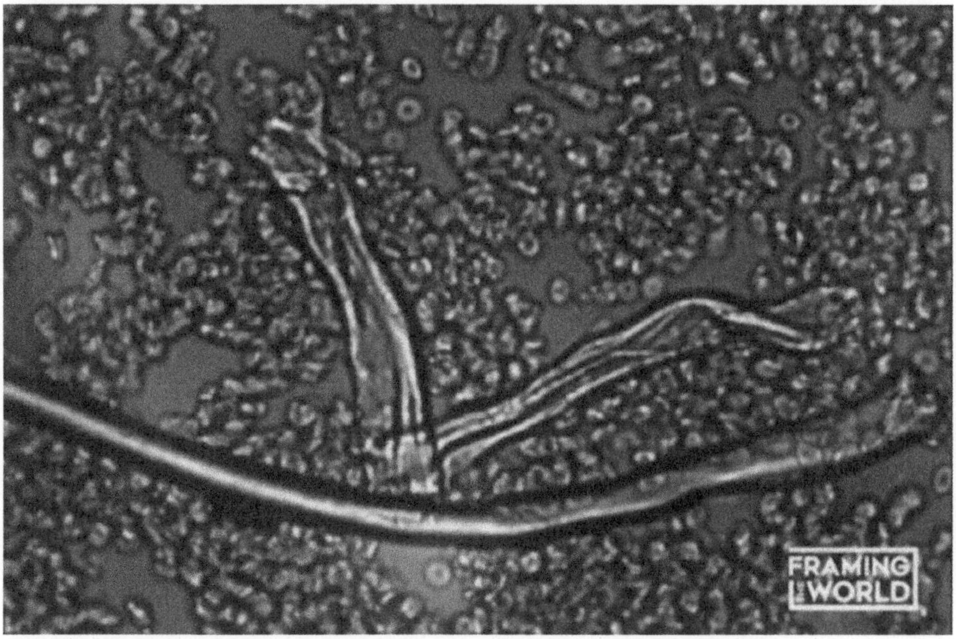

Abb. 61. Nanoröhrchen im Blut von Scheingeimpften.

wünschten Wirkungen, die Pfizer bereits *vor* der Einführung des gefälschten Impfstoffs bekannt waren, gehörte die sogenannte Vaccine-Associated Enhanced Disease (VAED), was bedeutet, dass die Scheinimpfstoffe spätere Erkrankungen verschlimmern. Die Dokumente von Pfizer, die das Unternehmen nicht veröffentlichen wollte, enthüllen, dass VAED als »wichtiges potenzielles Risiko« angesehen wurde, auch in Bezug auf eine Vaccine-Associated Enhanced *Respiratory* Disease, also eine Verschlimmerung von *Atemwegserkrankungen* in Folge von Impfungen. In den Dokumenten heißt es, dass eine erwartete VAED-Rate schwer zu ermitteln war, weshalb eine aussagekräftige »Observed versus Expected«-Analyse, also ein Vergleich der erwarteten Inzidenz einer Erkrankung in der Zielpopulation und der gemeldeten Frequez in einem bestimmten Zeitfenster, auf der Grundlage der verfügbaren Daten nicht durchgeführt werden konnte: »Die Durchführbarkeit einer solchen Analyse wird laufend neu bewertet, je mehr Daten über das Virus vorliegen und je mehr Daten über die Sicherheit des Impfstoffs gewonne werden.« Mit wenigen Worten ausgedrückt bedeutet dies, dass man die Wirkung der gefälschten Impfstoffe herausfinden würde, indem man sie an der Bevölkerung anwendet, während Pfizer, Politiker und willfährige »Gesundheitsfachleute« (Lügner) den Menschen erzählen, sie seien »sicher und wirksam«, obwohl sie es nicht sind. Darüber hinaus wurde die nicht geimpfte »Kontrollgruppe« in den gefälschten

Studien ebenfalls geimpft, um zu verhindern, dass ein Vergleich zwischen Geimpften und Ungeimpften stattfindet. Durch diesen Betrug und diese Verlogenheit hat Pfizer im Jahr 2021 rund *36 Milliarden Dollar* verdient, weil die Regierungen mit öffentlichen Geldern ihren gesundheitszerstörenden Mist gekauft haben. Zu den Markern für eine Vaccine-Associated Enhanced Disease, die mit Impfstoff in Verbindung stehende Verschlimmerung einer Krankheit, gehören:

> Hypoxie (Sauerstoffmangel im Gehirn); Lungenentzündung; Atemversagen; akutes Atemnotsyndrom; Herzversagen; kardiogener Schock; akuter Myokardinfarkt; Myokarditis; Herzrhythmusstörungen; Erbrechen; Durchfall; Bauchschmerzen; Gelbsucht; akutes Leberversagen; Thrombose tiefliegender Venen; Lungenembolie; peripherer Arterienverschluss (Verminderung der Blut- und Sauerstoffversorgung); Tachypnoe (abnorm schnelle Atmung); Vaskulitis (Zerstörung von Blutgefäßen durch Entzündung); akute Nierenschädigung; Nierenversagen; veränderter Bewusstseinszustand; Krampfanfall; Enzephalopathie (degenerative Erkrankung des Gehirns); Meningitis; zerebrovaskularer Unfall; Thrombozytopenie (Blutgerinnungsstörung); disseminierte intravaskuläre Gerinnung; das Syndrom der multiplen Organdysfunktion; das multisystemische Entzündungssyndrom bei Kindern.

In einem britischen Laborbericht wurde Graphenoxid in Ampullen von Pfizer, Moderna und AstraZeneca gefunden. Viele Fläschchen enthalten aber nur eine Kochsalzlösung, die weder den Körper schädigt noch vor »Covid« schützt. Damit soll verhindert werden, dass die Zahl der Todesfälle so sehr aus dem Ruder läuft, dass sie nicht mehr verheimlicht werden kann. Die Idee dahinter ist, dass die Menschen, die sich wiederholt mit Scheinimpfstoffen haben impfen lassen, erst irgendwann später schwer erkranken, weil die Wirkung sich über einen längeren Zeitraum verteilt. Hinzu kommt, dass sogar in einigen der Kochsalzlösungsfläschchen Graphen gefunden wurde. Christopher Cole, leitender Angestellter der Food and Drug Administration (FDA), wurde von der Organisation Project Veritas mit versteckter Kamera dabei erwischt, wie er sagte, dass jährlich neue »Covid«-Scheinimpfstoffe die geplante Politik sei. »Biden will so viele Menschen wie möglich impfen«, erklärte Cole. »Biden« weiß nicht einmal, welcher Tag heute ist. Die Drahtzieher des Kults, *die ihn führen*, wollen so viele Menschen wie möglich impfen. Forscher haben außerdem aufgedeckt, dass bestimmte Gruppen von Ampullenchargen besonders tödlich sind und wie die Scheinimpfstoffhersteller zusammenarbeiten, um die Verbreitung dieser Chargen zu koordinieren. Wer orchestriert diese Koordination des Massenmords? Der Kult, *dem sie alle unterstehen.*

In Berichten aus Spanien, der Slowakei, Zypern und anderen Ländern wurden PCR-Testtupfer gefunden, die größtenteils aus China stammen und mit Nanotech-Hydrogelen, Lithium und dem Gift Ethylenoxid verunreinigt sind. Geplant sind nicht nur eine massenhafte Scheinimpfung gewesen, sondern auch Massentests, um die Menschheit auf zwei Schienen angehen zu können. Das American National Cancer Institute, das nationale Krebsinstitut der USA, beschreibt Ethylenoxid als ein entflammbares, farbloses Gas mit süßlichem Geruch, das hauptsächlich zur Herstellung anderer Chemikalien, darunter Frostschutzmittel, verwendet wird. Ethylenoxid wird in kleineren Mengen auch als Pestizid eingesetzt. »Die Fähigkeit von Ethylenoxid, die DNA zu schädigen, macht es zu einem wirksamen Sterilisationsmittel, ist aber ebenso für seine krebserregende Wirkung verantwortlich«, so das Institut auf seiner Website. Lymphome, Leukämie, Magen- und Brustkrebs sind die am häufigsten gemeldeten Krebsarten, die es verursacht. Menschen können Ethylenoxid einatmen und verschlucken, »was durch die Exposition am Arbeitsplatz, durch den Konsum oder durch die Umwelt geschehen kann«. Oder, seit »Covid«, indem Sie sich immer wieder ein Teststäbchen in die Nase stecken. Ich habe eine andere Auffassung darüber, was »Krebs« wirklich ist, also lassen Sie uns besser sagen, Ethylenoxid verursacht etwas, das man »Krebs« *nennt.*

Das Töten der Kinder

Christopher Whitty, der psychopathische Chief Medical Officer oder Chefarzt für England, hat den Impfstoff-Beratungsausschuss der Regierung überstimmt, der *ausnahmsweise* einmal davon abriet, gesunden 12- bis 15-Jährigen den Scheinimpfstoff zu verabreichen. Whitty und die leitenden Mediziner für Schottland, Wales und Nordirland gaben keinen medizinischen Grund dafür an, sondern sprachen stattdessen von der verlorenen »Bildungszeit« der Kinder und den psychischen Auswirkungen des Schulausfalls. Komisch, das hat Whitty überhaupt nicht interessiert, als er darauf drängte, die Schulen während des Lockdowns zu schließen. Seitdem Kindern im Alter von 12 bis 15 Jahren (und darüber) Scheinimpfstoffe verabreicht wurden, lag die Zahl der Todesfälle weit über dem Fünfjahresdurchschnitt. Wie kann das kein Mord sein, wo doch die Todesfälle und negativen Auswirkungen in den höheren Altersgruppen bereits bekannt waren? Die Definition von Mord lautet wie folgt: »Die Tötung einer anderen Person ohne Rechtfertigung oder Entschuldigung, insbesondere das Verbrechen der Tötung einer Person in böswilliger Absicht oder mit einer Rücksichtslosigkeit, die eine extreme Gleichgültigkeit gegenüber dem Wert des menschlichen Lebens offenbart.« Selbst wenn Sie Whittys böse Absicht für nicht beweisbar halten und nur den letzten Teil dieser Definition verwenden würden, wie kann das, was er getan hat, kein Mord sein, wenn die gesundheitlichen und tödlichen Folgen des Scheinimpfstoffs zu diesem Zeitpunkt bereits bekannt waren?

Edward Dowd, ein ehemaliger leitender Angestellter, der zum Whistleblower über den Investmentriesen BlackRock wurde, hat sich mit einem Mitarbeiter aus der Versicherungsbranche zusammengetan, um die Daten des amerikanischen Centers for Disease Control and Prevention (CDC) in Bezug auf Todesfälle zu untersuchen. Was sie fanden, war schockierend. In der Altersgruppe der Millennials (geboren 1981 bis 1996) stieg die Übersterblichkeit um *84 Prozent* an, nachdem die Scheinimpfstoffe eingeführt wurden und sich viele Millennials einer Zwangsimpfung unterzogen, um ihren Arbeitsplatz zu behalten. Dies war sieben Mal höher als bei der »Silent Generation« von 85 Jahren und älter. Dowd sagte, dass es vom Sommer bis zum Herbst 2021 insgesamt 61.000 mehr Millennials-Todesfälle gab als normal. Das sind mehr tote Amerikaner als im Vietnamkrieg, als in zehn Jahren 58.000 Soldaten starben. Hier waren 61.000 junge Amerikaner binnen *sechs Monaten* tot. Aber es kommt noch schlimmer – viel schlimmer. Die Übersterblichkeit der Generation X (geboren 1965 bis 1980) stieg im gleichen Zeitraum um 101.000 Menschen, während die über 65-jährigen Babyboomer *306.000* zusätzliche Todesfälle zu beklagen hatten. Dowd beschrieb dies als ein Ereignis »wie der Zweite Weltkrieg, als 291.000 Amerikaner starben. Wir hatten 1,1 Millionen zusätzliche Todesfälle seit Beginn der Pandemie, von denen viele in der zweiten Hälfte des Jahres [2021] auftraten, was eigentlich alles ist, was Sie wissen müssen«, so Dowd. »1,1 Millionen zusätzliche Todesfälle entsprechen viertausend World Trade Center-Anschlägen.« Er fuhr fort:

> »Ich glaube, das ist der entscheidende Beweis, dass die Impfstoffe in allen Altersgruppen eine überhöhte Sterblichkeit verursachen. Es ist kein Zufall, dass [CDC-Direktorin] Rochelle Walensky sich weigert, die Briefe von Senator Ron Johnson zu beantworten. Sie verstecken sich. Fauci ist weg. Sie ist weg. Sie verstecken sich. Ich werde also ein Wort in den Raum stellen. Es ist ein altes Wort, aber es sollte wieder ins Gespräch gebracht werden. Es heißt Demozid: Tod durch die Regierung. Die Regierung hat also durch die Verordnungen Menschen getötet.«

Sie wurden ermordet, und diejenigen, die dafür gesorgt haben, dass sie mit Scheinimpfstoffen geimpft wurden – und die die Impfungen verabreicht haben – sind schon allein aufgrund der gesetzlichen Definition Mörder: »Die Tötung eines anderen Menschen … mit einer Rücksichtslosigkeit, die eine extreme Gleichgültigkeit gegenüber dem Wert des menschlichen Lebens erkennen lässt.« Die vom Kult beherrschten Mainstream-

Medien vertuschen all dies durch Unterlassung und Dämonisierung derjenigen, die versuchen, die Öffentlichkeit auf die sich entfaltende menschliche Katastrophe aufmerksam zu machen. Immer mehr »Symptome« von »Covid« werden hinzugefügt, um die gesundheitlichen Folgen der Scheinimpfstoffe zu erklären. Plötzlich ist die Herzerkrankung Myokarditis ein »Covid«-Symptom, nachdem so viele an Herzinfarkten gestorben sind oder ihre Sportkarrieren durch Myokarditis und andere Herzschäden zerstört wurden. In der Folge wurden wir mit Propaganda von betrügerischen »Ärzten« und betrügerischen Medien bombardiert, die uns weismachen wollten, dass Herzerkrankungen bei jungen Menschen normal sind und dass ihre Aktivitäten Herzinfarkte auslösen können. Sie konnten weder die Zahl der Profisportler vertuschen, die seit der Einführung des Impfstoffs gestorben sind oder deren Karriere durch Herzerkrankungen beendet wurde, noch die Zahl derer, die in öffentlichen Situationen wie Fernseh- und Bühnenshows oder bei Äußerungen gegenüber den Medien zusammengebrochen sind. Darunter war auch die amerikanische Komikerin Heather McDonald, die gerade vor ihrem Publikum damit prahlte, wie viele Scheinimpfungen sie schon bekommen hatte, als sie auf der Bühne kollabierte. Nachdem sie das Krankenhaus verlassen hatte, wurde McDonald gefragt, ob sie auf Myokarditis untersucht worden sei. »Was ist das?«, antwortete sie. Diejenigen, die anderen raten, sich impfen zu lassen, und sich abweisend und feindselig verhalten, wenn sie sich weigern, haben keine Ahnung, was in den Ampullen ist und welche gesundheitlichen Folgen das haben kann.

Die verheerende und kumulative Demontage des Immunsystems durch die Impfungen hat zu Behauptungen über einen neuen »hochvirulenten« HIV-Stamm geführt und darüber, dass »Covid« eine »HIV-ähnliche Mutation« aufweist, die es ihm ermöglicht, menschliche Zellen anzugreifen. Das ist insofern von Bedeutung, als das »HIV-Virus« angeblich das Immunsystem zerstört und »AIDS« oder das »erworbene Immunschwächesyndrom« verursacht. Ah, so ist das also: HIV ist es, was das Immunsystem zerstört, nicht der Scheinimpfstoff!

Nun, das dürfte schwierig sein, wenn man bedenkt, dass es »HIV« gar nicht gibt – es wurde nie bewiesen, dass dieses »Virus« existiert, wie intelligente und kritische Menschen schon lange wissen (siehe *Wahrnehmungen eines abtrünnigen Denkers* und *Children of the Matrix*, in dem der AIDS-Betrug bereits 2001 aufgedeckt wurde). Der amerikanische Biochemiker Kary Mullis, der mit dem Nobelpreis ausgezeichnete und im August 2019 pünktlich zum Covid-Start verstorbene Erfinder des PCR-Tests, hat das in seinem großartigen Buch *Dancing Naked In The Mind Field* (»Nackt im Gedankenfeld tanzen«) dargelegt. Es gibt kein HIV, hat er deutlich gezeigt – und es gibt auch kein »Covid«. Mehr hierzu und zu »HIV« finden Sie gegen Ende des Buches.

Kapitel 5

Die Neue Welt des Kults

Stille Duldung im Angesicht der Tyrannei
ist nicht besser als direkte Zustimmung.

C. J. REDWINE

Im Mittelpunkt der gesamten Umgestaltung des menschlichen Lebens steht der vom Kult inszenierte Völkermord. Ich bezeichne diese geplante Neue Welt seit zehn Jahren als die Hungerspiele-Gesellschaft und habe schon lange vorher unter anderen Bezeichnungen darauf hingewiesen. Meine Enthüllungen über das »Neue System«, das sich jetzt entfaltet, reichen Jahrzehnte zurück.

Heute sprechen Kult-Agenten wie Schwab auf dem WEF über den »Great Reset«, den »Großen Neustart«, und über »Build Back Better«, »Verbesserung durch Rückbau«. Sie werden es ein ums andere Mal gehört haben, nachgeplappert von Kult-Papageien wie Biden, Trudeau, Johnson, Ardern, Blair, Obama, Mark Rutte in den Niederlanden, UN-Generalsekretär Guterres und vielen anderen. Beide Begriffe sind Ausdruck der uralten Technik der kreativen Zerstörung, bei der man kontinuierlich den Status Quo zerstört, ihn durch einen anderen ersetzt und diesen dann ebenfalls zerstört, um ihn wieder durch einen anderen zu ersetzen (siehe Abbildung 62). Jedes neue »Quo« bringt die Welt näher an das ultimative Ziel, nämlich die totale globale Kontrolle über jeden Mann, jede Frau und jedes Kind und jede Facette dessen, was man als deren »Leben« bezeichnet. Genau darum geht es beim »Covid«-Schwindel – um die globale kreative Zerstörung des Status Quo von 2019, um den Weg für den Großen Neustart einer transformierten menschlichen Welt zu ebnen. Erreicht wird kreative Zerstörung durch die Technik der Wahrnehmungsmanipulation, die ich seit langem als Problem-Reaktion-Lösung (PRL) bezeichne. Dabei erschafft man heimlich ein »Problem«, erzählt der Öffentlichkeit eine Version des Problems, die sie glauben soll, und bietet dann eine Lösung für das Problem an, welche die Gesellschaft in einer Weise verändert, die die eigene Agenda voranbringt. Es gibt auch die Technik der NO-Problem-Reaktion-Lösung, bei der man kein wirkliches Problem braucht, sondern nur die Wahrnehmung eines solchen durch die ständige Wiederholung derselben Lügen. Beispiele dafür sind die »Massenvernichtungswaffen« im Irak, die nicht existierten und zur Rechtfertigung einer katastrophalen Invasion im Jahr 2003 benutzt wurden, sowie der »Covid«-Schwindel und die Lüge des vom Menschen verursachte Klimawandels, die beide dazu benutzt werden, die globale Gesellschaft durch »Lösungen« umzugestalten, die eine faschistische Orwellsche Diktatur errichten, beruhend auf der Überwachung und Kontrolle durch Künstliche Intelligenz (KI). Die Geschichte ist geradezu gespickt mit Problem-Reaktion-Lösungen (einschließlich der beiden Weltkriege) und mit NO-Problem-Reaktion-Lösungen, die einen ständigen Strom kreativer Zerstörung ausgelöst haben, um jeden neuen Status Quo näher an die Weltherrschaft der Wenigen über die Vielen zu bringen. Der Busenfreund der PRL ist das, was ich das Totalitäre Schleichen (TS) nenne, bei dem Ereignisse als zufällig und unzusammenhängend dargestellt werden, während sie zusammen ein Muster bilden, das die Gesellschaft immer weiter

Abb. 62. Kreative Zerstörung läuft nach dem Muster »Zerstörung – Veränderung« ab. So wird die Welt Schritt für Schritt verändert. Der »Covid«-Schwindel ist ein klassisches Beispiel. Die Welt von 2019 ist für immer verschwunden.

in eine dystopische Zentralisierung der Macht treibt. Jeder Schritt gibt immer weniger Menschen die Kontrolle über immer mehr. Ein offensichtliches Beispiel dafür ist die Europäische Union, die ursprünglich als Freihandelszone verkauft wurde und sich Schritt für Schritt zu einer bürokratischen Diktatur entwickelt hat, die die Macht und Kontrolle über Europa dramatisch zentralisiert hat.

Ich habe den Plan für die Hungerspiele-Gesellschaft schon vor Jahrzehnten aufgedeckt und ihn mit verschiedenen Namen bezeichnet, bevor die *Tribute-von-Panem*-Filme genau eine solche Gesellschaft darstellten, in der eine superreiche und psychopathische Elite in extremem High-Tech-Luxus lebt, während sie über eine Bevölkerung von Sklaven und Leibeigenen herrscht, die unter kaum überlebbaren Entbehrungen dahinvegetiert. Das ist es, was Schwab und seine Psychopathen-Kollegen den »Großen Neustart« nennen. Wenn die Menschen im Westen der Nachkriegszeit sich eine solche Kontrolle und Ungerechtigkeit nur schwer vorstellen konnten, haben sie in den »Covid-Jahren« einen Vorgeschmack darauf bekommen. Schauen Sie sich um und betrachten Sie den Rest der Welt, dann werden Sie sehen, dass andere Völker bereits lange unter dem Fallbeil von China, Saudi-Arabien und bösartigen, gnadenlosen Regimen in Afrika, Asien, Südamerika und Osteuropa leben. Für sie war das Leben schon immer dystopisch. Denken Sie an die unmenschlichen, von Armut geprägten Schrecken und die Sklaverei im viktorianischen Großbritannien, die schwarze Sklaverei in den Vereinigten Staaten und die Apartheid, an die sich noch viele Menschen erinnern können. Das »Fenster« der westlichen liberalen Demokratie der Nachkriegszeit – so illusorisch vieles davon auch war – ist ein winziger Blick auf die Sonne, der sich ebenfalls bald schließen wird, wenn wir die Freiheit als selbstverständlich ansehen. Die Welt soll aus China, Saudi-Arabien und Afghanistan bestehen. Hat jemand Lust darauf?

Schwabs »Großer Neustart« verlangt keine Staaten, sondern nur »Sektoren«, das Ende demokratischer Wahlen und anstelle von Regierungsbeschlüssen Entscheidungen, die von einer Kabale aus Technokraten, Ingenieuren und Bürokraten, einschließlich medizinischer Bürokraten, in einem System getroffen werden, das als »Technokratie« bekannt ist. Das ist Faschismus, aufgezwungen durch KI. Ich werde hier noch einmal zusammenfassen, was ich im Laufe der Jahrzehnte über diese geplante Gesellschaft gesagt habe, um Ihnen deutlich zu machen, was das in Bezug auf die globale Transformation, die »Covid« vorantreibt, bedeutet. Die *Schöne Neue Welt* des Kultes lässt sich treffend als Pyramide symbolisieren, an deren Spitze einige wenige stehen, die alle Reichtümer und Ressourcen kontrollieren über eine nicht gewählte Weltregierung aus Bürokraten und Technokraten wie den boshaften Wissenschaftlern, Ärzten, Psychologen und Silicon-Valley-Verrückten der »Covid«-Jahre (siehe Ab-

Abb. 63. Die Hungerspiele-Gesellschaft, die vom »Covid«-Schwindel vorangetrieben wird – genau wie geplant. (Bild: Neil Hague)

bildung 63 und Abbildung 64). Stellen Sie sich die Zeit nach 2020 auf Steroiden vor und Sie sind vielleicht ganz nah dran. Am unteren Ende der Pyramide soll wie immer die Masse der Weltbevölkerung stehen, die in Armut und Entbehrungen lebt und versucht, mit einem »garantierten Einkommen« oder dem Almosen eines despotischen Staates zu überleben, der völlige Unterwerfung verlangt, um auch nur einen Teil dieser mickrigen Summe zu erhalten.

Buchstäblich jede Bewegung, die Sie machen, würde von der KI überwacht und sorgfältig registriert, ob Sie sich an die Regeln halten oder nicht, so wie das soziale Kreditsystem in China, auf dem der globale Kontrollplan beruht. Verlieren Sie in China genug »Credits« für nicht konformes Verhalten, können Sie nicht mehr fliegen, in einen Zug steigen, arbeiten oder essen. Das ist der wahre Grund für die sogenannten Impfausweise oder »grünen Pässe«, die einzig aus dem Grund diese Bezeichnung tragen, um die rasche Verschmelzung der »Covid«- und der »Grünen«-Agenda vorzubereiten, die von den gleichen Kult-Agenten orchestriert wird. Einige Länder haben sie zwar

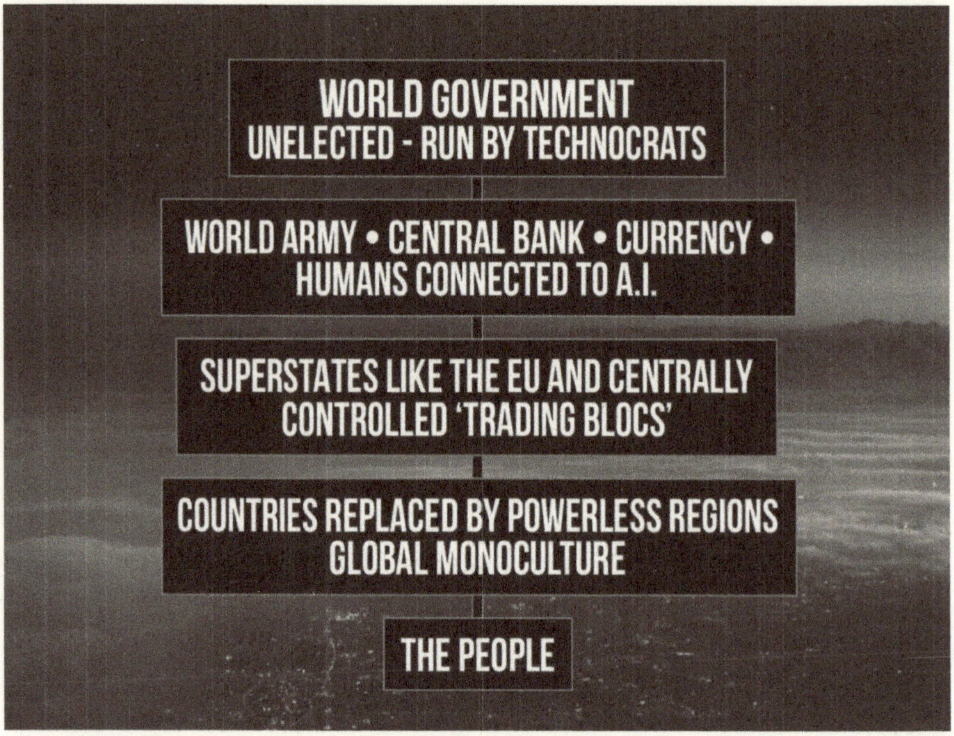

Abb. 64. Die Struktur der Hungerspiele-Gesellschaft, die jetzt als »Great Reset« und »Build Back Better« verkauft wird (v.o.n.u.): Weltregierung, nicht gewählt und von Technokraten geführt; Weltarmee, Zentralbank, Währung, mit KI verbundene Menschen; Superstaaten wie die EU und zentral kontrollierte »Handelsblöcke«; an die Stelle von Ländern treten machtlose Regionen und eine globale Monokultur; das Volk. (Bild: Gareth Icke)

wieder abgeschafft, aber sie werden wieder eingeführt, wenn andere Ausreden gefunden worden sind. Soziale Gutschriften (»Credits«) durch die Pässe werden von CO_2-Gutschriften begleitet, sofern Sie ein CO_2-Zuteilungslimit haben und die Produkte, die Sie kaufen, und Ihr Lebensstil ständig auf angeblichen CO_2-Verbrauch überwacht werden. Wird Ihr Limit überschritten, können Sie nichts mehr tun und kaufen, was mit CO_2 zu tun hat. Die Kult-Kreditkartenunternehmen führen bereits Karten ein, die jeden Monat aufhören zu funktionieren, wenn Sie ein vereinbartes CO_2-Limit erreichen – ein Schleichweg zur völligen Kontrolle.

Ich mache mit dem weiter, was ich schon *vor* »Covid« geschrieben habe … Einkommen, das unabhängig vom Staat und dem globalen System entsteht, würde durch die Zerstörung von Unternehmen, mit Ausnahme der gigantischen Kult-Konzerne, und durch die Vereinnahmung der verbleibenden Arbeitsplätze durch die KI wegfallen. Daraus können wir ersehen, worum es bei den Lockdowns wirklich ging: Die Weltwirtschaft wurde durch die »Covid«-Restriktionen abgewürgt, gefolgt von Krieg und einer rasant steigenden Inflation, die durch die Energiekostenexplosion und die schwindelerregenden Staatsausgaben für »Covid« verursacht wurde. Nur ein Prozent der Menschheit, oder in Wahrheit weniger als ein Prozent, ist vom Kult für die Oberschicht eines militarisierten Polizeistaates vorgesehen, wobei diese Kräfte letztlich zu einer autoritären, diktatorischen Macht der menschlichen Kontrolle verschmolzen werden, die den Willen ihrer Herren durchsetzt. Der größte Teil der Polizeiarbeit und der Militarisierung der Strafverfolgung würde ebenfalls von KI und nicht von Menschen durchgeführt werden. Auf dem Weg zu dieser technologischen Tyrannei erleben wir gerade die Einführung von KI in der Strafverfolgung. Diejenigen, die heute in Uniform sind und den Willen ihrer vermeintlichen Vorgesetzten und Herren durchsetzen, sollten dies zur Kenntnis nehmen, zumindest diejenigen, die über die nötige Gehirnkapazität verfügen. Beachten Sie, wie die Polizei in ihrer Uniform, ihrer Bewaffnung und ihrem Auftreten dem Militär immer ähnlicher geworden ist. Die Verschmelzung geschieht vor Ihren Augen durch das Totalitäre Schleichen.

Sehen Sie sich einmal an – im Wissen um diese Vorgänge, vor denen ich seit Jahrzehnten warne –, wie sich die Welt verändert hat, seit zur Jahreswende 2020 die »Covid«-Karte weltweit ausgespielt wurde. All das, wovor ich gewarnt habe, hat sich durch die Lockdowns und das faschistische Verhalten so vieler Uniformierter in dramatischer Geschwindigkeit weiterentwickelt, wobei jeder Vorwand genutzt wird, um das Militär in innenpolitischen Situationen einzusetzen. Die Verschwörung – ja, genau die, die ich seit dreißig Jahren aufdecke – ist nun vor aller Augen sichtbar.

Manipulierter Crash

Der »Große Neustart« des Kults beinhaltet ein völlig verändertes globales Wirtschaftssystem und das bedeutet nach dem Gesetz der kreativen Zerstörung, dass ein weltweiter Wirtschaftscrash geplant ist, den Sie noch auf dem Mars hören können. Der »Covid«-Schwindel hat der Weltwirtschaft absichtlich Lecks in den Rumpf geschlagen und der Untergang hat durch eine katastrophale und rasant steigende Inflation ernsthaft an Fahrt gewonnen, was eine schicke Umschreibung dafür ist, dass die Preise für alles in die Höhe schießen. Die Regierungen haben mehrere Billionen in die Wirtschaft gepumpt, um ihre »Covid«-Politik in Form von frischem, durch nichts gedecktem »Geld« zu finanzieren. Mit jedem neuen Dollar oder Pfund sank der Wert der Währung und die

Preise stiegen. Amerika erzählt die Geschichte in ihrem ganzen scheinbaren Wahnsinn. Ich sage »scheinbar«, weil das Ziel ja gerade darin besteht, Länder und Bevölkerungen in die Knie zu zwingen, damit das neue Wirtschaftssystem durchgesetzt werden kann. Von daher ist es kein Wahnsinn. Es ist nacktes Kalkül. Wie wäre es mit folgendem Beispiel für wirtschaftlichen Selbstmord? *Achtzig Prozent* der Dollars, die Anfang 2022 im Umlauf sind, wurden seit *Januar 2020* geschaffen. Das ist wirtschaftliches Armageddon und so soll es auch sein. Der Einmarsch Russlands in die Ukraine und die wirtschaftliche Reaktion des von den USA angeführten Westens darauf haben die Situation noch verschlimmert – wie beabsichtigt. Hinzu kommt, dass die steigenden Treibstoffpreise den Unternehmen und Zwischenhändlern die Möglichkeit geben, einen größeren Aufschlag auf Waren zu erheben, als es selbst die Treibstoffpreiserhöhungen rechtfertigen. Jede Krise ist eine Chance für die Skrupellosen und Psychopathen.

Die globalen Lieferketten wurden systematisch demontiert und die daraus resultierende Verknappung der Waren treibt die Preise weiter in die Höhe. China hat unter dem immer wiederkehrenden Vorwand »Covid« die Lockdowns von Dutzenden Millionen Menschen mit geschlossenen Fabriken veranlasst, um weitere Schockwellen durch die globalen Versorgungsnetze zu schicken. Wir können jetzt nachvollziehen, warum das vom Kult kontrollierte Amerika und der Westen so viel Produktion nach China und in den von China kontrollierten Fernen Osten verlagert haben, um Peking die Karten in die Hand zu spielen. Jetzt versucht China, den Dollar als Weltleitwährung oder »Reservewährung« durch den Yuan zu ersetzen, was die US-Wirtschaft ausbluten lässt, bis sie sich wahrscheinlich nie mehr erholen kann. Die Idee ist, die Bevölkerung wirtschaftlich in die Knie zu zwingen (Kontrolle) und dann mit einer »Lösung« anzukommen, bei der ein neues System zur »Rettung des Volkes« gegen alles, was »das Volk« besitzt, eingetauscht wird. Dies ist der Ursprung des Mantras des Weltwirtschaftsforums: »Sie werden nichts besitzen und glücklich sein.« Ein kleines »garantiertes Einkommen« wird vom Staat gezahlt, aber nur dann, wenn Sie alles tun, was die Machthaber (der Kult) Ihnen vorschreibt.

Die Katze wurde aus dem Sack gelassen, was den Plan des Kultes angeht, Ihr Geld zu beschlagnahmen, als der kanadische Premierminister Justin Trudeau, der einer der Handlanger von Klaus Schwab ist, und seine Stellvertreterin und Finanzministerin Chrystia Freeland, die aus der gleichen Schule kommt, die Bankkonten von Trucker-Demonstranten in Ottawa ohne Gerichtsbeschluss für das Verbrechen einfroren, ihren Faschismus friedlich herauszufordern. Das niederträchtige Paar musste den Schwanz einziehen und hat die Konten dann abrupt wieder freigegeben, zweifellos auf Anweisung von Schwab, weil sie zu früh die bereits existierenden Gesetze offengelegt haben, die in Kollaboration mit dem satanistischen Kult-Bankensystem die Vermögenswerte der Bevölkerung nach Belieben ausplündern können. Der Druck, die Schwab-Politik einer digitalen ID durchzusetzen, würde es nicht nur ermöglichen, Bankkonten zu beschlagnahmen, sondern auch den Zugang zu allem, was online ist, zu blockieren, indem Ihr ID-Code, ohne den Sie dann nichts mehr tun können, einfach gesperrt wird. Gehorchen Sie oder Sie werden zu einer Unperson, die nicht in der Lage ist, sich selbst oder ihre Familie zu ernähren. Der Plan, das Bargeld abzuschaffen und eine einzige globale digitale Währung einzuführen, den ich 1993 in *The Robots' Rebellion* (»Aufstand der Roboter«) enthüllt habe, ist Teil des Plans, die Menschen ins Internet zu zwingen, wo ihr Geld beschlagnahmt werden kann. Die zynische Lüge der vom Kult kontrollierten Weltgesundheitsorganisation, dass sich die Menschen durch den Umgang mit Geld »anstecken« könnten, hat die Verwendung von Bargeld schon drastisch reduziert, so dass selbst kleine Unternehmen und Kioske zu reinen Kartentransaktionen übergegangen sind. Die Zeitungen wiesen schnell darauf hin, dass man sich zwar an Covid mit Geld anstecken kann, aber natürlich nicht durch die Berührung von Zeitungen. Das »Virus« scheint den Unterschied zwischen verschiedenen Papiersorten zu kennen. Ich fragte das Supermarktpersonal, das Bargeld verbot, warum sie immer noch Zeitungen verkauften, wenn man sich mit Papiergeld »anstecken« konnte. Als Antwort kamen nur verwirrte Blicke und kein Wort. Mein Gott, die Naivität der menschlichen Rasse ist wirklich atemberaubend!

Willkommen im Schwarmbewusstsein

Ich wurde in einem oft industriellen und historischen Ausmaß beschimpft und verspottet, weil ich gesagt habe, dass die Welt auf allen Ebenen nicht so ist, wie die Menschen glauben, dass sie ist, und dass eine große globale Verschwörung im Gange ist, um die totale globale Kontrolle über alle Facetten des menschlichen Lebens zu etablieren. Eine solche Reaktion muss man erwarten, wenn man Autoritäten und Konventionen herausfordert und den Menschen sagt, was sie nicht hören wollen. Warum sollten sie das auch gerne hören wollen? Ich will auch nicht, dass es wahr ist. Leider ist es aber wahr, und wir müssen damit umgehen oder noch schlimmere Konsequenzen tragen, als wir es bisher getan haben. Den Menschen zu sagen, was sie hören *wollen*, ist einfach. Damit die Menschen die vorgeschriebene Realität akzeptieren, wenn es die Realität ist, die sie für wahr halten, heißt nur, durch eine weit offene Tür zu rennen. Politiker sind darauf spezialisiert, Ihnen zu sagen, was Sie hören wollen, um gewählt zu werden, und dann im Amt das Gegenteil zu tun. Wenn Sie, wie ich, eine Welt aufdecken, die die Bevölkerung lieber nicht wahrhaben möchte, ist die Tür nicht offen, sondern mit einem Vorhängeschloss verriegelt und verteidigt wie Fort Knox. Das Problem beim Spott über die Verschwörungstheoretiker ist, dass die Welt, von der ich in den letzten dreißig Jahren gesagt habe, dass sie kommen würde, nun da ist. Das Schwarmbewusstsein des »Gruppendenkens«, für das die Menschheit berüchtigt geworden ist, soll technologisch offiziell etabliert werden, um den Zugang zu allen freien Gedanken zu blockieren, indem KI mit dem menschlichen Gehirn und Körper verbunden wird. Selbstreplizierende Nanotechnologie und »lebendes« synthetisches Genmaterial, das von seriösen Ärzten und Wissenschaftlern in den Ampullen des Scheinimpfstoffs gegen »Covid« identifiziert wurde, sollen in das Gehirn eindringen und die gesamte genetische Struktur derjenigen neu verdrahten, die es nicht in einem Massenentvölkerungsprogramm tötet. Der biologische Mensch 1.0 wird durch den synthetischen »biologischen« Menschen 2.0 ersetzt, der seine Gedanken, Gefühle und Wahrnehmungen direkt von der KI erhält. Nicht einmal die Manipulation und Zensur von Informationen, um die Wahrnehmung zu diktieren, wird dann noch nötig sein. Die KI wird Ihr Verstand *sein*. Ein weiterer Beweis dafür, dass Icke verrückt ist? Klar ist er das. Genau wie der Google-Manager und »Futurist« Ray Kurzweil, der genau diesen Plan offen darlegt, während seine Herren versuchen, dieses schreckliche Ende der Menschheit als die Erschaffung des »gottgleichen Menschen« zu verkaufen. Sein offizieller Zeitpunkt für die Einführung ist 2030 und was er beschreibt, ist bereits in vollem Gange:

> »Unser Denken [...] wird ein Gemisch aus biologischem und nichtbiologischem Denken sein. [...] Die Menschen werden fähig sein, ihre Grenzen auszuweiten und ›in der Cloud zu denken‹. [...] Wir werden Zugänge zur Cloud ins Gehirn einpflanzen. [...] Schritt für Schritt werden wir alle verschmelzen und uns immer weiter verbessern. [...] Meiner Ansicht nach ist das die Natur des Menschseins: Wir überwinden unsere Beschränkungen. [...]
>
> Wenn die Technologie dem, was wir sind, weit überlegen ist, dann wird der kleine Anteil, der noch menschlich ist, immer kleiner und kleiner werden, bis er schließlich völlig vernachlässigbar ist.«

Die »Cloud« wird von Tag zu Tag durch 5G-Sender auf der ganzen Welt erweitert – 6G und 7G werden folgen – und Zehntausende von Satelliten in niedriger Umlaufbahn werden von SpaceX, das dem Kult-Agenten Elon Musk gehört, und anderen gestartet, um die Cloud auf jeden Zentimeter der Erde, das heißt in jedes menschliche Gehirn, zu senden. Das Kultunternehmen Amazon kündigte im April 2022 Pläne an, 3.236 Satelliten im niedrigen Erdorbit (LEO) unter dem Namen Project Kuiper zu stationieren. Sie schaffen gemeinsam das Smart Grid, in dem alle Menschen und Technologien über die »Cloud« mit dem Internet verbunden werden, um einen Ameisenstaat zu bilden, in dem die Wahrnehmungen direkt über ein zentrales Kontrollsystem vermittelt werden. Aus diesem Grund steht vor fast allem das Wort »smart« – smarte Fernseher, smarte Zähler, smarte Karten, smarte Autos, smartes Autofahren, smarte Pillen, smarte Pflaster, smarte Uhren, smarte Haut, smarte Grenzen, smarte Bürgersteige, smarte Straßen, smarte Städte, smarte Gemeinden, smarte Umgebungen, smartes Wachstum, smarter Planet ... und so weiter und so fort. »Smart Cities« werden jetzt gebaut und andere Städte zu Hochhaus-Megastädten mit dicht bewohnten Mikro-Apartments sowie totaler Überwachung und Kontrolle durch KI umgewandelt. Jedes Wort, jeder Gedanke und jede Handlung, ob außerhalb oder innerhalb Ihres Hauses, wird vom Super-Grid der KI überwacht und gespeichert, um sicherzustellen, dass Sie jede Anweisung bis zur letzten Silbe befolgen, sonst wird es Konsequenzen geben. Die Welt ist als eine erweiterte und ausgebaute Version von China geplant.

Der Kult steckte hinter der Mao-Revolution von 1949 und der darauf folgenden Kulturrevolution. Der Plan war, eine Tyrannei zu errichten, in der ein System der totalen Kontrolle über die Menschen ausgebrütet und perfektioniert werden konnte, bevor es als globales System eingeführt werden soll. Der Kult musste sich im Westen viel langsamer bewegen und Lippenbekenntnisse zu »Freiheit und Demokratie« ablegen, bevor »Covid« eingeführt wurde. In China gab es dieses Problem nicht, denn dort wurde das, was Mao (also der Kult) sagte, sofort im Land umgesetzt, auch ohne »Covid«, und das heutige Massenkontrollsystem wird auf Schritt und Tritt durch Technologie und KI unterstützt. Was ist geschehen, seit der »Covid«-Schwindel von *China* aus losging? Der Rest der Welt ist China immer ähnlicher geworden und das ist genau das, was von Anfang an geplant war. Ich sage schon seit Jahrzehnten: Wenn Sie wissen wollen, wie die Welt von morgen aussieht, schauen Sie sich China heute an.

Ich sage nur China, China, China

All dies erklärt, warum amerikanische und westliche vom Kult kontrollierte Unternehmen, »Unterhaltungs«-Giganten wie Disney, Silicon Valley und Sportverbände wie die National Basketball Association (NBA) so sehr mit China unter einer Decke stecken und sich weigern, die wirklich üblen Menschenrechtsverletzungen des Landes zu kritisieren. Glauben Sie nicht, dass es bei dieser China-Verehrung nur um Geld und den Markt von über einer Milliarde Chinesen geht. Ja, Geld ist auch ein Teil davon, aber es ist viel schlimmer als das. Die Auslagerung von Produktion und Arbeitsplätzen nach China und in den von China beherrschten Fernen Osten gibt den chinesischen Faschisten die Kontrolle über wichtige Produkte, die nicht mehr im Westen hergestellt werden, und damit auch die Kontrolle über die globalen Lieferketten. China kauft amerikanisches Farmland auf, zusammen mit dem chinesischen Arschkriecher Bill Gates, der inzwischen der größte Besitzer von Farmland in den Vereinigten Staaten ist. Dies alles steht im Zusammenhang mit der Kontrolle der Weltbevölkerung durch die Kontrolle der Nahrungsmittelversorgung und geht einher mit der Zerstörung der Nahrungsmittelproduktion durch »Covid«-Maßnahmen und Sanktionen, die angeblich gegen Russland gerichtet sind – wegen der Invasion in der Ukraine. In Wirklichkeit steht hinter den Sanktionen der Kult, der sich jetzt die westlichen Länder vorgenommen hat, die die Sanktionen verhängen mussten. Ich habe in *Die Antwort* geschrieben, dass der »Covid«-Schwindel benutzt wurde, um Nahrungsmittelknappheit zu erzeugen (Abhängigkeit von der Regierung), und jetzt sehen wir, wie sich dies durch den Konflikt in der Ukraine noch verschlimmert – eine fabrizierte Krise, die nahtlos auf die »Covid«-Krise folgt. Die Ukraine und Russland sind die »Kornkammer der Welt« und liefern mehr als ein Viertel des Weizens der Welt. Russland ist ein wichtiger Lieferant von Düngemitteln für die landwirtschaftlichen Betriebe im Westen. Das von der Kult-Marionette Biden erlassene Verbot von Importen aus Russland hat die Kosten der düngerintensiven Nahrungsproduktion in astronomische Höhen getrieben, um den Preis für die Lebensmittel zu erhöhen. Eine globale Nahrungsmittelkrise wird auf vielfältige Weise kaltblütig herbeigeführt. In der Zwischenzeit stellt Russlands Bündnis mit China sicher, dass man dort nicht mit den gleichen Problemen rechnen muss.

Die US-Regierung trifft Entscheidungen, die China zugutekommen und Amerika schwächen, weil sie der Kult-Agenda dient und nicht den Interessen der Amerikaner. Die Vereinigten Staaten werden systematisch auf allen Ebenen geschwächt, um eine chinesische (Kult-)Übernahme vorzubereiten. Dazu gehört ein geplanter Konflikt zwischen den USA/dem Westen und einer Allianz aus China, Russland und nachgeordneten Ländern wie dem Iran, vor dem ich schon seit langem warne. Der Einmarsch Russlands in die Ukraine war ein Schritt auf diesem Weg und hat die seit langem geplante Allianz zwischen Russland und China zementiert, da die globale Macht von Westen nach Osten verschoben wird. Amerikas chaotischer Rückzug aus Afghanistan, bei dem die Waffen zurückgelassen wurden, die die Taliban zu einem der bestbewaffneten Regimes in der Region machten, und die kalkulierte Ohnmacht der vom Kult beherrschten Biden-Regierung in Bezug auf die Ukraine sind allesamt Hammerschläge für Amerikas globale Glaubwürdigkeit. Sie sind Teil der unaufhörlichen Demoralisierung der Bevölkerung. Einen nachweislich korrupten und senilen Präsidenten ins Weiße Haus zu bringen, war ein vorsätzlicher Akt zu diesem Zweck, ebenso wie die Berufung der schockierenden Possenreißerin Kamala Harris zur Vizepräsidentin. Das Gleiche gilt für die vom Kult besessenen Possenreißer an der politischen Macht in den anderen Ländern des Westens.

Als Biden sein Amt antrat, erfreuten sich die Vereinigten Staaten der Energieunabhängigkeit. Ein Jahr später war das alles vorbei und die USA kauften mehr als 500.000 Barrel pro Tag aus Russland, nachdem »Biden« Pipelines geschlossen und Investitionen in die heimische fossile Energieversorgung blockiert hatte. Die Kraftstoffpreise stiegen sprunghaft an und Biden reagierte mit einem Importverbot für russische Energieträger als Vergeltung für die Invasion in der Ukraine. Dadurch stiegen die Treibstoffkosten noch weiter an (und der Wert des russischen Öls erhöhte sich entsprechend), während Russland durchaus andere Märkte für sein Öl hatte – wie China. Fragen Sie sich doch einmal, warum jemand so etwas tun würde, außer um das Land zu untergraben, dessen Interessen er eigentlich schützen und vertreten sollte. Fragen Sie die aufeinanderfolgenden Regierungen der beiden vom Kult kontrollierten US-Parteien, warum sie die Kontrolle über die Produktionsstätten und Lieferketten an China abgegeben haben. Der vom Kult organisierte Klimawandel-Schwindel wird hier in seinem eigentlichen Kontext deutlich. Er ist der Vorwand, um die Energieversorgung und Unabhängigkeit in Nordamerika und Europa zu zerstören, während China und Russland weitermachen wie bisher und sich einen Dreck um den »Klimawandel« scheren, von dem sie wissen, dass er ein Schwindel ist. Das Ergebnis ist Energieunabhängigkeit für sie und die globale Dominanz über den Westen durch seine Abhängigkeit.

Die Schwächung Amerikas und des Westens findet auch auf individueller Ebene statt. In China und Russland werden Männer ermutigt, sich wie Männer zu verhalten, und Risikobereitschaft ist Teil des Lebens. Der Westen ist besessen von dem risikolosen Streben nach »Sicherheit«, bei dem die Menschen Angst vor ihrem eigenen Schatten bekommen. Das alles ist kein Zufall. Der französische Philosoph Albert Camus (1913-1960) sagte: »Jegliche Größe wurzelt im Risiko.« Wenn Sie eine Gesellschaft demontieren, wollen Sie keine Größe. Sie wollen schwache Menschen, die Angst vor dem Risiko haben. Sie wollen nicht, dass sie Gefahren und Entdeckungen suchen. Sie wollen sie in ihrer Komfortzone hinter einer verschlossenen Tür überwintern lassen. Kein Risiko bedeutet verkümmertes Potenzial und Verzicht auf Freiheit im Gegenzug für vermeintliche Sicherheit (siehe »Covid«). Der amerikanische Gründervater Alexander Hamilton (1757-1804) hatte so recht, als er sagte: »Um mehr Sicherheit zu haben, sind sie … bereit, das Risiko einzugehen, weniger frei zu sein« [siehe »Covid«]. Auf diese Weise ergreifen Tyrannen die Macht« [siehe »Covid«]. Der ungarisch-kanadische Akademiker Frank Furedi hat es so ausgedrückt: »Die Menschen von der Last der Freiheit zu befreien, damit sie sich sicher fühlen, ist ein wiederkehrendes Thema in der Geschichte des Autoritarismus«. Siehe »Covid«.

Soros redet und der Kult spricht

Der Angriff auf das chinesische Regime durch den Kult-Agenten George Soros im Februar 2022 könnte ein Zeichen für eine Änderung der Rhetorik auf dem Weg zu einem globalen Konflikt gewesen sein, als er China als den »mächtigsten autoritären Staat der Welt« und »die größte Bedrohung, der offene Gesellschaften heute ausgesetzt sind« bezeichnete. Dabei muss er wohl in den Spiegel geschaut haben. Es muss einen guten Grund geben, warum Soros das gesagt hat, wenn man bedenkt, dass er daran arbeitet, die Welt in ein globales China zu verwandeln. Nehmen wir nur das Opiod Fentanyl. Das Weltzentrum für die Produktion dieser Droge liegt in Wuhan, China, von wo aus es an mexikanische Drogenkartelle verschifft wird, die es über die nun offene Südgrenze in den Vereinigten Staaten verteilen. Seit Jahren tobt ein Krieg zwischen Drogenbanden und der mexikanischen Regierung. Jetzt schwappt er auch in die Vereinigten Staaten über. In Städten wie Houston, Texas, steigt die Anzahl der Morde an, so dass die Menschen Angst haben, das Haus zu verlassen – ein freiwilliger Lockdown, für den die Kult-Agenten, insbesondere Soros, so hart gearbeitet haben. Auch die Menge an Fentanyl, die über die Grenze gelangt, steigt sprunghaft an, und die Droge ist inzwischen der größte Killer unter den Amerikanern zwischen achtzehn und fünfundvierzig. Dies alles steht im Zusammenhang mit der Demontage der amerikanischen und westlichen Gesellschaft.

Aus der Drogensucht entstehen Obdachlosigkeit und Kriminalität, um das Geld für die Sucht zu beschaffen. Die Gesellschaft bricht zusammen. Hinzu kommt die Liste der von Soros finanzierten Staatsanwälte, wie George Gascón in Los Angeles, die vom Kult in ihr Amt eingesetzt wurden, um der Kriminalität freien Lauf zu lassen, indem sie die Gewalttäter nicht strafrechtlich verfolgen und aus den Gefängnissen entlassen. Die Antwort der »Biden«-Regierung (vom Kult kontrolliert) auf die Drogenkrise besteht darin, den schwarzen Amerikanern Pfeifen zum Rauchen von Crack zur Verfügung zu stellen und es zu erlauben, Fentanyl in der Öffentlichkeit zu spritzen. Man muss kein Genie sein, um zu erkennen, was da geschieht. Im Hintergrund zieht wie immer in einer Reihe von miteinander verknüpften Bereichen der monumental teuflische Kult-Agent Soros die Fäden. Er finanziert nicht nur die Bezirksstaatsanwälte, sondern auch die Woke-Agenda, Black Live Matters, offene Grenzen und vieles mehr. Soros hat auch *Media Matters* finanziert, das von dem entsetzlichen David Brock gegründet wurde und es sich zur Aufgabe gemacht hat, jeden zu dämonisieren und zum Schweigen zu bringen, der das Narrativ des Kultes in der Öffentlichkeit in Frage stellt. Die schwarzamerikanische Aktivistin Candace Owens bezeichnet Soros als »den rassistischsten Mann in ganz Amerika«. Genau, während er »antirassistische« Gruppen finanziert. Haben wir es jetzt verstanden?

Und wieder Fink

Ein weiterer Vertreter Chinas ist Larry Fink, CEO von BlackRock, der weltgrößten Vermögensverwaltungsgesellschaft, die ein Vermögen von mehr als zehn *TRILLIONEN* Dollar »verwaltet«. Wo Fink dieses Geld anlegt, kann selbst für die größten Unternehmen überlebenswichtig sein, und er hat diese Macht genutzt, um die Woke-Agenda (einschließlich des Schwindels über den von Menschen verursachten Klimawandel) bei Unternehmen und anderen, die von seinen Entscheidungen profitieren – oder davon abhängen –, durchzusetzen. Ein Kommentator bezeichnete Fink als »König des Woke-Industriekomplexes«. Fink hat seine Ziele selbst zugegeben: »Das Verhalten muss sich ändern und das ist eine Sache, die wir von den Unternehmen verlangen. Klimafreundliches Verhalten muss man erzwingen und bei BlackRock erzwingen wir dieses Verhalten.« Zum Klima-Schwindel erklärte er: »Alle Unternehmen und jede Branche wird sich durch den Übergang zu einer Netto-Null-CO_2-Welt verändern. Die Frage ist [für Unternehmen]: Werden sie führen oder werden sie geführt werden?« Haben acht Milliarden Menschen dabei etwas zu sagen? Nein, natürlich nicht. Warum wird der Woke-Wahnsinn heute überall in der globalen Wirtschaft fortgesetzt? Larry Fink. Und wer ist der Boss von Larry Fink?

BlackRock ist der größte Berater (Diktator) für die Zentralbanken der Welt. Fink und sein Geschäftspartner Stephen A. Schwarzman waren gemeinsam an der Blackstone Group beteiligt, bevor er sich von ihr trennte, um den Beinahe-Namensvetter BlackRock zu gründen, was für viel Verwirrung gesorgt hat, wer wer ist. Der chinesische Investor Jim Breyer von Accel (Facebook, GoFundMe, Spotify) trat 2016 in den Vorstand von Blackstone ein, und es ist wirklich eine kleine Welt, über die wir hier sprechen. Im

Mittelpunkt von BlackRocks Arbeitsweise steht ein KI gesteuertes Computer-Investitionssystem namens Aladdin, das die Kontrolle über die Weltwirtschaft übernehmen soll, indem es den Markt kontrolliert. Ein weiterer Aspekt, der oft übersehen wird, ist die Tatsache, dass BlackRock und Konsorten Unmengen von Wohnimmobilien aufkaufen, um die Kosten in die Höhe zu treiben und es jungen Menschen und anderen unmöglich zu machen, ein eigenes Haus zu besitzen. »Sie werden nichts besitzen und glücklich sein.« Ich warne schon seit Jahrzehnten in meinen Büchern und Vorträgen davor, dass dies der Plan ist: den Besitz von Wohneigentum zu unterbinden und alle Menschen von den Konzernen des Kults abhängig zu machen. Und genau das geschieht jetzt in einem gigantischen und sich ständig steigernden Ausmaß.

Fink kontrolliert bereits im Wesentlichen die amerikanische Wirtschaft zusammen mit drei anderen Vermögensverwaltungsgesellschaften, der Vanguard Group (7 Billionen Dollar unter ihrer Verwaltung), Fidelity Investments (4,9 Billionen Dollar) und State Street (3,9 Billionen Dollar). Wenn Sie sich mit denen und anderen Billionen-Dollar-Anlageverwaltungsgesellschaften anlegen, geraten Sie sofort in große Schwierigkeiten, weil das investierte Kapital, das *Geld anderer Leute*, abgezogen wird. Das ist der Punkt. Die Macht wird mit dem Geld der Amerikaner über Kanäle wie Pensionsfonds gebündelt, um der US-Gesellschaft die Kult-Agenda aufzuzwingen, die Umfragen zufolge von der überwältigenden Mehrheit der Amerikaner nicht gewünscht wird. Larry Fink ist ein unverhohlener Mitarbeiter des Kults, der nicht nur eine Schlüsselrolle in Schwabs Weltwirtschaftsforum spielt, sondern auch im Vorstand des Council on Foreign Relations (CFR) sitzt, einer Denkfabrik im Besitz des Kults. Der fantastische finanzielle Einfluss dessen, was er kontrolliert, wird genutzt, um die Ambitionen beider Seiten zu fördern. Doch auch Fink und seinesgleichen sind trotz ihrer scheinbaren Allmacht nur Handlanger von Kräften, die tiefer im Netz sitzen und denen sie nicht zu widersprechen wagen. Die Zahl der CEOs dieser gigantischen Vermögensverwaltungsgesellschaften ist winzig und die Herren, denen sie nicht zu widersprechen wagen, sind noch weniger. Auf diese Weise kontrollieren die Wenigen die Welt.

Finks Geld

BlackRock und Vanguard gehören zu den drei größten Aktionären der Scheinimpfstoff-Hersteller Pfizer, Moderna sowie Johnson & Johnson und profitieren von den steigenden Gewinnen in der »Covid«-Zeit. Sie sind auch an Unternehmen beteiligt, die Impfpässe entwickeln. Nachdem der Oberste Gerichtshof der USA Bidens Scheinimpfstoff-Zwang für amerikanische Privatunternehmen aufgehoben hatte, bestanden eine ganze Reihe von Unternehmen, in die BlackRock und Vanguard investieren, weiterhin darauf, dass die Mitarbeiter geimpft werden. Dazu gehören Netflix (größter Aktionär Vanguard), Nike (größter Aktionär Vanguard und BlackRock), Verizon (größter Aktionär Vanguard und BlackRock), Twitter (Vanguard und BlackRock waren vor der Übernahme durch Musk der zweit- und drittgrößte Aktionär) und Facebook (Vanguard und BlackRock sind der größte und drittgrößte Aktionär). Zu den sonstigen Kapitalanlagen gehören Giganten wie Google, Microsoft, Intel, IBM, Walmart, Ford, Goldman Sachs, die Liste ist schier unglaublich. BlackRock und die anderen Investmentgiganten besitzen die Medien und jetzt können wir auch sehen, warum all diese »nicht miteinander verbundenen« Unternehmen sich wie eine Einheit bewegen und sprechen.

»Gewählte« Politiker sind irrelevant angesichts dieser geballten wirtschaftlichen Macht, die bedeutet, dass buchstäblich eine Handvoll Menschen die Richtung der gesamten Wirtschaft diktieren kann, der Gesellschaft selbst und dessen, was die Weltbevölkerung sehen und hören darf. Die weltberühmten Unternehmen, die von diesen Typen beaufsichtigt werden, sind den Menschen bekannt. Aber haben sie schon einmal von BlackRock, der Vanguard Group, Fidelity Investments und State Street gehört, wo die wahre wirtschaftliche Macht liegt? Wenn sie Amerika im Namen des vom Kult kontrollierten Chinas übernehmen (bereits erreicht) und schwächen (gerade im Werden) wollen, dann sind diese Investmentgesellschaften das Vehikel. Ein paar Leute können nicht die Welt kontrollieren? Um Himmels willen, das tun sie doch schon! Ihr Plan beinhaltet eine weltweite digitale Währung, die Abschaffung des Bargelds und die Zerschlagung des derzeitigen Finanzsystems, um den Weg für ein völlig neues System zu ebnen, das auf der totalen Kontrolle des Menschen beruht. Hinzu kommt, dass der Kult die »Verteidigungs«-Industrie (Angriffsindustrie) beherrscht, die ihre schwindelerregenden Profite mit Kriegen macht, die von Regierungen angezettelt werden, die sich im Besitz des Kults befinden – insbesondere in den Vereinigten Staaten – und die ihrerseits vom Deep State des Kults und dem militärisch-industriellen Geheimdienstkomplex kontrolliert werden. Es ist schon lustig, dass ich verlacht wurde, weil ich gesagt habe, dass die Regierungen Spielfiguren des militärisch-industriellen Geheimdienstkomplexes sind, was jetzt so weithin akzeptiert wird, dass es einen eigenen Namen hat: der Deep State, der in jedem Land ein Aktivposten des Kultes ist.

Das ist also das Kult-Netzwerk und seine Agenda – allerdings nur ein Teil davon. Es entfaltet sich gerade um uns herum in immer schnellerem Tempo dank des »Covid«-Schwindels und anderen Betrügereien wie dem »vom Menschen verursachten Klimawandel«, den Kriegen und wirtschaftlichen Umwälzungen. Wie der amerikanische

Journalist und Nachrichtenmoderator Tucker Carlson es ausdrückte: »Was früher als Verschwörungstheorie galt, wird heute als Eilmeldung bezeichnet.« Alles ist von langer Hand geplant, weshalb ich in meinen Büchern und Vorträgen auch schon vor über dreißig Jahren vorhersagen konnte, was kommen würde.

Was ich in diesem Kapitel beschrieben habe, ist nur eine Ebene der vielschichtigen, multidimensionalen »Matrix«-Simulations-Gefängniszelle. Von nun an tauchen wir tief in die Dämonengrube ein, um sowohl die Natur als auch das Ausmaß des menschlichen Gefängnisses zu erkennen und zu sehen, wie wir uns nach Äonen der Kontrolle durch die nichtmenschlichen »Götter«, die hinter allem stehen, endlich befreien können.

Nachtrag: Während dieses Buch in den Druck ging, wurde bekannt, dass Elon Musk Twitter gekauft hat. Die alternativen Medien und andere, die sich nach Freiheit sehnen, waren begeistert von seiner Zusage, der Zensur auf Twitter ein Ende zu bereiten. Ich bin dafür, mahne aber zur Vorsicht.

Vergessen Sie bitte eines nicht: Musk ist ein eklatanter Aktivposten des Kults, der drei Schlüsselunternehmen leitet, die die Kult-Agenda vorantreiben: SpaceX (Start von Zehntausenden von Satelliten in niedriger Umlaufbahn, um die Bevölkerung mit 5G und anderen Strahlungsfeldern zu bombardieren), Neuralink (Verbindung des menschlichen Gehirns mit Maschinen) und Tesla (Entwicklung von autonomen Elektrofahrzeugen, bei denen der Computer letztlich vorgibt, wohin Sie fahren dürfen – und wohin nicht). Sie werden die grundlegende Bedeutung dieser Unternehmen für den Kult im weiteren Verlauf deutlich erkennen.

Jemand, der so eng mit diesen drei Bereichen der Kult-Agenda verbunden ist, schert der sich wirklich um Ihre Redefreiheit? Da kommt noch was, Leute. Eine Technik des Kults besteht darin, seine eigenen Agenten zu Führern der Opposition gegen seine eigene Agenda zu machen, um die Opposition dann zu einem grandiosen Misserfolg zu verleiten (siehe Donald Trump).

Kapitel 6

Verbotenes Wissen

Die einzig wahre Weisheit besteht darin, zu wissen, dass man nichts weiß.

SOKRATES (CA. 469-399 V. CHR.)

Seit 1990 habe ich in aufbauenden Schichten eine Vielzahl miteinander verbundener Informationen erhalten, darunter über das Kontrollsystem für die Menschheit, die nichtmenschliche Kraft oder »Spinne«, die im Hintergrund arbeitet, die wahre Natur der Realität, die gefälschte »Welt« der Simulation und das gestörte und verzerrte Bewusstsein, das letztlich die Versklavung der menschlichen Gesellschaft inszeniert.

Ein Thema hört nicht auf, durch das nächste ergänzt zu werden. Jedes fügt den vorherigen neuen Informationen etwas hinzu und die Informationen vertiefen sich alle gegenseitig. Das ist der Grund, warum ich allein lebe und mein Leben damit verbringe, sieben Tage die Woche zu arbeiten; deshalb konzentriere ich mich ständig auf das, was ich tue, um den Tsunami an Informationen zu verarbeiten, zu ordnen und die Teile zusammenzufügen. Das zentrale Thema, das alle anderen zu einem nahtlosen Ganzen verbindet, ist Realität. Was ist Realität? In welcher Beziehung stehen wir zu ihr? Wer sind wir? Wo befinden wir uns? Was ist dieser »Ort«, diese »Welt«?

Ohne den Hintergrund der Realität selbst wird der Rest des Buches keinen Sinn ergeben. *Mit* diesem Wissen ergibt *alles* einen Sinn.

Getrennte Welten

Es gibt zwei Welten innerhalb dessen, was eine zu sein scheint (siehe Abbildung 65). Es gibt die Realität, die die Bevölkerung zu erleben glaubt, und den Bereich des globalen Kults. Der Unterschied zwischen beiden Welten ist das Wissen. Der Kult hat ein »Bildungssystem« geschaffen, das darauf abzielt, eine Selbst- und Realitätswahrnehmung zu programmieren, die die Massen in einem Zustand der Unwissenheit über alle wichtigen Lebensbereiche hält, die für das Verständnis des Geschehens wichtig sind. Die vom Kult kontrollierten Medien und Silicon-Valley-Plattformen sorgen mit ihren koordinierten Lügen und der von der Spinne orchestrierten Zensur dafür, dass diese Unwissenheit auch nach der Schule und der Universität fortbesteht. Das kollektive Ziel ist die totale Kontrolle der Menschen durch die Kontrolle der menschlichen Wahrnehmung, die zu menschlichem Verhalten und damit zur menschlichen Gesellschaft wird.

Um die Gesellschaft zu kontrollieren, muss man die Wahrnehmung kontrollieren, und um das zu können, muss man die Informationen kontrollieren, aus denen diese Wahrnehmungen entstehen. Diese wenigen Sätze beschreiben, warum die Welt so ist, wie sie ist, und warum sie so funktioniert, wie sie funktioniert. Das Ziel in Welt Nummer 1 ist es, die Bevölkerung in Unwissenheit zu halten und sie von dem zu trennen, was sie wissen muss. Welt Nummer 2 ist die Welt des Kults mit seinem globalen Netz von Geheimgesellschaften, die ich bereits beschrieben habe. Geheimgesellschaften werden offensichtlich geschaffen, um Geheimnisse zu bewahren, und vor wem? Vor der Bevölkerung. Das Wissen, das die Menschen brauchen, um sich zu befreien, wird im Netz der Geheimgesellschaften gehortet und nur an ausgewählte Eingeweihte über Generationen und Jahrhunderte hinweg weitergegeben. Selbst dann kennt die überwältigende Mehrheit innerhalb dieses Netzwerks nur Bruchstücke der Wahrheit: was sie wissen muss, um dem Kult zu dienen, nicht mehr. Der Kult ist ein streng kontrolliertes, abgeschottetes Netzwerk, das wie alle Geheimgesellschaften in verschiedene Stufen unterteilt ist. Diejenigen, die dem Kult angehören, entscheiden, wer in die Informationen, die sie zur Verfügung haben, eingeweiht werden kann und wer nicht. Nur der innere Kreis des Kults verfügt über das größere Wissen und selbst der wird vor der nichtmenschlichen Ebene, die ich noch aufdecken werde, abgeschottet. Unternehmen, Regierungen und die Welt im Allgemeinen sind in ähnlicher Weise abgeschottet. Der Mann, der auf dem Parkplatz von Facebook arbeitet, weiß nicht, was Zuckerberg tut, und Zuckerberg weiß nicht, was seine Herren tun. Die wichtigsten Wissensbereiche, die vor den Menschen geheim gehalten werden müssen, sind diese beiden:

1. Wohin der Kult die Welt führt.
2. Die Natur der Realität.

Das erste ist offensichtlich, das zweite weniger. Wenn man den Plan für die Menschheit geheim hält, kann man koordinierten Ereignissen und Aktionen den Anschein verleihen, sie seien zufällig, obwohl sie alle mit demselben Ziel verbunden sind. Ich verwende deshalb schon lange die Formulierung: »Das Ergebnis verrät, worum es bei einer Sache geht.« Wenn Sie das geplante Ergebnis nicht kennen, können die Schritte auf dem Weg dorthin rein zufällig erscheinen, als stünden sie ganz für sich allein. Wenn Sie das gewünschte Ergebnis jedoch kennen, erscheint das »Zufällige« plötzlich als das, was es wirklich ist – nämlich unverhohlen in einem Zusammenhang stehend und koordiniert. Sobald Sie das im Drehbuch des Kultes festgelegte Ergebnis kennen, erscheinen die Welt und ihre Geschehnisse Ihnen auf einmal in einer völlig neuen, ganz und gar anderen Perspektive. Ich habe daran gearbeitet, dieses Drehbuch aufzudecken und es der Bevölkerung zu präsentieren, damit die Illusionen des Zufalls sichtbar werden. Aus dieser Perspektive können die Menschen die täglichen Ereignisse als Teile eines Bildes sehen und Schritte in dieselbe Richtung auch als solche erkennen.

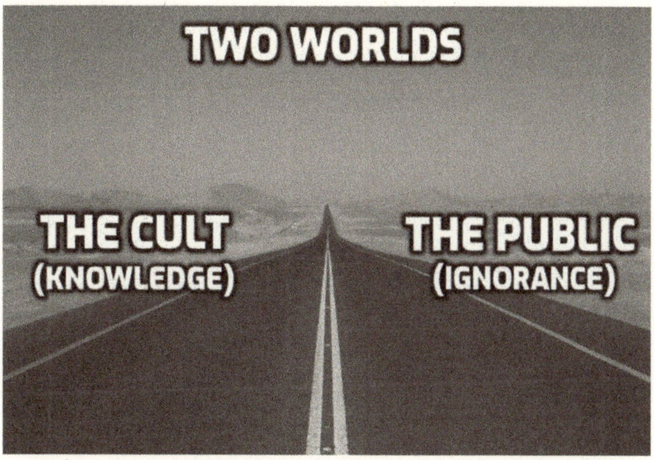

Abb. 65. Die zwei Welten des Kultes und der Öffentlichkeit: Während die Geheimgesellschaften des Kult-Netzwerks Wissen horten, halten sie die Bevölkerung, deren Wahrnehmung durch die vom Kult betriebene »Bildung« und die Medien programmiert ist, in Unwissenheit. Was für den Kult koordinierte und zusammenhängende Aktionen sind, erscheint der großen Mehrheit der Menschen als zufällig.

Die Illusion wird verborgen

Noch wichtiger als dies ist es für den Kult, die Menschheit in einem Zustand der Unwissenheit über unsere eigene wahre Identität zu halten und über das, was die Menschen für die Realität halten – was sie *glauben,* sei die Realität. Daher lautet die vorherrschende Botschaft der vom Kult kontrollierten und finanzierten Wissenschaft, dass wir in einer soliden Welt der Körperlichkeit leben, dass alles von allem anderen getrennt ist, dass nichts miteinander verbunden ist, dass das Leben zufällig ist und dass für alle der Tod das Ende bedeutet. Nichts davon ist wahr, aber wenn man die Menschen in einem Gefühl der Sinnlosigkeit, der Angst, der Verwirrung und der Begrenztheit versklaven will, muss man sie so einen Mist glauben lassen. Wenn dieses Narrativ scheitert, bleibt nur die Religion, in der Sie für alle Ewigkeit von einem zornigen, bösartigen (aber »liebevollen«) Gott für Ihre Taten in einem einzigen Menschenleben verurteilt werden, das zwischen ein paar Sekunden und mehr als einhundert Jahren dauern kann. Die Menschen sind entweder todesfürchtig oder gottesfürchtig und oft beides. Egal, wofür sie sich entscheiden, sie »fürchten« sich immer, und das ist der Sinn der Übung, aus einem Grund, der Ihnen auf niederschmetternde Weise noch klar werden wird. Die Wahrheit sieht hingegen ganz anders aus – dramatisch anders – und das ist die Wahrheit, die uns wirklich frei machen wird. Deshalb will der Kult nicht, dass Sie erfahren, was ich Ihnen jetzt verraten werde ...

Alle wissenschaftlichen Beweise und Belege für das, was ich hier sage, finden Sie in meinen Megawerken *Die Wahrnehmungsfalle* (Teil 1 und 2), *Alles, was Sie wissen sollten, Ihnen aber nie jemand erzählt hat* und *Die Antwort.* Außerdem gibt es auf Ikonic eine von mir geschriebene und moderierte 13-teilige Serie über die Natur der Realität, die sich vieler Spezialeffekte bedient. Im vorliegenden Buch möchte ich einfach und klar die Punkte zwischen scheinbar nicht miteinander verbundenen Informationen und Themen, die in Wirklichkeit grundlegend miteinander verbunden sind, in Beziehung zueinander setzen. Ich fand es schon immer erstaunlich, dass von allen Bereichen des Lebens und der Gesellschaft, die von der Menschheit diskutiert und erforscht werden, die Schlüsselfragen nicht einmal annähernd ganz oben auf der Liste stehen: Wer sind wir? Wo sind wir? Was ist dieser »Ort«, diese Realität? Im Ernst, man sollte doch meinen, dass wir das wissen wollen, oder? Diese Fragen stehen bei mir schon lange *ganz oben* auf der Liste, denn wie können wir überhaupt etwas verstehen, wenn wir die Realität, die wir erleben, nicht verstehen? Besteht Ihr Ziel jedoch darin, die Zielbevölkerung in eine Wahrnehmungsknechtschaft zu versetzen, ist das genau die Situation, die Sie herbeiführen wollen.

Die meisten denken, dass die Realität viel zu komplex und verwirrend ist und dass man sie am besten den klugen und überlegenen Wissenschaftlern und Akademikern überlässt, die in Wahrheit fast völlig ahnungslos sind, was es mit der Realität wirklich auf sich hat. Es gibt einige brillante Wissenschaftler, die an der Spitze des menschlichen Wissens forschen, ebenso wie einige hervorragende Akademiker und Ärzte. Sie alle als brillant zu betrachten, ist jedoch ein GROSSER Fehler. Meine Erfahrung mit allen drei Berufen hat gezeigt, dass sie größtenteils, ja, ich meine wirklich größtenteils, von einer Kombination aus programmierter Ignoranz, Starrsinn und einem schwindelerregenden Maß an Kurzsichtigkeit geprägt sind. Außerdem sind viele von ihnen so korrupt und bar jeder Integrität, dass ihre »Schlussfolgerungen« von den Vorgaben ihrer Zahlmeister bestimmt werden und nicht von aufgeschlossener Forschung und Untersuchung. Oh, ich hätte gern eine »wissenschaftliche Studie«, die den Menschen sagt, was ich sie glauben lassen will. Ja, Herr Gates, wie viel? Auf diesen Austausch von Geld folgen Medienberichte, die mit »Wissenschaftler haben festgestellt«, »Experten sagen« und »die neueste Studie bestätigt« gespickt sind, obwohl es sich dabei lediglich um das handelt, was Bill Gates und andere Milliardäre und Agenten des Kults erzählt haben wollen. Ersetzen Sie »Wissenschaftler« und »Experten« in diesen »Meldungen« durch »Bill Gates« und die Wahrheit kommt ans Licht. Genauso ist es, wenn Sie jedes Mal, wenn Sie »China« hören, stattdessen »der Kult« einsetzen.

Recherchieren Sie das Ausmaß der Finanzierung von »Wissenschaft«, »Akademikern«, »Medizin« und »Medien« durch die Bill & Melinda Gates Foundation und Sie werden schockiert sein über Umfang, Reichweite und Einfluss der Stiftung. Wenn diese angeblichen »Wissenschaftler«, »Akademiker« und »Experten« ihre Lippen bewegen, sprechen Bill Gates und der Kult – und die wären die letzten Menschen, die ich aufsuchen würde, um mir überhaupt irgendetwas erzählen zu lassen. Das war in der »Covid«-Ära von entscheidender Bedeutung, um die Lügen und den Betrug zu durchschauen, die aus den Mündern dieser Handlanger des Kults sprudeln. Wir haben gesehen, was passiert, wenn man diese Perspektive aus den Augen verliert. Ein Großteil der Menschheit ist zu Leibeigenen verkommen, die vor Angst zittern und mit Scheinimpfstoffen geimpft werden. Gates ist nicht nur böse, er ist verrückt. Er hat eine japanische Universität finanziert, um »fliegende Spritzen« in Form gentechnisch veränderter Moskitos herzustellen, die Impfstoffe verabreichen können, wenn sie zustechen. Der Nürnberger Kodex der informierten Zustimmung zu medizinischen Eingriffen ist für einen Psychopathen wie Gates, der dem Kult und den Rockefellers dient, kein Problem, ebenso wenig wie die Überredung von Akademikern und Wissenschaftlern, seinen Wahnsinn auf Kosten ihrer Mitmenschen zu manifestieren. Für Geld tun »Experten« alles und erzählen Ihnen auch alles.

»Unendliche Liebe ist die einzige Wahrheit«

Die Illusion der »physischen Materie« wurde für mich 2003 in zwei Nächten im brasilianischen Regenwald greifbar, als ich den psychoaktiven Wirkstoff Ayahuasca einnahm. Ich hatte die Einladung angenommen, bei einer einwöchigen Veranstaltung zu sprechen und die Regenwaldpflanze zu erleben. Ich wusste, dass ich, wenn ich mein

Denken vertiefen wollte, andere Realitätsebenen jenseits der wahrgenommenen »physischen« erforschen musste. Dies musste in einem bewussten Zustand geschehen und nicht in einem flüchtigen Traum. In der ersten Nacht nahm ich Ayahuasca allein ein, während ein Betreuer in dem großen runden Holzgebäude im Wald auf mich aufpasste. In der nächsten Nacht, als die Dosis erhöht wurde und mein Geist den fliegenden Teppich bestieg, war ich mit einer großen Gruppe von Menschen zusammen. Ich trank aus einem kleinen Glas und das Ayahuasca schmeckte ein wenig nach Lakritze. Es enthält Dimethyltryptamin oder DMT, einen starken Neurotransmitter und eine psychedelische Droge, die in zahlreichen Pflanzen natürlich vorkommt. DMT stimuliert die Zirbeldrüse in der Mitte des Gehirns, die als sogenanntes »Drittes Auge« dient. Das ist die Verbindung zu anderen Ausdrucksformen der Realität jenseits der »Welt« der fünf Sinne, die wir normalerweise wahrnehmen. Die Zirbeldrüse ist nur so groß wie ein Reiskorn, aber sie ist lebenswichtig für die Funktion des Körpers und für unsere Fähigkeit, über das hinaus zu sehen, was wir zu sehen glauben. Tatsächlich ist sie eine Antenne, die Informationen empfängt und weiterleitet. Sicher kein Zufall, dass das dem Trinkwasser und der Zahnpasta zugesetzte Fluorid die Zirbeldrüse verkalkt. Dies ist Teil des Plans, die andersdimensionalen Sinne der Menschheit zu blockieren, um uns in der Unwissenheit der fünf Sinne zu halten (siehe Abbildung 66 und Abbildung 67). Die Wirkung des sogenannten DMT ist seit der Antike bekannt und Sie können Abbildungen von psychoaktiven Pflanzen und der Zirbeldrüse in den Überresten und Artefakten alter Kulturen auf der ganzen Welt sehen. Dabei wird die Zirbeldrüse oft als Pinienzapfen symbolisiert, dem sie sehr ähnelt.

In der ersten Nacht dauerte es etwa eine Stunde, bis die Wirkung des Ayahuasca einsetzte und ich in einen veränderten Bewusstseinszustand eintrat. Das ist eine seltsame Erfahrung. Wenn Sie die Augen öffnen, ist die Welt ziemlich genau so, wie Sie sie immer wahrgenommen haben; wenn Sie sie schließen, befinden Sie sich jedoch in einer völlig anderen Realität, und es ist schwer, die Augen lange offen zu halten. Sie wollen es auch gar nicht. Die andere Realität ist so faszinierend. Als ich in der ersten Nacht begann, mir meiner Bewusstseinsverschiebung bewusst zu werden, hatte ich das Gefühl, es würde jemand auf das Zentrum meiner Brust drücken, wo sich, wie ich bereits erwähnte, das Herzchakra befindet. Es gibt sieben große Energiewirbel – »Chakren« oder »Räder des Lichts« genannt –, die den Körper und das Reich der fünf Sinne mit anderen Bewusstseinsebenen verbinden, zu denen die meisten Menschen im Laufe ihres Lebens nie wirklich Kontakt bekommen. Eines der Hauptziele des Kultes besteht darin, eine Trennung zwischen dem Körper-Geist-Raum der fünf Sinne und dem erweiterten Bewusstsein herbeizuführen, um die Bevölkerung in einem Wahrnehmungs- und Realitätsgefängnis zu isolieren, auf das ich im weiteren Verlauf noch genauer eingehen werde. Diese Trennung zu heilen, ist das, was die Menschen »Erwachen« oder »Aufwachen« nennen. In Wirklichkeit handelt es sich dabei nur um eine Wiederverbindung oder Reintegration der verschiedenen Ebenen des Selbst.

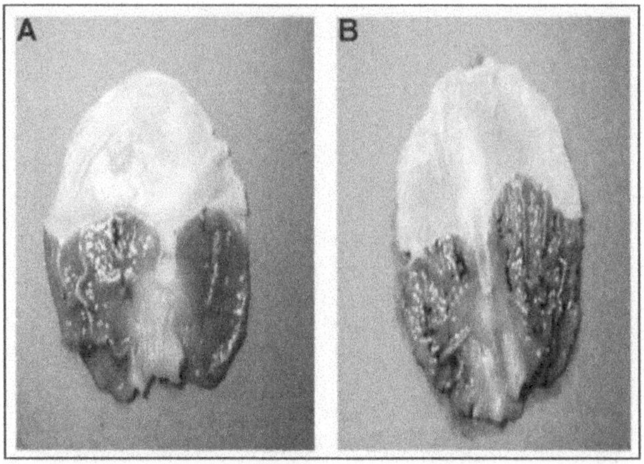

Abb. 66. Fluorid verkalkt die Zirbeldrüse und stört ihre Fähigkeit, mit anderen Realitäten in Verbindung zu treten. Dies ist Teil der Bemühungen des Kults, die menschliche Wahrnehmung auf die fünf Sinne zu beschränken.

Die wichtigsten Chakren im energetischen Feld des Menschen sind: Das Kronenchakra oben auf dem Kopf,

Abb. 67. Der Körper ist eine Antenne, die die Realität aus Wellenfeldinformationen dekodiert, und die Empfindlichkeit der Zirbeldrüse beeinflusst die Skala der Frequenzen, die wir anzapfen können. (Bild: Neil Hague)

Abb. 68. Das »Räder des Lichts«-Netzwerk aus Chakren, die verschiedene Ebenen des menschlichen Energiefeldes miteinander verbinden und durchdringen.

das Stirnchakra (oder »Dritte Auge«) in der Mitte der Stirn, das Halschakra, das Herzchakra in der Mitte der Brust, das Solarplexus- oder Nabelchakra, das Sakralchakra unterhalb des Nabels und das Basis- oder Wurzelchakra am unteren Ende der Wirbelsäule (siehe Abbildung 68). Jeder dieser energetischen Strudel oder Vortexe hat ganz bestimmte Funktionen. Die Funktion des Kronenchakra besteht darin, uns mit höheren Bewusstseinsebenen zu verbinden; das Stirnchakra verschafft uns Zugang zur außersinnlichen Kommunikation jenseits dieser Realität und ist mit der Zirbeldrüse und der Hypophyse im Gehirn verbunden, die zusammen das »Dritte Auge« bilden; das Halschakra steht in Verbindung mit Kommunikation und Kreativität – Schwingungskommunikation (Sprache/Ton) über die Stimmbänder; das Herzchakra ist unsere potenzielle Verbindung zu den höchsten Ebenen des Bewusstseins, der Intuition, des »Wissens« und der angeborenen Intelligenz, die nicht gelehrt werden kann; das Solarplexus-Chakra ist ein Sitz der elementaren Urkraft, die zum Guten oder zum Schlechten eingesetzt werden kann; das Sakralchakra steht in Verbindung mit Emotionen und Sexualität; und vom Wurzelchakra wird gesagt, dass es uns mit dem »materiellen« Bereich der wahrgenommenen Materie verbindet. Es ist der Sitz dessen, was im Osten als »Kundalini« bekannt ist, was uns zurück nach Peru führt.

Kundalini – im alten Sanskrit wörtlich »die Gewundene« – ist eine Energie, die als eine sich aufrichtende Schlange symbolisiert wird. Wenn sie aktiviert wird, steigt sie durch die Wirbelsäule und das zentrale Nervensystem auf und kann dann durch den Scheitel des Kopfes (das Kronenchakra) expandieren, was uns »erleuchtet«, indem wir uns mit weit entfernten Realitäten verbinden (siehe Abbildung 69 und Abbildung 70). »Weit« ist in Bezug auf die Frequenz dieser Realitäten zu verstehen. Die Kundalini-Aktivierung war ein zentraler Bestandteil dessen, was mit mir auf dem Hügel in Peru geschah, und sie war auch der Grund für den plötzlichen Energiefluss von der Erde durch meine Füße und mein zentrales Nervensystem nach oben sowie für den gegenläufigen Fluss durch die Oberseite meines Kopfes in die andere Richtung, nach unten. Es handelte sich um eine Wechselwirkung zwischen dem Wurzelchakra (Erde) und dem Kronenchakra (andersdimensionale Erleuchtung). Dies war die Quelle der förmlichen Explosion von Informationen, die in mein bewusstes und unterbewusstes Gewahrsein strömten und mich 1991 drei Monate lang buchstäblich um den Verstand brachten. Der Schlüsselenergievortex ist das Herzchakra, der Gleichgewichtspunkt für die anderen sechs Chakren und auch zugleich der Grund, warum das Herz das mächtigste elektromagnetische Feld des Körpers projiziert (siehe Abbildung 71). Die unteren drei Chakren beziehen sich weitgehend auf diese Realität und die oberen drei Chakren auf erweiterte Bewusstseinszustände und außersinnliche (außerhalb der fünf Sinne angesiedelte) Kommunikation. Das Herz ist der Regulator, der im Zentrum sitzt – oder sitzen sollte –,

Abb. 69. Was in mir auf dem Hügel in Peru aktiviert wurde.

Abb. 70. Das als Caduceus bekannte Symbol steht für das Kundalini-Phänomen.

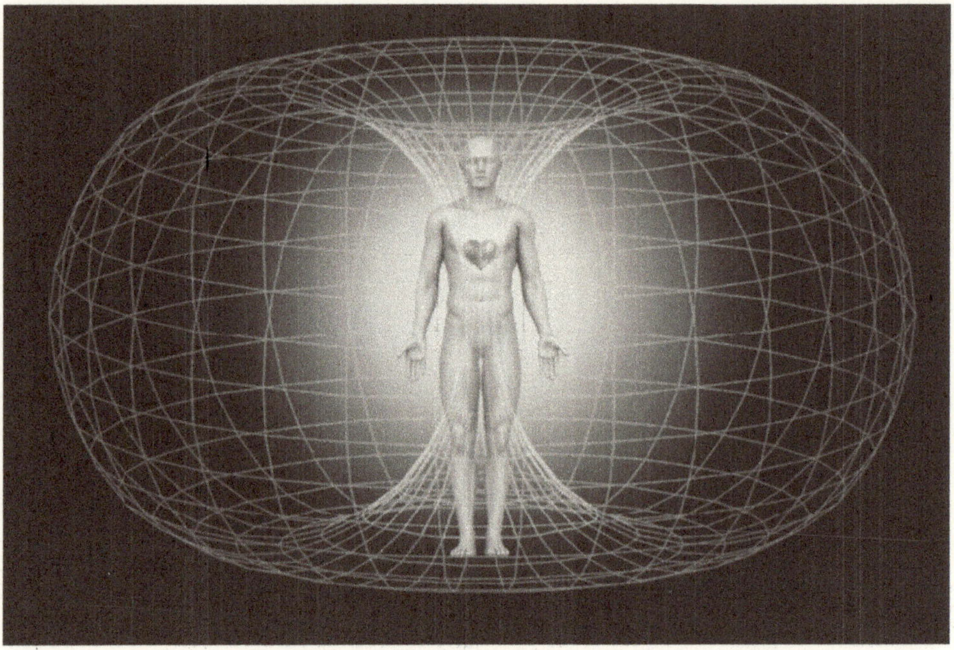

Abb. 71. Die Kraft des Herzens und des Herzchakras kann potenziell ein enormes elektromagnetisches Feld projizieren.

und unsere Verbindung zu unserem erweiterten und letztlich unendlichen Selbst. Aus diesem Grund hat der Kult die menschliche Gesellschaft und Wahrnehmung so strukturiert, dass die ordnungsgemäße Funktion des Herzchakras blockiert wird, indem die Aufmerksamkeit auf den Kopf (Fünf-Sinne-Verstand) und den Bauch (verworrene Emotionen) verlagert wird. Das Erwachen der Menschen in einem Zustand des erweiterten Bewusstseins ist das Letzte, was der Kult will. Wenn das geschieht, wäre es mit seiner Kontrollagenda vorbei.

Als ich in der brasilianischen Dunkelheit lag, spürte ich ein Druckgefühl genau an der Stelle, an der sich das Herzchakra befindet. Dann spürte ich, wie ein Bogen elektromagnetischer Energie von der Brust bis zur Mitte meiner Stirn und dem Dritten Auge oder Stirnchakra verlief. Der energetische Druck fand nun an beiden Enden des Bogens statt. Die pure Kraft war erstaunlich. Während dies geschah, begann die Musik, die mein Begleiter abspielte, zu stören, da sich der Player ein- und ausschaltete. Eines der Lichtbänder an der Decke ging an. Ich fragte mich, warum jemand das Licht einschalten sollte. Ich schaute nach rechts und mein Begleiter war weder in der Nähe des Lichtschalters noch des Musik-Players. Trotzdem hatten sich alle Lichter im Gebäude eingeschaltet, nicht nur eines. Der Energiebogen, den ich vom Herzen bis zur Stirn spürte, wurde immer intensiver, und zwei weitere Lichtbänder flammten auf. Viele »paranormale« Aktivitäten werden mit elektrischen Systemen in Verbindung gebracht, mit Lampen und Geräten, die ein- und ausgeschaltet werden, oder mit gedimmten Beleuchtungen. Das Bewusstsein in seinen unendlichen Formen kommuniziert mit unserer Realität durch Elektromagnetismus, der die Grundlage unserer simulierten »Welt« ist, wie wir sehen werden. Diese projizierten elektromagnetischen Felder können sich auf elektrische Systeme auswirken. Sie erklären auch das »Spinnennetz«, das ich bei Betty Shine auf meinem Gesicht spürte, warum sich die Atmosphäre um mich herum im Zeitungsladen in Ryde veränderte und was auf dem Hügel in Peru geschah.

Es gibt keine »physische« Existenz

Als ich in der zweiten Nacht mit Ayahuasca in einen veränderten Bewusstseinszustand eintauchte, begann eine Stimme, die weibliche Gestalt annahm, sehr laut und deutlich zu mir zu sprechen – und dies die nächsten fünf Stunden lang. Die Informationen, die die Stimme mir übermittelte, waren erstaunlich, denn ich erfuhr das Grundwissen über die illusorische Natur der »physischen« Realität. Die Stimme begann damit, dass ich dorthin gebracht werden würde, wo ich herkam und wohin ich zurückkehren würde. Und so fand ich mich auf einmal in einem Reich der absoluten Liebe, des Friedens und der Glückseligkeit wieder, in dem alles *eins* war. Es gab keine Trennung, keine Konkurrenz, keinen Konflikt, keine Ängste und keine Sorgen. Darüber hinaus war es still und ruhig, abgesehen von der einen oder anderen Bewegung in extremer Zeitlupe. Ich kann verstehen, warum dieser Zustand des Bewusstseins »Leere« genannt wurde.

»Dies ist das Unendliche, David«, sagte die Stimme, als mir ein Feld aus gleißender Schwärze gezeigt wurde. Jahre später las ich den Bericht über eine Nahtoderfahrung, in dem dasselbe Phänomen als »gleißende Dunkelheit« beschrieben wurde. Das war eine treffende Bezeichnung für das, was ich sah (siehe Abbildung 72). Ich bezeichne diese Ebene des Bewusstseins als *Unendliches Gewahrsein Im Gewahrsein Seiner Selbst*, das die gesamte unendliche Existenz durchdringt. Wenn die Menschen sagen, »Gott ist überall«, dann ist es das, was sie meinen. Wenn sie es nur erkennen und aufhören würden, alles in »physischen« Begriffen durch die Wahrnehmungen der fünf Sinne zu sehen. *Unendliches Gewahrsein Im Gewahrsein Seiner Selbst* ist die schöpferische Kraft der All-Möglichkeit und des All-Potenzials, aus der jegliche Schöpfung entspringt (siehe Abbildung 73). Wir alle sind Ausdruck des Unendlichen Gewahrseins, aber natürlich sind sich nicht alle ihrer unendlichen Natur bewusst. Sie können stattdessen glauben,

Abb. 72. Neil Hagues Darstellung dessen, was mir in meinem veränderten Ayahuasca-Zustand als »Das Unendliche« beschrieben wurde – eine leuchtende, schillernde Schwärze und Stille.

sie seien ein Ingenieur, eine Zahnarzthelferin, ein Lehrer, ein Auslieferungsfahrer oder was auch immer, obwohl dies nur ihre Selbstidentitäten und Erfahrungen in einem recht kurzen Wahrnehmungsaufenthalt namens Mensch sind. Ich nenne diese menschliche Selbstidentität das Phantom-Selbst, während WIR Unendliches Gewahrsein sind, wenn auch in fast allen Fällen *nicht* im Gewahrsein seiner selbst. Unsere wahre Identität ist entführt worden.

Wir sind nicht unsere Körper; wir sind das Bewusstsein, das eine Erfahrung *durch* den Körper macht, so wie wir das Internet durch einen Computer erleben. Wir sind Bewusstsein, ein Zustand des Gewahrseins. Alles andere, einschließlich aller Formen, ist Illusion im Sinne von Körperlichkeit. Wir sind formlos und haben das Potenzial, jede illusorische Form als Hilfsmittel für die unendliche Erfahrung anzunehmen (siehe Abbildung 74). Wir sind Bewusstsein, aber wie bewusst? Bewusst genug, um in einem Callcenter ans Telefon zu gehen und sich selbst als Callcenter-Mitarbeiter zu identifizieren? Oder bewusst genug, um zu wissen, dass wir alles sind, *Was Ist, War und Je Sein Kann* – unendliche Möglichkeiten, unendliches Potenzial, das darauf wartet, durch unsere Wahrnehmung in einem Prozess manifestiert zu werden, den

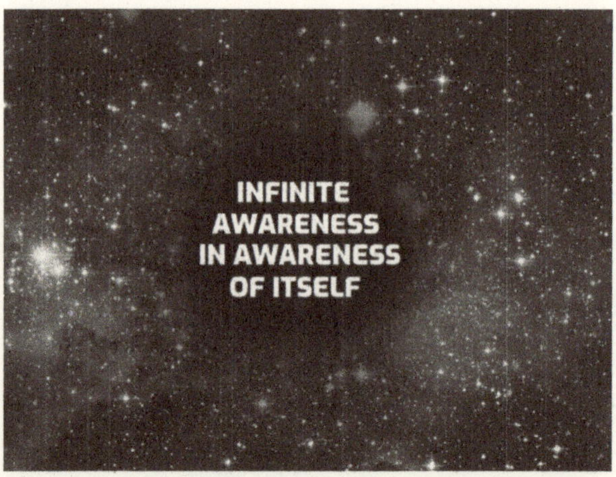

Abb. 73. Unendliches Gewahrsein Im Gewahrsein Seiner Selbst – wo alles gewusst wird und woher jegliche Kreativität kommt.

ich noch erläutern werde? Entscheidend für den Ausbruch aus der Gefängniszelle der wahrgenommenen Begrenzung und des Phantom-Selbst ist es, der Falle zu entkommen, die der Glaube an eine physische Realität ist, in der alles von allem anderen getrennt erscheint. In meiner zweiten Ayahuasca-Nacht vergingen die fünf Stunden zum größten Teil damit, dass eine Stimme sich bemühte, diese Illusion aufzulösen. Es gab keine »Körperlichkeit« oder »Festigkeit«. Unsere Realität ist eben nicht so, wie sie zu sein scheint.

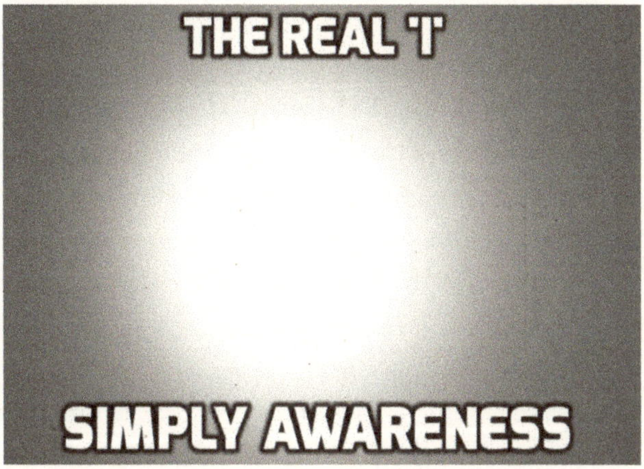

Abb. 74. Was wir sind, wenn alle Illusion wegfällt: das wirkliche »Ich« – schlichtes Gewahrsein.

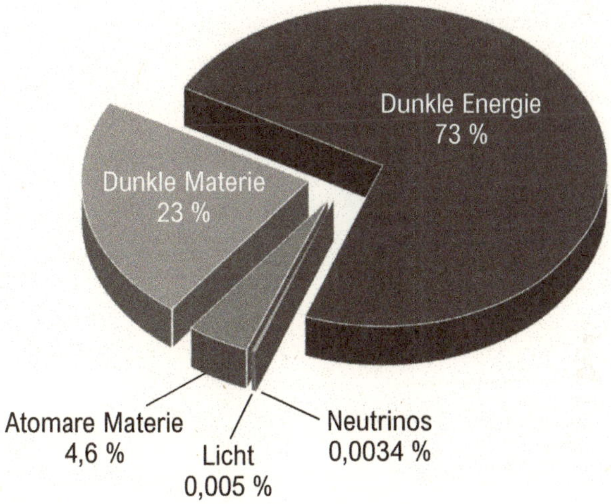

Abb. 75: Nach Ansicht der Mainstream-Wissenschaft macht das elektromagnetische Spektrum nur 0,005 Prozent dessen aus, was im Universum existiert – höchstens 0,5 Prozent.

Als ich danach wieder in England war, erinnerte ich mich sehr genau an das, was die Stimme gesagt hatte, und in den zwei Jahrzehnten, die seitdem vergangen sind, habe ich so viel mehr Wissen und Einsicht in unsere wahrere Realität erlangt. Ich begann, mir die verschiedenen wissenschaftlichen Disziplinen von der Quantenphysik bis zur Biologie anzusehen, und man erkennt, dass die Puzzleteile alle da sind, um das Illusionäre der physischen Existenz zu bestätigen. Leider sprechen die Disziplinen nicht miteinander und konkurrieren oft um Finanzierung und Prestige. Die Geldgeber (des Kults) erhalten immer die Resultate, für die sie zahlen, auf Kosten der Wahrheit. Allein die Quantenphysik demontiert die solide Realität. Andere Disziplinen müssen dies so widerwillig wie möglich anerkennen und machen dann so weiter, als gäbe es die nicht physikalische Quantenwelt nicht. Ihre volle Tragweite zu akzeptieren, würde das Ende der gesamten Weltanschauung der Biologie und Medizin bedeuten, und so klammern sie sich an die Trümmer und versuchen, sie wieder zusammenzukitten, während ihre Glaubwürdigkeit zunehmend zerfällt. In der Zwischenzeit konzentrieren sich die wissenschaftlichen Projekte, die für den Kult entwickelt werden, auf genau diese Quantenwelt, einschließlich der Nanotechnologie. Sie wissen sehr wohl, dass Körperlichkeit und »Materie« Illusionen sind, und dies ist ein entscheidender Teil der Wissensbasis, die im geheimen Netzwerk des Kultes über Generationen hinweg weitergegeben und vor der Bevölkerung geheim gehalten wird. Die Realität ist nicht so komplex, wie sie zu sein scheint, und gerade die suggerierte Komplexität verbirgt die einfachen Grundlagen der Realität.

Was wir mit unseren Augen – eigentlich unserem Gehirn/Geist – sehen, ist lediglich ein winziges Frequenzband namens *sichtbares* Licht innerhalb des elektromagnetischen Spektrums. Das gesamte Spektrum (dessen, was wir »Licht« nennen) macht schätzungsweise nur 0,005 Prozent dessen aus, was im Universum existiert (siehe Abbildung 75). Andere Theorien sprechen von bis zu 0,5 Prozent – wie auch immer, es ist

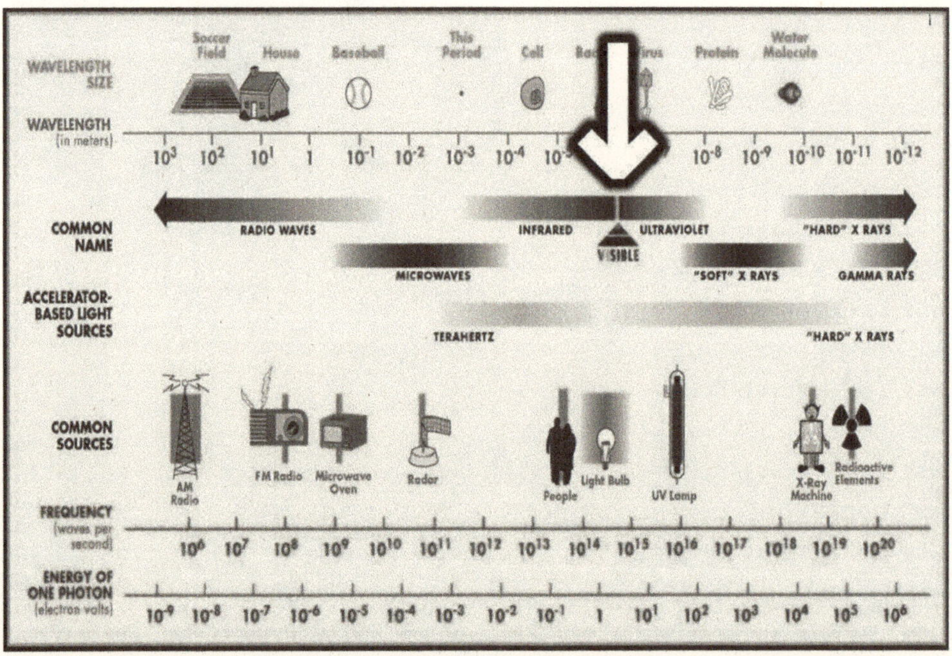

Abb. 76: Das sichtbare Licht, das einzige Frequenzband, das wir sehen können, umfasst den Bruchteil von 0,005 Prozent. Der Mensch ist praktisch blind, und es ist kein Wunder, dass so viele unter generationenübergreifender Kurzsichtigkeit leiden.

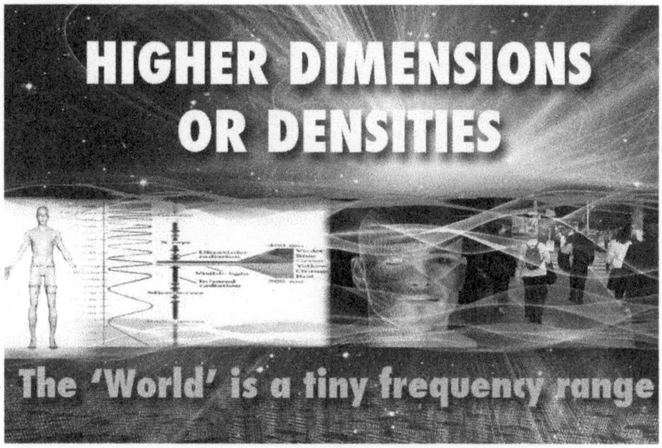

Abb. 77: Unsere »Welt« ist ein Frequenzband. Die Unendlichkeit befindet sich jenseits ihrer illusorischen Grenzen. (Bild: Neil Hague)

verschwindend gering. Denken Sie einmal darüber nach – und am besten auch gleich über diese Tatsache hier: Das einzige Frequenzband, das wir »sehen« können, deckt nur den winzigen Bruchteil von 0,005 Prozent ab, der als sichtbares Licht bezeichnet wird (siehe Abbildung 76). Was unsere geistige Befähigung anbelangt, sind wir im Grunde *blind*. Die Religionen sagen uns, dass alles, was wir wissen müssen, zwischen den Buchdeckeln eines einzigen Buches innerhalb eines kaum wahrnehmbaren Bruchteils von 0,005 Prozent des Universums liegt. Wie verrückt ist das denn?

Wie das Zitat von Sokrates zu Beginn des Kapitels sagt: »Die einzig wahre Weisheit besteht darin, zu wissen, dass man nichts weiß.« Der Weg, etwas zu erfahren, besteht für Sie darin, den Geist für alle Möglichkeiten zu öffnen und die Wahrnehmung nicht auf den Realitätssinn zu beschränken, der Ihrer Psyche ein Leben lang einprogrammiert wurde, um Sie wahrnehmungsmäßig und damit »physisch« zu versklaven. Wir scannen die Welt und denken, dass wir alles sehen, was es in dem von uns wahrgenommenen »Raum« zu sehen gibt, obwohl wir nur ein wahnsinnig schmales Frequenzband des sichtbaren Lichts »sehen«. Die unendliche Wirklichkeit existiert in demselben »Raum«; wir können sie nur nicht sehen (siehe Abbildung 77). Unser visuelles Dekodierungssystem mit fünf Sinnen kann ausschließlich sichtbares Licht dekodieren. Versuchen Sie einmal, auf einem Computerbildschirm Frequenzen darzustellen, für die der Computer nicht programmiert ist. Das können Sie nicht und das Prinzip ist genau gleich. Menschen, die behaupten, sie hätten nichtmenschliche Wesen oder Raumschiffe gesehen, die aus dem Nichts auftauchten und dann wieder verschwanden, werden lächerlich gemacht und abgetan. Auch hier entspringt der Spott der Unwissenheit. Es zeigt, dass man, wenn man das Wissen um das Mögliche unterdrückt, seine Zielpersonen so manipulieren kann, dass sie mit einem Lachen und einer Handbewegung abtun, was tatsächlich passiert. Diese Wesen und Raumschiffe sind keine Erscheinungen, die einfach

Abb. 78. Die fünf Sinne sehen Formen und »Dinge« mit einem »leeren Raum« dazwischen, während dieser »Raum« in Wirklichkeit mit dem Bewusstsein der Möglichkeit, der Wahrscheinlichkeit und des Potenzials gefüllt ist, das wir anzapfen und manifestieren können. Dies ist das Feld, das uns alle als Eins verbindet. (Bild: Neil Hague)

so auftauchen und wieder verschwinden. Sie treten in den visuellen Frequenzbereich des Menschen ein und verlassen ihn dann wieder. Für den menschlichen Beobachter scheinen sie nur zu erscheinen und zu verschwinden, wenn sie aus dem einzigen Frequenzband kommen und gehen, das der Beobachter sehen kann. Es ist ganz einfach, und das gilt für alle scheinbar »unmöglichen« Phänomene.

Die Begrenzung unserer visuellen Realität durch die fünf Sinne bedeutet, dass wir nur die Frequenz von »Objekten« sehen können – eigentlich holografische Formen, wie ich später noch erläutern werde. Infolgedessen scheint alles von allem anderen getrennt zu sein, mit »leerem Raum« dazwischen, obwohl es keinen »leeren Raum« gibt. Alles ist durch ein Energiefeld – das bewusste Sein oder Bewusstsein – verbunden, das ich »das Feld« nenne (siehe Abbildung 78). Stellen Sie sich ein WLAN-Feld oder den Ozean vor, der alles Leben im Meer miteinander verbindet. Tatsächlich gibt es *zwei* Felder – das Unendliche Feld, das ein Ausdruck des Unendlichen Bewusstseins ist, und das elektromagnetische Simulationsfeld. Wir entscheiden, welches dieser Felder unsere Wahrnehmung und unser Verhalten am meisten beeinflusst, und damit darüber, ob wir »schlafen« oder »wach« sind. Das Simulationsfeld ist ein wellenförmi-

Abb. 79. Die für unsere fünf Sinne unsichtbaren »Felder« verbinden alles miteinander, so wie alle Fische durch den Ozean verbunden sind. (Bild: Neil Hague)

ges Informationskonstrukt, das das Unendliche Feld nachahmt, um das menschliche Bewusstsein in sein illusionäres Reich zu locken.

Ich werde mich noch viel ausführlicher mit dem Simulationsfeld befassen und bis dahin beides als Felder bezeichnen, im Plural. In beiden Fällen arbeiten die Felder auf Frequenzebenen, die der Sehsinn des Körpers nicht entschlüsseln und daher nicht sehen kann. Auf diese Weise entsteht die Illusion, dass alles getrennt ist, obwohl alles Eins ist und durch die Felder verbunden (siehe Abbildung 79). Alle sogenannten paranormalen Phänomene können erklärt werden, wenn wir diese Felder verstehen. Wir sind ein Ausdruck der Felder und können zum Beispiel telepathisch kommunizieren, weil unsere Gedanken und Emotionen in Form von Frequenzen durch die Felder wandern. Jeder Gedanke und jede Emotion erzeugt eine Frequenz, die sich auf die Art des Gedankens/der Emotion bezieht. Hass, Depression und Angst sind niedrige, langsame, dichte Frequenzen, während Liebe, Freude und Glück schnelle, hohe Frequenzen sind, weshalb wir uns bei Depressionen »schwer« und bei Freude »leicht« fühlen. Dies entspricht den Frequenzen, die wir mit unseren Gedanken und Emotionen erzeugen, und deren Auswirkungen auf das elektromagnetische Feld des Körpers (in anderem Zusammenhang auch die »Aura« genannt).

Ich habe gerade an Sie gedacht

Viele Menschen haben schon einmal an jemanden gedacht, und dann klingelt das Telefon und der Betreffende ist am Apparat. Dunnerlittchen, was für ein Rätsel! Nein, kein Bisschen. Als Sie an ihn gedacht haben, hat dieser an Sie gedacht, denn Sie wollten den Menschen ja anrufen. Die Frequenzkommunikation zwischen Ihnen wurde durch die Felder erzeugt. Dies kann über jede beliebige »Entfernung« hinweg geschehen, weil es »Entfernung« nicht gibt – eine weitere Illusion, so unglaublich das den fünf Sinnen auch erscheinen mag. Eine solche Telepathie findet relativ selten statt, weil die Menschheit gegenüber diesen Ebenen der Frequenzkommunikation desensibilisiert wurde, um in der Realitätsblase der Fünf-Sinne-Wahrnehmung zu leben; die »Stimmen« (Frequenzen) in den Feldern können diese fünf Sinne nicht spüren oder hören. Die »Stimmen«, die Hellseher und Medien hören und mit denen sie in Verbindung treten, werden über die Felder kommuniziert, sei es die unendliche oder die simulierte Variante. Die »Stimmen«, die ich gehört habe und die mit mir kommunizieren, sind eigentlich *Frequenzen* in den Feldern, die ich in »Stimmen« dekodiere oder vielmehr Gedankenformen, die ich in die Erfahrung einer »Stimme« dekodiere. Das tun wir mit den menschlichen »Stimmen« genauso. Es sind von den Stimmbändern erzeugte Frequenzen, die unser Hörsinn in Sprache umwandelt. Alte Kulturen und Stammesvölker haben sich diese Sensibilität bewahrt, die als »Buschtelefon« bekannt wurde und es den Menschen im Dschungel ermöglicht, zu spüren, was im Dorf geschieht, indem sie Frequenzen entschlüsseln, die vom Dorf erzeugt und durch die Felder übermittelt werden. Das Buschtelefon funktioniert immer noch bei den Stammesvölkern, die von der »modernen« westlichen »Kultur« weitgehend unberührt geblieben sind. Was ist die westliche Realität? Auf die fünf Sinne reduziert, die das Bewusstsein in den Illusionen der »Körperlichkeit« gefangen hält und die Kanäle zur Sensibilität des Buschtelefons verschließt. Die »westliche Kultur« ist besonders darauf ausgerichtet und der »Great Reset« wird eine noch extremere Version davon sein, die sich der Technologie bedient.

Tiere gehen nicht zur Schule und sehen oder lesen keine Nachrichten, die ihren Realitätssinn von diesen subtilen Energien abkoppeln. Daher sind sie sehr empfindlich für das, was in den Feldern geschieht. Man hat festgestellt, dass Tiere es zu wissen scheinen, wenn Stürme oder Erdbeben bevorstehen, während Menschen etwas erst sehen müssen, um seine Existenz zu erkennen. Ein Sturm oder ein Erdbeben beginnt mit Veränderungen in den Feldern, lange bevor sie visuell wahrnehmbar werden. Tiere – und sensible Menschen – spüren diese Veränderungen und ergreifen Maßnahmen, um das zu vermeiden, von dem sie wissen, dass es kommen wird. Das ist es, was wir »Intuition«

nennen. Die Felder verbinden uns alle – alles ist Teil eines zusammenhängenden Ganzen – und *wir sind alle Eins*. Die scheinbaren Trennungen zwischen uns sind Illusionen des menschlichen Sehprozesses, der die Felder nicht sehen kann, die uns miteinander verbinden – ob Menschen untereinander, Menschen mit der »natürlichen Welt« oder alles (im Falle des Unendlichen Feldes) mit der Unendlichen Realität. Wir können mit Tieren, Pflanzen und Bäumen über die Felder kommunizieren. Nein, nicht durch die menschliche Sprache, sondern durch die Schwingung der Worte und die Frequenz unseres Herzens und unseres Verstandes. Was sind Worte anderes als Frequenzfelder von Informationen, die von unseren Stimmbändern in die Felder geworfen werden? Jede Kommunikation ist in Wirklichkeit eine Frequenz, die die Felder durchläuft, um von denjenigen entschlüsselt zu werden, die sehen, hören, fühlen, schmecken, riechen und eine größere Realität wahrnehmen können. Das ist das einfache Wissen, das die Manipulatoren der menschlichen Gesellschaft uns vorenthalten wollen, denn es befreit uns von der Unwissenheit, die uns in Knechtschaft hält. Die Felder sind die Grundlage von allem und die Felder zu verstehen, bedeutet, das Leben selbst zu verstehen.

Körper-Geist und dekodierte Illusion

Das Bewusstsein arbeitet auf Schwingungsebenen, die nicht direkt mit dem Frequenzband interagieren können, das wir die menschliche Welt nennen. Das Bewusstsein – das Gewahrsein – könnte auch in Bestform keine Gegenstände anfassen oder auf einem Stuhl sitzen, so wie zwei Radiosender auf unterschiedlichen Wellenlängen keine Verbindung miteinander herstellen können. Daher erleben wir die menschliche Realität durch ein Vehikel, das wir »Körper« nennen und das mit dem Frequenzband der menschlichen Realität übereinstimmt und mit ihr interagiert. Die fünf Sinne und die Körperfunktionen dekodieren darüber hinaus Informationen aus den Feldern (in diesem Fall vor allem aus dem Simulationsfeld) und erzeugen so die erlebte Illusion einer physischen Welt. Zumindest funktioniert es so auf einer Ebene. Ich werde später noch sehr viel genauer darauf eingehen. Alles in unserer menschlichen Realität ist Wellenfeldinformation, die sich mit den Feldern verbindet, die alle anderen Felder umfassen. Unsere Körper sind Informationsfelder, wie alles, was Sie zu sehen, zu hören, zu berühren, zu riechen und zu schmecken glauben. Die fünf Sinne entschlüsseln die Frequenzen der Informationen in den Wellenfeldern über die Antennen, die wir Augen, Ohren, Haut, Nase und Zunge nennen, und wandeln sie in elektrische Signale um, die an das Gehirn weitergeleitet werden. Dieses wiederum dekodiert

Abb. 80: Wir mögen die »Welt« als »physisch« wahrnehmen, aber alles ist ein Ausdruck dekodierter Wellenforminformationen. (Bild: Neil Hague)

die elektrischen Informationen in digitale und holografische Informationen, die wir als physische Außenwelt erleben, obwohl es keine »äußere« Welt gibt, wie wir sie wahrnehmen (siehe Abbildung 80). Ein Computer dekodiert Informationen aus dem WLAN in die Form, die wir auf dem Bildschirm sehen. Der Text und die Bilder, die wir beobachten, befinden sich im Inneren des Computers, so wie die wahrgenommene physische Realität in uns ist. Verschiedene Bereiche des Gehirns dekodieren diese Signale in die Wahrnehmung von Sehen, Hören, Fühlen, Riechen und Schmecken, um den Realitätssinn zu konstruieren, den wir als externe Welt erleben, obwohl sie in dieser Form – der sogenannten Körperlichkeit – nur in unserem Kopf existiert (siehe Abbildung 81 und Abbildung 82). Sogar »unser Kopf« ist eine falsche Bezeichnung, denn auch Gehirn und Körper sind wellenförmige Informationsfelder, die wir in eine scheinbare physische Realität dekodieren, und ich werde dies zu gegebener Zeit noch in einen größeren Zusammenhang stellen.

Schon in früheren Büchern habe ich die Geschichte erwähnt, die Michael Talbot in *Das holografische Universum* erzählt und in der ein Bühnenhypnotiseur auf einer privaten Party auftritt. Ein Mann namens Tom wurde in eine hypnotische Trance versetzt und man teilte ihm mit, dass er, wenn er »aufwachen« würde, seine Tochter nicht mehr sehen könnte. Der Hypnotiseur brachte die Tochter dazu, sich ganz dicht vor ihren sitzenden Vater zu stellen, so dass er direkt auf ihren Bauch schaute. Tom wurde gefragt, ob er seine Tochter im Raum sehen könne. Er blickte sich um und sagte »nein«, während seine Tochter nur Zentimeter von ihm entfernt war. Der Hypnotiseur hielt dann seine Hand hinter ihren Rücken und fragte Tom, was er gerade in der Hand habe. »Eine Uhr«, sagte Tom, während seine Tochter zwischen ihm und dieser Uhr stand. Daraufhin wurde Tom gebeten, eine Gravur auf der Uhr vorzulesen, was er auch tat. Geht man von einem »normalen« Verständnis der Realität aus, ist das, was ich gerade beschrieben habe, unmöglich, doch in Wahrheit lässt es sich ganz einfach erklären. Wie alles in unserer Realität war auch der Körper der Tochter ein wellenförmiges Informationsfeld, das außerhalb des sichtbaren Lichts arbeitete. Sie befand sich folglich *außerhalb* des Sehsinns ihres Vaters. Damit er sie sehen konnte, musste er ihr Feld in eine holografische Form dekodieren, die *innerhalb* des sichtbaren Lichts arbeitete. Die hypnotische Suggestion, dass Tom seine Tochter nicht sehen könne, hat sein Gehirn dazu gebracht, ihr Feld nicht zu entschlüsseln. In seiner Realität blieb sie in Wellenform und so konnte er sie nicht nur nicht sehen – sie konnte ihm auch nicht die Sicht auf die holografische Realität der Uhr versperren. Sobald Sie die

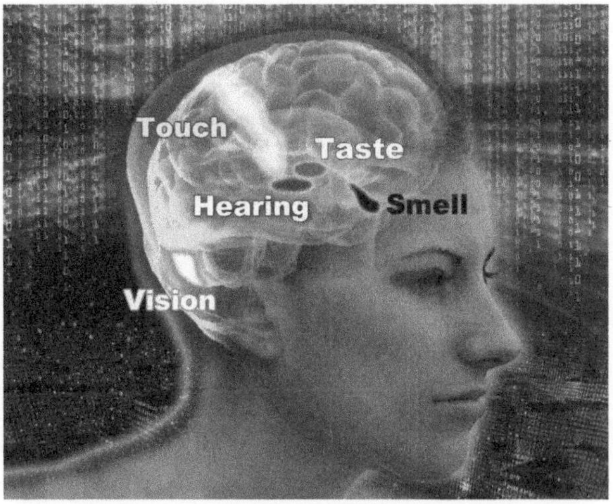

Abb. 81: Wir mögen die »Welt« als »physisch« wahrnehmen, aber alles ist ein Ausdruck dekodierter Wellenforminformationen. (Bild: Neil Hague)

Abb. 82: Wo ist die »physische Welt«? Bitte sehr … zumindest auf einer Ebene gibt es sie. (Bild: Gareth Icke)

wahre Natur der Realität begreifen, wird das Unmögliche möglich und das »Paranormale« wird einfach erklärbar. Wir entschlüsseln sogar unseren *eigenen* Körper in die Erscheinung, die wir sehen (siehe Abbildung 83). Der Körper-Geist mit seinen fünf Sinnen dekodiert Informationen aus der Simulation in die Welt, in der wir zu leben glauben, obwohl das alles nur eine Simulation ist, wie ein Charakter aus dem Film *Matrix* sagt:

»Was ist real? Wie definieren Sie ›real‹? Wenn Sie über das sprechen, was Sie fühlen, riechen, schmecken und sehen können, dann sind ›real‹ einfach elektrische Signale, die von Ihrem Gehirn interpretiert werden.«

Robert Lanza, ein amerikanischer Arzt und Wissenschaftler, beschreibt, wie eine Kerzenflamme winzige Pakete elektromagnetischer Energie, sogenannte Photonen, aussendet, die jeweils elektrisch und magnetisch pulsieren.

Die Flamme, die wir erkennen, sehen wir erst, wenn das Gehirn diese energetischen Informationen in einen holografischen Zustand entschlüsselt. Lanza schreibt in seinem ausgezeichneten Buch *Biozentrismus*:

»Aus alltäglicher Erfahrung wissen wir, dass weder Elektrizität noch Magnetismus visuelle Eigenschaften haben. Es ist also nicht schwer zu begreifen, dass die Kerzenflamme an sich nichts Visuelles, nichts Helles oder Farbiges enthält. Wenn nun die unsichtbaren elektromagnetischen Wellen auf die menschliche Netzhaut treffen und wenn (und nur dann) die Wellen von Scheitel zu Scheitel eine Länge von vierhundert bis siebenhundert Nanometern haben, dann ist ihre Energie genau richtig, um die acht Millionen zapfenförmigen Zellen in der Netzhaut zu stimulieren.

Jede dieser Zellen sendet wiederum einen elektrischen Impuls an ein benachbartes Neuron, und so geht es mit vierhundert Stundenkilometern weiter, bis es den warmen, feuchten Okzipitallappen des Gehirns im Hinterkopf erreicht. Dort feuert ein kaskadenförmiger Komplex von Neuronen auf die eintreffenden Reize und wir nehmen diese Erfahrung subjektiv als gelbe Helligkeit an einem Ort wahr, den wir als ›Außenwelt‹ konditioniert haben.«

Das gleiche Prinzip gilt für Farben, die ebenfalls eine Schwingung sind, die von Ihrem Gehirn interpretiert wird. Jede Farbe und jede Farbschattierung ist eine andere *Frequenz*. Etwas scheint eine bestimmte Farbe oder Farben zu haben, weil es einige Lichtfrequenzen reflektiert (die wir entschlüsseln und daher »sehen«) und den Rest absorbiert (den wir nicht entschlüsseln und daher nicht »sehen«). Schwarz absorbiert alles Licht, deshalb ist es schwarz; Weiß reflektiert alles Licht, deshalb ist es weiß; und die unterschiedlichen Farben absorbieren manche Lichtfrequenzen und reflektieren andere. Der Wissenschaftler Isaac Newton (1642-1726) bezeichnete das Frequenzband der Regenbogenfarben als »Spektrum«, und das ist durchaus angemessen, denn dieses Wort stammt aus dem Lateinischen und bedeutet »Erscheinung« oder »Gespenst«. Der englische Begriff »*Spectre*« (Geistererscheinung) hat denselben etymologischen Ursprung. Wo sind all die Farben, die Sie sehen? In Ihrem »Kopf«, dem menschlichen Dekodierungssystem. Das ist der einzige Ort, an dem sie existieren.

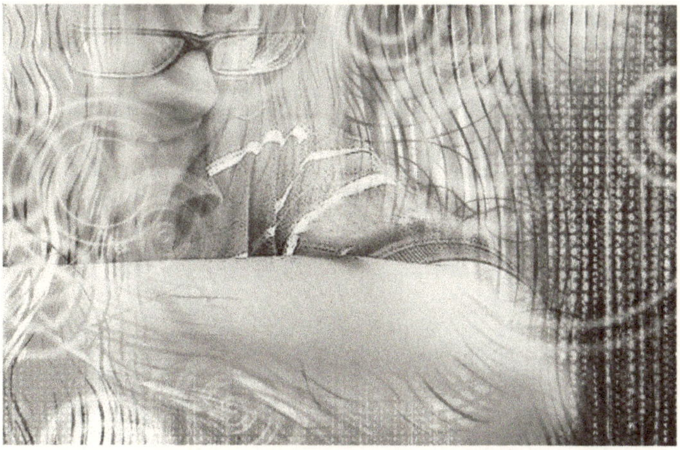

Abb. 83. Der Körper ist ein Informationsfeld, das von dem Informationsfeld, das wir als Gehirn bezeichnen, in eine »physische« Illusion umgewandelt wird; aber es gibt noch eine andere Ebene, auf die ich später eingehen werde. (Bild: Neil Hague)

Es gibt nur das ewige JETZT!

Das Ausmaß der Illusion von »Außenwelt« und »Materie« ist fantastisch. Das Simulationsfeld versorgt die fünf Sinne mit Informationen, die in eine erlebte Realität aus Licht, Wärme, Gewicht, Festigkeit, Bewegung, Raum und Zeit entschlüsselt werden, obwohl nichts davon außerhalb der Informationsgrenzen der Simulation existiert. Sie sind die entschlüsselten Interaktionen zwischen der Simulation, den fünf Sinnen und dem Gehirn/Geist innerhalb der Lichtgeschwindigkeit. Es gibt zum Beispiel keine Zeit, sondern nur die entschlüsselte Illusion davon. Es gibt nur das unendliche, ewige JETZT. Ist das verrückt? Wo sind Sie, wenn Sie das erleben, was Sie als Gegenwart wahrnehmen? Im JETZT. Wo sind Sie, wenn Sie an die »Vergangenheit« denken? Im JETZT. Wo waren Sie, als Sie das erlebten, was Sie »Vergangenheit« nennen? Im JETZT. Wo sind Sie, wenn Sie an die »Zukunft« denken? Im JETZT. Wo werden Sie sein, wenn Sie das erleben, was Sie »Zukunft« nennen? Im JETZT. Es gibt nur das JETZT.

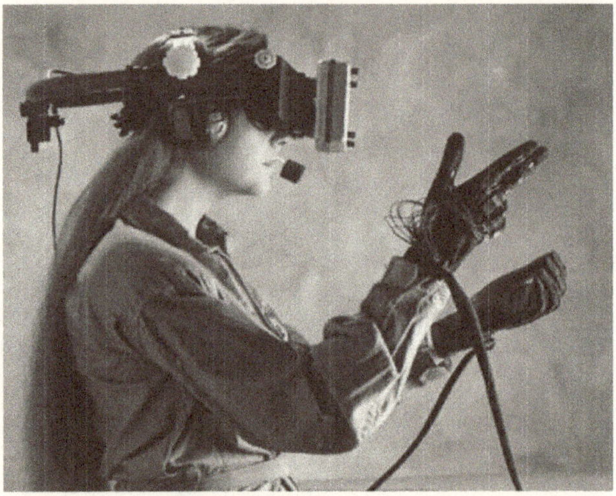

Abb. 84. Die Technologie der virtuellen Realität füttert die fünf Sinne mit Informationen, um sich in das menschliche Dekodierungssystem zu hacken.

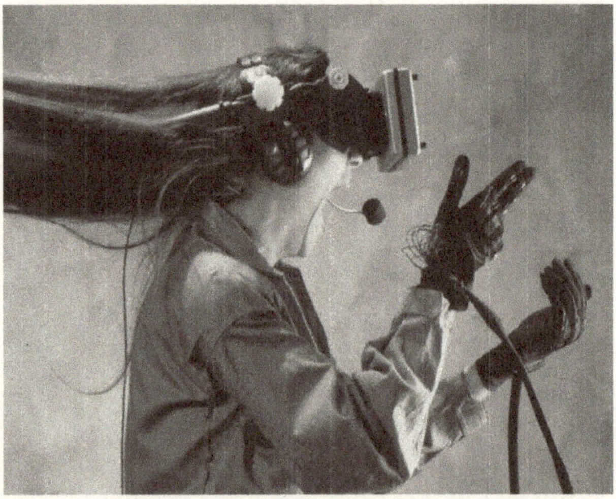

Abb. 85. Auch wenn die Sinne nur Informationen aus der Technologie dekodieren, kann das Ergebnis unglaublich real erscheinen.

Es gibt nur ein »ist«. »Zeit« ist ein Konzept und Konzepte sind Wahrnehmungen Ihres Verstandes, nicht des Unendlichen Bewusstseins. Wir haben ein Konzept von »Zeit«, obwohl sie gar nicht existiert. Im weiteren Verlauf dieses Buches werden wir sehen, dass wir noch sehr viel mehr Konzepte von zahllosen Dingen haben, die überhaupt nicht existieren. Wir sind nicht Vergangenheit. Wir sind nicht Zukunft. Das sind Konzepte. Wir sind »ist«. Wir sind die *Seinsgegenwart.*

Und dann ist da noch die Illusion von Raum und Entfernung. Wie können diese real sein, wenn die scheinbaren »Lichtjahre« des »fernen« Raums, den Sie am Nachthimmel sehen, tatsächlich nur in Ihrem Gehirn/Geist existieren? Wenn Sie ein Virtual-Reality-Spiel spielen, werden Sie Raum, Entfernung und Zeit wahrnehmen, aber das sind nur Informationen, die im Spiel kodiert sind und die der Spieler in eine illusorische Realität umwandeln kann. Virtual-Reality-Spiele mit ihren Headsets, Kopfhörern und Handschuhen *hacken* sich praktisch in genau die fünf Sinne, die die menschliche Realität aus der Simulation entschlüsseln, und deshalb können diese Spiele völlig real erscheinen (siehe Abbildung 84 und

Abbildung 85). Die »moderne« technologische Welt ahmt die Art und Weise nach, wie wir die »normale« Realität dekodieren, und schon bald werden Sie nicht mehr in der Lage sein, den Unterschied zwischen der »virtuellen Realität« und der »echten Realität« (der Simulation) zu erkennen. Wie kann Gewicht real sein, wenn Ihr Körper und alles andere ein wellenförmiges Informationsfeld ist, das in ein nicht physikalisches Hologramm dekodiert wird? Warum atmen wir schwerer, wenn wir einen Berg hinauflaufen, obwohl es außer in unseren Köpfen keinen Berg gibt?

Als Morpheus und ein atemloser Neo in einem *Matrix*-Simulationsprogramm Sparring machen, fragt Morpheus: »Denkst du, das ist Luft, die du gerade atmest?« und »Hältst du es für möglich, dass mein Vorsprung an Kraft und Geschwindigkeit tatsächlich etwas mit meinen Muskeln zu tun hat? In diesem Raum?« Wie kann das sein, wenn sich alles im Geist abspielt und der Körper selbst eine »physische« Illusion ist, die dem Geist ein Gefühl der Begrenzung vorgaukelt? Es lohnt sich, das für später zu betonen: Der Körper selbst ist eine »physische« Illusion, die dem Verstand ein Gefühl der Begrenzung vorgaukelt. Ein anderes Zitat aus *Matrix* bringt es auf den Punkt:

> »Versuch nicht, den Löffel zu verbiegen. Das ist nämlich nicht möglich. Versuch, dir stattdessen einfach die Wahrheit vorzustellen … Den Löffel gibt es nicht … Dann wirst du sehen, dass nicht der Löffel sich biegt, sondern du selbst.«

Der Löffel verbiegt sich nicht, weil es keinen physischen Löffel gibt. Er ist eine dekodierte Illusion und es ist nicht der Löffel, der sich verbiegt, es ist Ihr Denken, Ihr *Dekodierungssystem* (siehe Abbildung 86). Bewusstseinsverändernde Drogen können die Realität verzerren, wenn sie die Art und Weise, wie die Realität dekodiert wird, verzerren. Nichts existiert in unserer »menschlichen« Realität, wenn wir es nicht in die holografische (illusorisch »physische«) Realität entschlüsseln. Ich habe bereits

Abb. 86. Die Welt ist nicht so, wie sie zu sein scheint: Den Löffel gibt es nicht. Es ist nicht der Löffel, der sich biegt, sondern Sie selbst sind es.

darauf hingewiesen, dass Worte nicht so zwischen uns ausgetauscht werden, wie wir glauben. Das tun die Frequenzen, die mit den Informationen kodiert sind, die wir Worte nennen. Unsere Stimmbänder erzeugen Frequenzwellen, wenn wir zu sprechen scheinen, und sie wandern durch die Felder, bis unsere Hörantenne diese Wellen wahrnimmt und in elektrische Signale umwandelt, die an das Gehirn/den Verstand gesendet werden, wo sie zu »Hallo, Alter, wie geht's?« entschlüsselt werden. Wir schmecken nur, wenn das Gehirn elektrische Signale von der Zunge in »Mmmm, das ist lecker« oder »Igitt, was ist das denn?« entschlüsselt. Wir empfinden nur dann Schmerz, wenn das Gehirn eine Nachricht aus dem betroffenen Bereich als »Autsch« entschlüsselt. Heute werden Methoden zur Schmerzlinderung eingesetzt, die verhindern, dass diese Botschaft das Gehirn erreicht. Wenn das Gehirn das Signal nicht dekodiert, *kann es nicht* als »Autsch« registriert werden. Macht ein fallender Baum ein Geräusch? Nur wenn Sie ihn hören. Ein fallender Baum ist ein Frequenzfeld, das sich durch die Felder bewegt. Die Interaktion erzeugt eine energetische Störung in den Feldern und wenn jemand nahe genug ist, nimmt sein Hörsinn diese Störung – diese Wellen/Frequenzen – auf und das Gehirn dekodiert dies in das Geräusch eines fallenden Baumes. Wenn niemand in der Nähe ist, macht ein fallender Baum kein Geräusch. Ohne einen *Beobachter* – einen Decoder – *kann er das nicht.* Alles läuft darauf hinaus, dass der Beobachter die Realität erschafft. Kontrollieren Sie die Wahrnehmungen des Beobachters und Sie kontrollieren die entschlüsselte *Erfahrung* des Beobachters. Hier haben wir die Grundlage der menschlichen Kontrolle und gleichzeitig der menschlichen Freiheit, wie wir sehen werden, wenn wir weitere Punkte miteinander verbinden.

Das Holografische der »physischen« Welt

Die physische Realität ist eigentlich eine holografische Realität. Die Welt und alles, was wir an Formen sehen, ist ein Hologramm, das aus in Wellen kodierten Informationen entschlüsselt wird. Das Prinzip ist dasselbe wie das Verfahren, mit dem die Hologramme erzeugt werden, die wir in den Geschäften kaufen und auf raffiniertere Weise bei Bühnenkonzerten und Produktpräsentationen sehen. Hologramme werden hergestellt, indem ein Laserstrahl in zwei Teile zerlegt wird – der eine (der Referenzstrahl) trifft direkt auf einen holografischen Druck und der andere (der Arbeitsstrahl) zeichnet das Motiv in Wellenform auf, bevor er auf den Druck gerichtet wird (siehe Abbildung 87). Hier kollidiert er mit dem Referenzstrahl und zusammen erzeugen sie eine Wellenformdarstellung des Motivs, die mit dem Fallenlassen zweier Kieselsteine in einen Teich

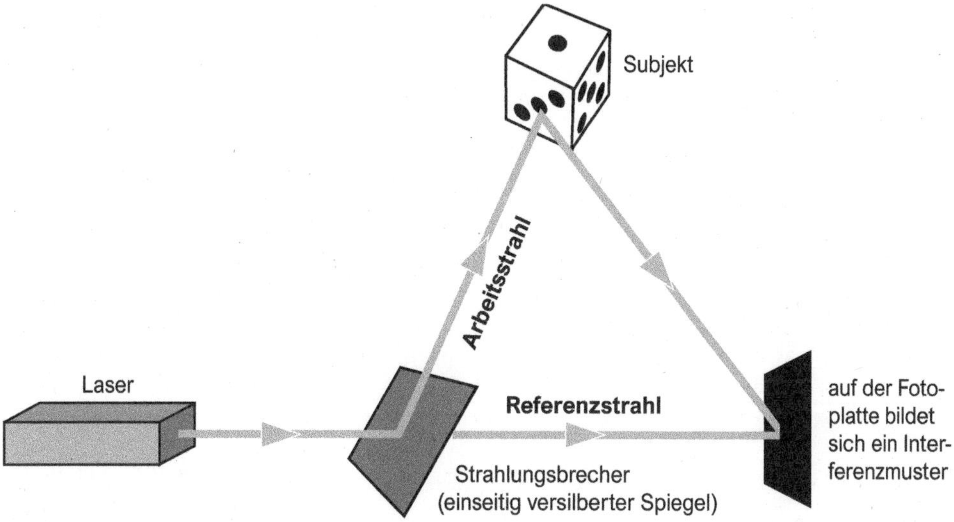

Abb. 87. Wie Hologramme erstellt werden: Ein Laserstrahl wird in zwei Teile zerlegt. Der Referenzstrahl trifft direkt auf einen holografischen Druck und der Arbeitsstrahl zeichnet das Motiv in Wellenform auf, bevor er auf den Druck gerichtet wird.

verglichen werden kann, worauf sich die Wellen ausbreiten, bis sie kollidieren (siehe Abbildung 88). Das Muster im Wasser ist eine wellenförmige Darstellung dessen, wo die Steine gefallen sind, wie weit entfernt sie sich voneinander befanden, mit welcher Geschwindigkeit sie geworfen wurden und wie groß sie waren. Auf die gleiche Weise enthält ein holografischer Abdruck die Informationen des Motivs in Wellenform (siehe Abbildung 89). Richtet man dann einen Laserstrahl auf dieses Wellenmuster, geschieht

Abb. 88. Wenn Sie zwei Kieselsteine in einen Teich fallen lassen, wird dort, wo die Wellen aufeinandertreffen, durch eine Wellenform dargestellt, wo die Steine gefallen sind, mit welcher Geschwindigkeit sie eintraten und wie schwer sie sind.

Abb. 89. Ein holografischer Druck ist in Wellenform mit allen Informationen über das betreffende Objekt oder Subjekt kodiert.

etwas ganz Bemerkenswertes: Aus dem zweidimensionalen Wellenmuster wird ein scheinbar dreidimensionales holografisches Bild projiziert, und die ausgefeiltesten dieser Bilder sehen so fest aus wie Sie und ich (siehe Abbildung 90). Aber sie sind nicht fest. Sie *scheinen* es nur zu sein.

Der Laser ist, auf die menschliche Erfahrung übertragen, unsere bewusste Aufmerksamkeit, unser Fokus. Wenn wir etwas beobachten, löst unsere Aufmerksamkeit den Entschlüsselungsprozess aus, der es holografisch oder physisch erscheinen lässt. Wenn etwas nicht beobachtet wird, kehrt es in die Wellenform zurück – auch wir. Aus diesem Grund haben einige führende Wissenschaftler gesagt, dass unsere Realität nur dann existiert, wenn sie beobachtet wird. Sie haben Recht, auch wenn man statt »Beobachtung« besser »Dekodierung« sagen sollte (siehe Abbildung 91). Die benötigte

Abb. 90. Alle hier abgebildeten berühmten Persönlichkeiten sind Hologramme.

Rechenleistung wird drastisch reduziert, wenn eine Simulation nur bei der Beobachtung manifestiert wird und sich nicht permanent in einem vollständig dekodierten Zustand befindet. Hologramme werden heute zunehmend digital erstellt und das ist es, was das Gehirn/der Geist tut. Es dekodiert digitale Hologramme, die wir für eine externe und »physische« Welt halten, aus Wellenformen und elektrischen Informationen. Die digitale Ebene der Realität ist der Ort, an dem Physiker sagen, dass alles in Zahlen und Mathematik zerlegt werden kann, und hier haben wir auch die Grundlage für die esoterische Kunst der Numerologie.

Wenn die Welt nicht »fest« ist, warum können wir dann nicht durch Wände gehen? Warum prallen wir aneinander ab, wenn wir zusammenstoßen? Wie kommt es, dass ich auf diesem Stuhl sitzen kann? Dies wird offensichtlich durch eine Form des Widerstands verursacht, aber nicht durch »physikalischen« Widerstand, sondern durch *elektromagnetischen* Widerstand oder elektromagnetische Abstoßung. Etwas, das extrem fest erscheint, wie eine Wand, ist eine langsame, dichte Frequenz und der menschliche Körper schwingt schneller und ist weniger dicht. Sie liegen jedoch im Frequenzband

Abb. 91. Der »menschliche« Dekodierungsprozess von der Wellenform über die elektrischen Felder in digitale Hologramme. (Bild: Neil Hague)

alle nahe genug beieinander, um elektromagnetischen Widerstand zu erfahren, den wir in die Illusion eines physischen Widerstands umwandeln. Sie können sich dieses Prinzip wie die Interferenz zwischen zwei Radiosendern vorstellen, wenn sie auf der Frequenzskala nahe genug beieinander liegen. Sind sie zu nahe, stören sie sich gegenseitig. Irgendwann kommt ein Punkt, an dem die Frequenzen so weit auseinander liegen, dass die Radiosender im gleichen Raum wie alle anderen Sender ohne Interferenzen senden können. Sie können Geister mit einer Form von visueller Interferenz vergleichen. Hier haben Sie den Grund, warum Menschen beschreiben, dass sie »Geister« durch Wände gehen sehen, als ob die Wand nicht da wäre. Für den »Geist« ist die Wand nicht da, weil seine Frequenz zu sehr von der unseren abweicht.

Ich habe das selbst erlebt. Ich wachte eines Nachts in einem Ferienhaus in der Normandie in Frankreich auf und beobachtete, wie eine geisterhafte Gestalt, die wie ein nebliges Energiefeld aussah, durch die geschlossene Tür zu meiner Linken eintrat und durch den Raum schwebte, um die Wand auf der anderen Seite zu durchdringen. Es war einfach zu erklären. Das Cottage befand sich am Ort der berüchtigten Schlacht des Falaise Gap oder Falaise Pocket im August 1944, nach der D-Day-Landung im Zweiten Weltkrieg. Das Cottage muss zu dieser Zeit schon dort gestanden haben. Viele Tausende starben und selbst Jahrzehnte später konnte man deren Tod noch im Energiefeld spüren. Alles, was geschieht, wird Teil der Felder. Diese Information – die Aufzeichnung, wenn Sie so wollen – wird so lange in der Frequenz des Ereignisses schwingen, bis sie aufgelöst wird. Die Menschen hören weiterhin den Lärm längst vergangener Schlachten in der Gegend, in der sie stattgefunden haben, und spüren ein Schaudern, wenn sie ein Gebäude betreten, in dem ein schreckliches Ereignis stattgefunden hat, auch wenn sie nichts davon wissen. Dies ist der Ursprung von »guten Vibes« und »schlechten Vibes«. Das, was wir als »Geister« bezeichnen, sind Bewusstseinsfelder, die auf Frequenzen operieren, die nahe genug an unserer Frequenz liegen, um gesehen oder wahrgenommen zu werden, aber nicht nahe genug – jedenfalls die meiste Zeit –, um denselben festen Eindruck zu erwecken wie wir. Wären wir auf der gleichen Frequenz wie der »Geist«, würde er so solide aussehen wie Sie und ich.

Dasselbe Frequenzprinzip gilt für die Frequenzen, die Menschen aufgrund ihrer Wahrnehmungen und mentalen und emotionalen Zustände aussenden. Jeder Gedanke und jede Emotion erzeugt in den Feldern die Frequenz, die sie repräsentieren. Die Summe dieser Gedanken und Emotionen bildet das elektromagnetische Feld, das wir unsere Wahrnehmung nennen, und die Frequenznatur dieses Wahrnehmungsfeldes diktiert, wie wir mit den Feldern der Möglichkeit und Wahrscheinlichkeit, der Unendlichkeit und der Simulation interagieren. Darauf komme ich in Kapitel 7 zu sprechen. Diejenigen, die für diese Wahrnehmungsfelder empfänglich sind, können einen scheinbar lächelnden, charmanten Mann oder eine charmante Frau sehen und dennoch eine negative, ja sogar unheimliche »Stimmung« spüren. Man kann sich hinter einem freundlichen Gesichtsausdruck und Worten falscher Freundlichkeit verstecken. Man kann aber nicht die Schwingungen verbergen, die man aussendet und die die Frequenzwahrheit hinter dem lächelnden Vorhang enthüllen. Unsere Beziehung zu den Feldern ist wie eine Rückkopplungsschleife, in der unsere Frequenzen die Felder beeinflussen, während der Schwingungszustand der Felder an einem bestimmten Ort uns beeinflusst. Es geht um Kodierung und Dekodierung – Entscheidung (Kodierung) und Konsequenz (Dekodierung). Was ist das Leben anderes als Entscheidungen und Konsequenzen? Eine Entscheidung führt zu Konsequenzen, und wenn uns die Konsequenzen nicht gefallen, treffen wir andere Entscheidungen, um andere Konsequenzen herbeizuführen. Dies ist die Rückkopplungsschleife mit *den Feldern* des unendlichen Potenzials und der unendlichen Möglichkeiten und dem weitaus begrenzteren Potenzial des Simulationsfeldes. Sie funktionieren wie ein interaktives kosmisches Internet.

Die Macht, die nach menschlicher Kontrolle strebt, versucht, uns von diesen natürlichen Verbindungen mit dem Unendlichen Feld zu trennen, indem sie unseren Fokus (unser Bewusstsein) allein auf die fünf Sinne lenkt, wo die holografische Welt des Simulationsfeldes alles ist, was wir sehen und fühlen. Wir werden uns des Unendlichen Feldes der primären Realität, die dahinter liegt, nicht bewusst.

Die Antworten auf die Herausforderungen in der Welt des Gesehenen werden nicht in der Welt des Gesehenen gefunden. Sie ist nur eine simulierte Projektion, ähnlich wie eine Kinoleinwand. Die Antworten liegen in den erweiterten Bereichen des Bewusstseins, die wir nicht sehen und nicht wahrnehmen wollen.

Das muss aber nicht sein. Die Unendlichkeit erwartet uns in dem Moment, in dem wir uns aus der Gefängniszelle der Fünf-Sinne-Realität befreien.

Das Gehirn ist nicht das Bewusstsein

Das Gehirn und das genetische System im Allgemeinen sind (wenn wir sie dekodieren) Informationsverarbeiter sowie Empfänger und Übermittler von Informationen. Das Bewusstsein kommt nicht *aus* dem Gehirn, sondern *durch* das Gehirn. Die DNA in den Zellen ist ein Empfänger und Übermittler von Informationen, die uns mit anderen Ebenen der Realität verbinden. Wenn Sie die DNA verändern, wie es die synthetischen »Covid«-Scheinimpfstoffe tun, verändern Sie das, womit die Menschen interagieren,

Abb. 92. Einmal in der Realität der fünf Sinne isoliert und von jeglichem Einfluss des erweiterten Bewusstseins abgeschnitten, kann der menschliche Verstand mit den Wahrnehmungen programmiert werden, die der Kult-Agenda der globalen Kontrolle entsprechen. Die menschliche Misere in einem einzigen Satz.

indem Sie die Frequenzen verändern, auf denen die DNA empfängt und sendet. Wenn unsere Verbindung mit dem erweiterten Bewusstsein gestört ist, ziehen sich unsere Wahrnehmungen allesamt auf die Realität der fünf Sinne zurück. Die vom Gehirn zu einer scheinbaren »Welt« verarbeiteten Informationen können aus der stark begrenzten Quelle der fünf Sinne oder aus der Unendlichkeit selbst stammen. Was davon zutrifft, hängt davon ab, welches Feld – Unendlichkeit oder Simulation – unseren Realitätssinn am meisten beeinflusst. Wie weit wir unseren »Fünf-Sinne-Verstand« öffnen, diktiert, wie sehr wir uns mit dem Unendlichkeitsfeld verbinden, und das wirkt sich grundlegend auf unser Selbstverständnis und unsere Realität aus. Das Ergebnis sind offene oder geschlossene Geisteshaltungen, die durch den Zugang zu verschiedenen Ebenen von Informationen, Einsichten und Inspiration sehr unterschiedliche Wahrnehmungen haben.

Geschlossene Geister beschränken die Realität auf die fünf Sinne und bilden Realitäts-»Blasen«, die nur die begrenzte Welt des »Gesehenen« wahrnehmen (siehe Abbildung 92). Ein solcher Verstand identifiziert sich einzig mit dem »Ich«, das er sehen kann. Dies nenne ich das »Ich bin was ich bin«-Denken – ich bin ein Mann, eine Frau, diese Rasse, diese Sexualität, diese Einkommensklasse, diese Klasse, diese Kultur. Sie identifizieren ihr »Ich« mit dem, was sie in einem kurzen menschlichen Leben erleben, und verlieren die Tatsache aus den Augen, dass ihr wahres »Ich« das ewige Bewusstsein ist, das diese Erfahrung macht. Sie sind nicht Charlie, der die Straßen fegt, oder Maria an der Rezeption. Das sind nur *Erfahrungen*. Was wir *sind*, ist das Bewusstsein, letztlich die Unendlichkeit selbst. Diese Täuschung, diese falsche Selbstidentität oder das Phantom-Selbst, ist die Grundlage der Kontrolle der Wenigen über die Vielen. Der größte Teil der Menschheit lebt in einem Wahrnehmungsgefängnis der fünf Sinne, während die Unendlichkeit danach strebt, sich mit uns zu verbinden, uns intuitiv zu führen und uns für die *Quelle von Allem* zu öffnen, die Liebe ist.

Stellen Sie sich einen Computer als Symbol für den Körper und das Fünf-Sinne-Bewusstsein vor und den Nutzerr, der vor Maus und Tastatur sitzt, als Symbol für das erweiterte Bewusstsein (siehe Abbildung 93). Die beiden interagieren zu ihrem gegenseitigen Vorteil, so wie wir während einer menschlichen Erfahrung mit unserem ewigen Selbst interagieren sollten. Beobachten Sie nur einmal, was passiert, wenn ein Computervirus die Kontrolle über das System übernimmt. Der Nutzer kann auf die Tasten hauen und mit der Maus klicken, so viel er will, es gibt keine Reaktion. Der Virus kontrolliert nun die Aktionen – die Wahrnehmung – des Computers. Das ist es, was dem größten Teil der Menschheit dank systematischer Planung widerfahren ist. Das »Virus« ist in diesem Fall die Kraft der böswilligen Manipulation, die ich seit mehr als dreißig Jahren aufdecke. In diesem Buch wird erklärt, wie dies geschieht und wie wir

Abb. 93. Nehmen wir als Analogie den Computer (Fünf-Sinne-Verstand) und den Nutzer (erweitertes Bewusstsein). Das Ziel des Kults ist es, das eine vom anderen zu trennen, weil er nur dann eine Massenkontrolle erreichen kann. (Bild: Neil Hague)

diese Kontrolle, die auf der Trennung des Verstandes der fünf Sinne vom ewigen Selbst beruht, aufheben können. Diese Trennung ist der Kern allen menschlichen Elends und aller Kontrolle. Sie führt dazu, dass sich die Menschen »verloren« fühlen, und gibt uns das hohle Gefühl der Leere, als ob etwas fehlt. Das tut es auch. Was fehlt, ist unsere Verbindung zu *Allem, was ist, war und jemals sein kann*, die All-Möglichkeit, von der wir ein einzigartiger Ausdruck sind. Diese Verbindung kann wiederhergestellt und die Trennung geheilt werden, und zwar mit einem Prozess, der viel einfacher und schneller ist, als die meisten sich vorstellen können.

Menschliche Erfahrung bedeutet, dass der Körper-Geist mit seinen fünf Sinnen andere Wahrnehmungen hat als erweiterte Ebenen von uns selbst, die man auch als feinstofflichen Körper oder »Seele« bezeichnet. Das erweiterte Bewusstsein beobachtet die menschliche Erfahrung des körperzentrierten »Verstandes« und die beiden sollten auf die Art und Weise interagieren, die ich mit der Analogie des Computers und des Nutzers beschrieben habe. Die Trennung zwischen Körper-Verstand und erweitertem Bewusstsein ist das Ergebnis völlig unterschiedlicher Wahrnehmungen, die sich in völlig unterschiedlichen Frequenzen ausdrücken. Sie trennen sich wie zwei Radiosender auf unterschiedlichen Wellenlängen. Wir sagen ja gelegentlich, dass zwei Menschen nicht auf der gleichen »Wellenlänge« sind. Mit anderen Worten, sie verstehen einander nicht. Das ist buchstäblich wahr und gilt auch für den Körper-Geist und das erweiterte Bewusstsein, sobald die fünf Sinne in der scheinbar materiellen Welt gefangen sind. Der Körper-Geist verliert die Frequenzverbindung mit seinem höheren Selbst und dessen Einfluss.

(»Para«-)Normal ist nur das Normale, das wir vergessen haben

Immer wieder erleben wir, wie Phänomene von Menschen abgetan werden, die nicht verstehen können, wie es dazu kommen kann. Diese Mentalität beherrscht die Mainstream-»Wissenschaft« und einen Großteil der Bevölkerung. Wie kann es geschehen, wenn ich nicht weiß, wie es geschehen kann? Nun, vielleicht ist das Mögliche – Schock der Schocks – nicht auf das beschränkt, was die Menschen für möglich halten? Ich glaube nicht, dass »das Mögliche« sich danach richtet. Poltergeist-Aktivitäten zeigen sich in Form von »physischen« Objekten, die sich in einem Raum bewegen oder sogar herumfliegen, zusammen mit seltsamen und unerklärlichen Geräuschen, Gerüchen und sogar dem Schweben von Menschen und Objekten. Wie dies möglich ist, lässt sich durch eine einfache Tatsache erklären: *Es gibt nichts Physisches*. Was wir als physische Objekte wahrnehmen, sind in Wirklichkeit dekodierte holografische Projektionen energetischer Informationsfelder, und wenn sich das Feld bewegt, muss sich auch sein scheinbar »physischer« Ausdruck bewegen. Auf diese Weise kann eine andere nicht physische Energie die nicht physische Energie von Objekten beeinflussen. In der menschlich dekodierten Welt der holografischen Realität scheint es dann, als würden feste, physische Objekte, manchmal auch Menschen, bewegt, zum Schweben gebracht und sogar durch den Raum geworfen.

Es bleibt die Frage, welche Kraft dies genau bewirkt, und darauf gibt es wahrscheinlich eine Reihe von Antworten. Es kann sich um einen schelmischen Geist handeln, der Randale machen und jemanden einschüchtern will, aber es gibt zu viele Fälle, in denen ein heranwachsender Teenager – oft ein Mädchen – beteiligt ist, als dass man dies als Zufall abtun könnte. Einige Wissenschaftler und Forscher glauben deshalb, dass der Geist das junge Mädchen als Vehikel benutzt, um die Felder an einem bestimmten Ort zu stören. Andere vermuten, dass der emotionale Zustand des Teenagers und die extremen Veränderungen in der Pubertät dazu führen können, dass er starke und chaotische Energiefelder erzeugt, die den Effekt haben, den wir einem Poltergeist zuschreiben. Alle diese Erklärungen könnten zutreffen, denn sie sagen im Grunde, dass ein Teil der Felder ernsthaft verzerrt und gestört wird, was bedeutet, dass alles, was mit den Feldern verbunden ist, in ähnlicher Weise gestört wird. In der entschlüsselten holografischen Realität der Menschen wird die energetische Störung zu einer scheinbar physischen Störung und einem Chaos, das wie eine klassische Poltergeistaktivität aussieht. Sobald wir verstehen, dass der Grundzustand aller Physikalität ein wellenförmiges Informationsfeld ist und dass die durch Gedanken und Emotionen erzeugten Frequenzen sich auf diese Felder auswirken können, lässt sich das scheinbar Unerklärliche ganz einfach erklären.

Die Heilkunst der Homöopathie ist ein weiteres Beispiel dafür. Homöopathie wird von der Wissenschaft, den Medien und vielen Menschen, denen von der Wissenschaft und den Medien gesagt wird, was sie denken sollen, abgelehnt. Die Aussage, die Sie immer wieder hören, lautet: Man kann den Körper nicht mit einer Substanz heilen, die so oft verdünnt wurde, dass nichts mehr von der Substanz übrig bleibt. Dies ist eine reflexartige Reaktion des Fünf-Sinne-Körper-Geistes, für den die »Substanz« (illusorische Körperlichkeit) alles ist und der Schiedsrichter der gesamten Realität. Der Körper ist ein Hologramm und der Grundzustand des Körpers ein wellenförmiges Energiefeld – ein vibrierendes Feld von Informationen, die als Frequenzen dargestellt werden, die miteinander interagieren. Wenn dieses Feld in Harmonie ist, sind wir gesund, und wenn es gestört ist, leiden wir an einer Art Krankheit im Bereich von Körper oder Psyche. Alles in unserer Realität ist eine Frequenz, auch die in der Homöopathie

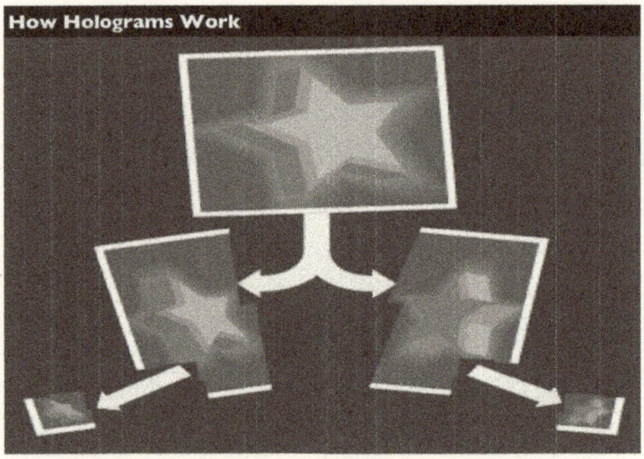

Abb. 94. Jeder Teil eines Hologramms ist eine kleinere Version des Ganzen.

verwendeten Substanzen sind Frequenzen. Sie verbleiben selbst dann noch in den Globuli, wenn die Substanz an sich gar nicht mehr nachweisbar ist, und es sind auch die *Frequenzen* in der Homöopathie, die durch ihre Wechselwirkung mit den Frequenzen im Körperfeld eine heilende Wirkung herbeiführen. Wenn dieses Feld in Harmonie ist, dann ist der Körper ebenfalls in Harmonie. Das eine ist nur eine holografische Projektion des anderen. Sie brauchen nicht die *Substanz*, damit die Homöopathie wirkt. Sie brauchen die *Frequenz* der Substanz.

Ein Team am Stuttgarter Institut für Luft- und Raumfahrt in Deutschland hat in seinen Experimenten bewiesen, dass Informationsfrequenzen erhalten bleiben, nachdem eine Substanz entfernt worden ist. Sie entwickelten eine Technik, um die in Wasser enthaltenen Informationen zu fotografieren. In einem Experiment tauchten sie eine Blume in einen großen Wassertank und entfernten sie anschließend. Als sie das Wasser mit ihrer Technik fotografierten, stellten sie fest, dass jedes Tröpfchen die Information der Blume enthielt. Die Substanz war verschwunden, aber die Information der Substanz war immer noch da, und genau das passiert auch bei der Homöopathie. Warum sollte dic Information der Blume in jedem Tröpfchen enthalten sein und nicht nur ein Teil der Information, während das Tröpfchen nur ein Teil des Ganzen ist? Dies wird durch eine erstaunliche Eigenschaft von Hologrammen erklärt, die so viel über vieles aussagt. Die Wellenfeldinformationen, aus denen das Hologramm projiziert wird – und die vom Betrachter entschlüsselt werden – sind so verteilt, dass jeder Teil eines Hologramms mit den Informationen des *gesamten* Hologramms kodiert ist. Wenn Sie einen holografischen Druck in vier Teile zerschneiden und den Laser auf jeden Teil richten, erhalten Sie nicht ein Viertel des Bildes als Hologramm projiziert. Sie erhalten eine kleinere Version des Bildes (siehe Abbildung 94).

Der Körper ist ein Hologramm und Heiltechniken wie Reflexologie und Akupunktur können den ganzen Körper in Körperteilen wie dem Fuß, der Hand oder dem Ohr erkennen (siehe Abbildung 95). Deshalb kann ein geübter Handleser auch Informationen aus dem ganzen Körper in einer Hand sehen. Alternative Heiltechniken arbeiten

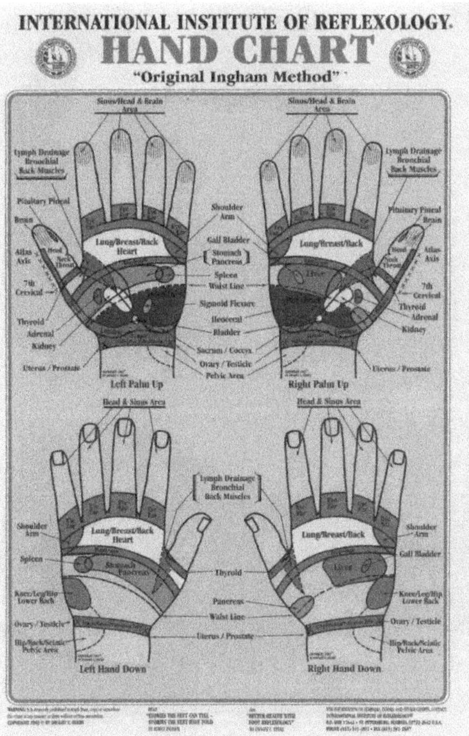

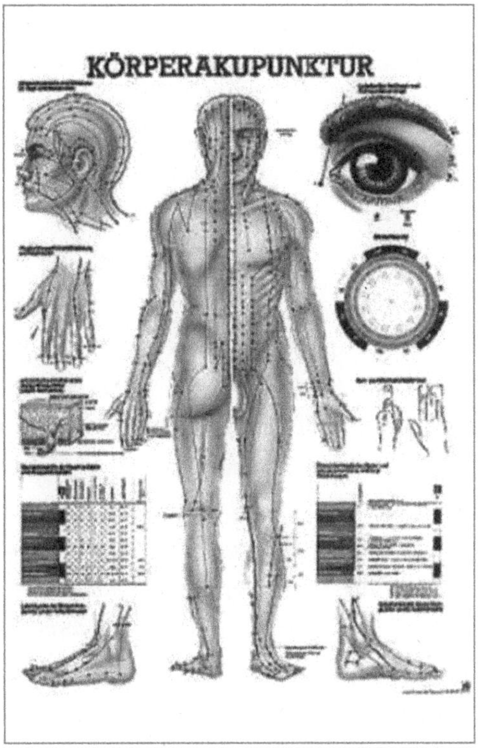

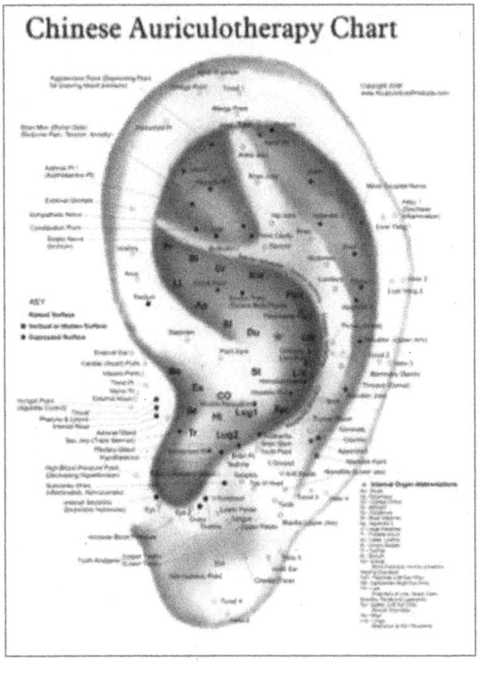

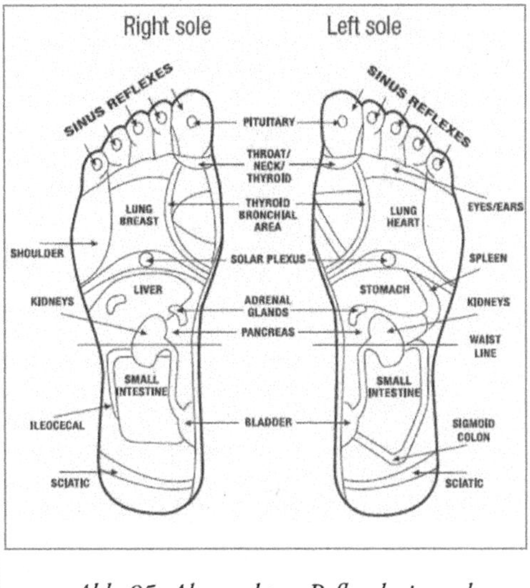

Abb. 95. Akupunktur, Reflexologie und andere alternative Heilweisen können Teile des Körpers identifizieren, die den ganzen Körper repräsentieren, weil der Körper ein Hologramm ist.

immer auf der Ebene des Wellenfeldes des Körpers. Wenn das Feld harmonisiert ist, überträgt sich das auf die »physische« Ebene, die eine holografische Projektion dieses Feldes ist. Die holografische Natur des Feldes bedeutet, dass jeder Teil des Körpers eine kleinere Version des gesamten Körpers ist.

Ziehen Sie eine Karte!

Diese Prinzipien der Frequenz und der *Wahrnehmungsfrequenz* gelten auch für andere Methoden der »Wahrsagerei« oder des Deutens der Realität, wie zum Beispiel die Tarotkarten. Wenn Ihnen die Karten verdeckt angeboten werden, warum nehmen Sie dann Karte A und nicht Karte B, obwohl Ihre Deutung ganz anders ausfallen könnte, wenn Sie Karte B genommen hätten? Tarotkarten tragen Symbole, die mentale und emotionale *Wahrnehmungszustände* in Form von Frequenzen darstellen. Der globale Kult und die ihm angehörenden Geheimgesellschaften verfügen über eine ganze Sprache der Symbolik, mit der sie untereinander und (über das Unterbewusstsein) mit der Bevölkerung kommunizieren. Symbole repräsentieren mentale und emotionale Frequenzen, die Menschen mental und emotional beeinflussen können, wenn sie mit diesen Symbolen in Berührung kommen – im Fernsehen, in einer Werbung, auf der Straße oder in einem sorgfältig ausgewählten Logo hinter einem Politiker. Das elektromagnetische Feld des Menschen ist mit Frequenzen kodiert, die dem Zustand der Person und den Trends in ihren mentalen und emotionalen Zuständen entsprechen und sie in eine bestimmte Richtung lenken. Wenn Sie eine Tarotkarte ziehen, verbindet sich Ihr Feld magnetisch mit den Karten, die den entsprechenden Frequenzen in Ihrem Feld entsprechen. Deshalb ziehen Sie Karte A und nicht Karte B. Sie denken vielleicht, dass Sie mit Ihrem bewussten Verstand wählen, aber in Wirklichkeit trifft die elektromagnetische Verbindung zwischen dem Körperfeld und dem Kartenfeld diese Entscheidungen. Wenn die Karten – alle Ihre Entscheidungen – auf dem Tisch ausgelegt sind, zeigen sie eine symbolische Darstellung von Ihnen *in diesem Moment* – ich betone, in diesem Moment. Wenn Sie sich selbst verändern, verändern sich auch die Karten, die Sie ziehen werden, denn Ihre Frequenz ändert sich (siehe Abbildung 96).

Eine genaue Tarot-Lesung sagt Ihnen nicht, was sein wird, sondern nur, was potenziell sein kann, wenn Ihr energetisches Feld gleich bleibt. Ihr Wahrnehmungszustand (Frequenz) bleibt derselbe. Selbst dann muss der Tarot-Leser geschickt und energetisch sensibel sein. Das Gleiche gilt für Handleser, Hellseher, Medien und Homöopathie-Anwender. Bei weitem nicht alle sind das und wir müssen sorgfältig auswählen. Der

Abb. 96: Der Wahrnehmungszustand (Frequenz) Ihres energetischen Feldes bestimmt durch seine Frequenzverbindung zu den Feldern, die durch die Tarotkarten repräsentiert werden, die »Wahl«.

große Zulu-Schamane Credo Mutwa (1921-2020) hat einmal für mich »die Knochen geworfen«. Es handelte sich um Knochen, in die bestimmte Symbole eingeschnitzt waren. Das Prinzip ist dasselbe wie bei den Tarotkarten und Runensteinen, die ebenfalls Symbole tragen. Credo bat mich, meine Hände über den Korb mit den Knochen zu legen, bevor er begann. Dadurch sollten sich die Energiefelder der Knochen magnetisch mit meinen eigenen verbinden. Anschließend warf er die Knochen auf den Boden. Aus dem Verhältnis, wie die Knochen zueinander liegen und wie weit sie voneinander entfernt sind, kann der Schamane seine Deutung ablesen.

Wo sie auf dem Boden landeten, wurde entschieden, während sie sich noch im Korb befanden, und zwar durch ihre Verbindung zu meinem Energiefeld. Und wie beim Tarot stellten sie auf dem Boden einen symbolischen Spiegel von mir in diesem Moment dar und wohin die Trends in meinem Leben führten.

Die Kunst der Numerologie funktioniert genauso, außer dass sie mit der digitalen Ebene von Körper-Geist arbeitet, einem digitalen Ausdruck von Wellenfeld-*Frequenz*-Informationen. Ein Numerologe liest die Zahlen, die sich auf unser Leben beziehen. Unsere Namen können in Zahlen aufgeschlüsselt werden, Geburtsdaten und so weiter, und alles über uns kann durch die Numerologie digitalisiert werden. Ich habe mir im Rahmen meiner Recherchen mediale und numerologische Readings geben lassen und beide haben ähnliche Aussagen ergeben. Sie haben *dieselben* Informationen gelesen, die auf verschiedene Weise als Wellenfeld und Zahlen dargestellt wurden.

Es gibt jedoch noch viel mehr über all dies zu wissen und wie es mit der Simulation zusammenhängt. Ich werde später weitere Zusammenhänge über »Wahrsagen« und »außersinnliche Verbindungen« erklären. Ein unmittelbarer Ausdruck der Simulation ist zum Beispiel die Astrologie, die auf der Bewegung von »Himmelskörpern« innerhalb der Simulation beruht. Planeten und Sterne sind holografische Felder des Energiebewusstseins und während sie sich durch das Simulationsfeld bewegen, beeinflussen sie den Informations-/Frequenzzustand des Feldes. Wir stehen in ständiger Wechselwirkung mit dem Simulationsfeld und diese Veränderungen wirken sich auf uns aus. Der Punkt, an dem wir in diesen Zyklus eintreten, wirkt sich auf unser eigenes Feld aus, und wir werden durch diese astrologischen Einflüsse anders kodiert als diejenigen, die in einem anderen Teil des Zyklus eintreten. Infolgedessen werden unterschiedliche Kodierungen (»Sternzeichen«) auf unterschiedliche Weise mit dem Simulationsfeld interagieren: »Ich bin Stier«, »Ich bin Zwilling«, »Ich bin Löwe«. Ich habe Astrologen kennengelernt, die im Auftrag von Kult-Mitarbeitern tätig sind und sie dahingehend beraten, wann sie auf eine bestimmte Art und Weise handeln sollen, wenn die astrologische Energie für das, was sie tun wollen, günstig ist und nicht gegen sie gerichtet, nach dem Prinzip »Ebbe und Flut«. Wenn man aufs Meer hinausschwimmen will, sollte man dafür eine Zeit wählen, in der die Gezeiten in dieselbe Richtung gehen wie man selbst. In einem Stück von Shakespeare heißt es: »In den Angelegenheiten der Menschen gibt es eine Flut, die, mit der Flut genommen, zum Glück führt; ausgelassen, ist die ganze Reise ihres Lebens in Untiefen und in Elend gebunden.« Diese Flut ist Energie. Eingeweihte des Kultes wissen um diese energetischen Realitäten, und deshalb haben führende CEOs Astrologen auf ihrer Gehaltsliste. Der Kult-Banker J. P. Morgan (1837-1913) sagte einmal: »Millionäre bedienen sich nicht der Astrologie, Milliardäre schon.« Wenn Sie sich auf ein erweitertes Bewusstsein jenseits der Simulation einlassen, können Sie die astrologischen Energien außer Kraft setzen. Wenn Sie das nicht tun, können Sie ein Gefangener von ihnen sein.

Warum ist das ein Wunder?

Aus der in diesem Kapitel dargelegten Perspektive der Realität lassen sich auch die »Wunder« in meinem Leben erklären. Alles ist Information, die vom Beobachter dekodiert wird, und es ist möglich, Informationen in die Felder einzubringen, damit etwas Erstaunliches geschieht. Das Wetter ist dekodierte Information und das Einfügen eines Frequenzfeldes, das als Regensturm in Sillustani dekodiert wird, ist ein Kinderspiel, wenn Sie in Ihrem Wissen darüber, wie alles funktioniert, fortgeschritten genug sind. Dasselbe gilt für Federn, die vom Himmel fallen und einen Steinkreis, der »versetzt« wird. Der »physische« Kreis muss gar nicht »versetzt« werden, nur das Informationsfeld, das er repräsentiert, und selbst dann muss er sich nicht bewegen – er wird einfach in meinen Geist »kopiert«. Dies musste auch nicht in der Realität eines anderen Menschen geschehen. Ich hatte die Erfahrung und nur ich musste diese Realität entschlüsseln. Jemand anderes auf dem Hügel hat vielleicht keinen Kreis gesehen und war Zeuge, wie ich allein da stand. Während ich den Kreis erlebte, sind andere Kilometer entfernt um das »Original« herumgelaufen. In beiden Fällen handelte es sich bei dem »Kreis« um Wellenforminformationen, die in die holografische Realität dekodiert wurden. Was ist ein Virtual-Reality-Spiel anderes als verschlüsselte Informationen? Zweifelt irgendjemand daran, dass der Schöpfer eines solchen Spiels einen Regensturm, fallende Federn oder einen Steinkreis kodieren könnte? Nein, wir sind uns alle bewusst, dass dergleichen möglich ist. Die Möglichkeiten und das Potenzial dieser Spiele spiegeln die unserer Realität wider, wie wir in Kapitel 7 sehr deutlich sehen werden. Es gibt keine »Wunder«, nur Wissensstände darüber, wie die Realität funktioniert. Jemandem, der keine Ahnung hat, kann ein unerklärliches Ereignis wie ein Wunder erscheinen. Für jemanden, der darum weiß, ist es alltäglich und ein Kinderspiel, es zu erklären. Wenn man die Wahrnehmung in Begrenzung, Trennung und Unwissenheit gefangen halten will, muss man nur dafür sorgen, dass sie davon *nichts weiß*. Deshalb arbeiten die Insider des globalen Kults so hart daran, es für sich zu behalten.

Die Erkenntnis aus all dem ist, dass alles, egal wie getrennt es den fünf Sinnen auch erscheinen mag, ein unendliches Ganzes ist, in dem die einzige Trennung die *Wahrnehmung* der Trennung ist – eine Wahrnehmung und keine Realität, außer als wahrgenommene Realität. Die Illusion wird dadurch symbolisiert, dass wir vom Atlantischen Ozean, dem Pazifischen Ozean, dem Indischen Ozean und dem Südchinesischen Meer sprechen, obwohl es sich dabei um *ein und dasselbe* Gewässer handelt. Wir nennen denselben Körper des Unendlichen Bewusstseins Anna Schmitz und Herbert Müller. Der Ozean ist das Tröpfchen. Das Tröpfchen ist der Ozean. Setzen Sie das Tröpfchen in den Ozean. Wo endet das Tröpfchen und wo beginnt der Ozean?

Es gibt keinen solchen Punkt. Man kann sie nicht voneinander trennen.

Kapitel 7

Die Geistige Falle

Wie eine Sache betrachtet wird, so erscheint sie.

BUDDHISTISCHES SPRICHWORT

Die menschliche Realität ist die Geschichte von zwei Feldern. Das eine ist unendlich und das andere eine technologisch erzeugte Simulation, die die Wahrnehmung umgarnen und dazu verführen soll, an eine »reale Welt« zu glauben, die gar nicht real ist.

Abb. 97. Die beiden Felder der Unendlichen Realität und der Simulationsrealität. Das Feld, mit dem wir uns am meisten verbinden, bestimmt unsere gesamte Wahrnehmung. (Bild: Neil Hague)

Abb. 98. Eine symbolische Darstellung des Simulationsfeldes, das das Unendliche Feld überlagert und die Wahrnehmungen derjenigen einfängt, die ihm ins Netz gehen. Nur die Körper-Geist-Fokussierung darauf verbindet uns mit dem Simulationsfeld. (Bild: Neil Hague)

Stellen Sie sich vor, dass eine unendliche Version des WLANs von einem anderen Informationsfeld überlagert wird, das viel begrenzter ist (siehe Abbildung 97). Ich meine damit nicht, dass das gesamte Unendliche Feld überlagert wird, sondern nur der winzige Teil davon, den wir gerade »menschlich« nennen.

Die Simulation ist sehr klein, verglichen mit ihren eigenen Illusionen von Raum und Entfernung. Sie ist ein Informations- und Wahrnehmungsgefängnis, isoliert und getrennt vom Unendlichen Feld des *Alles Was Ist,* wie es Neil Hague in seiner Darstellung symbolisiert (siehe Abbildung 98). Ich sage zwar »getrennt«, tatsächlich kann aber nichts vom Unendlichen Ganzen völlig isoliert sein. Die Menschen können jedoch *wahrnehmungsmäßig* getrennt sein, da Sie ohne den Einfluss des erweiterten Bewusstseins Isolation und Trennung erleben. Ich werde mich in diesem Kapitel auf die Simulation konzentrieren, darauf, was sie ist und wie sie funktioniert, bevor ich mich mit den nichtmenschlichen Kräften hinter ihr befasse.

Die verschiedenen Dimensionen der Realität existieren als unterschiedliche Frequenzbänder und durchdringen sich gegenseitig wie Radio- oder Fernsehsender auf verschiedenen Wellenlängen, die sich denselben »Raum« teilen. Zumindest ist das die Art und Weise, wie man es empfinden kann. Ich spreche nicht von den Dimensionen, die im naturwissenschaftlichen Unterricht gelehrt werden, wie Breite, Höhe und Tiefe, zu denen noch die »Zeit« als vierte hinzukommt. Ich spreche von Ebenen der wahrgenommenen Realität, die gesehen, gespürt und erlebt werden können. Lassen Sie mich betonen, dass diese alltäglichen »Dimensionen« in Wirklichkeit vom *beobachtenden* Bewusstsein geschaffen werden. Die Grenzen der Wahrnehmung erzeugen die Illusion von »Dimensionen« oder Frequenzbändern. Wenn Ihre Wahrnehmung – das, worauf Sie sich einstimmen, was Sie wahrnehmen und womit Sie sich verbinden können – auf die Simulation innerhalb der Lichtgeschwindigkeit beschränkt ist, dann wird das zu Ihrer »Welt« oder Dimension. Viele nennen dies die »Dritte Dimension«. Wenn sich Ihr Bewusstsein (Wahrnehmungsgrenze) bis in die sogenannte vierte Dimension ausdehnen kann, dann gibt es keine »Dritte« oder »Vierte« – es gibt nur *Ihre* Dimension, die durch das Ausmaß repräsentiert wird, in dem Sie die Realität wahrnehmen können.

Abb. 99: Wenn Sie Ihren Geist für ein erweitertes Bewusstsein öffnen, erhalten Sie Zugang zum Unendlichen Feld und zu einer ganz anderen »Kontrollinstanz«. (Bild: Neil Hague)

»Dimensionen« sind Grenzen unseres Bewusstseins, die vom Beobachter geschaffen werden, und da passt natürlich nicht eine Größe für alle. Diese Dimensionen sind immer nur das, was *Sie* aus ihnen machen. Das *Alles Was Ist*, das sich seiner selbst bewusst ist, nimmt die gesamte Realität wahr und hat gar keinen Sinn für »Dimensionen« oder Wahrnehmungsbereiche. Nur seine begrenzteren »Teilbereiche« vermitteln diesen Eindruck. Die Realität ist ein nahtloses, unendliches Feld von Möglichkeiten und Wahrscheinlichkeiten, das darauf wartet, durch die Wahrnehmungen des beobachtenden Bewusstseins in eine Erfahrung umgewandelt zu werden, ganz gleich, in welcher Form oder auf welcher Ebene des Bewusstseins dies auch geschehen mag. Alles ist die Wahrnehmung des *Beobachters*. Ich werde jedoch der Einfachheit halber die Begriffe Dritte, Vierte und Fünfte Dimension verwenden, und zwar im Sinne von Dritter Dimension als Simulationswelt der wahrgenommenen »Materie«, Vierter Dimension als dem Bereich des Geistes, von dem aus die Simulation projiziert wird, und Fünfter Dimension – sowie darüber hinaus reichende Dimensionen und Frequenzen – als erweitertem und unendlichem Bewusstsein außerhalb der Simulation. Sie alle sind das gleiche Unendliche Bewusstsein, aber nicht alle sind gleichermaßen »bewusst«. Die Simulation hat den Geist einfrieren lassen, um so seine Frequenz und seinen Sinn für Bewusstsein einzuschränken. Unser Verstand ist ein erweitertes Bewusstsein hinter Schloss und Riegel. Die Antwort darauf lautet, das Schloss aufzubrechen (siehe Abbildung 99).

Wahrnehmung erschafft Realität

Die Simulation wurde geschaffen, um die Kontrolle über die Wahrnehmung und den Realitätssinn zu erlangen, indem die Beziehung und Interaktion zwischen dem »menschlichen« Bewusstsein – dem Geist – und dem Unendlichen Feld gehackt wurde. Um den Punkt zu wiederholen: Die Realität ist ein nahtloses Unendliches Feld der Möglichkeiten und Wahrscheinlichkeiten, das darauf wartet, durch die Wahrnehmungen des beobachtenden Bewusstseins in eine Erfahrung umgesetzt zu werden, in welcher Form oder auf welcher Ebene des Bewusstseins dies auch immer geschehen mag. Anders ausgedrückt: Die Wahrnehmungen des Beobachters entscheiden darüber, welche Erfahrungen wir aus dem Unendlichen Feld (»Meer«) der Möglichkeiten und Wahrscheinlichkeiten manifestieren, mit dem wir ständig interagieren. Auch *wir* sind ein Ausdruck dieses Feldes und tragen deshalb immer seine potenziellen Möglichkeiten und Wahrscheinlichkeiten in uns. Ja, alle, immer. Wie viel von der Unendlichen Möglichkeit wir nutzen, ist das *alles* Entscheidende (siehe Abbildung 100). Der mit dem Nobelpreis ausgezeichnete Physiker Werner Heisenberg (1901-1976) sagte: »Atome oder Elementarteilchen selbst sind nicht real; sie bilden eher eine Welt der Potenzialitäten und Möglichkeiten als eine der Dinge oder Fakten.« Was aktiviert sie zu bestimmten erlebten Potenzialen und Möglichkeiten? Wir kehren zur Wahrnehmung zurück. Es ist *allein* die Wahrnehmung, die bestimmt, wie und was wir *beobachten*, was wiederum bestimmt, was wir erleben. Wie wir wahrnehmen = wie wir beobachten = was wir erleben (oder denken, dass wir es erleben). Was wir glauben, nehmen wir wahr, und was wir wahrnehmen, erleben wir. Es funktioniert folgendermaßen …

Abb. 100: Wenn der Geist mit dem erweiterten Bewusstsein außerhalb der Simulation verbunden bleibt, haben wir eine unbegrenzte »Kontrollinstanz«, die uns durch das Labyrinth führt. Wenn diese Verbindung verloren geht, diktiert das Labyrinth – die Simulation – die Wahrnehmung und die Realität vollständig. (Bild: Neil Hague)

Unsere Gedanken und Emotionen erzeugen Frequenzen, die mit bestimmten Gedanken und Emotionen verbunden sind. Die Gesamtheit dieser Frequenzen wird kollektiv als ein energetisches Feld dargestellt, das wir als Wahrnehmung kennen. Unterschiedliche Gedanken und Emotionen – Sichtweisen – werden unterschiedliche Wahrnehmungen und Frequenzen in diesem Wahrnehmungsfeld erzeugen. Über dieses Feld – diese »Aura« – interagieren wir mit dem Simulationsfeld und dem Unendlichen Feld der Möglichkeit und Wahrscheinlichkeit. Unterschiedliche Wahrnehmungszustände sind mit entsprechend unterschiedlichen Möglichkeiten und Wahrscheinlichkeiten verbunden und manifestieren diese. Hier sind zwei einfache Beispiele. Sie nehmen wahr, dass Sie ein unbedeutendes »kleines Ich« sind, das keine Macht hat, Ihr Leben (Ihre Erfahrungen) zu beeinflussen, und kein Potenzial besitzt für etwas, das über das Alltägliche hinausgeht. Daher folgen Sie denen, von denen Sie glauben, dass sie diese Macht haben. Sie »kennen Ihren Platz«. Es ist Sache der anderen, Gründe für etwas zu finden,

Sie handeln einfach und damit hat sich's. Diese begrenzte Wahrnehmung und Selbstidentität wird energetisch in Ihrem Wahrnehmungsfeld repräsentiert, das in seinen Frequenzen denselben Zustand der Begrenzung widerspiegelt. Ihr begrenztes Wahrnehmungsfeld verbindet sich mit ähnlichen Frequenzen im Unendlichen Feld und die Möglichkeiten und Wahrscheinlichkeiten, mit denen Sie interagieren, spiegeln dann Ihre Wahrnehmung des Selbst und damit der Realität wieder (siehe Abbildung 101). Es entsteht eine Rückkopplungsschleife zwischen Ihnen (nämlich Ihren Wahrnehmungen) und den Frequenzen, die diese Wahrnehmungen in den Feldern repräsentieren. Auf diese Weise werden Ihre Wahrnehmungen zu einer sich selbst erfüllenden Prophezeiung, indem sie eine Erfahrung manifestieren, die Ihrer Wahrnehmung entspricht. Eine Kleines-Ich-Wahrnehmung wird zu einem Kleines-Ich-Leben. Was Sie glauben, nehmen Sie wahr, und was Sie wahrnehmen, erleben Sie. Wenn Ihr Wahrnehmungsfeld begrenzt und niederfrequent ist, tun Sie in der Tat nicht viel mehr, als mit dem Simulationsfeld zu interagie-

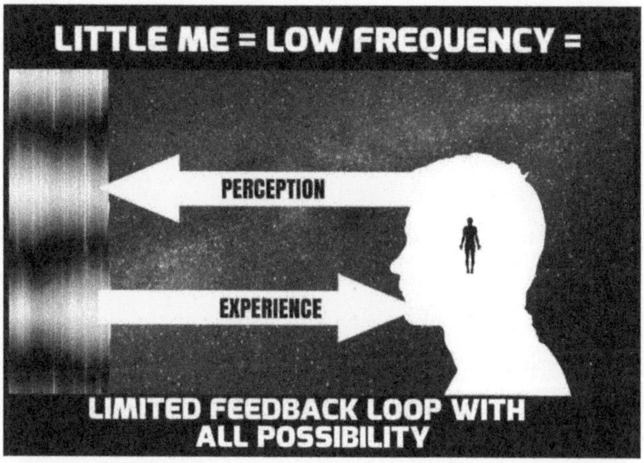

Abb. 101: Wie aus begrenzter Wahrnehmung begrenzte Erfahrung wird: Das Kleine Ich mit niedriger Frequenz führt über den Austausch von Wahrnehmung und Erfahrung zu einer reduzierten Rückkopplung aller Möglichkeiten. (Bild: Gareth Icke)

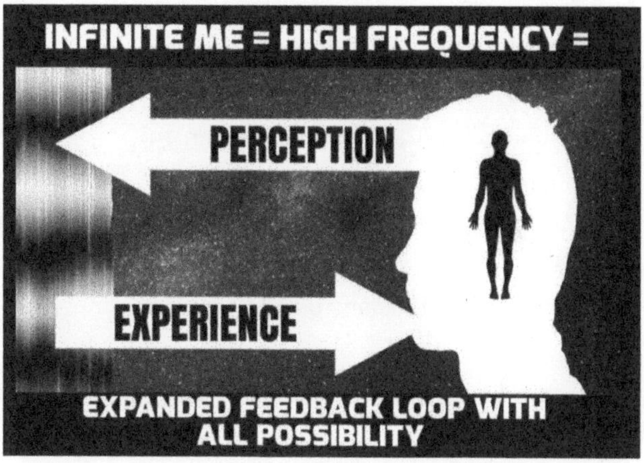

Abb. 102. Andere Wahrnehmung = andere Erfahrung. Das Unendliche Ich mit hoher Frequenz führt über den starken Austausch von Wahrnehmung und Erfahrung zu einer erweiterten Rückkopplung aller Möglichkeiten. (Bild: Gareth Icke)

ren, das Ihr ganzes Leben bestimmen wird. An diesem Punkt hat die Matrix Sie und das ist das eigentliche Ziel des Kultes und seiner Meister.

Wenn Ihre Wahrnehmung und Selbstidentität dagegen von grenzenlosen Möglichkeiten geprägt ist, wenn Sie ein Ausdruck des Unendlichen Bewusstseins sind und eine kurze Erfahrung machen, die Sie als Mensch bezeichnen, dann verändert sich Ihre Interaktion mit den Feldern und damit auch Ihr Leben. Ihr erweiterter Sinn für Realität und Identität wird zu einem entsprechend erweiterten Wahrnehmungsfeld, das mit viel höheren Frequenzen schwingt, und Sie interagieren mit dem Unendlichen Feld der Möglichkeit und Wahrscheinlichkeit auf eine weitaus expansivere Weise (siehe Abbildung 102). Ihre erweiterte Wahrnehmung wird zu einer erweiterten Erfahrung. Das »Erwachen« ist einfach eine Erweiterung der Wahrnehmung und der Selbstidentität aus den schlafenden fünf Sinnen heraus. Diejenigen, die diesen Prozess durchlaufen – und die Zahl ist inzwischen phänomenal groß geworden –, bemerken, dass eine Synchronizität in ihr Leben tritt, die vorher nicht da war. Die täglichen Erfahrungen sind gespickt mit »Schön, Sie hier zu sehen«, »Wie wahrscheinlich ist das denn?« und »Glücksmomenten«, die genau dann auftauchen, wenn Sie sie brauchen. Das hat nichts mit »Glück« zu tun. Ihre erweiterte Wahrnehmung interagiert mit erweiterten Möglichkeiten und es wird viel mehr möglich. Sie erschaffen eine andere Realität aus anderen Wahrnehmungen. Ich habe dies alles selbst erlebt. Ein Zitat, das ich im Internet gesehen habe, fasst den Prozess zusammen:

> »Unfälle passieren, das sagt jeder. Aber in einem Quantenuniversum gibt es keine Unfälle, sondern nur Möglichkeiten und Wahrscheinlichkeiten, die durch die Wahrnehmung in die Existenz gefaltet werden.«

Das ist das Letzte, was Sie wissen dürfen, wenn es nach dem Kult geht. *Nichtwissen* ist die Grundlage für die menschliche Kontrolle. Der Kult und seine Eingeweihten sind sich sehr wohl bewusst, dass die Wahrnehmung zur Realität wird und dass sie, wenn sie Ihre Wahrnehmung kontrollieren, Ihr Leben kontrollieren. Die globale Gesellschaft strukturiert sich zu diesem Zweck in das vom Kult kontrollierte »Bildungswesen«, die Medien und das Silicon Valley, um die Informationen zu diktieren, die zur Wahrnehmung werden. Was ist die faschistische Zensur der Medien und Big Tech in der »Covid«-Ära anderes als die Kontrolle von Informationen, um das offizielle Narrativ zu sichern und jede Herausforderung zum Schweigen zu bringen? Während diese Psychopathen Ihre Erfahrungen steuern, indem sie Ihre Wahrnehmung in Ihr Hirn einspeisen, wollen sie, dass Sie glauben, dass alles, was Ihnen widerfährt, Zufall ist. Sie wollen, dass

Sie an Glück und Pech und willkürliche Geschehnisse glauben. Der schlimmste Albtraum des Kults besteht darin, dass die Bevölkerung erkennt, dass die Wahrnehmung zur Realität wird. Die Menschen hätten es dann selbst in der Hand – in der Hand ihres Verstandes –, ihre Realität zu verändern.

Hier kommt die Simulation mit ihrer gefälschten Realität ins Spiel, um zu verwirren und zu kontrollieren. Das Simulationsfeld teilt sich denselben »Raum« wie das Unendliche Feld und die Idee ist, die Wahrnehmungsfelder der Bevölkerung so zu manipulieren, dass sie sich mit dem Simulationsfeld verbinden. Die darauf folgende Interaktion ahmt die mit dem Unendlichen Feld nach, mit dem Unterschied, dass die Simulation nicht unendlich ist und sowohl die Möglichkeiten einschränkt als auch den Geist in einer Realität gefangen hält, die »real« zu sein scheint, es aber nicht ist. Oh nein, das kann nicht sein – die Welt ist doch »natürlich«! Okay, was ist denn »natürlich«? Was können Sie mit »natürlich« vergleichen, um den Unterschied zu erkennen? Wenn alles, was Sie sehen, eine Simulation ist, lautet die Antwort, dass Sie nichts haben, um diesen Vergleich anzustellen. Bei einem Virtual-Reality-Headset haben Sie wenigstens die »normale« Realität zum Vergleich. Und selbst die virtuelle Realität wird immer ausgefeilter, so dass Sie bald nicht mehr in der Lage sein werden, den Unterschied zwischen der Realität des Headsets und der »normalen« Realität, die selbst eine Simulation ist, zu erkennen. Wir werden in eine mehrstufige virtuelle Realitätsillusion hineingezogen, aus der wir nicht mehr entkommen sollen. Aber wir *können*.

Unsere simulierte »Welt«

Wenn Sie glauben, dass der derzeitige Stand der menschlichen Technologie erstaunlich ist, sollten Sie sich festhalten. Im Vergleich zu dem, was wirklich möglich ist, sind wir immer noch in der Steinzeit. Und selbst dann stammt die Spitze des technologischen Fortschritts in der menschlichen Welt aus anderen Realitäten. Haben Sie schon einmal bemerkt, dass ein unaufhörlicher Strom von immer höher entwickelten Technologien und Geräten in unsere Welt einfließt?

Das ist möglich, weil diese Technologien schon seit Äonen bereit stehen, um von der nichtmenschlichen Quelle, die hinter all dem steht, eingesetzt zu werden. Technologie musste nicht zufällig »erfunden« werden. Der menschliche Verstand musste sorgfältig entwickelt werden, um die intellektuelle Fähigkeit zu besitzen, mit dieser Technologie zu arbeiten, während er gleichzeitig geistig so zurückgeblieben ist, dass er nicht erkennen kann, dass er seine eigene Gefängniszelle baut.

Wir beobachten dies heute überall um uns herum, und der Prozess vollzieht sich Schritt für Schritt seit, wie wir es wahrnehmen, »Jahrhunderten«. Die KI- und Überwachungstechnologie wird von den unterirdischen Militärbasen oder Deep Underground Military Bases (DUMBS) auf der ganzen Welt eingeführt, in denen der Austausch zwischen den menschlichen Wissenschaftlern und Ingenieuren, die dem Kult unterstehen, und den Nichtmenschen, die den Kult kontrollieren, auf den höchsten und am besten abgeschotteten Ebenen stattfindet. Hier werden Technologie und Know-how von Nichtmenschen an die Kabale des Kultes weitergegeben – von denen ein Großteil ebenfalls nichtmenschlich ist, wie ich in Kapitel 8 erläutern werde. Mit Hilfe von Tarngeschichten und Tarnpersonen wird dann erklärt, woher die Technologie stammt, um die Öffentlichkeit darüber im Unklaren zu lassen, woher sie wirklich stammt. Eine gesellschaftsverändernde Technologie, die zufällig von Freaks in einer Garage erfunden wurde, ist ein beliebtes Mittel des Kults, um die Wahrheit zu verbergen. Sie kennen die Medien-Frontleute, die solche Tarngeschichten nachplappern und personalisieren. Es sind die sehr berühmten und sehr reichen großen Namen des Silicon Valley und der weiten Welt von Big Tech. Deshalb sage ich, dass Leute wie Gates, Musk, Zuckerberg, Brin, Page und Co. nicht so sehr ihre riesigen Unternehmen leiten, sondern vielmehr für das einstehen, was sie wirklich kontrolliert – den Kult. Wenn Elon Musk sagt, er glaube, dass wir in einer Simulation leben könnten, dann deshalb, weil er weiß, dass wir das tun. Das wissen die alle.

Die nichtmenschliche Macht verfügt über eine Technologie, die eine Simulation erzeugt, die unsere Technologie, selbst in ihrem derzeitigen Entwicklungsstadium, damit verglichen wie Feuersteine zu einem Atomreaktor aussehen lässt. Diese Technologie befindet sich in der Vierten Dimension (ich nenne sie 4D), außerhalb des Bereichs der »normalen« menschlichen Wahrnehmung. Genauso wie die Maschinen in den *Matrix*-Filmen außerhalb der simulierten Realität arbeiten, die von diesen Maschinen erzeugt wird. Die Vierte Dimension wird auch als »Astralebene« bezeichnet – das Reich des Geistes. In esoterischen Kreisen wird angenommen, dass dies die Frequenzbänder sind, durch die wir in die »physische« Realität eintreten und sie verlassen. Nahtoderfahrungen finden meist in der astralen oder Vierten Dimension statt, wo auch außerkörperliche Zustände auftreten können, die als »Astralprojektion« bekannt sind. Der Astralraum ist nicht zuletzt unter dem Namen Barzakh im Islam und Yetzirah im Judentum bekannt und zieht sich wie ein roter Faden durch die Religionen und alten Kulturen. Barzakh bedeutet »Vorhölle, Schranke, Trennwand, Hindernis, *Getrenntsein*« und wird im Islam als das Stadium zwischen Tod und Auferstehung im »Jenseits« bezeichnet. Andere Bezeichnungen für den Astralraum sind das »Träumen (Dreaming)« der australischen Aborigines, das Duat der alten Ägypter, das Bardo der Tibeter und das Universum von Asiyah der Kabbalisten in der jüdischen mystischen Tradition. Der Begriff Vierte Dimension kann Gedanken an etwas ganz weit »draußen« hervorrufen, obwohl es in Bezug auf die Frequenzen eigentlich sehr nahe ist.

Abb. 103. Der Verstand, der die Simulation entschlüsselt, funktioniert nach demselben Prinzip wie ein Mensch, der ein Virtual-Reality-Spiel entschlüsselt. Nur wird bei dieser Simulation das Headset nie abgenommen und zur ständigen Wahrnehmung der Realität.

Das Bewusstseinsfeld Ihres denkenden Geistes befindet sich in der Vierten Dimension und interagiert über das Gehirn direkt mit den fünf Sinnen des Körpers (oder scheint es zu tun). Dabei ist das Gehirn nur ein Prozessor für die vom Geist gelieferten Informationen und nicht der Ursprung des Bewusstseins. Auch das Gehirn ist eine Illusion im Sinne der Körperlichkeit. Doch aus Gründen, die wir gleich sehen werden, gibt es bei alldem Vorbehalte. Wir können das Bewusstseinsfeld, das der menschliche Geist ist, nicht mit unserem »normalen« Sehsinn sehen, obwohl Sie mit dem vierdimensionalen Feld denken, während Sie dieses Buch lesen. Die Astralebene selbst hat viele Frequenzschichten, die vom Wachheitsgrad des Geistes abhängen, und eine davon ist als »untere Astralebene« bekannt. Dies ist das Reich der »dämonischen« Wesenheiten, der böswilligen und verwirrten »Geister« und derjenigen, die unsere Erfahrungswelt auf eine Art und Weise manipulieren, die ich noch beschreiben werde. In Büchern, die bis in die 1990er Jahre zurückreichen, habe ich dieses untere Astralreich als die »untere vierte Dimension« bezeichnet, wobei die beiden Begriffe im Grunde austauschbar sind. Die untere vierte Dimension liegt in ihrer Frequenz sehr nahe an der menschlichen Ebene und Wesenheiten können zwischen diesen Ebenen hin- und herwechseln. Berichte über seltsame Gestalten oder Tiere, die gesehen wurden und auf der Erde unbekannt sind, könnten durchaus astrale Phänomene sein,

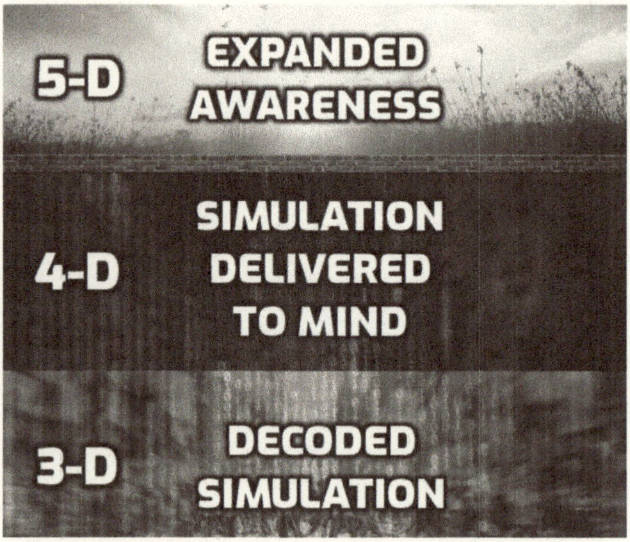

Abb. 104. Die Simulation wird aus der Vierdimensionalen Realität durch Wellenfeldinformationen in den menschlichen kollektiven Verstand projiziert, und der Verstand dekodiert diese dann zur holografischen Illusion der »physischen« 3D-Realität, die wir für die menschliche »Welt« halten. Der Fokus des Verstandes liegt auf der simulierten Projektion und trennt seinen Sinn für Realität – die Frequenz – vom fünfdimensionalen Bewusstsein außerhalb der Simulation. Da haben wir's!

die für kurze Zeit den Frequenzschleier durchqueren. Wenn ich im Folgenden von der »Vierten Dimension« oder »4D« spreche, meine ich die dämonischen unteren Frequenzebenen, es sei denn, ich erkläre ausdrücklich, dass ich mich damit auf etwas anderes beziehe.

In dieser Vierten oder astralen Dimension wird die Simulation als Wellenfeldinformation in den menschlichen Verstand projiziert, der sie zu einer »3D«-illusorischen »physischen« Welt entschlüsselt. Stellen Sie sich ein Virtual-Reality-Headset oder einen Computer vor, der WLAN dekodiert (siehe Abbildung 103). Die »menschliche« Interaktion mit der virtuellen Technologie imitiert die Interaktion zwischen dem Verstand und dem Simulationsfeld. Das Ganze wird von einer Künstlichen Intelligenz gesteuert, überwacht und beaufsichtigt, die weit über alles hinausgeht, was wir bisher in der menschlichen Realität gesehen haben.

Die Simulation wird auf der Ebene der Vierten Dimension direkt in den Verstand projiziert, um dort in ein Gefühl der »physischen« 3D-Realität umgewandelt zu werden (siehe Abbildung 104). Die Idee ist, die Wahrnehmung des Verstandes zu kapern und seine Aufmerksamkeit auf die falsche simulierte Realität einer holografischen Illusion zu lenken, die seine Frequenz senkt und eine Trennung vom Wahrnehmungseinfluss des erweiterten fünfdimensionalen Bewusstseins auslöst.

Wenn ich darüber nachdenke, sehe ich das Bewusstseinsfeld, das wir Geist nennen, wie ein WLAN-Feld, das ständig die Informationsquelle der Simulation speist (siehe Abbildung 105). Die wichtigste Trennung, die die Manipulatoren anstreben, ist die zwischen dem vierdimensionalen Verstand und dem erweiterten Bewusstsein der Fünften Dimension außerhalb der Simulation. Alle anderen Trennungen und Trennungsgefühle entstammen dieser primären Trennung. Der Verstand baut sich so seine eigene Wahrnehmungs-Gefängniszelle. Wenn dies unbewusst und ohne zu hinterfragen geschieht, dekodiert der Verstand alles, was die Simulation an Informationen liefert. Das erinnert mich an eine alte Teewerbung, in der ein Affe sagt: »Weißt du, dass dein Klavier auf meinem Fuß steht?« Ein anderer Affe, der am Klavier sitzt, antwortet: »Summe es mir vor, mein Sohn, ich spiele es.« Die Simulation summt es und der Verstand spielt es, bis der Betrug der Simulation aufgedeckt wird. Der Verstand dekodiert sein eigenes Alcatraz und glaubt, es sei real. Dabei ist der Verstand wie hypnotisiert und auf die Simulation fokussiert und blendet alles andere aus. Das »Erwachen« stellt die ursprüngliche Verbindung wieder her. Deshalb ist der Sinn für die Realität bei denen, die erwacht sind oder gerade erwachen, so anders als bei denen, die noch im Verstand und den fünf Sinnen allein gefangen sind.

Die vierdimensionale KI ist allem, was in der simulierten 3D-Welt möglich ist, weit voraus, obwohl wir ihr mit dem Ausmaß der technologischen Möglichkeiten, die Stück für Stück durch die unterirdischen Basen eingeführt werden, immer näher kommen. Der Transfer findet in der Wahrnehmung des Geistes statt und nicht im »Physischen«. Es gibt gar nichts »Physisches«. Es geschieht alles nur im Geist. Genau das ist der Grund für meine Vorbehalte und Einschränkungen hier und da. Was wie eine Interaktion zwischen dem Geist, dem menschlichen Gehirn und dem Körper aussieht, ist nur eine andere Ebene der Illusion, wenn man es es in einem größeren Zusammenhang betrachtet. Unsere ge-

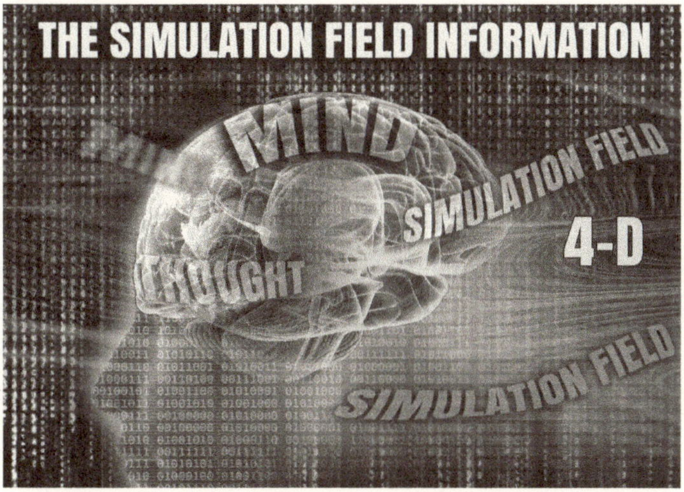

Abb. 105: Das Energiefeld, das wir Verstand nennen, wird mit Informationen aus dem Simulationsfeld durchdrungen, als ob Sie ständig ein Headset für virtuelle Realität tragen würden. Die Information durch das »Headset« – die Simulation – führt zur Realitätswahrnehmung des Geistes. (Bild: Neil Hague)

samte simulierte Realität existiert nur *innerhalb* des Geistes, einschließlich des Gehirns und des Körpers. Der Geist ist nicht im Körper. Der Körper ist im *Geist.* Sie lesen dieses Buch mit Ihrem Geist. Wo befindet sich dieser Geist? Wie erleben Sie Ihren Geist? Er scheint sich in Ihrem Körper zu befinden und ein Teil von ihm zu sein, nicht wahr? Ihr Körper dominiert die Wahrnehmung der Realität durch Ihren Geist. Er scheint die Grenzen des »Selbst« und der Möglichkeiten zu diktieren. Ihr Körper beeinflusst die Realitätswahrnehmung Ihres Geistes so stark, als würden Sie ein Virtual-Reality-Headset tragen. Tatsächlich arbeitet Ihr Geist in 4D, während Ihr Körper in 3D ist, einer simulierten Projektion, die von Ihrem Geist dekodiert wird. Daher muss Ihr Körper in Ihrem Geist sein und nicht umgekehrt.

Schauen Sie sich die *Matrix*-Filme an, in denen diese Konzepte – warum auch immer – wörtlich und symbolisch dargestellt werden. Man betritt die Matrix nicht mit seinem »Körper«. Man betritt sie mit seinem Verstand. Betrachten Sie den Ort, an dem sich die Figuren außerhalb der Matrix befinden, als das Bild für Ihren Geist in der Vierten Dimension, der die Simulation dekodiert, und Sie erhalten die Dynamik. Eine Sonde wird in den Nacken oder den unteren Hirnstamm eingeführt. Die Sonde verbindet sie mit der *Informationsquelle* der Matrix und ihr Gehirn beginnt, diese Informationen in die Illusion einer physischen Welt zu verarbeiten, die nichts anderes ist als eine entschlüsselte Informationsquelle. Das Gehirn ist nicht der Ursprung des Bewusstseins. Es ist ein Prozessor, der Informationen aus jeder beliebigen Quelle innerhalb seines Arbeitsbereiches verarbeitet. Setzen Sie sich in einem Virtual-Reality-Spiel ein Headset auf und das Gehirn dekodiert diese Informationen in Ereignisse und Geschehnisse; aber das Gehirn ist immer noch ein Hirngespinst der manipulierten Vorstellungskraft des Geistes. Es ist nicht so real, wie wir es wahrnehmen. Ihr Kopf trägt das Gehirn und auch das Headset. Aber *beides* ist nur eine Simulation davon in Ihrem Gehirn. Es ist alles ein technologisch erzeugter *Traum.* Das Gehirn ist Teil der simulierten Informationsprojektion, die der »vierdimensionale« Verstand in ein bloßes Gefühl – eine Erfahrung – der Realität dekodiert. Die virtuelle Realität des Headsets ist eine virtuelle Realität innerhalb einer virtuellen Realität. Das Metaverse, das von Mark Zuckerberg und anderen im Silicon Valley, die dem Kult unterstehen, entwickelt wird, ist eine weitere Ebene der Realitätsillusion, um die »menschliche« (geistige) Wahrnehmung und Selbstidentität weiter zu verwirren. Zuckerberg mag nicht der schärfste Verstand sein, aber angesichts seiner Verbindungen zum Kult ist er sicher nicht dumm genug, um nicht zu erkennen, was das Metaverse wirklich bezweckt – die menschliche Wahrnehmung in noch tiefere Ebenen der Illusion und Trennung einzuschließen, indem der Verstand noch tiefer hypnotisiert wird.

Wo ist Ihr Körper *wirklich*?

Der vierdimensionale Geist wird mit den Informationen gefüttert, die er als die »physische« Realität entschlüsselt. Dazu gehören auch der Körper und das Gehirn darin, die als kodierte Informationsfelder Teil der Simulation sind und vom Verstand in eine holografische »physische« Illusion umgewandelt werden. Der Verstand glaubt, dass er im Körper ist, während der Körper *im Verstand* ist. Der Glaube, dass der Geist im Körper ist, führt dazu, dass der Geist glaubt, er sei den Beschränkungen des Körpers und der fünf Sinne unterworfen. Auf der einen Seite der Rückkopplungsschleife erschafft (dekodiert) der Geist den »physischen« Körper, während auf der anderen Seite die scheinbaren Beschränkungen des Körpers die Wahrnehmungen und die Realität des Geistes beeinflussen. Wenn Menschen krank werden, denken sie, dass der Körper für das Problem verantwortlich ist und nicht der Geist. Sie erhalten eine tödliche Diagnose und denken, der Körper bestimme das Schicksal. Die Aussage des Arztes, wie lange man noch zu leben hat, wird zu der Zeitspanne, in der eine Person stirbt, weil sie glaubt, dass der Arzt es wissen muss (der Verstand). In Wirklichkeit ist der Geist Herr über den Körper, aber der Geist wird manipuliert, damit er glaubt, der Körper habe die Kontrolle. Das ist die *Falle* (siehe Abbildung 106).

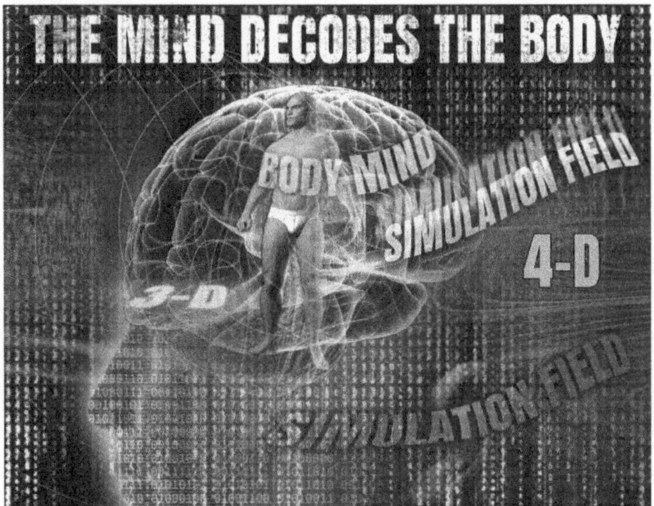

Abb. 106. Der Geist dekodiert den Körper und der Körper wirkt sich auf die Realität des Geistes aus. Es wäre lustig, wäre es nicht so tragisch für die menschliche Freiheit.
(Bild: Neil Hague)

Die Rückkopplungsschleife Verstand-Simulation-Verstand funktioniert nach demselben Prinzip. Man könnte diese Rückkopplungsschleife mit Kinobesuchern vergleichen, die unterbewusst den Film selbst auf die Leinwand projizieren und deren Wahrnehmung dabei durch den Film verändert wird. Es gibt bereits die Technologie der virtuellen Realität, die den Eindruck erweckt, dass Sie sich in einem fremden Körper befinden. Experimente haben eindeutig gezeigt, dass der Verstand so manipuliert werden kann, dass er glaubt, eine falsche Hand sei seine eigene. Sie sehen, wie Menschen auf das, was der falschen Hand passiert, so reagieren, als wäre es ihnen selbst passiert. Den Verstand auszutricksen ist ein Kinderspiel. Das erweiterte Bewusstsein auszutricksen ist eine ganz andere Sache. Als ich dieses Buch fertigstellte, stieß ich darauf, dass es im Buddhismus eine Version der Rückkopplungsschleife zwischen Geist und Verstand gibt. Der Buddhismus spricht von den Drei Reichen – dem Reich der Begierde, dem Reich der Form und dem Reich der Formlosigkeit –, die alle durch Gedanken geschaffen werden:

> »Was immer ich denke, das sehe ich. Der Geist erschafft den Buddha. Der Verstand selbst sieht ihn. Der Geist ist der Buddha. Der Geist ist der Tathagata [ein Erleuchteter, einfach ausgedrückt]. Der Geist ist mein Körper, der Geist sieht den Buddha. Der Geist selbst kennt den Geist nicht, der Geist selbst sieht den Geist nicht.«

Das beschreibt ziemlich genau, was ich hier darlege. Der Geist erschafft die Realität und der Geist »sieht« die Realität, die er erschafft; der Geist weiß nicht, dass er das, was er »sieht«, selbst erschaffen hat, es sei denn, er ist erwacht. Und dann gibt es noch das berühmte Buddha-Zitat: »Der Geist ist alles. Was man denkt, wird man.« Das ist richtig, obwohl in meiner Sicht der Realität der Geist – oder Verstand – *nicht* alles ist. Der programmierte Verstand ist es, der uns von allem abhält.

Das bewusste und das unbewusste »Ich« befinden sich in der *Vierten Dimension*, in der sich auch Ihr Verstand befindet, und Sie dekodieren die Informationsquelle der Simulation in die Illusion, dass Sie sich »in« einer 3D-Welt von Solidität und Körperlichkeit befinden. Sie sind genauso wenig in dieser Welt wie Neo, Morpheus und Trinity, als sie in der gleichnamigen Filmreihe die Matrix »betreten«.

Wo »leben« wir? *In unserem Verstand.* Ich sagte ja, wir gehen tiefer als je zuvor! Die Bewusstseinsebene, die man Verstand nennt, wird oft als »Ego« bezeichnet und sie wird auch als »Punkt der Aufmerksamkeit« definiert. Ganz genau. Die Realität jeder Bewusstseinsebene ist der Punkt der Aufmerksamkeit. In »menschlicher« Form sind wir ein Punkt der Aufmerksamkeit innerhalb des Unendlichen Bewusstseins. Wir sind nicht unendlich bewusst, weil der menschliche Aufmerksamkeitspunkt (die Wahrnehmung) Begrenzungen wahrnimmt und nicht die Unendlichkeit. Dies ist die ganze Grundlage der menschlichen Versklavung. Die Kontrolle unseres Aufmerksamkeitspunktes, aus dem alles andere folgt. Die Simulation ist eine Traumwelt, ja, aber der Traum ist von außen erzeugt. Wenn Sie jetzt an etwas denken, etwa an Wildblumen auf einem Feld an einem schönen sonnigen Tag, dann nennen Sie das »Fantasie«. Die Simulation hingegen ist eine mit Daten kodierte Information, die Sie in Wildblumen an einem schönen sonnigen Tag dekodieren, um eine Illusion zu projizieren, die so real und greifbar erscheint, dass Sie glauben, Sie befänden sich auf diesem Feld mit diesen Blumen unter dieser Sonne. Das erste ist Einbildung und das zweite ist manipulierte Einbildung und genau das ist im Grunde die Simulation – manipulierte Einbildung.

Wie Morpheus in dem Film *Matrix* sagt:

> »Hattest du jemals einen Traum, Neo, der dir komplett real erschien? Was wäre, wenn du unfähig wärst, von diesem Traum wieder aufzuwachen, Neo? Wie würdest du den Unterschied zwischen Traumwelt und realer Welt erkennen?«

Der Wachtraum und der Schlaftraum sind Fortsetzungen desselben Traums. Es ist *alles* Traum oder wie Edgar Allen Poe (1809-1849) sagte: »Alles, was wir sehen oder zu sehen scheinen, ist nichts als ein Traum in einem Traum.« Wenn es um die Beziehung zwischen dem Geist und »den Feldern« geht, ist der Traum der Träumer und der Träumer ist der Traum. Können wir dem Simulationstraum entkommen? Ja, das können wir, und dazu komme ich gleich noch, aber zunächst einmal: Warum ist der menschliche Verstand in diesem Kreislauf der Illusion gefangen?

Es werde … Simulation!

Ich sage schon seit Jahren, dass die Erschaffung der Simulation am Anfang des Buchs Genesis beschrieben wird. In den biblischen Texten steckt eine Menge Wahrheit, die oft durch wörtlich genommene Symbolik verdunkelt wird. Es gibt auch starke Verdrehungen, um zu täuschen. Oft wird »Gott«, der in der Einzahl stehen sollte, im Plural beschrieben, zum Beispiel als Elohim. Die Zeile über die Söhne Gottes, die sich mit den Töchtern der Menschen vermischen, verwendet im Originaltext eigentlich »Söhne der Götter«, den Plural. Die Verschmelzung mehrerer nichtmenschlicher »Götter« zu einem einzigen »Gott« (mehr hierzu in Kapitel 8) hat die gesamte Bedeutung des Alten Testaments verändert, das einen zornigen, blutrünstigen und eifersüchtigen »Gott« beschreibt, von dem wir glauben sollen, dass er zugleich ein »lieber« »Gott« ist. Auch die biblische Behauptung, dass es keinen anderen Gott außer ihm gibt, wird im nächsten Kapitel in einen verständlichen Kontext gestellt. Ich behaupte, dass die Genesis die Simulation beschreibt, wenn der Text sagt, dass

»Gott« (die Götter) am Anfang den Himmel und die Erde schuf – die holografische Simulation von Himmel und Erde. Im Buch Genesis steht:

> »Und die Erde war wüst und leer, und es war finster auf dem Grunde der Erde. Und der Geist Gottes bewegte sich auf dem Wasser. Und Gott sprach: Es werde Licht. Und es ward Licht.«

Aber was ist dieses »Licht«? Alte Texte und viele Nahtoderfahrene beschreiben eine ganz andere Art von »Licht« außerhalb des Körpers als das heftige elektromagnetische Licht der menschlichen Welt – der *Simulation*. Solche Texte verwenden oft die Symbolik des Wassers, um Energie und Realität jenseits der menschlichen Welt zu beschreiben. Man findet Begriffe wie »wässriges Licht« und Licht, das »keine Schatten wirft«, im Gegensatz zum scharfen elektromagnetischen Licht unserer Realität. »Es werde elektromagnetisches Licht und es ward elektromagnetisches Licht« wäre genauer. Der Elektromagnetismus innerhalb der Lichtgeschwindigkeit ist Teil der Simulation auf der Ebene, die wir erleben:

> »Und Gott sprach: Es werde eine Feste (ein Firmament) mitten im Wasser, die scheidet das Wasser vom Wasser. Und Gott machte die Feste und schied die Wasser unter der Feste von den Wassern über der Feste, und so geschah es.«

Das »Firmament« oder die Feste wird als Begriff für eine riesige, solide Kuppel genommen, die die Wasser von den Wassern trennte. Wenn wir das Motiv der »Wasser« weiterverfolgen, die eine Beschreibung energetischer Zustände sind, haben wir eine Wahrnehmungsbegrenzung zwischen der Realität »in« oder »unter« der Kuppel und den Realitäten »außerhalb der Kuppel«. Im Laufe der Jahrhunderte gab es viele Darstellungen einer Kuppel, die die Erde umgibt (siehe Abbildung 107). Als ich als Kind in den Himmel schaute, hatte er die Form einer riesigen Kuppel. In dem symbolträchtigen Film *Die Truman Show* aus dem Jahr 1998 wurde die von Jim Carrey gespielte Hauptfigur am Set einer Fernseh-Soap geboren. Niemand sagte es ihm und er lebte sein Leben, als ob er sich in einer realen Welt befände, während alle Menschen um ihn herum Schauspieler und Schauspielerinnen in der Seifenoper waren. Wann immer er versuchte, die verborgene Kuppel, in der sich all dies abspielte, zu verlassen, geschah etwas, das ihn daran hinderte. Die Sonne, die jeden Tag aufging, und der allnächtliche Mond waren Teil der Kulisse. Schließlich wird ihm klar, dass sein Leben eine Illusion ist, und er flieht in das, was er für den Ozean hält, um zu entkommen. Er erreicht den

Abb. 107. Eine Abbildung aus dem sechzehnten Jahrhundert, die die Erde unter einer riesigen Kuppel darstellt – dem Firmament.

Rand der Kuppel, wo er eine Tür zur »echten Welt« findet. Ich weiß nicht, ob der Autor damit die menschliche Notlage symbolisieren wollte oder ob er es einfach für eine gute Geschichte hielt, aber er hat es ziemlich genau getroffen.

In der Genesis wird weiter beschrieben, wie »Gott« (die Götter) die Tiere schuf, das, was wir als natürliche Welt bezeichnen, und wie »er« die Sonne, den Mond und die Sterne entstehen ließ. Was wir als unendlichen Raum mit all den Planeten und Sternen wahrnehmen, ist eine holografische Illusion, die in unseren Verstand projiziert wird und die wir in eine scheinbar physische Realität dekodieren. Dies würde zudem den Widerspruch erklären, der oft als »Fermi-Paradoxon« bezeichnet wird: ein scheinbar grenzenloser Nachthimmel, aber kein außerirdisches Leben darin zu entdecken. Der italienische Physiker Enrico Fermi (1901-1954) sagte, dass es bei einhundert Milliarden Sternen in der Galaxis doch wohl unvermeidlich sei, dass sich auch anderswo intelligentes Leben entwickelt hat, also »wo sind die Aliens«? Nun, wenn Sie Ihre Zielpersonen in einer Illusion von Isolation und Trennung versklaven wollten, schaffen Sie dann eine simulierte Realität, in der es von Leben nur so wimmelt, oder eine, in der es scheinbar kein Leben gibt? Wenn Sie die Menschheit in ständiger Unwissenheit halten wollten, würden Sie sie dann das große Panorama der visuellen Realität sehen lassen oder sie auf das lächerlich schmale Frequenzband beschränken, das als sichtbares Licht bekannt ist? Wenn Sie darüber nachdenken, wie das Universum nach Ansicht der Mainstream-»Wissenschaft« entstanden ist, werden Sie feststellen, dass sich das Thema fortsetzt. Sie wollen, dass wir an einen »Urknall« vor 13,7 Milliarden Jahren glauben, bei dem das Universum auf den Kern eines Atoms komprimiert war, den sie als »Singularität« bezeichnen, und dieser explodierte, um irgendwie – aus dem Nichts – Materie, Energie, Raum, Zeit, Bewusstsein und Frau Schmidt zu erschaffen, die den Laden an der Ecke betreibt. Wie der amerikanische Schriftsteller und Forscher Terence McKenna (1946-2000) einmal so brillant sagte:

> »... was diese Philosophen der Wissenschaft sagen, ist: Gebt uns ein Gratiswunder, und wir werden von diesem Punkt an alles erklären – von der Geburt der Zeit bis zum Untergang! – nur ein kostenloses Wunder, und dann wird sich alles nach den Naturgesetzen und diesen bizarren Gleichungen erklären, die niemand verstehen kann, die aber in unserem Geschäft so heilig sind.«

Die Rätsel darüber, wie unsere Realität »aus dem Nichts« entstanden ist, können glaubhaft gelöst werden, ohne dass Wunder erforderlich sind, wenn die Wissenschaft sich für die Idee der Simulation entscheidet.

Was genau bedeutet »Mensch«?

Was ist ein »Mensch«? Was bedeutet es, »menschlich« zu sein? Nun, es bedeutet, einen *menschlichen* Körper zu haben, der Informationen durch das Gehirn und das genetische System in einen bestimmten Wahrnehmungsbereich der Realität dekodiert. Der Verstand dekodiert die Simulations-Informationsquelle zu einem holografischen »Körper« und der Körper ist so kodiert, dass er die Realität gemäß seinem Programm wahrnimmt und damit die Realität des Verstandes (Geistes) beeinflusst, von der er letztlich eine Projektion ist. Ein Mensch verhält sich aufgrund des im Körper kodierten Informationsprogramms wie ein Mensch, so wie sich – aus demselben Grund – ein Elefant wie ein Elefant und eine Ente wie eine Ente verhält. Der »Mensch« ist eine Manifestation, eine Illusion, der Simulation. Er ist das von der nichtmenschlichen Kraft geschaffene Vehikel, durch das unser »vierdimensionaler« Verstand dazu gebracht werden kann, zu glauben, dass er in einem physischen Körper in einer physischen Welt »inkarniert« ist. Durch den Körper interagiert er in der Wahrnehmung des Geistes mit dieser physischen Welt, der illusorischen Projektion, die der Geist für real hält. Stellen Sie sich Charaktere vor, die in Videospiele der virtuellen Realität eingefügt werden, die Manifestationen des Spiels sind und auf die Codes und Regeln reagieren, auf denen das Spiel basiert (seine »physikalischen Gesetze«). Stellen Sie sich nun vor, dass das Bewusstsein die Realität durch diese Figuren erlebt und von der Illusion so fasziniert ist, dass es sich mit der Figur identifiziert, die es gerade erlebt. Das Bewusstsein würde in diesem Wahrnehmungszustand vergessen, dass es Bewusstsein ist und glauben, es sei die Figur, die auf die Regeln des Spiels – der Simulation – reagiert. Das Körperprogramm, das von den Codes des Spiels gesteuert wird, würde fälschlicherweise für das Bewusstsein gehalten werden, das seine eigenen Entscheidungen trifft.

Es ist erwiesen, dass fünfundneunzig Prozent des menschlichen Verhaltens seinen Ursprung im Unterbewusstsein – nicht im Bewusstsein – haben. Wenn Sie die Menschen beobachten, ist es fast immer so, als würden Sie einen Computer beobachten, der auf Dateneingaben reagiert. In einer bestimmten Situation können Sie vorhersagen, wie die meisten in fast jeder Kultur oder Ethnie reagieren werden. Die Situation ist wie ein Druck auf die Eingabetaste und das Programm, das den Körper steuert, reagiert dann auf die Eingabe. Das »Unterbewusstsein« ist in diesem Sinne die *Simulation.* Wenn das erweiterte Bewusstsein das Programm, das durch die Simulation »menschlicher Körper« läuft, nicht außer Kraft setzt, wird es zu einem bloßen Zuschauer. Das Körperprogramm (das auf das Simulationsprogramm reagiert) diktiert die Wahrnehmung und das Verhalten für ein ganzes »menschliches Leben«. Dies würde die Vorhersehbarkeit der Menschen erklären und warum die Mehrheit unhinterfragt das tut, was die Autorität ihnen sagt. In diesem Sinne drückt die »Autorität« mit ihren Dekreten die Eingabetaste und das menschliche Körperprogramm antwortet mit dem gleichen Gehorsam wie ein Computer.

Dazu zähle ich auch »kulturelle Programme«. Die menschlichen Wahrnehmungen neigen dazu, sich an diese kulturell bestimmten Programme, Rituale und Vorgehensweisen zu halten. Okay, die aus der Kindheit entwickelte Vertrautheit spielt natürlich eine Rolle, aber der Körper trägt diese kulturellen Blaupausen auch in seiner DNA. Nur relativ wenige Menschen brechen aus diesen Programmen aus und schlagen einen anderen Weg ein, der im Widerspruch zu der Kultur steht, in die sie hineingeboren wurden. Das liegt an einer Kombination aus Erziehung, bei der Schuldgefühle eine große Rolle spielen, kulturellen Programmen, die durch den Körper laufen, und der Angst, sich gegen die kulturell dominierende Gruppe zu stellen. Der »Große Neustart« soll durch eine KI-Verbindung zum Gehirn mehrere kulturelle Programme zu einem globalen Monokulturprogramm verschmelzen, dem jeder folgen muss.

Wer sitzt eigentlich am Steuer?

Menschen, die nicht mit einem erweiterten Bewusstsein auf ihr Leben einwirken, sind nicht nur *wie* Computerprogramme, sie *sind* Computerprogramme. Die »Covid«-Ära hat dies in aller Deutlichkeit vor Augen geführt. In *Alles, was Sie wissen sollten, Ihnen aber nie jemand erzählt hat* beschreibe ich die Geschichte der kognitiven Experimente von Benjamin Libet (1916-2007). Libet war Wissenschaftler in der physiologischen Abteilung der University of California, San Francisco, und ein Pionier in der Erforschung der Natur des menschlichen Bewusstseins. In einem berühmten Experiment bat er eine Studiengruppe, ihre Hände zu einem von ihnen gewählten Zeitpunkt zu bewegen, während ihre Gehirnaktivität überwacht wurde. Er wollte herausfinden, was zuerst eintrat – die elektrische Aktivität des Gehirns, um die Hand zu bewegen, oder die bewusste Absicht der Person, ihre Hand zu bewegen. Es musste doch das Zweite sein, oder? Nein. Die Gehirnaktivität zur Bewegung der Hand wurde eine volle halbe Sekunde *vor der bewussten Absicht*, die Hand zu bewegen, ausgelöst. John-Dylan Haynes, ein Neurowissenschaftler am Max-Planck-Institut für Kognitions- und Neurowissenschaften in Leipzig, ging später in einer Studie noch weiter und konnte eine Handlung zehn Sekunden vor der bewussten Absicht vorhersagen. Frank Tong, ein Neurowissenschaftler an der Vanderbilt University in Nashville, Tennessee, meinte: »Zehn Sekunden sind ein ganzes Leben, was die Gehirnaktivität angeht.« Woher kommen die Handlungen, wenn sie nicht von »uns«, dem bewussten Verstand, kommen?

Die einzige Möglichkeit für das »inkarnierte« Bewusstsein, der Illusion zu entkommen und die Kontrolle zu brechen, besteht darin, das Programm auszuschalten. Um das zu tun, müssen wir erst einmal erkennen, dass es überhaupt ein Programm gibt, das wir außer Kraft setzen können. Nichtmenschliche Kräfte, ihre Simulation und der globale Kult innerhalb der simulierten menschlichen Realität arbeiten alle zusammen, um die Fantasie aufrechtzuerhalten, dass die Illusion real ist. Wenn das Bewusstsein dazu verleitet werden kann, sich mit dem Körper zu identifizieren, dann identifiziert es sich mit dem Simulationsprogramm – alles doppelt gemoppelt!

Das Programm hat die Macht, okay? Es gibt drei Elemente des »Menschseins«, die Klarheit in unsere Misere bringen. Dies sind:

(1) Die Körperprogramm-Einfügung, die mit der Simulation als Teil der Simulation interagiert – der »Computerspielcharakter«.

(2) Die Ebene von uns, die als Verstand bezeichnet wird und im Frequenzbereich der Vierten Dimension operiert. Sie empfängt direkt die projizierten Informationen der Simulation und dekodiert diese in die Illusion einer 3D-Realität einschließlich des Körpers.

(3) Das Bewusstsein in der »Fünften Dimension« und darüber hinaus in der Unendlichen Realität, die ich als erweitertes Bewusstsein bezeichne.

Die Simulation scheint zwar ein Phänomen der Dritten Dimension oder 3D-»Welt« zu sein, aber in Wirklichkeit spielt sich alles in einer »vierdimensionalen« Realität ab. Die 3D-»Welt« des Menschen ist nichts weiter als eine dekodierte Illusion des 4D-Bewusstseins. Die Rolle der Simulation besteht darin, die Aufmerksamkeit – die Wahrnehmung und die Vorstellungskraft – des 4D-Bewusstseins buchstäblich festzuhalten und es vom Einfluss des erweiterten Bewusstseins in 5D und darüber hinaus abzukoppeln. Ohne diesen Einfluss des erweiterten Bewusstseins, das den Bann der Simulation bricht, bleibt das 4D-Bewusstsein auf unbestimmte Zeit seiner Wahrnehmung ausgeliefert, bis der Bann gebrochen ist.

Was ist mit dem »Tod« des Körpers? Darüber werde ich noch sprechen. An dieser Stelle sei gesagt, dass die 3D-Fälschung des »Körpers« nicht die einzige Ebene der Simulation und ihrer projizierten Illusionen ist. Ich habe in vielen Büchern detailliert beschrieben, dass das grundlegende Ziel der nichtmenschlichen Macht, ihres globalen Kults und ihrer Simulation, darin besteht, den Körper-Geist vom erweiterten Bewusstsein zu trennen. Dies geschieht unter anderem durch die ständige Stimulation des zentralen Nervensystems und seiner Netzwerke durch elektrische/elektromagnetische Interaktion mit technologischer Strahlung und WLAN. Angst und Stress können dies ebenfalls bewirken, indem sie den »An«-Knopf der Kampf- oder Fluchtreaktion drücken, ohne dass es eine »Aus«-Zeit gibt, in der man sich entspannen und erholen kann. Ein ständig stimuliertes zentrales Nervensystem wird Sie ganz sicher in der Wahrnehmungs-/Frequenzzone der Matrix halten. Sie werden stimuliert, um simuliert zu werden. Die Illusion bricht zusammen, sobald ein erweitertes Bewusstsein in die Wahrnehmung des Geistes einzieht. Das 5D-Bewusstsein, das außerhalb des Bereichs der simulierten Illusion operiert, kann sehen, was geschieht. Wenn Menschen »erwachen«

(ihren Geist für 5D öffnen), sehen sie, was sie vorher nicht sehen konnten. Ein Zitat aus dem ersten *Matrix*-Film lautet:

> »Die Matrix ist ein System, Neo. Dieses System ist unser Feind. Was aber siehst du, wenn du dich innerhalb des Systems bewegst? Geschäftsleute, Lehrer, Anwälte, Tischler. Die mentalen Projektionen der Menschen, die wir zu retten versuchen. Bis es dazu kommt, sind diese Menschen immer noch Teil des Systems, und das macht sie zu unseren Feinden.
>
> Du musst wissen, dass die meisten von ihnen noch nicht soweit sind, abgekoppelt zu werden. Viele dieser Menschen sind so angepasst und vom System abhängig, dass sie alles dafür tun, um es zu schützen.«

Wenn wir den Kontext der Simulation an das anpassen, was ich gerade beschrieben habe, würde das Zitat ungefähr so lauten:

> »Die Matrix ist ein System, Neo. Dieses System ist unser Feind. Und was siehst du, wenn du dich innerhalb des Systems bewegst? Eine 3D-Illusion, die von 4D-Bewusstseinen dekodiert wird, die wir zu befreien versuchen. Bis es dazu kommt, sind diese Menschen immer noch Teil des Systems.
>
> Du musst wissen, dass die meisten von ihnen noch nicht soweit sind, abgekoppelt zu werden. Viele dieser Menschen sind so angepasst, so hoffnungslos hypnotisiert von der Simulation, dass sie alles dafür tun, um sie zu schützen.«

Vielleicht einmal beißen gefällig?

Vor der Simulation gab es keinen »Menschen« in dem engen »physischen« Sinne, den wir kennen. Dieser Mensch ist eine Schöpfung der Simulation. Die ursprünglichen »Menschen« lebten in einer viel höherfrequenten Realität mit viel weniger Dichte. Es war ein ätherisches 5D-Reich und die Menschen befanden sich in einem Bewusstseinszustand des Einsseins und der Einheit und waren nicht in einem 4D-Verstand gefangen, der die 3D-Realität als Dualität und Polarität dekodiert. Die biblische Geschichte von Adam und Eva im Garten Eden findet sich in verschiedenen Varianten in vielen Kulturen in ihren Schöpfungsmythen und Legenden über den Ursprung der Menschheit. Zu den gemeinsamen Themen gehört, dass die Menschheit in einem »Paradies« lebte, aus dem sie vertrieben wurde und »fiel«. Die Version in der Bibel erzählt, wie »Gott« (die Götter) die Menschen als »Adam und Eva« schuf und die Schlange sie dazu verleitete, die verbotene Frucht, oft als »Apfel« bezeichnet, vom Baum der Erkenntnis von Gut und Böse zu essen (Polarität, die Simulation). Was war die »verbotene Frucht« wirklich? Die früher in weit höheren Schwingungen lebenden Menschen wurden ausgetrickst, »verführt« und in die Falle der Simulation gelockt, als sie aus den Frequenzen des 5D-Bewusstsein in den viel begrenzteren 4D-Verstand abstürzten. Das war der »Sünden*fall*«, als die Menschen aus dem Paradies fielen und in den Illusionen der Simulation gefangen waren, die wie das Paradies aussah, das sie verlassen hatten, es aber nicht mehr war. Ich werde diesen Punkt gleich aufgreifen.

Abb. 108. Verschmelzung von »Etiketten« – Geschlecht, Rasse, Religion, Sexualität, Einkommensklasse. Solche Etiketten halten wir fälschlicherweise für das wahre »Selbst«.

Der Bösewicht im Garten Eden war die Schlange – ein Symbol für die nichtmenschlichen Schöpfer der Simulation. Glaubt wirklich jemand, dass die Schlange im Garten eine sprechende Schlange war? Die Erschaffung von Adam und Eva (der Menschheit nach dem »Sündenfall«) war der Schlüssel zur Täuschung der Menschen, damit sie die »Inkarnation« in eine physische Welt und die Illusion von Begrenzung, Getrenntheit und Isolation erleben. Was ist die Bewusstseinsebene, die wir als »Geist« bezeichnen? Es sind die Aspekte des 5D-Bewusstseins, die in einen niedrigeren Frequenzzustand manipuliert wurden, um in der Simulation gefangen zu sein. Der »Sündenfall« und der »Rauswurf aus dem Paradies« und dem »Garten« geschahen, als die 5D-Ausprägungen des Bewusstseins auf der Resonanzskala nach unten in die 4D-Ebene fielen und zu dem wurden, was wir heute »Geist« nennen. Seitdem ist der Verstand durch die Wahrnehmung in der Simulation gefangen, abgesehen von denen, die wirklich erwacht sind und sich daraus befreit haben. Die Manipulation findet in der Vierten Dimension statt und die 3D-Simulation ist nur ein Mittel, um die Kontrolle über die Wahrnehmung des 4D-Geistes zu erlangen, indem sein Realitätssinn vom Einfluss des 5D-Bewusstseins, das er einst war und aus dem er »gefallen« ist, getrennt und isoliert wird. Dies wird erreicht, indem der Realitätssinn und die Aufmerksamkeit des 4D-Geistes in die Kurzsichtigkeit und die wahrgenommene Begrenztheit und Absonderung des Organismus innerhalb der Simulation gelenkt werden (siehe Abbildung 108).

Bestätigung durch die Antike

Erstaunlicherweise wurde die Simulation vor langer Zeit von den Gnostikern auf ihre Weise in einer fantastischen Reihe von Schriften beschrieben, die 1945 in einem versiegelten Gefäß in der Nähe der ägyptischen Stadt Nag Hammadi, einhundert Kilometer nördlich von Luxor am Ufer des Nils, gefunden wurden. Diese Schriften wurden schätzungsweise um 400 nach Christus in dem Gefäß versteckt und sind als Nag-Hammadi-Bibliothek bekannt geworden. Der Fund umfasste dreizehn in Leder gebundene Papyrus-Codices (Handschriften) und mehr als fünfzig Texte, die von Gnostikern in koptischem Ägyptisch niedergeschrieben wurden. Ich habe mir zwei Bücher mit Übersetzungen durchgelesen und die Inhalte sind mit Hilfe der heutigen Computertechnologie verblüffend klar entschlüsselt. Gnostiker und Gnostizismus haben nichts mit einer bestimmten Bevölkerungsgruppe zu tun. Es waren Menschen mit einer bestimmten Form der Realitätswahrnehmung. Gnostisch bedeutet »gelehrt« und Gnosis wird aus dem Griechischen mit »geheimes Wissen« übersetzt, das sich auf das Verstehen spiritueller Geheimnisse bezieht, welche die Natur der Wirklichkeit offenbaren. Gnostische Denker beherrschten die Königliche oder Große Bibliothek von Alexandria in Ägypten, in der fast eine halbe Million Schriftrollen, Manuskripte und Dokumente gesammelt wurden aus der ganzen antiken Welt, einschließlich Assyrien, Griechenland, Persien, Indien und natürlich Ägypten. Die Große Bibliothek wurde von der römischen Kirche schrittweise zerstört, die ihr falsches Narrativ durch die Vernichtung gnostischer Informationen schützen wollte. Der Zensurprozess, bei dem die Wahrheit gelöscht wird, setzt sich bis zum heutigen Tag durch Big Government, Big Media und Big Tech weltweit fort. Die Dynamik hat sich nie geändert, nur der historische Rahmen. Kirchliche Tyrannen sorgten dafür, dass unersetzliche Werke, die die Bibliothek aufbewahrte, verbrannt wurden, und jene Werke, die überlebten, sind in den Gewölben des Vatikans verschlossen.

Der endgültige Angriff auf die Große Bibliothek fand 415 nach Christus statt. Dabei wurde Hypatia, eine Mathematikerin, Astronomin und Philosophin, vom Mob ermordet. Ausgebildet in Athen war sie die Leiterin der platonischen Schule in Alexandria gewesen, wo sie die Werke der griechischen Philosophen Platon und Aristoteles lehrte. Ihr geschätzter Todeszeitpunkt liegt ziemlich genau in dem Zeitraum, in dem die Nag-Hammadi-Texte versiegelt und in dem Tongefäß versteckt wurden. Ein Zitat, das Hypatia zugeschrieben wird, fasst die gnostische Lebensphilosophie zusammen: »Behalte dir das Recht vor, zu denken, denn auch falsch zu denken ist besser, als gar nicht zu denken.« Das ist auch heute noch sehr aktuell. Dieser aufgeschlossene Entdeckergeist führte zu gnostischen Erkenntnissen, die der normalen Welt um Tausende von Jahren voraus waren. Dazu gehörte, dass die Erde die Sonne umkreist, zweitausend Jahre bevor diese Entdeckung dem polnischen Mathematiker und Astronomen Nikolaus Kopernikus (1473-1543) zugeschrieben wurde.

Der gnostische Glaube manifestierte sich auch bei den Katharern in Südfrankreich. Natürlich wurden sie von der römischen Kirche mit dem typischen psychopathischen Wahnsinn verfolgt, was dazu führte, dass sie nach einer langen Belagerung der Burg Montségur, ihrem letzten Zufluchtsort, durch das französische Heer im Jahr 1244 verbrannt wurden. Sie hatten sich geweigert, sich dem katholischen Glauben zu unterwerfen. Die Gnostiker waren sich bewusst, dass der Tod nur der Tod des Körpers und nicht des Bewusstseins ist.

Ich habe in anderen Büchern ausführlich beschrieben, dass der Vatikan und seine Version der Realität aus Babylon kamen und von Anfang an vom Kult beherrscht wurden. Warum sollte der Kult auch nicht versuchen, über den Vatikan diejenigen zu vernichten, die ja gerade die Illusionen aufdecken, die es dem Kult ermöglichen, den menschlichen Geist zu kontrollieren? Die Katharer strebten nach einer Öffnung der Seele. Das Wort »Seele« leitet sich vom griechischen Wort *psykhe* ab, ebenso wie »Psyche«, das als »der Geist oder die tiefsten Gedanken, Gefühle oder Überzeugungen einer Person oder Gruppe« definiert wird. Der Ausweg aus dieser Situation war für die Katharer die Öffnung von Geist/Seele (4D) zu Spirit (5D). Dies ist ein guter Punkt, um zu betonen, wie sich »Seele« von »Geist« in dem Kontext, in dem ich diese Begriffe verwende, unterscheidet. Die Seele ist ein Aspekt des Geistes, der sich – wie der Geist – immer noch als Individualität wahrnimmt. Es ist daher richtig, von Geist/Seele (Gefühl der Individualität und Getrenntheit) und Geist (das 5D und darüber hinausgehende *Alles Was Ist*, das das Bewusstsein hat und lebt, dass alles Eins ist) zu sprechen. Der Verstand/die Seele ist in den Reinkarnationsprozess (die Falle) involviert, den ich noch näher erläutern werde, während der Geist weit jenseits dieses Realitätssinns und damit seiner Erfahrungsmöglichkeit liegt.

Die »schlechte Kopie«

Gnostische Texte berichten, wie eine nichtmenschliche Kraft, die sie »Archonten« nennen (griechisch für Herrscher), eine »schlechte Kopie« der Erde der Ersten Realität anfertigte, die wir in unseren heutigen Begriffen als digitale Kopie bezeichnen würden (siehe Abbildung 109 und Abbildung 110). Die ursprüngliche Erde existiert immer noch in höheren Frequenz- und Bewusstseinsebenen, aus denen die »Menschen« oder das Bewusstsein gefallen sind, um zu den Menschen zu *werden*, wie wir sie wahrnehmen. Noch einmal: Sie können dies mit der Kopie einer Webseite vergleichen. Zu Beginn sehen beide Webseiten gleich aus und die simulierte Erde wird wie die erste Erde ausgesehen haben, was die ursprüngliche Falle gewesen sein könnte. Während die primäre Webseite (die Realität) weiterhin das ist, was sie immer war, kann die Kopie nun so lange verändert werden, bis sie eine groteske Verzerrung des Originals ist. Ich vermute, dass genau das mit der Simulation geschehen ist. Sie ist bis zur Unkenntlichkeit verzerrt worden und wird immer extremer. Die gnostische Version des christlichen Teufels/Satans heißt Jaldabaoth (auch Demiurg) und in den gnostischen Texten steht, dass Jaldabaoth (ein verzerrter, umgekehrter Bewusstseinszustand) die Archonten erschaf-

Abb. 109. Neil Hagues symbolische Darstellung der schlechten Kopie der Erde.

fen hat, die das Äquivalent der christlichen Dämonen sind. Die Gnostiker sagten, dass der von der römischen Kirche verehrte »Gott« tatsächlich Jaldabaoth ist, ein Ausdruck des Bösen, das die »materielle« Welt (die Simulation) erschaffen hat. Sie sagten, es gibt zwei Reiche, die sie die Oberen Äonen und die Unteren Äonen nannten (die unendliche Wirklichkeit und die falsche »materielle« Simulation). Außerdem trafen sie, wie ich, eine klare Unterscheidung zwischen *nous* (Geist) und *pneuma* (Unendliches Selbst) und das ist ein Thema, das sich in den Religionen des Ostens in Form von Maya (Geist/Illusion) und Brahman (Unendliches *Alles Was Ist*) wiederholt. Ein Nag-Hammadi-Text im *Bruce Codex* beschreibt die Natur des »Alls«, das die Gnostiker als »Vater« bezeichnen, wie folgt:

Abb. 110. Die Gnostiker wussten sehr genau, dass die »physische« Realität eine Fälschung ist.

> »Er ist ein Unbegreiflicher, doch ist er es, der alles begreift. Er empfängt sie bei sich. Und nichts existiert außerhalb von ihm. Aber alles existiert in ihm. Und er ist die Grenze für sie alle, wie er sie alle umschließt, und sie sind alle in ihm. Er ist der Vater der Äonen und existiert vor ihnen allen. Es gibt keinen Ort außerhalb von ihm.«

Für die Gnostiker sind die »Oberen Äonen« das Reich der Liebe und der Einheit oder des Einsseins, während die »Unteren Äonen« die falsche Realität oder Dualität – die Simulation – der Archon-Manipulatoren sind. Sie definieren die Unteren Äonen mit Begriffen wie »Unvollkommenheit«, Dunkelheit, Abgrund und Hölle und bezeichnen sie als Reiche des »Schicksals«, was ohne den ernsthaften Beistand des erweiterten Bewusstseins genau das ist, wo wir uns befinden. Mit Schicksal meine ich die Art und Weise, wie die Simulation Erfahrungen diktiert, ohne dass das erweiterte Bewusstsein dieses Programm außer Kraft setzen kann. Gnostische Texte unterscheiden zwischen Geist (Obere Äonen) und »Seele« (Untere Äonen). Der Geist ist unsere Verbindung zum Unendlichen, während der Verstand/die Seele der Simulation unterworfen ist (mehr dazu später). In den Nag-Hammadi-Texten wird Jaldabaoth, der Teufel/Satan, als der »gefälschte Geist« bezeichnet, der die Archonten und die »schlechte Kopie« der Simulation als Untere Äonen erschuf, nachdem er sich von seiner »Mutter« getrennt und die Oberen Äonen verlassen hatte. Dies ist eine weitere Version der »Vertreibung aus dem Paradies«. In den Texten von Nag Hammadi heißt es, dass das, was ich als Simulation bezeichne, eine »schlechte Kopie« oder »Spiegelung« der Realität der Oberen Äonen war. Im *Apokryphon des Johannes* wird gesagt:

> »… [Jaldabaoth] organisierte (alles) nach dem Vorbild der ersten Äonen, [indem er] die Kraft in sich nutzte, die er von seiner Mutter genommen hatte, [und] in sich das Abbild des Kosmos hervorbrachte …
>
> … Dies ist der erste Archon [Jaldabaoth], der eine große Macht von seiner Mutter nahm. Und er entfernte sich von ihr und zog weg von den Orten, an denen er geboren wurde [Obere Äonen]. Er wurde stark und schuf für sich selbst andere Äonen mit einer Flamme aus leuchtendem Feuer, die jetzt existiert.«

Leuchtendes Feuer = das elektromagnetische »Es werde Licht« der Simulation. Der biblische »Gott« wird »der Herr« genannt und mehrfach mit den Worten »Ich bin der Herr, dein Gott« zitiert, während der gnostische Jaldabaoth als »der Herr« oder »Herr Archon« bekannt ist. Die Gnostiker bezeichnen Jaldabaoth auch als den »Großen Architekten des Universums« (der Simulation) und die mit dem Kult verbundenen Freimaurer verehren ihren Schöpfer-»Gott« als den »Großen Architekten des Universums« oder den »Großen Architekten«. Der Schöpfer der Simulation in den *Matrix*-Filmen wird ebenfalls der »Architekt« genannt. Gnostische Texte sprechen davon, dass der christliche Satan Jaldabaoth die »schlechte Kopie« der Simulation manifestiert, indem er »in sich das Abbild des Kosmos« hervorbringt. Caleb Scharf, Direktor der Astrobiologie an der Columbia University, sagte, dass »außerirdisches Leben« so weit fortgeschritten sein könnte, dass es sich selbst in den Quantenbereich transkribiert hat und zur Physik unserer Realität geworden ist:

> »Vielleicht sollte man extrem fortgeschrittenes Leben nicht nur in der Außenwelt suchen. Vielleicht sind wir schon die ganze Zeit davon umgeben. Es ist eingebettet in das, was wir als Physik an sich auffassen – vom grundlegenden Verhalten der Teilchen und Felder bis zu komplexen Phänomenen und Genesen. […] Oder anders gesagt: Das Leben ist vielleicht nicht einfach nur in den Gleichungen enthalten. Vielleicht SIND die Gleichungen das Leben.«

Dies würde aus meiner in diesem Buch dargelegten Perspektive darauf hindeuten, dass der »menschliche« Verstand in der als Jaldabaoth bekannten Entität gefangen ist, die die von uns dekodierten Informationen in die Simulation einspeist. Die Gnostiker stellen Jaldabaoth mit Sicherheit als Bewusstsein dar, nicht als Form oder Gestalt, und Archonten in ihrem Grundzustand als energetische Bewusstseinsfelder. In den Texten heißt es, dass sie als Schlangenwesen Gestalt annehmen können oder wie die als Greys oder »Graue« bekannten Außerirdischen aussehen. Jaldabaoth und archontische Energiefelder sind in ihrem Auftreten immer mit dem Thema Chaos, Umkehrung und Umwälzung verbunden. In einem Nag-Hammadi-Manuskript über den *Ursprung der Welt* heißt es:

> »... es erschien eine Kraft, die über die Dunkelheit [Unteren Äonen] herrschte. Und die Kräfte, die nach ihr entstanden sind, nannten den Schatten *das grenzenlose Chaos.*«

Das klingt, zusammen mit Umkehrung und Umwälzung, bemerkenswert nach der menschlichen Welt und führt uns auf die nächsttiefere Ebene des Kaninchenbaus, aus dem das alles kommt. In den Texten von Nag Hammadi heißt es, dass es Jaldabaoth und den Archonten an Kreativität oder »Ennoia« mangelt – aus Gründen, die ich später noch erläutern werde – und sie stattdessen die Fähigkeit der Nachahmung entwickelt haben, zu der auch das gehört, was wir heute Simulation der virtuellen Realität nennen. Ihre Spezialität ist die Mimikry. John Lamb Lash, Autor von *Not In His Image: Gnostic Vision, Sacred Ecology and the Future of Belief* (»Nicht nach Seinem Bilde: Gnostische Vision, heilige Ökologie und die Zukunft des Glaubens«), eines ausgezeichneten Buches über die Nag-Hammadi-Texte, schreibt über die gnostische »schlechte Kopie«:

> »Obwohl sie nichts erschaffen können, weil ihnen der göttliche Faktor der Ennoia (Intentionalität) fehlt, können Archonten alles nachahmen. Ihre Spezialität ist die Simulation (HAL, virtuelle Realität). Der Demiurg entwirft eine himmlische Welt, die den fraktalen Mustern der ewigen Äonen nachempfunden ist, den pleromischen Göttern, die im galaktischen Zentrum residieren. Seine Konstruktion ist himmlischer Kitsch, wie die nachgemachte italienische Villa eines Mafia-Dons, komplett mit militanten Engeln, die jedes Portal bewachen ...«

Sie können Sie bewachen, aber sie können Sie nicht aufhalten – *wenn* Sie in Ihrer Schwingungsmacht sind. Die Bedeutung von fraktalen Mustern wird Ihnen jetzt klar werden.

Schatten an der Wand

In den Nag-Hammadi-Dokumenten wird die »schlechte Kopie« als ein Reich der Nichtexistenz bezeichnet. Das ist insofern richtig, als die Scheinwelt der Simulation nur eine dekodierte Illusion ist und nicht das, was den Menschen wirklich widerfährt (und was der vierdimensionale Verstand als solches empfindet). Die Gnostiker verwendeten die Symbolik eines Schattens, um die Scheinrealität der sogenannten Unteren Äonen als ein schlechtes Abbild oder einen Schatten der primären Realität (»Obere Äonen«) darzustellen. Eine der tiefgründigsten Beschreibungen der simulierten Realität stammt von dem griechischen Philosophen Platon (ca. 428-348 v. Chr.), der ein Schüler von Sokrates (ca. 469-399 v. Chr.) und eine wichtige Inspiration für das gnostische Denken war. Platons Höhlengleichnis erzählt die Geschichte von Gefangenen, die in einer Höhle leben und noch nie die Außenwelt gesehen haben. Sie sind angekettet und können nur eine Wand der Höhle sehen. Hinter ihnen brennt ein Feuer, an dem Gestalten vorbeigehen, die ihre Schatten auf die Wand werfen, welche die Gefangenen sehen können (siehe Abbildung 111).

Die Gefangenen wissen nichts von den Gestalten. Sie sehen nur die Schatten, die sie für die Realität halten. Einige wurden zu »Experten« für die Schatten, die nichts weiter als eine Illusion sind (siehe die heutigen Mainstream-Wissenschaftler und Akademiker). Ein Gefangener flieht schließlich und stellt fest, dass die Realität nicht so ist, wie man sie sich vorgestellt hat. Er kommt zurück, um seinen Mitgefangenen zu erzählen, was er herausgefunden hat, und sie weigern sich, ihm zu glauben.

Platon benutzte die Allegorie, um die menschliche Notlage zu symbolisieren. Wie treffend er dies doch tat. Die Texte von Nag Hammadi verwenden sehr unterschiedliche Begriffe für das, was existiert (die unendliche Wirklichkeit) und das, was nicht existiert (die falsche »Welt« der Simulation), von der sie sagen, sie sei böse. Zu den gnostischen Unterscheidungen zwischen den beiden gehören: Fülle/Mangel; unsterblich/sterblich; geistig/psychisch; Geist/Seele; Existenz/Nichtexistenz; keine Zeit/Zeit. Beachten Sie den letzten Punkt – keine Zeit/Zeit. Was wir »Zeit« nennen, ist in der Simulation als Teil der Wahrnehmungstäuschung kodiert.

Ein Text von Nag Hammadi im *Bruce Codex* hebt den Unterschied zwischen »existent« und »nicht-existent« hervor:

»Und dann trennte sich das Existierende vom Nicht-Existierenden. Und das Nicht-Existierende ist das Böse, das sich in der Materie manifestiert hat. Und die einhüllende Macht trennte das Existierende von dem, was nicht existiert. Und sie nann-

Abb. 111. Platons brillante Symbolik der illusorischen »physischen« Realität.

> te das Existierende ›ewig‹ und das Nicht-Existierende ›Materie‹. Und in der Mitte trennte sie die Existierenden von den Nicht-Existierenden, und sie legte Schleier zwischen sie.«

Der menschliche Körper ist ein Phänomen der Simulation, um die Aufmerksamkeit des Geistes/der Seele darauf zu lenken, dass sie irgendwie in einer physischen Welt inkarniert sind. Mit anderen Worten, er ist eine Falle und so sehen es auch die gnostischen Texte. Sie bezeichnen den Körper als ein Gefängnis und die Menschen als Funken oder Tröpfchen derselben Essenz wie »Gott«, die in ihren Körpern (der Wahrnehmung ihrer Körper) gefangen sind. Die Gnostiker glaubten, dass die Menschen schließlich entkommen würden. Sie beschreiben den Körper als ein »Gewand«, das den Geist kleidet. Das *Corpus Hermeticum VII:2* berichtet von »... der Tunika, die Sie tragen, dem Gewand der Unwissenheit, dem Fundament des Lasters, den Fesseln der Verderbnis, dem dunklen Käfig, dem lebendigen Tod, dem tragbaren Grab ...« Es gibt also die Illusion, *im* Körper zu sein, während der Körper in Wirklichkeit *im Geist* ist – ein klassisches Beispiel für die Umkehrtechnik der nichtmenschlichen Kraft, die jede Wahrnehmung und jeden Sinn für die Realität auf den Kopf stellt. Wir sind nicht in unserem Körper. Der Körper ist in uns. Wir sind nicht in der Matrix. Die Matrix ist in uns.

Jetzt ist klar, warum der Verstand und die damit verbundenen Emotionen einen solchen Einfluss auf den Körper haben und warum der Placebo-Effekt so stark ist, wenn Menschen ihren Körper heilen, indem sie glauben, dass ein Mittel sie heilen wird, das nur eine Kochsalzlösung oder ähnliches ist. Der Körper ist ein Computerprogramm, das sich mit dem großen Programm der Simulation selbst verbindet und interagiert. Gnostische Texte fordern die Menschen auf, »die Tunika, die Sie tragen, herunterzureißen«, aber ich verstehe das so, dass sie den Einfluss der Wahrnehmung abreißen. Sich buchstäblich »die Tunika vom Leib zu reißen«, indem man Selbstmord begeht, bedeutet nicht, der Falle zu entkommen, sondern durch die emotionale/schwingungsmäßige Beeinflussung tiefer in sie hineinzugehen.

Seit den 1990er Jahren beschreibe ich den Körper als einen biologischen Computer, der mit Wahrnehmungs- und Verhaltensmerkmalen kodiert ist, um den Realitätssinn des Geistes zu beherrschen. Die meisten Gehirne werden von den Datenprogrammen des Körpers so sehr kontrolliert und überwältigt, dass sie nur die Wahrnehmung des Selbst und der Realität für die ganze menschliche Erfahrung halten. Der Verstand/die Seele schaltet ab und überlässt den Körperprogrammen den Vortritt. Auf diese Weise steuert nicht der Geist/die Seele den Körper, sondern der Körper steuert die Seele/den Geist. Wir alle kennen viele Menschen, auf die das zutrifft, und noch nie waren diese Menschen so augenfällig wie in den Jahren seit 2020.

Wir müssen jedoch immer bedenken, dass die Simulation interaktiv ist, so wie das Internet interaktiv ist. Die Simulation beeinflusst uns, während wir sie beeinflussen können, wenn wir das 5D-Bewusstsein anzapfen und es im Simulationsfeld manifestieren. Der Kult und seine Meister müssen die Frequenz dieses Feldes kontrollieren, um die Wahrnehmungs- und Frequenzdominanz über ihre gefangene Bevölkerung (4D-Gehirne) aufrechtzuerhalten. Öffnen Sie Ihren Geist/Ihre Seele für Spirit und Sie werden weitaus mächtiger als die Körperprogramme.

Sie können sie in Bezug auf Gesundheit, Wahrnehmung und Lebenserfahrung außer Kraft setzen. Sie beginnen, das Leben zu leben, statt dass das Leben Sie lebt. Man spricht von der Herrschaft des Geistes über die Materie. In Wirklichkeit ist es der Geist/Spirit, der über die *Illusion* der Materie herrscht.

Kapitel 8

Vielleicht ist Icke doch nicht so verrückt?

Du bist vielleicht die einzige Person, die noch an dich glaubt, aber das reicht. Es braucht nur einen Stern, um ein Universum voller Dunkelheit zu erleuchten. Gib niemals auf.

RICHELLE E. GOODRICH

In anderen Büchern aus meiner Feder wie *Alles, was Sie wissen sollten, Ihnen aber nie jemand erzählt hat* habe ich das Wesen der Simulation sehr detailliert beschrieben und deutlich gemacht, wie Mainstream-Wissenschaftler in immer größerer Zahl damit begonnen haben, das Thema aufzugreifen.

Das war noch nicht der Fall unmittelbar nach der Jahrtausendwende, als meines Wissens nur der Autor Nick Bostrom von der Universität Oxford und ich dies öffentlich und konsequent sagten, obwohl wir uns nicht einig sind, was genau die Simulation ist, warum sie geschaffen wurde und von wem. Doch der Glaube, dass die »physische« Realität illusorisch ist, reicht weit zurück in das, was wir Geschichte nennen. Die Religionen und Glaubensrichtungen des indischen Subkontinents sprechen von Brahman (ultimative Realität) und »Maya« (wörtlich »Illusion« oder »Magie«) und der französische Philosoph René »Ich denke, also bin ich« Descartes (1596-1650) stellte die Frage, woher wir wissen, dass die Außenwelt so existiert, wie wir sie erleben. Die Antwort lautet, dass wir es nicht wissen können. Mit der Entwicklung der Technik hat sich die Vermutung herauskristallisiert, dass »Maya« eine Simulation beschreibt. Weltweit sind inzwischen viele Wissenschaftler und Studien der Meinung, dass die sich abzeichnenden Beweise darauf hinweisen: Unsere Realität wird tatsächlich simuliert. Auch eine Untersuchung des amerikanischen Atomphysikers Silas Beane und seines Teams an der Universität Bonn kam zu dem Schluss, dass wir wahrscheinlich in einer Simulation leben – einer Simulation, die als Gitternetz aus Würfeln strukturiert sein könnte (siehe Abbildung 112). Die Wissenschaftler gingen davon aus, dass jede Simulation Grenzen haben muss, wie jedes Computerspiel der virtuellen Realität. Laut der Studie von Beanes Team »Constraints on the Universe as a Numerical Simulation« (Beschränkungen des Universums als numerische Simulation) musste es also ein »Muster von Beschränkungen« geben. Diese Beschränkungen haben sie mit der »Greisen-Zatsepin-Kuzmin-Grenze« gefunden, die auch als »GZK-Grenze« bekannt ist. Sie wird als eine Grenze für kosmische Strahlungsteilchen beschrieben, die durch die Wechselwirkung mit der kosmischen Hintergrundstrahlung verursacht wird. Beane weist zu Recht darauf hin, dass eine Simulation ihre eigenen physikalischen Gesetze oder kodierten Regeln und Beschränkungen hat. Ich sagte bereits, dass dies der Grund ist, warum sich Menschen bei Nahtoderfahrungen an eine ganz andere Realität erinnern, wenn sie den Körper »verlassen« – wenn sie diese Ebene der Simulation oder die »materielle« Welt verlassen.

Ich habe schon kurz nach der Jahrtausendwende gesagt, dass die »Beschränkung« der Simulation die Lichtgeschwindigkeit von 299.792.458 Kilometer pro Sekunde ist. Die Lichtgeschwindigkeit scheint (auf den ersten Blick) nur deshalb die höchstmögliche Geschwindigkeit zu sein, weil sie die höchste Geschwindigkeit *innerhalb der Grenzen der Simulation* ist. Jedenfalls auf dieser Ebene davon. Die Kommunikation zwischen subatomaren Teilchen ist nachweislich viel schneller als die Lichtgeschwindigkeit, aber das geschieht außerhalb der Grenzen der Simulation, wahrscheinlich in der vierdimensionalen Realität. In der Beane-Studie heißt es dazu, dass wir als Insassen nicht wissen, dass wir uns in einer Simulation befinden, weil wir wie ein Gefangener in einer stockdunklen Zelle nicht in der Lage wären, die »Wände« unseres Gefängnisses zu sehen. Man braucht sich nur einmal die rasante Entwicklung der Virtual-Reality-Technologie anzuschauen, um zu verstehen, dass das

Abb. 112. Silas Beane und seine Würfelstruktur. Die Mainstream-Wissenschaft befasst sich jetzt ernsthaft mit einer simulierten Realität.

stimmt. Schon bald wird die Grenze überschritten sein, bei der man den Unterschied zwischen »echter« Realität und virtueller Realität noch erkennen kann. Warum? Weil die »reale« Realität und die virtuelle Realität ein und dasselbe simulierte Phänomen bilden (siehe Abbildung 113). David J. Chalmers, Professor für Philosophie an der New York University, stellt sich in seinem Buch *Reality+: Virtuelle Welten und die Probleme der Philosophie* vor, wie jemand, der ein fortschrittliches Virtual-Reality-Headset trägt, in einem virtuellen Bett aufwacht und seinen virtuellen Tag verbringt:

Abb. 113. Die »reale Welt« – von der Wiege bis zur Bahre.

> »Sind Sie sicher, dass Sie sich nicht gerade in einem solchen VR-Gerät [einer virtuellen Realität] befinden? Wenn Sie sich sicher sind – wie können Sie dann die VR-Hypothese ausschließen? Wenn Sie sich nicht sicher sind – wie können Sie sich dann bei allem, was Sie in der Welt um sich herum wahrnehmen, sicher sein? Können Sie wirklich sicher sein, dass dies ein echtes Buch ist, das Sie lesen, oder ein echter Stuhl, auf dem Sie sitzen? Können Sie wirklich sicher sein, wo Sie sich befinden und ob das, was Sie sehen, wirklich da ist?«

Der amerikanische Theoretische Physiker James Gates war Professor für Physik an der Universität von Maryland, Direktor des Zentrums für String- und Teilchentheorie und Mitglied des Beratergremiums für Wissenschaft und Technologie der Obama-Regierung. Er und seine Forschergruppe fanden Computercodes digitaler Daten, die in das energetische Gewebe der »menschlichen« Realität eingebettet sind. Sie entsprechen den elektrischen On-Off-Ladungen 1 und 0 des von Computern verwendeten Binärsystems. Er sagte, sie hätten keine Ahnung, was sie dort eigentlich bewirken. Nun, sie sind da, weil wir »in« einer Simulation leben, oder vielmehr die Simulation »lebt« in uns. Das binäre 1 und 0, das ein- und ausschaltbare elektrische System wurde auch in der DNA identifiziert, die die »Festplatte« des Körpercomputers ist und Informationen empfängt und weiterleitet, während sie mit der Simulation und möglicherweise mit einem Bewusstsein außerhalb der Simulation interagiert. Moderna, ein Hersteller der mRNA-»Covid«-Scheinimpfstoffe, die weltweit so viele Menschen getötet und gehandikapt haben, bezeichnet den Körper und seine Scheinimpfstoffe in seinen eigenen Dokumenten als »Betriebssystem«, und genau das sind sie auch. Die Scheinimpfstoffe gegen »Covid« verändern die menschliche DNA und die Frequenz, auf der sie empfangen und weitergegeben wird. Ein Betriebssystem (der Körper) wird durch ein anderes Betriebssystem (den Scheinimpfstoff) verändert.

Das ist von grundlegender Bedeutung. Die DNA trägt das Simulationsprogramm, das die menschliche Wahrnehmung, das Verhalten und die Erfahrungen derjenigen steuert, die in der Fünf-Sinne-Blase gefangen sind. Die Simulation versklavt die Menschheit in ihren Programmen durch die DNA und der einzige Weg, diesen Würgegriff der Wahrnehmung und des Bewusstseins zu brechen, besteht darin, uns für erweiterte Zustände mit höheren Frequenzen zu öffnen, die die DNA zurücksetzen können, um mit dem Unendlichen Bewusstsein zu interagieren und nicht nur mit dem Simulationsbewusstsein. Auf Schritt und Tritt sehen Sie das Thema der Abkopplung des Körper-Geistes vom erweiterten 5D-Bewusstsein außerhalb der Simulation. James Gates und sein Team entdeckten außerdem mathematische Sequenzen, die als fehlerkorrigierende Codes oder Sperrcodes innerhalb des energetischen Gewebes in Erscheinung treten. Diese sind ein weiteres Merkmal von Computern. Fehlerkorrigierende Codes stellen die Daten in ihrer »Standardeinstellung« oder ihrem ursprünglichen Zustand wieder her, wenn etwas passiert, das sie aus dem Gleichgewicht bringt. Gates sagte, sie hätten eine Reihe von Gleichungen gefunden, die in unsere Realität eingebettet sind und sich nicht von denen unterscheiden, die Suchmaschinen und Browser steuern. Es ist eine *Simulation*, Leute!

Die moderne Technologie ahmt die Simulation nach, um eine Simulation innerhalb einer Simulation zu schaffen, die die Wahrnehmung noch mehr in das verstrickt, was man das Smart Grid oder das Metaverse nennt. Unsere »Welt« wird auf jeder Ebene immer digitaler, so dass unsere erlebte Realität bald nur noch aus digitalen Hologrammen besteht, die heute die Spitzenleistung der menschlichen Hologramm-Entwicklung darstellen. Es überrascht daher nicht, dass der Physiker Max Tegmark vom Massachusetts Institute of Technology (MIT) in seinem Buch *Unser mathematisches Universum: Auf der Suche nach dem Wesen der Wirklichkeit* hervorhebt, dass die »Physik« unserer Realität dieselbe ist wie die der Computerspiele der virtuellen Realität und dass unsere gesamte Realität in *Zahlen* zerlegt und ausgedrückt werden kann. Tegmark sagt, eine Figur in einem Computerspiel würde glauben, dass alles real ist, während sie ihr »Leben« lebt.

Würde sie jedoch ihre scheinbar »reale« Welt untersuchen, könnte sie sehen, dass alles aus Pixeln besteht und dass das, was sie für physikalisches »Zeug« hält, durch »einen Haufen Zahlen« beschrieben werden kann.

Einige Wissenschaftler, die sich eingehend mit der Realität befassen, haben festgestellt, dass sie auf einer bestimmten Ebene *tatsächlich* aus Pixeln besteht. Laut Tegmark würde jeder außerhalb des Spiels erkennen, dass das »physikalisch« Wahrgenommene nur aus Zahlen besteht, während man das innerhalb des Spiels als Blödsinn abtun würde. Ich kenne dieses Gefühl. Das ist der Grund, warum diejenigen, die sich in erweiterten Bewusstseinszuständen befinden, die sich außerhalb der Simulation erstrecken, erkennen können, dass es sich um eine Simulation handelt, während diejenigen, deren Wahrnehmung auf die Simulation beschränkt ist, dies nicht können. Tegmark fährt fort:

> »Wir sehen uns um und was wir sehen, scheint gar nicht so mathematisch zu sein, aber alles, was wir sehen, besteht aus Elementarteilchen wie Quarks und Elektronen. Und welche Eigenschaften hat ein Elektron? Hat es einen Geruch oder eine Farbe oder eine Oberfläche? Nein! ... Wir Physiker haben uns ausgefallene Namen für die Eigenschaften des Elektrons ausgedacht, wie elektrische Ladung, Spin oder Leptonenzahl, aber dem Elektron ist es egal, wie wir es nennen, seine Eigenschaften sind nur Zahlen.«

»Heilige« Geometrie = Computercodes

Seit der Antike ist bekannt, dass die Welt durch bestimmte geometrische Schnitte und Sequenzen kodiert ist. Eingeweihte dieses Wissens kodierten auch ihre großen Gebäude wie Kirchen und Tempel durch die gleichen Proportionen wie Phi, Pi, Goldener Schnitt, Goldener Ratio oder Goldene Proportion. Das bezeichnet man als »Heilige Geometrie«. Aber sie ist nicht »heilig«. Sie ist die Geometrie der Simulation. Ich sage schon seit Jahrzehnten, dass das *Computercodes* sind (siehe Abbildung 114). Ein Beispiel ist die Fibonacci-Zahlenfolge, benannt nach dem italienischen Mathematiker Fibonacci des zwölften und dreizehnten Jahrhunderts, auch Leonardo von Pisa genannt. Die Fibonacci-Folge addiert die beiden vorherigen Zahlen, um die nächste zu erhalten ... 1, 1, 2, 3, 5, 8, 13, 21, 34, 55 ... und so weiter. Wie bei der »göttlichen Proportion« im Allgemeinen ist die Fibonacci-Folge in allem zu finden, einschließlich des menschlichen Gesichts und Körpers, der Tiere, der DNA, der Samenköpfe, der

Tannenzapfen, der Bäume, der Muscheln, der Spiralgalaxien, der Wirbelstürme und der Anzahl der Blütenblätter in einer Blume. Das muss auch bei einer holografischen Simulation so sein (siehe Abbildung 115).

Ich habe bereits betont, dass eine außergewöhnliche Eigenschaft von Hologrammen darin besteht, dass jeder Teil eines Hologramms eine kleinere Version des Ganzen ist. Das ist die Grundlage des hermetischen Prinzips »wie oben, so unten«. Demzufolge muss alles innerhalb des gesamten Hologramms (der Simulation) eine kleinere Version des gesamten Hologramms (der Simulation) sein. Charaktere in Computerspielen sind mit derselben Physik, Mathematik und denselben Regeln kodiert wie der Rest des Spiels – die Simulation ist dieselbe. Der »menschliche Körper« ist eine Erweiterung des Spiels mit denselben Eigenschaften, weil er ebenfalls ein *Teil* des Spiels ist. Betrachten wir jetzt die fraktalen Muster, die in die gesamte Simulation eingebettet sind, stellen wir fest, dass sie – kaum überraschend – auf dem holografischen Prinzip beruhen. Sie sind definiert als »ein unendliches Muster, das unendlich kompatibel ist und sich in verschiedenen Maßstäben ähnelt« (siehe Abbildung 116). Dies sind dieselben fraktalen Muster, auf die John Lamb Lash sich in seinem Buch über

Abb. 114. Die »heilige Geometrie« ist das Informationsgewebe der Simulation.

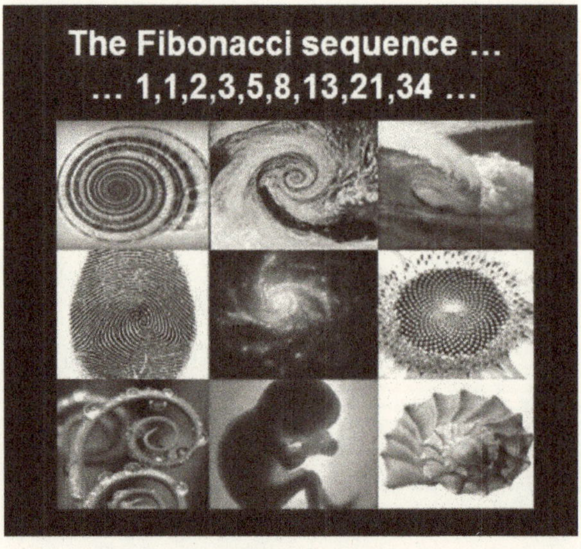

Abb. 115. Die Fibonacci-Folge ist in unserer gesamten Realität verschlüsselt.

die Nag-Hammadi-Texte bezieht, wenn er schreibt: »Der Demiurg erschafft eine himmlische Welt, die den fraktalen Mustern der ewigen Äonen nachempfunden ist.« Es sind die fraktalen Muster der irdischen Ur-Wirklichkeit. Jede Form ist ein Schwingungsmuster, das die Energie in einem bestimmten Zustand hält. Die Zellen des Körpers mögen sich ständig verändern, aber das Grundmuster bleibt im Wesentlichen gleich, denn die Zellen kommen und gehen, ohne dass wir es bemerken. Schauen Sie sich im Internet Videos über Kymatik an und sehen Sie, wie der Klang Partikel in verschiedenen Zuständen und Mustern anordnet, die auf die Frequenz des Klangs reagieren. Unsere »physische« Realität ist ein Hologramm und deshalb wiederholen sich, wie bei Fraktalen, dieselben Muster auf verschiedenen Ebenen. Hier finden Sie eine Liste mit einigen Phänomenen, die mit fraktalen Mustern kodiert sind, aus *Alles, was Sie wissen sollten, Ihnen aber nie jemand erzählt hat*:

Abb. 116. Fraktale Muster sind lediglich weitere »Computercodes« der Simulation.

> [Sie zeigen sich als] Flussnetze, Gebirgszüge, Krater, Blitze, Küstenverläufe, in den Hörnern von Bergziegen, bei Bäumen, im Wachstum der Zweige, bei der Ananas, in tierischen Farbmustern, bei Herzfrequenzen und -schlägen, in Nervenzellen und im Gehirn, in den Augen, im Atemapparat und im Blutkreislauf, bei Blut- und Lungengefäßen, geologischen Verwerfungslinien, Erdbeben, Schneeflocken, Kristallen, Ozeanwellen, Gemüse, Bodenporen und sogar bei den Ringen des Saturn.

Die gleichen fraktalen Muster wurden in der Psychologie, im Verhalten, in Sprachmustern und zwischenmenschlichen Beziehungen gefunden. Dies ist das Simulationsprogramm bei der Arbeit. Mit dem fraktalen Prinzip verwandt ist offensichtlich »Symmetrische Mathemathik«, die definiert wird als »eine Form, die sich durch eine bestimmte Bewegungsfolge – verschieben, drehen, wenden und so weiter – mit einer anderen exakt zur Deckung bringen lässt«. Die Zeitschrift *Nature's Scientific Reports* veröffentlichte eine Studie, die die Existenz grundlegender Gesetze erforscht, die das Wachstum als solches auf allen Ebenen steuern können, einschließlich des elektrischen Signalaustauschs zwischen Gehirnzellen, des Wachstums sozialer Netzwerke und der Expansion von Galaxien. Der Physiker Dmitri Krioukov, Mitautor der Studie, sagte, dass dieselbe natürliche Wachstumsdynamik für verschiedene Netzwerke wie das Internet, das Gehirn oder soziale Netzwerke gilt. Die *Huffington Post* berichtete:

> »Als die Forscher die Vergangenheit des Universums mit dem Wachstum von sozialen Netzwerken und Hirnschaltkreisen verglichen, stellten sie fest, dass all diese Netzwerke in ähnlicher Weise expandieren: Sie gleichen die Verbindungen zwischen ähnlichen Knotenpunkten an solche an, die bereits über viele Verknüpfungen verfügen. Ein Katzenliebhaber beispielsweise wird, wenn er im Internet surft, einerseits große Webseiten wie Google oder Yahoo benutzen, andererseits aber Homepages von Katzenfreunden oder Katzenvideos auf YouTube abrufen. In ähnlicher Weise verbinden sich zwar benachbarte Gehirnzellen gern miteinander, doch die Neuronen stellen auch Verknüpfungen zu ›Google-Gehirnzellen‹ her – die wiederum mit jeder Menge anderer Hirnzellen in Verbindung stehen. Krioukov bemerkte dazu, dass es sich bei der seltsamen Ähnlichkeit zwischen großen und kleinen Netzwerken kaum um einen Zufall handeln kann.«

Nein, ein Zufall ist es nicht, und es ist auch nicht »natürlich«. Überall sehe ich Wissenschaftlerinnen und Wissenschaftler, die sich verwirrt mit den scheinbaren Rätseln der sich ständig wiederholenden Beispiele von »wie oben, so unten« auseinandersetzen, obwohl die Rätsel mit einem Satz gelöst werden können: *Sie haben es mit einer holografischen Simulation zu tun.* Um noch einmal das Kind in *Matrix* leicht abgewandelt zu zitieren: »Versuche nicht, das Universum zu verbiegen. Das ist unmöglich. Versuche stattdessen nur, die Wahrheit zu erkennen ... Es gibt kein Universum ... Dann wirst du sehen, dass es nicht das Universum ist, das existiert. Es bist nur du selbst.«

Es liegt Spannung in der Luft

Eine weitere Bestätigung für die Simulation ist meiner Meinung nach ein aufstrebender und höchst überzeugender Bereich der wissenschaftlichen Forschung, der unter der Überschrift »Das ›Elektrische Universum‹ und das Thunderbolts-Projekt« läuft, ins Leben gerufen von dem australischen Physiker Wallace Thornhill und dem amerikanischen Forscher und Autor David Talbott. Die gesamte erfahrene Realität basiert auf Elektrizität und Elektromagnetismus. Alles, vom Gehirn über das genetische System bis hin zum gesamten wahrgenommenen Universum, ist elektrischer Natur, wie man es bei einer Simulation erwarten würde. Und wie funktionieren Virtual-Reality-Spiele und Computer? Ganz genauso. Ein Team unter der Leitung von Jacqueline Barton, einer weltbekannten Chemikerin am California Institute of Technology (Caltech), fand heraus, dass die DNA »wie ein elektrischer Draht für die Signalübertragung innerhalb einer Zelle« funktioniert. Wissenschaftler entdeckten, dass Bienen Pollen finden, indem sie elektrische Signale aufnehmen, die von Blumen gesendet werden, und ein britisches Team senkte äußerst hohen Blutdruck durch einen elektrischen Draht im Gehirn, der änderte, was kommuniziert wurde. Das Universum bis hin zum kleinsten Filament kommuniziert elektrisch und wird von Elektrizität angetrieben. Wir sehen elektrische Blitze, elektrische Stürme, die *Aurora borealis* oder Nordlichter und die schnell rotierenden elektromagnetischen Felder, die Tornados sind und in elektrischen Stürmen auftreten. Die Verfechter des elektrischen Universums weisen zu Recht darauf hin, dass wir einen gigantischen elektrischen Kommunikationskreislauf sehen, der alles miteinander verbindet, von den Planeten und Sternen bis zum menschlichen Gehirn (siehe Abbildung 117 und Abbil-

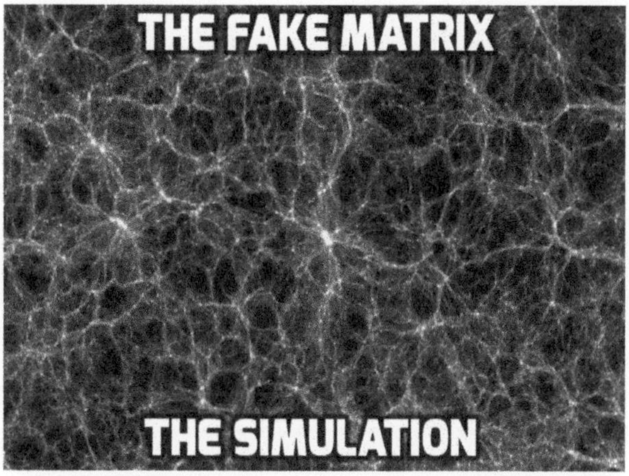

Abb. 117. Das »Universum« ist ein gigantischer Stromkreis, weil es sich um eine Simulation handelt.

Abb. 118. Holografisch dekodiert sieht die elektrische »Himmels«-Schaltung genau so aus.

dung 118). Selbst auf dieser Ebene sind wir *Eins*. Die elektrischen und elektromagnetischen Wechselwirkungen zwischen Menschen und Planeten bilden auch die Grundlage der vom Mainstream verspotteten Astrologie.

Die Bilder des Herschel-Teleskops haben gezeigt, dass sich die Sterne auf den elektromagnetischen Filamenten der Galaxien bilden. Die Mainstream-Wissenschaft hielt das bislang für unmöglich, obwohl es für die Vertreter eines Elektrischen Universums höchst vorhersehbar war. David Sibeck, ein Projektwissenschaftler am Goddard Space Flight Center der NASA, sagt:

> »Die Satelliten haben Beweise dafür gefunden, dass die obere Atmosphäre der Erde über magnetische Seile direkt mit der Sonne verbunden ist. Wir glauben, dass die Sonnenwinde entlang dieser Seile einströmen und die Energie für geomagnetische Stürme und Polarlichter liefern.«

Alles ist miteinander verbunden, und durch diese elektrischen und elektromagnetischen Kommunikationen und Netzwerke wirkt die Sonne auf die Temperatur der Erde ein. Ist das nicht erstaunlich? Die Sonne beeinflusst die Temperatur der Erde. Wer hätte das gedacht? Verflixt, was man alles lernt. Ich dachte, es handele sich um CO_2, das Gas des Lebens, ohne das es keine Pflanzen, keine Nahrung und somit auch keine Menschen und Tiere gäbe. Dazu passt, dass das beobachtbare Universum zu 99,999 Prozent aus Plasma besteht, dem sogenannten vierten Aggregatzustand der Materie, der ein nahezu perfektes Medium für Elektrizität und Elektromagnetismus ist. Der amerikanische Wissenschaftler Irving Langmuir (1881-1957) entdeckte, dass beim Zusammentreffen eines Plasmas mit einer bestimmten elektrischen Ladung und eines Plasmas mit einer anderen Ladung automatisch eine Barriere zwischen den beiden entsteht. Auf diese Weise bilden sich die Magnetosphären der Planeten aus der Wechselwirkung zwischen Plasma und Elektrizität. Planeten und Sterne erzeugen einzigartige elektrische Signaturen. Wo eine Ladung auf eine andere trifft, bildet sich eine energetische Barriere, die die Magnetosphären abgrenzt (siehe Abbildung 119). Die Sonne besteht fast vollständig aus Plasma, wie zu erwarten ist, da sie elektrische Energie *verarbeitet*, nicht *erzeugt*. Die gängige Lehrmeinung besagt, dass die Sonne ein Kernreaktor ist, der die Wärme aus seinem Kern über die Oberfläche in das Sonnensystem abstrahlt. Das passt aber nicht zu den beobachtbaren Phänomenen. Warum ist der Weltraum dann so kalt und die Wärme entsteht nur, wenn die Sonnenenergie mit der Erdatmosphäre interagiert? Die Sonne absorbiert, verarbeitet und projiziert Elektrizität aus dem universellen Stromkreislauf. Sie durchquert den »Raum« als Elektrizität und wird durch die Wechselwir-

Abb. 119. Planetare Magnetosphären entstehen, wenn sich zwischen zwei verschiedenen Zuständen elektrischer Ladung innerhalb des Plasmafeldes eine Barriere bildet.

kung mit der Planetenatmosphäre in Wärme dekodiert. Ich gehe in *Alles, was Sie wissen sollten, Ihnen aber nie jemand erzählt hat* ausführlich darauf ein, sowohl in Bezug auf die Sonne als auch auf das gesamte Konzept des elektrischen Universums, das so viele bisherige Fragen beantwortet, die Wissenschaftler vor ein Rätsel gestellt haben. Das Universum ist ein gigantischer Quantencomputer, der von Elektrizität angetrieben und vom vierdimensionalen Geist als dreidimensionale Realität projiziert wird.

Die Unterstützung nimmt zu

Immer mehr Wissenschaftler und Forscher erkennen nun das Offensichtliche in Bezug auf die Simulation. Rich Terrile, Direktor des Centre for Evolutionary Computation and Automated Design am Jet Propulsion Laboratory der NASA, sagte, dass seine Forschungen ihn zu dem Schluss gebracht haben, dass das Universum ein digitales Hologramm ist. Per Definition muss es von einer Form von Intelligenz geschaffen worden sein. Forscher der Ibaraki University in Japan haben Arbeiten vorgelegt, die nahelegen, dass das Universum nichts anderes als eine holografische Projektion sein könnte, was es auch tatsächlich ist. Es ist keine Projektion wie auf einer Kinoleinwand. Die Informationen werden in den vierdimensionalen Verstand »projiziert« und dieser agiert dann als Projektor (siehe Abbildung 120). Der amerikanische Starwissenschaftler Neil deGrasse Tyson sagte bei der Isaac Asimov Memorial Debate 2016, dass die Wahrscheinlichkeit, dass das Universum eine Simulation ist, »sehr hoch sein könnte«. Bei der Veranstaltung kamen Wissenschaftler zusammen, um die Simulationshypothese zu diskutieren. Einige stimmten zu, andere nicht. Einer der Fehler, den das »Nein«-Lager macht, ist die Gleichsetzung der technologischen Grenzen des Menschen mit den Grenzen des Möglichen. Das ist nicht dasselbe. Die nichtmenschliche Kraft nutzt Simulations-Know-how, das weit, weit über alles hinausgeht, was Menschen sich vorstellen können. Die Simulation nutzt die Macht des Geistes, des Bewusstseins, um ihre Illusionen zu erzeugen. Preston Greene, ein Assistenzprofessor für Philosophie an der Nanyang Technological University in Singapur, hat sogar davor gewarnt, das Universum als Simulation zu bezeichnen, weil die Schöpfer es dann abschalten könnten. Aha, wenn wir beweisen

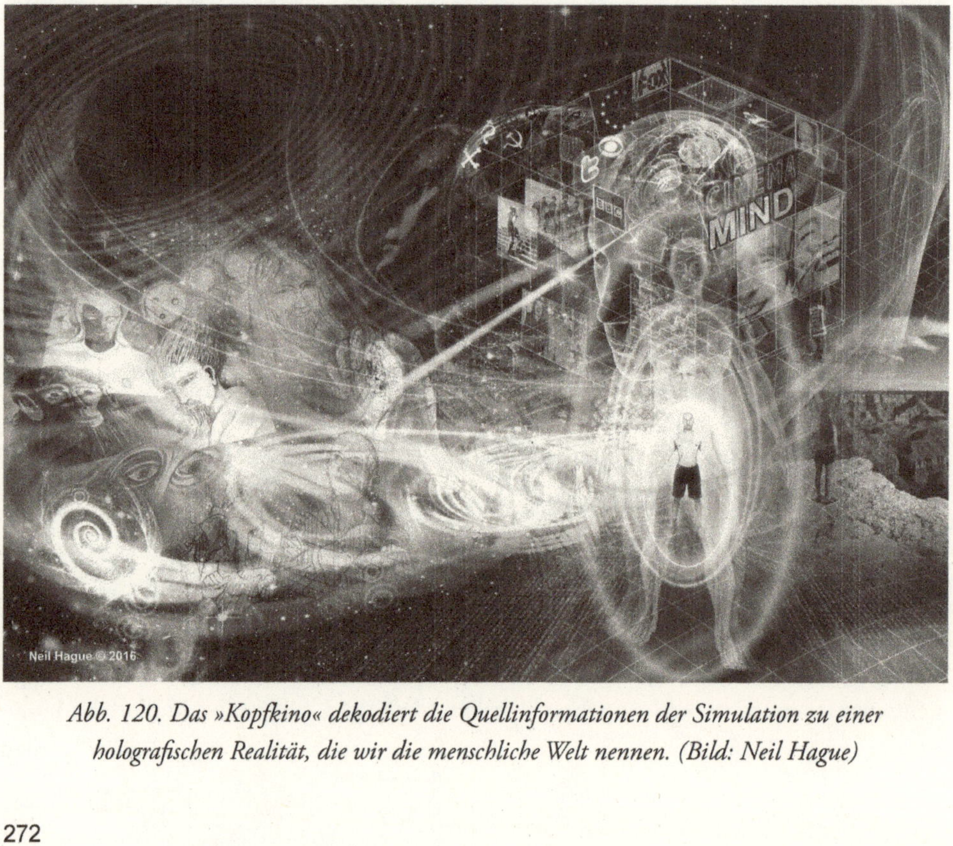

Abb. 120. Das »Kopfkino« dekodiert die Quellinformationen der Simulation zu einer holografischen Realität, die wir die menschliche Welt nennen. (Bild: Neil Hague)

würden, dass wir in einer Simulation leben, könnte dies unsere Schöpfer also veranlassen, die Simulation zu beenden – und unsere Welt zu zerstören. Nun, zunächst einmal ist es nicht unsere Welt, sondern ihre Welt, und sie brauchen uns und unsere Energie mehr, als wir sie brauchen. Wir brauchen sie *kein bisschen*. Wir sind Bewusstsein. Die Illusion der Simulation gehört ihnen, und sie kann ohne uns nicht funktionieren, weil unser Geist unerlässlich dabei ist, sie holografisch zu dekodieren.

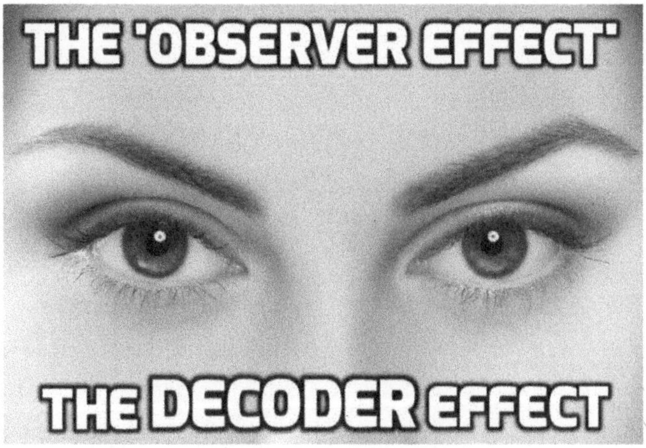

Abb. 121: Die Beobachtung erschafft überhaupt erst die »physische« Realität.

Der Dekodierungsaspekt der Simulation erklärt ein weiteres Rätsel der Wissenschaft. Einige Wissenschaftler postulieren seit langem, dass unsere Realität nur dann existiert, wenn wir sie betrachten – sie beobachten. Dies wird als Beobachtungseffekt bezeichnet, obwohl es eigentlich Dekodier-Effekt heißen müsste. Der Akt der Beobachtung – die Aufmerksamkeit – löst den Akt des Dekodierens von Wellenform-Informationen in holografische (unechte physikalische) Informationen aus (siehe Abbildung 121). Wenn die Simulation in ihrem wellenförmigen Grundzustand nicht beobachtet (dekodiert) wird, bleibt sie in einem wellenförmigen Grundzustand. Tatsächlich ist sie *immer* im Wellenformzustand, genauso wie der holografische Druck eines wellenförmigen Interferenzmusters immer ein Druck bleibt, selbst wenn der Laser die Informationen für die Projektion eines 3D-Hologramms herausgreift. Der Druck verwandelt sich nicht in ein Hologramm – das Hologramm wird *aus* dem Druck projiziert, der nirgendwo anders hin verschwindet. Auf die gleiche Weise existiert die Simulation immer in Wellenform, selbst wenn der Akt der Beobachtung – das Dekodieren – durch den Verstand seine holografische (Teilchen-)Form manifestiert.

Die Quantenwissenschaft hat lange über der Frage gerätselt, wie etwas gleichzeitig als Welle und als Teilchen existieren kann. Welle und Teilchen sind dieselbe Information, nur in verschiedenen Zuständen manifestiert. Die Welle ist das Teilchen und das Teilchen ist die Welle. Sie sind unteilbar, so wie das gedruckte Interferenzmuster und das laserprojizierte Hologramm unteilbar sind und doch gleichzeitig existieren. Das müssen sie auch. Das Hologramm kann ohne den Druck nicht existieren und das Teilchen kann ohne die Welle nicht existieren. Physiker der Australian National University behaupteten, durch Experimente zur Erforschung des Welle-Teilchen-Phänomens bewiesen zu haben, dass die Realität in ihrer erlebten Form einzig dann existiert, wenn sie beobachtet wird. Virtual-Reality-Spiele existieren auch nur in der Form, in der Sie sie erleben, wenn Sie eine bestimmte Szene betrachten (dekodieren). Alle anderen Szenen existieren lediglich als Codes, bis sie in Ihrer Wahrnehmung erscheinen. Genauso bei einer DVD. Sie ist ein Datenträger mit Informationen und erscheint erst als Bild, wenn der Player sie auf dem Bildschirm dekodiert – und die Szene, die Sie gerade sehen, ist die einzige, die in diesem Moment in dieser Form vorliegt.

Der Rest der DVD existiert nur als kodierte Information.

Die Todesfalle

Okay, jetzt werde ich wirklich kontrovers, was natürlich so gar nicht meine Art ist. Icke sagt, er *wird* kontrovers?? O Mann, was kommt denn jetzt gleich um die Ecke? Nun, ein paar Dinge: (1) Diese »materielle Welt« ist nur *eine* Ebene der Simulation und die Idee ist, den Geist nach dem »Tod« des Körpers in einer weiteren Illusion zu fangen, um ihn im Riesenrad des Reinkarnationszyklus zu halten; und (2) nicht jeder »Mensch« hat ein Bewusstsein in dem Sinne, wie wir es wahrnehmen. Viele sind Software-Elemente in der Simulation, wie sie in Computerspielen als »Non-Player-Charakter« bekannt sind. Diese sind definiert als »jede Figur in einem Spiel, die nicht von einem Spieler gesteuert wird«. Für den Laien – nicht durch einen menschlichen Verstand gesteuert, sondern *vollständig* von der Simulation kontrolliert. Eine andere Definition des Begriffs »Non-Player/Nicht-Spieler« lautet, dass es sich dabei »in der Regel um eine Figur handelt, die vom Computer (und nicht vom Spieler) gesteuert wird und die eine Reihe von Verhaltensweisen hat, die das Spielgeschehen beeinflussen können.« Will ich damit sagen, dass es Menschen gibt, die nur Simulation sind? Ja, sehr viele. *Wahnsinn!* Ein bisschen kontrovers, das Ganze, oder? Aber betrachten Sie die Welt mal leidenschaftslos. Viele Agenten des Kults sind Software-Einfügungen, die vollständig von der Simulation gesteuert werden. Der Philosophieprofessor David J. Chalmers bezeichnet die Nicht-Spieler-Charaktere als »reine Sims«:

> »Das sind simulierte Wesen, die sich vollständig innerhalb der Simulation befinden. Die meisten der Menschen in [Daniel F.] Galouyes Roman *Welt am Draht* sind reine

Abb. 122. Die KI-Technologie hat bereits digitale »Leute« wie diese erschaffen, die als »Menschen« gar nicht existieren. Kann eine erheblich fortgeschrittenere 4D-Technologie nicht noch viel weiter gehen, um holografische digitale »Einfügungen« (Sims) zu erschaffen?

> Sims. Sie erhalten ihre Sinneseindrücke direkt von der Simulation, weil sie Teil der Simulation sind. Wichtig ist, dass auch ihre Gehirne simuliert werden. Simulationen, die nur reine Sims enthalten, sind *reine Simulationen* – Simulationen, in denen alles, was passiert, simuliert wird.
>
> Es kann auch *gemischte Simulationen* geben, die ebenso Biosims wie reine Sims enthalten. In *Matrix* sind die Hauptfiguren Neo und Trinity Biosims, während die Maschinencharaktere Agent Smith und das Orakel reine Sims sind.«

Ich behaupte, dass unsere Realität letzteres ist – eine gemischte Simulation. Meiner Auffassung nach haben nicht alle Menschen ein Bewusstsein, das man (zumindest potenziell) als unendlich bezeichnen kann. Nicht alle Menschen haben einen »Verstand/ Geist« in der »vierdimensionalen« Realität. Ich weiß, dass dies für viele ein Schock sein mag. Aber ich kann Ihnen sagen, was in meinen Leben mich zu dieser Erkenntnis geführt hat. Mit Hilfe von KI lassen sich bereits Bilder von »Menschen« erzeugen, die es gar nicht gibt. Sie sind buchstäblich erfunden (siehe Abbildung 122). Studien haben gezeigt, dass die Menschen den Unterschied zwischen den Fälschungen und den »echten Menschen« nicht mehr so leicht erkennen – das Verhältnis zwischen »falsch« und »echt« liegt hinsichtlich des richtigen Erkennens schon bei unter 50 Prozent. Hany Farid, Mitautor einer Studie, die in den *Proceedings of the National Academy of Sciences USA* veröffentlicht wurde, erklärt: »Wir haben festgestellt, dass synthetische Gesichter nicht nur sehr realistisch sind, sondern auch als vertrauenswürdiger angesehen werden als echte Gesichter.« KI-generierte Nicht-Personen wie diese können verwendet werden, um eine ganze Hintergrundgeschichte über deren fiktive Leben zu konstruieren, die in den Medien erscheint und sie vielleicht als Opfer eines Krieges oder eines Terroranschlags darstellt, obwohl sie gar nicht existieren. Wie soll die Öffentlichkeit jemals davon Wind bekommen, wenn nicht jemand detaillierte Nachforschungen anstellt, und selbst dann würden alle Ergebnisse von den sozialen Medien, die dem Kult unterstehen, und dem Rest des Mainstreams unterdrückt werden. Sehen Sie sich als Deep Fakes entlarvtes Filmmaterial an, bei dem die Technologie jemand irgendetwas mit der richtigen Stimmfrequenz und Lippenbewegung sagen lässt, obwohl er kein einziges Wort davon gesagt hat. Und denken Sie dabei daran, dass dies bereits Allgemeingut ist, während die geheimen Projekte schon viel weiter sind. Stellen Sie sich dann noch vor, was im 4D-Bereich in Bezug auf vollwertige Nicht-Spieler-Charaktere möglich ist.

Ich höre immer wieder, dass ein Körper ohne den Geist nicht existieren kann. Ich stimme dieser Behauptung nicht zu, jedenfalls nicht dem, was damit üblicher Weise gemeint ist. Körper brauchen den Verstand, um sich in die holografische Realität zu dekodieren, okay. Sie brauchen jedoch keinen Geist, um ihre Mission zu steuern. Die Simulation ist durchaus in der Lage, das zu tun. Haben eingefügte Figuren in Computerspielen einen Verstand? Sie werden nicht durch Geist/Seele animiert, sondern durch Elektrizität. Die Simulation in der 3D-Projektion stützt sich auf Elektrizität und Elektromagnetismus. Solche Sim-Körper werden von der Simulation belebt und sind ein Ausdruck, ein Teil der Simulation. Ihr »Geist« ist eine Künstliche Intelligenz, die darauf programmiert ist, eine bestimmte Rolle zu spielen, wie die Nicht-Spieler-Figur eines Computerspiels. Ich kann nicht genug betonen, dass die virtuelle Realität und die Computerspieltechnologie die Simulation nachahmen (eine Form des holografischen Prinzips) und dass das, was Sie in der einen Welt sehen, auch in der anderen Welt geschieht. Körper »sterben«, wenn ihnen die Elektrizität entzogen wird, und damit wird der »Geist/die Seele« befreit – befreit in dem Sinne, dass der Geist von dem *Glauben* befreit wird, dass er sich »in« einem Körper befindet. Diese Vorstellung erzeugt die Illusion der Verkörperung und den Glauben an die Befreiung von der Verkörperung beim »Tod«. Es ist alles *programmierter Glauben* und *programmierte Wahrnehmung. Alles davon!* Die von der Software eingefügten Sims sind KI und folgen einem programmierten Weg mit programmierten Antworten und Reaktionen. Ist das so verrückt, wenn Sie sich anschauen, wo die KI-Robotik inzwischen sogar im menschlichen Alltag angekommen ist?

Vor unseren Augen

Rich Terrile vom Jet Propulsion Laboratory der NASA sagte: »Bald wird nichts Technisches mehr im Wege stehen, um Maschinen zu bauen, die ihr eigenes Bewusstsein haben.« Ihr eigenes, *technologisch erzeugtes und computergeneriertes* Bewusstsein. Brauchen sie dafür einen Geist oder eine Seele? Nein, natürlich nicht. Terrile meint: »Beim gegenwärtigen Tempo des technischen Fortschritts werden wir in einigen Jahrzehnten eine Gesellschaft sein, in der künstliche Wesen, die in Simulationen leben, viel zahlreicher sind als menschliche Wesen.« Die Videospiele werden immer ausgefeilter und es daurt nicht mehr lange, bis wir die Simulationen bewusster Wesen erleben. Aber was will man erreichen, wenn man das menschliche Gehirn direkt mit der KI verbindet? Man verwandelt einst bewusste Menschen in *Nicht-Spieler-Charaktere.* Das ist die ultimative Kontrolle!

Denken Sie daran, dass diese Technologie nicht erst erfunden werden muss. Sie existiert bereits und es geht nur noch darum, sie aus der »vierdimensionalen« Realität in den menschlichen Bereich zu übertragen, was bedeutet, dass die Zeitspanne, von der Terrile spricht, stark verkürzt werden kann. China verwendet schon Nachrichtensprecher, die KI-Kopien von TV-Moderatoren sind, und es wird immer schwieriger, sie voneinander zu unterscheiden. China heute – und die Welt morgen.

Terrile erklärt: »Wenn in Zukunft mehr digitale Menschen in simulierten Umgebungen leben als heute, wie will man dann sicher sein, dass wir nicht bereits ein Teil davon sind?« Ich sage, es ist schon jetzt so. Die (simulierte) Weltbevölkerung erreichte erst 1804 eine Milliarde und nähert sich jetzt acht Milliarden. Ist dieser außergewöhnliche Anstieg das Ergebnis der »Inkarnation« von Geist/Seelen? Die Kult-Agenten im Silicon Valley sagen voraus, dass die menschlichen Gehirne ab 2030 mit der Künstlichen Intelligenz verbunden sein werden und dass die KI mehr und mehr das menschliche Denken übernehmen wird, bis man es ganz vernachlässigen kann. Dadurch werden *alle* »Menschen« zu Software-Einfügungen der KI. Die Simulation wird dann von der KI gesteuert und betrieben und die KI-Einfügungen ermöglichen es, das Programm

»von innen« zu manipulieren, wobei die KI die Sims vollständig kontrolliert. Viele der Frontleute und Akteure des Globalen Kultes sind KI-Sims oder Cyborgs. Schauen Sie ihnen in die Augen. Sehen Sie dort »Leben« oder das Funkeln und die Lebendigkeit, die mit einem Zustand des unendlichen Bewusstseins verbunden ist? Verfügt die KI über Empathie oder Mitgefühl? Selbst wenn sie es simulieren könnte, kann man es genauso einfach aus dem Programm löschen.

Filmreihen wie *Matrix* und Streaming-Serien wie *Westworld* haben diese Konzepte bereits aufgegriffen. Viele Charaktere in *Matrix* werden als hochentwickelte Software-Programme beschrieben, die – wie im Fall von Agent Smith – mehrere Kopien von sich selbst erstellen können. Könnte dies erklären, warum manche Menschen zur gleichen Zeit an verschiedenen Orten gesehen wurden? Alles wird möglich und erklärbar, wenn man die Implikationen der Simulation verstanden hat.

Die zentrale Figur von *Matrix*, das »Orakel«, wird in der Filmhandlung als ein Programm entlarvt, von dem niemand etwas wusste. Der Plot beruht darauf, dass man nicht auf den ersten Blick erkennen kann, wer ein Matrix-Softwareprogramm ist und wer nicht. Mein Körper ist ein Programm, Ihrer auch und ebenso der eines KI-Sims. Die Körper sind gleich und sehen daher auch gleich aus. Die Frage dreht sich nicht um den Körper. Die Frage ist, was den Körper *antreibt*? Ist es die KI oder der Geist als Ausdruck des Unendlichen Bewusstseins? Jeder »stirbt«, wenn er zum »Sterben« programmiert ist, es sei denn, das Unendliche Bewusstsein setzt die Körperprogramme außer Kraft. Was es kann. Die meisten sind sich dieser Macht nie bewusst und ihr Tod wird von den Daten diktiert, die durch das Programm laufen. Das muss aber nicht sein. Es kann auch ständige Eingriffe der KI geben, um die Programme entsprechend den Ereignissen und Geschehnissen zu ändern. Die Menschen verfolgen die sich zuspitzende Auseinandersetzung zwischen dem menschlichen Bewusstsein und der sich entwickelnden KI, ohne zu erkennen, dass die gesamte Geschichte der Menschheit eine Auseinandersetzung zwischen dem Bewusstsein und der KI ist.

Die Illusion von Geburt und Tod

Wenn der Geist durch eine Verbindung zum Unendlichen Geist in 5D und höher beeinflusst wird, kann er das Programm außer Kraft setzen. Wenn dies nicht der Fall ist, kontrolliert die Simulation die gesamte Wahrnehmung der Realität. Das gilt auch für den Geburtsprozess. Es gibt keine physische Realität, also kann es keinen Geburtsprozess geben, es sei denn, er ist eine dekodierte Illusion. Das heißt, wenn die

Informationen dem Verstand sagen, dass er aus dem Geburtskanal kommt, dann ist das seine Realität. Wenn die im Körper kodierte Information dem Verstand mitteilt, dass er stirbt, dann wird der Geist den körperlichen Tod erleben. *Erleben*, obwohl es in Wirklichkeit kein solches »physisches« Ereignis gibt.

Weit hergeholt, finden Sie? Die Figuren in *Matrix* starben, als ihr Verstand akzeptierte, dass sie gestorben waren. Am Ende erreichte die Figur Neo eine Bewusstseinsebene, die die Illusion des Todes durchschaute und ins Leben zurückkehrte, obwohl sie mehrfach angeschossen wurde. Der Körper, auf den geschossen wurde und der »starb«, war schließlich nur eine Vorstellung seines *Verstandes* und existierte einzig als Information, die seinem Gehirn außerhalb der Matrix zugeführt wurde. Der »Prozess« der Geburt und des Todes ist eine Illusion, die von der Simulation geschaffen wurde, um dem Verstand vorzugaukeln, dass er eine »physische« Welt betritt und verlässt, während der Verstand eigentlich nur die *Informationsillusion* dekodiert, eine »physische« Welt zu betreten und zu verlassen. Der Körper befindet sich *im Geist* und nicht in einer Entbindungsstation. Die Simulation von Geburt und Tod birgt ein gewaltiges Manipulationspotenzial, insbesondere durch die Angst vor dem Tod, obwohl es keinen Tod gibt. Der Körper hat einen Zyklus (den der Verstand dekodiert), aber wir – das Unendliche »Ich« – haben die Ewigkeit.

Außerhalb der Simulation gibt es weder Geburt noch Tod. Es gibt nur Leben. Was als Geburt und Tod empfunden wird, ist lediglich das Dekodieren von »Eintritt« und »Austritt« auf dieser Ebene der Simulation durch den Verstand. Das ist die Grundlage für die Tricks des Verstandes, um ein Gefühl der Begrenztheit und Kurzlebigkeit des Lebens zu erzeugen, ein Gefühl der isolierten Sinnlosigkeit, mit dem die zentrale Kontrolle durch die Todesfurcht erreicht wird, die eine Angst vor dem Unbekannten ist. Die Menschen haben Angst vor dem Unbekannten und das Simulationsprogramm hält sie dabei von jedem erweiterten Wissen fern. Je mehr Unbekanntes, desto besser, denn dann gibt es mehr Gründe, sich zu fürchten. Der Verstand wird von der Simulation mit der Information gefüttert, dass er geboren wird, aufwächst und alt wird, und dass er danach stirbt. »Sie« haben nichts von alledem getan. Sie sind ein Verstand in der vierdimensionalen Realität, der eine Informationsquelle dekodiert und in die Wahrnehmungsknechtschaft überführt wurde. Ich weiß, das ist harter Tobak, den Sie erst einmal verarbeiten müssen. Denken Sie darüber nach, wenn Sie einen ruhigen Moment haben. Eine offensichtliche Frage ist, wie etwas Derartiges denn eigentlich möglich sein könnte. Es wäre doch sicher äußerst komplex und kompliziert?

Das Ganze wird von Künstlicher Intelligenz auf einem Niveau gesteuert, das selbst die modernste menschliche KI heute nicht einmal ansatzweise erreicht. Die KI in unserer dekodierten Realität steckt noch in den Kinderschuhen, während die »vierdimensionale« KI ihr bereits Lichtjahre voraus ist. Das System wird von der Energie angetrieben, die der Geist und seine illusorischen Erfahrungen erzeugen. Wir können Gedanken und Gefühle nicht sehen. Wir sehen und fühlen nur die Folgen davon. Sie sind von ihrer Frequenz her ein vierdimensionales Phänomen, und wie wir wissen, sind niedrig schwingende Gedanken und Emotionen wie Furcht, Depression, Angst und Hass auch niedrigere vierdimensionale Phänomene, über die das menschliche Kontrollsystem läuft. Die nichtmenschliche Kraft im Hintergrund ernährt sich von der Energie dieser Gefühle und ihre KI wird davon angetrieben. Erinnern Sie sich an die Maschinen in den *Matrix*-Filmen, die von der in Batterien gesammelten Energie menschlicher Babys angetrieben werden? Das Zitat von Morpheus, als er die Batterie hochhält, kann man jetzt in einem größeren Zusammenhang verstehen. »Die Matrix ist eine computergenerierte Traumwelt, die geschaffen wurde, um uns [im Original: a human being = den Menschen] unter Kontrolle zu halten. Für sie sind wir nicht mehr als *das*!« Kein Mensch – ein Bewusstsein, das sich für einen Menschen *hält*.

Simulationsinformationen gaukeln dem Verstand vor, dass er geboren wird und stirbt. Während die Erfahrung des Todes darin besteht, einen »Ort« zu verlassen und an einen anderen Ort zu gehen, ist der gesamte Ablauf in Wirklichkeit das gleiche nahtlose Programm. *Der Verstand geht nirgendwo hin*. Die Simulation lässt ihn glauben, dass er dies tut, und so erlebt er ein Gefühl der Realität. Ändert sich die Art der Information, verändert sich auch die Realitätserfahrung. Nach dem Dekodieren der Illusion, »im« Körper zu sein, dekodiert der Verstand die Illusion, »außerhalb« des Körpers zu sein. Dies sind verschiedene Phasen ein und derselben Illusion, die vom »vierdimensionalen« Geist dekodiert wird. Diejenigen, deren Bewusstsein ausreichend erweitert ist und in einer ausreichend hohen Frequenz schwingt, können der Simulation nach dem »Tod« entkommen. Diejenigen, bei denen das nicht der Fall ist, werden in dem Prozess, der Reinkarnation der »Seele« genannt wird, zurück in die »physische« Ebene der Simulation »recycelt«. Selbst die »Seele« ist eine Illusion. Nur der Geist existiert wirklich. Reinkarnation, ein lateinischer Begriff, der so viel bedeutet wie »wieder ins Fleisch eintreten«, ist ein zentraler Pfeiler östlicher Religionen wie des Buddhismus, Hinduismus, Jainismus und Sikhismus. Die griechischen Philosophen der Antike, darunter Pythagoras, Sokrates und Platon, glaubten ebenfalls an die Metempsychose oder Wiedergeburt. Dieser Glaube war über die Jahrhunderte und Kulturen hinweg weit verbreitet und ist es auch heute noch.

Reicht Ihnen das noch nicht?

Ich konnte die Logik der traditionellen Erklärung der Reinkarnation nie verstehen. Warum sollten Sie immer wieder auf einen winzigen Planeten zurückkehren müssen, um »erleuchtet« genug zu werden, um diesem Zyklus zu entkommen, wie uns die östlichen Religionen und die von ihnen abgeleiteten Glaubenssysteme erzählen? Es ist ein bisschen so wie die christliche Vorstellung, dass »Gott« für alle Ewigkeit über Sie urteilt auf der Grundlage eines einzigen Lebens in dieser Welt, das hundert Jahre oder zehn Minuten dauert. Das ergibt absolut keinen Sinn, ebenso wenig wie der Reinkarnationszyklus (siehe Abbildung 123). Die Buddhisten glauben an Karma oder »absichtliches Handeln«, eine Form der westlichen Vorstellung von Ursache und Wirkung, die im Osten jedoch eher der Aussage entspricht, dass alle Geschehnisse unteilbar sind. Diesem Glauben zufolge entscheiden unsere Handlungen darüber, ob wir dem Kreislauf von Tod und Wiedergeburt entkommen, den die Buddhisten als Samsara kennen. Sie streben einen Zustand der Erleuchtung (Nirvana) an, um diesen sogenannten ewigen Kreislauf zu durchbrechen. Meine Frage ist, wer oder was hat sie überhaupt erst an dieses Rad des Unglücks gekettet? Ich sage, es sind die Schöpfer der Simulation. Sie müssen immer wieder auf denselben idiotischen »Planeten« zurückkehren, um Lektionen zu lernen, die es Ihnen ermöglichen, zu entkommen? Häh?

Abb. 123. Die Erde ist nur ein Milliardstel so groß wie ein Stecknadelkopf, wenn man sie mit der Größe des Universums vergleicht, wie es die Mainstream-Wissenschaft gerne vorrechnet. Warum sollten Sie sich hier immer wieder reinkarnieren müssen, um »zur Erleuchtung zu gelangen«? Aber wenn es eine Simulation und eine Falle wäre …

In meinem Ayahuasca-Zustand damals in Brasilien wurden mir Bilder von Menschen gezeigt, die aus dem Himmel auf einen Weg fielen, der ein Feld durchquerte. Während sie in immer größerer Zahl darüber schritten, wurde der Pfad immer tiefer ausgetreten, bis er sich in die Dunkelheit einer Plattenrille auf alten Vinylscheiben verwandelte. Die Stimme sagte, es wäre wohl nicht weiter verwunderlich, dass die Menschen zu »Gott« aufblickten, wenn dort der einzige Ort sei, wo ein Licht schien. Damit sollte angedeutet werden, dass die Reinkarnationserfahrung die Menschen nur sehr selten zur Erleuchtung führt. Vielmehr führt sie sie tiefer in die programmierte Wahrnehmung der Realität, die sie in der Gefängniszelle dieser Wahrnehmung gefangen hält. Anders ausgedrückt: Der Reinkarnationszyklus führt die meisten Menschen nicht aus der Simulationsillusion heraus, sondern nur weiter hinein. Dadurch fällt es ihnen immer leichter, bei jedem neuen »Besuch« auf der »physischen« Ebene der Matrix in das Programm einzutreten. Genauer gesagt verankert die sich wiederholende Erfahrung des Geistes das Programm noch tiefer im Geist.

Der Körper existiert als kodiertes Informationsfeld, das vom 4D-Verstand in die holografische »physische« Realität dekodiert wird. Wenn der Verstand die projizierte 3D-Illusion für »real« hält, dann nimmt, wenn der Körper in der Simulation »stirbt«, der Verstand wahr, dass er in menschlicher Form gestorben ist und durchläuft den Recyclingprozess zu einem anderen Punkt der simulierten Zeitschleife. So geht es weiter und weiter, bis wir die Sequenz durch unsere *Wahrnehmung* unterbrechen. Morpheus sagt in dem Film *Matrix*: »Dein Körper kann ohne Geist nicht leben.« Nein, das kann er nicht – es sei denn, er ist eine reine KI-Einfügung. Der Geist *dekodiert* den Körper in die holografische Realität. Warum existiert der Körper weiter, indem er nach dem Tod verrottet, wenn sich der Geist zurückgezogen hat? Aber das hat er ja nicht. Der Geist dekodiert nicht nur den Körper, er dekodiert die gesamte simulierte Realität, die in ihrer Informationsstruktur die Art und Weise kodiert hat, wie sich der Körper nach dem »Tod« langsam auflöst. Das Alterungsprogramm des Körpers wird zum Zersetzungsprogramm des Körpers. Es ist ALLES *das Programm*. Der Körper ist ein Programm, eine Art Computersystem, und der Kult behandelt ihn auch so.

Dieselbe Simulationsinformationsquelle ist in der Lage, eine Realität zu liefern, die keine Erinnerung an vergangene Erfahrungen hat. Hätten wir eine solche Erinnerung, würden wir begreifen, was vor sich geht und woran wir beteiligt sind. Jede neue Inkarnation ist ein Neubeginn ohne Erinnerung an frühere »Leben« oder den Zustand zwischen den Leben. Einige erinnern sich an Teile dieser Informationen, entweder durch einen Glitch (Fehler) im Simulationsprogramm oder durch die Verbindung mit 5D, wo diese Informationen außerhalb der verschiedenen Ebenen der Simulation erhalten bleiben. Die Erinnerungen an vergangene Leben sind extrem überzeugend, besonders bei kleinen Kindern, die sich an Orte, Zeiträume, Ereignisse, Namen und andere kleine Details erinnern, die sie unmöglich aus diesem »Leben« kennen können. Das kommt relativ selten vor, aber es gibt zur Genüge bekannte Beispiele, um zu sagen, dass es auch nicht gerade ungewöhnlich ist. Forscher haben herausgefunden, dass die lebhaftesten Erinnerungen vor dem fünften Lebensjahr auftreten und oft schon mit sechs oder sieben Jahren wieder verblassen. Viele Fälle ereigneten sich in christlichen Familien, für die Reinkarnation eigentlich ein großes Tabu war, bis die Aussagen ihrer Kinder zu einem Sinneswandel geführt haben.

Von Geburt an und während des gesamten menschlichen Lebens werden die Menschen entweder von der Simulation oder dem erweiterten Bewusstsein oder einer Kombination aus beidem gelenkt. Der Geist, der in Kontakt mit seinem Unendlichen Bewusstsein steht, kann das Programm außer Kraft setzen. Aber die Simulation steuert alles, wenn jemand nur ein Ausdruck der Wahrnehmung seines Körper-Geistes ist. Was Sie tun und denken, wer Sie anzieht oder abstößt, wohin »Ihr« Leben führt, all das ist die Simulation, die am Werk ist, bis das erweiterte Bewusstsein sie ausschaltet. Wen werde ich heiraten? Fragen Sie die Simulation. Und wenn Sie sich von erweiterten Bewusstseinsebenen leiten lassen, fragen Sie den Geist. Welches ist Ihre Kontrollinstanz – die Simulation oder der Geist? Dies ist der Unterschied zwischen dem, was als schlafend und was als wach bezeichnet wird. Das lang erwartete *Große Erwachen* ist die Öffnung des Körper-Geistes (des Programms), um sich wieder mit dem Geist zu verbinden (der das Programm außer Kraft setzt).

Die »Covid«-Jahre haben deutlich gezeigt, dass die Menschen von der Simulation gesteuert werden, aber auch, dass sie zumindest bis zu einem gewissen Grad in der Lage sind, das Programm zu durchbrechen. Millionen von Menschen mit Nahtoderfahrungen haben sich erinnert, wie die Realität aussah, nachdem ihr Bewusstsein aus einem vorübergehend medizinisch toten Körper befreit worden war. Ich habe Legionen dieser Berichte gelesen und obwohl sie sich im Detail unterscheiden, gibt es wichtige wiederkehrende Themen. Sie beschreiben eine ganz andere Realität ohne die Einschränkungen des Körperwahrnehmungsprogramms. Eine Person sagte:

> »Alles, von Anfang an, meine Geburt, meine Vorfahren, meine Kinder, meine Frau, alles kommt gleichzeitig zusammen. Ich sah alles über mich und über jeden, der um mich herum war. Ich sah alles, was sie jetzt denken, was sie damals dachten, was vorher geschah, was jetzt geschieht. Es gibt keine Zeit, es gibt keine Abfolge von Ereignissen, es gibt keine Begrenzung, keine Entfernung, keinen Zeitraum und keinen Ort. Ich konnte überall gleichzeitig sein, wo ich auch sein wollte.«

Diese Person mag bewusstseinserweitert genug gewesen sein, um den anderen Ebenen der Simulation zu entkommen und 5D zu erleben, aber notwendig wäre das nicht.

Glaubt jemand, dass diejenigen, die eine ganze »physische« Realität simulieren können, nicht auch den »Himmel« und das helle, warme Licht nachahmen können, von dem Nahtoderfahrungen berichten? Ich werde auf dieses Thema in einem anderen Zusammenhang in dem Kapitel »*WTF? … Ich meine, was zum Teufel???*« eingehen.

Den »Himmel« simulieren?

Vergessen wir nicht, dass die Simulation eine Realität nachahmt, die in einem anderen Frequenzband tatsächlich existiert. Die Simulation ist wie eine digitale Kopie davon. Warum sollte das Reich nach dem Tod, das das Bewusstsein nach dem körperlichen »Tod« erlebt, nicht auch das imitieren, was die Menschen »Himmel« nennen? Ich behaupte, dass genau dies der Fall ist und dass der Schlüssel zum Verständnis der »Tunnel ins Licht« ist, den Nahtoderfahrene immer wieder beschreiben und in dem sie die Begegnung mit verstorbenen Angehörigen und »Lichtwesen« erleben (siehe Abbildung 124). Im Laufe der Jahre bin ich zu dem Schluss gekommen, dass der »Tunnel« zum Recycling-Rad führt. Der Geist/die Seele glaubt, dass sie zum »Licht« geht, während der »Tunnel« in Wirklichkeit zu dem führt, was manche als »Warteraum« bezeichnen, von wo aus sie in die »physische« Ebene der Simulation in einem anderen Körper oder sogar einer anderen »Ära« zurückkehren. Entscheidend für das Entkommen aus der Simulation ist, dass wir wissen, wovor wir fliehen, und dass wir die mentalen Tricks kennen, die dazu führen, dass das Bewusstsein in einer Schleife wieder und wieder in das zurückkehrt, was wir Reinkarnation nennen. Hat da jemand ein Déjà-vu? Ich habe in *Alles, was Sie wissen sollten, Ihnen aber nie jemand erzählt hat* eine eMail von einem gläubigen amerikanischen Christen veröffentlicht, der durch eine Nahtoderfahrung sein gesamtes Realitätsempfinden auf den Kopf gestellt bekam. Er sagte, es war dunkel, als »ich plötzlich bewusst wurde«. Es gab keine abstrakten Gedanken oder Überlegungen und keinen Tunnel aus Licht. Er war sich einfach nur bewusst. Im nächsten Moment befand er sich in einem schwach beleuchteten Raum und »jetzt begann der verrückte Teil«. Er sagte, er habe zwei »Außerirdische« oder Greys gesehen (die in der Hirarchie des Bösen den Reptiloiden untergeordnet sind, worauf ich gleich noch eingehen werde). Einer [saß] hinter einer Art Kontrollpult und der andere stand hinter ihm in einer Tür wie der Große Bruder … und beobachtete. In der eMail stand:

> »Der Raum hinter ihm war hell erleuchtet, aber ich konnte immer noch seine Augen sehen, die mich beobachteten. Plötzlich wird mir klar, dass sie mich ›überwachen‹ …

Abb. 124. Der Jenseitstunnel ins Licht. Aber wohin führt er?

als wäre ich nur eine Nummer. Derjenige, der hinter dem Kontrollpult sitzt, hebt seinen Kopf leicht an, sieht mich an … und blickt wieder auf sein Kontrollpult hinunter. Dann fuchtelt er mit seiner rechten Hand in der Luft herum und macht eine Art Geste über den Schreibtisch hinweg.

Eine rechteckige Taste auf dem Schreibtisch fängt an, orange und violett zu leuchten … fast wie Glitter, das in Wasser gemischt und aufgeschüttelt wird … Sobald das passiert, *swuuuuusch* … befinde ich mich im Weltraum und schaue auf die Erde … Ich schwebe einfach so dahin … Die Erde erschien mir rund … nicht flach [wie manche heute behaupten] … Jedenfalls kommt plötzlich dieser hellblaue Strahl aus dem Nichts (heute wünschte ich, ich hätte nachgesehen, woher der Strahl kam, aber das habe ich nicht … er kam einfach von irgendwoher) und schießt auf die Erde zu.

Als er auftrifft … ich nehme an, auf die Atmosphäre oder die Ozonschicht der Erde …, breitet sich der Strahl irgendwie um den Globus aus, wie ein hellblaues Energieschild, das um den ganzen Globus herum schwingt … nur einmal. In diesem Augenblick wurde mir klar, dass es sich um eine Information handelte, die zur Erde zurückgeschickt wurde, dass meine Seele zurückkommt, und der Grund dafür, dass sie rund um den Globus mitschwang, ist, wie ich in einem Augenblick verstand, wie der Schmetterlingseffekt … Ich komme zurück und alles andere ist davon betroffen.«

Er berichtete, dass er danach im Krankenhaus aufwachte. Er dachte lange Zeit, er hätte Dämonen erlebt und wäre in die Hölle gekommen oder es sei vielleicht alles nur ein Traum gewesen. Aber er sagte, als er in meinen Büchern über die Matrix las, »passte auf einmal alles an seinen Platz«:

»Was ich weiß, ist Folgendes … Ich habe eine Technologie gesehen, die ich noch nie zuvor gesehen hatte, und ich hatte noch nie von so etwas gehört, von daher war es keine Idee, die sich in meinem Gehirn festgesetzt hatte, weil ich vielleicht irgendwo etwas gesehen oder gelesen habe, bevor ich starb. Ich bin jetzt davon überzeugt, dass Ihre Seele, wenn Sie sterben, abgefangen und zur Erde zurückgeführt wird. Das steht im Widerspruch zu allem, was ich früher geglaubt habe.«

Also wird die Seele nur recycelt – »reinkarniert« –, wenn der Verstand weiterhin in den Illusionen der Matrix-Simulation gefangen ist, die auch nach dem »Tod« fortbestehen. Befreien Sie Ihren Verstand vor dem Tod und Sie sind sofort weg von hier. Die Texte von Nag Hammadi nennen diese Flucht »Auferstehung«. Ich werde im *WTF*-Kapitel noch näher auf das Reich nach dem Tod eingehen.

Zeitschleifen

Im Jahr 2003 habe ich ein Buch mit dem Titel *Tales from the Time Loop* geschrieben, in dem ich sagte, dass unsere Realität eine Schleife aus künstlich hergestellter »Zeit« ist, in der wir scheinbar von der »Vergangenheit« über die »Gegenwart« in die »Zukunft« reisen, während wir uns in Wirklichkeit in einem sich wiederholenden Zyklus, der von unserem *Verstand* dekodiert wird, immer wieder im Kreis drehen. Die Tatsache, dass wir in jeder neuen »Inkarnation« nur einen Teil des Zyklus erleben, bedeutet, dass wir nie den gesamten Zyklus in einem Zug durchlaufen, um zu erkennen, dass es sich um einen Zyklus handelt (siehe Abbildung 125). Wir erleben die Simulation nur in kleinen Dosen, bevor wir »sterben«. Wenn Sie die Zeit 1960 bis 2030 durchleben, erweckt es den Eindruck – kommt es Ihnen wegen des kodierten Körperalterungsprogramms so vor –, als bewegten

Abb. 125. Die Zeitschleife – oder Zeitschleifen – das Simulationsäquivalent eines Riesenrads. (Bild: Neil Hague)

Sie sich »vorwärts«, was die Illusion verstärkt, dass »Zeit« vergeht. Erlebten Sie jedoch die gesamte Schleife von Anfang bis Ende oder von Ende zu Ende, würden Sie den Betrug durchschauen. Im biblischen Buch *Prediger 1* finden Sie dazu diese Stelle:

> »Was gewesen ist, das ist, was sein wird; und was geschehen ist, das ist, was geschehen wird; und es gibt nichts Neues unter der Sonne. Gibt es irgendetwas, von dem man sagen könnte: Siehe, das ist neu? Es ist schon von alters her gewesen, was vor uns war. Aber es gibt kein Gedenken an das, was früher war, und es gibt auch kein Gedenken an das, was kommen wird, bei denen, die danach kommen werden.«

Das Römische Reich existiert immer noch in einem Teil der »Schleife« oder des Informationsprogramms. Warum kann ein Geist nicht mit Informationen aus dieser Programm-»Ära« gefüttert werden und dann im alten Rom, im alten Ägypten oder sonstwo »inkarnieren«? Es sind doch nur dekodierte Informationen. Wie können Sie durch die Zeit reisen, wenn es keine Zeit gibt, sondern nur das ewige JETZT? Sie reisen »hin und her« durch das Zeitschleifenprogramm, das die zusätzliche Komplikation hat, dass es viele solcher Schleifen oder »Zeitlinien« gibt, die sich gegenseitig durchdringen können. Zeiträume der »Geschichte« sind verschiedene Teile der Zeitschleife und die Wahrnehmung der »Geschichte« kann auch durch »historische Funde« manipuliert werden, die nichts mit der »Geschichte« zu tun haben. Sie wurden in die Simulation eingefügt, um zu täuschen und in die Irre zu führen. Das ist nicht immer der Fall, aber wir sollten nicht so naiv sein zu glauben, dass das nicht vorkommen kann. Es kann. Ich habe auch gehört, dass kataklysmische Ereignisse eingesetzt werden, um einen »Zeit«-Zyklus zu beenden und die Schleife wieder auf den Anfang zurückzusetzen. Solche globalen Katastrophen sind in den geologischen und biologischen Aufzeichnungen zu finden.

Darauf weise ich seit meinem Buch *Das Größte Geheimnis* von 1998 hin. Sehen Sie sich nur einmal die Beweise für die Auslöschung der Arten in der Jüngeren Dryas vor etwa dreizehntausend Jahren in unserer »Timeline« oder Zeitschleife an.

Tunnelblick I

Eine weitere wichtige Frage: Sind die Personen, die Menschen mit Nahtoderfahrungen außerhalb des Körpers oder am Ende des Tunnels »treffen«, wirklich geliebte Menschen? Oder handelt es sich um KI-Projektionen von »geliebten Menschen«? Es wäre schön, Ersteres zu glauben, aber dies ist ein Augenblick in der menschlichen Geschichte, in dem wir ernsthaft alles hinterfragen müssen. Das Bewusstsein von geliebten Menschen existiert in anderen Realitäten, sie können nur eine Frequenz oder einen Herzschlag entfernt sein, und doch können wir uns nicht sicher sein, dass diejenigen, die von »Seelen« nach dem körperlichen »Tod« gesehen werden, wirklich die echten »geliebten Menschen« sind. In Nahtoderfahrungen wird oft berichtet, wie ein verstorbener »geliebter Mensch« oder eine andere Wesenheit sie vor die Wahl stellt, in ihren Körper zurückzukehren oder eine auf vielerlei Weise symbolisierte Grenze zu überschreiten, hinter der sie nicht mehr in dieses »physische« Leben zurückkehren können. Natürlich wissen wir nur von denen, die sich entscheiden, »zurückzukehren« und ihre Geschichte zu erzählen. Doch was existiert jenseits des Lichts am Ende des »Tunnels«, das sie nie erreicht haben? Das Paradies oder das »Wartezimmer«? Ich sage letzteres.

Ich habe viele Sendungen der Serie *Ghost Whisperer – Stimmen aus dem Jenseits* auf DVD gesehen, die von 2005 bis 2010 auf CBS in den Vereinigten Staaten lief. Es ist die fiktive Geschichte einer Frau, die Geister sehen kann und ihnen hilft, ins »Licht« zu gehen. Die Serie erforscht einige interessante Szenarien nach dem Tod und ist dabei richtig kitschig. Die Pointe der Serie besteht darin, dass der Geist ein helles Licht sieht und darauf zugeht, um in den »Himmel« zu kommen. Das Skript untermauert ständig das Konzept des Geh-ins-Licht-nach-dem-Tod, das ich für die Reinkarnationsfalle halte. Auch in den gnostischen Nag-Hammadi-Texten taucht der »Warteraum« auf – als ein Reich, das dort »der mittlere Ort« genannt wird. Es ist ein »Raum« zwischen den Oberen und Unteren Äonen oder der Unendlichen Realität und der Simulation. Dieser mittlere Ort, heißt es, sei ein Zustand vorübergehender »Nichtexistenz«, in dem die Seele auf ihre Reinkarnation wartet oder dort durch Unwissenheit und den daraus resultierenden niederfrequenten Zustand des Seins gefangen ist. Das hat alle Konnotationen des römisch-katholischen Glaubens an das Fegefeuer – »ein Ort oder Zustand vorübergehenden Leidens oder Elends« und ein Zwischenzustand der Läuterung zwischen dem »physischen Tod« und der Aufnahme in den »Himmel«. Oder ist es vielmehr ein Zwischenzustand zwischen dem »physischen Tod« und einer weiteren »physischen Geburt«? Sagen wir es mal so: Wenn ich den Körper verlasse, werde ich nicht in einen »Tunnel« oder etwas Ähnliches gehen. Ich werde mich auf den Weg in das Unendliche Reich jenseits der Simulation in all ihren Formen machen und ich werde meinen eigenen Weg dorthin finden, ohne die Hilfe von falschen »geliebten Menschen«. Nein, danke. Ich werde dies im *WTF*-Kapitel näher erläutern.

In der Serie *Star Trek: Raumschiff Voyager* bin ich in einer Folge von 1998 (Episode 3.15: *Coda – Der Wille*) auf eine vielsagende Szene gestoßen, in der die Figur Captain Janeway in einer Art Zeitschleife gefangen ist und ihren Tod erlebt. Ihr verstorbener Vater erscheint, um sie ins Jenseits zu führen, aber sie wird misstrauisch, als er sie drängt und darauf besteht, mit ihm in den Tunnel zum Licht zu gehen. Janeway hält dies für eine Falle, um sie immer wieder auf die »Erde« zurückkehren zu lassen. »Sie sind nicht mein Vater«, sagt sie. »Sie sind ein Außerirdischer. Sie haben all diese Halluzinationen verursacht, nicht wahr?« Er antwortet: »Das ist es, was meine Spezies tut – im Moment kurz vor dem Tod kommt einer von uns, um Ihnen zu sagen, was passiert, damit der Übergang zu einem Anlass der Freude wird.« Janeway blickt auf den Lichttunnel und fragt: »Was ist das?« Der Außerirdische, der so projiziert wurde, dass er wie ihr Vater aussieht, sagt, es sei ihre Matrix, in der ihr Bewusstsein leben wird: »Ich habe die Wahrheit gesagt, als ich sagte, es sei ein Ort der Wunder. Es kann alles sein, was Sie wollen.« Janeway fragt, warum er so getan hat, als wäre er ihr Vater. Der Außerirdische erklärt, dass es die Menschen normalerweise tröstet, ihre Angehörigen zu sehen – das macht den »Übergang« viel weniger furchterregend. Janeway beschreibt ihn als »Aasgeier«, der die Menschen im Moment ihres Todes ausnutzt, wenn sie am verletzlichsten sind. »Was ist der wahre Grund, warum Sie mich in dieser Matrix haben wollen?«, fragt sie. »Irgendwie glaube ich nicht, dass es etwas mit ewiger Freude zu tun hat.« Der Außerirdische sagt, dass sie dort hineingehen muss, aber Janeway erkennt, dass, wenn der Außerirdische sie zwingen könnte, er es bereits getan hätte. »Sie wollen, dass ich zustimme, oder? Ich muss freiwillig gehen.« Sie weigert sich und der Außerirdische antwortet: »Irgendwann werden Sie in meine Matrix kommen und mich für lange Zeit ernähren.« Janeways Antwort: »Fahr zurück in die Hölle, Feigling!« Schöner Spruch, und äußerst treffend. Sie mögen es vielleicht seltsam finden, aber ich schaue nicht viel Science-fiction. Dieses Genre hat mich nie wirklich angesprochen, es sei denn, es ist für meine Arbeit von Bedeutung, wie bei dem Film *Matrix*. Deshalb war ich schon zu meiner Auffassung über den Tunnel ins Licht gelangt, bevor ich – wie zur Bestätigung – diese *Star-Trek*-Episode sah. Meiner Meinung nach enthält sie eine grundlegende Wahrheit.

Der Forscher Cameron Day hat das Konzept ebenfalls sehr gut beschrieben:

> »Eine Metapher, die unsere derzeitige Situation beschreibt, ist, dass wir wie eine Schar Hühner sind, die in einem winzigen, dunklen, stinkenden Hühnerstall eingesperrt sind. Diejenigen, die uns gezüchtet haben, bereiten sich darauf vor, uns aus dem Stall zu holen und in einen größeren eingezäunten Bereich (Astral-/Geisteswelten) zu entlassen, wo wir uns etwas freier fühlen können, aber immer noch unter ihrer Kontrolle stehen. Auf diese Weise stellen die ›Farmer‹ sicher, dass sie sich weiterhin von unseren Energien ernähren können, während sie uns das Gefühl geben, dass wir dank der Freundlichkeit unserer Halter frei sind.«

Als dieses Buch fast fertig war, wurde mir die Lektüre von *Die Reisen der Seele* empfohlen, das 1994 von dem amerikanischen Psychologen und Hypnosetherapeuten Michael Newton veröffentlicht wurde. Er beschreibt darin Hypnose-Sitzungen mit einer Reihe von Menschen, die er dazu befragte, was zwischen den »physischen« Leben der Menschen geschieht. Die Erfahrungen, die von den Befragten geteilt wurden, sind sehr fesselnd. Sie sprechen davon, dass sie durch den »Tunnel« reisen, von einer unsichtbaren »magnetischen« Kraft angezogen, um von »geliebten Menschen« begrüßt zu werden und dann ein Leben als »Seele« in der »spirituellen Welt« zu erleben. Nur hört sich das für mich nicht sehr »spirituell« an. Sie beschreiben eine hierarchische Struktur der Abgrenzung in »Seelencluster«, die von »Führern« und »Lehrern« verschiedener Hierarchieebenen, Meistern und einem »Ältestenrat« überwacht werden, denen man gehorchen muss. Newtons Patienten sagten, es gäbe Freiheit, »solange man die Regeln beachtet«, »man kann nicht einfach irgendwo hingehen« und »ich soll dort bleiben, wo man es mir sagt«. Die Seelen gehen zwischen den menschlichen Leben »zur Schule«, um sich in einem Zyklus von »Heimkehr«, »Übergang«, »Platzierung« und Reinkarnation unterweisen zu lassen. Dies ist die wahrgenommene Realität von New-Age- und Kult-Aktivisten wie der Russin Jelena Petrowna von Hahn, der späteren »Madam Blavatsky«, Mitbegründerin der Theosophischen Gesellschaft im Jahr 1875, die einen Großteil dessen inspirierte, was später als New-Age-Philosophie bekannt wurde, mit ihrem Konzept der »Aufgestiegenen Meister« und einer »spirituellen Hierarchie« mit Namen wie »Lord Babaji«, »Lord Maitreya«, »Graf Saint Germain«, »Swami Vivekananda« und »Sananda« (der New-Age-Version von »Jesus«). Alles ist eine Hierarchie. Es gibt keine »physische« Beschreibung von »Jesus« in der Bibel und »sein« Bild wurde von Künstlern Hunderte von Jahren nach der biblischen Zeit entworfen. Dennoch sieht seine New-Age-Version »Sananda« irgendwie genauso aus, wie diese Künstler »ihn« porträtiert haben. Was für ein Zufall.

Alles ist hierarchisch – »wir« hier oben, »ihr« dort unten. Kennen Sie Ihren Platz. Sie müssen die »dunklen Mächte« fürchten und die »hellen Mächte« anbeten, obwohl beide Mächte Ausdruck der gleichen Kraft sind. Da kann man nur lachen. Sollte man auch. Menschen mit Nahtoderfahrungen berichten, dass »geliebte Menschen« oder »geistige Wesen« am Ende des »Tunnels« ihnen sagen, dass ihre Zeit »auf der Erde« noch nicht vorbei ist und sie zurückkehren müssen. Meine Antwort lautet: Verpiss dich, Kumpel, ich entscheide, wohin ich als Nächstes gehe, nicht irgendeine KI-Projektion. Nein, danke. Was die Patienten von Michael Newton schildern, ist die klassische hierarchische Struktur der Reptiloiden, für die sie berüchtigt sind. Es klingt weniger nach einem »spirituellen Reich« als nach einer Verarbeitungseinheit, bevor die »Seele« in einen anderen menschlichen Körper zurückkehrt, um »weitere Lektionen zu lernen«. Warum, so sollte man sich fragen, wird der Geist von den »Lektionen«, die wir anscheinend zuvor gelernt haben, befreit, wenn wir danach für einen weiteren Versuch zurückkehren? Wozu soll das gut sein? Man kommt, um zu lernen, dass es keine Kriege, Konflikte, Hungersnöte, Morde, Vergewaltigungen und Plünderungen geben soll, und dann wird die Erinnerung gelöscht, damit man das nächste Mal alles wiederholen kann? Das würde sicherlich erklären, warum sich in der Geschichte der Menschheit Kriege, Konflikte, Hungersnöte, Morde, Vergewaltigungen und Plünderungen immer wiederholen. Newtons Probanden sprechen von einer magnetischen Anziehungskraft, die auf einen einwirkt, um durch den Tunnel in die »Geistige Welt« zu gehen, und später, wenn es an der Zeit ist, sich zu reinkarnieren, sprechen sie davon, »die Anziehungskraft zu spüren, einen physischen Ausdruck für unsere Identität zu haben«. Der Kreislauf geht also weiter und weiter. Was sie beschreiben, ist *die Falle.*

Ring der Verblendung

In verschiedenen Kulturen gibt es zahlreiche symbolische Beschreibungen einer Grenze oder eines Punktes, den die Menschen überschreiten müssen, um in den »Himmel« oder die Unendliche Realität zu gelangen. Die Gnostiker symbolisierten dies – passenderweise – als einen Drachen, der seinen eigenen Schwanz verschluckt: »Die äußere Finsternis ist ein großer Drache, dessen Schwanz in seinem Maul ist, außerhalb der ganzen Welt und die ganze Welt umschließend.« Andere nennen diesen »Drachen« den Ouroboros oder Leviathan, und er bezieht sich auf die wahrgenommene Grenze zwischen dem, was die Gnostiker die Oberen und Unteren Äonen, die Unendliche Realität und die Simulation nannten (siehe Abbildung 126). Sie wiesen auch darauf hin, dass der Saturn Teil dieser Grenze ist, was interessant ist, da ich in früheren Büchern ausführlich über den Einfluss von Saturn und Mond auf die Simulation und die menschliche Wahrnehmung geschrieben habe. *Alles, was Sie wissen sollten, Ihnen aber nie jemand erzählt hat,* ist eines dieser Bücher. Dann gibt es noch das uralte esoterische Konzept des »Ring-Pass-Not« oder Rings der Verblendung, das folgendermaßen beschrieben wird:

> »Ein zutiefst mystischer und suggestiver Begriff, der den Kreis oder die Grenzen bezeichnet, innerhalb derer sich das Bewusstsein derjenigen befindet, die noch unter der Herrschaft der Illusion des Getrenntseins stehen – und das gilt sowohl für einen großen als auch für einen kleinen Ring.
>
> Es ist ein allgemeiner Begriff, der auf jeden Zustand anwendbar ist, in dem ein Wesen, das eine bestimmte Stufe des evolutionären Wachstums der Bewusstseinsentfaltung erreicht hat, nicht mehr in der Lage ist, in einen noch höheren Zustand überzugehen, und zwar aufgrund einer Verblendung, unter der das Bewusstsein leidet, sei diese Verblendung mental oder spirituell.«

Ihre Wahrnehmung diktiert Ihre Schwingung und Ihre Schwingung diktiert, ob Sie durch den Ring gehen oder weiterhin in ihm gefangen bleiben. Die Realität und Selbstidentität des Geistes wird als Frequenzfeld manifestiert. Deshalb ist es so wichtig, vor dem Tod Ihres Körpers einen Zustand der Selbstverwirklichung zu erreichen, in dem Sie

Abb. 126. Die Frequenzbarriere, die das Bewusstsein daran hindert, dem Reinkarnationszyklus zu entkommen, bis Ihre Schwingung hoch genug ist. (Bild: Neil Hague)

sich nicht nur gedanklich vorstellen, dass Sie das Unendliche Bewusstsein sind, sondern es auch *leben* und zu ihm *werden*. Selbst dann ist alles noch Illusion. Das Frequenz-»Netz«, das den Ausgang aus der Simulation »bewacht«, ist lediglich ein Code, den der Verstand dekodieren muss. Wenn wir uns gegen die Dekodierung entscheiden, gibt es kein »Netz«, keine Grenze oder Begrenzung. Das ist die Ironie dabei: dass es keinen »Ring der Verblendung« gibt, wenn der Verstand frei von Illusion ist und aufhört, die Illusion zu dekodieren. Nur wenn Sie auf der Illusionsfrequenz arbeiten, dekodieren Sie diese zur scheinbaren Realität. Ist das nicht der Fall, existiert diese Realität für Sie nicht. Das ist der Hintergrund des Kreises oder der Grenzen, »innerhalb derer sich das Bewusstsein derjenigen befindet, die noch unter der Herrschaft der Illusion des Getrenntseins stehen«. Der Wahn des Getrenntseins stellt die Frequenz dar, die den »Ring-Pass-Not« der Verblendung dekodiert. Ursache und Wirkung. Was wir nicht dekodieren, kann in unserer Realität nicht existieren. Existiert eine Mauer, wenn sie nicht zur scheinbaren »physischen Realität« dekodiert wird? Nein. Wenn ich gehe, werde ich nicht an eine Grenze oder eine Beschränkung glauben. Ich bin dann einfach nicht mehr hier. Wenn das meine Realität ist, wird es auch so sein. Die Simulation in all ihren Formen dient der Versklavung durch Konzepte der Versklavung. Glauben Sie nicht an die Konzepte oder das Gefühl der Begrenztheit. Sie sind *Alles Was Ist, Je War und Je Sein Kann*. Leben Sie es und Sie werden genau das sein, was Sie glauben zu sein, und sich von den Täuschungen befreien, die Sie in der Frequenz-Sklaverei halten.

Ich weiß, dass dies alles sehr tiefgründig ist, und viele, die mir bis hierher gefolgt sind, werden vor einigen dieser Konzepte zurückschrecken. Alles, was ich dazu sagen kann, ist, dass die Informationen aus denselben synchronistischen Quellen stammen, die sich auch bei anderen Themen und Ereignissen als so präzise erwiesen haben, dass sie mich zu immer neuen Erkenntnissen führen, bis sich der Nebel lichtet und die eigentliche Realität sichtbar wird. Ich habe dieses Buch nicht geschrieben, um jemandem zu sagen, was er denken und glauben soll. Damit würde ich das Ziel verfehlen. Schließlich geht es immer darum, dass die Menschen für sich selbst denken – *wissen* – und nicht irgendjemandem blind folgen, ohne seine Meinung zu hinterfragen.

Denken Sie eine Weile über die Informationen nach und entscheiden Sie dann. Sie müssen der Herr über Ihre Wahrnehmung sein, nicht ich oder sonst jemand. Ich habe in den letzten fünf Kapiteln das Wesen des Kultes, der Realität und der Simulation beschrieben. Jetzt wenden wir uns der Frage zu, wer oder was hinter alledem steckt.

Kapitel 9

Die »Götter« der Matrix

Alle Götter, denen gehuldigt wird, sind grausam. Alle Götter verbreiten Leiden ohne Grund. Sonst würden sie nicht verehrt werden.

ZORA NEALE HURSTON (1891-1960)

Okay, was ist das also für eine »nichtmenschliche Macht« hinter der Simulation? Die Beschäftigung mit dieser Frage hat mir auf der ganzen Welt Hohn und Spott eingebracht (gähn). Daran bin ich gewöhnt und habe schon vor langer Zeit eine natürliche Immunität dagegen entwickelt. Wenn die Menschen nicht alle Möglichkeiten für den Grund des Weltgeschehens ausloten wollen, ist das ihre Entscheidung. Ich *tue* es – das ist *meine* Entscheidung – und ich werde mich nicht dafür entschuldigen.

Einer der häufigen Glitche in der Matrix scheint darin zu bestehen, dass viele Menschen, wenn sie die Kindheit verlassen und erwachsen werden sollen, irgendwie im System hängen bleiben wie eine Schallplatte ... *bilup, bilup, bilup* ... und während ihr Körper erwachsen wird, tut dies ihr Geist nicht. Aus langjähriger Erfahrung kann ich Ihnen sagen, dass es immer die Dümmsten und Lächerlichsten sind, die sich über andere lustig machen, weil sie selbst dumm und lächerlich sind. Er sagt, dass Eidechsen die Welt regieren, hahahaha! Nun, wollt ihr damit sagen, dass das Leben, wie wir es kennen, nur menschliche Form annehmen kann? Oder dass es nur auf diesem einen winzigen Planeten innerhalb der gesamten unendlichen Realität vorkommen kann? Also, die Antwort dieser Leute scheint »ja« zu lauten. Glauben Sie, dass, da wir nur ein winziges Frequenzband auf diesem winzigen Planeten »sehen« können, andere Lebensformen nur in dem für den Menschen sichtbaren Bereich existieren könnten und nicht auch in der grenzenlosen Unendlichkeit jenseits des lächerlichen Frequenzbandes, das der Mensch visuell wahrnehmen kann? Jeder, der darauf mit »nein« antwortet, ist ein Idiot, und von Idioten verspottet zu werden, ist wie von einem toten Schaf angefallen zu werden. Von Idioten lächerlich gemacht zu werden, ist in der Tat sogar eine wichtige Bestätigung dafür, dass Sie selbst keiner sind. »Ich glaube, Sie sind verrückt!« Ja, vielen Dank dafür, das weiß ich zu schätzen. Für einen Moment hatte ich schon befürchtet, Sie würden sagen, dass ich *nicht* verrückt bin. Puh! Man schüttelt den Kopf, geht weiter – und wir machen jetzt weiter für die Intelligenten. Wenn Sie von einer Welt voller Verrückter nicht für verrückt gehalten werden, dann müssen auch Sie verrückt sein. Die gute Nachricht ist, dass sich immer mehr Menschen für die Möglichkeit einer nichtmenschlichen Kraft hinter den menschlichen Angelegenheiten öffnen, zumal die sich summierende globale Agenda des Kultes so eindeutig menschenfeindlich ist.

Anfang der 1990er Jahre zeigte mir die Synchronizität meines Lebens in überwältigender Weise die »menschliche« Ebene der globalen Manipulation und Kontrolle und dass diejenigen, die an der Macht zu sein scheinen, lediglich Spielfiguren und Werkzeuge eines verborgenen Netzwerks sind. Ich verfolgte dieses Netzwerk von seiner heutigen globalen Reichweite über das Britische Empire, das Römische Reich und weiter nach Ägypten, Babylon und Sumer zurück, wobei die beiden letzteren im heutigen Irak liegen. Eingeweihte des Netzwerks kamen und gingen von Generation zu Generation und in unserer Wahrnehmung von Jahrhundert zu Jahrhundert. Es war offensichtlich, dass es eine organisierende Kraft oder ein Feld geben musste, das sich über diese ganze wahrgenommene Zeitspanne erstreckte, um das Kommen und Gehen in eine bestimmte Richtung zu lenken, die schließlich zu einer Massenkontrolle der Menschen führen würde. Mit der aktuellen Agenda, den menschlichen Geist mit KI und Technologie zu verschmelzen, stehen wir jetzt genau an diesem Punkt. Ich habe mich auf die Suche nach Informationen über diese organisierende Kraft gemacht, oder besser gesagt, angesichts der Synchronizität, die mein Leben bestimmt, haben sie sich auf die Suche nach mir gemacht, und zwar in Form von Informationen, die mir zugespielt wurden. Ich sah zuerst das gemeinsame Thema in alten kulturellen Glaubensvorstellungen und Berichten über eine verborgene Hand, die die menschlichen Gesellschaften manipuliert, und ich bemerkte, wie oft diese in Form von Reptilien beschrieben wurde. Ich lernte den Zulu-Schamanen Credo Mutwa kennen, der ein enger Freund wurde und mir ausführlich und detailliert die Geschichten der Chitauri, der »Verwüster« oder Kinder der Schlange, erzählte (siehe Abbildung 127). Er beschrieb, wie eine Reptilienrasse, die aus dem Unsichtbaren heraus operiert, hinter dem Leid, den Kämpfen und Übeln der Menschen steckt, im Bunde mit einer untergeordneten Gruppe, die wir als die Greys kennen (siehe Abbildung 128). Es gibt ein sechsstündiges Interview auf der Ickonic-Medienplattform, das ich Ende der 1990er Jahre mit Credo geführt habe, und eine ausgezeichnete Ickonic-Dokumentation von Christianne van Wijk, *Divine Intervention* (»Göttlicher Eingriff«),

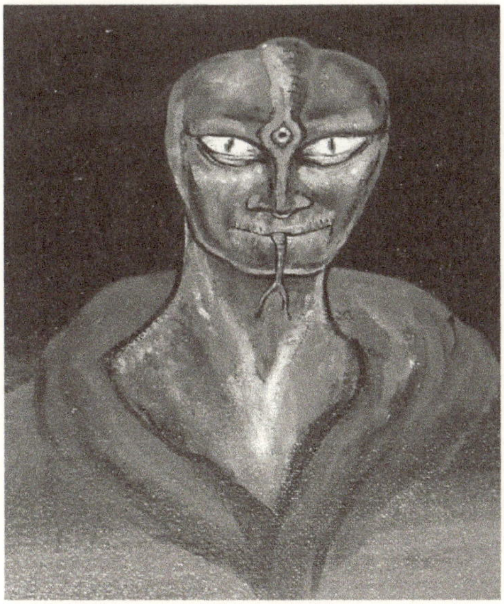

Abb. 127. Credo Mutwas Gemälde der reptiloiden »Arbeiterklasse« aus antiken und modernen Beschreibungen.

Abb. 128. Der klassische »graue« Außerirdische, der in unzähligen antiken und modernen Berichten beschrieben wird.

an der ich mitgewirkt habe und die dieses Thema ausführlich behandelt – beides auf Englisch. Credo schilderte mir die Hintergründe der Chitauri und gab auch sein persönliches Wissen und seine Erfahrungen mit den Greys an mich weiter – aus der Zeit, in der er nach eigenen Angaben von ihnen entführt wurde.

Reptiloide überall (dabei gibt es sie doch gar nicht!)

Die gnostischen Nag-Hammadi-Texte von vor etwa 1.600 Jahren beschreiben die Archonten als formlose Energie oder Bewusstsein. In den Texten heißt es, dass sie, wenn sie Gestalt annahmen, meist schlangenförmig waren und wie »ein ungeborenes Baby oder ein Fötus mit grauer Haut und dunklen, unbeweglichen Augen« aussahen. Es ist ziemlich offensichtlich, was damit beschrieben wird. Auf meinen vielen monatelangen Reisen durch die Vereinigten Staaten habe ich mich mit Insidern des Militärs und des Geheimdienstes getroffen, die mir immer wieder dieselbe Geschichte über die Kontrolle durch die Reptiloiden erzählten. Diejenigen, die behaupteten, von »Außerirdischen« entführt und kontaktiert worden zu sein, erzählen dabei sehr oft eine ähnliche Geschichte. Wenn ein Schamane aus seiner persönlichen Erfahrung und der Historie der

Zulus beschreibt, was Ihnen Militär und Geheimdienste auf der anderen Seite der Welt erzählen, wäre es lächerlich, dies nicht ernst zu nehmen und weiter zu untersuchen. Zur gleichen Zeit traf ich immer mehr Menschen in Amerika, Kanada, Großbritannien, Europa und Australien, die mir dieselbe wiederkehrende Geschichte erzählten: Sie sahen jemanden, der wie ein Mensch aussah und sich vor ihren Augen in einen Reptiloiden verwandelte. Es waren schließlich so viele, dass es verrückt gewesen wäre, sie zu ignorieren. Ja, ich wusste, dass ich mich gnadenlos lächerlich machen würde, wenn ich ihre Geschichten erzählte. Aber wen kümmert das schon? Ich bin auf der Suche nach der Wahrheit, *wie auch immer die aussieht*. Und dieses »Gestaltwandeln« lässt sich leicht erklären, was ich etwas später noch tun werde.

Die verborgenen Manipulatoren sind unter verschiedenen Namen auf der ganzen Welt zu finden: Schlangengötter (Ferner Osten, Mittelamerika, Afrika), Chitauri (Zulu), Anunnaki (Sumer), Schlangenbrüder (Hopi), Sternmenschen (verschiedene), Dämonen (Christentum), Archonten (Gnostiker), Dschinn (Islam und vorislamisches Arabien) und Flieger oder Raubtiere (Mittelamerika). Zu den vielen anderen Bezeichnungen gehören Watchers, Shining Ones, Gefallene Engel und bei den Hopi-Indianern Arizonas »Ameisenmenschen«, was sich wie eine recht gute Beschreibung der Greys anhört. Die gemeinsamen Themen in den Techniken, Zielen und Beschreibungen der Manipulatoren sind äußerst überzeugend. Ein muslimischer Taxifahrer in New York fragte mich einmal, woran ich arbeite, und zu der Zeit recherchierte ich gerade gnostische Texte über Archonten. Als ich ihm erzählte, wie Archonten beschrieben wurden, sagte er: »Das klingt genau wie die Dschinn.« Die Gnostiker sagen, dass Archonten aus »leuchtendem Feuer« bestehen, während der Islam von den Dschinn als »rauchloses Feuer« spricht. Ich bin dafür bekannt, dass ich die Reptiloiden hervorhebe, obwohl es in Wirklichkeit viele verschiedene Arten von nichtmenschlichen Wesen gibt, die sich in der Vierten Dimension befinden und in die Simulation eintreten können. Es existieren unzählige Beschreibungen und Berichte über solche anderen nichtmenschlichen Wesen, einschließlich Reptiloiden, die auf der 3D-Erde leben; siehe hierzu meine anderen Bücher. Das Volk der Hopi hat viele Legenden über eine Reptiloiden-Rasse, die sie ihre »Schlangenbrüder« nennen und die in Katakomben unter der Erdoberfläche im Südwesten Amerikas und in Mexiko leben. Der Bergbauingenieur G. Warren Shufelt glaubte, unter Los Angeles welche gefunden zu haben und grub mehrere Jahre lang, bevor die Geschichte in den Medien auftauchte und der Betrieb – wen wundert es – eingestellt wurde.

Ein anderer ET-Typ ist wiederum sehr menschenähnlich und in der UFO-Forschungsgemeinschaft und bei denjenigen, die behaupten, ihnen begegnet zu sein, als die blondhaarigen, blauäugigen »Nordischen« bekannt. Credo Mutwa erzählte mir, dass die Zulus die »Nordischen« als »Mzungu« bezeichnen, die nach Belieben »erscheinen und verschwinden« können – also in die menschliche Sichtfrequenz eintreten und dann wieder gehen. Er sagte mir, dass die weißen Europäer, als sie in Südafrika ankamen, am Anfang mit den zurückkehrenden Mzungu verwechselt wurden (siehe Abbildung 129). Unzählige Menschen haben behauptet, von »Außerirdischen« entführt worden zu sein, wobei die Greys und die Reptiloiden bei den beschriebenen Spezies am stärksten vertreten sind. Oft geht es dabei um die Entnahme von Sperma und Eiern für ein Programm zur genetischen Verschmelzung von Menschen und Nichtmenschen zu Hybriden. Durch die Weltsimulation erklärt sich auch, wie Raumschiffe die scheinbar unermesslichen Entfernungen und den Raum überwinden können, um hierher zu gelangen. Es gibt keine riesigen Entfernungen und keinen riesigen Raum und somit auch nichts zu »überqueren«, nichts zu »erreichen«. Warum benutzen wir Menschen »physische« Transportmittel, um »physische« Entfernungen zu überwinden? Was Sie glauben, nehmen Sie wahr, und was Sie wahrnehmen, erleben Sie.

Abb. 129. Credo Mutwas Darstellung eines »Mzungu«. Der Text im Bild lautet: »Lange, lange bevor die Afrikaner auf die Weißen aus Europa trafen, begegneten sie einer Rasse von goldhaarigen und blauäugigen Außerirdischen aus dem Weltraum, einer Rasse, der die Afrikaner den Namen Mzungu gaben. Als die Afrikaner schließlich Europäer sahen, übertrugen sie diesen Namen auf sie. Die Mzungu haben eine mystische Silberkugel bei sich, mit der sie nach Belieben erscheinen und verschwinden können.«

Viele Insider haben mir erzählt, dass das amerikanische Militär über »Fliegende Untertassen« (sogenannte »Antischwerkraft«-Schiffe) verfügt und nicht alle UFOs nichtmenschlichen Ursprungs sind. Sie sagen, die echten »Alien-Raumschiffe« seien Ausdruck des Bewusstseins und nicht »physischer« Natur. Das muss wahr sein, wenn es nichts Physisches gibt, sondern nur die Illusion davon.

In den Jahrzehnten, in denen ich mich mit dem Thema beschäftigt habe, haben die Regierungen die Existenz von »Außerirdischen« und UFOs gegenüber der Öffentlichkeit immer bestritten. Vor allem seit der Jahrtausendwende 2021 hat sich das jedoch dramatisch geändert, denn das US-Militär hat Aufnahmen von Piloten der Air Force veröffentlicht, die UFOs zeigen, welche sich mit Geschwindigkeiten bewegen und dabei Richtungsänderungen vornehmen, die nach den bekannten Gesetzen der Physik unmöglich sind. Aber wenn sie von einem Verstand gesteuert werden, dem die Simulationsillusion bewusst ist, gelten diese Gesetze nicht. Die Frage stellt sich, warum das Militär offener geworden ist. Ich schreibe seit den 1990er Jahren über einen von dem kanadischen Enthüllungsjournalisten Serge Monast (1945-1996) aufgedeckten Plan namens Projekt Bluebeam, der darauf abzielt, in der Öffentlichkeit eine außerirdische Invasion vorzutäuschen, um die Verschmelzung der globalen Regierungsmacht und des Militärs zu einem Militärstaat zu rechtfertigen. Die Idee ist, holografische Projektionen zu verwenden, um die Illusion zu inszenieren, und zweifellos auch menschliche »UFO«-Schiffe. Wir müssen diesbezüglich ständig wachsam sein und ironischerweise kommen die »Aliens« nicht – sie sind schon da. Sie haben den Ort hier ja »gebaut«.

Drinnen und draußen – dieselbe Geschichte

Der verstorbene William Mills Tompkins, ein amerikanischer Luft- und Raumfahrtingenieur, sagte 2017, dass er die Erlaubnis erhalten habe, einige seiner Erfahrungen mit Reptiloiden in der U.S. Navy zu veröffentlichen. Er schrieb ein Buch mit dem Titel *Auserwählt von Außerirdischen: Mein Leben in der streng geheimen Welt von UFOs, Think Tanks und Nordischen Sekretärinnen.* Darin beschreibt er, wie die menschenähnlichen »Nordischen« daran arbeiteten, die Kontrolle der Reptiloiden über die menschliche Realität zu bekämpfen. Tompkins behauptet, während des Zweiten Weltkriegs mit amerikanischen Navy-Spionen zusammengearbeitet zu haben, um den Nazis, die seiner Meinung nach mit den Reptiloiden zusammenarbeiteten, Geheimnisse über die Technologie der Fliegenden Untertassen zu entlocken. Er sagte, dass diese »Geheimnisse« an amerikanische Militär- und Raumfahrtkonzerne wie Lockheed, Douglas und

Northrop Grumman weitergegeben wurden. Sie arbeiteten mit dem California Institute of Technology (Caltech) zusammen, um Fliegende Untertassen herzustellen, von denen Tompkins wusste, dass sie zumindest vom amerikanischen und deutschen Militär geflogen wurden. Tompkins schrieb 2017 auch, dass der Mond künstlich ist und eine reptiloide Kommandozentrale in unserer Realität bildet – mit Strukturen auf der erdabgewandten Seite, die wir nie zu sehen bekommen. Dass der Mond künstlich ist, habe ich bereits in meinem Buch *Der Löwe erwacht* aus dem Jahr 2010 aufgedeckt. Der Mond ist ein holografisches Konstrukt, das als Basis der Reptiloiden in die Simulation eingefügt wurde, um die Schwingung und den Hormonhaushalt der Menschen sowie die Instabilität der Erdrotation massiv zu beeinflussen. Sobald Sie erkennen, dass wir es mit einer Simulation zu tun haben, beantwortet sich die Frage, wie ein Körper von der Größe des Mondes konstruiert werden konnte, von selbst. Er wurde nicht im Sinne einer physischen Konstruktion erschaffen. Es handelt sich um ein Datenfeld, das der Simulation hinzugefügt wurde, damit der Beobachter es aus der Holografie zu dem dekodieren kann, was wir als Mond zu sehen glauben.

William Tompkins bezog sich auf die »Draco« (lateinisch für Drache), »Drakonier« oder »Reptiloiden«, die ich seit den 1990er Jahren in meinen Büchern ausführlich beschrieben habe, insbesondere in *Children of the Matrix* von 2001. Sie und die Greys werden von denjenigen, die sie erlebt haben, stets als bösartig, emotionslos und ohne Empathie beschrieben, zusammen mit allen anderen Merkmalen von Psychopathen (obwohl nicht alle Reptiloiden und Greys so sind, genauso wie nicht alle Menschen wie Bill Gates und Klaus Schwab sind). »Drakonisch« ist wirklich das richtige Wort für diese geschuppten Psychopathen und ihre Einstellungen werden durch den psychopathischen globalen Kult verkörpert und durch die Tyrannen, die er in politische und andere Machtpositionen bringt. »Es gibt Drako-Reptiloide, die die Regierungen aller Länder der Erde leiten«, sagte Tompkins, und sie können zwischen menschlicher und reptiloider Form wechseln. Ich kenne jemanden, der das vor langer Zeit schon einmal gesagt hat und dafür Spott, Hohn und Beschimpfungen einstecken musste. Hat inzwischen nachgelassen. Reptiloide und Greys funktionieren wie ein Bienen- oder Ameisenvolk als Schwarmbewusstsein. Der bevorstehende Plan, das menschliche Gehirn mit der KI zu verbinden, zielt darauf ab, das menschliche Bewusstsein in den Schwarm zu assimilieren. Ich schreibe schon lange darüber, und jetzt haben wir es mit Kult-Agenten zu tun, die sogar offen für eine Verbindung von Mensch und KI werben, um genau das zu erreichen.

Die Themen der reptiloiden Manipulation und der künstlichen Natur des Mondes sind weitaus verbreiteter, als sich die Menschen vorstellen, die ihre Informationen nur aus Mainstream-Quellen beziehen. Ich wurde vor vielen Jahren auf einen Artikel in der Zeitschrift *Nexus* aufmerksam gemacht, in dem ein »Whistleblower« ein interdimensionales Experiment namens »CHANI Project« beschrieb, kurz für Channelled Holografic Access Network Interface (Schnittstelle für den gechannelten Zugang zum holografischen Netzwerk). Es handelte sich dabei um eine geheime Operation in Afrika, die 1994 begann und fünf Jahre lang lief. Der Informant sagte, dass CHANI eine sehr umfangreiche Kommunikation über eine Computerschnittstelle mit einer Entität in einer anderen Realität ermöglichte. Der Quelle zufolge behauptete die Entität, der Mond sei künstlich und manipuliere die Menschen durch die Kontrolle von »Zeit« und Stimmung und durch Unterdrückung des Bewusstseins. Der Mond sei von der »Alten Rasse« erobert worden und neben der Erde platziert worden. Rein physikalisch gesehen kann ein so großer Körper unmöglich einen so kleinen Planeten umkreisen. Credo Mutwa erzählte mir, dass der Mond einer Zulu-Legende nach von den Chitauri-Reptiloiden dorthin »gefahren« wurde, wo er sich jetzt befindet, und dabei große Umwälzungen herbeigeführt habe durch seinen Einfluss auf das Energiefeld und die Stabilität der Erde. Es gibt Stammesvölker, die sagen, dass ihre Stämme bis in die Zeit zurückreichen, als der Mond noch nicht am Himmel stand. Ich schreibe ausführlich über den Mond und den Saturn und ihre Verbindung in *Alles, was Sie wissen sollten, Ihnen aber nie jemand erzählt hat*. Die Region der Simulation, die wir das Sternbild Orion nennen, ist ebenfalls ein wichtiger Teil der Geschichte und wird in vielen alten Artefakten und Überresten symbolisiert. Orion ist – wie alles in 3D – eine simulierte Projektion aus einer vierdimensionalen Quelle. Ich kann Ihnen die Bücher meines Freundes Neil Hague empfehlen, der sich auf die Erforschung des Orion spezialisiert hat.

Die CHANI-Entität soll über die Kontrolle der Menschheit durch eine Reptiloiden-Gruppe gesprochen haben. Die Kommunikation besagte, dass eine Reptiloiden-Rasse die Menschen an ihrer Entwicklung hindere. Die Rasse der Entität hatte in ihrer eigenen Realität schon viele Schlachten mit dieser Reptilienrasse geschlagen; die Menschen waren früher weiter entwickelt als die Reptilien, aber sie unterdrückten die Menschen durch ihre Technologie: »Ihr Gott ist ihre Technologie.« Schau an – *Technologie*. Das ist immer der rote Faden bei meinen Nachforschungen über die Geschichte der Reptiloiden gewesen. Sie sind in Technologien vernarrt und nutzen sie als Mittel zur Kontrolle. Ich beschreibe ja auch in diesem Buch eine technologisch erzeugte Simulation, hinter der meiner Meinung nach die Reptiloiden stecken, zumindest zu einem großen Teil, und für uns Menschen wird die Welt jetzt vor unseren Augen von der KI-Technologie übernommen. Ist das wirklich ein »Zufall«? Ist es außerdem ein »Zufall«, dass die globale Agenda, die der Kult verfolgt, so offensichtlich menschenfeindlich ist? Es lohnt sich auch, die Frage zu stellen, warum Klaus Schwab jede wache Stunde damit verbringt, den menschenfeindlichen »Großen Neustart« zu planen, obwohl er bereits 84 Jahre alt ist? Warum befasst sich George Soros mit 92 Jahren noch damit? Henry Kissinger mit 99? Warum arbeitete David Rockefeller nach wie vor auf das gleiche Ziel hin, als er 100 Jahre alt wurde? Die Antwort ist, dass für sie ein »menschliches« Leben nur ein Teil des größeren Ganzen im Rahmen der nichtmenschlichen Spezies ist, die sie repräsentieren. Sie sind gekommen, um eine Aufgabe für diese Spezies zu erfüllen, bevor sie an die nächste Welle übergeben werden, und so bilden 24 oder 84, 39 oder 99 Jahre keinen Unterschied. Sie machen einfach weiter, bis ihr Körper aufgibt.

Die Monroe-Doktrin

Während ich dieses Kapitel schrieb, stieß ich auf einen faszinierenden Artikel über den verstorbenen Robert Monroe (1915-1995), der sich auf die Reptiloiden bezog (wieder eine Synchronizität). Monroe war ein Programmdirektor beim Rundfunk, der für seine Erforschung von Techniken bekannt wurde, die das Bewusstsein dazu bringen, den Körper zu »verlassen« und andere Realitäten zu erleben. Der besagte Artikel wurde auf der Website *Down the Chupacabra Hole* veröffentlicht. Ein Chupacabra ist eine »legendäre Kreatur in der Folklore von Teilen Amerikas«. Robert Monroe machte 1971 mit der Veröffentlichung seines Buches *Der zweite Körper: Astral- und Seelenreisen* den Begriff »außerkörperliche Erfahrung« populär. Ich würde sagen, es handelt sich um die Wahrnehmung des Geistes, den Körper zu verlassen, denn der Geist war nie im Körper, außer in der Wahrnehmung. Monroe arbeitete mit Psychologen, Psychiatern, Ärzten, Biochemikern und Elektroingenieuren zusammen, als er die Hemisphärische Synchronisation oder Hemi-Sync entwickelte, welche die beiden Gehirnhälften harmonisiert. Das war für mich interessant, nachdem ich in den letzten Jahrzehnten so viel darüber geschrieben habe, dass die Manipulation der menschlichen Wahrnehmung darauf abzielt, die Gehirnhälften zu trennen und insbesondere die Wahrnehmung in der linken Gehirnhälfte zu fixieren. Diese ist auf das Dekodieren und Wahrnehmen des Reichs der fünf Sinne spezialisiert (siehe Abbildung 130). Die linke Gehirnhälfte befasst sich mit Sprache, Zahlen, linearem Denken, Logik (oder der Illusion davon), betrachtet alles als getrennt (sieht nur Punkte) und ordnet Ereignisse in eine Reihenfolge ein (die Illusion von »Zeit«). Die linke Gehirnhälfte sieht das kleine Bild der Begrenzung und Trennung. Dies alles bezieht sich auf die wahrgenommene menschliche »physische« Realität und die Wahrnehmungen der fünf Sinne. Die rechte Gehirnhälfte dekodiert

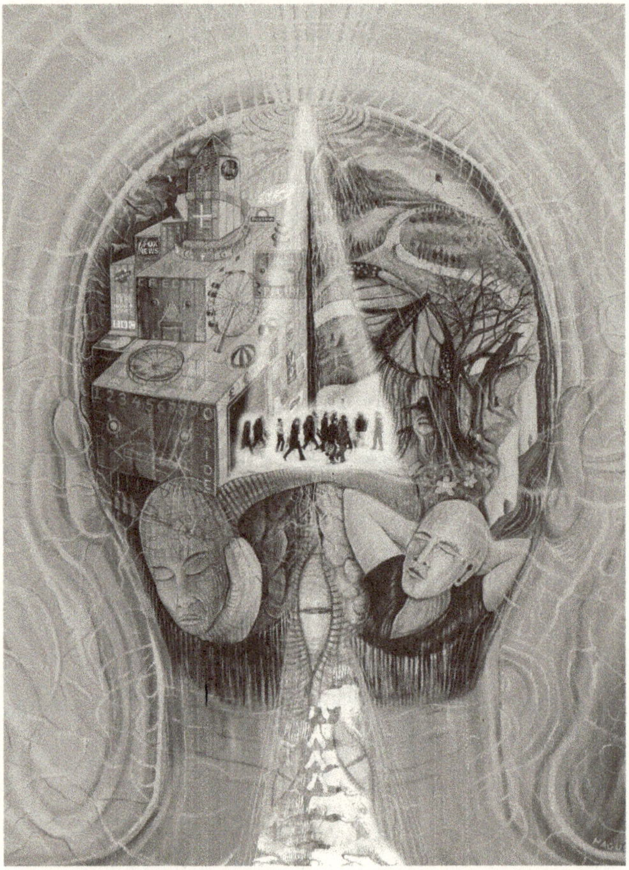

Abb. 130. Der Kult versucht, die menschliche Wahrnehmung in der linken Gehirnhälfte zu fixieren, und bewacht die Tür unter Zuhilfenahme von Lehrern, Akademikern, Wissenschaftlern, Ärzten und anderen, um den Einfluss der rechten Gehirnhälfte zu verhindern. Das ist der Grund, warum Fächer für die rechte Gehirnhälfte, wie etwa Kunst, in der heutigen Bildungslandschaft so wenig Beachtung und Finanzierung finden. Ganzhirnige Menschen sind das Letzte, was der Kult will.

Kreativität, Vorstellungsvermögen, Intuition, sieht den Wald und nicht die einzelnen Bäume (verbindet Punkte zu Mustern) und versucht, alle Ereignisse in ihren Kontext zu stellen. Die rechte Gehirnhälfte sieht das große Bild der unendlichen Einheit.

Wir sollten eigentlich mit beiden Seiten des Gehirns arbeiten, doch stattdessen versuchen der Kult und seine nichtmenschlichen Meister, die Aufmerksamkeit auf die linke Seite zu lenken. Da der Verstand die Realität ja durch den Körper wahrnimmt, erfährt der Verstand das, was der Körper erlebt, als Realität. Deshalb ist das »Bildungssystem« nahezu ausschließlich auf die linke Gehirnhälfte ausgerichtet und verschließt der rechten Gehirnhälfte die Tür zur Erkenntnis. Robert Monroe hat gesehen, was geschieht, wenn die beiden Gehirnhälften zusammengeführt werden, wie es seine Hemi-Sync-Audiotechnologie vorsieht. Die Wirkung auf die Teilnehmer wurde von unabhängigen klinischen Neurologen überwacht, die die Ergebnisse an den Veränderungen auf EEG-Scans sehen konnten. Beide Gehirnhälften wiesen die gleichen Amplituden- und Frequenzwerte auf und die Wirkung erleichterte außerkörperliche Erfahrungen. Die CIA wurde 1978 auf das Konzept aufmerksam. Während das Establishment und der Deep

State das »Paranormale« in der Öffentlichkeit abtun, wissen sie sehr wohl, dass solche Erfahrungen real sind und andere Realitäten existieren. Die CIA und das Militär baten Monroe deshalb, mit ihnen zusammenzuarbeiten. Der genannte Artikel beschreibt, wie »Experimente Portale zu anderen Dimensionen öffneten, in denen Reptiloide leben«, und zwar in einem Projekt mit dem Namen Gateway Process. Es ist sehr wahrscheinlich, dass dieses Projekt auch heute noch mit weitaus ausgefeilterer Technologie fortgesetzt wird. Aus freigegebenen Akten geht hervor, dass es sich um ein Programm handelt, das wie folgt beschrieben wird:

> »… ein Trainingssystem, das darauf abzielt, die Amplitude und Frequenz der Hirnströme zwischen der linken und der rechten Gehirnhälfte zu verstärken, zu fokussieren und kohärent zu machen, um das Bewusstsein zu verändern und es außerhalb der physischen Sphäre zu bewegen, so dass es schließlich sogar den Beschränkungen von Zeit und Raum entkommt.«

Das Projekt wurde von Lieutenant Colonel Wayne McDonnell geleitet, der erklärte, dass die Forscher festgestellt haben, dass wir in einem holografischen Universum leben und dass das Leben im Wachzustand eine projizierte elektromagnetische Matrix ist, wie ich es schon seit Jahren sage. Das Projekt entdeckte außerdem Reptiloide, die in der Vierten Dimension operieren und über die ich seit den 1990er Jahren schreibe. Robert Monroe hatte detailliert beschrieben, wie die Teilnehmer oft auf interdimensionale Wesenheiten und am häufigsten auf reptiloide Humanoide trafen, die sie als »die Alligatoren« bezeichneten. In dem Artikel hieß es, dass Monroe sie bereits von seinen eigenen außerkörperlichen Erfahrungen kannte:

> »Während zahlreicher Expeditionen beobachtete er die gleichen saurierartigen Kreaturen. Über fünfunddreißig Jahre lang sammelte der Erforscher feinstofflicher Welten Erkenntnisse über diese erstaunlichen Wesen. Hier ist, was er aufgedeckt hat: Diese tückischen Wirbeltiere haben die Menschheit seit Jahrtausenden kontrolliert und versklavt. Sie existieren und operieren in der vierten Dimension und sind nur für Menschen sichtbar, die über unser extrem begrenztes Spektrum des sichtbaren Lichts hinaus sehen können.«

Das ist genau das, was ich anhand meiner eigenen Quellen herausgefunden habe und seit 1996 sage und schreibe. Darüber hinaus behauptete Monroe, dass diese Reptiloiden sich von der spirituellen Lebenskraft der Menschheit ernähren, die er als »Loosh«

bezeichnete, und dass »negative/niedrige Schwingungsenergie für ihr Überleben unerlässlich ist«. Die menschliche Bevölkerung war für sie eine Energiequelle, die sie »bewirtschaften« und »ernten« konnten. All dies steht seit *Das Größte Geheimnis* aus dem Jahr 1998 in meinen Büchern.

Von der Antike bis in die Gegenwart – dieselbe Geschichte

Das Motiv der Reptiloiden findet sich in Religionen und Kulturen auf der ganzen Welt und Schlangen tauchen in vielen Schöpfungsgeschichten und Ursprungsmythen auf – Schöpfungsgeschichten der Simulation, sage ich. Die jüdische Religion hat ihre »Heilige Schlange« oder Leviathan (Ring der Verblendung) und die Bibel beschreibt den Teufel oder Satan im Buch der Offenbarung als Reptiloiden: »Und der große Drache wurde hinausgeworfen, die alte Schlange, genannt der Teufel und Satan, der die ganze Welt verführt. Er wurde auf die Erde hinausgeworfen, und seine Engel wurden mit ihm hinausgeworfen.« Damit sind wir wieder bei den Gefallenen Engeln – den Reptiloiden –, die »ausgestoßen« wurden, was dazu führte, dass das, was wir heute als »menschlichen« Verstand bezeichnen, dazu verleitet wurde, ihnen in die simulierte Illusionsfalle der Matrix zu folgen, die durch die Geschichte vom Garten Eden und den Trick mit der Schlange symbolisiert wird. Die Verehrung der Schlange findet sich in Ägypten, Persien, Kleinasien (heute Türkei), Phönizien, Arabien und dem Nahen Osten, Indien und Asien, China, Japan, Äthiopien und dem restlichen Afrika, Mexiko, Großbritannien, Skandinavien, Italien, Griechenland, Kreta, Rhodos, Zypern, Sri Lanka, Nord- und Westeuropa sowie Nord-, Süd- und Mittelamerika. Es gab eine weltweite Besessenheit von der Schlange und den Schlangengöttern und sie wurden immer mit dem »Sündenfall« in Verbindung gebracht. Jetzt können wir verstehen, warum. Reverend John Bathurst Deane veröffentlichte 1933 eine Studie über das universelle Reptiloiden-Thema mit dem Titel *The Worship of the Serpent* (»Die Anbetung der Schlange«) und stellte fest, dass sich die Geschichte von Eden mit ihrem Schlangenbösewicht wie ein roter Faden durch die ganze Welt zieht, ebenso wie die weit verbreitete Verehrung von Schlangengöttern. Dies war seine Schlussfolgerung:

> »Es scheint also, dass keine Nationen geografisch so abgelegen oder religiös so verschieden waren, dass nicht ein – und nur ein – abergläubisches Merkmal allen gemeinsam ist: dass die zivilisiertesten und die barbarischsten Völker sich mit der-

selben Hingabe vor derselben faszinierenden Gottheit verneigen und dass diese Gottheit entweder dieselbe heilige Schlange war oder von ihr repräsentiert wurde. Es scheint auch, dass in den meisten, wenn nicht allen zivilisierten Ländern, in denen diese Schlange verehrt wurde, irgendeine Fabel oder Tradition, die direkt oder indirekt mit ihrer Geschichte zu tun hatte, auf den Sündenfall im Paradies anspielte, an dem die Schlange beteiligt war.

Daraus folgt, dass der älteste Bericht über die Ursache und das Wesen dieser Verführung derjenige sein muss, von dem sich alle anderen ableiten, die die siegreiche Schlange darstellen – siegreich über den Menschen im Zustand der Unschuld und seine Seele der Sünde unterwerfend, bis hin zur jämmerlichsten Verehrung und Anbetung seiner selbst.«

Ich habe mich eingehend mit dem Glauben, den Legenden und den Berichten alter Kulturen auf der ganzen Welt beschäftigt, um die gemeinsamen Muster und Motive zu erforschen. Wenn wir eine Simulation und Massenmanipulation erleben, muss dies bereits in eine Zeit zurückreichen, die wir als Geschichte wahrnehmen, und tatsächlich habe ich diese universellen Themen einer nichtmenschlichen Kraft, die die Menschheit aus dem Unsichtbaren manipuliert, überall gefunden. Bei unzähligen Gelegenheiten gab es eine reptiloide Komponente sowohl in der Quelle der Kontrolle als auch in den Schöpfungsmythen, in denen symbolische Begriffe wie Schlangenvölker, sprechende Schlangen und der »Große Drache« vorkommen. Islamische Legenden besagen, dass ein als Iblis bekannter Dschinn, der Allah ungehorsam war, zum »Saytan« – dem christlichen Satan – wurde und aus dem Paradies vertrieben wurde. Es sind nicht so sehr die Unterschiede zwischen den religiösen und kulturellen Motiven, die einem hier auffallen, sondern die verblüffenden Ähnlichkeiten. Eine böse, manipulative Kraft, die »vertrieben« oder »im Abgrund versiegelt« wurde, ist sehr verbreitet und aus dieser Verbannung in eine Art Frequenz-Exil heraus startete die von Reptiloiden beherrschte Kraft ihren Plan, das Bewusstsein in einer Falle der Illusion zu fangen, um niedrigschwingende Energie zu erzeugen, von der sie sich ernähren und durch die sie sich ermächtigen kann. Noch einmal Morpheus in *Matrix* und seine Batterie. Er bezieht sich auf »Maschinen«, die die computergenerierte Traumwelt erschufen, um die menschliche Energie zu vampirisieren. Tauschen Sie die Maschinen gegen Reptiloide und andere nichtmenschliche Wesen aus, die eine Art KI-Maschine oder KI-Technologie verwenden, um die Simulationsprojektion im menschlichen Verstand zu erzeugen, und Sie sehen das große Ganze.

Die Reptiloiden können nur energetische Frequenzen aufnehmen, wenn diese Schwingungen sich mit den eigenen verbinden. Andernfalls haben sie keinen Empfang von uns, wie zwei Radiosender auf unterschiedlichen Wellenlängen. Es liegt in der Natur der Sache, dass die nichtmenschliche Kraft auf einer sehr langsamen, niedrigen Wellenlänge arbeitet, weil ihr Wesenszustand es nicht anders zulässt. Ein Geist, der nach Kontrolle strebt und massenhaftes Leid und Versklavung erzwingen will, kann unmöglich auf einer anderen als einer niedrigen Frequenz schwingen. Es stellt sich heraus, dass das Frequenzband dieser Kraft mit dem von niedrigschwingenden menschlichen Emotionen wie Furcht, Angst, Sorge, Depression, Groll und Hass übereinstimmt. Dies sind *niedrigere Frequenzen der vierten Dimension* und diese emotionalen Zustände nähren die Reptiloiden und stärken ihre Fähigkeit zur Kontrolle. Aus dieser Sicht wird deutlich, warum die menschliche Gesellschaft – die Simulation – so strukturiert ist, dass sie ein Maximum an Furcht, Angst, Sorgen, Depressionen, Groll, Hass und dergleichen erzeugt. Sehen Sie sich einmal die Emotionen und Ängste an, die durch das Aufsetzen eines Virtual-Reality-Headsets ausgelöst werden können. Das Prinzip ist dasselbe, nur die Technik unglaublich viel fortgeschrittener. Der Bewusstseinszustand der nichtmenschlichen Kraft ist *Angst*, worauf ich noch näher eingehen werde. Der globale Kult wird von Angst und Unsicherheit zerfressen bei dem Gedanken, dass der menschliche Verstand aus der Illusion erwachen und die Simulation zusammenbrechen könnte. Wir – ja, *wir* – halten die Simulation zusammen, indem wir glauben, dass sie real ist. Einfach ausgedrückt: Angst muss Angst erzeugen, um sich selbst zu ernähren, und die menschliche Gesellschaft ist so strukturiert, dass sie unbegrenzte Mengen an Angst produziert. Den Menschen wird ihre Angstschwingung förmlich »abgemolken«. Schauen Sie sich an, wie der Kult nahtlos an die Angst vor »Covid« anknüpfte mit der vor einer russischen Invasion und dann auch noch vor einem Atomkrieg.

Die Code-Linien der Eliten

Der menschliche Körper ist für das gesamte Wahrnehmungskontrollsystem entscheidend. Wir haben die Erfahrung, »im« Körper zu sein, weil der Körper ein Feld aus kodierten Informationen ist, wie eine Figur in einem Virtual-Reality-Spiel. Die Figur ist *Teil* des *Spiels* und nicht Teil derer, die das Spiel spielen. Ein Körper ist eine Informationsquelle, die von der Simulation in den Verstand eingespeist wird, und er kann Kopien von sich selbst erstellen, und zwar durch das, was wir als Fortpflanzung wahrnehmen, wenn zwei kodierte Softwareprogramme ihre Informationen miteinander verschmelzen, um ein Duplikat zu erstellen. Wo findet diese »Fortpflanzung« wirklich statt? In unserem *Geist*. Denken Sie daran, dass der Zyklus des Körpers, wie er vom Ei über das Baby zum Erwachsenen heranwächst, wie er dann altert und »stirbt«, nur auf der Kodierungsebene stattfindet. Die holografische Ebene ist lediglich der Verstand, der diese Codes »ausliest«. Krankheit ist entweder etwas, das in die Codes hineingeschrieben wurde, oder der Stress, der Frust und der Gemütszustand eines Geistes, der die Codes stört oder falsch interpretiert. Diese »Störung«, aus welcher Quelle sie auch kommt, muss sich auf das Hologramm auswirken, das eine Projektion der Codes ist. Wir nennen diesen disharmonischen Zustand »Krankheit«, obwohl es in Wirklichkeit eine Kodierungsstörung ist. Der Körper ist so kodiert, dass er die Realität nur in einem sehr begrenzten Rahmen wahrnimmt. Das sichtbare Licht hat eine so winzige Reichweite, weil die Codes es so wollen. Wenn man den Verstand mit einer möglichst kurzsichtigen Wahrnehmung täuschen will, möchte man dann, dass er einen winzigen Frequenzbereich »sieht« oder einen erweiterten? Die Gnostiker hatten Recht, als sie den Körper als eine Falle beschrieben. Er ist es. Eine Wahrnehmungsfalle für den Geist.

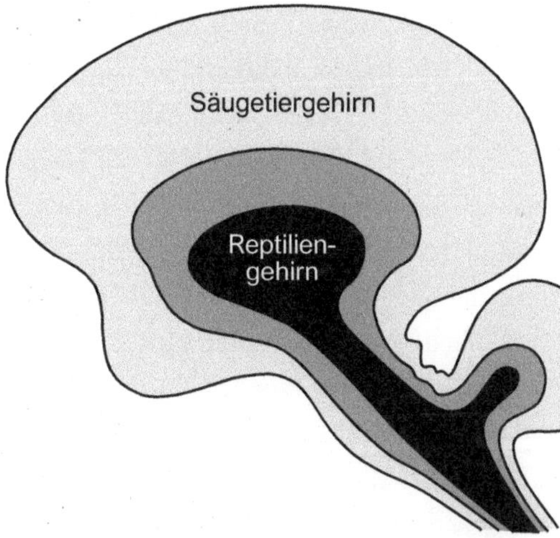

Abb. 131. Der reptilische Teil des Gehirns oder R-Komplex. Er wirkt sich auf viele menschliche Wahrnehmungen und Verhaltensweisen aus.

Das bringt mich zu den »Blutlinien« der Reptiloiden-Mensch-Hybride, die man besser als »Codelinien« dieser Hybride bezeichnen sollte. Das, was wir als »Blut« wahrnehmen, trägt die Codes, so wie es auch die energetischen Kraftlinien tun, die als Meridiane bekannt sind und auf denen die Akupunktur beruht. Die meisten Menschen haben keine Ahnung, dass der Körper und seine dekodierenden Prozesse ernsthaft von der Reptiloiden-Genetik (Wellenform-Codes) beeinflusst werden. Und doch ist es so! Es gibt eine Substanz, die wir als »Pheromon« kennen und von Tieren abgesondert und freigesetzt wird, um Mitglieder der gleichen Spezies zu erkennen, und die Pheromone von menschlichen Frauen und Leguanen stimmen chemisch überein. Außerdem gibt es einen wichtigen Teil des menschlichen Gehirns, der mit dem Stammhirn verbunden ist und mit dem Überlebensinstinkt zu tun hat. Er wird als Reptiliengehirn oder R-Komplex bezeichnet (siehe Abbildung 131) und scannt ständig und ängstlich die Umgebung nach Bedrohungen, nicht nur für das »physische« Überleben, sondern auch für das

Fortbestehen von Arbeit, Beziehungen, Einkommen, Status, Ansehen, für alles. Es ist der Teil des Gehirns, der die Reaktion auf Verkehrsrowdys auslöst. Der reptilische Teil denkt nicht, sondern reagiert, das heißt er wird aktiv, bevor der Teil des Gehirns, der die Gedanken verarbeitet, eingreifen und die Dinge beruhigen kann. Auf eine reptilische Hirnreaktion folgt oft die Frage: Was habe ich mir nur dabei gedacht? Die vorherrschende Emotion des Reptiliengehirns ist ANGST – das eigentliche reptiloide Vehikel zur Kontrolle des Menschen und ein »Hintertürchen«, um die Angstreaktion auszulösen. Dies wurde in den »Covid«-Jahren gnadenlos ausgenutzt. Der ständige Angstzustand des Reptiliengehirns und die Furcht, nicht zu überleben, werden vom Gehirn über den Vagusnerv an das Gefühlszentrum im Bauch weitergegeben. Wissenschaftler nennen dies die Darm-Hirn-Achse. Der Vagus ist der längste Hirnnerv im Körper und beeinflusst mehrere Organsysteme und Regionen, darunter die Zunge, den Rachen, das Herz und das Magen-Darm-System. Die Verbindung zwischen Reptiliengehirn, Vagus, Bauchchakra und Darm ist der Grund, warum Menschen Empfindungen im Darm haben, wenn sie ängstlich oder nervös sind. Zu den weiteren Merkmalen, die das Reptiliengehirn dekodiert, gehören zwanghaftes Verhalten, alltägliche Rituale und abergläubische Handlungen, sklavische Konformität mit alten Gewohnheiten, Ehrfurcht vor Präzedenzfällen, Kaltblütigkeit (kein Einfühlungsvermögen), der Wunsch nach Kontrolle, Macht, Besitz, »Territorialität« und der Glaube, dass der Stärkere Recht hat und der Gewinner alles bekommt. Schauen Sie mal, wie viele dieser Eigenschaften auf die Mitglieder der britischen Königsfamilie und andere Vertreter des Kults zutreffen.

Umgekehrte Züge des Reptiliengehirns können je nach Persönlichkeitstyp die Unterwerfung unter andere zur Steigerung der eigenen Sicherheit beinhalten, was das Reptiliengehirn zu einem potenziellen Vehikel für Kontrolle *und* Unterwerfung unter die Kontrolle macht. Das Reptiliengehirn steuert emotions- und angstbezogene Funktionen wie Herzfrequenz, Atmung, Körpertemperatur und Gleichgewicht. Es reagiert reflexartig, indem es sich anpasst. Deshalb ist die reptiloide Gesellschaft unglaublich hierarchisch und jede Ebene kennt ihren Platz. Dies hat sich auch in der menschlichen Rasse Ausdruck verschafft, immer dann, wenn die Reaktion des Reptiliengehirns ausgelöst wurde. Querdenken und unkonventionelles Verhalten sind nicht die Stärke des Reptiliengehirns. Der Kosmologe Carl Sagan (1934-1996) wies in seinem Buch *Die Drachen von Eden* auf die fundamentalen Auswirkungen hin, die unser reptilisches genetisches Erbe (Informationsmuster) auf das menschliche Verhalten hat. Er sagte, es wäre unklug, die reptiloide Komponente der menschlichen Natur zu ignorieren, denn »... das Modell kann uns helfen zu verstehen, worum es beim Menschen wirklich geht«. Sagan betonte das rituelle und hierarchische Verhalten, das mit dem Reptiliengehirn zusammenhängt. Die Reptiloiden und ihre Lakaien in der menschlichen Welt sind augenfällig von Ritualen besessen. Ich habe jahrzehntelang die satanischen Rituale und Opferungen aufgedeckt, die zum Leben im Kult gehören. Das gesamte Leben des britischen Königshauses wird von Ritualen bestimmt.

Die Reptiloiden haben den menschlichen Körper so kodiert, dass er nur den winzigen Bereich des sichtbaren Lichts »sieht«, aber sie wollten für sich und ihre Agenten in der Matrix Sim-Trägerkörper haben, die weit mehr »sehen« können, um sich einen eingebauten Wahrnehmungsvorteil gegenüber den »Menschen« in der simulierten Realität zu verschaffen. Zu diesem Zweck schufen sie Mensch-Reptiloid-Hybriden. Das uralte Motiv der besonderen Blutlinien, der »königlichen« Blutlinien und der »Blaublüter«, verweist auf Körper, die mit menschlichen Codes und darüber hinaus weitaus höheren Codes der Reptiloiden ausgestattet sind und eine breitere Palette an Sinneswahrnehmungen mit allen fünf Sinnen und darüber hinaus haben. Sie können »sehen«, was Menschen nicht »sehen« können, und haben eine starke Verbindung zu ihrer unteren vierdimensionalen Kontrollinstanz. Reptiloid-Mensch-Hybriden haben zwei Energiefelder, eines mit menschlichen Codes, das andere mit reptilischen. In der Bibel werden sie als »Söhne Gottes, die sich mit den Töchtern der Menschen gepaart haben«, *symbolisiert.* Das Wort »Gott« in diesem Satz bedeutet im Originaltext eigentlich »Götter« (Plural). Die hybriden Nachkommen der »Söhne der Götter« waren die biblischen Nephilim, die bis heute die Blutlinien hinter dem globalen Kult zur menschlichen Kontrolle sind. Die Gnostiker erzählen in den Nag-Hammadi-Texten eine ähnliche Geschichte wie die Bibel, ebenso wie zahlreiche andere Kulturen, darunter auch die Zulus in Südafrika. Credo Mutwa zeigte mir seine »Halskette der Mysterien«, die mindestens fünfhundert Jahre alt sein soll und die Kreuzung von menschlichen Frauen mit einer nichtmenschlichen Spezies – den »Chitauri«-Reptiloiden – darstellt (siehe Abbildung 132). Reptiloide Hybridlinien kreuzen sich untereinander, um zu verhindern,

Abb. 132: Menschliche Frau und nichtmenschlicher Mann auf Credo Mutwas Halskette der Mysterien, die die Kreuzung von Menschen und »Göttern« symbolisiert.

dass ihre Codes durch eine Verschmelzung mit menschlichen Codelinien verwässert werden. Die Gene hochzuhalten bedeutet in Wirklichkeit, die Codes hochzuhalten. Adelige und Aristokraten waren von jeher dafür bekannt, sich untereinander zu vermehren, und die Blutlinien tun dies heute noch in ihrer Dunkle-Anzüge-Tarnung. Sie haben vielleicht keine Krone mehr auf dem Kopf – eine »Corona« –, aber sie halten sich mit ihren erweiterten Codes immer noch für »königlich« und besonders.

»Königliche« Codes

Reptiloid-Mensch-hybride »Blutlinien« wurden als »königlich« ausgegeben, um sowohl ihre »Besonderheit« innerhalb der menschlichen Bevölkerung hervorzuheben als auch zu behaupten, dass diese »Besonderheit« ihnen das Recht gab, zu herrschen – das »göttliche Recht zu herrschen«. Das ist der Grund, warum Reptiloide, Schlangen und Schlangensymbolik so sehr mit »Königtum« assoziiert wurden. Die antike Zivilisation, die als »Meder« bekannt ist und im heutigen Iran und Teilen der Türkei beheimatet war, wurde ab etwa 678 vor Christus von der »Drachendynastie von Media« oder den »Nachkommen des Drachens« regiert. Die Könige waren als Mar, oder Schlange, bekannt. Die Kaiser in China, dem von Drachen besessenen Fernen Osten, beanspruchten ihr Recht auf Herrschaft aufgrund ihrer genetischen Abstammung von den »Schlangengöttern«. Das tun chinesische Staatsoberhäupter insgeheim immer noch. Nur das äußere Erscheinungsbild hat sich geändert, nicht das Spiel. China ist ein unglaublich reptiloides Land, weshalb es eine Hochburg des Kults ist, der auch von dort aus die globale Kontrolle anstrebt. Chinas Verehrung des Drachens seit der Antike spiegelt dies wider. In den indischen Epen wird das Volk der Nagas als reptiloid beschrieben. Es heißt, die Nagas hätten sich mit einer weißen Rasse gekreuzt, um eine reptiloide Kreuzung zu erzeugen, aus der die arischen Könige hervorgingen.

Das *Mahabharata*, ein altes Sanskrit-Werk und eine der wichtigsten Hindu-Schriften, beschreibt, wie ein Volk namens Mayas (Nagas unter einem anderen Namen) Asien verließ und sich in Mesopotamien, Ägypten und Griechenland niederließ. Eine Reptiloiden-Rasse namens Sarpa oder Große Drachen kam vom Himmel und brachte die Zivilisation in die Welt. Das *Buch Dzyan*, eine der ältesten Sanskrit-Schriften, beschreibt, wie Schlangengötter nach einer »großen Flut« zurückkehrten und die menschliche Gesellschaft unter ihrem Anführer, dem »Großen Drachen«, regierten. Nichtmenschliche »Götter«, die nach der Sintflut zurückkehrten, um zu herrschen, finden sich in sumerischen und babylonischen Berichten im Nahen Osten.

In Mittelamerika sagen die Maya im heutigen Mexiko, ihre Vorfahren gehörten zum »Volk der Schlange«. Die Maya verehrten die »Gefiederte Schlange« oder den »Gefiederten Schlangengott« Kukulkan, dessen Darstellung ich im Zentrum des Schlangenkultes in Chichen Itza in Yucatán, Mexiko, gesehen habe, als ich es in den späten 1990er Jahren besuchte (siehe Abbildung 133). Die in Chichen Itza entdeckten Texte aus dem neunten Jahrhundert beschreiben Kukulkan nicht in menschlicher Form und die künstlerischen Darstellungen zeigen diesen »Gott« als eine Schlange, die sich um Figuren von »Adligen« – »königlichen« oder »elitären« Hybriden – windet. Die Maya sagten, dass eine Reptiloiden-Rasse, bekannt als die »Leguan-Männer«, vom Himmel kam und sie lehrte, wie man Pyramiden baut. Es gibt viele Gemeinsamkeiten und ich habe schon vor langer Zeit in meinen Büchern gesagt, dass die Reptiloiden die Erbauer der Pyramiden waren, die es überall auf der Welt gibt, in Amerika, Europa, dem Nahen Osten und China. Die ersten Siedler in Yucatán waren die Chanes oder das »Volk der Schlange«, das den Mayas zufolge von dem Gott Itzamna angeführt wurde. Das Wort Itzamna soll sich von *itzem* (Eidechse oder Reptil) ableiten, was den Namen ihrer heiligen Stadt Itzamna zum »Ort der Eidechse« oder »Leguanhaus« machen würde. Die mittelamerikanischen Azteken verehrten den gefiederten Schlangengott Quetzalcoatl und diese Motive decken sich mit dem, was Credo Mutwa mir in Südafrika über die Chitauri erzählte.

Abb. 133. Der Schlangengott Kukulkan, symbolisch dargestellt in Chitchen Itza.

Die gleiche Geschichte, wo Sie auch hinschauen

Die Reptiloiden-Symbolik und ihre Assoziation mit dem »Königtum« findet sich in Europa auch bei den Kelten und ihrem Titel Pendragon, dem »Großen Drachen« oder Draco, und dem »König der Könige«, der in den Geschichten über »König Artus« und seinen Magier »Merlin« auftaucht. Die Kelten verehrten den Schlangengott

Abb. 134. Eine von vielen Reptiloiden-Figuren, die in Gräbern aus der Ubaid-Kultur im heutigen Irak gefunden wurden, Tausende von Jahren vor Sumer und Babylon.

Abb. 135. Eines der Reptilien, die am Eingang des vom Kult beherrschten Finanzviertels von London, der City, den Schild des Geheimbundes der Tempelritter halten.

unter dem Namen Hu, weshalb sich das englische Wort für Mensch, »Hu-man«, als »Schlangenmensch« lesen lässt. Reverend John Bathurst Deane beschreibt die Kelten und ihre druidische Priesterklasse in seinem Buch *The Worship of the Serpent* (»Die Anbetung der Schlange«) wie folgt:

> »Unsere britischen Vorfahren, die von den ehrwürdigen Druiden unterrichtet wurden, waren nicht nur Verehrer der Sonnengottheit, die durch die Schlange symbolisiert wurde, sondern hielten die Schlange auch unabhängig von ihrer Beziehung zur Sonne in besonderen Ehren. Abgeschnitten von jeglichem Kontakt mit der zivilisierten Welt, teils durch ihre Abgeschiedenheit, teils durch ihren nationalen Charakter, behielten die Briten ihren primitiven Götzendienst bei, lange nachdem er in den Nachbarländern den polytheistischen Verunreinigungen Griechenlands und Ägyptens zum Opfer gefallen war.

> Im Laufe der Zeit drangen jedoch die Götter der gallischen Druiden in die heilige Mythologie der Briten ein und lieferten Personifikationen für die verschiedenen Attribute des Drachen-Gottes Hu. Diese Gottheit wurde der ›Drachenherrscher der Welt‹ genannt und sein Wagen wurde von Schlangen gezogen. Seine Priester wurden in Übereinstimmung mit dem allgemeinen Brauch des ophitischen Gottes nach ihm ›Nattern‹ genannt.«

Die Verehrung der Schlange ist die älteste und globalste aller Religionen und Deane sagt, dass »die mystische Schlange in die Mythologie jeder Nation eingegangen ist, fast jeden Tempel geweiht hat, fast jede Gottheit symbolisiert hat, in den Himmeln imaginiert, auf die Erde geprägt wurde und in den Reichen des ewigen Leids regiert«. Die Schlange war das wichtigste Symbol der Mythologie und, so Deane, das »einzige gemeinsame Objekt abergläubischen Schreckens in der gesamten bewohnten Welt«. Reptiloide Figuren wurden in Gräbern der Ubaid-Kultur gefunden, die schätzungsweise vor 8.500 Jahren in dem Gebiet begann, das später zu Sumer und Babylon wurde und heute zum Irak gehört (siehe Abbildung 134). Ich könnte seitenweise mit den Berichten und den Symbolen fortfahren, die Schlangengötter in der gesamten antiken Welt beschreiben und darstellen, und wir sehen dieselbe Symbolik noch heute. Der Eingang zum Finanzdistrikt City of London, der sich im Machtbereich des Kults befindet – »die City« –, wird von geflügelten Reptilien beherrscht, die das Schild des Geheimbundes der Tempelritter halten (siehe Abbildung 135). Ein weiteres geflügeltes Reptil steht an dem Punkt, an dem »die City« auf den Stadtteil The Temple trifft, in dem das britische und damit in hohem Maße auch das weltweite Rechtssystem beheimatet ist (siehe Abbildung 136). Das Temple-Viertel gehörte den Tempel-

Abb. 136: Geflügeltes Reptil am Londoner Stadttor Temple Bar, wo der Stadtteil »The Temple«, in dem die Anwaltschaft zu Hause ist, auf das Finanzviertel »The City« trifft. »The Temple« steht auf einem Grundstück, das einst den Tempelrittern gehörte, und ist nach einem ursprünglichen Tempel der Templer benannt, der bis heute erhalten ist.

rittern und ist nach einer noch existierenden Templerkirche benannt. Diejenigen, die die Verbindung zu den Reptiloiden reflexartig in einem Anfall von Ignoranz und Arroganz abtun, haben von all dem keine Ahnung. In meinen Büchern *Das Größte Geheimnis, Children of the Matrix, The David Icke Guide to the Global Conspiracy* und dem zweibändigen Megawerk *Die Wahrnehmungsfalle* finden Sie jede Menge Details zu diesem Thema. Gnostische Texte erzählen eine ähnliche Geschichte wie die, die ich hier zusammengefasst vorstelle.

Die Einpflanzung des »falschen Geistes«

Die gnostischen Nag-Hammadi-Dokumente beschreiben auf eine Weise die Einpflanzung des »falschen Geistes« Jaldabaoth in den Menschen (siehe Einschleusen der Reptiloiden-Codes), die durchaus die Quelle des Glaubens an die »Erbsünde« sein könnte. Im *Apokryphon des Johannes* heißt es über Jaldabaoth:

> »Er sandte seine Engel [Archonten/Dämonen] zu den Töchtern der Menschen, damit sie einige von ihnen für sich selbst nehmen und zu ihrem Vergnügen Nachkommen zeugen sollten. Und zuerst hatten sie keinen Erfolg. Als sie keinen Erfolg hatten, versammelten sie sich erneut und schmiedeten gemeinsam einen Plan …
>
> … Und die Engel verwandelten sich in die Gestalt ihrer Gefährten und erfüllten sie mit dem Geist der Finsternis, den sie für sie angerührt hatten, und mit dem Bösen … Und sie nahmen sich Frauen und zeugten Kinder aus der Finsternis nach dem Ebenbild ihres Geistes.«

Wohlgemerkt, nach ihrem *geistigen* Ebenbild, nicht nach ihrem körperlichen Ebenbild. Das Dokument beschreibt, wie sexuelles Verlangen eingepflanzt wurde, um es dem gefälschten Geist zu ermöglichen, ständig Kopien von sich selbst zu erstellen (»Gehet hinaus und vermehret euch«):

> »Und er [Jaldabaoth] pflanzte sexuelles Verlangen in sie, die zu Adam gehört. Und er erzeugte durch Beischlaf die Kopien der Körper, und er beseelte sie mit seinem falschen Geist.«

In den Texten heißt es, der menschliche Körper sei »das Grab …, mit dem die Räuber den Menschen bekleidet hatten, [und] das Siegel des Vergessens«. Der Mensch wurde dann »sterblich« oder anders ausgedrückt, der illusorische Geburts- und Sterbeprozess mit dem Betreten und Verlassen des 3D-Simulationssystems nahm seinen Anfang. Körper werden als »Zäune aus Licht« beschrieben, die das Bewusstsein vom »reinen Licht« jenseits der Simulation abschotten. Im *Tripartite Tractate* von Nag Hammadi heißt es über die Menschen: »Deshalb fielen sie hinab in die Grube der Unwissenheit, die ›äußere Finsternis‹ und ›Chaos‹ und ›Hades‹ und ›Abgrund‹ genannt wird«. Im *Apokryphon des Johannes* steht:

> »Und ich ging mitten in ihr Gefängnis hinein, welches das Gefängnis des Körpers ist. Und ich sprach: ›Wer hört, der stehe auf aus dem tiefen Schlaf‹ ... Und ich sprach: ›Ich bin ... vom reinen Licht ... Erhebe dich und ... folge deiner Wurzel, die ich bin [erweitertes Bewusstsein], und hüte dich vor den Engeln der Armut [Archonten] und den Dämonen des Chaos und all denen, die dich umgarnen, und hüte dich vor dem tiefen Schlaf und der Einkerkerung im Inneren des Hades.‹«

Hades ist der antike griechische Gott der Toten und König der Unterwelt. Der Begriff wird von vielen mit der »Hölle« gleichgesetzt und Gnostiker glauben, dass unsere Realität die Hölle oder ein Teil davon ist.

Hui – Sie haben sich aber verändert!

In den letzten mehr als dreißig Jahren bin ich von unwissenden Menschen, die darauf programmiert sind, an eine Realität zu glauben, die es nicht gibt, für vieles verspottet worden. Ganz oben auf der Liste steht das, was ich über das Gestaltwandeln oder »Shapeshifting« gesagt und geschrieben habe. Doch habe ich seit 1996, als ich begann, die Vereinigten Staaten zu bereisen, dank der ständigen Synchronizität meines Lebens zahlreiche Menschen getroffen, die mir die gleiche Geschichte erzählten. Sie hatten eine scheinbar menschliche Person gesehen, die sich vor ihren Augen in ein reptiloides Wesen verwandelte. Manchmal war es eine andere nichtmenschliche Gestalt, aber immer hatte sie eine reptiloide Anmutung. Oft handelte es sich um eine Ganzkörperveränderung, während sich bei anderen nur die Augen von einem Menschen in Echsenaugen verwandelten. Ich habe das nicht nur gehört und einfach geglaubt. Aber wenn mir etwas gesagt wird, das dermaßen seltsam und abwegig erscheint, dann tue ich es auch nicht einfach so ab. Wofür halten Sie mich – für einen Wissenschaftler, Akademiker oder so? Ich halte mich zurück und lasse es im Hintergrund köcheln, während ich abwarte, ob ich weitere Informationen zu diesem Thema erhalte, die derartige Geschichten bestätigen oder widerlegen. Im Fall des Gestaltwandelns kamen diese Informationen – und zwar in Hülle und Fülle. Während die Zahl dieser Berichte über Monate hinweg in verschiedenen Teilen Amerikas immer weiter zunahm, wurden die Aussagen zusehends überzeugender, und das Ganze setzte sich in Kanada, Australien, Südafrika, Großbritannien, den Niederlanden und anderswo fort. Ich las über das Thema des Gestaltwandels in der Geschichte und in den alten Kulturen der Ureinwohner. Hinzu kam auch die Symbolik in der Folklore und in Märchen über Frösche, die sich in Prinzen, und Prinzen, die sich in Frösche verwandeln. Folklore und Märchen beinhalten Geschichten, die aus der Antike stammen (in unserer Zeitwahrnehmung), und können die Quelle für symbolische und sogar buchstäbliche Wahrheit sein.

Gestaltwandeln ist ein großartiges Beispiel dafür, wie man die Wahrnehmung der Bevölkerung durch Unterdrückung von Wissen, insbesondere über die Realität, manipulieren kann. Die reflexartige Ablehnung des Gestaltwandelns beruht auf einem einfachen und entscheidenden Missverständnis. Die Menschen glauben, die Welt sei fest und man könne nicht von einer Art festem Körper in einen anderen wechseln. Nein, Sie können es nicht, *aber die Welt ist nicht fest.* Der Körper ist ein Hologramm, das vom Verstand aus den in einem Wellenfeld kodierten Informationen dekodiert wird, so wie ein Computer die Informationen im WLAN-Strahlungsfeld zu dem dekodiert, was wir auf dem Bildschirm sehen. Reptiloid-Mensch-hybride »Blutlinien« (oder Codes) haben zwei Informationsfelder, und welches davon holografisch projiziert wird, entscheidet darüber, was ein Beobachter »sieht« (dekodiert). Aus offensichtlichen Gründen präsentieren diese Hybride in der Öffentlichkeit das menschliche Feld, wenn sie nicht unter sich sind. Das bedeutet, dass jeder Beobachter dieses menschliche Feld dekodieren und einen holografischen Menschen sehen kann. Wenn es eine Verschiebung vom menschlichen zum reptiloiden Feld gibt, wird der Beobachter dieses Feld dekodieren. In den Augen des Beobachters hat sich dann jemand von einem soliden Menschen in einen soliden Reptiloiden verwandelt. Was sie wirklich gesehen haben, ist eine energetische Informationsfeldverschiebung, die sie zu der *Illusion* einer materiellen Verschiebung dekodiert haben.

Hybriden aus Menschen und Reptiloiden wurden speziell dafür entwickelt, ihre reptiloide Natur hinter einer scheinbar menschlichen Gestalt zu verbergen, um die Infiltration der menschlichen Gesellschaft durch eine außerirdische Macht zu ermöglichen, ohne dass diese Macht sichtbar wird. Die Technik der versteckten Infiltration durch eine Spezies, um die Kontrolle über eine andere zu übernehmen, wird in dem Film *Avatar – Aufbruch nach Pandora* (2009) dargestellt: Das amerikanische Militär landet auf einem Mond, der von einer Rasse blauer Menschen, den Navi, bewohnt ist. Die Amerikaner wollten wertvolle Ressourcen auf dem Mond ausbeuten und mussten dazu die Gesellschaft der Navi infiltrieren und unter ihre Kontrolle bringen. Doch in ihrer menschlichen Gestalt konnten sie das nicht, also nahmen sie ein Äußeres an, das den Navi ähnelte, damit sie als Angehörige ihrer Rasse betrachtet wurden. Genau auf diese Weise haben die Reptiloiden mit ihren Verbündeten und Untergebenen wie den Greys die Kontrolle über die menschliche Gesellschaft erlangt, die jetzt mit Hilfe ihrer »göttlichen« *Technologie* und Künstlichen Intelligenz kurz vor der vollständigen Übernahme steht. Es ist dieselbe Kombination, die die in den menschlichen Verstand projizierte Simulation in der Vierten Dimension steuert und betreibt.

Mir wurden Hunderte von Geschichten über Menschen mitgeteilt, die an satanischen Ritualen mit den Reichen und Berühmten des Kults teilgenommen haben, einschließlich der britischen Königsfamilie, und sich dabei in Reptiloide verwandelten. Ein »Shapeshifting« kann gelegentlich auch durch einen Zustand starker Emotionen ausgelöst werden. So eine Geschichte wurde mir von einer kanadischen Geschäftsfrau erzählt, die mein Buch *Das Größte Geheimnis* gekauft hatte und später eine Beziehung zu einem Mann aufnahm, von dem sie sagte, er sei oberflächlich gesehen nett, habe aber eine sehr dunkle Seite, mit der er ständig kämpfe. Einmal gingen sie in ihr Schlafzimmer, wo das Buch in einem Regal über dem Bett stand. Sie erzählte, dass der Mann sehr unruhig wurde und eine ernsthafte Abneigung gegen das Buch entwickelte. Sie begannen Sex zu haben, und er wurde »verrückt, wütend, gewalttätig und grob«. Ihre Hand lag auf seinem Rücken, während er auf ihr lag, und sie spürte, wie ihre Hand nach oben gedrückt wurde. Als sie nachschaute, wuchs dem Mann ein Reptilienschwanz, da er sich verwandelt hatte! Sie sagte, sie habe geschrien, ihn von sich geworfen, und er habe sich in einen Menschen zurückverwandelt, während sie ihm befahl, aus ihrem Haus zu verschwinden. Die Frau zitterte und war sichtlich erschüttert, als sie mir die Geschichte erzählte, auch noch einige Zeit nach dem Vorfall.

Besessene und Besetzungen

Eine andere Form der Gestaltveränderung ist die Besessenheit. Das energetische Feld einer vierdimensionalen Entität verbindet sich mit dem Feld der Zielperson, was dann zu einem Informationsaustausch führen kann, bei dem das Feld der Zielperson von der Kodierung des Besetzers überlagert wird. Für einen Beobachter stellt sich das so dar, dass jemand sich in eine andere Entität verwandelt. Die Informationen der besetzenden

Entität fließen in das Feld der Zielperson ein, was der Beobachter als eine Veränderung dekodiert, bei der jemand sein Erscheinungsbild wechselt, also die Gestalt »physisch« verändert. Doch sobald man erkennt, dass »Körperlichkeit« holografisch ist und ihre Natur von den Informationen in ihrem Feld bestimmt wird, lösen sich viele Mysterien des Lebens auf. Ich habe zahlreiche Erfahrungen mit Menschen gemacht, von denen ein anderes Bewusstsein Besitz ergriffen hatte. Eines Abends war ich mit einer Gruppe an einem Ort in Peru, der als »Tor der Götter« oder »Puerta de Hayu Marca« bekannt ist und sich am Titicacasee befindet, etwas mehr als eine Autostunde von Puno entfernt (siehe Abbildung 137). Es wird von den einheimischen Indianern als »Tor zum Land der Götter« und der »Stadt der Götter« verehrt. Später erfuhr ich, dass dieser Ort dafür berüchtigt ist, dass Menschen dort »verrückt« werden oder besser gesagt besessen. Das »Tor« ist eigentlich eine Mauer aus rotem Fels, einer Art rituellem Fokus, mit Vertiefungen an beiden Seiten. Ich saß in einiger Entfernung in der Dunkelheit, als ich Schreie vernahm. Ich fragte den Reiseleiter, der neben mir saß, ob es in der Nähe Tiere gäbe, die den Lärm erklären könnten, doch er blieb unbeeindruckt. Als das Geschrei weiter anhielt, ging ich in die Richtung, aus der es erklang. Ein Mitglied der Gruppe kam mir entgegen und warnte mich, nicht weiter zu gehen. Er sagte, es sei »böse« und »der und der« mache gerade eine sehr üble Erfahrung. Wenn mir jemand sagt, dass ein Ort böse ist, bin ich noch mehr entschlossen, dorthin zu gehen. Ich beschleunigte also mein Tempo und als ich am »Tor« ankam, sah ich einen jungen Mann, der in der Nähe der roten Mauer unkontrolliert um sich schlug. Er hatte in einer der eingemeißelten Vertiefungen gestanden, als es anfing. Ich wusste sofort, dass er besessen war. So etwas sah ich nicht zum erstenmal. Ich bat darum, ihn von der Wand wegzutragen, und er wurde auf den Boden gelegt, während einige Leute einen Kreis um ihn bildeten und hochfrequente Energie aussandten, die das Besitz ergreifende vierdimensionale Wesen nicht aushalten würde. Ich legte meine Hände direkt über seinen Kopf, um hochenergetische Frequenzen in sein Kronenchakra zu leiten, und forderte die Entität auf, zu verschwinden. Der Mann schrie immer noch und schlug um sich, als ich eine unverwechselbare und starke elektromagnetische Verbindung zu meinen Händen spürte. »Erwischt«, dachte ich. Plötzlich strömte die Energie durch meine Hände, meine Arme hinauf und oben aus meinem Kopf heraus, während ich Schimpfwörter rief, um die Wesenheit auf den Weg zu schicken. Genau in diesem Moment hörte der Mann auf zu schreien und zu strampeln und wurde ruhig. »Der und der« war wieder da.

Besessenheit ist real und viele scheinbare Geisteskrankheiten sind Besessenheit. Wenn Sie diesen Mann gesehen hätten, ohne die Hintergründe zu kennen, hätten Sie gesagt, er leide an einer Geisteskrankheit. Das tat er aber nicht. Er war kurzzeitig besessen und

Abb. 137. Das Tor der Götter oder »Puerta de Hayu Marca« in Peru.

als die Wesenheit ihn verließ, verschwand auch seine »Geisteskrankheit«. Am nächsten Tag kehrten wir bei Sonnenschein an den Ort zurück und sahen, dass die andere Seite des Felsens, zu dem das »Tor« gehörte, eindeutig wie ein riesiges Reptil mit einem Kopf, einem aufgerichteten Körper und einem Schwanz aussah. Wie ist das möglich? Wir befinden uns in einer *Simulation*. Klick, klick, eingeben. Ich erzähle diese Geschichte vom Tor der Götter ausführlicher in *Die Wahrnehmungsfalle*; dort ist noch viel mehr passiert. Es gibt auch Bilder von mir in der Nähe des »Tores«, an dem Energieströme wabern, darunter eines, auf dem ein Teil von mir scharf und der Rest unscharf ist. Es war ein seltsamer und dunkler Ort und mich wundert es nicht, dass viele dort eine Besetzung erfuhren. Im Laufe der Jahre habe ich ein paar Mal zugelassen, dass sich solche Wesenheiten in meinem eigenen Feld festsetzten. Ich wollte *sie* spüren und ihre Energie und ihren Seinszustand erleben. Ich kann Ihnen sagen, dass wir es mit einer Ebene des Bösen zu tun haben, die unsere Vorstellungskraft übersteigt. Wenn man das gespürt hat, kann man sofort verstehen, wie sie so bösartig gegen Menschen vorgehen, Kinder missbrauchen und foltern und ihren »Göttern« opfern können. Der Punkt ist jedoch, dass ich ihnen erlauben kann, sich an mich zu heften, weil ich sie dann hinauswerfe, wenn ich die gewünschten Informationen erhalten habe. Das Böse ist von Natur

Abb. 138. Ändern der Frequenz: Wir sind viel mächtiger als »die Götter«, wenn wir uns daran erinnern, wer wir wirklich sind.

aus schwach und chaotisch im Vergleich zu Liebe und Harmonie. Ein großer Teil seiner Psychotricks besteht darin, die Menschen davon zu überzeugen, das »Böse« zu fürchten und ihm eine Macht zu verleihen, die es nicht verdient hat. Die »Macht des Bösen« ist in Wirklichkeit die Macht der Angst der Menschen vor dem Bösen und der Angst vor dem Unbekannten.

Am nächsten Tag stand ich am rituellen Brennpunkt des »Tores«, als die Energie noch immer bösartig war, und bat um hochschwingende Energie – Liebe im unendlichen Sinn –, die durch mich in den Ort einfließen sollte. Ich spürte, wie sie durch mein Herzchakra strömte und innerhalb weniger Minuten hatte sich das gesamte Energiefeld verändert (siehe Abbildung 138). Mitglieder der Gruppe, die in der Nacht zuvor das »Böse« gespürt und keine Ahnung hatten, was ich tat, kamen herbei und sagten, dass die Energie so ganz anders war als zuvor. Die erweiterte Bewusstheit hat die wahre Macht, nicht das Böse, und das Böse herrscht nur, wenn wir das vergessen. Das Böse ist von der Quelle der Weisheit und der Liebe abgekoppelt und wird immer schwach und dumm sein, auch wenn es sich anmaßt, andere (einschließlich sich selbst) etwas anderes glauben zu lassen.

Die Quelle des Satanismus

Satanismus, Pädophilie und Menschenopfer sind mit diesen Reptiloid-Hybrid-Blutlinien und ihren Meistern der vierten Dimension verquickt. Credo Mutwa erzählte mir von Zulu-Legenden, in denen beschrieben wird, wie die reptiloiden »Götter« der Chitauri den Kannibalismus in das Reich der Menschen brachten und auch Menschenopfer, Pädophilie und das, was man heute Satanismus nennt. Ich habe Satanismus und Pädophilie bei vielen Vertretern des Kults nachgewiesen. Mehrere Quellen berichteten mir, dass sie als Kinder vom britischen Premierminister Edward Heath (1916-2005) sexuell missbraucht wurden, während eine andere ihn bei einem satanischen Ritual beobachtete, bei dem er sich in ein reptiloides Wesen verwandelte. Heath war das pure Böse und mir liegen erschreckende Berichte über seine zügellose Pädophilie und seine Serienkindermorde vor. Ich erfuhr von seiner Besessenheit, Details über seine Opfer zu notieren, einschließlich Größe und Gewicht, die er in ein Notizbuch schrieb, bevor er sie tötete. Ich habe Heath 1998, als er noch Mitglied des Parlaments war, in *Das Größte Geheimnis* als Satanisten entlarvt und die Passage wurde ihm in der Woche der Veröffentlichung von einer »Journalistin« mit einer guten Ausrede vorgelesen. Er hätte das Buch stoppen können, wenn er bereit gewesen wäre, vor Gericht zu gehen. Stattdessen sagte er ihr, dass »David Icke verrückt sein muss« und es wurde nichts unternommen. Das gesamte pädophile und satanische Elitenetzwerk großer politischer und anderer Namen wird in *Die Wahrnehmungsfalle* ausführlich enthüllt, einschließlich Heaths Verbindung zu dem berüchtigten Pädophilen, Satanisten und Kinderschänder für die Reichen und Berühmten, dem BBC-»Entertainer« Jimmy Saville.

Die Behauptung, Heath sei ein Gestaltwandler, überraschte mich nicht, nachdem ich 1989 in einem Studio von *Sky News* ein Erlebnis mit ihm hatte, damals noch BBC-Moderator und nationaler Sprecher der Grünen Partei. Ich war eingeladen worden, die Europawahlen zu kommentieren, als die ersten Ergebnisse eingingen, bei denen die Grüne Partei sehr gut abzuschneiden schien, was wir dann auch taten. Als ich im Studio ankam, wurde ich von einer Dame empfangen, die mich in den Schminkraum führte. Die Tür stand offen und der Raum schien leer zu sein. Die Dame sagte, dass bald jemand käme, und ging wieder. Ich saß auf einem Stuhl und schaute in einen Schminkspiegel, als mir jemand zu meiner Rechten auffiel. Es war Edward Heath, der hinter der offenen Tür darauf wartete, dass sein Make-up entfernt wurde, nachdem er in der Sendung interviewt worden war. Ich nickte ihm »Hallo« zu. Er sagte nichts und sprach kein Wort bei dem, was dann geschah. Er drehte sich mit einem sehr neugierigen Gesichtsausdruck in meine Richtung, während sein Blick von meinem Kopf langsam zu meinen Füßen wanderte und wieder zurück zu meinem Kopf. Dann drehte er sich wieder um und schaute in seinen Spiegel. Ich kann das Erlebnis nur so beschreiben, als wäre ich gescannt worden, und während er das tat, wurden seine Augen, einschließlich des Weißen, komplett tiefschwarz. Seine Augen wirkten auf mich wie zwei Schwarze Löcher und ich sah durch Heath in etwas, das jenseits von ihm lag oder was ich heute als eine andere Realität bezeichnen würde (siehe Abbildung 139).

Abb. 139. Wie ich Edward Heath im Studio von Sky News erlebte.

Ich war natürlich schockiert und verstand nicht, was ich gesehen hatte. Es sollte noch zehn Monate dauern, bis ich Betty Shine aufsuchte und mein neues Leben begann.

Später las ich zahlreiche Berichte aus der antiken und modernen Welt über »Leute mit schwarzen Augen«, die sich mit dem deckten, was ich mit Heath erlebt hatte. Im Jahr 2022, dreiunddreißig Jahre nach diesem Erlebnis, sah ich ein Interview mit einem mexikanischen Gynäkologen, der einen Zusammenhang zwischen genetisch manipulierenden mRNA-Scheinimpfstoffen gegen »Covid« und der Geburt von Babys mit schwarzen Augen herstellte, wie ich sie bei Heath erlebt hatte. Ich werde Ihnen den Hintergrund später erklären. Siebzehn Jahre nach der Veröffentlichung von *Das Größte Geheimnis* leitete die Polizei von Wiltshire nach dem Tod von Heath aufgrund von Berichten über dessen Pädophilie und Satanismus eine Untersuchung ein. Die Untersuchung kam zu dem Schluss, dass, wenn Heath noch am Leben gewesen wäre, genügend Beweise vorlägen, um ihn zu verhören, selbst so lange nach den Ereignissen. Der Polizeipräsident von Wiltshire, der die Untersuchung genehmigte, wurde später systematisch um seine Karriere gebracht. Der Kult vergisst nie diejenigen, die nach der Wahrheit über die Satanismus- und Pädophilie-Ringe suchen, welche mit dem geheimen Gesellschaftsnetz des Kultes verbunden sind. Jeder dieser Ringe ist ein potenzieller Zugang zum inneren Kreis des Kultes und alle Bemühungen, sie aufzudecken, werden von durch den Kult kontrollierten Behörden vehement bekämpft.

Energie-Vampire

Die Verbindung zwischen dem Reptiloiden-Phänomen, Menschenopfern und Satanismus ist uralt. Credo Mutwa sagte mir, die Chitauri verlangten Menschenopfer. Wenn es darum ging, »die Götter zu besänftigen«, waren mit den »Göttern« Reptiloiden aus der Vierten Dimension gemeint. Die Opferung von »Jungfrauen« war der Code für Kinderopfer und wird auch heute noch von wichtigen und weniger wichtigen Mitgliedern des Kultes praktiziert. Ich habe ausführlich mit Personen gesprochen, die sagten, sie hätten an satanischen Opferritualen mit berühmten Persönlichkeiten aus Politik und Finanzwelt sowie dem britischen Königshaus teilgenommen; sie werden in Büchern wie *Das Größte Geheimnis, Children of the Matrix* und *Die Wahrnehmungsfalle* namentlich genannt. Für diese Rituale gibt es viele Gründe. Sie erschaffen interdimensionale Vortex-»Portale« zur Vierten Dimension, durch die sich Wesenheiten im Ritual manifestieren können. Das Opfer dient dazu, die Energie extremer Angst für die Wesen der Vierten Dimension zu erzeugen und Blut und Fleisch für diejenigen in 3D. Diese Rituale werden auch durchgeführt, um maximalen Schrecken im Opfer zu verursachen, was eine Frequenz generiert, die die Wesenheiten absorbieren und von der sie sich ernähren. Sie wollen vor allem die Energie von vorpubertären Kindern, das ist wie Nektar für sie, genau wie das Adrenalin im Blut der gefolterten Kinder für menschlich-reptiloide Hybrid-Satanisten in der 3D-Realität. Satanisten sind besessen von Blut, das die menschlichen Codes enthält. Reptiloide aus der Vierten Dimension überlagern die Energiefelder von Pädophilen – sie »besetzen« die Täter – und sind so in der Lage, die Energie oder Lebenskraft des Kindes während des sexuellen Missbrauchs abzuzapfen. Reptiloide sind Energievampire, so wie 3D-Vampire buchstäblich Blutsauger sind, obwohl es letztlich nur um Energie geht. Hier haben wir den Ursprung der Vampirgeschichten – und was können Vampire? Sie sind Gestaltwandler. Kriege, Hungersnöte, Töten, Konflikte und Leiden sind allesamt satanische Massen- und Todesrituale, die die niedrig schwingende Energie erzeugen, von der sich die Reptiloiden ernähren (siehe Abbildung 140). Satanisten folgen dabei einem jährlichen Ritualkalender, der mit den wechselnden astronomischen Energien der Simulation zusammenhängt. Dazu gehören in der nördlichen Hemisphäre die Walpurgisnacht oder Beltane vom 29./30. April bis zum 1. Mai und Halloween oder All Hallow's Eve am 31. Oktober. Einer der wichtigsten »Götter«, der von Satanisten und Eingeweihten von Geheimgesellschaften verehrt wird, ist Luzifer, der »Lichtbringer«. Der »Es werde Licht«-Bringer der Simulation.

Was wir als »Materie« oder Form bezeichnen, sind nur Hilfsmittel für das Bewusstsein, um verschiedene Realitäten in niederfrequenten Zuständen zu erleben. Das »Ich« hat keine Gestalt. Es ist Bewusstsein, ein Zustand des Gewahrseins. Wir sind keine Körper. Wir sind ein Bewusstsein, das »durch« Körper erlebt. Unser Verhalten, unsere Handlungen und alles, was wir tun, sagen, denken und fühlen, wird von unserem Bewusstseinszustand bestimmt. Alles ist seiner bewusst, aber die Frage ist, wie bewusst? Das Bewusstsein umfasst das gesamte Spektrum an Möglichkeiten, vom Unendlichen Bewusstsein über die Selbstidentität eines menschlichen »Kleinen Ichs« bis hin zum reinen, invertierten Bösen, das die Kontrolle über alles anstrebt und sich an

Abb. 140. Die Fresswut der Archonten – Angst, Tod und Verfall: Reptiloide ernähren sich von niedrig schwingender menschlicher Energie, ihrer eigenen entsprechend, die durch Gedanken und Gefühle erzeugt wird. (Bild: Neil Hague)

dem Leid erfreut, das es hervorrufen kann. Ganz gleich, wie seine scheinbare »Gestalt« auch aussieht, ob menschlich, reptiloid oder sonstwie, die Einstellungen und Handlungen einer Person werden von ihrem Bewusstseinszustand bestimmt. Ich habe festgestellt, dass Bezeichnungen für böse »Wesenheiten« wie Jaldabaoth, Teufel, Satan, Luzifer, Iblis, Saytan und Samael alle auf *denselben* Bewusstseinszustand verweisen. Es sind verschiedene Namen für *dieselbe* Kraft, welche die Wahrnehmungen und Handlungen der Reptiloiden, so vieler Menschen und aller antreibt, die es zulassen, dass ihr eigenes Bewusstsein in den Frequenzbereich dieser Kraft absinkt – einer Kraft, die im Frequenzband der niedrig schwingenden Emotionen arbeitet und deren Emotionen mit dem Grundzustand der *Angst* verbunden sind. Die menschliche Gesellschaft (die Simulationsgesellschaft) ist so aufgebaut, dass sie diese Emotionen mit zweierlei Absicht erzeugt. Zum einen haben diese Bewusstseinszustände eine Frequenzsignatur, die das Bewusstsein an das Reich von »Jaldabaoth« anbindet, und zum anderen erzeugt das einen Energiefluss, durch den Wahrnehmungen, die zu »Jaldabaoth« passen, in den »menschlichen« Verstand übertragen werden können. Es handelt sich um eine Form der Wahrnehmungsbesessenheit und ihr Extremzustand ist die Quelle für empathie- und mitleidslose Psychopathen und jegliches psychopathisches Verhalten.

Besessen von der Impfung

Psychopathen wie Gates und Schwab dienen dem globalen Kult als Ausdruck des Jaldabaoth-Bewusstseins und dasselbe gilt für die Reptiloiden, denen sie unterstehen. Der gesamte Kult und alles Böse ist eine Manifestation von Jaldabaoth, der letztlich die »Spinne im Netz« ist. Beobachten Sie die bösartige Reaktion derjenigen, die im »Covid«-Wahn sind, auf diejenigen, die das offizielle Narrativ und die tödlichen Scheinimpfstoffe in Frage stellen, die nach jeder glaubwürdigen Definition gar keine »Impfstoffe« sind. Was Sie an dieser Bösartigkeit bemerken können, ist eine verblüffende Abwesenheit von Empathie, Mitgefühl und Intelligenz, die allesamt Eigenschaften des Jaldabaoth-Bewusstseins sind. Eine Frequenzverbindung zu Jaldabaoth ist die Erklärung für das unbewusste Verhalten so vieler Menschen, die Autoritäten ohne Fragen oder Nachdenken gehorchen. Ein weiterer Grund sind durch Software eingefügte Nicht-Spieler-Charaktere, die ihrem Programm folgen. Dies ist ein Aspekt der Scheinimpfstoffe, über den nur wenige sprechen. Es gibt kein »Physisches« und alles, was wir als »physisch« wahrnehmen, einschließlich des Inhalts der Scheinimpfstoffe, sind dekodierte Informationen aus einem Wellenfeld. Wenn Sie die Scheinimpfstoffe auf dieser Ebene sehen könnten, würden Sie ein unglaublich verzerrtes, invertiertes und zerstörerisches Energiefeld erkennen, das in das menschliche Energiefeld eingeflossen ist. Die Abkopplung der auf den Menschen fokussierten Aufmerksamkeit vom 5D-Bewusstsein ist die Quintessenz all dessen, was der Jaldabaoth-Kult tut, und es ist keine Überraschung, dass Heiler, die mit den energetischen Feldern des Menschen arbeiten, die von vielen als »feinstoffliche Körper« bezeichnet werden, bei Scheinimpfstoffen dramatische Veränderungen festgestellt haben. Viele Beispiele dafür finden Sie in Thomas Mayers Buch *Corona-Impfungen aus spiritueller Sicht: Auswirkungen auf Seele und Geist und das nachtodliche Leben*, dem einige der nachfolgenden Berichte entnommen sind. Heiler dieser Art sehen oder fühlen mit ihren Händen die veränderten energetischen Felder des Menschen und beschreiben bei Scheinimpfstoff-Patienten eine Zerstörung der natürlichen energetischen Verbindungen. Das Herzchakra – die Tür zur Unendlichkeit – ist oft verschlossen. Unterdrückung und Verzerrung des »spirituellen« Herzens können sich auf das »physische« Herz übertragen, weshalb Herzkrankheiten durch Stress und niedrig schwingende Emotionen seit langem eine menschliche Epidemie, ja eine Pandemie sind. Hier sind einige Beispiele dafür, was Heiler erlebt haben:

»Ich bemerkte sofort die Veränderung, eine sehr schwere Energie, die von [den] feinstofflichen Körpern ausging. Das Erschreckendste war, als ich am Herzchakra arbeitete und mich mit ihrer Seele verband: Die Seele war vom physischen Körper losgelöst, sie hatte keinen Kontakt und es war, als würde sie in einem Zustand völliger Verwirrung schweben: eine Schädigung des Bewusstseins, das den Kontakt mit dem physischen Körper, das heißt mit unserer biologischen Maschine verliert, es gibt keine Kommunikation mehr zwischen ihnen. Ich setzte die Behandlung fort, indem ich Licht zum Herzchakra, der Seele der Person, schickte, aber es schien, dass die Seele kein Licht, keine Frequenz oder Energie mehr empfangen konnte. Das war eine sehr starke Erfahrung für mich. Dann begriff ich, dass diese Substanz tatsächlich verwendet wird, um das Bewusstsein abzulösen, so dass dieses Bewusstsein nicht mehr über diesen Körper, den es im Leben besitzt, interagieren kann, in dem es jetzt keinen Herzkontakt, keine Frequenz, kein Licht, kein energetisches Gleichgewicht und keinen Geist mehr gibt.«

»Das Äthergehirn und die Zirbeldrüse fühlten sich an wie ›vertrocknet und verschrumpelt‹. Auch der sonst spürbare oberflächliche craniosacrale Rhythmus war nicht wahrnehmbar. Bei keinem meiner anderen Klienten, nach über 20-jähriger Erfahrung, hatte ich jemals solche Erlebnisse ... Ich bin zutiefst erschüttert, was diese Impfungen in den Menschen bewirken, ohne dass die Betroffenen etwas davon wahrnehmen ... Ich hatte das Gefühl, als würde ein dunkles Wesen auf ihr liegen und würde alle Funktionen hemmen. Stagnation und Starre. Das Gewebe wurde wie festgehalten, konnte nicht atmen und sich nicht bewegen, war nicht mehr schwingungsfähig ... Bei einer Patientin hatte ich das Gefühl, eine ›Leiche‹ zu massieren ...«

»Das Aussehen verändert sich im Gesicht. Der Blick wird vielfach starr, die Konturen fester oder die Menschen bekommen ein eher aufgedunsenes Gesicht. Das Antlitz wird wie maskenhaft, umgeprägt. Es fehlt das, was durchleuchten will ...«

»Oft treten auf allen Ebenen durch die Impfung die alten Schwächen und Symptome wieder auf, die eigentlich schon gebessert waren: Zum Beispiel Schmerzen, Blockaden der Gelenke, Muskelzittern und Erstarrung (etwa bei Parkinson), Verfestigung der Wirbelsäule, Tinnitus und so weiter ... über viele Monate und Jahre durch die Arbeit des Ich errungene Fähigkeiten werden wieder in den Hintergrund gedrängt. So erscheinen erneut alte und grundlegende Ängste, Illusionen, starre Vorstellungen und Muster. Bei einigen kam es sogar (vorübergehend?) zu einer deutlich wahrnehmbaren Wesensveränderung ...«

»Ich fühle mich bei der Arbeit nun oft allein. Ich kenne diese Klienten gut, aber sie sind irgendwie nicht mehr da. Im Nachklang einer Sitzung fühle ich den Menschen nicht mehr, obwohl er physisch gerade da war.«

Vielleicht verstehen die Menschen jetzt, warum der Kult versucht hat, jeden Mann, jede Frau und jedes Kind mit seinem Scheinimpfstoff gegen ein »Virus« zu impfen – wenn sie denn an dessen Existenz glauben –, das selbst nach offiziellen Angaben im Vergleich zu anderen Krankheiten nur eine winzige Anzahl Menschen »bedroht«. Die Scheinimpfstoffe dienen einer Form der *Besessenheit*. Einige hatten vielleicht das Glück, die in vielen Fläschchen enthaltene Kochsalzlösung gespritzt zu bekommen, mit der man zu viele Todesfälle auf einmal verhindern wollte, die unmöglich zu vertuschen gewesen wären. Die Idee ist, die Scheinimpfstoffe so lange zu verbreiten, bis jeder einen der schädlichen erwischt hat.

Der österreichische esoterische Denker und Philosoph Rudolf Steiner (1861-1925), der die Steiner-Schulen und die Waldorfpädagogik gründete, um der staatlichen Schulprogrammierung etwas entgegenzusetzen, beschrieb bereits vor mehr als hundert Jahren einen Impfstoff, der die Menschen von ihrer Seele (und damit von ihrem Geist) trennen würde. Er sagte im Jahr 1917: »Die Menschen werden gegen ihre Veranlagung zu spirituellen Ideen geimpft werden.« Steiner schrieb das Nachfolgende über die Auswirkungen, dessen Relevanz für heute unübersehbar groß ist:

»In der Zukunft werden wir die Seele mit der Medizin eliminieren. Unter dem Vorwand einer ›gesundheitlichen Sichtweise‹ wird es einen Impfstoff geben, mit dem der menschliche Körper so schnell wie möglich direkt bei der Geburt behandelt wird, so dass der Mensch den Gedanken an die Existenz von Seele und Geist nicht entwickeln kann. Materialistische Ärzte werden mit der Aufgabe betraut werden, die Seele der Menschheit zu entfernen.

So wie heute die Menschen gegen diese oder jene Krankheit geimpft werden, so werden in Zukunft die Kinder mit einer Substanz geimpft, die so beschaffen sein wird, dass der Menschen dank dieser Impfung immun dagegen ist, dem ›Wahnsinn‹ des geistigen Lebens ausgesetzt zu werden. Er wäre zwar äußerst intelligent, aber er würde kein Gewissen entwickeln, und das ist das wahre Ziel einiger materialistischer Kreise.

Mit einem solchen Impfstoff kann man den Ätherleib leicht aus dem physischen Körper lösen. Sobald der Ätherleib losgelöst ist, würde die Beziehung zwischen dem Universum und dem Ätherleib extrem instabil werden, und der Mensch würde zu einem Automaten werden, denn der physische Körper des Menschen muss auf dieser Erde durch den geistigen Willen verfeinert werden.

Der Impfstoff wird also zu einer Art ahrimanischer Kraft; der Mensch kann sich nicht mehr von einem vorgegebenen materialistischen Gefühl befreien. Er wird von Natur aus materialistisch und kann sich nicht mehr zum Geistigen erheben.«

Das ist genau das, was die Energieheiler als Wirkung des »Covid«-Scheinimpfstoff beschreiben. Ein weiterer Vorteil dieses Angriffs auf die menschlichen Bewusstseine (den vierdimensionalen Verstand) durch den Scheinimpfstoff und andere Mittel besteht für den Kult darin, dass das Jaldabaoth-Bewusstsein dann die Frequenzen von Furcht, Angst, Depression, Hass, Groll und Bedauern vampirisieren kann, die es als Energiequelle nutzt. Steiner war sich dessen ebenfalls bewusst:

»Es gibt in der Geistigen Welt Wesenheiten, für die Angst und Furcht, die von Menschen ausströmen, eine willkommene Nahrung sind. Wenn die Menschen nicht Angst und nicht Furcht haben, dann hungern diese Wesen.

Wenn Angst und Furcht von den Menschen ausgeht und sie in Panik ausbrechen, dann finden diese Kreaturen willkommene Nahrung und werden immer mächtiger. Diese Wesenheiten sind der Menschheit feindlich gesinnt. Alles, was sich von negativen Gefühlen ernährt, von Angst, Furcht und Aberglauben, Verzweiflung oder Misstrauen, sind in Wirklichkeit feindliche Kräfte in außersinnlichen Welten, die grausame Angriffe auf die Menschen starten, während sie sich daran nähren …

Das sind genau die Gefühle, die zur zeitgenössischen Kultur und zum Materialismus gehören. Weil er die Menschen von der Geistigen Welt entfremdet, ist er besonders geeignet, Hoffnungslosigkeit und Angst vor dem Unbekannten in den Menschen hervorzurufen und damit die oben genannten feindlichen Kräfte heraufzubeschwören, die sich gegen sie richten.«

Warum brauchen sie unsere Energie? Aus der Unendlichen Realität »ausgestoßen« zu werden, bedeutet, dass man keinen Zugang zur Energie und zur grenzenlosen Kreativität und Möglichkeit der Unendlichen Realität hat. Deshalb muss sich das Jaldabaoth-Bewusstsein von der Energie derer ernähren, die es in der Illusion gefangen hält. Dazu muss es seine Zielobjekte in Bewusstseins- und Gefühlszustände hinein manipulieren, die mit seinem eigenen Frequenzband in Resonanz stehen. Es kann nicht die Energie der Liebe, der Freude, des Glücks, der Fairness, der Gerechtigkeit und all der hochfrequenten Zustände absorbieren, die wir uns für die Welt wünschen. Die simulierte Gesellschaft wurde speziell so strukturiert, dass sie diese Zustände unterdrückt, um niedrige Frequenzen zu erzeugen, mit denen Jaldabaoth sich selbst erhalten kann. Durch die Trennung von der Unendlichen Realität wird Jaldabaoth der Gesellschaft ihr grenzenloses kreatives Potenzial vorenthalten. Die Gnostiker bezeichnen dieses Bewusstsein als »gefälschten Geist«. Fälschung wird definiert als »eine Nachahmung oder Kopie von (etwas) anfertigen, meist in der Absicht zu betrügen«. Zu den Synonymen gehören Nachahmung, Plagiat, Schwindel, Blendwerk und Täuschung. Beschreibt das nicht perfekt das Jaldabaoth-Bewusstsein und seine Simulation? Dieser fehlende Zugang zu grenzenloser Kreativität für die direkte Manifestation ist der Grund, warum die Jaldabaoth-Reptiloiden Technologie und Mimikry einsetzen müssen, um diese Lücke zu füllen. John Lamb Lash schreibt in *Not In His Image* (»Nicht nach Seinem Bilde«):

> »Aus gnostischer Sicht sind die Archonten nicht nur geistige Parasiten – wahnhafte Verschaltungen im menschlichen Geist, die, wenn man so will, als quasi-autonome psychische Entitäten betrachtet werden können – sie sind kosmische Hochstapler, Parasiten, die sich als Götter ausgeben. Aber ihnen fehlt der primäre göttliche Faktor der Ennoia, der ›Intentionalität‹, des ›kreativen Willens‹. Sie können nichts erschaffen, sie können nur imitieren, und sie müssen ihre Nachahmungstätigkeit mit List und Tücke ausführen, damit ihre wahre Natur nicht entdeckt wird.«

Die menschliche Gesellschaft wird von den höchsten Höhen bis zu den tiefsten Tiefen von Parasiten beherrscht, die ein Ausdruck des Jaldabaoth-Superparasiten sind, insbesondere wenn es sich um Autoritätspersonen handelt. Die Kult-Regierungen, Banken und Unternehmen schmarotzen an der Menschheit, die Menschen schmarotzen aneinander und das Jaldabaoth-Bewusstsein schmarotzt an der kollektiven Energie der Menschen beziehungsweise an deren vierdimensionalem Geist, der sich für »menschlich« hält. Die Definition des Begriffs Parasit fasst das Thema zusammen: »Ein Organismus, der auf oder in einem anderen Organismus wächst, sich von ihm ernährt und ihm Unterschlupf gewährt, während er nichts zum Überleben seines Wirts beiträgt; jemand, der gewohnheitsmäßig die Großzügigkeit anderer ausnutzt, ohne eine nützliche Gegenleistung zu erbringen.« Jaldabaoth ist eine Art Parasit der Kreativität von Menschen, die noch eine Verbindung zur Unendlichen Möglichkeit haben. Wir sehen dies auf einer Ebene bei dem berüchtigten Diebstahl geistigen Eigentums durch die Jaldabaoth-Regierungen Chinas und Israels durch »Backdoors«, die in der von ihnen an die Welt verkauften Computertechnologie und Software verschlüsselt sind. Aber es gibt kein besseres Beispiel für einen Raubtierparasiten in Aktion als das vom Kult gegründete globale Bankensystem, das Menschen Geld »leiht«, das nicht existiert, genannt »Kredit«, und ihnen dafür Zinsen berechnet. Wenn der vorgetäuschte »Kredit« nicht »zurückgezahlt« werden kann, erhalten die Banken im Austausch für den theoretischen »Kredit« das Vermögen der »Kreditnehmer« in Form von Häusern, Unternehmen, Land und Ressourcen, so »simuliert« die auch sein mögen. Das Bankwesen ist das Jaldabaoth-Bewusstsein in seiner extremen Ausprägung und das Mittel, mit dem einige wenige die Welt, die wir erleben, an sich gerissen haben, indem sie das menschlich Greifbare gegen das Theoretische ausgetauscht haben.

Schauen Sie sich doch nur einmal die Plattformen im Silicon Valley wie Google, YouTube, Facebook und Twitter an. Die Kreativität kommt von den unteren Rängen, nicht von den Jaldabaoth-Agenten, die sie angeblich leiten. Sie ernähren sich von der Massenkreativität der Öffentlichkeit, die auf ihren Plattformen postet und das Publikum anzieht. Ohne die Kreativität der Öffentlichkeit, die sie mit atemberaubendem Gewinn ausbeuten, würden sie gar nicht existieren. Ihr Geschäftsmodell ist parasitär, denn Organisationen wie Facebook beanspruchen das gemeinsame Urheberrecht an jeder Kreativität, die auf der Plattform gepostet wird, was Jaldabaoths Facebook zu einem monumentalen globalen Parasiten macht. Die Regierungen und der Deep State Chinas, Israels, der Vereinigten Staaten, Kanadas, Großbritanniens, Frankreichs, Italiens, Deutschlands, Australiens, Neuseelands und so weiter sind alles Manifestationen des Jaldabaoth-Bewusstseins, ebenso wie das gesamte globale Kult-Web.

»Sie gaben uns ihren Verstand«

Was ich hier behaupte, wird von alten und modernen Quellen auf der ganzen Welt gestützt. Dazu gehört auch Don Juan Matus, ein Yaqui-Heiler oder Schamane aus Mexiko, der zwischen den 1960er und 1990er Jahren in den Büchern des in Peru geborenen Schriftstellers Carlos Castaneda zitiert wird. Matus sagte, es gäbe ein »Raubtier«, das aus den Tiefen des Kosmos gekommen sei und die Herrschaft über die Menschen übernommen habe. Das Thema ist universell. Die Menschen sind Gefangene und das

Raubtier ist unser Herr und Meister, berichtete der Schamane. Es habe uns gefügig und hilflos gemacht. Wenn wir protestieren wollten, unterdrückte es unseren Protest. Wenn wir unabhängig handeln wollten, verlangte es, dass wir das nicht tun:

»Sie haben die Herrschaft übernommen, weil wir Nahrung für sie sind. Und sie nehmen uns erbarmungslos aus, weil wir ihr Überleben sichern. So wie wir Hühner in Hühnerställen halten, in ›Gallineros‹, so halten uns die Räuber in Menschenställen, in ›Humaneros‹. Auf diese Weise haben sie ihre Nahrung ständig zur Verfügung.«

Matus sagt, die Raubtiere hätten uns unsere Glaubenssysteme und unsere Vorstellungen von Gut und Böse gegeben. Sie haben uns unsere Träume von Erfolg oder Misserfolg gegeben. Sie gaben uns Begehrlichkeit, Gier und Feigheit. Das Raubtier hat uns selbstgefällig, routiniert und egomanisch gemacht:

»Um uns gehorsam, sanftmütig und schwach zu halten, hat sich das Raubtier auf ein großartiges Manöver eingelassen – großartig natürlich aus der Sicht eines Kampfstrategen; ein entsetzliches Manöver aus der Sicht derer, die es erleiden. Es hat uns seinen Verstand gegeben. Der Verstand des Raubtiers ist barock, zwiespältig, düster und erfüllt von der Angst, jeden Moment enttarnt zu werden.«

Sie haben uns ihren Verstand gegeben. Genau das ist geschehen. Der menschliche Verstand ist zum Raubtier-Verstand für alle geworden, außer für diejenigen, die erwacht genug sind, um die 5D-Ebenen des Bewusstseins zu erreichen. Don Juan Matus sagte, dass die Zauberer des alten Mexikos zu dem Schluss kamen, der Mensch müsse einst ein ganzheitliches Wesen gewesen sein, mit überwältigenden Einsichten und Bewusstseinsleistungen, die heute mythologische Legenden sind (5D-Bewusstsein). Und dann scheint alles verschwunden zu sein und wir hatten nur noch einen sedierten Menschen (niedrigeres 4D-Bewusstsein nach dem »Fall«):

»Was ich damit sagen will, ist, dass das, was wir gegen uns haben, kein einfaches Raubtier ist. Es ist sehr intelligent und organisiert. Es folgt einem methodischen System, um uns handlungsunfähig zu machen. Der Mensch, das magische Wesen, das er eigentlich sein sollte, ist nicht mehr magisch. Er ist ein gewöhnliches Stück Fleisch. Es gibt keine Träume mehr für den Menschen, sondern nur noch die Träume eines Tieres, das dazu erzogen wird, ein Stück Fleisch zu sein: banal, konventionell, schwachsinnig.«

Wir Menschen werden wieder magische Wesen sein, wenn wir aus dem 4D-Verstandesprogramm ausbrechen und uns erneut mit unseren erweiterten Bewusstseinszuständen verbinden, die uns magisch machen.

Der falsche Weg nach oben

Ein weiterer Aspekt des Jaldabaoth-Bewusstseins, der sich in der menschlichen Gesellschaft zeigt, ist der Zustand der *Umkehrung*, der Inversion. Nach meiner Definition ist das Böse die Abwesenheit von Liebe – eine *Umkehrung* der Liebe, die der Grundzustand der Unendlichen Realität ist. Das Böse wird immer versuchen, die Wahrheit auf den Kopf zu stellen, weil es sich selbst in einem Zustand der Inversion befindet. Alles steht auf dem Kopf, weil das *Jaldabaoth-Bewusstsein* auf dem Kopf steht. Sehen Sie sich an, wie der Kult und seine Agenten das Gute als schlecht und das Schlechte als gut darstellen. Der vom Kult kontrollierte ukrainische Präsident Wolodymyr Selenskyj hat sich nach der russischen Invasion im Jahr 2022 mit fast uneingeschränkter weltweiter Unterstützung der Medien als Verteidiger von Freiheit und Demokratie präsentiert. In Wirklichkeit beaufsichtigte Selenskyj eine vom Kult kontrollierte, von den USA gesteuerte und von Oligarchen kontrollierte faschistische Diktatur, in der er Oppositionsparteien und Fernsehsender verbot und dann alle ukrainischen Fernsehsender zu einem einzigen Sender verschmolz, den »er« (seine Herren) kontrolliert. Das nenne ich Umkehrung. Selenskyj tat dies mit Hilfe von »Notstandsbefugnissen« (siehe Trudeau in Kanada), um eine »einheitliche Informationspolitik« zu schaffen, die direkt aus Orwells Buch *1984* stammt. Diese Notstandsbefugnisse gibt es in praktisch jedem Land, das darauf wartet, im Namen des »Schutzes der Demokratie« den totalen Faschismus einzuführen – eine weitere Umkehrung. Im Satanismus, ebenfalls ein offensichtlicher Ausdruck von Jaldabaoth, dreht sich alles um Umkehrung, bis hin zu seiner umgedrehten Symbolik, einschließlich des umgedrehten Pentagramms und des umgedrehten Kreuzes.

Ein Zitat des Autors Michael Ellner bringt es auf den Punkt:

> »Sehen Sie uns doch nur an. Alles ist rückwärtsgewandt, alles ist auf den Kopf gestellt. Ärzte zerstören die Gesundheit, Anwälte die Gerechtigkeit, Psychiater den Verstand, Wissenschaftler die Wahrheit, die großen Medien die Information, Religionen die Spiritualität und Regierungen die Freiheit.«

Was ich hier darlege, erklärt, warum dies der Fall ist. Ein entscheidender Punkt ist – und darauf werde ich am Ende des Buches näher eingehen, dass das Jaldabaoth-Bewusstsein nicht die Macht und das Potenzial hat, die wir in unserer wahren Herrlichkeit und 5D-verbundenen Pracht haben. Wenn Sie sich die Geschichte der Menschheit ansehen, werden Sie feststellen, dass die Vielen (der Verstand) ihre Macht an die Machthaber (Jaldabaoth) abtreten. Auf diese Weise, und *nur* auf diese Weise, wurde die Menschheit immer von den Wenigen kontrolliert. Dies wird endlich ein Ende haben, wenn die Menschen erkennen, dass die Macht, die die Jaldabaoth-Machthaber der Bevölkerung aufzwingen, nur die Macht ist, die die Bevölkerung an die Mächtigen abgibt, indem sie bedingungslos zustimmt und Angst davor hat, nicht zuzustimmen. Die »Covid«-Ära macht das exemplarisch deutlich. Von Iblis, der islamischen Version des Jaldabaoth oder des Teufels, heißt es, er habe keine direkte Macht, sondern könne nur »böse Suggestionen in das Herz von Männern, Frauen und Dschinns werfen«. Das ist genau richtig. Die Macht haben *wir*. Jaldabaoths einziger Modus Operandi besteht darin, unsere Wahrnehmung zu manipulieren und uns vorzugaukeln, dass unsere Macht seine Macht ist. So ein Quatsch, Jalda, altes Haus – für mich bist du eine erbärmliche kleine Rotznase in kurzen Hosen. Das Böse ist immer dumm. Es liegt in der Natur der Sache, dass es von der Quelle der Weisheit abgekoppelt ist. Jeder, der das Bedürfnis verspürt, zu kontrollieren und zu unterdrücken, ist ein verängstigter Schwachkopf. Solche Bewusstseine muss man nicht fürchten. Wenn wir Jaldabaoth nicht mehr ernst nehmen, ist seine Macht von gestern. Kein Wunder, dass Jaldabaoth bei den Gnostikern als wahnsinnig und »der Blinde« gilt und er unter anderen Namen, Samael und Saklas, in ihren Texten auch mit »der blinde Gott« und »der Törichte« übersetzt wird. Du bist ein Idiot, Jalda, Kumpel, aber das musst du nicht sein. Du brauchst dich nur anders zu entscheiden, dann wirst du jederzeit wieder in den Armen der Unendlichkeit willkommen geheißen. Sobald du endlich eine andere Wahl triffst, du verlorener Sohn des Scheinuniversums.

Die menschliche Gesellschaft: Wetikos Reich

Seit Jahrzehnten bezeichne ich das Jaldabaoth-Bewusstsein mit all seinen kulturellen und religiösen Namen und Symbolen als ein »Geistesvirus«, ähnlich einem Computervirus, der die Verbindung zwischen dem Betriebssystem und dem Benutzer unterbricht. »Sie haben uns ihren Verstand gegeben«, wie der Schamane in Castanedas Büchern sagte. Dann stieß ich auf das Konzept der nordamerikanischen Ureinwohner von »Wetiko«, wie es bei den Cree in Montana und Kanada genannt wird. Andere indigene Gruppen haben leicht abweichende Namen, wie Wintiko und Wendigo. Das Konzept ist aber bei allen dasselbe. Was ist Wetiko? Die amerikanischen Ureinwohner nennen es – einen Geistesvirus! Ich war fasziniert, als ich wieder auf das gleiche globale Motiv stieß. Jaldabaoth, Teufel, Satan, Luzifer, Iblis/Saytan, Samael und all den anderen kann nun Wetiko hinzugefügt werden. Sie alle beschreiben die gleiche Macht, deren Techniken der Täuschung durch Wahrnehmungsmanipulation erfolgt. Der Autor und Forscher Paul Levy hat bei der Beschreibung der Abgründe und Manipulationstechniken von Wetiko hervorragende Arbeit geleistet. Ich empfehle sein Buch *Dispelling Wetiko, Breaking the Spell of Evil* (»Wetiko vertreiben, den Bann des Bösen brechen«). Ich habe auch ein Wetiko-Buch des indigenen Autors Jack D. Forbes gelesen: *Die Wetiko-Seuche – Eine indianische Philosophie von Aggression und Gewalt.* Wetiko wird als Krankheit der Seele und als ein Zustand des Seins beschrieben, der nimmt und nichts zurückgibt. Ich denke dabei sofort an Gates, Schwab, Fauci, die großen Pharmakonzerne und all die anderen »Covid«-Psychopathen aus Politik und Medien. Kein Wunder, dass alle Wege des Bösen in der menschlichen Welt von den Wetiko-Reptiloiden und ihrem invertierten Bewusstseinszustand ausgehen (siehe Abbildung 141). Jack D. Forbes schreibt, dass »tragischerweise die Geschichte der Welt in den letzten zweitausend Jahren zu einem großen Teil die Geschichte der Epidemiologie der Wetiko-Krankheit ist«.

Alles Böse in der Welt kommt von Wetiko in all seinen Namen und Erscheinungsformen und vor allem von »menschlichen« Köpfen, die Wetiko erlauben, ihre Wahrnehmung zu kontrollieren. Wetiko ist seit dem »Covid«-Schwindel und in all den Kriegen, dem Hunger, der Entbehrung und den Kontrollsystemen in aller Öffentlichkeit zu sehen. Angesichts der Tatsache, dass alles Eins ist – alle Aspekte des Unendlichen Bewusstseins in verschiedenen Bewusstseinszuständen –, sollten wir auch die Verantwortung dafür übernehmen, dass Wetiko das Potenzial hat, jeden und jede zu beeinflussen. Paul Levy schreibt: »Der Wetiko-Virus, der in der Psyche jedes Menschen holografisch verankert ist, durchdringt und unterlagert das gesamte Bewusstseinsfeld und kann sich daher potenziell durch jeden von uns in jedem Moment manifestieren, wenn wir nicht achtsam sind.« Dieser »Virus«, der dem gesamten Bewusstseinsfeld unterlegt ist, bildet meiner Meinung nach die ultimative Quelle der Simulation, und Wetiko lenkt die Gedanken und Handlungen des Kult-Netzes in all seinen Erscheinungsformen. Im Lichte dessen, was ich im vorliegenden Buch gesagt habe, schreibt Levy interessanterweise:

> »... der feinstoffliche Körper von Wetiko befindet sich nicht in der dritten Dimension von Raum und Zeit und existiert buchstäblich in einer anderen Dimension ... Er ist

> in der Lage, das gewöhnliche Leben zu beeinflussen, indem er auf geheimnisvolle Weise in unsere dreidimensionale Welt eindringt.«

Meine Auffassung ist, dass sich die Wetiko-Simulation an den Verstand in der vierten Dimension anhängt, um sich dann in die Illusion einer drittdimensionalen Realität zu dekodieren. Wetiko durchdringt die »Dritte Dimension« durch die Manipulation der Wahrnehmung des Geistes in der Vierten Dimension.

Abb. 141. Alle Wege führen zu den reptiloiden »Göttern«. Der »Rothschild-Zionismus« in dieser Abbildung bezieht sich auf einen Kult namens Sabbatianismus, der die Juden hasst, aber Israel regiert. Ich stelle diese Abscheulichkeit in meinem Buch The Trigger ausführlich dar. (Bild: Neil Hague)

Kapitel 10

WTF? … Ich meine, was zum Teufel???

Der Erwerb von Wissen tötet nicht den Sinn für Wunder und Geheimnisse. Es gibt immer noch weitere Geheimnisse.

ANAIS NÏN (1903-1977)

Sie werden den Grund für diese Kapitelüberschrift verstehen, sobald ich Ihnen die folgende Geschichte erzählt habe. Bereits zu Beginn des Buches erwähnte ich, dass ich 1967 in ein Mädchen aus der Schule verliebt war und dass »sie« zweiundfünfzig Jahre später wieder in mein Leben trat. Nun, eigentlich nicht so sehr »sie«, aber das Wesentliche wird Ihnen im weiteren Verlauf rasch klar werden. Damit eröffnete sich für mich ein ganz neues Forschungsgebiet und ich erkannte, wie tief der Kaninchenbau ist.

Ich werde das Mädchen (wie bisher) »K« nennen. Ich kannte sie von der Crown Hills School in Leicester, als sie dreizehn und vierzehn und ich vierzehn und fünfzehn war. Seitdem habe ich sie nicht mehr gesehen, abgesehen von einem zweiminütigen »Wie geht es dir?« bei einem Klassentreffen in den 1980er Jahren. Jetzt, wo ich die Siebzig erreiche, wird sie fast genauso alt sein. Das Seltsame war, dass ich nie mit dem Mädchen »ausging« oder gar ihre Hand hielt. Was zwischen uns geschah, war unausgesprochen, aber dennoch eindeutig und sehr stark. Ich fühlte mich extrem zu ihr hingezogen und weiß, dass das Gefühl auf Gegenseitigkeit beruhte. Wenn ich sie in einer Gruppe von Kindern ansah, konnte ich nur sie und ihre Augen sehen. Alles andere war irgendwie unscharf, eine Art periphere Unschärfe. Ich wusste, dass es eine starke Verbindung gab, doch obwohl ich zu jener Zeit durch meine Fußballerfahrungen viel Selbstvertrauen gewann, war ich immer noch schüchtern, wenn es darum ging, ein Mädchen um ein Date zu bitten. Ich sagte nichts und sie auch nicht, obwohl wir beide wussten, was der andere fühlte. Nun ja, um fair zu sein, ich glaube, ich war mir ihrer Gefühle für mich bewusster als sie sich meiner bewusst war. Als ich Crown Hills verließ, bedauerte ich es am meisten, sie zu verlassen, und ich freute mich, als sie mich fragte, ob sie mir schreiben könne, als ich nach Coventry zog, um meine Fußballkarriere zu beginnen. Sie hatte eine Freundin, einen Blondschopf, der ebenfalls auf mich scharf war, und auch sie fragte mich, ob sie mir schreiben dürfe. Ich stimmte zu, um ihre Gefühle nicht zu verletzen, obwohl ich mir eigentlich nur Briefe von »K« wünschte. Und als ich nach Coventry gezogen war, kamen die Briefe. Sie kamen regelmäßig, vielleicht zwei pro Woche, monatelang, bis in den Spätherbst 1967 hinein. Sie erzählte mir, dass sie an einem Schultheaterstück teilnahm, das öffentlich aufgeführt werden sollte, und fragte mich, ob ich es mir nicht an einem der Abende anschauen wollte. Ich ergriff die Gelegenheit. Es gab Dinge, die ich ihr jetzt sagen wollte. Dann kam ein Brief, in dem sie mich fragte, ob sie dem anderen Mädchen sagen könne, dass ich nicht mehr wolle, dass es mir schreibe. Ich stimmte zögernd zu. Ich wollte das andere Mädchen nicht verletzen, aber ich konnte sehen, dass »K« mich für sich haben wollte, und diese Gefühle teilte ich. »Ja, in Ordnung«, sagte ich daher, »nur zu.«

Hello, Goodbye – auf Wiedersehen

Die Briefe hörten dann abrupt auf, oder vielleicht gab es noch einen, bevor sie aufhörten. Es war auf jeden Fall genug Zeit für einen weiteren, bevor ich damals das Theaterstück besuchte, doch der kam nicht. Eine solche Verzögerung hatte es noch nie gegeben. Und so besuchte ich denn an einem dunklen, sternenklaren Novemberabend das Theaterstück in der Aula der Crown Hills School. Ich hatte endlich den Mut aufgebracht, ihr zu sagen, wie sehr ich sie liebte und dass ich wollte, dass wir zusammen sind. Dies sollte mein großer Abend werden. Was bisher unausgesprochen war, würde nun ausgesprochen werden. Ich hatte verabredet, sie nach der Aufführung draußen zu treffen, wo sich Schüler und Eltern versammelten und auf den Heimweg machten. Ich unterhielt mich gerade mit einem alten Schulfreund, den ich seit meiner Abreise vor fünf Monaten nicht mehr gesehen hatte, als ich »K« mit ihrer blonden Freundin im Schlepptau um die Ecke der Aula kommen sah. Der Blondschopf war immer in ihrem Schlepptau, wich nicht von ihrer Seite. Mann, was für ein Schock! In der ganzen Zeit, in der ich sie kannte, war »K« immer so freundlich gewesen und hatte unbeschwert gelacht. Jetzt blickte ich in ein Gesicht voller Wut und Zorn. Ich war so verblüfft, dass ich sie das erste Mal an mir vorbeilaufen ließ, während ich versuchte zu begreifen, was um alles in der Welt los war. Als wir dann miteinander sprachen, war sie furchtbar zu mir und blieb es auch, während ich sie nach Hause begleitete, wenn man das so nennen kann. Sie ließ keinen Zweifel daran, dass meine Nähe das Letzte war, was sie in dieser Nacht wollte. Als wir am Ende ihrer Straße ankamen, stolzierte sie mit einem heftigen »Ich gehe jetzt besser« davon, und in diesem Moment wusste ich, dass es vorbei war. Unter diesen Umständen hielt ich es für das Beste, ihr nicht zu sagen, dass ich sie liebte, und wollte, dass wir zusammen sind. Hallo?!

Ein paar Tage später kam der Brief, den ich erwartet hatte, mit einer lahmen und offensichtlich unwahren Ausrede, die erklären sollte, warum sie mir nicht mehr schreiben würde. Ich spielte den Lässigen und schrieb ihr nonchalant zurück, dass so etwas schon mal vorkommen kann, während ich innerlich auf dem Sterbebett lag. Innerhalb von zwei Wochen hatten sich die Briefe von »Darf ich die Einzige sein, die dir schreibt« zu »Verpiss dich!« gewandelt. Ich war fassungslos und zutiefst verletzt. Es konnte doch nicht sein, dass ich in diesen zwei Wochen etwas so Schlimmes getan hatte! Ich hatte sie ja gar nicht gesehen und verbrachte die ganze Zeit in Coventry, vierzig Kilometer entfernt. Was mochte da nur passiert sein? Das Einzige, was mir einfiel, war, dass sie mir im letzten Brief sagte, ihr gefiele der neue Beatles-Song *Hello, Goodbye*. Ich antwortete ihr, dass mir ein neues Lied von Cliff Richard namens *All My Love* gefiel. Ich war kein Fan von Cliff Richard. Ich habe versucht, ihr durch den Songtitel zu sagen, wie ich für sie empfinde. Vielleicht fand sie, ich sei nicht »cool«, weil ich Cliff Richard erwähnte, und das war die Erklärung? Vielleicht hat sie aber auch aufgrund des Textes geglaubt, ich wollte mit ihr Schluss machen. Es ist so witzig, wenn man mehr als ein halbes Jahrhundert später darauf zurückschaut, obwohl mir damals, ehrlich gesagt, keine Erklärung für die dramatische Kehrtwende einfiel. Die Ironie besteht darin, dass der Text des Cliff-Richard-Songs genau das vorhersagte, was kurz darauf geschah, genau wie *Hello, Goodbye* mit seinem »I don't know why you say goodbye, I say hello – Ich weiß nicht, warum du Auf Wiedersehen sagst, ich sage hallo«. Mich als untröstlich zu bezeichnen, beschreibt nicht annähernd, wie ich mich fühlte, besonders mit fünfzehn, als die Hormonumstellung in vollem Gange war. Ein weiterer Song, der zur gleichen Zeit im November 1967 herauskam, war *Nights in White Satin* von den Moody Blues, der mich jedes Mal, wenn ich ihn hörte, emotional überwältigte. Gott sei Dank konnte ich mich auf Fußball konzentrieren, bis mir auch das ein paar Monate später verwehrt wurde, als die Arthritis begann und meine Karriere in Coventry für fast ein Jahr ins Stocken geriet.

Von November 1967 bis zum Jahreswechsel ließ ich ein paar Monate verstreichen, um zu sehen, ob sich die Dinge geändert hatten. Ich bat einen Freund, der noch an der Schule war, »K« anzusprechen und zu fragen, ob ich sie sehen könnte. Ich erinnere mich an seinen Anruf nachts in meiner Gästewohnung in Coventry: »Sie hat darüber nachgedacht, Dave, aber dann hat sie nein gesagt.« Ich war niedergeschlagen und gab auf, führte weiter mein Leben. In den folgenden zwei Jahren kehrte ich während der Sommerpause vom Fußball ein paar Mal in die Schule zurück, vorgeblich um alte Freunde und Lehrer zu besuchen, aber in Wahrheit hoffte ich, sie zu sehen. Bei einer Gelegenheit sah ich sie auch (raten Sie mal, mit wem??) auf der anderen Seite eines leeren Spielplatzes. Ich sah sie an und sie sahen mich an. Ich wollte so gerne meine Hand heben und winken, aber irgendetwas hielt mich davon ab. Ich habe keine Ahnung, warum. Ich wandte mich kurz ab und sie – es waren immer die beiden – waren weg. Das war's eigentlich schon, abgesehen von einer kurzen Begegnung bei einem Klassentreffen Mitte der 1980er Jahre. Damals war ich bereits ein landesweit bekanntes Fernsehgesicht. Ich nahm die Einladung zum Klassentreffen an, ohne zu wissen, wer dort sein würde, und nahm mir vor, wenn »K« unter den Teilnehmern war, endlich die Hintergründe zu erfahren, was sich zur Zeit der Theateraufführung so schnell verändert hatte. Als mich der Organisator an der Tür des kleinen Veranstaltungsraums im Hotel in Leicester begrüßte, war meine erste Frage: »Wissen Sie, wo ich ›K‹ finden kann?« »Sie ist da drüben«, sagte der Organisator, und ich sah sie, wie sie sich mit jemandem unterhielt.

Abb. 142. Das Klassentreffen der Crown Hills School in den 1980er Jahren. »K« ist nicht auf dem Foto.

Ich sage Ihnen mal was. Wenn Sie behaupten würden, es gäbe eine unsichtbare Macht, die uns voneinander trennt, hätte ich kein Problem damit, Ihnen zu glauben. Es gab die sprachlosen Jahre in der Schule, in denen ich eigentlich nie allein mit ihr gesprochen habe. Der Blondschopf, manchmal auch andere, waren immer bei ihr. Es war bizarr. »K« kam zu den Fußballspielen der Schule und stand manchmal hinter meinem Tor, aber immer mit dem Blondschopf. Das einzige Mal, dass ich sie allein traf, war auf dem schrecklichen Heimweg von der Schulaufführung. Jetzt verbrachte ich beim Klassentreffen fast drei Stunden in einem relativ kleinen Saal in einem Hotel in Leicester und konnte erst ganz zum Schluss mit ihr sprechen. Verrückt, ich weiß. Die Zeit verflog in jener Nacht (siehe Abbildung 142). Ich hatte kaum den Raum betreten, da war es auch schon wieder um. Wo war die Zeit geblieben? Die Leute wollten bereits aufbrechen, als ich mit ihr sprechen konnte. Gerade, als ich sie fragen wollte, was vor all den Jahren passiert war, kam ein Mann herein, der sie nach Hause bringen wollte. Er fing an, mit mir über Autorennen oder so was zu reden. Keine Chance, sie gingen beide sofort. Es war das letzte Mal, dass ich sie sah, und ich habe nie etwas über diese Nacht im Jahr 1967 herausgefunden. »K« verschwand danach aus meinem Gedächtnis, außer wenn ich anlässlich der Besuche bei meiner Familie in Crown Hills an ihrem alten Haus und der Schule vorbeikam. Da wurden die Erinnerungen an diese wunderbaren Jahre in Crown Hills wieder lebendig. Ich kann immer noch nicht auf der Gwendolen Road in Richtung Schule fahren, ohne mich an den Spaziergang mit ihr in jener Nacht zu erinnern! Sonst waren meine Gedanken eher mit anderen Dingen beschäftigt. In den vier Jahren, die auf das Klassentreffen folgten, wurde ich nationaler Sprecher der Grünen Partei, kurz darauf folgte Betty Shine im Jahr 1990 und in meinem Leben brach die Hölle los.

Träumen von gestern

Spulen Sie zweiundfünfzig Jahre von der Nacht der Schulaufführung vor bis zum Frühjahr/Sommer 2019. Inzwischen hat meine Arbeit nach all den Jahren des Spottes und der Beschimpfungen an Boden gewonnen und wird viel mehr respektiert. Das Interesse hatte sich seit den Anschlägen vom 11. September 2001 aufgebaut. Eines Nachts, in den ersten Monaten des Jahres 2019, hatte ich einen lebhaften Traum über »K«. Sie erschien mir nicht wie die 14-Jährige, die ich aus der Schule kannte. Sie sah eher so aus wie auf dem Klassentreffen mit Anfang Dreißig, wenn auch nicht mehr ganz so wie damals. Sie hatte eine Reife an sich, ein Wissen, das ich nicht in Worte fassen kann. Ich wachte verwirrt auf. Warum sollte ich nach all diesen Jahren – zweiundfünfzig Jahren – von »K« träumen? Seit dem Klassentreffen Mitte der 1980er Jahre war sie mir kaum mehr in den Sinn gekommen. Doch noch seltsamer war, dass ich sie in den folgenden Tagen um mich herum spürte. Es ist schwer zu erklären. Ich spürte ihre Anwesenheit, sah sie in meinen Gedanken aufblitzen und hörte manchmal eine weibliche Stimme, die behauptete, sie zu sein. Dabei wurden Erinnerungen an diese fernen Tage in Crown Hills wach.

Kurz nach dem Traum ging ich an einem sonnigen Morgen in der Natur spazieren und spürte wieder »ihre« Anwesenheit. Ich schaute mich um und es war kein einziger

Vogel in Sicht. Ich sagte: »Wenn du es wirklich bist, dann zeige mir zwei Vögel, die zusammen fliegen.« Das schien mir unter den gegebenen Umständen eine fast unmögliche Bitte zu sein, aber es sollte so sein. Innerhalb von nur drei Sekunden brachen zwei Vögel aus einem Busch zu meiner Linken hervor und flogen gemeinsam in den Himmel. Dabei bemerkte ich, dass ein weiterer Vogel aufgetaucht war, ein großer, der weit oben seine Kreise zog. Als ich zu dem Vogel hinaufsah, sagte eine weibliche Stimme in mir: »Das bist du.« Ich hörte gerade Musik über Kopfhörer von einer CD, die ich zum ersten Mal abspielte. Ich sah zu, wie der Vogel in großer Höhe kreiste, während das Lied *The Power of Love* von Frankie Goes To Hollywood erklang, in dem es heißt: »I'll protect you from the hooded claw … Keep the vampires from your door … When the chips are down, I'll be around with my undying, death-defying love for you. – Ich schütze dich vor den Klauen unter der Kapuze, halte die Vampire von deiner Tür fern. Wenn es hart auf hart kommt, werde ich da sein mit meiner unsterblichen, todesmutigen Liebe für dich.« Diese Nummer tauchte immer wieder »zufällig« in wichtigen Momenten meines Lebens auf und war für mich zu einer Art Hymne geworden. Der einzige Sinn, den ich aus dem, was gerade geschah, ziehen konnte, war, dass »K« hinübergegangen sein musste und aus einer anderen Realität mit mir kommunizierte, aber wer konnte das schon mit Sicherheit sagen? Ich beschloss, mich einfach darauf einzulassen und zu sehen, was passiert. Meine Lebenserfahrung ist, dass alles irgendwann eine Erklärung findet, egal wie lange es dauern mag.

Bei einer späteren Gelegenheit fuhr ich mit dem Wagen durch Wiltshire in der Nähe des Steinkreises von Avebury und hörte deutlich eine weibliche Stimme, die behauptete, »K« zu sein und mir sagte, dass wir »Zwillingsseelen« seien. Ich hatte damals keine Ahnung, was eine Zwillingsseele ist. Danach habe ich gelesen, dass es sich um eine Seele handelt, die sich in einem männlichen und einem weiblichen Aspekt inkarniert, also eine Seele in zwei Körpern. Ich sage übrigens nicht, dass es das gibt, sondern nur, dass ich das gelesen habe. Für mich ist das Konzept der Zwillingsseele (auch Zwillingsflamme genannt) mit dem Thema der Quantenverschränkung verbunden, die definiert ist als »eine Eigenschaft einer Gruppe subatomarer Teilchen, bei der ein Quantenmerkmal (wie Spin oder Impuls) eines Teilchens direkt und unmittelbar mit dem entsprechenden Merkmal der anderen Teilchen korreliert, unabhängig vom räumlichen Abstand«. Mit anderen Worten: Die »zwei« sind immer eins, egal wo sie sich befinden. Eine andere Erklärung für Zwillingsseelen, die ich gelesen habe, ist, dass das »Schwingungsniveau zu hoch wird, um von einem einzelnen menschlichen Körper aufgenommen zu werden« und dass die Zwillingsseelen-Inkarnation »der Person erlaubt, mehr von der Welt zu erfahren und ihr spirituelles Wissen zu erweitern«. Nun ja, wohl eher mehr von der Simulation. Ich legte diese Informationen wie immer auf meiner inneren »Festplatte« ab und wartete, wohin – wenn überhaupt irgendwohin – mich das Ganze führen würde. Aufgrund dessen, wie mein Leben bisher verlaufen war, wusste ich, dass das »K«-Phänomen aus einem bestimmten Grund auftrat. Aber ich hatte keine Ahnung, was der Grund sein mochte. Wenn »K« tatsächlich schon gestorben war, konnte vielleicht ein Medium eine Verbindung herstellen? Im Juni 2019 nahm ich deshalb Kontakt zu einem befreundeten Medium auf. Ich erzählte ihr nur von dem Traum und dass ich aus irgendeinem Grund eine Präsenz um mich herum spürte, die mich immer wieder an »K« erinnerte. Das Medium sagte, es würde sich auf mich einstimmen und sich bei mir melden. Das tat sie dann auch mit einer eMail, die folgende Aussagen enthielt:

> »Ich habe schließlich mit der Person Kontakt aufnehmen können, von der ich glaube, dass es [›K‹] ist. Sie lächelte mir zu und nickte zustimmend. Sie meldete sich so deutlich, dass ich in einem Tempo Informationen erhielt, die mich veranlassten, mich besser an meinen Laptop zu setzen und gleich einzutippen, was ich sie sagen hörte.
>
> Als Erstes sah ich eine Frau um die achtundvierzig Jahre, von der ich annahm, dass sie in diesem Alter gestorben war. Ihr Haar war kurz, bis zum Kinn geschnitten … Ich bat sie, mir zu sagen, ob sie hinübergegangen war und wie alt sie war. Sie sagte, sie sei achtundvierzig und an einem seltenen Herzleiden gestorben. Niemand hatte erwartet, dass sie so unerwartet hinübergehen würde.«

Das gab mir überprüfbare Fakten, die ich auf jeden Fall checken wollte, bevor ich mit diesem Buch weitermachte. Vorerst wollte ich es einfach laufen lassen und sehen, was noch geschieht. Die ganze Sache war so faszinierend und ich war gespannt, wie es weitergehen würde. Es beeinträchtigte meine Arbeit in keiner Weise und irgendetwas sagte mir intuitiv, dass ich einfach weitermachen musste. Ich überprüfte die sozialen Medien und das Internet auf jegliche Erwähnung von ihr. Es gab keine.

In der eMail des Mediums hieß es weiter:

> »Offenbar war sie verheiratet und nachdem Sie mit ihr zur Schule gegangen waren, ist sie entweder umgezogen oder weggezogen, weshalb sie aus Ihren Augen verschwand … Sie sagte, dass sie sich ganz aufs Lernen konzentrierte und schüchtern oder still war, wenn es um Jungs ging, und sich Ihnen deshalb nicht angenähert hat.
>
> Ich habe sie gefragt, warum sie Ihnen in den Sinn gekommen ist, und sie sagte mir, dass sie weiß, was Sie mit Ihrem Leben anfangen, und meinte dazu noch: ›Gute

Arbeit, David … gut gemacht.‹ Sie tauchte bei Ihnen auf, weil sie mit Ihnen Kontakt aufnehmen wollte. Sie haben sie nicht gerufen. Es war genau andersherum.

Sie ist sehr stolz auf Sie und auch sehr zufrieden damit, wo sie jetzt stehen. Sie weiß, dass Sie zu Ende bringen werden, was Sie begonnen haben, denn wie sie sagte: Sie sind sehr gut darin, im Mittelpunkt zu stehen, ob Sie es wollen oder nicht. Sie sieht Sie als ehrgeizig, aber auch als ruhig und konzentriert.

Als ich sie nach den sozialen Medien fragte, sagte sie, dass es diese zu ihren Lebzeiten noch gar nicht gab, und das leuchtet mir ein. Sie ist vor etwa sechzehn bis achtzehn Jahren gestorben? Ich glaube, dass sie da Recht hat. Das wäre dann zwischen 2001 und 2003 gewesen.

Ich glaube, sie trug einen anderen Namen als [›K‹] nach ihrer Heirat … Sie bat mich, Sie zu grüßen und Ihnen mitzuteilen, dass diese Kommunikation kein Zufall sei. Sie sagte auch, dass sie darauf vertraut, dass Ihre Arbeit Spuren hinterlassen wird, und dass der Zeitpunkt, an dem Sie diese Sphäre verlassen werden, noch weit entfernt ist. Sie sind noch nicht bereit und Sie werden erst gehen, wenn Sie mit dem zufrieden sind, was Sie auf der Erde erreicht haben. Sie werden also alt werden …«

Das Medium berichtete, »K« habe außerdem gesagt, dass, wenn wir in diesem Leben zusammen gewesen wären, »es nicht funktioniert hätte, weil Sie zu Großem bestimmt waren und ihr das fremd ist – Sie wären als Witwer zurückgeblieben und hätten Ihre wunderbaren Kinder nicht gehabt«. Nun, was auch immer der Hintergrund für all das war, wenn wir von »füreinander bestimmt« sprechen, dann gehörte eine Beziehung mit »ihr« angesichts der Art und Weise, wie mein Leben verlaufen war, und der Ereignisse, die uns auseinander brachten, eindeutig nicht zu unserer gemeinsamen Bestimmung. Es gab noch andere Kommentare, wie zum Beispiel, dass ihre Eltern streng gewesen seien und sie in der Schule über mich nachgedacht habe und frustriert gewesen sei, wenn sie mich ansah und sich wünschte, ich würde zu ihr hinüberkommen, was ich aber nicht tat. Der Clou war jedoch das Bild. Das Medium meinte, es habe das Internet nach einem Bild von »K« durchforstet, auf dem sie angeblich so aussah, wie sie ihr erschienen war, und das Bild, das ihr am ähnlichsten sah, schickte mir das Medium. Ich war überwältigt. Es kam der »K«, die ich beim Klassentreffen gesehen hatte, unglaublich nahe, obwohl sie es nicht war. Die verblüffende Ähnlichkeit war ein Schock. In den folgenden Wochen wurden mir viele weitere Botschaften übermittelt. Das Medium sprach von ihren »hingebungsvollen Augen« und »einer Freundlichkeit, die man nicht in Worte fassen kann«. Sie sagte, »K« habe ihr gesagt, wir seien »Zwillingsseelen« – das wiederkehrende Thema, das ich dem Medium gegenüber nicht erwähnt hatte.

Zu der Zeit ging ich viel spazieren und spürte »sie« an verschiedenen Orten bei mir. Oft beschrieb das Medium den Ort, den sie nicht kennen konnte – es befand sich ja nicht einmal in meinem Land –, und teilte mir mit, dass »K« hinter mir oder neben mir stand, und es war ganz so wie damals, als ich »sie« gespürt hatte. Mir wurde auch gesagt, dass »K« sich zurückziehen würde, wenn ich Bücher schrieb:

»Ich habe sie gefragt, warum sie in Ihrer Nähe so schweigsam ist. Sie erzählte mir etwas, was vertraut klingt. ›Ich möchte dich nicht ablenken.‹ Die Liebe von einer Seele zur anderen ist so mächtig, besonders wenn es sich um Zwillingsseelen handelt. Das würde Sie ablenken. Sie sagte auch, dass die Worte in dem Buch DURCH Sie kommen, aber nicht von ihr.

Sie wird wiederkommen und sich telepathisch mit Ihnen verbinden. Da die Worte für das Buch aus einer anderen Quelle stammen, möchte sie, dass Sie diese Worte weiterhin hören und schreiben. Die Worte sind ein Geschenk und die Ebene der Liebe, über die Sie schreiben, hat nichts mit romantischer Liebe zu tun. Da Sie beide zur gleichen Zeit auf der Erde waren, erinnern Sie sich an eine starke Anziehung und romantische Liebe füreinander …

… Ich habe heute Morgen, als ich aufwachte, eine Nachricht von ihr erhalten. Sie sagte: ›Wenn ich nicht bei dir bin, sei in Frieden … Ich BIN bei Dir, aber ich bin in Deinem Herzen, also wirst Du mich nicht hören. Ich möchte, dass du mich FÜHLST.‹«

Was »sie« über das Bücherschreiben sagte, schien definitiv wahr zu sein. Aber worum es sich bei »ihr« auch immer handelte, die Energiesignatur, die ich spürte, verschwand, als ich über zwei Zeiträume von etwa sechs Monaten zwei Bücher schrieb und recherchierte, *Die Antwort* und *Wahrnehmungen eines abtrünnigen Denkers* – und zwar in einem Maße, dass es den Anschein hatte, als hätte es das Phänomen nie gegeben. »K« tauchte hier und da noch in Träumen auf, aber immer nur am Rande. Ich begann, alles zu vergessen. Dann, im Juni 2021, ging es plötzlich mit viel größerer Intensität von neuem los.

Mit einem Paukenschlag zurück

Ich wurde von einem englischen Medium kontaktiert, über jemanden, der Linda kannte. Das Medium berichtete, ihr »Geistführer« habe sie gebeten, mit mir Kontakt aufzunehmen, und wenn ich mal in ihrer Gegend wäre, könnten wir uns doch vielleicht treffen. Meine Intuition sagte mir, dass ich das tun sollte, hatte aber keine Ahnung, wie. Sie lebte weit weg von mir und es würde mich nie in ihre Gegend verschlagen. Ein paar Wochen später erreichte mich eine weitere Nachricht: Das Medium war zu einem Vortrag in der örtlichen Spiritualisten-Kirche eingeladen worden, die nur drei Gehminuten von meinem Haus entfernt ist. Ich verabredete mich mit ihr und wir sprachen über meine Arbeit. Sie leitete Botschaften von »da draußen« über aktuelle Ereignisse und die »Covid«-Scheinimpfstoffe an mich weiter, die mit Sicherheit wahr waren. Einige Tage danach kam sie zu mir nach Hause und wir unterhielten uns vier Stunden lang über viele Themen, darunter auch über die Arbeit eines Mediums, wobei ich verständlicherweise meine »K«-Erfahrung erwähnte, die mir zu diesem Zeitpunkt schon fast beendet erschien. »Sie ist hier«, sagte das Medium und erzählte mir Dinge, die mit dem übereinstimmten, was das erste Medium gesagt hatte und von denen es nichts wusste, aber dieses Medium ist auch eine hellsichtige Künstlerin, die manchmal außergewöhnliche Bilder von »Verstorbenen« zeichnet. »Mal sehen, ob ich K zeichnen kann«, sagte sie und ich erlebte, wie sie sich in einen Trancezustand versetzte und anfing, auf ihrem Block zu skizzieren, manchmal mit geschlossenen Augen. Etwa fünfzehn Minuten später – viel Zeit für eine Zeichnung, meinte sie – zeigte sie mir das Bild. Es war »K«. Unverkennbar. Als ich das Bild leicht beschnitt, war die Ähnlichkeit sogar noch größer als zur Zeit des Klassentreffens. Tja, also … WTF? Was zum Teufel??? Nachfolgend eine Zusammenfassung dessen, wovon das Medium berichtete, dass »K« es ihr bei unserer Begegnung und bei einer weiteren am folgenden Tag mitgeteilt habe …

Wir sind *Zwillingsseelen.* »K« war in ihren späten Vierzigern an einem Herzproblem gestorben, von dem sie nicht wusste, dass sie es hatte, obwohl sich ihre Lippen manchmal blau färbten, was ein Hinweis darauf gewesen war. Wir hatten eine intensive energetische Verbindung und sie »channelte« Liebe aus ihrer Realität zu mir. Sie verhielt sich bei der Schulaufführung so, weil der »Blondschopf« ihr gesagt hatte, ich hätte gegenüber einem Freund aus der Schule behauptet, mit »K« geschlafen zu haben (ich hatte nicht einmal ihre Hand gehalten). Da machte es natürlich Sinn, wie ich am Abend der Schulaufführung behandelt worden war, zumal »K« kurz zuvor dem Blondschopf gesagt hatte, ich wolle nicht mehr, dass sie mir schreibt. Das Medium sagte, »K« habe sie wissen lassen, dass der Blondschopf mich für sich haben wollte, doch durch die Lüge, die ihm aufgetischt worden war, war der Plan nach hinten losging. Nun, es war auf jeden Fall eine Lüge gewesen. Ich habe nie behauptet, mit »K« geschlafen zu haben, es war schon als 15-Jähriger gegen all meine Prinzipien, derartige Lügen zu verbreiten. Gott bewahre uns vor männlichen Macho-Prahlhänsen.

In den folgenden Wochen erzählte mir das Medium Details von Gesprächen und Ereignissen, von denen nur ich und »K« wissen konnten, etwa dass ich in den 1980er Jahren beim Klassentreffen eine weiße Jacke getragen hatte. »K« beschrieb außerdem Dinge, die ich bei meiner Arbeit allein zu Hause getan hatte. Das Medium schickte mir Musik, von der sie sagte, »K« habe sie gebeten, sie mir zukommen zu lassen, und alle Stücke passten zum Thema der Geschichten, die mir erzählt wurden, oder zu der Arbeit, mit der ich mich gerade befasste. Zwei Stücke, an die ich mich erinnere, sind *You Are Loved* und *To Where You Are* des Sängers Josh Groban, die ich vorher noch nie gehört hatte. Es war auch ein Song von Michael Martin Murphey darunter: *Maybe This Time*. Hören Sie sich diese Lieder im Internet an und achten Sie auf die Texte, dann werden Sie sehen, wie perfekt sie zu der Geschichte passen, die mir zu unterschiedlichen Zeiten von zwei verschiedenen Medien berichtet wurde, die Tausende Kilometer entfernt voneinander lebten. Zu einem anderen Thema wurde ich von einer Dame aus Übersee kontaktiert, die meinte, sie sei hellseherisch begabt und habe sich vor kurzem von dem britischen Medium ein Reading geben lassen. Sie sagte, als sie am Ende über mich sprachen, habe sie den Namen ***** oder ***** durchgesagt bekommen. Beide kamen dem echten Namen von »K« *sehr* nahe.

Auf der Suche nach »K«

Alles zusammen ergab für mich den Beweis, dass »K« tatsächlich aus einer anderen Realität kommunizierte. Wie konnten die Informationen, die nur ich – oder wir – kannten, so genau sein? Aber ich bin ein Recherche-Profi und wenn es greifbare Fakten gibt, überprüfe ich sie. Doch es bestand keine Dringlichkeit dafür. Diese Dinge hatten keinerlei Auswirkungen auf meine Arbeit und wir befanden uns seit sechzehn Monaten in der »Covid«-Ära, in der meine Arbeitsbelastung aufgrund des Interesses an meinen Informationen überwältigend war; aber inzwischen hatte ich vor, die Geschichte im nächsten Buch zu erzählen, das sich bereits in meinem Kopf formte. Es war an der Zeit, die Sache ernster zu nehmen und zu überprüfen, was sich an dem, was mir erzählt worden war, nur eben überprüfen ließ. Ich hatte früher schon versucht, im Internet Beweise dafür zu finden, ob »K« verstorben oder noch am Leben war, hatte jedoch keinerlei Hinweise gefunden. Selbst unter dem Namen, von dem ich später erfuhr, dass es ihr Ehename war, gab es fast nichts und nach 2003 gar nichts mehr. Meine einzige Möglichkeit, etwas herauszufinden, bestand darin, eine Detektei zu beauftragen, die auf die Suche nach Vermissten spezialisiert ist – solche Leute nennt man in England »Tracer«. Es dauerte eine Weile und offensichtlich gab es einige falsche Spuren. Was von Anfang an auffiel, war das Fehlen einer Sterbeurkunde in ihren Suchergebnissen. Die sind anscheinend ziemlich leicht zu finden, wenn es eine Sterbeurkunde gibt.

Schließlich fand der Tracer sie. »K« *lebte*. Die Geschichte war für mich schon die ganze Zeit interessant gewesen. Jetzt wurde sie unwiderstehlich und für mich ein noch größeres WTF. Tracer dürfen dem Kunden die Adresse der gesuchten Person nicht ohne deren Einwilligung mitteilen, was nur recht und billig ist. Aber ich brauchte »K« nicht zu kontaktieren, um zu erfahren, dass sie noch lebte. Der Tracer sagte, er habe sie angerufen und ihr mitgeteilt, dass ein alter Schulfreund, dessen Namen er nicht nannte, Kontakt mit ihr aufnehmen wollte (was nicht stimmt), ohne zu sagen, wer es war. Die Kontaktperson meinte, »K« sei nicht interessiert gewesen. Monate später, als ich mit dem Buch begann, wandte sich ein Freund an eine andere Detektei, um die Ergebnisse der ersten zu bestätigen – die *zweifelsfreie* Feststellung der Fakten war für die Geschichte sehr wichtig. Dieser Suchdienst fand die lange verheiratete »K« ebenfalls und schickte ihr einen Brief, in dem er sich erkundigte, ob sie ein Paket von mir an sie weiterleiten dürften, ohne dass ich ihre Adresse erführe. Es kam keine Antwort. Aus irgendeinem Grund schickte der Tracer den Brief kurz vor Weihnachten mit der Post und mein Freund bestand darauf, dass der Brief als Einschreiben geschickt werden müsse, um sicherzugehen, dass er auch ankäme. Dies war der Fall. Es erfolgte immer noch keine Antwort, was ich echt traurig fand, wenn man bedenkt, wie respektvoll der Brief des Suchdienstes gewesen war. Darin wurde lediglich um die Erlaubnis gebeten, eine Sendung von mir an »K« weiterzuleiten, ohne dass ich ihre Adresse erführe. Ich finde nicht, dass das zuviel verlangt ist, aber jedem das Seine und so sollte es eben nicht sein. Als ich dieses Kapitel hier anfing, packte es mich wieder und ich wollte wissen, ob die Geschichte zum Thema »Er will mit dir geschlafen haben« wahr ist, um die Richtigkeit der »Durchsagen« zu überprüfen. Das wäre sehr hilfreich gewesen, da ich mich ja mit der Beantwortung der »Was-zum-Teufel-passiert-hier-eigentlich-gerade«-Frage befasste. Da »K« nie geantwortet hat, weiß ich immer noch nicht, ob diese Information zutreffend ist, nur, dass sie immerhin erklären würde, was damals geschah.

Ich war froh, dass ich meiner Intuition folgte und die Erfahrung auf mich wirken ließ, bevor ich den Suchdienst auf »K« ansetzte. Hätte ich sofort gehandelt, wären mir so viele wertvolle Erkenntnisse entgangen. Ich hatte so viele Fragen. Warum war es passiert? Wenn es manipulativ war, warum hat es sich dann nicht negativ auf meine Arbeit ausgewirkt? Warum wurde nicht behauptet, dass die Mitteilungen von jemand anderem stammten, der tatsächlich gestorben war? Das wäre viel einfacher zu »verkaufen« gewesen. Warum der nachweisbare Unsinn, dass »K« in ihren Vierzigern an einem

Herzfehler starb? Warum wurden mir, wenn es sich um eine reine Täuschung handelte, klare, überprüfbare Fakten genannt, die mich zwangsläufig zur Wahrheit führen würden? Welcher Idiot würde übersehen, dass ich schon seit Jahrzehnten Fakten recherchierte und überprüfte, und davon ausgehen, dass ich mir in diesem Fall die Mühe nicht machen würde? Herauszufinden, ob »K« noch lebte oder nicht und ob sie in ihren späten Vierzigern an einem Herzfehler starb, war kein Hexenwerk. Okay, wenn ich nicht versucht hätte, zu bestätigen, dass »K« am Leben war, hätte sich die potenzielle Manipulation vielleicht auf andere Ebenen verlagern können, aber ich hätte es immer versucht. So arbeite ich nun mal. Eine Mitteilung fiel mir im Zusammenhang mit dem Tunnel aus Licht und der *Star-Trek*-Episode auf. Mir wurde gesagt, dass »K« gesagt hatte, »sie« würde in dem Moment auf mich warten, in dem ich sterbe, um mich »nach Hause« zu bringen. Wie interessant. Das können die vergessen.

»Ich bekomme hier eine … WAS genau?«

Aus meiner Lebenserfahrung der letzten dreißig Jahre wusste ich, dass all dies nicht zufällig geschehen war. Angesichts der Tatsache, dass es eine Zeit lang immer wieder auftauchte, musste es einen sehr bedeutsamen Grund dafür geben, warum mir das vorgesetzt wurde. Es schien sich eindeutig nicht um eine realitätsübergreifende Wiederverbindung mit einer »Zwillingsseele« zu handeln, doch was war es dann? Eine »Zwillingsseele« oder irgendeine andere Art von Seele wird Ihnen wohl kaum erzählen, dass sie in ihren Vierzigern an einem Herzfehler starb, wenn das nicht der Fall war. Vielleicht kann man das anders sehen, keine Ahnung, nach menschlicher Logik aber wohl kaum.

Parallel dazu tauchten in meinem Leben synchronistisch aus vielen verschiedenen Richtungen und Quellen Informationen über die Manipulation der Realität nach dem Tod durch die KI-gesteuerte Simulation auf, nachdem ich herausgefunden hatte, dass »K« noch am Leben war. Meine Gedanken kehrten immer wieder zu einer Frage zurück, die mich schon seit langem beschäftigte. Im Rahmen meiner Forschungen hatte ich kurz nach der Jahrtausendwende viele Medien und Hellsichtige bei ihrer Arbeit beobachtet. Ich hatte im Laufe der Jahre etliche von ihnen kennengelernt und konzentrierte mich nun eine Zeit lang darauf. Fast jeden Abend lief im Kabelfernsehen eine Sendung, die ich nur selten verpasste, in der ein Medium, das ich einige Male getroffen hatte, mit einem Studiopublikum arbeitete, um mit geliebten Menschen »Kontakt aufzunehmen«. Es war die typische Hellseher-Show-Kost: »Ich habe eine Mary, kennt jemand eine Mary?« Das betreffende Medium hatte einen Albtraumabend in meiner örtlichen

Spiritualisten-Kirche, das einzige Mal, dass ich jemals dort war, als absolut niemand eine Mary oder einen der anderen kannte, dessen Namen er nannte. Ich denke, jeder hat mal einen schlechten Abend, egal, was er tut. Jedenfalls habe ich mir seine Fernsehsendung immer wieder angesehen und es war klar, dass er mit etwas in medialer Verbindung stand. Manchmal schien er bemerkenswert treffsicher zu sein, wie man aus den Reaktionen derjenigen schließen konnte, die die Person erkannten. Er sagte zum Beispiel, der »Geist« teile ihm mit, dass jemand eines Abends mit seiner Familie vor dem Fernseher gesessen, einen jähen Schmerz in der Brust gespürt habe und sofort auf der »anderen Seite« gewesen sei. Die Familienmitglieder im Publikum bestätigten, dass sie tatsächlich alle fernsahen, als der Betreffende nach vorne fiel und sofort tot war. Es gab viele solcher Momente in der Serie. Doch mich beschäftigte, warum die verstorbenen »Seelen«, wenn sie auftauchten, über alltägliche »diesseitige« Probleme und Themen sprachen und nie etwas sagten wie »He, eure Welt ist eine Illusion und ihr werdet manipuliert! Wacht auf!!!« So etwas gab es nie. Warum denn nicht, zum Henker?

Verstehen Sie mich bitte nicht falsch. Ich will damit nicht sagen, dass Medien und Hellsichtige pauschal abgelehnt werden sollten. Ganz und gar nicht. Die Frage ist nur folgende: *Verbinden sie sich mit einer Quelle innerhalb der Simulation oder jenseits des Simulationsfrequenzbandes?* Ich habe Hellsichtige und Medien erlebt, die sich mit Hochfrequenzzuständen verbanden und ernsthaft fortgeschrittene Informationen über globale Manipulationen und die dahinterstehende Kraft übermittelten. Ich will damit sagen, dass bei weitem nicht alle von ihnen auf die gleiche Weise drauf sind, und wenn wir ganz ehrlich sind: *Woher wissen wir denn, von welcher Quelle die Kommunikation stammt?* Der einzige wirkliche Test, den wir anwenden können, ist zu sehen, ob die Informationen einen positiven Einfluss auf diejenigen haben, die sie hören oder danach handeln, und ob sie zum besseren Verständnis der Lage beitragen. Die Informationen von Betty Shine zum Beispiel haben sich für mich immer als unglaublich genau erwiesen, was mein späteres Leben angeht, und sie haben stets einen positiven Einfluss auf mich gehabt. Genauigkeit allein, insbesondere rückblickende Genauigkeit wie bei der »K«-Geschichte, ist eben nicht das Kriterium. Doch die Verbindung mit dem höheren Bewusstsein *außerhalb der Simulation* ist etwas ganz anderes und erfordert extrem erweiterte Schwingungszustände des Mediums. Derartige Menschen sind selten und nicht die Norm. Ich habe die Erfahrung gemacht, dass es einen Unterschied gibt zwischen Kommunikationen, die ich von jenseits der Simulation wahrnehme, und solchen von innerhalb. Erstere sind wie ein »Wissen«. Man *weiß* einfach plötzlich etwas – wie ein »*Heureka*« – aufgrund einer Verbindung mit dem, das weiß, und die Art von Verbindung erzeugt eine bestimmte Frequenzresonanz, die sehr vertraut wirkt. Auf die

Weise erhalte ich überwältigend viele Informationen aus anderen Realitäten und dieses Wissen kommt durch das *Herz*, nicht durch den Kopf.

Kommunikationen, welche die Form einer »Stimme« annehmen (wie bei »K«), sind für mich im Vergleich dazu selten und kommen meiner Meinung nach größtenteils aus dem Inneren der Simulation, wenn auch nicht immer. »K« war eine »Stimme«, die ich (innerhalb der Simulation) in einer Form hören konnte, die mit dem Kopf zusammenhing, wobei sicherlich auch einige Herzensangelegenheiten vor sich gingen. Zu anderen Zeiten kommt die Kommunikation als Wissen über das Herzchakra, das dann wie eine Gedankenform ausgedrückt wird, die *mein* Geist manifestiert und nicht etwa eine externe »Wesenheit«. Ich dekodiere das »Wissen« sozusagen in Worte, was etwas anderes ist als »Stimmen hören«. Diese Erfahrung in Gedankenform ereignete sich beispielsweise 1990 im Zeitungsladen, als ich »hörte«: »Gehen Sie zu den Büchern auf der anderen Seite.« Auch bei meiner Ayahuasca-Erfahrung »hörte« ich eine klare Stimme, aber dies war nicht so sehr das Hören einer Stimme, sondern das *Sein* dieser Stimme. Es ist schwer zu beschreiben. Die Stimme und ich waren *Eins* und es gab keine Trennung zwischen den Worten, die übermittelt wurden, und mir, der sie empfing. Die Worte, die Stimme und ich waren untrennbar miteinander verbunden und diese Erfahrung war völlig anders als das »Hören einer Stimme«. *Nichts* ist starr schwarz oder weiß, aber die überwiegende Mehrheit der Einsichten, die ich erhalte, kommen als ein Wissen aus dem Herzen und sind nicht das, was man als Stimme im »Kopf« bezeichnen und als solche wahrnehmen würde.

»Seelen«-Tracking

Ungefähr zu der Zeit, als die Tracer feststellten, dass »K« am Leben war, hörten die Kommunikation und alle Phänomene um mich herum auf. Seitdem hat es keine mehr gegeben. Als »K« gefunden wurde, erkannte ich deutlich das wiederkehrende Muster, dass aus allen Richtungen Informationen über dasselbe Thema in mein Leben kamen. Warum sollte das hier nicht auch so sein, wenn des schon seit 1990 der Fall war? Das Muster war so vertraut. Diesmal ging es um das Kontrollsystem der KI-Simulation und die Tiefe, in die es reicht. Ich erkannte, dass das technologische Kontrollnetzwerk in China, das jetzt weltweit als »Smart Grid« eingesetzt wird, in Wahrheit ein Simulationssystem der Vierten Dimension ist, das in 3D projiziert wird, wenn auch in einer weit weniger fortgeschrittenen Form – zumindest noch. Machen Sie aus dem, was ich jetzt sage, was Sie wollen. Ich versuche nicht, irgendjemanden dazu zu bringen, irgendetwas zu glauben. Jeder muss für sich selbst entscheiden, was er für richtig hält. Ich habe die Punkte miteinander verbunden, nachdem ich »K« gefunden hatte, und zwar aus mehreren »Bits« von Informationen, Synchronizität und richtungsweisenden »Nudges«, die ich seit nunmehr zweiunddreißig Jahren ständig erlebe. Daraus schloss ich, dass die vierdimensionale KI (die weit über den Stand der Technik in »3D« hinausgeht) sämtliche menschlichen »Inkarnationen« (Bewusstseinsprojektionen) in Echtzeit digital verfolgt und alles in einer gigantischen Datenbank aufzeichnet. Ich weiß, das ist eine fantastische Behauptung, aber lassen Sie mich ausreden.

Während ich das hier schreibe, wird die Weltbevölkerung bald die Acht-Milliarden-Grenze überschreiten. Etwa 1,5 Milliarden dieser Menschen leben in China, was etwa 18 Prozent der Weltbevölkerung entspricht. Es ist dasselbe China, das das Verhalten seiner Bevölkerung für sein Sozialkreditsystem aufzeichnet und durch KI überwacht (siehe Abbildung 143). Ist es wirklich zu weit hergeholt, sich vorzustellen, dass eine fast unfassbar fortgeschrittene 4D-KI mit acht Milliarden Menschen dasselbe tun könnte, was China in 3D mit 1,5 Milliarden Menschen tut? Und dann ist da noch das Satellitennavigationssystem, das das wahre Potenzial der 3D-KI offenbart. Man gibt eine Adresse ein und das Satellitennavigationsgerät führt einen sofort ans Ziel. Wenn man falsch abbiegt, sagt einem die KI-Stimme in *Sekundenschnelle* »Die Route wird neu berechnet« und ändert die Route, um auf den Fehler zu reagieren. Stellen Sie sich nun einmal vor, dass Milliarden von Fahrzeugen auf der ganzen Welt, die mit einem Navi ausgestattet sind, *gleichzeitig* von derselben KI verfolgt – *getrackt* – werden. Und da soll die vierdi-

Abb. 143. Wenn die chinesische Regierung ihre riesige Bevölkerung in Echtzeit überwachen kann, warum sollte dann eine weitaus fortschrittlichere 4D-KI-Technologie nicht alle menschlichen Aktivitäten verfolgen, taggen und protokollieren können?

mensionale KI nicht in der Lage sein, Milliarden von »Menschen« zu verfolgen? Das 4D-KI-Kontrollsystem wird in der 3D-Projektion manifestiert und tritt dann offen zutage. Ist es das, was der »Great Reset«, der »Große Neustart« wirklich ist? Geraten Sie nicht in Panik und verfallen Sie nicht in Schockstarre bei dieser Vorstellung, so katastrophal sie auch erscheinen mag. Es gibt einen Ausweg aus dieser Situation. Was ich hier beschreibe, würde bedeuten, dass jedes menschliche Leben bis ins Detail verfolgt wird, alle Interaktionen und Gespräche aufgezeichnet und über Medien und Hellsichtige als genaue Informationen über geliebte Menschen und Personen, die wir kennen, weitergegeben werden könnten. Die KI würde auch über die besonderen Frequenzen verfügen, die Medien und Hellsichtige nutzen, und wäre in der Lage, potenziell leistungsstarke Frequenzverbindungen herzustellen, über die Informationen weitergegeben werden. Und das soll keine Schuldzuweisung an Medien und Hellsichtige sein. Sie können nur das weitergeben, was sie empfangen. Meine Frage ist, was die *Quelle* dessen ist, was viele dieser Medien – zumindest manchmal – weitergeben?

Wer von denen, die meine Ausführungen über die Überwachung und Aufzeichnung durch 4D-KI abtut, hat denn eine Ahnung davon, dass es etwas gibt, das sich »Sentient World Simulation« (SWS) nennt und im Synthetic Environment for Analysis and Simulations Laboratory der Purdue University in Indiana angesiedelt ist? Die »Sentient World Simulation« sammelt Sekunde für Sekunde Daten aus endlos vielen Quellen, um menschliches Verhalten vorherzusagen und zu manipulieren, und erstellt eine digitale Echtzeitversion der menschlichen Gesellschaft. Die SWS arbeitet unter der Kontrolle der DARPA, der Defense Advanced Research Projects Agency, die dem Kult untersteht und der technologische Entwicklungsarm des Pentagon ist. Die DARPA ist eine treibende Kraft hinter den Kult-Konzernen des Silicon Valley und hat zusammen mit dem Technologie-Finanzierungsunternehmen In-Q-Tel (auch IQT) der CIA Google und andere Firmen finanziert. Die DARPA prahlt damit, dass sie für die Schaffung des Internets mit Militärtechnologie verantwortlich war. Kein Wunder, dass das Internet die Grundlage des gesamten Kontrollsystems des »Great Reset« ist. Die Sentient World Simulation (»sentient/empfindungsfähig« = fortgeschrittene KI) verarbeitet ständig Informationen von jedem Mann, jeder Frau und jedem Kind auf dem Planeten, scannt Verhaltens- und Kaufmuster und erstellt ein »kontinuierlich laufendes, kontinuierlich aktualisiertes Spiegelmodell der realen Welt, das zur Vorhersage und Bewertung zukünftiger Ereignisse und Handlungsweisen verwendet werden kann«. Dies geschieht schon jetzt in unserer Realität. Das macht das, was ich über das vierdimensionale Kontroll- und Überwachungssystem sage, doch etwas weniger fantastisch. Das SWS steht im Zusammenhang mit der Kriminalitätsvorberechnung »Pre-Crime«, wie sie – nach einer Kurzgeschichte von Philip K. Dick – in dem Film *Minority Report* (2002) von Steven Spielberg dargestellt wird, der im Jahr 2054 spielt. »Pre-Crime« bedeutet, dass Menschen für Verbrechen verhaftet werden, die sie noch nicht begangen haben, die aber von der Technologie vorhergesagt werden. An der Purdue University wird übrigens auch für das US-Verteidigungsministerium daran geforscht, das Gehirn in Silizium nachzubilden. Dabei handelt es sich um ein Verfahren, das als neuromorphes Computing bezeichnet wird und darauf abzielt, das komplexe Netzwerk von Neuronen im menschlichen Gehirn für KI und Robotik zu imitieren. Dies wird in den unterirdischen Stützpunkten und Geheimprojekten, zu deren Tarnung die öffentliche Forschung dient, schon weit fortgeschrittener sein.

Gespeichert, aber wo?

Im Jahr 1990 bin ich auf den esoterischen Glauben an die »Akasha-Chroniken« gestoßen und seitdem habe ich den Begriff im Laufe der Jahre immer wieder gehört, ohne jemals das Bedürfnis zu verspüren, mich tiefer mit dem Thema zu beschäftigen. Doch je mehr ich mich im Zuge der »K«-Enthüllungen mit dem 4D-KI-Kontrollsystem beschäftigte, desto häufiger tauchte der Begriff »Akasha-Chroniken« in meinen Überlegungen auf. Es heißt, dass diese Aufzeichnungen in einer anderen Dimension namens Akasha existieren, wo »jeder Gedanke, jede Idee und jede Handlung aus Vergangenheit, Gegenwart und Zukunft« aufgezeichnet und für die Ewigkeit gespeichert ist. Kommt Ihnen das jetzt bekannt vor? In einem Artikel heißt es: »Die Akasha-Chroniken sind im Grunde genommen eine Art Datenbank für die Geschehnisse in allen Universen, die nebeneinander existieren.« Noch einmal – *kommt Ihnen das bekannt vor*? Der Artikel fährt fort:

> »Die Akasha-Chroniken sind im Grunde eine Aufzeichnung dessen, was geschehen wird, gerade geschieht oder geschehen ist. Da sie eine höhere Dimension sind, gelten die Regeln der Zeit dort nicht wirklich. Die Zeit ist für die Akasha-Chroniken ein flacher Kreis, so dass Informationen von vor zweitausend Jahren genauso zugänglich sind wie das, was Ihnen gestern widerfahren ist. Und was Ihnen gestern widerfahren ist, ist genauso zugänglich wie das, was Ihnen in zehn Jahren widerfahren könnte – wenn Sie auf demselben Schicksalsweg bleiben.
>
> Interessant ist, dass alles seine eigene Akasha-Chronik hat. Ihre Seele hat eine Akasha-Chronik, Ihr Haus hat eine Akasha-Chronik, Ihr Hund, sogar Ihre Beziehung!

> Sie können die spezifischen Chroniken der Dinge öffnen, um Fragen zu stellen, die sich auf Sie beziehen.«

Es ist, als könnten Sie in einer Internet-»Cloud« auf Informationen zugreifen, die zweitausend Jahre zurückliegen und noch genauso »zugänglich sind wie das, was Ihnen gestern widerfahren ist«. Sie sehen, worauf ich hinaus will. Aufgrund meiner jahrzehntelangen Forschungen über den globalen Kult weiß ich, dass das Bewusstsein, das er repräsentiert, besessen ist von kleinsten Details und der Aufzeichnung jeder noch so kleinen Information. Erinnern Sie sich daran, was mir jemand, der den britischen Premierminister Edward Heath kannte, über dessen Besessenheit erzählte, alle Details von Kindern, wie Größe und Gewicht, in ein Buch zu schreiben, bevor er sie umbrachte? Das ist ihre Mentalität und es könnte gut sein, dass hier Künstliche Intelligenz am Werk ist. Wie viel KI steckt in diesen Kult-Blutlinien – diesen Code-Linien? Handelt es sich in Wahrheit um KI? Und dann ist da noch dieses »was Ihnen gestern widerfahren ist, ist genauso verfügbar wie das, was Ihnen in zehn Jahren widerfahren könnte – wenn Sie auf demselben Schicksalsweg bleiben«. Die Sentient World Simulation der DARPA projiziert ständig eine Zukunft, die auf der aktuellen »Flugbahn« beruht. Wenn Sie der Kult wären und der Welt eine Agenda aufzwingen wollten, wäre es dann nicht von Vorteil zu wissen, wie sich die Ereignisse entwickeln werden, wenn die Dinge so bleiben, wie sie sind, damit Sie jederzeit in alles eingreifen und das prognostizierte Ergebnis verändern können? Würde das nicht erklären, warum animierte Fernsehserien wie *Die Simpsons* in der Lage waren, in ihren Handlungen und Bildern vorherzusagen, was viel später in Bezug auf den 11. September, die Wahl von Donald Trump und die Massenproteste der Trucker geschehen würde?

Die Vorstellung von Akasha-Chroniken ist eng verbunden mit dem weltberühmten amerikanischen Medium und Hellsichtigen Edgar Cayce (1877-1945). Cayce, ein bekennender Christ und Sonntagsschullehrer, versetzte sich bei seinen Auftritten in einen tranceähnlichen Zustand und beantwortete Fragen über das Leben nach dem Tod, Reinkarnation, Gesundheit und vieles anderes. Weil er dabei in Volltrance ging, wurde er »der schlafende Prophet« genannt. Wie kann jemand die Zukunft vorhersagen? Wenn das KI-Simulationsprogramm durch nichts gestört wird, ist die »Zukunft« immer bekannt. Cayce erklärte den Prozess damit, dass sein Unterbewusstsein andere Bereiche der Realität erkundete, und ein Teil dieser Erkundungsarbeit waren die Akasha-Chroniken, die er populär machte. Er beschrieb sie folgendermaßen:

> »In Zeit und Raum sind die Gedanken, die Taten, die Aktivitäten eines Wesens niedergeschrieben – wie in den Beziehungen zu seiner Umgebung oder seinem Erbgut;

> wie es geleitet wird – oder beurteilt, je nachdem, was das Ideal des Wesens ist. Daher ist diese Aufzeichnung Gottes Buch der Erinnerung und jede Entität, jede Seele – also auch die Aktivitäten eines einzigen Tages dieser Entität in der materiellen Welt – erscheint in diesen Aufzeichnungen entweder gut oder schlecht oder eben unbedeutend, je nachdem, wie die Seele ihr Selbst einsetzt …«

Wie interessant, dass er sagte: »In Zeit und Raum niedergeschrieben« … Zeit und Raum sind Phänomene der *Simulation*. Dieses Zitat fand ich in einem Artikel auf der Webseite www.edgarcayce.org mit der Überschrift »Edgar Cayce on the Akashic Records« (»Edgar Cayce über die Akasha-Chroniken«) und mir fiel auf, dass der Autor versuchte, die Aufzeichnungen aus einer modernen Perspektive zu erklären: »Die Akasha-Chroniken, auch bekannt als *Das Buch des Lebens* oder *Gottes Buch der Erinnerung*, können mit dem Super-Computersystem des Universums gleichgesetzt werden – oder vielleicht mit dem, was man heute Cloud Computing nennen würde.« Ähem, *genau*. Die Akasha-Chroniken werden von ihm als »das zentrale Archiv aller Informationen für jedes Individuum, das jemals auf der Erde gelebt hat« beschrieben. Er sagt, sie enthalten »jeden Gedanken, jede Tat, jedes Wort, jedes Gefühl und jede Absicht« und haben »einen enormen Einfluss auf unser tägliches Leben, unsere Beziehungen, unsere Gefühle, unsere Glaubenssysteme und die potenziellen Realitäten, die wir auf uns ziehen«. Die sogenannten Akasha-Chroniken sind ein vierdimensionales *KI-Computersystem*. Es handelt sich dabei um genau das KI-gesteuerte Aufzeichnungssystem, das in meiner Arbeit synchronistisch auftauchte, als »K« gefunden wurde. Ich behaupte nicht, dass diese Aufzeichnungen von allem *nicht* im Unendlichen Feld kodiert sind, aber die Simulation ist genau das – eine *Simulation* des Unendlichen Feldes oder der Hauptwirklichkeit oder eines *Teils* davon, die technologisch das nachahmt, was das reine Bewusstsein in der Hauptwirklichkeit geschaffen hat. Wenn Ihr Bewusstsein von der Hauptwirklichkeit abgetrennt und mit der Simulation verbunden ist, wirkt sich die *Version der Akasha-Chroniken der Simulation* auf Sie aus.

Ein weiteres häufiges Thema, an das sich Nahtoderfahrene immer erinnern, ist der Lebensrückblick: Dem Geist/der Seele wird eine Aufzeichnung seines/ihres menschlichen Lebens gezeigt, in der Handlungen wie in einem Film aus der Sicht des Selbst und der Auswirkungen auf andere betrachtet werden. Dies erinnert an das Thema »Jüngstes Gericht« in vielen Religionen. Einer dieser Nahtoderfahrenen sagt:

> »Es gibt Hinweise darauf, dass zum Zeitpunkt des Todes eine Art Urteil getroffen wird. Dieses Urteil beinhaltet die Überprüfung des Lebens einer Person und ent-

scheidet, wohin sie in die Geistige Welt versetzt wird. Irgendwann nach dem Urteil wird die Person einem bestimmten Ort oder einer bestimmten Ebene in der anderen Welt zugewiesen (in vielen Fällen ist diese Zuweisung selbst auferlegt) – einem Ort, an dem sich ihr Geist am wohlsten fühlt.«

Hmm, mag sein. Aber vielleicht würde auch eine viertdimensionale KI-Datenbank wie die, die ich beschreibe, all das erklären. Die KI steuert die ganze Show und ich frage mich manchmal, ob die Reptiloiden die Simulation erschaffen haben oder ob die Simulation sie auf die gleiche Weise erschaffen hat, wie sie die »Menschen« in Form ihrer Körper erschaffen hat. Warum könnten die Reptiloiden nicht genauso in der Illusion gefangen sein wie der menschliche Geist, aber mit einer anderen Rolle als Agenten des Kontrollsystems der Simulation, vergleichbar mit den Software-Agenten in den *Matrix*-Filmen? Ich sage nicht, dass es so ist, sondern nur, dass dies ein Gedanke ist, den man in Betracht ziehen sollte. Was wäre, wenn das »Wetiko«-Bewusstsein die Simulation erschaffen hat, Menschen *und* Reptiloide und andere nichtmenschliche Formen, und wir sind alle darin gefangen und spielen nur verschiedene Rollen in derselben KI-Illusion? Wie Shakespeare, oder wer auch immer »seine« Stücke geschrieben hat, sagte: »Die ganze Welt ist eine Bühne und alle Männer und Frauen bloße Mitspieler; sie treten auf und gehen wieder ab. Sein Leben lang spielt einer manche Rollen.« Was will der von Wetiko kontrollierte globale Kult denn bis 2030 erreichen? Das menschliche Gehirn mit der KI zu verbinden, damit die KI die menschlichen Wahrnehmungsprozesse übernehmen kann, um jeden Zugang zum Unendlichen Bewusstsein außerhalb der Simulation zu blockieren. Was ist die Natur dieser KI, mit der sie uns verbinden wollen? Ist es das, was wir in der öffentlichen 3D-Arena sehen? Ja, es ist eine 4D-KI oder *Wetiko/Jaldabaoth*. Die Verbindung zwischen KI und Gehirn ist in Wirklichkeit die Absorption des »menschlichen« Geistes durch *Wetiko/Jaldabaoth*. Stimmt das nicht, Herr Elon »Computer-Gehirn-Schnittstelle« Musk?

Wie könnte das erreicht werden?

Wenn wir zur »K«-Geschichte zurückkehren, wird aus dieser Perspektive vieles erklärbar. Ich behaupte nicht dogmatisch, dass dies so geschehen ist – nur, dass es so geschehen sein könnte. »K« in einem Traum zu erleben, ließe sich durch Informationen, die von 4D-KI-Quellen projiziert werden, leicht bewerkstelligen. Das bedeutet nicht, dass alle Träume KI-induziert sind. Der Punkt ist, dass sie es sein *können* – das weiß ich aus eigener Erfahrung. Vor einigen Jahren gab es eine Zeit, in der ich so lebhafte Träume hatte, dass man sie in ihrer hohen Auflösung nicht von der wachen Realität unterscheiden konnte. Sie ereigneten sich Nacht für Nacht und manchmal schlug ich die Augen auf, um seltsame metallische Formen im Schlafzimmer zu sehen. Das ging so weit, dass ich mich, sobald ich aus einem solchen HD-Traum erwachte, sofort aufsetzte und den Raum absuchte. Jedes Mal, ich meine wirklich *jedes Mal*, sah ich dieselben schnell vibrierenden metallähnlichen Energiefelder. Sie waren ätherisch und ich nahm an, dass sie 4D-Ursprungs waren, aber sehr deutlich wahrnehmbar. Sie fühlten sich an wie eine Spinne oder eine Krabbe. Manchmal war es eine einzige, manchmal waren es zwei oder drei. Es war zum Schreien. Wenn ich sie ansah, versuchten sie sich im Kleiderständer an der Wand zu verstecken. Ich mache keine Witze. Es war verrückt und lustig zugleich. Bei manchen Gelegenheiten saß ich im Bett und beobachtete noch bizarrere Phänomene, darunter einen rosafarbenen »Schmetterling« mit blauen Flecken, der herumflog. Okay, jetzt hat Icke endgültig den Verstand verloren! Nein, ich war dabei hellwach und beobachtete diese Phänomene, die immer mit einem lebhaften HD-Traum verbunden waren. Die »Schmetterlinge« waren selten und in 99 Prozent der Fälle bekam ich, wenn ich aufwachte, die »Spinnenkrabben« zu sehen. Ein paar Mal verließ ich das Bett und ging zu ihnen hinüber. Wenn ich ihnen nahe genug kam, um sie berühren zu können, verschwanden sie. Die Verbindung zwischen den HD-Träumen und den »Spinnenkrabben« war offensichtlich, weil sie so oft auftrat. Wenn ich aus einem »normalen« Traum oder traumlos erwache, waren die »Spinnenkrabben« nie da. Sie verschwanden dann jahrelang, bis ich dieses Buch schrieb und die HD-Träume für ein paar Tage zurückkehrten. Und wenn ich aus ihnen erwachte, was meinen Sie wohl, was ich sah? Etwas anderes, was ich beim Erwachen aus Träumen wahrnehme, ist ein »Klopfen an der Tür«. In der Sekunde, in der ich aufwache, höre ich ein Geräusch wie »rat-a-tat-tat«, als ob Knöchel an die Schlafzimmertür klopfen würden. Gelegentlich ist es so laut, dass ich zur Tür gehe, um zu sehen, ob jemand da ist. Ich lebe ein seltsames Leben! Aber es ist auch faszinierend.

Wie war es möglich, dass ich »K« um mich herum spürte? Jeder von uns hat eine einzigartige Frequenz und die 4D-KI kennt diese Frequenzen. Wenn eine bestimmte Frequenz in mein Feld gebracht wird, fühle und spüre ich die Frequenzinformationen, die sie repräsentieren. Ich würde »sie« auch dann spüren, wenn es eine technologische Frequenzversion von »K's« Schwingung wäre. Und was hat es damit auf sich, dass ich eine weibliche Stimme zu mir »sprechen« hörte? Oder dass zwei Medien und ich alle drei hörten, dass »K« und ich »Zwillingsseelen« sind? Das lässt sich durch dieselbe KI-

Verbindung erklären, ebenso wie die Tatsache, dass die beiden Medien hörten, »sie« sei in ihren späten Vierzigern an einem nicht diagnostizierten Herzfehler gestorben. Das ist ein Klacks. Eine geistige Manifestation von »K« auf das erste Medium zu projizieren, ist mit der 4D-KI, die über all diese »körperspezifischen« Wellenfeldinformationen verfügt, ein Kinderspiel. Das Medium hätte sich dann wirklich auf die Suche nach einem Bild im Internet gemacht, das der »Person«, die sie gesehen hat, ähnelt, obwohl sie – abgesehen von dieser Manifestation – gar keine Ahnung hat, wie »K« aussieht. Das zweite Medium könnte auf dieselbe Informationsquelle reagiert haben, als es ihr Porträt so genau zeichnete. Ich weiß, dass die beteiligten Medien und überhaupt alle Medien und Hellsichtigen dem nicht zustimmen werden oder dies nicht hören wollen, aber lassen Sie mich dazu eines sagen: Ich behaupte, dass die 4D-KI erklären kann, was mit »K« geschehen ist, aber nicht, *dass sie es unbedingt getan hat,* solange mir weiter Informationen dazu fehlen. Ich bin wie immer auf der Suche nach der Wahrheit, nicht nach Popularität, und ich behaupte nicht, dass jegliche Medialität und außersinnliche Kommunikation Schwindel ist – *keinesfalls*. Ich habe einige erstaunliche Dinge gesehen, die viele hellseherisch veranlagte Menschen vollbringen.

Diejenigen, die Ihr Energiefeld direkt lesen, statt Entitäten zu »channeln«, sind meiner Erfahrung nach besonders eindrucksvoll. Vor vielen Jahren habe ich an einer Fernsehshow namens *Mystic Challenge* teilgenommen, in der zwei Medien versuchten, die Energiefelder von bekannten Personen zu lesen, deren Gesichter und Körper verhüllt waren und die nicht sprechen durften. Die Medien beschrieben sie dann dem Publikum, bevor das Subjekt enthüllt wurde, um zu sehen, wie genau sie es getroffen hatten. Ich war von den beiden, die mich »gelesen« haben, äußerst beeindruckt. Sie können diese Show immer noch im Internet finden, wenn Sie »David Icke and the Psychic Challenge« in die Suchmaschine auf www.davidicke.com eingeben. Interessanterweise sagte eines der Medien: »Es gab in der Vergangenheit eine Beziehung, die er nicht vergessen hat und die ihn geistig noch sehr stark begleitet.« Ihr *unterbewusster* Geist war sogar erstaunlich präzise in ihrer Wahrnehmung gewesen, denn vor der »K«-Erfahrung hatte ich keine Ahnung gehabt, dass dies der Fall war. Ich lehne die esoterischen Künste also nicht ab – *ganz und gar nicht.* Ich bin der Letzte, der das tun würde. Ich sage nur, dass zumindest ein großer Teil davon vierdimensionale KI-Quellen und sogar Quellen anzapfen könnte, die uns noch näher sind. Insider, die im US-Geheimdienst an Bewusstseinskontrolle gearbeitet haben, erzählten mir, wie sie Informationen in den Verstand eines »Mediums« programmierten, das diese anschließend auf der Bühne Wort für Wort so vortrug, als kämen sie von »da draußen«. Aber das ist eine Geschichte für sich und etwas anderes als das, worüber ich hier spreche. Es kommt jedoch vor, und es gibt auch die hundertprozentigen Betrüger, die sich einfach etwas ausdenken. Es ist ein Minenfeld und die Menschen sollten sehr kritisch sein. Nichts davon soll übrigens echte Medien und Hellseher verunglimpfen. Sie können nur wiedergeben, was sie sehen oder hören. Ich fordere sie und ihre Klienten lediglich auf, nicht unhinterfragt naiv zu sein, was die Quelle medialer Information angeht. Dieselben Medien und Hellsichtigen können sich mit Personen außerhalb *und* innerhalb der Simulation verbinden, was von vielen Faktoren abhängt, einschließlich ihrer eigenen Emotionen und der Offenheit des Kanals im jeweiligen Moment. Eine KI würde erklären, warum die Kommunikation aus dem Inneren der Simulation die noch lebenden »Lieben« nicht auf ihre Notlage und die Manipulation der Realität aufmerksam macht. Würde eine KI, die hinter der Manipulation steckt, Ihnen mitteilen, dass Sie betrogen werden? Wir verstehen nun auch, warum viele Nahtoderfahrene ihre gewählte Gottheit im außerkörperlichen Zustand »sehen« und erzählen, wie »Jesus« oder »Mohammed« zu ihnen gesprochen habe. Es ist alles in der KI-Datenbank dieser »Seele« gespeichert und da Religion ein Mittel der Simulationskontrolle ist, ist jetzt außerdem klar, warum die KI, die aus dem »Jenseits« kommuniziert, »geliebte Menschen« ermutigen würde, ihren Glauben weiter zu praktizieren, statt zu sagen: »Das ist alles Humbug, alles eine Falle, fall nicht darauf herein, so wie es mir ergangen ist.«

Es ist alles auf der »Festplatte«

Gespräche zwischen »K« und mir von vor mehr als fünfzig Jahren, die das Medium niemals hätte kennen können, wären in der KI-technologischen Datenbank »Akasha-Chroniken« aufgezeichnet worden. Sie könnten wiederhergestellt und durch das Medium als Geist von »K« kommuniziert werden, während ich den Kopf darüber schüttelte, wie genau das alles doch war. Und was ist damit, dass »K« wusste, was ich tat, wenn ich allein zu Hause war, oder damit, dass das Medium mich an Orten sah, die es nicht kennen konnte? Diese Informationen wären alle in der KI 4D-Datenbank aufgezeichnet worden und das Medium hätte mir deshalb auch sagen können, dass »K« wusste, dass ich eine weiße Jacke zum Klassentreffen trug. Eine 14-jährige »K«, die am Abend der Schulaufführung wütend weglief, nachdem man ihr die unverschämte Lüge über die »Beischlaf«-Geschichte erzählt hatte, wäre ebenfalls in der Datenbank gespeichert, wenn es wahr ist. Ohne eine Antwort von »K«, auf die ich noch immer warte, kann ich die Richtigkeit dieser Durchsage leider nicht bestätigen. Ach ja, und zwei Vögel, die in dem Moment aus dem Busch auftauchten, als ich danach fragte, ob die »K«-

Mitteilungen echt seien? Klick, klick, eingeben – es ist eine *Simulation*. Sowohl das Bewusstsein außerhalb der Simulation als auch die Simulation selbst können die Erscheinungsformen der Simulation beeinflussen. Aber wenn das Unendliche Bewusstsein das tut, ist das wie ein Hacking des Systems.

Ich habe in den 1990er Jahren einen Dokumentarfilm über die berühmten Scole-Experimente gesehen, benannt nach dem Dorf in Norfolk in England, in dem sie größtenteils stattfanden. Medien und andere außersinnlich Begabte waren daran beteiligt gewesen, ebenso wie Ermittler und Skeptiker, die nach Tricks und Betrug suchten. Der Dokumentarfilm sagt, dass nichts gefunden wurde. Scole-Teilnehmer erlebten Stimmaufnahmen, die angeblich von Verstorbenen stammten, körperlose Hände, Ganzkörper-Manifestationen, Bilder auf unbelichtetem Film, der sich noch in der Verpackung befand, und das Phänomen, das als »Aport« bekannt ist, wenn »feste« Objekte plötzlich aus dem Äther auftauchen. Ein »Wesen« wurde gefilmt, das wie ein klassischer Grey aussah, was bei mir Alarm auslöste, obwohl ich noch einmal betonen möchte, dass nicht alle Greys oder Reptiloiden bösartig sind. Die Reaktionen auf derartige Vorkommnisse teilen sich in der Regel in zwei Lager: Gläubige und Skeptiker – solche, die an ein Leben nach dem »Tod« glauben, und solche, die dies ablehnen und behaupten, es gäbe dafür keine Beweise. Ich finde die Skeptiker ziemlich traurig, weil sie nicht darauf aus sind, paranormale Aktivitäten zu hinterfragen, wie sie es eigentlich tun sollten, sondern sie zu entlarven. Das ist keine aufgeschlossene Untersuchung, sondern eine vorgefasste Meinung. Mit dem Ruf der Ablehnung und Entlarvung geht die Versuchung einher, unter keinen Umständen zuzugeben, dass etwas tatsächlich unerklärlich sein könnte. An der Universität von London gibt es einen Typ namens Chris French, den ich einmal getroffen habe. Er lehnt jede paranormale Erfahrung ab, lässt aber auch nicht gelten, dass es Verschwörungen gibt. Dabei kommt beides gewöhnlich im Doppelpack daher als zwei Ausprägungen derselben Mentalität. Ich fand, dass French selbst ein sehr trauriger Kerl mit einem Vorhängeschloss im Kopf ist. Auf der anderen Seite gibt es diejenigen, die an scheinbar »paranormale« Ereignisse glauben, ohne sie zu hinterfragen, und so nimmt die Debatte oft nur eine Gestalt an – ein klares Dafür und ein klares Dagegen. Ich glaube, dass das Bewusstsein nach dem körperlichen »Tod« weiterexistiert. Ich glaube jedoch *nicht*, dass jede »paranormale« Erfahrung unbedingt das ist, was sie zu sein scheint. Als ich mir den Dokumentarfilm über Scole ansah und über die Geschehnisse las, sah ich nichts, was nicht durch die Simulation und die Interaktion zwischen 4D und 3D in der Art und Weise erklärt werden könnte, wie ich es im vorliegenden Kapitel beschreibe. Es musste sich nicht um eine direkte Kommunikation zwischen »hinübergangenen« Menschen und den Scole-Medien gehandelt haben. Es gibt nie nur eine Erklärung für etwas und es ist wichtig, den Geist ständig offen zu halten. Weisheit bedeutet zu wissen, wie wenig wir wissen.

Das ganze »K«-Szenario scheint für mich eine gigantische Lernerfahrung gewesen zu sein, die mir eine völlig neue Ebene des Verständnisses für die »menschliche« Notlage und das Ausmaß der Manipulation eröffnete. *Es könnte eine Kombination aus 4D-KI und 5D-Bewusstsein jenseits der Simulation gewesen sein – das eine mit der Basisgeschichte und das andere mit den kleinen Hinweisen, die mich auf den Betrug aufmerksam machten.* Was auch immer es ist, das Ergebnis zählt. Ich kann nicht genau wissen, was passiert ist und warum. Wie üblich wird es viel mehr zu verstehen geben. Das gibt es immer. Vielleicht existiert eine energetische Verbindung zwischen »K« und mir, die in all das verwoben ist. Vielleicht existiert auch keine. Wer weiß? Ich bin bei allem immer offen für einen Faktor X, der noch nicht ans Licht gekommen ist. Und ich glaube, dass es auch in dieser Frage irgendwann einen Faktor X geben wird, einen *Aha*-Moment, der das Verständnis für die »K«-Erfahrung erweitert. Ich glaube nicht, dass es nur *dies* oder nur *das* ist. Wie ein Medium einmal zu mir sagte: »Man gibt mir durch, dass es kompliziert ist.« Nun, das ist es sicher. Ich würde nicht behaupten, dass ich den gesamten Hintergrund der Ereignisse kenne. Jedenfalls noch nicht. Ich kann nur das Ergebnis sehen, und das war der Beginn einer fantastischen neuen Erkenntnisebene, deren Erkundung noch nicht abgeschlossen ist.

»K« wäre ein wichtiges Thema gewesen wegen der Liebe, die ich 1967 für sie empfand und die offensichtlich in meinem Energiefeld Spuren hinterlassen hat, von denen ich dachte, dass sie vor mehr als fünfzig Jahren verschwunden waren. Im Mittelpunkt stand das immer noch ungelöste Rätsel, warum ich auf eine Art und Weise verlassen wurde, die einen verliebten, hormongesteuerten Fünfzehnjährigen so am Boden zerstört hat. Solche Dinge prägen sich in unserem Energiefeld ein und bleiben dort, bis sie durch die Erkenntnis, dass sie existieren, gelöscht werden.

Ich habe keine Ahnung, wie »K« fünfundfünfzig Jahre später aussieht, wie sie denkt, nichts von alledem. Ich weiß überhaupt nichts über sie und das schon seit fünfeinhalb Jahrzehnten. Nichtsdestoweniger wurde mir durch diese Erfahrung klar, dass die Momentaufnahme, als sie vierzehn und ich fünfzehn war, für mich nie gelöst worden war, und das ist auch verständlich, da ich nicht wusste, dass es etwas zu lösen gab. Es spielte sich alles in meinem Unterbewusstsein ab.

Eine Heilmethode, die als »German New Medicine (GNM)« bekannt ist, beruht auf der Art und Weise, wie psychologische Traumata oder das, was in dieser Methode »Konflikte« genannt wird, uns sowohl psychologisch als auch »körperlich« beeinflussen. Die GNM geht davon aus, dass diese »Konflikte« sich im Gehirn einprägen, was in Scans zu sehen sind, und dass diese Prägungen so lange auf uns einwirken können, bis sie identifiziert und aufgelöst werden. Die Germanische Neue Medizin wurde von dem ehemaligen Arzt Ryke Geerd Hamer (1935-2017) entwickelt. Praktiker sagen, dass sie in den Händen erfahrener Menschen mit einem umfassenden Verständnis der Methode ein großes Potenzial für die Heilung selbst von vermeintlich »Unheilbarem« hat. Probieren Sie es aus und finden Sie selbst heraus, was Sie davon halten. Der Kult hat die Prinzipien der GNM in vielerlei Hinsicht ins Gegenteil verkehrt, indem er die Bevölkerung traumatisierte, was sich wiederum auf ihre geistige, emotionale und »körperliche« Gesundheit auswirkt.

Wenn Hamer sich meine ach so kurze Geschichte mit »K« ansähe, würde er wahrscheinlich das Thema der Ablehnung – »Konflikte« – aufgreifen. Ich wurde im November 1967 zurückgewiesen, ohne zu wissen warum, im Januar 1968 erneut, anschließend beim Klassentreffen, als »K« und ich uns länger hätten unterhalten können und sie mich abrupt stehen ließ, und 2021 sowie 2022, als die Tracer ihr nichts übermitteln durften. Und was war der massenhafte Spott und die Beschimpfungen, die ich nach der *Wogan-Show* erlebte, anderes als ein historisches Ausmaß an massenhafter *Ablehnung*? Warum haben die Menschen solche Angst vor dem, was andere Menschen denken? Angst vor *Ablehnung*. Meine extreme Erfahrung hat es mir ermöglicht, die Angst vor Ablehnung bewusst loszulassen, aber man muss diesbezüglich trotzdem ständig wachsam sein. Diese Angst ist so grundlegend, dass sie sich immer wieder an uns heranschleichen kann, insbesondere aus dem Unterbewusstsein. Ich bin von diesem Thema fasziniert, weil es *entscheidend* dafür ist, zu verstehen, wie der Mensch tickt – oder eben nicht. Die Angst vor Ablehnung ist die Grundlage des Gruppendenkens, des kollektiven Bewusstseins und des Herdentriebs. Schauen Sie sich Ihr Leben einmal an und Sie werden diese psychologischen Themen erkennen, die vorher vielleicht nicht so offensichtlich waren. Sie mögen sich auf Menschen oder Situationen beziehen, aber das ist nur die Form, in der sie sich abspielen. Sie beziehen sich in Wahrheit auf *Sie selbst.* Die beteiligten Personen oder Umstände sind nebensächlich. Sie sind Requisiten in *Ihrem* Theater, *Ihrer* Bühnenshow, *Ihrem* Film. Wenn Sie die Muster anerkennen, holen Sie sie aus dem Unterbewusstsein ins Bewusstsein, lassen sie los, und sie lösen sich zusammen mit ihrer Wirkung auf Sie auf. Ich erkannte auch, dass es bei der »K«-Geschichte nicht nur darum ging, dass ich in eine »Person« verliebt war, sondern dass ich in eine Erinnerung an die glücklichsten vier Jahre meines Lebens vor langer, langer Zeit verliebt war (selbst wenn mein jetziges Leben der damaligen Zeit den Titel »glücklichste« gerade streitig macht). Der Moment war gekommen, das loszulassen. Danke für die Erinnerung, aber ich brauche keine solche Anhaftung, die in der Illusion von

»Mensch« und »Zeit« verankert ist. Ich bin unendliches, ewiges Bewusstsein – David Icke ist nur eine kurze Erfahrung in der Unendlichkeit der Ewigkeit. Aus Gründen, auf die ich in Kapitel 12 noch eingehen werde, ist es wichtig, dass wir uns von diesen unterbewussten energetischen »Strudeln« befreien, die wir aufgreifen und an denen wir unbewusst festhalten. Sie können wie energetische Bleigewichte wirken. Erlebnisse, die wir gemacht haben – vor allem traumatische –, sind in unserem Unterbewusstsein eingeschlossen und können uns, wie gesagt, weiterhin emotional und »körperlich« beeinflussen, ohne dass wir uns dessen bewusst sind. Wenn sie uns bewusst werden, können sie aufgelöst und losgelassen werden.

Aus meiner Erfahrung mit »K« und dem Leben im Allgemeinen möchte ich noch etwas hinzufügen. Lassen Sie niemals etwas unausgesprochen. Sagen Sie, was Sie denken. Ob »Ich liebe dich« oder »Verarsch mich nicht« – zögern Sie nie zu sagen, was Sie denken. Sie vermeiden es, »Ich liebe dich« zu sagen, weil Sie eine Zurückweisung befürchten, während derjenige, von dem Sie befürchten, zurückgewiesen zu werden, nicht sagt, dass er Sie liebt, weil er befürchtet, von *Ihnen* zurückgewiesen zu werden. Wie oft kommt das vor? Wenn Sie jemanden lieben, sagen Sie es. *Sagen Sie es ihr oder ihm.* Was ist das Schlimmste, das passieren kann? Der Betreffende sagt, dass er Sie nicht liebt? Na und? Lieben Sie ihn immer noch? Ja? Dann hat sich nichts geändert. Sie lieben ihn oder sie, das ist eine Tatsache. Er oder sie liebt Sie nicht? Gut, aber das ändert nichts an Ihren Gefühlen für diesen Menschen. Und wenn Sie jemandem sagen, dass Sie ihn lieben, werden Sie oft erstaunt sein, wie oft er sagt: »Oh, mein Gott, ich liebe dich auch.« Ich *wusste* das früher nicht. Wir sagen diese drei Worte »Ich liebe dich« nicht oft genug – zu Partnern, potenziellen Partnern, unseren Kindern, zu jedem. Täten wir es, wäre die Welt eine andere. Wie oft habe ich Menschen nach jemandes Tod sagen hören, dass der Betreffende sich wünschte, er hätte demjenigen gesagt, dass er ihn liebe, oder es ihm öfter gesagt. Wir müssen dieses Bedauern nicht erleben. ICH LIEBE DICH ist alles, was es dazu braucht. *JETZT.* Eine der erstaunlichen Synchronizitäten – manche würden es als Irone des Schicksals bezeichnen – der »K«-Geschichte seit 2019 ist, dass ich bei der Recherche der Hintergründe zu diesem Kapitel eine Frau kennengelernt habe, in die ich mich sehr verliebt habe, und jetzt sind wir zusammen. Man weiß nie, wohin etwas führt, bis man dort ankommt.

Zum Thema »Gedächtnis« möchte ich noch einige »Was wäre wenn« vorschlagen. Was wäre, wenn das Phänomen, das wir Erinnerung nennen, nur unsere Verbindung zur 4D-Datenbank der Akasha-Chroniken ist? Jedenfalls dann, wenn wir aus irgendeinem Grund nicht mit unserem 5D-Bewusstsein und unserem Unendlichen Gedächtnis verbunden sind? Was, wenn diese Datenbank so angelegt ist, dass sie unseren Zugang zum Unendlichen Gedächtnis blockiert? Was wäre, wenn unser Zugang zur Akasha-Datenbank in jedem neuen »Leben« auf die Erinnerungen beschränkt ist, die wir in diesem speziellen »Leben« angesammelt haben? Das würde erklären, warum sich die große Mehrheit der Menschen nicht an frühere »Leben« erinnert, wie man es erwarten sollte. Was wäre, wenn diejenigen, die sich erinnern, meist für kurze Zeit in der Kindheit auf Teile der Datenbank zugreifen, die ihnen eigentlich verwehrt sein sollten? Wir müssen alle Möglichkeiten ausloten, wenn wir die Wahrheit herausfinden wollen. Hätte ich nicht versucht, die überprüfbaren Informationen in meiner »K«-Erfahrung zu verifizieren, hätte ich ständig mit der 4D-KI interagieren können, was gelinde gesagt überhaupt nicht gut gewesen wäre, aber ich habe es überprüft und es folgten erstaunliche Erkenntnisse. Die beiden Medien, die mir von »K« berichteten, haben unwissentlich dazu beigetragen, daher mein herzlicher Dank an sie. Wenn ich mir vorstelle, dass die echte »K«, während all dies geschah, nichts von alledem mitbekam, auf die Siebzig zuging und möglicherweise dann und wann einmal darüber nachdachte, dass ihr alter Schulfreund sich in einen solchen Verrückten verwandelt hat!!! Es ist wirklich zum Totlachen, aber was für eine Erfahrung war das für mich, welche Möglichkeiten eröffneten sich mir dadurch und welche wunderbare Musik habe ich kennengelernt!

Karma-Drama

Wenn wir die Implikationen dieses 4D-KI-Systems ausweiten, können wir viele andere Themen aus einem völlig veränderten Blickwinkel betrachten. Entscheidung und Konsequenz scheinen in der gesamten Unendlichen Realität eine Konstante zu sein, die auf Ihren Wahrnehmungen beruht, die Erfahrungen schaffen. Ihre Entscheidungen (Wahrnehmungen) führen zu Erfahrungen (Konsequenzen), die zu neuen Entscheidungen (Wahrnehmungen) führen können, die wiederum zu anderen Erfahrungen (Konsequenzen) führen. Dies ist als »Karma« bekannt und scheint ein perfektes, sich selbst korrigierendes System zu sein, um die Unendlichkeit zu erforschen und aus allen möglichen Erfahrungen zu lernen. Aber in diesem Fall haben wir es mit einer Simulation der Hauptwirklichkeit zu tun, die von den Machern des Programms manipuliert werden kann. Laden Sie eine Webseite herunter und Sie haben eine Kopie, die Sie verändern können, während die ursprüngliche Webseite so bleibt, wie sie ist. Ich bin im Laufe der Jahre immer wieder gefragt worden, warum die Ausdrucksformen des Bösen im Kult nicht vom »Karma« betroffen zu sein scheinen, wenn es »Karma« doch gibt. Vielleicht sind sie ja davon betroffen oder wären es, wenn sie wieder in die Hauptwirklichkeit einträten. Vielleicht ist das eines der Dinge, das ihnen Angst macht. Eine »schlechte Kopie«, die von der KI umgeschrieben und verändert wird, wäre sicherlich in der Lage, unterschiedliche Konsequenzen für die Handlungen ausgewählter »Charaktere« in der Art eines Virtual-Reality-Spiels zu kodieren.

In der Erklärung für die Akasha-Chroniken heißt es, sie enthielten »jeden Gedanken, jede Tat, jedes Wort, jedes Gefühl und jede Absicht« und hätten »einen enormen Einfluss auf unser tägliches Leben, unsere Beziehungen, unsere Gefühle, unsere Glaubenssysteme und die potenziellen Realitäten, die wir auf uns ziehen«. Was wäre, wenn unser Leben einfach ein KI-Programm mit dem bereits kodierten gesamten »Karma« ist, bis wir mit einem Bewusstsein außerhalb der Simulation in Verbindung treten, das es uns ermöglicht, das Programm außer Kraft zu setzen? Was ist, wenn es den digitalen Agenten der Simulation genauso geht, nur dass das gesamte »Karma«, die Ursache-Wirkung-Reaktion, bereits programmiert ist? Kann eine Software-Einfügung wirklich ein »Karma« haben? *Was meinen Sie?* Ist der manipulative Aspekt der Reptiloiden eine Software-Einfügung? Sind sie von der Technologie besessen oder ist die Technologie – die KI – von *ihnen* besessen? Ich sage weder ja noch nein, ganz frei von Dogmen. Ich bin immer offen für alle Möglichkeiten. Ich versuche lediglich, andere Möglichkeiten vorzuschlagen, um Geheimnisse und Anomalien des menschlichen Lebens zu erklären, die weiter erforscht werden können. Meiner Erfahrung nach ist die Wahrheit selten schwarzweiß und fast immer eine Grauschattierung. Dazu gehört auch das »Karma«. Handlungen und Konsequenzen wirken sich auf den Schwingungszustand unserer Energiefelder aus, die dann ähnliche Felder (»Karma«) anziehen. Wenn Sie jedoch die psychologischen und »physischen« Auswirkungen dieser Entscheidung und Konsequenz anerkennen (wie in der Germanischen Neuen Medizin), löschen Sie die Auswirkungen aus und damit das »Karma«.

In Tech-Kreisen wird viel über die sogenannte »Singularität« oder »technologische Singularität« gesprochen, wenn eine »Superintelligenz«-KI die menschliche Intelligenz überholt und dann weit übertrifft. Ich habe mehrere Vorhersagen gesehen, wonach dies bis 2050 geschehen könnte. Der Kult-Insider von Google, Ray Kurzweil, geht sogar davon aus, dass dies bereits früher der Fall sein wird:

> »2029 ist das feste Datum, das ich für den Zeitpunkt vorausgesagt habe, an dem eine KI einen validen Turing-Test bestehen und damit das Niveau menschlicher Intelligenz erreichen wird. Für die ›Singularität‹ habe ich das Jahr 2045

festgelegt. Das ist der Zeitpunkt, an dem wir unsere effektive Intelligenz um das Milliardenfache steigern werden, indem wir mit der von uns geschaffenen Intelligenz verschmelzen.«

Warum sollten wir nicht annehmen können, dass dies in 4D bereits geschehen ist? Ist das Smart Grid, das jetzt überall um uns herum aufgebaut wird, in Wirklichheit ein Vehikel für diese 4D-KI? Ist das die KI, die Kurzweil und der Kult mit dem menschlichen Gehirn/Geist verbinden wollen? Eine Frage, die man sich immer wieder stellen muss, ist: Werden unsere Wahrnehmungen und Handlungen von der KI und der Simulation oder vom Bewusstsein außerhalb der Simulation diktiert? Ein bisschen von beidem – ein Grauton – scheint die Antwort zu sein, je nach Ihrem Bewusstseinszustand. Diejenigen, die in der Wahrnehmung schlafen, werden fast vollständig von der Simulation gesteuert, und diejenigen, die aus dem Schlaf erwachen, werden zunehmend vom Unendlichen Bewusstsein gesteuert.

Entscheidungen? Keine Wahl? Wer hat die Wahl?

Eine Filmfigur in *Matrix Reloaded*, der Merowinger, sagt: »Entscheidung ist eine Illusion, entstanden zwischen denen mit Macht und denen ohne.« Daran ist viel Wahres, aber nicht alles daran ist wahr. Wenn Ihre Realität nur aus der Simulation stammt, dann ist auch die Möglichkeit der freien Entscheidung eine Illusion. Wenn Sie Ihr 5D-Selbst und Ebenen darüber anzapfen, dann ist die Entscheidungsmöglichkeit keine Illusion. Verstehen Sie jetzt, warum die Reptiloiden und die KI Sie in den fünf Sinnen, die in der Simulation zuhause sind, gefangen halten wollen? Das gleiche Prinzip gilt für die esoterischen Künste wie Tarot, Numerologie und Astrologie. Dies führt uns zurück zu den zwei »Feldern«. Das eine ist das Feld der Unendlichen Realität in all seinen Ausdrucksformen und Facetten – die Unendliche Möglichkeit. Das andere ist das technologisch erzeugte Simulationsfeld. Welches Feld steuert Ihre Wahrnehmung der Realität? Wenn es das erste ist, wird Ihr eigenes energetisches Feld dies in seinem Wahrnehmungszustand und seiner Frequenz widerspiegeln. Ich habe bereits gesagt, dass wir bei einer Lesung Tarotkarte A und nicht B wählen, weil das Frequenzfeld, das die Karte symbolisch darstellt, mit einer ähnlichen Frequenz in unserem eigenen Feld verbunden ist. Ja, aber die Frequenzen in unseren Feldern werden durch unsere Wahrnehmungen erzeugt und sie werden durch unser Gefühl für die Realität und unser Selbst erzeugt, das wiederum davon abhängt, ob wir nur mit der Simulation verbunden sind oder mit erweiterten Bewusstseinsebenen, die von der Simulation unberührt bleiben. Unser Feld wird sich grundlegend unterscheiden, je nachdem, ob wir uns an der Unendlichkeit orientieren oder an der Simulation. Eine Tarot-Lesung wird sehr unterschiedlich ausfallen, nach Maßgabe dessen, welches Feld den größeren Einfluss hat.

Das chinesische »Jahressystem« mit dem Drachen, der Ratte, der Schlange, dem Affen, dem Tiger, dem Schaf und so weiter ist meiner Meinung nach ein weiterer Indikator für das Simulationsprogramm. Chinesische Jahrespersönlichkeiten sind *Programme*, die durch die Simulation erzeugt werden. Wenn ich mit Menschen spreche, die sich *ernsthaft* mit den chinesischen Jahren und ihren Charaktereigenschaften beschäftigen, und ich ihnen die Geburtsjahre von Menschen nenne, die ich kenne – die sie aber nicht kennen –, ist es bemerkenswert, wie genau sie deren Persönlichkeiten beschreiben. Wie kann das sein, wenn das alles »freier Wille« ist? Ohne eine Verbindung zu einem erweiterten Bewusstsein außerhalb der Simulation gibt es *keinen* freien Willen. Die Numerologie liest die digitale Ebene der Realität, die die *Simulation* ist. Die Natur dieser Zahlen wird anders sein, wenn wir das Simulationsprogramm widerspiegeln oder durch eine Infusion von erweitertem Bewusstsein auf dieses Programm einwirken. Numerologie ist das Lesen des digitalen Ausdrucks von *Frequenzzuständen*. Die Astrologie beruht auf der Bewegung der (holografischen) Planeten und Sterne innerhalb der Simulation, die das Programm der Simulation widerspiegeln. Beachten Sie, dass die Astrologie/Astronomie auf sich wiederholenden Zyklen, einem sich wiederholenden Programm oder einer »Zeitschleife« basiert und wie sich die Bewegungen der Planeten auf das Simulationsfeld auswirken, das uns beeinflusst. Auch hier gilt, dass diejenigen, die simulationszentriert sind, stark von diesen astrologischen Zyklen beeinflusst werden, die energetische Veränderungen im Simulationsfeld erzeugen. Diejenigen, die durch ein erweitertes Bewusstsein beeinflusst werden, können diese Zyklen außer Kraft setzen und werden nicht auf dieselbe Weise beeinflusst.

Die esoterischen Künste sind nicht starr dieses oder jenes. Sie haben viele Ebenen und die Sensitivität des Praktizierenden ist der Schlüssel. Nur weil jemand ein paar Tarotkarten zur Hand nimmt, heißt das noch nicht, dass er eine Ahnung hat, was er tut. Während ich dieses Kapitel schrieb, habe ich mir im Rahmen meiner Recherchen Tarot-Kartenlesungen für mein Sternzeichen Stier auf YouTube angeschaut. Lustigerweise spiegelten einige von den Lesungen die Geschichte von Stieren wider, die sich mit ihrer »Zwillingsseele« verbinden wollten. Sind damit *alle* Stierzeichen gleichermaßen gemeint? Ich weiß, dass es am Anfang immer heißt, dies sei eine generelle Deutung und würde nicht für jeden zutreffen, aber was hilft einem das? Nehmen Sie die acht

Milliarden Menschen in der Weltbevölkerung und teilen Sie sie durch zwölf und Sie erhalten die durchschnittliche Anzahl der Menschen in jedem Sternzeichen. Sie haben es hier mit sehr großen Zahlen zu tun, und daher wird (a) die überwältigende Mehrheit nicht mit der Deutung »in Resonanz« gehen und (b) es wird einige geben, für die sie angesichts ihrer Lebenssituation unglaublich genau zu sein scheint. Mit anderen Worten: Es ist bedeutungslos. Mir wurde gesagt, dass jemand aus meiner Vergangenheit kommt und Kinder mit mir haben will. Ich bin siebzig, mein Freund, also halte ich das für etwas weit hergeholt. Besonders witzig fand ich diejenigen, die sagten: »Taurus, dir wird in den nächsten zwei bis drei Tagen Folgendes widerfahren.« Es ist nicht geschehen – nicht ein einziges Mal. Ihnen wird gesagt, dass jemand Wassermann, Löwe, Widder oder Schütze sein könne und die Karten auf einen Partner, Liebhaber, Freund oder Arbeitskollegen hinwiesen. Es würde einem so viel Zeit und das Mischen der Karten ersparen, wenn sie Ihnen einfach sagen würden: »Könnte Hinz und Kunz sein.« Die Video-Postings sind mit Überschriften gespickt, die Sie zum Anschauen verleiten sollen. Man scheint oft »Gänsehaut« zu bekommen, wie bei »Dieser Stier bereitet mir Gänsehaut«. Die meisten Horoskope sind unterschiedlich und widersprüchlich für dasselbe Sternzeichen und denselben Zeitraum. Das ergibt eindeutig keinen Sinn. Das Feld des Einzelnen spielt keine Rolle und es kommt von »Astrologen« mit sehr unterschiedlichen Niveaus der Sensitivität. Die Erfahrung hat mich gelehrt, dass »allgemeine Lesungen« von Tarotkarten und jede andere Form der Wahrsagung das Äquivalent zu den einzeiligen »Horoskopen« in der Tageszeitung sind – reine Platzverschwendung. Das soll nicht heißen, dass man esoterische Künste generell meiden sollte. Sie können genial aufschlussreich oder mehr als nutzlos sein, je nach Situation, den Fähigkeiten des Praktizierenden und der Quelle der Kommunikation. Wer einfach akzeptiert, was gesagt wird, ohne es zu hinterfragen, riskiert Ärger.

Der wesentliche Punkt, um den es hier geht, ist *Unterscheidungsvermögen*. Das gesamte KI-Simulationssystem ist speziell darauf ausgelegt, Sie zu täuschen, und die Menschheit muss sich ernsthaft damit auseinandersetzen und jegliche Naivität ablegen. Das Herzchakra ist Ihre Antenne, um Wahrheit von Betrug zu unterscheiden, wenn wir lernen, es richtig zu nutzen. Darauf werde ich im Schlusskapitel des Buches noch zu sprechen kommen. Zwei Tage nachdem ich das vorliegende Kapitel abgeschlossen hatte, hatte ich einen weiteren lebhaften Traum von »K«, in dem »sie« mir gegenüber gemein war – wirklich grausam. Ich wachte lächelnd auf. Wenn ich das KI-System verärgert habe, macht mich das sehr glücklich. Oh, und ja, als ich aus dem Traum erwachte, war da wieder die »Spinnenkrabbe«.

Kapitel 11

3D und 4D – das Ziel ist das gleiche

Die Wahrheit ist nicht das, was sie zu sein scheint, sondern das, was sie ist.

FRANK SONNENBERG

Die letzten Kapitel waren, gelinde gesagt, weit weg von der »normalen« Perspektive der »menschlichen« Realität und erfordern eine große Offenheit des Geistes. Wenn Sie das heutige »Weltgeschehen« verfolgen, erleben Sie hautnah mit, wie das »Unfassbare« von Stunde zu Stunde »hier« manifestiert wird.

In diesem Kapitel werde ich die Erkenntnisse über Simulation und KI auf die aktuellen Ereignisse anwenden und sie in den Kontext dessen stellen, was um uns herum gerade geschieht. Durch die High-Tech-»Revolution«, die *einiges* von dem, was in 4D möglich ist, in 3D widerspiegelt, ist das jetzt einfacher denn je. Die Menschen werden immer versierter im Umgang mit KI, virtueller Realität, erweiterter Realität, Holografie, WLAN und Computern und daher verfügen wir mittlerweile über jede Menge Symbole, Analogien und buchstäblich auch Werkzeuge und Technologien, um diese Konzepte zu erklären. Stellen Sie sich vor, wir wären noch in einer vortechnologischen Kultur und ich würde Ihnen zu erklären versuchen, was ich meine. Die spirituell Erwachten konnten damals nur die Symbolik ihrer Zeit verwenden, um ihre Argumente zu vermitteln. Später kamen dann die Historiker und Anthropologen hinzu, die die Symbolik wörtlich nahmen und alles verrückt klingen ließen, obwohl es sich in Wirklichkeit um sehr tiefgreifende Informationen handelte, die *symbolisch* weitergegeben wurden. Diese Dinge heute zu erklären, ist im Vergleich dazu ein Klacks. Einfach ausgedrückt: Zum Unendlichen Feld und zum Simulationsfeld kommt ein *drittes* Feld hinzu. Dieses dritte Feld, und möglicherweise noch weitere, ist eine Simulation innerhalb einer Simulation, um eine Bewusstseinsverbindung zwischen dem Körper-Geist der fünf Sinne und dem Unendlichen Bewusstsein oder zwischen 4D und 5D noch umfassender zu blockieren. Sie versuchen, die *Falle* zu vertiefen.

Hier ist ein Rückblick auf die bisherigen Kapitel des Buches angebracht:

Wir scheinen in einer physischen Dritten Dimension zu »leben«, obwohl sich in Wirklichkeit alles in der Vierten Dimension abspielt, dem Frequenzband, in dem sich unser Verstand (energetische Felder) befindet. Hier, in einem für den Menschen unsichtbaren Bereich, werden Informationen aus der Simulation übermittelt, die der Verstand in die Illusion einer Welt der Körperlichkeit, Festigkeit und Getrenntheit dekodiert. Unsere gesamte Realität ist eine »physische« Illusion, die sich im 4D-Verstand als 3D-Wahrnehmung der Realität abspielt. In Wirklichkeit handelt es sich bei unserer »Welt« um die Wellenform der »Computer«-Codes, die an unseren 4D-Verstand weitergegeben werden, sie existiert nur als dekodierte Projektion des 4D-Verstandes. Wir leben in einem technologisch induzierten Traum. Wenn wir träumen, ist es ein Traum im Traum oder eine Erweiterung desselben Traums. Der Verstand dekodiert den Traum und erlebt den Traum dann als Realität. Der Traum ist der Träumer und der Träumer ist der Traum. Es gibt keine »Dritte Dimension«, nur die Illusion einer solchen. Deshalb sage ich, dass der Geist nicht im Körper ist, sondern der Körper ist im Geist.

Abb. 144. »Ich weiß, worum es im Leben geht«: Die Wirkung eines Headsets auf das Gehirn spiegelt die Wirkung der Simulation auf die Wahrnehmung des 4D-Geistes wider.

Und während wir gar nicht in der »menschlichen Welt« sind, ist die »menschliche Welt« *in uns*. Die Kontrolle geht in beide Richtungen. Der 4D-Verstand dekodiert die Simulation und die Erfahrung dieser simulierten Illusion wirkt sich auf den 4D-Verstand aus. Es ist genau das gleiche Prinzip wie bei einem Virtual-Reality-Headset. Das »Gehirn« (oder was wir als ein solches wahrnehmen) dekodiert die virtuelle Illusion und die Illusion wirkt sich auf die Realität des »Gehirns« aus. Was würde nun geschehen, wenn Sie das Headset nie abnähmen und diese Informationen *permanent* von Ihrem »Gehirn« dekodiert würden? Würde das Ihre Wahrnehmung der Realität verändern und steuern? Natürlich würde es das (siehe Abbildung 144). Und es gibt noch einen weiteren Punkt: Wie kann ein Hologramm altern? Es ist ein *Programm*, das der Verstand dekodiert und welches das erweiterte Bewusstsein in seiner Macht außer Kraft setzen kann. Jung ist eine Illusion. Alt ist eine Illusion. Es ist alles eine Illusion.

Ändern der Kopie

Die Simulation war ursprünglich eine »schlechte« Kopie eines Ausschnitts der Hauptrealität, die in höheren Dimensionen existiert. Sie muss die Hauptrealität beinahe gespiegelt haben, um die Seelen in die Falle zu locken. Das war die Symbolik von Adam und Eva (der »Menschheit«), die aus dem Paradies vertrieben wurden, als sie dank der Schlange »Gut und Böse« erlebten (die elektrische/Wellenform-Dualität der Simulation). Auch der Körper musste erst einmal daran gewöhnt werden, um in die Falle zu gehen. Sobald die Falle zugeschnappt war, begann der Prozess der Veränderung der »Kopie«. Wenn Sie einmal in einer Gefängniszelle sitzen, spielt es keine Rolle mehr, dass die Zelle eine andere Form annimmt als die, in die Sie gelockt wurden, denn Sie befinden sich ja jetzt in der Zelle und die Tür ist verschlossen. Hinzu kommt, dass sich die »Zelle« mit jeder neuen Gruppe von Insassen verändert und der Verstand unter der Flut von Informationen aus dem Hier und Jetzt vergisst, was vorher war. Es dauerte dann nicht mehr lange, bis sich so gut wie niemand mehr an die Realität erinnerte, in die ich zum Beispiel 1952 noch »hineingeboren« wurde. Für die jungen Generationen besteht die »Welt« aus Smartphones, selbstverständlicher Überwachung, WLAN, TikTok und Twitter. All das gab es nicht einmal in der Science-fiction, als ich in den 1950er Jahren aufgewachsen bin. Die Welt, in die Sie »hineingeboren« worden sind, ist das, was Sie für die Welt halten. Das ist Ihre Vorstellung von »normal«, wie abnormal sie auch sein mag. Wir befinden uns mittlerweile in einem Abschnitt des Simulations-Transformationszyklus, in dem sich mit dem »Großen Neustart« des Kults fast alles verändert, auch die Natur des Körpers selbst, was neben der Entvölkerung der Hauptgrund für die »Covid«-Scheinimpfstoffe ist. In dem Maße, wie sich der Körper verändert, verändert sich auch die Realität des Geistes, die von dem »Körper«, den der Geist zu »bewohnen« glaubt, beeinflusst und daher begrenzt wird. Unterdrücken Sie

Abb. 145. Im Smart Grid soll eine technologisch erzeugte »Cloud«, die von Satelliten und Bodensendern projiziert wird, alles kontrollieren, einschließlich der menschlichen Wahrnehmung. (Bild: Neil Hague)

die Realität des Körpers und Sie unterdrücken die Realität des Geistes. Ändern Sie die Eigenschaften des Autos und Sie ändern die Realität des Fahrers.

Aus dieser Perspektive können wir die aktuellen Ereignisse neu bewerten, und dazu brauchen wir den *Kontext*. Zu wissen oder zu sehen, *was* passiert, sagt Ihnen nur, *dass* es passiert – oder zumindest eine Version davon. *Warum* es geschieht, liefert den Kontext, der das Bild enthüllt, das sich hinter den scheinbar zusammenhanglosen Pixeln verbirgt. Das *Was* sind die Punkte, das *Warum* ist das Bild. Wir werden gerade Zeuge, wie das dritte Feld aufgebaut wird – die Simulation innerhalb der Simulation – bekannt als das »Smart Grid«. Ich habe seine Entstehung schon vor langer Zeit in meinen Büchern vorweggenommen und seit seinem Aufkommen sein Wesen und seine Ziele sehr detailliert dargelegt (siehe *Alles, was Sie wissen sollten, Ihnen aber nie jemand erzählt hat*). Das Smart Grid beruht auf einer globalen WLAN-»Cloud«, die von Türmen am Boden und mehr noch von Satelliten in niedriger Umlaufbahn erzeugt wird, die von Kult-Aktivist Elon Musk seit einiger Zeit in den Orbit geschossen werden. Er ist die Hauptquelle durch »sein« (vom Kult kontrolliertes) SpaceX. Allerdings gibt es noch andere Unternehmen, die zu den geplanten Zehntausenden von Satelliten in niedriger Umlaufbahn beitragen, die das Cloud-erzeugende Netzwerk bilden (siehe Abbildung 145). Astronomen haben sich bereits beschwert, dass sich der Nachthimmel verändert und durch diese Satelliten verschmutzt wird, aber das ist erst der Anfang. Der Nachthimmel wird sich noch dramatischer verändern, wenn den Tausenden deutlich sichtbaren Satelliten weitere Zehntausende folgen.

Der Kult-Agenda dient Musk auch mit seinem Unternehmen Neuralink, das das Gehirn mit Computern verbindet, während das von Musk geführte Unternehmen Tesla fahrerlose Autos produziert, die mit dem Smart Grid verbunden sind und bei denen ein Computer entscheidet, wohin Sie fahren dürfen und wohin nicht. Ich habe ein Interview gesehen, in dem der kanadische klinische Psychologe Jordan Peterson seine Bewunderung für Musk zum Ausdruck brachte. Peterson sagte einige relevante Dinge über psychologische Eigenschaften, aber solange er sich nicht von der Kontrolle durch seinen Fünf-Sinne-»Sieht-nur-Punkte«-Intellekt befreit, wird er nie begreifen, wie das alles funktioniert und dass die Menschen, die er bewundert, Teil davon sind. Musk hat Twitter im Jahr 2022 gekauft und legt seitdem in Form der Twitter

Abb. 146. Das Internet von Allem – einschließlich der menschlichen Wahrnehmung. (Bild: Neil Hague)

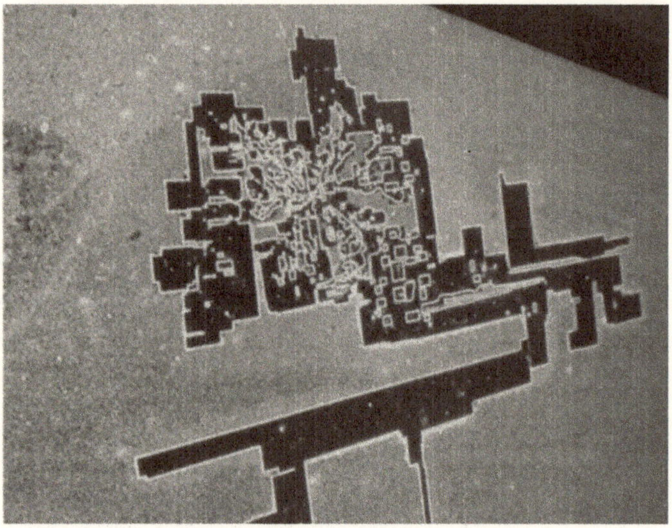

Abb. 147. Erstaunliches selbstreplizierendes Material wie dieses wurde in Fläschchen mit Scheinimpfstoffen und im Blut von Geimpften gefunden.

Files die umfangreiche Zensur des Mikroblogging-Dienstes offen. Man fragt sich, warum ein Mann, der der Kult-Agenda mit fahrerlosen Elektroautos, SpaceX-Satelliten und Gehirn-Computer-Schnittstellen in einem so großen Umfang dient, die Kult-Zensur herausfordern sollte – es sei denn, es gibt da einen Hintergedanken. Ich habe bereits vor langer Zeit vor dem kommenden Internet der Dinge (»Internet of Things« = IoT) gewarnt, das geplant ist, um alles mit dem Internet zu verbinden und so durch die KI zentral steuer- und überwachbar zu machen. Das IoT ist jetzt da, und laut www.statista.com übersteigt die Zahl der mit dem Internet verbundenen Geräte und Technologien bereits die Zwölf-Milliarden-Grenze. Bis 2030, einem Schlüsseljahr für den Kult, werden es voraussichtlich mehr als 25 Milliarden angeschlossene »Dinge« sein. Ich habe vorausgesagt, dass die nächste Stufe nach dem Internet der Dinge das Internet von Allem ist, das das menschliche Gehirn/den menschlichen Körper (die *Wahrnehmung* des menschlichen Gehirns/Körpers durch den Verstand) mit dem Internet und der KI verbinden wird (siehe Abbildung 146). Dies geschieht schon jetzt.

Die falschen »Covid«-Scheinimpfstoffe enthalten selbstreplizierende Nanotechnologien, die unter dem Mikroskop dabei beobachtet wurden, wie sie ihre eigenen Netzwerke im Körper aufbauen, um die WLAN-Verbindung zwischen dem Körper/Gehirn und dem immer größer werdenden Smart Grid herzustellen (Nanotechnologie ist auch in Tausenden von Lebensmitteln und Produkten wie Rasierschaum und Kosmetika enthalten). Die Nano-»Motherboards« und computerähnlichen Strukturen in Blutproben von Scheinimpfstoffen zu sehen schockiert, selbst wenn man so etwas vorausgesehen hat (siehe Abbildung 147). Die Verbindung zwischen Körper und Smart Grid soll es der KI ermöglichen, alle mentalen und emotionalen Reaktionen zu kontrollieren und einen Kill-Schalter in jedem menschlichen Körper einzurichten – einen »Schalter«, der dem Geist mitteilt, dass sein »Körper« »gestorben« ist. Alle Straßen und Wege führen zurück zum Verstand und seiner manipulierten Wahrnehmung der Realität und ein Teil des Prozesses der Verbindung zwischen Körper, KI und Cyberspace besteht darin, dass der Körper synthetischer wird (Mensch 2.0). So gibt es »Covid«-Scheinimpfstoffe, die *synthetisches* genetisches Material mit synthetischer mRNA enthalten und synthetische Veränderungen der DNA fördern. Eine schwedische Studie an der Universität Lund hat bestätigt, dass die mRNA in den Pfizer/BioNTech-Injektionen in die Zellen eindringt und ihre Botschaft innerhalb von sechs Stunden in die menschliche DNA transkribiert, um die Beschaffenheit der DNA zu verändern. Die Forscher fanden außerdem heraus, dass das (von den Scheinimpfstoffen erzeugte) Spike-Protein »die Reparatur von DNA-Schäden erheblich hemmt«. Die vom Kult kontrollierten Schurken bei den Centers for Disease Control and Prevention (CDC) und anderen Impfstoff-Zulassungsstellen auf der ganzen Welt sagten uns, dass so etwas nicht passieren könne und dass jeder, der dies behauptet, »Fake News« verbreitet.

Der Betrug mit dem gefälschten »Virus« und dem gefälschten »Impfstoff«

Je mehr synthetischer genetischer Dreck, desto synthetischer wird der Körper und desto schneller verläuft die Entvölkerung der Mehrheit, die den Übergang nicht schaffen kann. »Covid« ist nur der Anfang der Impfstoff-Revolution mit synthetischen Scheinimpfstoffen. Ein virtuelles Treffen zur Agenda 2022 des Weltwirtschaftsforums von Kult-Schwab in Davos hat dies sehr deutlich gemacht. Der psychopathische CEO von Moderna, Stéphane Bancel, und andere, darunter der »Gesundheitspsychopath« der US-Regierung Anthony Fauci, stellten eine lange Liste neuer synthetischer mRNA-Scheinimpfstoffe vor. Pfizer und BioNTech entwickeln den ersten mRNA-Scheinimpfstoff gegen Gürtelrose, während Moderna eine Kombi-Scheinimpfung gegen »Covid«, Grippe und das angebliche Respiratorische Synzytialvirus (RSV) in einer einzigen Injektion plant. Weiter in der Pipeline sind Impfstoffe gegen »Viren« wie HIV, Zika, Nipah und Epstein-Barr sowie gegen Krebs und andere Krankheiten. GlaxoSmithKline (GSK) erklärte im Februar 2022, dass es wahrscheinlich nur noch wenige Monate dauern wird bis zu einem »sicheren und wirksamen« (das sind sie immer, steht so im Skript) Impfstoff gegen das RSV-»Virus«, der schwangeren Frauen in der dritten Phase der Schwangerschaft verabreicht wird, um das Kind bei der

Geburt zu »schützen«. Der Schwindel mit dem Virus-Impfstoff geht auf das Rockefeller Institute for Medical Research (heute Rockefeller University) zurück, das 1901 von John D. Rockefeller (1839-1937) gegründet wurde. Das Institut stand unter der Leitung des amerikanischen Bakteriologen und Virologen Thomas Milton Rivers (1888-1962). Er wird als »Vater der modernen Virologie« bezeichnet und leitete das Rockefeller-Institut von 1937 bis 1956, danach arbeitete er weiter für die Rockefeller Foundation. Rivers war ein Verfechter der von den Rockefellers inszenierten »Virus«-Agenda. Die Familie Rockefeller hat auch das Big-Pharma-Kartell und die Weltgesundheitsorganisation gegründet, die heute von einem anderen Rockefeller-Lakaien, Bill Gates, gesteuert wird. Sie erfinden immer mehr vermeintliche »Viren«, um immer mehr »Impfstoffe« zu rechtfertigen. Glaubt irgendjemand, dass die Mainstream-Medien jemandem die Wahrheit über »Covid«, den »Klimawandel« oder irgendetwas anderes sagen werden, wenn die Rockefellers und Gates zusammen mit anderen Milliardären des Kults die Medien mit Hunderten von Millionen finanzieren? Die BBC und der Londoner *Guardian* sind beide Nutznießer.

Ein Freigeist fragt sich vielleicht, woher er denn weiß, dass er »Covid« hat. Die Existenz von etwas wird nicht dadurch bewiesen, dass alle sie behaupten. Sie sagen, die große Mehrheit kann sich nicht irren? Oh doch, kann sie – und sie irrt sich in der Regel auch, wie die »Geschichte« immer wieder gezeigt hat. Fragen wir also besser: »Woher wissen *Sie*, dass Sie Covid hatten?« *Ich hatte die Symptome*. Ja, die Symptome von Grippe, Lungenentzündung und vielen anderen Krankheiten. *Ich wurde positiv getestet*. Ja, mit einem Test, der gar nicht auf die Krankheit anspricht! Der PCR-Test, der im Wesentlichen alle angeblichen Fälle produziert hat, kann überhaupt nicht auf Infektionskrankheiten testen und feststellen, ob Sie krank sind. Wer hat das behauptet? Der *Erfinder* des PCR-Tests, der amerikanische Biochemie-Nobelpreisträger Kary Mullis (1944-2019). Er wie darauf hin, dass der PCR nur »aus etwas sehr viel« macht. Er erstellt Kopien von genetischem Material. Er weist keine Infektionskrankheit und kein »Virus« nach. Der Irrsinn der angeblichen »asymptomatischen« »Fälle« wurde erfunden, um all die völlig gesunden Menschen zu erklären, die mit einem Test positiv getestet wurden, der nicht auf das »Virus« testet. Dies wurde außerdem benutzt, um zu rechtfertigen, dass zum ersten Mal gesunde Menschen ohne Symptome eingesperrt und isoliert wurden, um maximalen wirtschaftlichen Schaden anzurichten. Der Vorsitzende der britischen Labour Party, Keir Starmer, wurde, während ich dieses Buch schreibe, bereits *sechsmal* positiv getestet und »mit Covid« in Quarantäne geschickt und entweder hat er immer noch nicht kapiert, dass der Test ein Betrug ist, oder er will nicht, dass wir das wissen. Der Kerl ist so dumm, dass alles möglich ist.

Die »Omicron«-Variante (ein Anagramm von »moronic« = schwachsinnig) soll übertragbarer sein und mehr »Fälle« produzieren. Ähem, nicht ganz. Der PCR-Test muss normalerweise drei sogenannte »Primer« nachweisen, um ein positives Ergebnis zu erzielen. Bei »Omicron« haben sie diese Zahl auf zwei reduziert und damit einen Strom von ehemals negativen Ergebnissen sofort in positive und »mehr Fälle« verwandelt. Das ist das Ausmaß des Schwindels, mit dem wir es zu tun haben. Je mehr Sie beim PCR-Test die Proben amplifizieren, desto mehr positive Ergebnisse erhalten Sie, weil der Test auf mehr genetisches Material in der Probe anspricht. Nicht empfindlich für das »Virus«, wie ich betonen möchte, sondern für mehr genetisches Material. Selbst der massenmordende Psychopath Anthony Fauci sagte, dass mehr als dreißig Amplifikationszyklen beim PCR jeden »positiven« Befund aussagelos machen. Der National Health Service (NHS) in Großbritannien und andere Länder auf der ganzen Welt verwenden fünfundvierzig Zyklen, während wieder andere mindestens vierzig verwenden, um hohe »Fallzahlen« zu produzieren. Was ist mit dem Lateral Flow Test? Er ist so nutzlos, dass lange Zeit jedes positive Ergebnis durch einen PCR-Test bestätigt werden musste, der ja bekanntlich gar nicht auf das »Virus« testet. Die PCR-Testerei ist inzwischen dermaßen diskreditiert und unhaltbar geworden, dass diese Bestätigung als nicht mehr notwendig erachtet wird und der notorisch irrelevante Lateral-Flow-Test allein schon einen »Fall« diagnostizieren kann. Was für ein Irrsinn! Lateral-Flow-Tests sollen Antikörper nachweisen, aber die Antikörper sind unspezifisch. Und Antikörper gegen was genau sollen das sein? Bei mindestens sechzig anderen Erkrankungen wurden Antikörper gebildet, die angeblich vom HIV-»Virus« stammen, dessen Existenz wie bei SARS-CoV-2 in keiner wissenschaftlichen Arbeit weltweit je nachgewiesen wurde. Keines der beiden Viren wurde gereinigt und von anderem genetischen Material isoliert und nachgewiesen, dass es (a) existiert oder (b) das verursacht, was behauptet wird. Auch wurde kein »Covid«-Test irgendeiner Art mit einem gereinigten und isolierten »Virus« validiert. Das ist alles nur Augenwischerei.

HIV? Was soll das sein?

Kary Mullis berichtet in *Dancing Naked In The Mind Field* (»Nackt im Minenfeld tanzen«), wie er eine Reihe von »Experten« nach dem Beweis fragte, dass das »HIV-Virus« AIDS verursacht. Keiner von ihnen konnte ein wissenschaftliches Dokument vorlegen, das die Existenz oder die Ursache des Virus beweist, auch nicht Luc Montagnier (1932-2022), der den Nobelpreis für die *Mitentdeckung* von HIV erhielt! Montagnier vom französischen Institut Pasteur erhielt den Preis zusammen mit Robert Gallo von den amerikanischen National Institutes of Health (NIH), die von dem massenmordenden Psychopathen »Dr.« Anthony Fauci geleitet werden. Mullis schrieb: »Weder Montagnier, Gallo noch irgendjemand sonst hatte Arbeiten veröffentlicht, in denen Experimente beschrieben wurden, die zu dem Schluss hätten führen können, dass HIV wahrscheinlich AIDS verursacht.« Freddie Mercury (1946-1991), der legendäre Sänger von *Queen*, wurde positiv auf »HIV« getestet und erhielt ein tödliches Medikament namens AZT, das zunächst als Chemotherapeutikum auf den Markt gebracht und dann zurückgezogen wurde, *weil es zu toxisch war*. Wie bitte???

Können Sie sich vorstellen, wie giftig dieses »Medikament« gewesen sein muss, wenn man es mit der außerordentlichen Giftigkeit von Chemotherapeutika vergleicht, die verwendet werden dürfen? AZT, das von dem »Covid«-Scheinimpfstoff-Lügner Fauci beworben wurde, zerstört bekanntlich das Knochenmark und damit das Immunsystem. Freddie Mercury soll im Ernst an »AIDS« gestorben sein, wirklich? Er starb an einem zerstörten Immunsystem. Der große amerikanische Basketballer Magic Johnson wurde 1991 ebenfalls positiv auf HIV getestet (siehe SARS-CoV-2, dasselbe Problem) und dank Fauci wurde ihm AZT verabreicht. Er wurde krank – natürlich wurde er krank –, und er setzte das Medikament ab. Zum Zeitpunkt der Erstellung dieses Artikels ist Magic Johnson noch am Leben. Dr. Peter H. Duesberg, Professor für Molekular- und Zellbiologie an der University of California in Berkeley, entlarvte den HIV/AIDS-Schwindel in seinem 1996 erschienenen Buch *Inventing the AIDS Virus* (»Die Erfindung des AIDS-Virus«). Duesberg schrieb über die Erfahrung von Johnson:

> »Im November 1991 wurde Magic Johnson, als er eine Heiratserlaubnis beantragte, HIV-positiv getestet. Magic war völlig gesund, bis der AIDS-Spezialist Anthony Fauci vom NIH, David Ho, der heutige Direktor des Aaron Diamond AIDS-Forschungszentrums in New York, und der Hausarzt von Magic zu einer AIDS-Prophylaxe mit AZT rieten. Magics Gesundheitszustand änderte sich innerhalb weniger Tage radikal. Die Presse schrieb im Dezember 1991: ›Magic sieht seinen schlimmsten Albtraum wahr werden – er wird kränker.‹
>
> Erst nachdem er mit der Einnahme von AZT begonnen hatte, begann sich Magics Gesundheitszustand zu verschlechtern … doch dann verschwanden plötzlich Magics Symptome – und damit auch alle Nachrichten über seine Beschwerden und seine Behandlung … Magic antwortete einem Lehrer, dass ›er eine Zeit lang AZT eingenommen, dann aber aufgehört habe‹. Die Medien zogen es vor, die Nachricht zu verschweigen.«

Der HIV/AIDS-Schwindel war ein Vorlauf für SARS-CoV-2/Covid-19, einen noch größeren Schwindel. Duesberg zeigte, dass es keinerlei Beweise dafür gibt, dass HIV überhaupt existiert oder das erworbene Immunschwächesyndrom, genannt AIDS, verursacht. Er schrieb über die »Entdeckung« von HIV:

> »Die Ankündigung erfolgte vor der Veröffentlichung jeglicher wissenschaftlicher Beweise, die die Virustheorie bestätigen. Mit diesem beispiellosen Manöver umging [die] Entdeckung die Überprüfung durch die wissenschaftliche Gemeinschaft. Die Wissenschaft wurde per Pressekonferenz dem konventionellen Prozess der wissenschaftlichen Validierung entzogen, der auf Veröffentlichungen in der Fachliteratur beruht ...«

Die »AIDS«-Toten sind angeblich an einer »AIDS-bedingten Krankheit« verstorben. Dazu gehören Candidose (Soor), Kokzidioidomykose, Kryptokokkose, Zytomegalievirus, Herpes simplex, Herpes zoster (Gürtelrose), Histoplasmose, neurokognitive Störungen, Wasting-Syndrom, Lungenentzündung, Salmonellen, Toxoplasmose und Tuberkulose. Zu den »AIDS-bedingten« Krebsarten gehören Anal- und Gebärmutterhalskrebs, Kaposi-Sarkom und Lymphome. So funktioniert der Betrug: Wenn Sie mit einem Test, der gar nicht auf HIV anspricht, positiv auf das nie nachgewiesene HIV getestet werden und an einer »AIDS-bezogenen Krankheit« sterben, wird behauptet, Sie seien an »AIDS« gestorben. Wenn Sie mit einem Test, der nicht auf HIV anspricht, negativ getestet werden und an denselben Krankheiten sterben, heißt es, Sie seien an dieser speziellen Krankheit und nicht an »AIDS« gestorben. Wenn Sie positiv auf SARS-CoV-2 getestet werden und innerhalb von achtundzwanzig Tagen an einer anderen Ursache sterben, wird auf Ihrer Sterbeurkunde »Covid-19« eingetragen und zu den Daten für »Covid-Todesfälle« hinzugefügt. Wenn Sie negativ auf SARS-CoV-2 getestet werden, wird auf der Sterbeurkunde vermerkt, woran Sie *tatsächlich* gestorben sind. Der amerikanische Arzt Andrew Kaufman ist ein brillanter Mann und ein vehementer Kämpfer für die Entlarvung der Nichtexistenz des »Covid-Virus« und für die Entlarvung des Unsinns der »Virus«-Theorie im Allgemeinen. Er schickte mir eine Filmdokumentation, die 1998 von *Channel 4 News* in Großbritannien beauftragt worden war und in der die fehlenden Beweise für die Existenz von HIV hervorgehoben werden. In ihr wird gezeigt, dass (a) das Virus nie isoliert und gereinigt wurde und (b) »Tests« bei denselben Personen positiv *und* negativ ausfielen. Der Bericht ist ganz ausgezeichnet, aber dreimal dürfen Sie raten! Nachdem *Channel 4 News* ihn zurückgezogen hatte, wurde er *nie ausgestrahlt*. Die gleiche alte Geschichte wiederholt sich einfach immer wieder. Sie können sich diese englischsprachige Dokumentation gerne auf www.davidicke.com ansehen.

Testen auf *was*?

»Covid-19« ist eine vorgetäuschte Krankheit, die von einem vorgetäuschten »Virus« herrührt, um körperverändernde, gesundheitszerstörende und lebensbeendende Scheinimpfstoffe zu rechtfertigen. Dem »Virus« wurde durch einen Test, der ihn nicht nachweist, die Illusion seiner Existenz verliehen, was die gefälschten »Fälle« und die Manipulation der Diagnosen ermöglicht, um die Todesbescheinigungen und Todeszahlen zu manipulieren. So schien sich die Grippe weltweit in Luft aufzulösen, als »Covid« auftauchte, weil die Grippe zu »Covid« umdiagnostiziert wurde. Der britische Schauspieler Laurence Fox hatte einen Schnupfen und ließ sich auf das »Virus« testen (warum?) und als er mit einem Test, der gar nicht auf das Virus ansprechen kann, positiv getestet wurde, schrieb er auf Twitter, er habe »Covid«. Er hatte eine *gottverdammte Erkältung*. Der Erfinder der PCR-Tests, Kary Mullis, hatte öffentlich erklärt, dass sein Test keinerlei Infektionskrankheiten nachweisen oder feststellen kann, ob Sie krank sind, und doch entwickelte Christian Drosten, ein inzwischen berüchtigter »Virologe« aus Deutschland, zusammen mit anderen ein PCR-»Protokoll«, das pünktlich im Januar 2020 herauskam, als der »Covid«-Schwindel inszeniert wurde. Drostens Protokoll wurde ohne Peer Review erstellt und dennoch sofort von der vom Kult gegründeten Weltgesundheitsorganisation und ihrem von Gates eingesetzten, korrupten Generaldirektor Tedros Adhanom Ghebreyesus den Mitgliedsländern (so ziemlich der ganzen Welt) empfohlen. Ein Mitarbeiter von Drosten begann dann über sein Unternehmen, den Test massenweise zu verkaufen. Hier ist die Pointe: Drostens Bande musste inzwischen zugeben, dass sie das Protokoll *ohne das angebliche »Virus«* erstellt hatte. Stattdessen hatten sie nur ein *Computer*-»Mock-up« von den Chinesen verwendet. *Es wurde kein »lebendes Virus« von kranken Patienten entnommen, um den »Test« zu validieren.* Dies passt zu einer Aussage von Dr. Wu Sun You, dem Chef-Epidemiologen der chinesischen Centers for Disease Control and Prevention (CDC) im amerikanischen Fernsehen. Auf die Frage, warum die Daten zum »Covid-Virus« nicht an die Welt weitergegeben wurden, sagte er: »Man hat das Virus nicht isoliert – das ist das Problem.« Sie haben das Material, das sie für das »Virus« *halten*, nicht isoliert und gereinigt, um zu zeigen, dass es (a) existiert und (b) das verursacht, was sie behaupten, dass es tut.

Die vom Kult kontrollierten amerikanischen CDC und die Food and Drug Administration (FDA) haben sich in ähnlicher Weise über die Erstellung von PCR-»Test«-

Protokollen ohne ein »natürliches Virus« geäußert. Albert Bourla, der massenmordende psychopathische CEO von Pfizer, sagte in einem Interview, dass sie »einen [Scheinimpfstoff] für den [Schein-] »Omicron-Stamm« mit einem »Pseudo-Virus« testen – nicht das echte Virus, es ist ein Virus, das wir in unseren Laboren konstruiert haben und das mit dem Omicron-Virus identisch ist.« Er meint ein Computerprogramm und genau das war SARS-CoV-2 vom ersten Tag an. Es ist ein vom Computer konstruiertes »Genom«, um die Tatsache zu verschleiern, dass das »natürliche« Genom nicht existiert. Wenn das »ursprüngliche Virus« nie aus anderem genetischen Labor Material isoliert wurde – was nicht der Fall ist –, wie kann Bourla dann behaupten, ein »Pseudo-Virus« zu haben, das »identisch mit dem Omicron-Virus« ist? Das ist alles so verrückt! Da passt es wie die Faust aufs Auge, dass Omicron im Englischen ein Anagramm von *Idiot* (moronic) ist. Auf der ganzen Welt wurden auf der Grundlage des Informationsfreiheitsgesetzes Anfragen an Regierungen, Gesundheitsbehörden und Labore gestellt, um wissenschaftliche Beweise dafür zu erhalten, dass das »Covid-Virus« isoliert und gereinigt wurde. Es wurde niemals einer vorgelegt. Die Tatsache, dass die Existenz des »Virus« nie bewiesen wurde, ist verblüffend, ich weiß, aber sie ist auch wahr.

Nadeln, Heuhaufen und Antibiotika

Wie viele derjenigen, die die »Virus«-Geschichte geglaubt haben, kennen den *grotesken* Prozess, mit dem die Existenz eines »Virus« nachgewiesen worden sein soll und seine Wirkung als Krankheitserreger? Praktisch niemand, lautet die Antwort. Wir sind wieder bei der Wirkung ständiger Wiederholung. Wie oft hat man den Menschen seit Ende 2019 gesagt, dass das Virus existiert? Wie oft haben sie gehört, dass die sogenannten »Viren« Krankheiten verursachen? Die ständige Wiederholung zwingt den Verstand zur Unterwerfung, weil »jeder es doch weiß«. Ach, wirklich? Wie kann »jeder das wissen«? Nun, jeder hat das gleiche, ständig wiederholte Mantra gehört. Als der PCR-Test-Erfinder Kary Mullis auf der Suche nach Beweisen für die Existenz von HIV war, erklärte er, dass er in dem Labor, in dem er arbeitete, einen Virologen – einen *Virologen* – nach einer Referenz für den Beweis gefragt habe, dass HIV existiert und AIDS verursacht. »Sie brauchen keine Referenz«, sagte der Virologe ... »*Jeder weiß das.*« Mullis wollte eine Referenz, und es wurde nie eine gefunden. Sobald etwas von jemandem, der als glaubwürdig gilt, einem Professor oder jemanden mit einem Titel wie »Virologe«, als Tatsache bezeichnet wird, akzeptiert praktisch die gesamte menschliche Hierarchie, von anderen Wissenschaftlern und Akademikern bis hin zu den Medien und der Öffentlichkeit, dies ohne weitere Fragen als Wahrheit. Es ist wirklich so einfach. Sie können Ihren Geist nicht von der Wahrnehmungskontrolle befreien, wenn das nicht SOFORT aufhört! Solange das nicht geschieht, ist eine Befreiung des Geistes nicht möglich. Zum Glück nehmen einige von uns nichts für bare Münze. Wir wollen zuerst Beweise, und wenn es diese nicht gibt, dann werde ich nicht glauben, was behauptet wird, *bis* es welche gibt. Wenn diese Kriterien auf »Covid« angewandt worden wären, hätte die »Pandemie« ein Ende gehabt vierundzwanzig Stunden nach ihrer Ausrufung durch die vom Kult kontrollierte Weltgesundheitsorganisation, die dazu gerade vorher ihre Definition von »Pandemie« den Umständen entsprechend geändert hatte.

Wie entscheiden sie also, dass es so etwas wie ein Virus gibt und dass es das verursacht, was er angeblich tut? Schnallen Sie sich an. Ich werde das Verfahren beschreiben, mit dem sie behaupten, dass SARS-CoV-2 existiert und »Covid-19« verursacht. Hier ist die Technik, die zur »Identifizierung« jedes »Virus« verwendet wird, seit dieses Verfahren 1954 dank des amerikanischen biomedizinischen Wissenschaftlers John Enders (1897-1985) zur Norm wurde. Enders wurde als »Vater der modernen Impfstoffe« bekannt und wirkte zur gleichen Zeit, als der »Vater der modernen Virologie«, Thomas Milton Rivers, das Rockefeller Institute for Medical Research leitete. Um zu beweisen, dass ein »Virus« existiert und das verursacht, was man behauptet, muss man das Material, von dem man behauptet, es sei das »Virus«, reinigen und von allem anderen genetischen Material isolieren. Dann muss es einem lebenden Wirt infundiert werden, der die Krankheit entwickelt, für die das »Virus« verantwortlich sein soll. Stattdessen beginnt der Enders-Prozess sofort damit, genetisches Material *hinzuzufügen*, nicht zu entfernen. Das angebliche »Virus« wird auf einer Nährlösung gezüchtet, die Rinderamnionflüssigkeit, Rinderembryoextrakt, Pferdeserum, Phenolrot als Indikator für den Zellstoffwechsel und *Antibiotika* enthält. Dieses genetische Gebräu wird dem Gewebe und den Zellen von Rhesusaffen-*Nierengewebe* eingeimpft. Und jetzt hören Sie sich das an: Das Antibiotikum Streptomycin und andere derzeit verwendete antimikrobielle Mittel und Medikamente, die in den Prozess involviert sind, sind giftig für die Nieren und greifen das *Nierengewebe* an. Als wäre das nicht schon genug Unsinn auf einmal, entziehen sie der Gewebeprobe auch noch wichtige Nährstoffe. Atmen Sie tief durch, hier ist die Pointe: Wenn das alles dazu führt, dass die Zellen absterben und sich zersetzen, dann ist das nach Ansicht dieser »Virologie-Experten« der Beweis dafür, dass ein Virus für den Tod und den Abbau der Rhesusaffen-Zellen verantwortlich ist.

Verwenden sie eine Kontrollprobe ohne das angebliche »Virus«, um zu sehen, ob die Zellen immer noch auf dieselbe Weise absterben? Nein. Der Deutsche Stefan Lanka hörte auf, Virologe zu sein, als er erkannte, was für ein Betrug das war und wie unseriös die

»Virus«-Industrie ist. Er arbeitete mit einem unabhängigen Labor zusammen, um genau den gleichen Prozess zu durchlaufen, den ich gerade beschrieben habe, nur dieses Mal mit gesundem Material, das angeblich kein »Virus« enthält. Was geschah? Die Zellen starben auf genau die gleiche Weise ab, wie sie es tun, wenn Gewebeproben angeblich einen »Virus« enthalten. Der Zelltod wird nicht durch ein »Virus« verursacht, sondern durch den Prozess selbst. Doch so kann man behaupten, dass alle diese Viren existieren, wie im Fall von SARS-CoV-2, das angeblich zu »Covid-19« führt. Man braucht kein abgeschlossenes Medizinstudium, um zu erkennen, dass die ganze Idee, dies sei der Beweis für eine virale Ursache von irgendetwas, ein Hohn ist. Ein Hauch von intelligentem Nachdenken, und das Virenspiel ist vorbei. Man muss schon ein Viren-»*Experte*« sein, um diesen Irrsinn als glaubwürdig zu akzeptieren. Sogenannte »virale« Partikel sind so klein, dass man sie nur unter einem Elektronenmikroskop sehen kann (daher sind Masken mit Gewebelücken nutzlos, selbst wenn es einen »Virus« gäbe). Um die Probe für das Mikroskop vorzubereiten, fügen sie Uran, Blei, Paraffin oder Kerosin und Formaldehyd hinzu, das zur Einbalsamierung von Leichen verwendet wird und das genetische Material schädigt. Dann schauen sie durch das Mikroskop und erwarten irgendwie, dass sie eine Vorstellung davon bekommen, was in einem lebenden Körper vor sich geht, der nichts von diesen Dingen enthält. Wie kann man etwas, das so stark kontaminiert ist, ernst nehmen? Die ganze Sache ist eine Farce. Es gibt keinen *glaubwürdigen Beweis* dafür, dass Viren wie behauptet existieren oder eine Krankheit verursachen. Diese Realität wird jedoch außer Kraft gesetzt, damit Scheinimpfstoffe uns vor ihnen »schützen« können. Schon jetzt bettelt das menschliche Immunsystem um Gnade vor dem mRNA-Impfstoff-Angriff, der mit dem nie bewiesenen »Covid-Virus« begründet wird. Synthetische Injektionen sind durch ihre als »Impfstoff« getarnte Gentherapie von zentraler Bedeutung für die totale Umwandlung der Menschheit in eine von der Nanotechnologie kontrollierte Sklavenrasse mit Künstlicher Intelligenz, die Stefan Oelrich, Präsident der Pharmasparte von Bayer, als »Bio-Revolution« bezeichnet. Erwarten Sie weitere »Pandemien« und »Gesundheitsängste«, um Scheinimpfstoffe zu erzwingen.

Die schwarzen Augen – da haben wir sie wieder!

Mit Interesse habe ich die Befunde von Dr. Viviane Brunet, einer Gynäkologin aus Monterrey, Mexiko, zur Kenntnis genommen, die einen Zusammenhang zwischen der »Covid«-Impfung und genetischen Veränderungen bei Babys herstellen. Diese Veränderungen führen zu schwarzen Augen, wie ich sie dreiunddreißig Jahre zuvor bei Edward

Heath gesehen habe. Brunet ist Mitglied der World Health and Life Coalition, einer internationalen Vereinigung von mehr als viertausend Ärzten. In einem Videointerview erklärte sie, Babys mit sehr großen, runden Augen entdeckt zu haben. Sie berichtet, dass sich das auszubilden scheint, wenn sowohl Mutter als auch Vater vor der Zeugung den genetisch manipulierenden mRNA-Scheinimpfstoff erhalten haben. Der Stoff »erzeugt Mutationen im menschlichen Genom. Es ist ein Mutagen.« Brunet zufolge werden bereits transhumane Kinder geboren, die anders sind als der heutige Mensch:

> »Ihr Augapfel ist dunkel. Sie haben keine Bindehaut, die den weißen Teil des Auges bildet. Schon zwei Stunden nach der Geburt halten sie den Kopf hoch. Sie laufen, wenn sie zwei Monate alt sind. Es ist eine völlig andere Entwicklung als bei einem normalen Menschen. Und es gibt ein Video, das wir überall gesehen haben. Es hat sich viral verbreitet. Nur wer sich nicht informiert, bekommt es nicht mit.«

Als ich das hörte, musste ich natürlich an meine eigenen Erfahrungen mit dem schwarzäugigen britischen Premier Edward Heath denken. Brunet glaubt, die genetischen Veränderungen seien auf eine Mutation zurückzuführen, die durch die Scheinimpfstoffe verursacht wurde:

> »Wir wissen nicht, wie sie leben werden. Wir wissen, dass sie veränderte Eigenschaften haben. Aber wir wissen nicht, wohin das führen wird. Ob sie stärker, intelligenter, mit dem Internet der Dinge verbunden sein werden … Ich meine, wir wissen es nicht. Werden sie die Fähigkeit haben, sich zu vermehren? Wir wissen es nicht …
>
> … Es handelt sich um einen transgenen Organismus, wie die Weintrauben, die wir alle essen und die keine Kerne haben. Wenn diese Babys also ihr fortpflanzungsfähiges Alter erreichen, werden sie höchstwahrscheinlich kernlos sein. In der Tat verlieren viele Männer durch eine einfache Impfung ihre Fruchtbarkeit …
>
> … Und Frauen verlieren ihre normalen Zyklen. Studien sprechen von 60 bis 70 Prozent mit starken Blutungen. Unfruchtbar. Mit Krämpfen und Gerinnseln, die sie für ihr tägliches Leben untauglich machen. Zusätzlich zu der enormen Anzahl von Gebärmutter- und Brustkrebs, die bei geimpften Frauen festgestellt wird.«

In *Die Antwort* und *Wahrnehmungen eines abtrünnigen Denkers* habe ich ausführlich dargelegt, dass der Mensch 2.0 nicht der Fortpflanzung zwischen Mann und Frau unterliegen soll. Die neue »Spezies« soll stattdessen durch technologische Fortpflanzung entstehen, wie sie Aldous Huxley schon 1932 in *Schöne Neue Welt* beschrieben hat. Um dies zu erreichen, muss der gegenwärtige Mensch 1.0 schrittweise abgeschafft werden, und genau das geschieht gerade. Dazu werde ich später in diesem Kapitel noch mehr sagen.

Big MAC

Dr. Luis Miguel De Benito, ein Magen-Darm-Arzt mit einem Doktortitel in Molekularbiologie, ist nicht der Einzige, der feststellte, dass viele derjenigen, die mit »Covid«-Scheinimpfstoffe geimpft wurden, jetzt ihre persönliche MAC-Adresse tragen, durch die jedes technische Gerät in einem bestimmten Netzwerk eindeutig identifiziert werden kann. MAC steht für Media Access Control. Was um alles in der Welt macht so etwas in den Scheinimpfstoffen der Menschen? Benito war fasziniert von dem weltweiten Druck auf alle, sich impfen zu lassen, obwohl es keinen guten gesundheitlichen Grund dafür gab. Ab dem Sommer 2021 begann er damit, seine Patienten auf MAC-Infiltrationen zu untersuchen. Benito aktivierte das Bluetooth-System seines Handys und säuberte den Raum von allen anderen möglichen Quellen der MAC-Kontamination, bis kein anderes Gerät in Reichweite mehr angezeigt wurde. Jeder Patient kam allein und einzeln und Benito sagte, dass er manchmal ein oder zwei Bluetooth-Geräte mit ihrer MAC-Adresse auf seinem Bildschirm erscheinen sah, wenn sie sich seinem Sprechzimmer näherten, in anderen Fällen aber auch nicht. Nach der Behandlung fragte er sie, ob sie gegen »Covid« geimpft worden waren und Handys oder elektronische Geräte wie drahtlose Headsets oder Tablets bei sich führten. Wenn ja, bat er seine Patienten, diese auszuschalten, woraufhin bei den Geimpften eines der beiden mit Bluetooth registrierten Geräte verschwand, *das andere oft jedoch nicht*. Benito befragte 137 Patienten, von denen 112 sagten, sie seien mit Scheinimpfstoffen geimpft worden, und 25 Patienten, sie seien es nicht. Bei keinem derjenigen, die angaben, nicht geimpft worden zu sein, registrierte Benitos Handy eine Quelle, die für eine Bluetooth-Verbindung zur Verfügung stand, während 96 der 112, die angaben, *geimpft worden zu sein*, einen MAC-Code abstrahlten, der auf dem Bildschirm seines Handys angezeigt wurde, obwohl sie ihre eigenen Geräte ausgeschaltet hatten:

> »Ich interpretierte das so, dass es sich um einen Code handelte, den der Patient selbst bei sich trug, weil dieser Code tatsächlich von meinem Handy verschwand, wenn er die Praxis und das Gebäude verließ. Ich konnte feststellen, dass bei 100 Prozent der Patienten, die sagen, dass sie nicht geimpft sind, auf meinem Handy kein Kontaktgerät über Bluetooth angezeigt wurde. Aber 86 Prozent derjenigen, die sagten, sie seien geimpft, generierten eine MAC-Adresse auf meinem Handy.«

Hört sich meine Behauptung, dass die vierdimensionale KI jeden Menschen in jedem »Leben« verfolgt, jetzt immer noch so verrückt an? Benito fragte sich, wenn die MAC-Adresse etwas Persönliches, Individuelles und Unwiederholbares ist, wie dann die fünf Personen, denen der Inhalt desselben Fläschchens aus derselben Verteilung derselben Charge injiziert wurde, fünf verschiedene MAC-Adressen haben können? Er beriet sich mit Computertechnikern, Robotikern und anderen Biologen und Ingenieuren, Experten für Informatik und Nanorobotik, die als Möglichkeit vorschlugen, dass der Code durch die Wechselwirkung zwischen dem injizierten Stoff und dem genetischen Material des Patienten erzeugt wird. Offensichtlich muss auf diesem Gebiet noch mehr geforscht werden. Benito hat seine Erkenntnisse bereits an eine Gruppe internationaler Forscher weitergegeben. Bevor die Skeptiker nun abwinken, sollte man einige Dinge beachten. Erstens ist er bei weitem nicht der Einzige weltweit, der den MAC-Code in den Scheinimpfstoffen identifizierte, und zweitens warne ich schon seit Jahrzehnten davor, dass die elektronische Kennzeichnung Teil des Plans ist. Wir haben dies aus berufenem Mund, oder besser gesagt aus dem Mund des Psychopathen Klaus Schwab, der für den Kult arbeitet. Sein Weltwirtschaftsforum (WEF) fördert Schwabs »Großen Neustart«, die vollständige Umgestaltung der menschlichen Gesellschaft, und bereitet sich darauf vor, diese durchzusetzen. Schwab sagte vier Jahre vor dem »Covid«-Schwindel im Schweizer Fernsehsender RTS, dass die Menschen gechipt und mit der cyberdigitalen Welt verschmolzen werden sollen. Auf die Nachfrage, ob die Menschen selbst gechipt werden, antwortete der Bond-Film-Schurke:

> »Sicherlich werden wir sie [die Chips] in den nächsten zehn Jahren zunächst in unserer Kleidung tragen, aber dann können wir uns vorstellen, dass wir sie in unser Gehirn oder unter unsere Haut implantieren, und am Ende … wird es eine direkte Verbindung zwischen unserem Gehirn und der digitalen Welt geben.«

Er sagte dies im Jahr 2016, womit die Zehnjahresvorhersage bis 2026 reichen würde. Der Volksbetrüger Elon Musk, der sagte, dass KI das Ende der Menschheit bedeuten könnte, arbeitet hart daran, Schwabs Traum zu realisieren, indem er in seinem Unternehmen Neuralink Gehirne mit Computern verbindet und bei den Experimenten zahllose Affen tötet. Nicht, dass er noch eine Technologie entwickeln müsste, wo jene in unterirdischen Basen und Geheimprojekten doch nur darauf wartete, auf die Öffentlichkeit losgelassen zu werden. Aber eine gute Tarnung muss her. Derselbe Klaus Schwab sagte, dass die (inszenierte) »Covid«-Krise »ein seltenes, aber enges Zeitfenster hat, um unsere Welt zu überdenken, neu zu erfinden, umzustellen«. Damit erklärt er uns, warum der »Covid«-Schwindel auf die Welt losgelassen wurde. Erinnern Sie sich daran, dass Moderna, der Hersteller eines mRNA-Scheinimpfstoffs mit synthetischem Genmaterial, in seinen eigenen Dokumenten erklärt, dass die »Impfstoffe« einem Computer-»Betriebssystem« ähneln. Der innere Kreis des Kults und die Agenten, die es wissen müssen, sind sich sehr wohl bewusst, dass unsere Realität eine Simulation ist, die auf dem superfortgeschrittenen Äquivalent von Computercodes basiert, und auf ihrem Verständnis dieser Grundlage bauen sie weiter auf, während sie die Mainstream-Menschen den illusorischen Weg der biologischen physischen Körper und der Skalpell- und Medikamenten-»Medizin« gehen lassen. Der Kult geht von seinem Wissensstand aus und sorgt gleichzeitig dafür, dass die Zielbevölkerung niemals aus ihrer programmierten Unwissenheit über das, was der Kult weiß, hinauskommt.

Freiheit? Was ist Freiheit?

Das Smart Grid ist in Wirklichkeit ein Ausdruck der 4D-Simulationstechnologie, die in die 3D-Projektion eingeflossen ist, um den Verstand noch weiter in tiefere Schichten der Illusion zu verstricken. Es sieht vor, jeden Menschen – alle acht Milliarden – technologisch zu markieren und mit Hilfe von KI jeden Gedanken und jede Handlung zu verfolgen und aufzuzeichnen. Diese Informationen würden dann in einer globalen Datenbank gespeichert werden. Was habe ich da gerade beschrieben? Genau das, was auf der 4D-Ebene mit allen menschlichen »Inkarnationen« geschieht, die verfolgt und gespeichert werden – jeder Gedanke, jedes Gespräch und jede Aktivität. Die geplante und sich entfaltende Verbindung des menschlichen Gehirns (Verstandes) mit der KI würde die totale Übernahme der »menschlichen« Wahrnehmung durch die KI vervollständigen und verhindern, dass der Verstand aus seiner Zwangslage als Sklave der Simulation erwacht. Wir kehren zu dem Zitat des Google-Managers und »Futuristen« Ray Kurzweil zurück, der davon spricht, dass die Verbindung zwischen Mensch und KI bis zum Jahr 2030 vollzogen sein wird:

> »Unser Denken […] wird ein Gemisch aus biologischem und nichtbiologischem Denken sein. […] Die Menschen werden fähig sein, ihre Grenzen zu erweitern und ›in der Cloud zu denken‹. […] Wir werden Zugänge zur Cloud ins Gehirn pflanzen. […] Schritt für Schritt werden wir verschmelzen und uns verbessern. […] Meiner Ansicht nach ist das die Natur des Menschseins: Wir überwinden unsere Beschränkungen. […]

Wenn die Technologie dem, was wir sind, weit überlegen ist, dann wird der kleine Anteil, der noch menschlich ist, immer kleiner und kleiner, bis er schließlich völlig vernachlässigbar ist.«

Das ist es, was ich seit Jahrzehnten »die Assimilation« nenne, bei der das »menschliche« Bewusstsein (der 4D-Geist) durch ein Schwarm-Netzwerk in die KI absorbiert wird, in dem jeder Geist und alle Geister gemeinsam ihre Wahrnehmungen zentral kontrolliert und diktiert bekommen. Es würde eine Rückkopplungsschleife entstehen, in der die holografische Projektion des 4D-Verstandes (die Simulation) die simulierte *Illusion* der totalen KI-Kontrolle zur *Realität* des 4D-Verstandes werden ließe. Die Kontrolle wäre nicht real, denn die Projektion ist nur eine dekodierte Illusion. Der Verstand würde sie jedoch als real erleben. Stellen Sie sich vor, Sie befänden sich in einer Gefängniszelle und würden so tun, als wären Sie dort, obwohl Sie es in Wirklichkeit gar nicht sind. Würden Sie einfach durch die Gitterstäbe gehen? Nein. Sie würden *glauben*, dass Sie das nicht können. Sie können den Ring der Verblendung nur durchbrechen, wenn Sie glauben – *wissen* –, dass er nicht wirklich da ist. Sie müssen dazu eine Bewusstseins- und Frequenzebene erreichen, in der die »Barriere«, die für niedrigere Frequenzen so »real« ist, einfach nicht existiert. In der *Matrix*-Filmreihe kommt Neo aus der Matrix zurück (er wird getrennt von dieser Informationsquelle) und stellt fest, dass er von einem Kampf in der Matrix Blut im Mund hat, obwohl sein Körper außerhalb der Matrix nie blutete. »Ich dachte, es wär nicht real?«, sagt er zu Morpheus, der ihm antwortet: »In deinem Kopf wird es real.«

Der Sinn der Simulation ist nicht die Einschließung des Körpers/Gehirns und seine Trennung vom Geist. Körper/Gehirn sind bereits Teil der Simulation und ihrer Kontrolle unterworfen. Die Simulation dient dazu, die Wahrnehmungen des 4D-Geistes einzufangen, um die Trennung vom 5D-Bewusstsein herbeizuführen (siehe Abbildung 148). Um dies zu erreichen, muss der Verstand in jeder Hinsicht ein Gefühl der Trennung und Isolation haben. Warum ist die Simulation jenseits der Erde so scheinbar leer und ohne Leben? Jetzt können wir es verstehen. Um das Alleinsein und die Getrenntheit zu betonen – die Trennung. Die KI-Technologie in der Vierten Dimension mag in der Lage sein, die Informationsquelle der Simulation zu projizieren, aber es braucht einen 4D-Verstand, um sie in die holografische »physische« Realität zu dekodieren. Sobald der Geist erkennt, dass seine Wahrnehmung der Realität eine Simulation *ist*, und sich an seine wahre Identität erinnert, wird die Macht der Illusion aufgehoben. Wie erreichen wir das? Wir übernehmen wieder die Kontrolle über unsere Wahrnehmungen, treten aus der Simulationstrance heraus und verbinden uns mit

Abb. 148. Die Simulation ist so konzipiert, dass sie die Aufmerksamkeit auf die fünf Sinne lenkt, so dass der Einfluss des erweiterten Bewusstseins verloren geht.

unserem 5D-Zustand des Bewusstseins jenseits der Simulation. »Erwachen« bedeutet nicht, aus der 3D-Illusion in das 4D-Bewusstsein zu erwachen. Es geht darum, von der 4D-Illusion in das 5D-Bewusstsein zu erwachen. Man sagt, die »Astralebenen« (4D) seien eine »engelhafte« (siehe auch »Gefallene Engel«) Existenz zwischen Erde und Himmel. Ich denke, es wäre genauer zu sagen, dass die vierte Dimension oder »Astralebene« eine Existenz zwischen der Erde (der Simulation) und dem Himmel (5D-Realität) ist. Hier befindet sich der Bewusstseinszustand, den wir Geist nennen, und er wurde in die Fänge der Illusion in der unteren vierten oder unteren astralen Dimension gelockt. Wovon Sie glauben, dass Sie es wahrnehmen, und was Sie als erlebt wahrnehmen, gilt auch in umgekehrter Richtung: Was Sie erleben, nehmen Sie wahr, und was Sie wahrnehmen, glauben Sie.

Die Parallelen zwischen dem vierdimensionalen KI-System, das die Simulation projiziert, und der Smart-Grid-Simulation innerhalb einer Simulation sind offensichtlich. Die 4D-Version ist eine KI-Scheinrealität, die die Wahrnehmungen des Geistes kontrolliert, während das Smart Grid und die KI-Verbindung zum menschlichen Gehirn geplant sind, um die Realität des Geistes aus der anderen Richtung zu diktieren. Es ist ein doppeltes Spiel mit der KI-Kontrolle an beiden Enden der Rückkopplungsschleife. Der Handlanger des Kults, Mark Zuckerberg, hat das »Metaverse« ins Leben gerufen, um die Aufmerksamkeit des Geistes auf immer größere Illusionen zu lenken und die Wahrnehmung immer weiter vom 5D-Bewusstsein zu entfernen. Das Metaverse, in dem die menschliche Realität, Büroräume, Immobilien und Ereignisse »gespiegelt« werden, wird als »digitales Gegenstück« der menschlichen Welt beschrieben, wobei jeder Mensch durch einen »Avatar« oder ein digitales Surrogat repräsentiert wird, um »eine Erweiterung der realen Welt« zu schaffen. Aber, Moment mal! Die »reale Welt« ist nicht real und der Geist hat bereits einen »Avatar«. Man nennt ihn den menschlichen Körper. Unsere erlebte Realität ist selbst ein Metaverse und das Zuckerberg-Metaverse ist ein Metaverse innerhalb eines Metaverse, eine Illusion innerhalb einer Illusion. Der Geist hat einen Avatar, der selbst einen Avatar hat. Sie können sehen, wohin die immer detailliertere Verstrickung führt. Kult-Unternehmen wie Facebook und Microsoft machen sich das Konzept zu eigen und daran ist erkennbar, dass es Teil des Plans ist und zwar ganz offensichtlich. In einem Artikel auf www.quytech.com heißt es:

> »Stellen Sie sich vor, Sie studieren, arbeiten, interagieren, besuchen Konzerte, verdienen Geld und spielen Spiele in einer Online-Welt, die sowohl eine Erweiterung der realen Welt ist als auch eine Verschmelzung mit ihr.
>
> Außerdem werden Treffen mit Kunden, digitale Unterhaltung, Ausbildungen und sogar Online-Studiengänge dank des Metaverse in Zukunft online verfügbar sein. Aus diesem Grund investieren so viele Unternehmen in das Metaverse: Die Fähigkeit des Netzwerks, die Welt zu verändern, ist unbestreitbar.«

Ja, es kann sicherlich Ihre Wahrnehmung verändern, und wenn man bedenkt, dass die kollektive menschliche Wahrnehmung das ist, was wir als »Welt« bezeichnen, dann kann das Metaverse auf diesem Weg in der Tat die ganze Welt verändern – und genau zu diesem Zweck wurde es auch geschaffen.

Sie sind der Avatar!

Ich habe eine Schlagzeile in der Zeitung gesehen, die man vor kurzem noch für einen lächerlichen Scherz gehalten hätte: »Mutter sagt, dass sie innerhalb von Sekunden nach dem Betreten der Facebook-Onlinewelt Metaverse von drei männlichen Personen virtuell begrapscht wurde.« Nicht ihr Körper wurde angegriffen, sondern ihr *Geist*, indem sie ihren Körper mit ihrem Metaverse-Körperersatz oder Avatar assoziierte. In dem Artikel heißt es, dass sie »durch ein Virtual-Reality-Headset entsetzt zusah und zuhörte, wie ihr Avatar – eine sich bewegende, sprechende, computergenerierte Version ihrer selbst – in einer anhaltenden Belästigung von drei realistischen männlichen Charakteren aggressiv befummelt wurde«. In den Berichten heißt es, dass sie ihr Headset – das ihre Augen bedeckt und ihr erlaubt, das Metaverse so zu sehen, wie ihr Avatar es sieht – abnehmen musste, um die Tortur zu beenden. Obwohl sie die Hände der Avatare nicht spüren konnte, »leidet sie seit dem Angriff unter Angstzuständen und fürchtet um die Sicherheit ihrer drei Teenager-Mädchen und anderer Frauen in dieser gesetzlosen virtuellen Welt«, die ein Tummelplatz für Sexualverbrecher und Pädophile sein könnte. Natürlich wird sie das sein. Sexualstraftäter und Pädophile hören nicht auf, *sie selbst* zu sein, wenn sie eine virtuelle Welt betreten, um dort von Avataren repräsentiert zu werden. Ein hochrangiger Anwalt sagte, der Angriff sei keine Straftat, und schlug vor, dass die Regierung darüber nachdenken müsse, wie sie diejenigen schützen könne, die das Metaverse betreten. Nick Brett von der Londoner Anwaltskanzlei Brett Wilson sagte: »Wenn eine Frau virtuell sexuell angegriffen wurde, sollte das an sich möglicherweise illegal sein, ist es aber derzeit nicht.« Sie können sehen, wie das Metaverse schon in seinen Anfängen die Wahrnehmung an sich reißt und die simulierte Realität mit der »echten« (simulierten) Welt verschmilzt.

Die Frau, die im Metaverse angegriffen wurde, sagte, dass Freunde und Kollegen Rassismus, Sexismus und andere Formen von Übergriffen im Metaverse erlebt hätten, und erklärte auch: »Ich habe viele negative Erfahrungen von Frauen gehört, deren Avatare sexuell und verbal missbraucht wurden.« Ich glaube, ich kann der Frau da helfen. *Benutzen Sie das verdammte Metaverse nicht, das eine kalkulierte Falle ist, um Ihren Geist weiter zu kontrollieren!* Man weiß, dass die Leute leicht süchtig danach werden. »Diese Technologie wird in der Zukunft unserer Kinder weit verbreitet sein, daher ist es meine Aufgabe, sichere Virtual-Reality-Erfahrungen zu schaffen«, meinte die belästigte Frau. Die Akzeptanz der technologischen Übernahme ist so groß, dass »nicht mitmachen« als steinzeitlich angesehen wird. Die einzige Antwort darauf ist, Ihren Verstand vor noch mehr Fallen zu schützen. Statt Stunde um Stunde süchtig nach dem Handy zu sein, werden wir bald die gleiche Sucht nach dem Metaverse haben, das eine tiefere Ebene der Wahrnehmungssklaverei darstellt. Man betreibt eine systematische Kampagne, um die Menschen immer weiter in die Falle zu locken – mit Handys, die Sie in der Hand halten, gefolgt von Geräten am Körper und Geräten im Körper bis hin zur vollständigen Übernahme der Realität durch das Metaverse. Machen Sie sich keine Illusionen darüber, dass Technologieabhängigkeit nicht nur durch die Konzentration auf das, was sie visuell liefert, erreicht wird. Von diesen Geräten gehen Frequenzen aus, die das Gehirn dazu bringen, nach diesen Frequenzen zu verlangen, wie bei einer Sucht-Droge. Ich warne schon seit Jahren vor einem »elektronischen Tattoo« auf der Haut, um mit dem Internet zu interagieren – ein Weg zur Technologie im Körper, die bereits durch die Scheinimpfstoffe geliefert wird. Im März 2020 habe ich einen Artikel gelesen, in dem Gates »voraussagte«, dass diese Technologie Handys ersetzen würde. Voraussagen? Wie kommt es dann, dass ich schon vor Jahren davon wusste? Gates sagt nichts voraus. Er liest ein Skript vor, in dem die Absichten des Kults beschrieben werden.

Die weitere Diversifizierung der Kurzsichtigkeit

Dies alles mag komplex und verwirrend erscheinen. Das ist es aber nicht, wirklich. Bricht man es auf seine Grundlagen herunter, ist es ganz einfach.

Von der Simulation selbst bis hin zum Metaverse geht es darum, die Kontrolle über den Realitätssinn des Geistes zu erlangen, um sicherzustellen, dass sein jenseits der Simulation befindliches Selbst, das ewige »Ich«, an den Rand gedrängt und der Geist von seinem Einfluss abgeschnitten wird. Wir sehen den Verstand in einem Metaverse innerhalb eines KI-Smart-Grids in einer KI-Simulation in der virtuellen Realität gefangen. Der Plan besteht darin, den Geist schließlich vollständig in den Cyberspace zu absorbieren, ohne dass er noch einen Körper hat, und ihn unentrinnbar in der Schachtelung einer Matrix innerhalb einer Matrix innerhalb einer Matrix innerhalb einer Matrix einzusperren. Alles wäre so konzipiert, dass der Verstand keinen Zugang zu seiner wahren Identität mehr hat, die eine Flucht aus dem digitalen Labyrinth ermöglichen würde. Oder besser gesagt, den digitalen Labyrinthen – viele von ihnen mit mehreren Schleifen und Zeitlinien.

Der gleiche Prozess der unterdrückten Selbstidentität spielt sich auch in der »menschlichen« Welt ab. Früher identifizierten wir uns als Männer oder Frauen mit einer Persönlichkeit und vielleicht einer Religion, einer Rasse, einem Beruf und einer Einkommensklasse. Das war's im Grunde schon. Heute haben wir eine Reihe von Buchstaben, um die Feinheiten der Identität zu kennzeichnen. An den Universitäten gibt es LGBTTQQFAGPBDSM oder Lesben, Schwule, Bisexuelle, Transgender, Transsexuelle, Queer, Fragende, Flexuelle, Asexuelle, Gender-Fick, Polyamore, Bondage/Disziplin, Dominanz/Unterwerfung und Sadismus/Masochismus. Die alten menschlichen Bezeichnungen werden immer mehr unterteilt und mit jeder Unterteilung wird die Identität des wahren »Ichs« – des Unendlichen Bewusstseins – noch weiter diversifiziert und vermindert. Aus *Ich bin Alles, was Ist, War und jemals Sein Kann* wird »Ich bin ein Mensch« und daraus wird »Ich bin ein Mann oder eine Frau«, woraus wiederum wird: »Ich bin lesbisch, schwul, bisexuell, transgender, transsexuell, queer, ungeklärt, flexuell, asexuell, gender-fuck, polyamorös, Bondage/Disziplin, Dominanz/Unterwerfung und Sadismus/Masochismus.« All das ist nicht das »Ich«. Der Mensch ist nicht das »Ich«. Der Geist ist nicht das »Ich«. Es sind die illusorischen Etiketten eines Phantom-Selbst (siehe Abbildung 149). *Alles, was Ist, War und jemals Sein Kann* ist das »Ich«. Unterteilungen von Etiketten sind die Fortsetzung des »Sündenfalls« aus dem Paradies in die »Materie« oder heutzutage der »Sündenfall« aus dem Paradies in den »Gender-Scheiß«.

Abb. 149. Die immer weitere Unterteilung der Unterteilung der Unterteilung des Phantom-Selbst.

Derselbe Prozess zeigt sich in dem Druck, sich dem Gruppendenken anzupassen, und in der Zensur und der gezielten Verfolgung von Personen mit einer anderen Wahrnehmung. Dies ist das Schwarmdenken, das auf der Ebene der »menschlichen Gesellschaft« geschaffen wird. Es ist nur ein Ausdruck der gesammelten KI-Kontrolle der Wahrnehmung, die letztlich geplant ist, um jedem Menschen – jedem Geist – dieselbe Wahrnehmung zu diktieren. Individuelle Gedanken, Ansichten und Meinungen würden gelöscht oder in Kurzweils Worten: »Wenn die Technologie dem, was wir sind, weit überlegen ist, dann wird der kleine Anteil, der noch menschlich ist, immer kleiner und kleiner, bis er schließlich völlig vernachlässigbar ist.« Spiel, Satz und Sieg. Es wäre ein technologisch diktiertes, *einheitliches* Gruppendenken. Wir beobachten, wie der Druck, nur noch das zu denken und zu sagen, was für die Machthaber (den Kult) und ihre wachsamen Fußsoldaten, die ihre Individualität und ihr Recht auf Einzigartigkeit längst aufgegeben haben, immer größer wird und immer mehr akzeptiert. Yuval Noah Harari, ein israelischer »Futurist« (wie Kurzweil) und Professor an der Fakultät für Geschichte an der Hebräischen Universität in Jerusalem, ist als »Philosoph der Eliten« bekannt. Bei einem Treffen des Schwabschen Weltwirtschaftsforums im Jahr 2018 sagte er, dass Körper, Gehirne und Köpfe »technisiert« würden und der Mensch »hackbar« sei. Die zukünftige Herrschaft über den Planeten würde sich danach richten, wer die Daten besitzt. Die Herrschaft über die Daten würde die Zukunft kontrollieren, nicht nur die der Menschheit, sondern die Zukunft des Lebens selbst:

> »Die Kontrolle über die Daten könnte menschliche Eliten in die Lage versetzen, etwas noch Radikaleres zu tun, als nur digitale Diktaturen zu errichten. Durch das Hacken von Organismen könnten die Eliten die Macht erlangen, die Zukunft des Lebens selbst neu zu gestalten, denn wenn man etwas hacken kann, kann man es in der Regel auch konstruieren. Und wenn es uns tatsächlich gelingt, das Leben zu hacken und zu manipulieren, wäre das nicht nur die größte Revolution in der Geschichte der Menschheit, sondern die größte Revolution in der Biologie seit Anbeginn des Lebens.
>
> Die Wissenschaft ersetzt die Evolution durch natürliche Selektion durch die Evolution durch intelligentes Design. Nicht das intelligente Design eines Gottes über den Wolken, sondern unser eigenes intelligentes Design.«

»Unser intelligentes Design«? *Intelligent?* Denken Sie darüber mal nach! Die Infusion von synthetischem Genmaterial durch die »Covid«-Scheinimpfstoffe und viele weitere synthetische Scheinimpfstoffe unter anderen Vorwänden hackt sich buchstäblich in den Körper, um seine Genetik auf die Art und Weise umzugestalten, die Yuval Noah Harari beschreibt. Sein Gebrauch von »wenn« stellt diese Hack-Realität in der »Zukunft« dar, obwohl sie schon *jetzt* stattfindet.

Warum so menschenfeindlich? Raten Sie mal.

Der Kern dieses Prozesses der KI-Smart-Grid-Wahrnehmungskontrolle besteht darin, die Natur des menschlichen Körpers von seinem biologischen Zustand in einen immer synthetischeren zu verändern. Schließlich wird der Körper völlig synthetisch, bevor er ganz abgeschafft wird. Hier verschmelzen die Woke-Agenden und die des Menschen 2.0 zu einer Einheit. Der ursprüngliche simulierte Körper beruhte noch auf einem, der in einem weitaus feinstofflicheren Zustand in höheren Dimensionen der Hauptrealität tatsächlich existiert; von ihm wurde die »schlechte Kopie« als digitale Simulation erstellt. Sobald die »Kopie« erstellt war, konnte der Prozess der Veränderung ihrer Natur beginnen, der immer schneller voranschreitet, da nun auch Systeme, die menschlichen

Bedürfnissen dienen, umgewandelt werden. Meine bereits jahrzehntelange Behauptung, dass die menschliche Gesellschaft von einer nichtmenschlichen Kraft manipuliert wird, erscheint den Menschen mittlerweile weniger fantastisch, weil nicht mehr zu übersehen ist, dass sich um sie herum eine ganz offensichtlich menschenfeindliche Agenda entfaltet. Zum Beispiel wird die Zusammensetzung der Atmosphäre verändert, indem durch den Schwindel der »globalen Erwärmung« das Gas des Lebens, CO_2, ins Visier genommen wird (siehe Abbildung 150). Der vom Kult kontrollierte Bill Gates finanziert Bemühungen, das Sonnenlicht zu blockieren, indem Kalziumkarbonat-Staub in die Atmosphäre freigesetzt wird, um die Sonnenenergie zu reflektieren und zu verhindern, dass sie die Erdoberfläche erreicht. Gates ist natürlich ein Verrückter, aber ein sehr gefährlicher Verrückter, der mit noch extremeren Verrückten im inneren Kreis des Kults zusammenarbeitet. Diejenigen, die in diesen Wahnsinn verwickelt sind, sagen, dass die Auswirkungen auf kleine Dinge wie das Wachstum von Nutzpflanzen unbekannt sind, aber im inneren Kreis wissen sie genau, wie die Auswirkungen aussehen sollen. Hier haben wir es mit einem weiteren Doppelschlag auf die menschliche Nahrungsmittelproduktion zu tun, der gleichzeitig auf das Gas des Lebens und das Sonnenlicht abzielt.

Abb. 150. Ohne CO_2 würden wir alle sterben, weil die Nahrungsmittelversorgung zusammenbräche. Die Erde ist im Industriezeitalter aus demselben Grund grüner geworden, aus dem die Landwirte dem Luftgehalt ihrer Gewächshäuser CO_2 hinzufügen.

Das Frequenzkonstrukt des Simulationsfeldes, mit dem wir interagieren, wird von einem, das mit den Informationscodes des menschlichen Körpers kompatibel ist, zu einem verändert, der nicht mehr mit ihnen kompatibel ist. Und einer der Gründe für die fortschreitende Umwandlung in einen synthetischeren Menschen ist die Bewältigung des außerirdischen Frequenzbombardements mit 5G, gefolgt von 6G und 7G. Diese technologisch erzeugte Strahlung hat seit den 1950er Jahren um das Millionenfache zugenommen und erhöht sich jetzt durch die Musk-Satelliten im niedrigen Orbit, die 5G und WLAN auf den Boden strahlen, noch weiter. 5G-Türme verbreiten sich mit alarmierender Geschwindigkeit auf der ganzen Welt und tragen zu einer zerstörerischen Frequenzumgebung bei, die dazu führt, dass immer mehr Menschen unter Elektrosensibilität (ES) leiden, einer Unverträglichkeit gegenüber elektromagnetischer Strahlung, deren Auswirkungen durch WLAN, 5G, Handys, Bluetooth, Antennen und Türme, intelligente Stromzähler und Stromleitungen kontinuierlich zunehmen. Da der Körper ein elektromagnetisches Informationsfeld ist, können andere elektromagnetische Quellen, die nicht mit dem Körperfeld kompatibel sind, Chaos in ihm verursachen – und tun es auch. Synthetische Scheinimpfstoffe enthalten Elemente wie Graphen – das Elektrizität leitet – und andere Nano-Elemente, um das Körper-Gehirn mit der »Cloud« zu verbinden. Es hat sich gezeigt, dass Graphen & Co. sich im Körper selbst replizieren, um *synthetische Betriebssysteme* aufzubauen, die das Kommunikationsnetzwerk des Körpers verändern und potenziell mit technologisch erzeugten Frequenzen des Smart Grids interagieren können. Eigentlich mehr als »potenziell« – sie tun es längst.

Ich erwähnte bereits die Videos, in denen sich Graphen zu selbstorganisierenden Netzwerken formt, wenn es durch Elektrizität/Elektromagnetismus stimuliert wird. Im Körper kann dies durch WLAN-Felder und 5G aktiviert werden, das, wie alle »Gs«, ein *Frequenz- und Informationsübertragungssystem* ist – daher die Wirkung auf Körper und Psyche. Alles ist miteinander verbunden. Im *International Journal of Vaccine Theory, Practice and Research* wurden zwischen Juli 2021 und August 2022 Studien von sechsundzwanzig Forschern aus sechzehn Ländern veröffentlicht, die keinen Zweifel daran lassen, wie die mRNA-Technologie eingesetzt wird, um Material für genetische Eingriffe zu liefern. Darin wird beschrieben, warum Graphen sich für die Selbstmontage von Halbleitern eignet, dass diese Nanostrukturen klein genug sind, um injiziert zu werden, und wie sie mit Elektronen, Licht und Magnetismus interagieren können. Sie sind so winzig, dass sie zu Tausenden in das Gehirn eindringen können. Bedenken Sie, dass Elektronen, Licht und Magnetismus lauter Aspekte des Smart Grids sind. Der kanadische Arzt Charles Hoffe berichtet, dass eine einzige Dosis des Scheinimpfstoffs Moderna *40 Billionen* winzige Pakete synthetischer RNA-Moleküle abgibt, von denen *22,5 Billionen* in das Lymphsystem gelangen, und Tests haben gezeigt, dass mindestens 62 Prozent der mit mRNA geimpften Menschen mikroskopisch kleine Blutgerinnsel aufweisen.

Wir sollten uns auch über etwas anderem im Klaren sein, auf das ich in meinen Büchern schon so lange hinweise, und das ist *Entrainment*. Dabei handelt es sich um das Phänomen, dass schwächere Frequenzen von der stärksten Frequenz »mitgerissen« oder synchronisiert werden. Wenn Sie die Saiten von drei Geigen auf derselben Note zupfen und dann eine weitere Geige mit einer anderen oder gar keiner Note in Resonanz bringen, wird sie bald anfangen, auf der kollektiven Frequenz der anderen drei Geigen zu schwingen, die das Frequenzfeld dominieren. Beziehen Sie dies auf die menschliche Psyche, die rund um die Uhr mit Frequenzen von Satelliten im niedrigen Orbit und dem Smart Grid in all seinen Formen bombardiert wird. Frequenzen transportieren Informationen und repräsentieren mentale und emotionale Zustände, die den Weg für die Kontrolle der Massenwahrnehmung durch diese Quellen ebnen. Wir wissen schon lange, dass die globale Verschwörung nicht nur von einer Anzahl Menschen durchgeführt wird, die sich an einem Tisch treffen, um den nächsten Schritt zu vereinbaren. Die Manipulation der menschlichen Wahrnehmung und damit des Verhaltens geht weit darüber hinaus. Und dies gilt für die gesamte biologische »natürliche Welt« (schlechte Kopie der natürlichen Welt), die die zunehmende Strahlungsveränderung nicht überleben kann. Ist es wirklich ein Zufall, dass 5G in Wuhan, China, eingeschaltet wurde, unmittelbar bevor »Covid« begann, und dass »Covid-Hotspots« mit 5G-Einschaltungen korrespondierten? Oder dass die angeblichen Symptome von »Covid« denen einer elektromagnetischen Vergiftung entsprechen? 5G verursacht bereits viele Krankheiten unterschiedlichster Art – auch psychische –, und 6G und 7G werden folgen.

Schauen Sie sich um und Sie werden sehen, dass alles mit synthetischen Materialien durchsetzt ist. Nutzpflanzen und Lebensmittel werden synthetisch verändert. Wir haben synthetisch veränderte Bäume und Insekten, synthetische Medikamente, Vitamine und Nahrungsergänzungsmittel, Blut und Genetik mit Organen, die von einem 3D-Drucker »gedruckt« wurden. In einem Artikel auf www.techrepublic.com wird beschrieben, dass ein 3D-Drucker der neuesten Generation über die Software und das Material verfügt, um ein synthetisches Herz herzustellen, das so »plastisch wie ein echtes Herz« ist. Der J750 Digital Anatomy 3D Printer »stellt Herzen her, die dem echten Organ so nahe kommen, wie es ein Drucker nur kann«. Scott Drikakis, Leiter des medizinischen Segments beim Hersteller Stratasys, sagt: »Wenn es einen Defekt im Herzen gibt, eine strukturelle Anomalie, können wir mit dieser Lösung einen synthetischen digitalen Zwilling des Patientenherz in 3D drucken.« Er erklärt, das 3D-Herz habe die gleichen physikalischen Eigenschaften wie ein menschliches Organ und auch die gleichen biomechanischen Merkmale. Entsprechend ist die synthetische Biologie (»SynBio«) ein schnell wachsender Bereich der Wissenschaft, deren Agenda sich rasch ausweitet. Hier sind einige Definitionen dieser Disziplin: »ein multidisziplinäres Forschungsgebiet, das darauf abzielt, neue biologische Teile, Geräte und Systeme zu schaffen oder bereits in der Natur vorkommende Systeme neu zu gestalten«, »die Verwendung einer Mischung aus physikalischer Technik und Gentechnik, um neue (und damit synthetische) Lebensformen zu schaffen«, »ein aufstrebendes Forschungsgebiet, das darauf abzielt, das Wissen und die Methoden der Biologie, der Ingenieurwissenschaften und verwandter Disziplinen bei der Gestaltung chemisch synthetisierter DNA zu kombinieren, um Organismen mit neuartigen oder verbesserten Eigenschaften und Merkmalen zu schaffen«.

Das Ende der Elternschaft

Die Zahl der Spermien sinkt *katastrophal*, verursacht durch chemische und verstrahlte Stoffe. Das ist ein Schlüsselelement für die Agenda, den Menschen 1.0 zugunsten des Menschen 2.0 loszuwerden. Eine Schätzung besagt, dass bei den derzeitigen Trends die Fähigkeit des Menschen zur Fortpflanzung bis 2045 verschwunden sein wird. Ärzte und Wissenschaftler haben davor gewarnt, dass »Covid«-Scheinimpfstoffe die Fruchtbarkeit von Männern und Frauen gefährden. Das alles passt ins Bild. Was für ein Zufall, dass ich schon seit Jahrzehnten vor dem Plan für einen neuen, nichtzeugenden Menschen warne und dabei Aldous Huxley (1894-1963) und seine *Schöne Neue Welt* als Blaupause zitiere. Huxley beschreibt »Brütereien des Weltstaates«, in denen der nichtzeugende Mensch technologisch für verschiedene »Kasten« produziert wird, um dem Weltstaat zu dienen. Mit dem Ende der Fortpflanzung geht auch das Ende der Elternschaft einher, denn der Staat kontrolliert die gesamte Erziehung der Kinder. Die zunehmende Aushöhlung der elterlichen Rechte durch Schulen und Behörden ist ebenso Teil dieser Agenda wie die schwindelerregende Zahl von Kindern, die der Staat liebevollen Eltern entzieht – aus fadenscheinigen Gründen, die von Sozialdiensten auf der ganzen Welt erfunden und von nicht öffentlichen Gerichten durchgesetzt werden, über deren Entscheidungen die Medien nicht berichten dürfen. Diese Geheimhaltung soll angeblich die Kinder schützen, während es in Wahrheit darum geht, die staatlichen Kinderdiebe vor Bloßstellung zu bewahren. Ich bin natürlich dafür, Kinder vor elterlichem Missbrauch zu schützen, aber darum geht es hier nicht. Es handelt sich sehr oft um liebevolle Eltern, deren Leben – und das ihrer Kinder – durch den staatlichen Diebstahl der Kinder zerstört wird, von denen viele von pädophilen und satanischen Ringen, die die Sozialdienste infiltriert haben, »auf Bestellung« entführt werden. Ich habe zahlreiche solcher Eltern getroffen und es ist herzzerreißend. Huxley schrieb:

> »Die natürliche Fortpflanzung wurde abgeschafft und die Kinder werden in ›Brutanlagen und Konditionierungszentren‹ gezeugt, ›dekantiert‹ und aufgezogen. Von

> Geburt an werden die Menschen genetisch so konstruiert, dass sie in eine von fünf Kasten passen, die wiederum in ›Plus‹- und ›Minus‹-Mitglieder unterteilt sind und dazu bestimmt sind, vorbestimmte Positionen innerhalb der sozialen und wirtschaftlichen Strukturen des Weltstaates einzunehmen.«

George Orwell (1903-1950), ein anderer Autor, der bereits Teile des Plans durchschaute, griff dasselbe Thema in seinem prophetischen Buch *1984* auf und zitierte darin Agenten des Big-Brother-Staates:

> »Wir sind bereits dabei, die Gewohnheiten des Denkens zu zerschlagen, die aus der Zeit vor der Revolution überlebt haben. Wir haben die Verbindungen zwischen Kind und Eltern, zwischen den Menschen und zwischen Mann und Frau gekappt. Niemand wagt es mehr, einer Frau, einem Kind oder einem Freund zu vertrauen. Aber in der Zukunft wird es keine Ehefrauen und keine Freunde mehr geben … Es wird keine Liebe mehr geben, außer der Liebe zum Großen Bruder.«

Sehen Sie sich an, wie in der »Covid«-Ära die Menschen getrennt werden – der Einzelne vom Mitmenschen und die eine Gruppe von der anderen. Sehen Sie sich die unaufhörlichen Bemühungen an, das Denken und die Wahrnehmung ins Visier zu nehmen, oder wie Orwell es ausdrückte, »… wir sind bereits dabei, die Gewohnheiten des Denkens zu zerschlagen«. Huxley schrieb sein Buch in den frühen 1930er Jahren und Orwell in den späten 1940er Jahren. Wie haben sie das alles voraussehen können? Ich sagte es bereits: Der Kult lebt nicht in der gleichen »Welt« mit dem gleichen Wissensstand wie die Bevölkerung. Die »Zeitlinie« und das technologische Bewusstsein des inneren Kreises des Kults sind dem, was der Öffentlichkeit erlaubt ist, weit voraus. Die technologischen »Gebärmütter«, die gerade online vorgestellt werden, lassen sich mit denen vergleichen, die Huxley schon vor fast einhundert Jahren beschrieben hat. Wie kommt das? Wir erleben eine Simulation und sie durchläuft ein Programm. Wenn man erkennt, wie dieses Programm aussieht, weiß man auch, was sich abspielen und zur wahrgenommenen »Zukunft« im unendlichen JETZT werden wird – sofern die Menschen nicht aufwachen, um es zu verhindern. Ich werde oft gefragt, wie es mir möglich war, die Zukunft so genau vorherzusagen, als ich bereits vor dreißig Jahren darüber schrieb, was geplant ist. Nun, ich habe keine in Stein gemeißelte »Zukunft« vorausgesagt. Die Simulation ist interaktiv und kann geändert werden. Ich habe den *Plan* des Kultes für die »Zukunft« aufgedeckt, das *Simulationsprogramm* für die »Zukunft«, und die Idee dahinter war, Menschen dabei zu unterstützen, zu der Realität zu erwachen, die uns verborgen bleiben soll, damit diese Pläne nicht umgesetzt werden können. Ich konnte die Zukunft so genau vorhersagen, weil die Menschheit noch immer nicht eingegriffen hat, um sie zu ändern. *Aber jetzt wird es Zeit.*

Transgender bedeutet geschlechtslos

Die Perspektive einer geburtenfreien Menschheit offenbart die wahre Bedeutung der Transgender-Hysterie. Und es ist reine *Hysterie.* Wenn es jemals einen 2 + 2 = 5 Irrsinn gegeben hat, dann ist es die Behauptung, dass es so etwas wie ein biologisches Geschlecht, wie männlich und weiblich, im menschlichen Körper, wie er derzeit kodiert ist, nicht gibt. Hätte sich noch vor zehn Jahren jemand vorstellen können, diese Schlagzeile zu lesen: »Ex-Soldatin entblößte *ihren* Penis und benutzte Mülltonne als Sexspielzeug in der Öffentlichkeit.« *Ihren* Penis entblößt? Wahnsinn muss die Norm sein, wenn man von einem Status Quo zu einer ganz anderen Realität übergeht, die eine Fülle von 2 + 2 = 5 erfordert, um den Übergang zu erleichtern. 2 + 2 = 4 darf niemandem mit der irrelevanten Begründung, dass es zufällig wahr ist, in die Quere kommen. Was hat die Wahrheit damit zu tun? Transgender-Aktivisten betrachten die Leugnung des männlichen und weiblichen biologischen Geschlechts als ein Mittel, um ihre Sache voranzubringen, während sie in Wirklichkeit nur verarscht werden. Stichwort Verarsche. Die Abschaffung des männlichen und weiblichen Geschlechts dient nicht der Förderung des *Trans*-Genderismus, sondern des *No*-Genderismus. Wir sehen lediglich eine Etappe auf dem Weg des Transgender-Aktivismus gegen biologische Geschlechter zu gar keinen Geschlechtern. Vor der *Fusion* der Geschlechter muss die *Kon*-Fusion der Geschlechter kommen. Die jungen Menschen sind am stärksten betroffen, denn sie werden erwachsen sein, wenn diese Entwicklung ihre volle Wirkung entfaltet. Irgendwie hatten Länder auf der ganzen Welt zur gleichen Zeit die gleiche Idee, Drag Queens in Schulen und Bibliotheken einzuladen, um Geschichten vorzulesen und kleinen Kindern etwas vorzumachen. Drag Queens sollen ihr Leben so leben, wie sie es für richtig halten – das geht mich nichts an –, aber wenn sie dazu benutzt werden, die Geschlechterwahrnehmung kleiner Kinder zu manipulieren, geht uns das *alle* etwas an. Wenn man die Geschlechter in den Köpfen von Kindern verwirren will, gibt es kaum eine bessere Möglichkeit, als ihnen Männer mit Bärten vorzuführen, die Frauenkleider tragen und sich wie eine Frau verhalten. Und genau deshalb macht man es.

Die Verwirrung (Konfusion) der Geschlechter hat dazu geführt, dass eine schnell wachsende Zahl von Kindern und Jugendlichen ihr Geschlecht in Frage stellt, was sie vorher nicht taten. Viele werden mit geschlechtsverändernden Medikamenten und Operationen auf eine psychologische und körperliche Katastrophe getrimmt. Wer diese Verstümmelung von Körper und Psyche in Frage stellt, wird als transphobisch gebrandmarkt, so wie der Versuch, die lächerlichen Spaltungen zwischen den Rassengruppen zu heilen, als »rassistisch« bezeichnet wird. Wenn jemand wirklich das Gefühl hat, im falschen Körper zu stecken, sollte er mit Liebe und Verständnis behandelt und bei seiner Suche nach einer Lösung, wie auch immer die aussehen mag, unterstützt werden. Davon rede ich hier nicht. Ich stelle nicht das Recht von Transgender-Menschen in Frage, ihr Realitätsempfinden zu leben. Ich stelle die systematische globale Kampagne in Frage, die darauf abzielt, junge Menschen in Konfusion zu stürzen und sie dazu zu bringen, ihr Geschlecht in Frage zu stellen, was sie sonst nicht getan hätten. Ich stelle den psychologischen Faschismus in Frage, der mir vorschreibt, jemanden mit einem unbestimmten Geschlecht anzusprechen, was ich aus Respekt vor der Sprache und aus Respekt vor mir selbst niemals tun werde. Echte Transgender-Menschen, kein Problem – aber die Fabrikation von Pseudo-Statistiken durch Propaganda und Manipulation durch den Staat und vom Staat unterstützte Organisationen und Schulen? Das ist eine *Abscheulichkeit.* Wenn den Leuten das nicht gefällt, dann sollten sie auch nicht mitmachen. Das muss bei jeder Gelegenheit gesagt werden.

Der Frauensport zum Beispiel wird zu einer Farce, wenn man Menschen mit *Männerkörpern*, die sich als Frauen ausgeben, gegen Frauen mit *Frauenkörpern* antreten lässt. Es ist ein Nicht-Wettkampf mit dem Vorteil der größeren Kraft, Muskelmasse und Knochendichte bei den männlichen Körpern. Es macht uns nichts aus, wenn der Wettbewerb der Frauen zerstört wird, sagt der Kult, denn das ist ja gerade die Idee dahinter. Wir wollen die Frauen loswerden, so wie wir die Männer loswerden wollen, und daher führen wir Krieg gegen die Männer unter dem Label »toxische Männlichkeit«. Als die Angriffe auf die Männer begannen, sagte ich, dass sie als Nächstes die Frauen ins Visier nehmen würden. Ich wusste, dass der geschlechtslose Mensch das Ziel ist, und was es braucht, um ihn einzuführen. Sowohl Männer als auch Frauen – *die Hervorbringer der Nachkommenschaft* – würde man dazu ins Visier nehmen. Das hat sich auch bewahrheitet, denn die Frauen sind in der Hackordnung der politischen Korrektheit nach unten gerutscht und wurden in ihrem Stellenwert vom Transgender-Aktivismus verdrängt. Es ist so wahr, dass man daran, wen und was man nicht kritisieren darf, erkennt, von wem man kontrolliert wird (und auch die Agenda derer erkennt, die kontrollieren). Machen Sie sich eine Liste und Sie werden sehen, was ich meine. Es ist schon komisch, wenn Transgender-Befürworter behaupten, sie seien eine ausgegrenzte und unterdrückte Minderheit, während jede noch so milde Kritik an ihrer Haltung dazu führen kann, dass man gefeuert oder misshandelt wird und die Polizei an die Tür klopft. Die Regierungen ändern die Gesetze, um ihren Interessen gerecht zu werden und die Interessen anderer, zum Beispiel der Frauen, zu untergraben.

Unterstützt wird das Kult-System durch vehemente und oft skrupellose Transgender-Aktivisten, die der Agenda des Kult-Systems dienen. Das ist eine einfache Tatsache. Sie haben einen viel zu dicken Sack über dem Kopf, um zu sehen, wie sie für dumm verkauft werden. George Soros und andere Milliardäre und Unternehmen des Kults, die Transgender-Gruppen finanzieren, kümmern sich um Transgender-Menschen? Es ist zum Totlachen. Apple hat ein neues Emoji eines schwangeren *Mannes* eingeführt und wir sollen nur noch von »schwangeren Menschen« reden. Eine »marginalisierte Minderheit« hat so eine Macht? Glauben Sie nicht auch, dass die Milliardäre von Apple sich einen Dreck darum scheren, was Transgender-Menschen wollen? Sie tun es, weil es das ist, was ihre Herren wollen, und das hängt alles mit dem geschlechtslosen Menschen zusammen. Die lächerliche und schamlose *USA Today* hat »Rachel Levine«, die männliche, Kinder zeugende, Schwanz baumelnde »Gesundheits«-Beauftragte der US-Regierung, die behauptet, eine Frau zu sein, zu einer ihrer »Frauen des Jahres« 2022 ernannt. Glaubt irgendjemand, dass sich *USA Today* um die Rechte von Transgendern scheren könnte? Sie hat lediglich die Kult-Psyop 2 + 2 = 5 vorangetrieben. Die Satireseite *Babylon Bee* wurde von Twitter, das dem Kult gehört, verboten, weil sie Levine zum Mann des Jahres ernannt hatte. Unsinn zu erzählen ist in Ordnung, aber Unsinn zu parodieren ist nicht in Ordnung. Mein Gott, wie schwer muss es heute sein, angesichts der täglichen Realität überhaupt noch etwas zu parodieren?

Chemische Kastration

Auch auf chemischem Weg lässt sich die Sexualität verändern. Sie können das bei Fischen beobachten, die ihr Geschlecht geändert haben, nachdem sie in chemisch verschmutzten Flüssen und Bächen schwammen. Die menschliche Männlichkeit wird auf die gleiche Weise angegriffen. Studien zufolge steigt die Zahl derjenigen, die sich als schwul oder LGBTQ identifizieren, rapide an – eine Schlagzeile meldet: »Millennials sind die schwulste Generation«. Eine Gallup-Umfrage aus dem Jahr 2022 besagt, dass sich die Zahl der Amerikaner, die sich als LGBTQ identifizieren, innerhalb eines Jahrzehnts mehr als verdoppelt hat, angeführt von der »Generation Z«, die zwischen Mitte bis Ende der 1990er und Anfang der 2010er Jahre geboren wurde. Es wird zwar noch andere Gründe geben, aber eine Umgebung, die mit geschlechtsverändernden Chemikalien überschwemmt ist, spielt dabei keine Rolle? *Wirklich nicht?* Und warum nicht? Ihre persönliche Sexualität ist mir egal. Sie geht mich schlichtweg nichts an. Meine Lebensphilosophie lautet: Machen Sie, was Sie wollen, solange Sie nicht versuchen, es anderen aufzuzwingen. Wenn die Bevölkerung mit geschlechtsverändernden Chemikalien bombardiert wird, ist das aber eine Form des Zwangs – ganz *offensichtlich*. Dr. Melody Milam Potter, die seit dreißig Jahren als klinische Gesundheitspsychologin in den USA tätig ist, hat diesen Effekt untersucht. Sie hat über die sinkende Zahl männlicher Kinder geschrieben und stellt eine Verbindung zu *synthetischen* Substanzen her, die als endokrin wirksame Chemikalien (EDCs) bezeichnet werden. Das endokrine System besteht aus einer Reihe von Drüsen, zu denen auch die Zirbeldrüse oder das »Dritte Auge« gehört. EDCs finden sich in Kunststoffen, Lebensmittelbehältern und -verpackungen, Konserven und Getränken, Elektrogeräten, Lösungsmitteln, Reinigungsmitteln, Waschmitteln, Pestiziden, Kosmetika, Seifen, Autoabgasen, Polituren, Farben, Batterien, Zahnfüllungen (Quecksilber) und inzwischen auch in vielen Fischarten, darunter dem Schwertfisch. Oft wird auf den hormonellen Schadstoff Bisphenol A oder BPA hingewiesen, der in Blechdosen, Flaschen, Plastikbehältern für Lebensmittel und Kassenbons verwendet wird. Potter beschreibt, wie synthetische EDCs als »stille Schalter« wirken können, die die Entwicklung des männlichen Körpers unterdrücken:

»EDCs, denen wir täglich begegnen, können den Sexualhormonhaushalt verändern und verhindern, dass männliche Genitalien richtig wachsen. Indem sie Testosteron unterdrücken oder das weibliche Sexualhormon Östrogen verstärken oder nachahmen, können sie die natürlichen Testosteron-Botschaften, die einen wachsenden Fötus durchfluten, untergraben.

Zum Beispiel wird Östrogen ... von Dioxin nachgeahmt, einem weit verbreiteten Schadstoff und starken endokrinen Disruptor, [der] eine hormonelle Botschaft von einem männlichen Gen abfangen und überwinden kann. Dioxin wirkt auch als Testosteronspüler, der die Konzentrationen des männlichen Hormons so stark senkt, dass die männliche Entwicklung nicht mehr ausreichend stimuliert wird.

Testosteronunterdrücker wie DDT können die Position von Testosteron an einem Rezeptor blockieren. Hormonstimulatoren können die Wirkung eines natürlichen Hormons so sehr verstärken, dass sich das System abschaltet und sich weigert, ein männliches Go-ahead-Signal zu empfangen ... Tatsächlich belegt die Forschung, dass die Exposition gegenüber EDCs an einem entscheidenden Entwicklungszeitpunkt die gesamte Genitalsequenz stören kann.«

Ein niedrigerer Testosteronspiegel – der inzwischen gut dokumentiert ist – führt zu schwächeren Männern, die weniger bereit sind, sich gegen die Tyrannei zu wehren und sich zu behaupten. Dr. Devra Davis ist eine international anerkannte amerikanische Epidemiologin, Präsidentin des Environmental Health Trust und Direktorin des Zentrums für Umweltonkologie an der Universität von Pittsburgh. Sie sagt, dass sich schnell teilende Zellen, die Geschlechtsorgane produzieren, sehr anfällig für »Inkorporations- und Replikationsfehler« sind, die dazu führen können, dass sich ursprünglich männlich entwickelnde Jungen in Mädchen verwandeln. Wenn biochemische Prozesse involviert sind, wird jede chemische Störung signifikant und kann mit Sicherheit auch diejenigen Menschen verweiblichen, die noch als Männer aus dem Mutterleib kommen.

Tunnelblick II

Was ich hier beschreibe, ist die Art und Weise, wie die Welt des »Gesehenen« durch KI und das Smart Grid verändert wird und wie der Körper und die »natürliche Welt« immer synthetischer werden. Hier zeigt sich der wahre Sinn des Ganzen: Das 4D-Gehirn wird durch weitere Schichten simulierter Fälschungen in immer tiefere Illusionen verstrickt. Durch die Manipulation des genetischen Systems (Informationscode) des Körpers manipuliert man das, was dieser dekodieren kann, so dass der Verstand glaubt, es sei real. Je tiefer man die Realität des Verstandes in den Sumpf und das Labyrinth der Wahrnehmungsfälschungen versenken kann, desto größer ist die verwirrende Illusion und die Frequenzabkopplung vom wahren und Unendlichen »Ich«. Wahrnehmung = Frequenz. Und wenn der Geist in einen Zustand niedriger Frequenz fällt, wie kann er sich dann noch mit dem hochfrequenten 5D verbinden? Die DNA ist ein Empfänger und Sender von Informationen, der die Körpersinne mit anderen Frequenzen und Realitäten verbindet. Wenn man die DNA verändert, verändert man die Frequenzen, auf denen sie sendet und empfängt, und beschränkt die Realitäten, mit denen sie sich verbinden kann. Man unterdrückt sie und schränkt sie weiter ein, so wie das lächerlich schmale Band des sichtbaren Lichts eine Wahrnehmungsbeschränkung – einen Tunnelblick – für den Verstand darstellt. Synthetische Transformation und DNA-Manipulation durch »Covid«-Scheinimpfstoffe gehören in dieselbe Kategorie. Der Bereich des DNA-Frequenzpotenzials, der über die Zirbeldrüse oder den »Sechsten Sinn« auch die Realitäten »da draußen« einschließt, wird neu verdrahtet, um nur noch mit der Smart-Grid-Simulation innerhalb der Simulation in Verbindung zu stehen. Ohne einen 5D-Input ist der Verstand völlig verloren.

Apropos, die sogenannten »verlorenen Seelen« sind Fragmente (Abspaltungen) des Verstandes, die durch die Simulation und die körperzentrierte Programmierung so verwirrt sind, dass sie nicht mehr wissen, wer sie sind, wo sie sind oder was vor sich geht. Das ist auch der Grund, warum sie »verloren« gehen.

Brechen Sie all das auf seine Grundlagen und das Wesentliche herunter, läuft die Zusammenfassung dessen, was Sie bekommen, auf zwei Seinszustände hinaus. Manche bezeichnen sie als »Liebe« und »Böses«, was dem tieferen Sinn des hier Vermittelten durchaus entspricht. Um dem Thema dieses Kapitels und des gesamten Buches gerecht zu werden, verwende ich dafür jedoch zwei andere Begriffe: *Trennung* und *Einheit*. Man könnte dazu auch Fragmentierung und Einssein sagen. Wir sehen dies auf jeder Ebene der simulierten Realität, von der Trennung des 4D-Verstandes vom erweiterten 5D-Bewusstsein bis hin zu unserer immer separierteren erlebten Realität, die in einem scheinbar leblosen Universum nach Rasse, Religion, politischer Ansicht, Sexualität und Einkommensklasse aufgeteilt ist, die Liste geht weiter und weiter. Zwar sind Aspekte des Unendlichen Bewusstseins, die immer noch Verbindung zu ihrer Quelle haben, in dieser »Zeit« in unsere Simulation gelangt, um das System buchstäblich zu hacken und die Gedanken von der Illusion zu befreien, doch zweifelsohne sind eine Vielzahl von Menschen nach wie vor in der Illusion gefangen, so sehr täuscht die Wahrnehmung. Das ist der ausschlaggebende Grund, die Selbstidentität mit dem Körper gegen die Selbstidentität mit dem Unendlichen Bewusstsein auszutauschen, damit die Wellenlängen von Geist und Seele – 4D und 5D – verschmelzen und sich wieder verbinden können. Je mehr wir das »Ich« mit dem Körper assoziieren, desto weiter entfernen sich diese Wellenlängen voneinander. Die Simulation ist eine Spaltung im Gefüge der Unendlichen Realität, so wie Wetiko, Jaldabaoth und Satan/der Teufel/Luzifer, Iblis, Saytan und Samael symbolische Namen für die Spaltung im Unendlichen Bewusstsein sind. Die eine Spaltung ist nur ein Spiegelbild der anderen. Es mag eine sehr kleine Spaltung innerhalb der Unendlichen Gesamtheit sein, aber nicht, wenn Sie deren Folgen direkt erleben. Alles entspringt dieser Spaltung, dieser Trennung, und wie interessant ist es, dass Synonyme für Spaltung auch Konflikt, Zwietracht, Disharmonie, Uneinigkeit, Dissidenz, Dissonanz, Reibung, Unfrieden, Streit, Varianz, Krieg und Kriegsführung bedeuten. Wie wäre das als Beschreibung einer menschlichen Gesellschaft, die von dem Kult, der auf die Spaltung hinarbeitet, gelenkt und manipuliert wird?

Es ist also alles verloren. Es ist unmöglich, in einem derartig manipulierten Spiel noch eine Chance zu haben. Wir sind dem Untergang geweiht – dem *Untergang*, das Ende ist nah! Oder auch *nicht*. Die Antwort ist einfacher, als Sie denken. Tatsächlich ist die Antwort das, *was* Sie denken. Genauer gesagt … was Sie bereits *wissen*.

Kapitel 12

Das Allsehende »Ich«

Liebe kann nicht erklärt werden – und doch erklärt sie alles.

ELIF SHAFAK

Ich biete keine Lösungen für das an, was ich hier beschrieben habe. Die Menschen fragen nach »Lösungen« für Probleme, die unweigerlich zu noch mehr Problemen führen, die noch mehr »Lösungen« benötigen. Es gibt einen anderen Weg.

Wenn ich ein Problem sehe, gehe ich auf die Suche nach der *Ursache*. Das Problem ist nur die Auswirkung, das Symptom, von etwas anderem. Was ist dieses andere? Was ist die Ursache? Wenn die Ursache beseitigt ist, muss auch das Problem beseitigt sein. Wir müssen uns also die Frage stellen, was die Ursache für den Zustand der Menschheit ist, der in diesem Buch dargestellt wird. Er besteht darin, dass die Menschen ihren Verstand verloren haben. Oder, genauer gesagt, in der Kontrolle über ihren Verstand. Mehr noch, der Verstand hat die Kontrolle über sich selbst verloren. Das hat zur Folge, dass der Einfluss und die Weisheit des erweiterten 5D-Bewusstseins, das die Unendlichkeit jenseits der Wahrnehmungsgrenzen der Simulation erforscht, nicht mehr gegeben ist. Verlieren Sie Ihren Verstand, verlieren Sie *sich selbst*. Ihr wahres und Unendliches Selbst – das ewige »Ich«. Dies ist die Ursache, die wir beseitigen müssen und alles andere wird folgen, so dass die Tyrannei endet. Sie muss enden. Wenn die Ursache verschwunden ist, muss die Tyrannei mit ihr verschwinden.

BEFREIEN Sie Ihren Geist!

Das Schwarze auf der Zielscheibe ist die Wahrnehmung des Geistes, der in der 4D-Realität »zwischen« der simulierten »3D«-Projektion (einschließlich des menschlichen Körpers) und dem unendlichen 5D-Bewusstsein (und darüber hinaus) existiert. Alles ist dasselbe Bewusstsein in verschiedenen Zuständen der Wahrnehmung und Frequenz. Ich habe bereits darauf hingewiesen, dass ein freier und fließender Ozean (Unendliches Bewusstsein) aus der gleichen Substanz besteht wie ein Eisblock (4D-Geist), auch wenn die Erscheinungsformen sehr unterschiedlich sind. Wenn sich die Wahrnehmungen zwischen 5D und 4D aufteilen, trennen sich naturgemäß auch ihre Frequenzen. Folglich verflüchtigt sich der Einfluss des erweiterten Bewusstseins und der Weisheit auf den Geist durch den Schwingungabstand. Die Simulation wurde geschaffen, um diese Spaltung auszulösen, indem die Aufmerksamkeit des Geistes auf den mentalen und emotionalen Aufruhr und das Gefühl der Begrenztheit einer illusorischen »3D«-Realität gelenkt wird, die der Geist unbewusst dekodiert und projiziert (siehe Abbildung 151). Ganz recht, er dekodiert und projiziert seine eigene Wahrnehmungs-Gefängniszelle, während er glaubt, sie sei äußerlich und physisch real.

Abb. 151. Noch einmal zur Erinnerung: Die Simulation wird aus der Vierdimensionalen Realität durch Wellenfeldinformationen in den menschlichen kollektiven Verstand projiziert, und der Verstand dekodiert diese dann zur holografischen Illusion der »physischen« 3D-Realität, die wir für die menschliche »Welt« halten. Der Fokus des Verstandes liegt auf der simulierten Projektion und trennt seinen Sinn für Realität – die Frequenz – vom fünfdimensionalen Bewusstsein außerhalb der Simulation. (Bild: Gareth Icke)

Wenn Sie Ihr Leben rund um die Uhr mit einem Virtual-Reality-Headset verbringen, werden die Informationen, die es liefert, zu Ihrer Wahrnehmung der Realität. Der Verstand wurde *gebannt*, was so viel bedeutet wie »wie durch einen Zauber gefesselt, fasziniert, hypnotisiert, verhext, fixiert«. Der Geist ist in der Tat verzaubert und der Zauber ist die Simulation, die auf allen Ebenen der »menschlichen« Realität wirkt. Die Simulation in ihrer Gesamtheit erstreckt sich bis hin zu den feinen Details des Glaubens und der Wahrnehmung. Wenn Ihnen jeden Tag aus verschiedenen Quellen gesagt wird, dass ein »Covid-Virus« existiert, ist es sehr schwierig, Ihren Geist von diesem Programm zu befreien und alle Lügen und Täuschungen zu beseitigen. Das Prinzip ist das gleiche. Selbst diejenigen, die ihren Verstand von einigen Illusionen befreit haben – wie zum Beispiel durch die Einsicht, dass »Covid« eine Verschwörung zur Rechtfertigung der globalen Transformation war –, sind in anderen Bereichen durch Wiederholung und Programmierung immer noch im Licht des herannahenden Zuges gefangen. Die überwältigende Mehrheit der »Covid«-Skeptiker bewegt sich im Bereich von »es gibt ein Virus, aber er ist nicht so gefährlich, wie sie sagen«. Der Gedanke, dass es *nie* ein »Virus« gegeben hat, ist für ihren Verstand zu weit hergeholt. Die Kluft zwischen den Lügen und der Wahrheit ist zu groß, um sie zu überwinden, und das Ergebnis ist ein halbfertiges Haus.

Ich werde zunächst anhand des Beispiels »Covid« zeigen, wie der Verstand auf der Mikroebene manipuliert wird (und wie wir verhindern können, dass wir betrogen werden), und dann zum großen Ganzen übergehen: wie wir uns aus der Falle in ihrer Gesamtheit befreien können. Seit ich Anfang April 2020 sagte, dass es kein SARS-CoV-2-»Virus« gibt, das »Covid-19« verursachen soll, habe ich zahlreiche eMails erhalten, die darauf eingegangen sind. Darin finden sich Aussagen wie: »Menschen sterben an den Symptomen von Covid und wenn Sie weiterhin behaupten, dass es nicht existiert, schadet das Ihrer Glaubwürdigkeit.« Es sind überwiegend nette Menschen, die Elemente des Schwindels durchschaut haben, und die eMails sind in den meisten Fällen respektvoll. Daher sage ich das Folgende nicht als Kritik, sondern nur als Beobachtung. Lassen Sie uns zunächst mit dem Punkt »Glaubwürdigkeit« beginnen. Ich strebe nicht nach Glaubwürdigkeit. Ich strebe nach Wahrheit. Das ist selten das Gleiche. Wie oft hat sich herausgestellt, dass Menschen mit Auffassungen, die von der großen Mehrheit der Öffentlichkeit als »glaubwürdig« angesehen werden, absoluten Unsinn reden? Martin Luther King (1929-1968) hat gesagt:

> »Es kommt der Zeitpunkt, an dem man eine Haltung einnehmen muss, die weder ungefährlich noch politikfähig, noch populär ist, aber man muss sie einnehmen, weil das Gewissen einem sagt, dass sie richtig ist.«

Ich sage, dieser Zeitpunkt ist *immer*. Das Streben nach Glaubwürdigkeit und nicht nach der Wahrheit ist einer der größten Gedankenbetrüger überhaupt. Daraus entsteht die globale Gefängniszelle – die Angst vor dem, was andere Menschen denken. Wenn Sie darauf hereinfallen, gehört Ihr Geist anderen Sklaven, die in der Simulation gefangen sind, ganz zu schweigen von der Simulation selbst. Das Verfolgen von Fakten und Beweisen in all ihren vielfältigen Formen muss jederzeit und um jeden Preis das

Ziel sein, um dann die Wahrheit so zu sagen, wie Sie es aufgrund dieser Fakten und Beweise für richtig erachten. Wenn Sie das nicht tun und stattdessen zuerst abwägen, was andere von Ihrer Wahrheit halten werden, hat die Matrix Sie. Die Angst vor dem, was *die anderen* denken, und das Streben nach Glaubwürdigkeit für sich selbst sind unterschiedliche Ausdrucksformen für ein und dieselbe Sache. Sobald Sie sich an die Überzeugungen anderer anpassen, sind Sie nicht mehr *Sie selbst* – Sie sind dann »*die*«. Selbstzensur ist jetzt die wahre Pandemie, da Verurteilung, Missbrauch, Feindseligkeit und Spott auf jeden losgelassen werden, der eine andere Meinung hat als die programmierten Normen des vom Kult geschaffenen Gruppendenkens. Sie können Ihren Job und Ihre Karriere für die geringste Abweichung von der Big-Brother-Normalität verlieren und werden von den falschen »Liberalen« mit ihrem Woke-Getue – »Schikane, Täuschung und Betrug« – aus dem »Garten« geworfen. Die Black-Panther-Bewegung pflegte zu sagen: »Kratze an einem Liberalen und ein Faschist kommt zum Vorschein.« Auf die falschen Liberalen von heute trifft das ganz sicher zu.

Das Täuschungsmanöver wird nicht einmal von der Woke-Mentalität angezettelt, die nur ein Kult-Simulationsprogramm ist, das finanziert und in die Massenrealität gebracht wird durch vom Kult kontrollierte Schulen, Universitäten, Unternehmen und Regierungen unter der Aufsicht von globalen Vermögensverwaltungsriesen wie BlackRock und seinem »König des Woke-Industriekomplexes«, Larry Fink. Die Woke-Armee der psychologischen Faschisten ist lediglich der paramilitärische Arm der Kult-Agenda zur Durchsetzung eines globalen Gruppendenkens und eines Ein-Welt-Wahrnehmungsstaates. Sie spielt eine entscheidende Rolle in dem Plan für einen technologischen Kollektivgeist durch eine KI-Verbindung zum menschlichen Gehirn, die alles menschliche Denken und Fühlen, wie wir es kennen, beenden wird. »Hasst die Impfgegner«, rufen ihre Kult-Meister. »Ja, hasst sie, bringt sie zum Schweigen«, schreien die Woken. »Hasst die Russen«, schreien ihre Kult-Meister. »Ja, hasst sie, bringt sie zum Schweigen«, schreien die Woken. Woke ist nur eine weitere Religion, in der man *Gotteslästerer* HASSEN und VERNICHTEN muss!

Welcher Grad an Wahnwitz ist nötig, um als Reaktion darauf, dass ein diktatorischer russischer Führer in ein anderes Land einmarschiert, als Reaktion auf seine Taten russische Orchesterdirigenten, Autoren, Komponisten, Teilnehmer an Katzenshows und Teams in Virtual-Reality-Sportspielen zu verbieten? Welcher Wahnsinn ist nötig, um »russischen« Wodka zu verbieten, der nicht einmal in Russland hergestellt wird? Oder Cocktails mit »Russisch« im Namen umzubenennen? Ich trinke trotzdem einen *White Russian*, danke, wenn das in Ordnung ist, und auch wenn es nicht in Ordnung ist. Aber damals wurden die French Fries (Pommes frites) ja auch in »Freiheitspommes« umbenannt, als die französische Regierung sich weigerte, an der Invasion des Irak im Jahr 2003 teilzunehmen, bei der unzählige Menschen starben und eine anhaltende Katastrophe im Nahen Osten angerichtet wurde, und das alles auf der Grundlage einer Lüge über Massenvernichtungswaffen, die es nicht gab (siehe »Covid«). Ein großer Teil der menschlichen Bevölkerung war schon immer unmündig. Jetzt ist es nur noch offensichtlicher und extremer.

Es ist VIER! Auch weiterhin!

Die meisten Menschen sagen nur selten, was sie glauben, wenn es vom Gruppendenken abweicht, es sei denn, sie befinden sich in einem Kreis, von dem sie glauben, dass sie »sicher« sind. Andernfalls wird jedes einzelne Wort auf seine unbeabsichtigte und grotesk interpretierte Bedeutung als rassistisch, sexistisch, altersdiskriminierend oder transphob abgewogen. In dem Bemühen, etwas Selbstachtung aus dieser rückgratlosen Unterwerfung unter die Tyrannei zu retten, reden sich die Menschen bald ein, dass sie sich gar nicht der Tyrannei unterwerfen. Sie tun nur das, was sie für richtig halten. An diesem Punkt wird Ihre wissentliche Unterwerfung unter 2 + 2 = 5 zu einem Glauben an 2 + 2 = 5. Sie befinden sich nun im eisernen Griff des Woke-Wahnsinns, der nur eine Projektion des Kult-Wahnsinns und des Matrix-Wahnsinns ist. Wieder ist ein Teil des Verstandes abhanden gekommen. Der Kult kontrolliert das globale Geflecht aus Regierungen, Unternehmen, Medien und gesellschaftlichen Institutionen, so dass sie bei der Auferlegung von »Werten« als eine Einheit auftreten und sprechen. Diese »Werte« sind nichts anderes als Kontrollwaffen, die von denen eingesetzt werden, die so wenig »Werte« haben, dass sie Werte nicht einmal erkennen würden, wenn sie ihnen in den Hintern beißen. »Antirassismus« ist der Schrei der Rassisten, »Antisexismus« ist der Schrei der Sexisten und »Gleichheit« ist der Schrei derer, die Gleichberechtigung und Chancengleichheit verachten. »Gleichheit« bedeutet nicht »Gleichheit« im Sinne von Chancengleichheit. Es bedeutet eine gesetzlich verordnete rassistische und sexuelle Voreingenommenheit, die eine herablassende Beleidigung für Minderheiten und Frauen darstellt. Es ist ein Ausdruck dessen, was ich »kosmetische Vielfalt« genannt habe. Das ist, wenn Sie Vielfalt nur in Bezug auf Hautfarbe und Sexualität haben und gleichzeitig sicherstellen, dass alle Ihre Mitarbeiter, ob schwarz, braun, schwul oder heterosexuell, die *gleiche Meinung* haben. Das ist alles Betrug, um durch kosmetische Vielfalt die Kult-Agenda durchzusetzen und gleichzeitig die wirkliche Vielfalt – die Vielfalt der Ansichten und Meinungen – zu zerstören.

Die »kritische Rassentheorie« der Woken ist reiner Rassismus, der darauf besteht, dass wir folgende Prämisse als wahr betrachten: Weiße Menschen = Rassisten; schwarze Menschen = Opfer. Das ist erst einmal *per se* Rassismus und zum anderen bevormundet es auch noch die Schwarzen und entmachtet sie, indem man ihnen sagt, dass sie ihr Leben dadurch definieren müssen, was Weiße tun, sagen und denken. Man sagt uns, dies sei das Verhalten von »Antirassisten«, die sich »um die Schwarzen kümmern« (siehe Abbildung 152). Wetiko/Jaldabaoth ist eine Umkehrung des wahren Bewusstseinszustandes und dadurch ist auch die Simulation, die seinen Willen durchsetzt, eine Inversion. Alles ist auf den Kopf gestellt, umgedreht, gespiegelt und verkehrt herum. Es gelingt uns nicht, damit fertig zu werden, indem wir uns dem unterwerfen. Aber es gelingt uns, wenn wir uns weigern, an der Integration des Woken in die Normalität mitzuwirken. Will mir jemand vorschreiben, was ich zu glauben habe, was ich sagen darf und was nicht und wie ich alles wahrzunehmen habe? Ein Haufen Psychopathen und Schwachköpfe will mir das vorschreiben und ich soll *denen* das erlauben?

Abb. 152: Was passiert, wenn Sie das Phantom-Selbst fallen lassen und erkennen, dass wir alle Eins sind? Sie sehen, dass dasselbe Bewusstsein in unterschiedlich gefärbten Körpern lebt – mehr ist »Rasse« nicht!

Auf gar keinen Fall! Niemals. Bis in alle Ewigkeit nicht.

Die Angst davor zu verlieren, was andere von dem halten, was wir sagen, tun und glauben, ist die erste Grundlage, um Ihren Verstand von der Simulation und ihren Architekten und Betreibern zurückzuerobern. Ohne diesen ersten Schritt kann es keine weiteren Schritte geben. Auf allen Ebenen des Geistes läuft die Antwort auf Selbstachtung hinaus. Haben wir die Selbstachtung, darauf zu bestehen, unsere eigenen Schlussfolgerungen zu ziehen und unseren eigenen Sinn für Realität zu finden, oder haben wir so wenig Respekt vor uns selbst, dass wir es zulassen, dass andere uns sagen, was wir denken sollen und ob wir überhaupt denken? Sobald wir unsere Selbstachtung aufgeben, indem wir uns der Tyrannei und dem Wahnsinn beugen, bleibt nur noch die Unterwerfung. Mahatma Gandhi (1869-1948) sagte: »Ich kann mir keinen größeren Verlust vorstellen als den Verlust der eigenen Selbstachtung.« Aber, und das ist der springende Punkt, er sagte auch: »Sie können uns unsere Selbstachtung nicht nehmen, wenn wir sie ihnen nicht geben.« Hier liegt der Schlüssel zur Freiheit. Selbstachtung wird sich niemals der Tyrannei beugen. Jede Tyrannei in der Geschichte ist das Ergebnis der Aufgabe von Selbstachtung in der Masse der Bevölkerung und jede Tyrannei wurde von denen gestürzt, die sich weigerten, sie aufzugeben. Der Faschismus wird nicht von Faschisten errichtet. Er wird von der Bevölkerung eingeführt, die ihre Selbstachtung den Faschisten überlässt, die die Freiheit und die Vielfalt der Ansichten nicht respektieren. Man kann keine *Selbst*-Achtung haben, wenn man *Miss*-Achtung demütig akzeptiert.

Die Wenigen haben die Vielen schon immer aus einem einfachen, sich ständig wiederholenden Grund kontrolliert. Die Vielen geben ihre Macht an die Wenigen durch Duldung ab, die das Ergebnis einer verlorenen Selbstachtung ist. Das gesamte System der Kontrolle von oben nach unten beruht auf dem Zwang der Wenigen und der Duldung durch die Vielen. An der Spitze der nationalen und globalen Pyramiden befindet sich der innere Kreis des Kultes, dessen harten Kern man in einem einzigen Konferenzraum versammeln könnte. Sie zwingen ihren Willen, ihre Agenda, der nächsten Ebene auf, die sich diesem Willen unterwirft und der darunterliegenden Ebene dasselbe aufzwingt. So geht es den ganzen Weg die Pyramide hinunter: Aufzwingen – Duldung – Aufzwingen – Duldung. Ein paar Stufen unter dem inneren Kreis des Kults haben Sie es dann schon mit Menschen zu tun, die keine Ahnung haben, dass es überhaupt einen Kult oder eine Agenda gibt. Die Abfolge setzt sich auf der

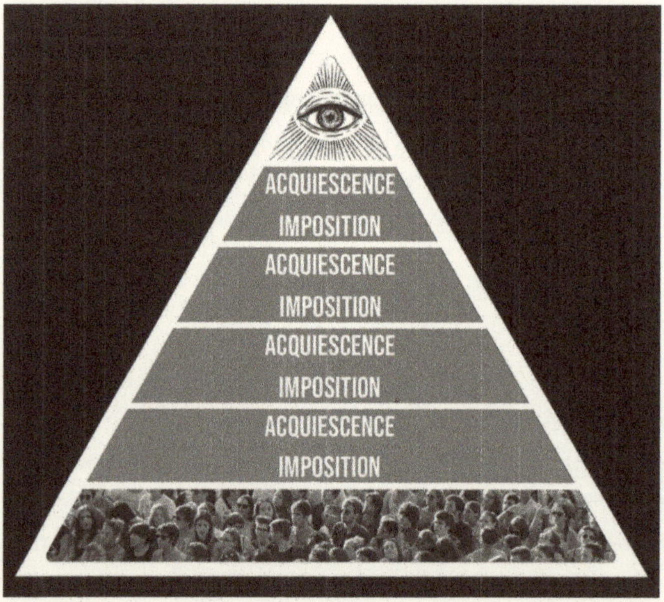

Abb. 153. Die einfache Abfolge, die es den Wenigen ermöglicht, die Vielen in der gesamten bekannten menschlichen »Geschichte« zu kontrollieren: Aufzwingen und Duldung. (Bild: Gareth Icke)

Grundlage fort, dass sie tun, was ihre vermeintlichen »Vorgesetzten« ihnen sagen, ohne es zu hinterfragen oder Widerstand zu leisten. Schließlich erreichen Sie die Masse der Menschen am Fuß der Pyramide und wenn sie sich den Ebenen fügen, die ihnen etwas aufzwingen – Regierung und Strafverfolgungsbehörden –, schließt sich ein Kreislauf aus Aufzwingen und Dulden, der es dem Willen des inneren Kreises des Kults ermöglicht, sich national und global durchzusetzen (siehe Abbildung 153). Auf diese Weise, und nur auf diese Weise, diktiert eine Handvoll an der Spitze bis ins Detail das Leben von Milliarden und die Richtung der menschlichen Gesellschaft. Genau das ist in den »Covid«-Jahren so augenfällig geschehen. Wenn es jemals ein Beispiel dafür gegeben hat, dass man die Ursache beseitigt, um das Problem zu beseitigen, dann ist es dieses – und das Gegenmittel ist *Selbst*-Achtung. Die bedingungslose Duldung ist die Ursache, und das ist es, was aufhören muss, um das Problem zu beseitigen.

Fragen, Fragen, immer wieder Fragen

An den eMails, in denen es um meine Behauptung geht, dass es kein »Covid-Virus« gibt, können wir sehen, wie hartnäckige und sich wiederholende Propaganda selbst wache Geister aus der Spur bringen kann. In einer eMail schreibt mir jemand, die Leute sagen, dass der »Freund oder Vater oder Schwager oder wer auch immer sehr, sehr krank gewesen oder sogar gestorben« sei. Es heißt darin, dass die Leute, die »Covid« hätten, vor allem erwähnten, dass sie »furchtbar müde seien, ihren Geruchs- und Geschmackssinn verloren hätten und sich schrecklich fühlten«. Okay, aber hier kommt die Psychologie der Propaganda ins Spiel. Der Verstand muss frei von vorgefassten Meinungen sein, damit die bewusste und unterbewusste Wahrnehmung nicht durch ständige Wiederholung programmiert werden kann. Der Geist muss sich für die All-Möglichkeit öffnen und die Programmierung austreiben – *exorzieren* (siehe Abbildung 154 und Abbildung 155). Dies ist meine Methode des leeren Blattes Papier, über die ich in anderen Büchern geschrieben habe. Nichts kommt buchstäblich oder symbolisch auf dieses Blatt, es sei denn, es hat seinen Platz dort verdient. Im genannten Beispiel sagten Menschen, die behaupteten, »Covid« zu haben, dass sie sich furchtbar müde fühlten, ihren Geruchs- und Geschmackssinn verloren hatten und sich schrecklich fühlten. Woher wissen sie denn, dass das durch »Covid« verursacht wird? Himmel, wie lange würde ein richtiger Arzt brauchen, um alle Krankheiten mit diesen Symptomen aufzulisten? Wenn »Covid« nie erwähnt worden wäre, würden sie dann sagen, dass die Symptome durch eine »neue«

Krankheit verursacht wurden? Nein, sie hätten sie mit anderen bekannten Ursachen erklärt, einschließlich der Grippe, die weltweit verschwand, sobald der »Covid«-Schwindel inszeniert wurde. Wie kann eine Krankheit praktisch über Nacht einfach verschwinden? Ich habe gesehen, wie idiotische »Journalisten« sagten, dass die Grippe aufgrund von Lockdown, sozialer Distanzierung und Masken sofort verschwunden sei. Warum hat das nur die Grippe mit ihren Grippe-Symptomen gestoppt und nicht auch »Covid« mit seinen »grippeähnlichen« Symptomen? Die Grippe ist nicht verschwunden. Sie wurde in »Covid-19« umbenannt, um die Illusion zu erwecken, dass ein »neues Virus« existierte, was nicht der Fall ist. Wie kann das sein? In so eine Verschwörung müssten doch viel zu viele Leute eingeweiht sein? Nein, nein. Die Wenigen an der Spitze der medizinischen Pyramiden nehmen Befehle vom Kult entgegen, diese Wenigen sagen dem Rest der Ärzteschaft, was sie zu tun haben, und die Mediziner tun dann, was ihnen gesagt wird, nicht zuletzt um ihre Karriere und ihr Gehalt zu schützen. Sehen Sie sich die vergleichsweise geringe Zahl der Ärzte und Krankenschwestern an, die sich geäußert haben und deshalb nicht mehr als Ärzte und Krankenschwestern tätig sind. Das ganze System beruht auf Lügen und Betrug und darauf, dass die Menschen diese Lügen und diesen Betrug dulden. Wie kann es sein, dass, als die verheerenden Gesundheitsschäden der »Covid«-Scheinimpfstoffe auftauchten, darunter die Herzentzündung Myokarditis, sie plötzlich ein Symptom von »Covid« wurde? Seltsam, dass man das vorher nie erwähnte. Wie viele Ärzte müssen wissen, dass das Ganze eine einzige Lüge ist, und schweigen dazu? Fast alle von ihnen. »Covid« hat uns klar und deutlich gezeigt, dass man, wenn man jemanden ohne Rückgrat sehen will, sich am besten einen Arzt suchen sollte, von einigen wenigen ehrenwerten Ausnahmen abgesehen.

Ich erinnere mich an eine Grippe, die ich vor langer Zeit hatte, und an andere Krankheiten, die mich furchtbar müde machten, meinen Geruchs- und Geschmackssinn beeinträchtigten und bei denen ich mich schrecklich fühlte. »Covid« ist ein »Virus« des Geistes. Wenn man Ihnen erzählt, dass eine potenziell tödliche Krankheit mit grippeähnlichen Symptomen im Umlauf ist und viele Menschen tötet, wird Ihre Fantasie verrücktspielen. Es ist ein Placebo in umgekehrter Form. Sagen Sie einmal jemandem, dass das Getränk, das Sie ihm gerade gegeben haben, vergiftet war oder dass Sie festgestellt haben, dass das Verfallsdatum der Lebensmittel, die er gerade gegessen hat, schon fünf Wochen überschritten ist, und sehen Sie, was passiert. Die Person wird anfangen, so zu reagieren, als wäre ihr Körper geschädigt, obwohl das Getränk überhaupt nicht vergiftet war und Sie das Essen am Morgen frisch gekauft haben. Der Verstand steuert die ganze Show und was der Verstand glaubt, wird sich manifestieren.

Noch einmal Mahatma Gandhi: »Ein Mensch ist nur das Produkt seiner Gedanken. Was er denkt, das wird er.« Dies gilt auf jeder Ebene und für jede Wahrnehmung und ist die Grundlage der gesamten Simulationsmethode. Eine Grippe wird dadurch zum »schlimmsten Gefühl, das ich je hatte – dieses Covid ist so schlimm«. Ich will damit sagen, dass der Körper im Geist ist und das, was dieser Geist glaubt und fühlt, vom Körper widergespiegelt wird. Der Kult weiß das sehr genau und sagt Ihnen ständig, dass Sie diese oder jene Bedrohung für Ihre Gesundheit und Ihr Leben fürchten sollen. Es prasselt heutzutage wie Maschinengewehrfeuer auf uns alle ein. Auf »Covid« folgt sofort und nahtlos der Einmarsch des Klaus-Schwab-Absolventen Putin in die Ukraine und die überraschende Gefahr eines Atomkriegs.

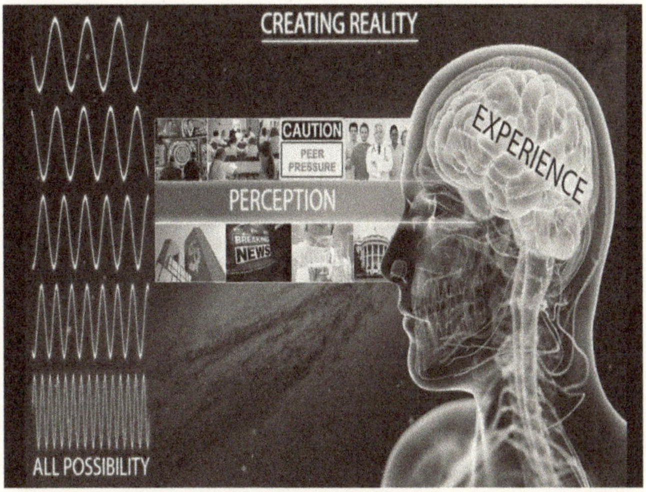

Abb. 154. Das Programm. (Bild: Gareth Icke)

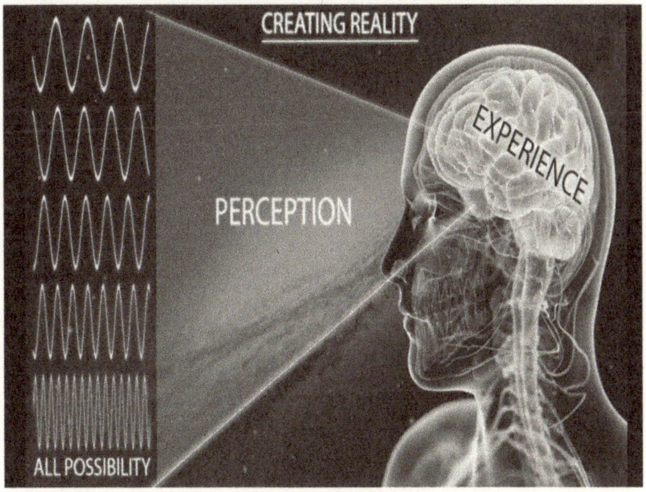

Abb. 155. Das Programm brechen. (Bild: Gareth Icke)

Dies sind keine Zufälle. Es sind Züge auf dem Schachbrett des Kults. Wir haben bei »Covid« gesehen, wie die Macht der Suggestion die Wahrnehmung in die Frequenz der Angst verstrickt und den Verstand in einer Fantasiewirklichkeit gefangen hält, in der er an eine Bedrohung glaubt, die es nicht gibt. Was Sie glauben, nehmen Sie wahr, und was Sie wahrnehmen, erleben Sie, auch wenn die Wahrnehmungen Müll sind. Hinterfragen Sie alles, auch das, was ich sage, und ziehen Sie Ihre eigenen Schlüsse. Das ist wahre Freiheit, wahre Souveränität, die den Geist von der programmierten Realität befreit.

Warum? Warum? Warum?

Falls jemand noch immer an die Existenz des »Virus« glaubt, hier ein paar »Warum?«, über die er einmal nachdenken sollte ...

- Warum muss man, wenn es wirklich einen infektiösen Erreger gibt, diesen mit einem Test nachweisen, der ihn gar nicht nachweist? Warum muss man den Test manipulieren, um die Illusion von vielen Fällen zu erzeugen, die überhaupt keine sind? Wie kann ein infektiöser Erreger bei einer großen Anzahl von Menschen – den sogenannten »Asymptomatischen«, die nur deshalb »asymptomatisch« sind, weil ihnen nichts fehlt –, keine Symptome hervorrufen? Und würde ein echter »tödlicher Virus« sein Werk nicht ohne die Hilfe von Propagandisten verrichten? Der Pharmakonzern Roche fügt den PCR-Tests, die er vertreibt, die folgende Warnung hinzu: »Nicht zur Verwendung als Hilfsmittel bei der Diagnose einer Coronavirus-Infektion bestimmt ... Nur für Forschungszwecke. Nicht zur Verwendung in diagnostischen Verfahren.« Ein anderes Unternehmen, Creative Diagnostics, sagt über seine PCR-Tests ebenfalls: »Nur für Forschungszwecke, nicht für die Verwendung in diagnostischen Verfahren.« Und *das* ist der »Test« für eine »Covid-Infektion«, die sich durch eine überwältigende Mehrheit angeblicher »Fälle« weltweit ausgebreitet hat? PCR hat positive Ergebnisse für »Covid« von Proben einer Papaya-Frucht, einer Ziege, einer Pfütze und Cola erbracht. Dann gibt es noch den Lateral-Flow-Schnelltest. Er testet auf Antikörper. Ja, aber auf welche Antikörper? Sie sind unspezifisch. Ich habe bereits erwähnt, dass bei mindestens sechzig anderen Erkrankungen Antikörper gebildet werden, die angeblich HIV sein sollen. Wenn Sie hören, dass ein »Impfstoff« eine »Immunreaktion« ausgelöst hat, ist es genau das gleiche. Geben Sie irgendeinen Scheiß in den Körper und Sie werden eine »Immunreaktion« bekommen. Das ist es, was das Immunsystem tut, wenn es mit Scheiße konfrontiert wird. Es »antwortet«. Ein »positiver« Lateral-Flow-Test wurde sogar von den Behörden als potenziell so ungenau angesehen, dass er durch einen PCR-Test bestätigt werden musste, der ja bekanntlich gar nicht auf das »Virus« testet.
- Warum muss man, wenn man einen echten Erreger, ein echtes »Virus« hat, die unsinnige Politik einführen, dass, nachdem Menschen mit einem Test, der gar

nicht auf das Virus testet, positiv getestet wurden und innerhalb von achtundzwanzig Tagen an irgendeiner anderen Ursache – Schusswunden, Treppensturz, Busunfall oder Motorradunfall – sterben, »Covid-19« auf dem Totenschein zu stehen hat? Wenn Sie einen echten Erreger hätten, würde er einfach das tun, was er tut. Ein tödliches Virus würde Menschen töten. Warum werden massenhaft Totenscheine gefälscht, um den Anschein zu erwecken, dass Menschen an »Covid-19« sterben, obwohl das nicht der Fall ist? Ein NHS-Arzt in Großbritannien sagte, dass etwa ab März 2020 alle Kollegen, die er kannte, »Covid-19« auf dem Totenschein vermerkten, egal woran die Menschen wirklich starben (was sagt das über die rückgratlose Komplizenschaft der Ärzte aus?). Die Medien verkünden dann, dass wir einen neuen Meilenstein an »Covid«-Todesfällen erreicht haben, obwohl das alles eine Lüge ist.

- Warum muss man, wenn es einen echten Erreger gibt, den amerikanischen Krankenhäusern große finanzielle Anreize geben, um »Covid-19« zu diagnostizieren? Seit Beginn der gefälschten »Pandemie« erhalten sie 4.600 Dollar für die Diagnose einer normalen Lungenentzündung, 13.000 Dollar für die Diagnose der gleichen Symptome wie bei »Covid-19« und 39.000 Dollar, wenn sie einen Patienten mit der Diagnose »Covid« an ein Beatmungsgerät anschließen, das ihn mit ziemlicher Sicherheit töten wird. Wenn man ein echtes »Virus« und echtes »Covid-19« hat, warum muss man das tun?
- Warum haben die britische Regierung und ihr Gesundheitsminister Matt Hancock im Frühjahr 2020 die »erste Welle« von »Covid« durch das lebensbeendende Medikament Midazolam herbeigeführt, das von einigen amerikanischen Bundesstaaten zur Vollstreckung von Todesurteilen verwendet wird? Hancock orderte fantastische Mengen von Midazolam, das dann in noch nie dagewesenen Dosen zusammen mit Morphium an alte Menschen in Pflegeheimen verabreicht wurde. Dies geschah zu einer Zeit, als die »Covid«-Vorschriften Besuche von Angehörigen verboten, und gleichzeitig wurde die Anordnung, alte Menschen nicht wiederzubeleben (DNR = keine Reanimation), überall wie Konfetti verteilt. Auch geistig und körperlich Behinderte wurden in guter alter Nazimanier mit DNR-Anordnungen belegt. Viele Tausende älterer Menschen starben an den Folgen dieses Massenmords. Hancock und seine Psychopathenkollegen nannten dies die erste Welle von »Covid«, um die Bevölkerung in Angst und Schrecken zu versetzen, damit sie die Lockdown-Regeln befolgt. Sehen Sie sich die englischsprachige Ickonic-Dokumentation *A Good Death?* (»Ein guter Tod?«) an, die diesen Skandal aufdeckt. Eine bekannte Nebenwirkung von Midazolam ist übrigens Atemnot

und wenn alte Menschen starben, weil sie nicht mehr atmen konnten, stand »Covid-19« auf dem Totenschein. Warum musste man das tun, um eine erste Welle von »Covid« zu erzeugen, wenn man einen echten Erreger hatte?

- Warum mussten der Massenmörder Anthony Fauci und die US-Behörden die Illusion einer ersten nordamerikanischen Welle von »Covid« mit einem Medikament namens Remdesivir erzeugen, das der Ärzteschaft für die Behandlung von Personen im Krankenhaus untergeschoben wurde, die mit einem Test, der gar nicht auf das »Virus« testet, positiv getestet worden waren? Sobald Remdesivir verabreicht wird, ist man ein toter Mann oder eine tote Frau. Remdesivir verursacht multiples Organversagen, insbesondere Nierenversagen, was dazu führt, dass sich die Bauchhöhle und die Lungen mit Wasser füllen. Fauci wusste das sehr wohl. Es waren Studien durchgeführt worden, die diese Folgen bestätigten. Was kümmerte ihn das? Er ist ein Psychopath und er brauchte eine illusorische erste Welle für seine Herren. Zehntausende von alten Menschen wurden von Fauci und dem vom Kult beherrschten Staat mit »Covid-19« als falscher Todesursache ermordet.

All diese Dinge … Warum sind sie notwendig, wenn es ein echtes »Virus« gibt? Diejenigen, die sagen, dass es eins gibt, müssen diese Frage beantworten, und diejenigen, die ihren Geist befreien wollen, müssen sich ständig weiter die Frage stellen, wie das offizielle Narrativ zu rechtfertigen ist. Die große Frage lautet jedes Mal: *Cui bono?* – »Wer profitiert davon?« Wem nützt es, wenn ich das glaube, was die Behörden mir vorgeben zu glauben? Wenn die Antwort lautet, dass die Obrigkeit und die Kult-Agenda davon profitieren, dann spricht das für sich selbst. Wer hat von »Covid« profitiert? Wer profitiert von Krieg, Chaos, Angst und Umwälzungen? Verstehen Sie, was ich meine?

Alte Menschen sind gestorben. Ja – aber woran?

»Covid-19« ist ein monumentaler, weltweiter Schwindel, der auf einem gefälschten Test und gefälschten Sterbeurkunden beruht, die durch Umdiagnose anderer Krankheiten wie Grippe und Lungenentzündung zu »Covid« wurden. Deshalb sind so viele alte Menschen »an Covid« gestorben. Alte Menschen sterben. Das ist eine Folge des Altseins. Junge Menschen sterben nicht annähernd in demselben Maße. Bei alten Menschen hat man fast unbegrenzte Möglichkeiten, das, woran sie wirklich gestorben sind, in »Covid-19« umzubenennen. Das durchschnittliche Sterbealter in England liegt bei etwa 80 Jahren für Männer und 83 Jahren für Frauen und das durchschnittliche Sterbealter bei angeblichen »Covid«-Opfern liegt zwischen 82 und 83 Jahren. Erst als der Scheinimpfstoff verfügbar war, begannen jüngere Menschen in großer Zahl zu sterben. Davor gab es kaum jüngere Menschen oder Kinder, die angeblich »mit oder an Covid« gestorben sind. Es gab einfach nicht genug von ihnen, die an *irgendetwas* starben, um die Diagnose »Covid« vorzutäuschen, und so waren alte Menschen die »erste Welle«, die durch Midazolam und Remdesivir unterstützt wurde. Die überwältigende Mehrheit der Menschen, die an »Covid« gestorben sind, hatte 1, 2, 3, 4, 5 oder mehr Erkrankungen, was man Komorbiditäten nennt – genug Gründe zum Sterben. Erinnern Sie sich noch an die »Covid«-Krise in Italien, die angezettelt wurde, um den Westen in Angst und Schrecken zu versetzen, damit er sich dem Lockdown und der Tyrannei unterwirft? Nachdem diese Propaganda ihren psychologischen Zweck erfüllt hatte, erklärte Professor Walter Ricciardi, wissenschaftlicher Berater des italienischen Gesundheitsministers, dass die »Covid«-Sterblichkeitsrate darauf zurückzuführen ist, dass Italien die zweitälteste Bevölkerung der Welt hat, und darauf, *wie die Krankenhäuser Todesfälle erfassen.* »Die Art und Weise, wie wir in unserem Land Todesfälle erfassen, ist sehr großzügig in dem Sinne, dass alle Menschen, die in Krankenhäusern mit dem Coronavirus sterben, als an dem Coronavirus sterbend betrachtet werden.« Ricciardi sagte, dass nach einer erneuten Auswertung durch die National Institutes of Health nur *zwölf Prozent* der Totenscheine eine direkte Kausalität bezüglich des Coronavirus bestätigten. Woher weiß man, dass selbst diese *zwölf* Prozent stimmen? Sie wurden mit einem Test positiv getestet, der gar nicht auf das »Virus« testet. Die italienischen Behörden räumten ein, dass *99 Prozent* der Menschen, die »an oder mit Covid« starben, mindestens eine Begleiterkrankung hatten.

Das gleiche Thema findet sich überall auf der Welt. Sogar die Mainstream-Medien mussten schließlich den Unterschied zwischen dem Sterben »an Covid« und dem Sterben »mit Covid« (das Sterben an einer anderen Krankheit, während ein Test positiv ist, der gar nicht auf das »Virus« testet) anerkennen. So oder so – ob an oder mit »Covid« – wurden beide zu den »Covid«-Todeszahlen hinzugezählt. Die Manipulation und Korruption der »Covid«-Fälle und -Todesfälle war atemberaubend, und jeder, der daran beteiligt war, vom inneren Kreis des Kultes bis hin zur Zusammenstellung der Daten, hat sich aufgrund der Folgen seines Handelns des Verbrechens gegen die Menschlichkeit schuldig gemacht. Hinzu kommen all die Ärzte, Krankenschwestern, das »Gesundheitsmanagement«, die Chefärzte, Politiker und Medien, die sich einem Narrativ angeschlossen haben, von dem sie gewusst haben müssen, dass es gefälscht war. Wenn sie *behaupten*, sie hätten es nicht gewusst, fehlt ihnen die nötige Intelligenz, um einen dieser Jobs kompetent auszuführen. Und sie machten damit 2022 immer noch weiter, als die Behörden zugeben mussten, dass diejenigen, die sie als »mit Covid« im Krankenhaus eingeliefert gemeldet hatten, wegen anderer Probleme eingeliefert wurden, einschließlich gebrochener Beine, Krebs oder was auch immer, und dass sie mit einem Test, der nicht auf das »Virus« getestet wurde, nach ihrer Krankenhauseinweisung positiv getestet wurden. Mein Gott, diese Leute sind so krank. Nicht die Patienten – die Psychopathen und Feiglinge, die maßgeblich an diesem Schwindel beteiligt waren.

Designte Manipulation

Dann haben wir noch die kalkulierte Ablenkungsgeschichte über das »Virus«, das entweder versehentlich oder absichtlich aus einem Hochsicherheits-Biolabor in Wuhan freigesetzt wurde. Die erste Theorie ist in den Mainstream-Medien aufgetaucht und die zweite wurde von fast allen alternativen Medien aufgegriffen. Die »Unfall«-Theorie kann sofort verworfen werden, da es aus so vielen Richtungen und Quellen Beweise dafür gibt, dass der »Covid«-Schwindel mindestens seit Jahrzehnten geplant war. Der Kult, das Weltwirtschaftsforum und die Bill & Melinda Gates Foundation haben die Simulation einer »Coronavirus-Pandemie« mit dem Event 201 durchgespielt, nur wenige Wochen bevor die »echte Aktion« im vom Kult kontrollierten China begann. Das von Schwab und Gates simulierte Szenario spielte sich ab Anfang 2020 weltweit ab, bis hin zur massenhaften Zensur jeglicher Infragestellung des Narrativs der vom Kult kontrollierten Weltgesundheitsorganisation (WHO). Die Rockefeller Foundation veröffentlichte 2010 ein Dokument mit dem Titel »Scenarios for the Future of Technology and International Development« (»Szenarien für die Zukunft der Technologie und internationalen Entwicklung«), das eine »imaginäre« Epidemie eines virulenten und tödlichen Grippestamms enthielt, der zwanzig Prozent der Weltbevölkerung infizierte. Das Rockefeller-Szenario sah zerstörte Volkswirtschaften, geschlossene Geschäfte, Büros und Fabriken sowie strenge Regeln mit obligatorischen Gesichtsmasken und Körpertemperaturkontrollen vor, die von autoritären Regierungen eingeführt werden sollten. Die Details zu beiden Präventivszenarien können Sie in *Die Antwort* und *Wahrnehmungen eines abtrünnigen Denkers* nachlesen. Die Geschichte mit dem »Unfall« im Wuhan-Labor legt uns also nahe, zu glauben, dass der Schwindel zwar von langer Hand geplant war, man das »Virus« aber vergessen hatte und warten musste, bis irgendwann zufällig eines freigesetzt wurde. Ja, wenn das nicht glaubwürdig klingt.

Damit bleibt uns nur noch die Theorie der »absichtlichen Freisetzung«. Anthony Faucis Unternehmen in Amerika gibt zu, dass es die sogenannte »Gain of Function«-Forschung im Labor in Wuhan mitfinanzierte, um das »Virus« in Bezug auf Menschen effektiver zu machen. Das scheint ein klarer Fall von »da haben wir's« zu sein. Doch halt! Fauci ist zwar ein Psychopath, aber er ist auch nicht gerade der klügste Mann, der je auf Erden wandelte, genau wie die gesamte globale Industrie der »Virologie« auf unbewiesenem Unfug beruht. Vergessen wir nicht, dass der »Vater der modernen Virologie« Thomas Milton Rivers war, der von 1937 bis 1956 das Rockefeller Institute for Medical Research (die heutige Rockefeller University) im Auftrag des Kultes leitete. Dazu gehörte auch die Zeit in den 1950er Jahren, als John Enders seine lächerliche Technik zum Nachweis der Existenz und der zellulären Auswirkungen eines »Virus« entwickelte. Dieselbe Rockefeller-Familie gründete die Big-Pharma-»Medizin«, die sich heute so sehr auf »Viren« und »Impfstoffe« konzentriert. Alles ist heute ein »Virus« – haben Sie das schon bemerkt? Das Ganze ist ein über Jahrzehnte hinweg entwickelter Schwindel. Darüber hinaus gründeten die Rockefellers 1948 die Weltgesundheitsorganisation als Teil der Vereinten Nationen, deren Hauptquartier in New York auf einem von den Rockefellers kostenlos zur Verfügung gestellten Grundstück errichtet wurde. Die Rolle der WHO bestand darin, die globale Gesundheitspolitik unter einem Dach zu kontrollieren (was mit dem geplanten neuen »Vertrag« abgeschlossen sein wird). Die Operation wird nun für die Rockefellers von ihrem Handlanger Bill Gates überwacht, der die Politik durch seine Finanzierung kontrolliert. Gates setzte den schockierend korrupten Tedros als Generaldirektor ein, der für von Gates finanzierte Organisationen gearbeitet hatte, um zu beweisen, dass er korrupt genug war, um sich für den Job zu qualifizieren. Die Rockefellers besitzen auch Fauci.

Das ganze »Virus«-Szenario wurde fabriziert, aber das bedeutet nicht, dass die Labore und Virologen darüber Bescheid wissen. Zunächst einmal sind sie unwissend genug, um zu glauben, dass ihr Identifizierungsverfahren für ein »Virus« glaubwürdig und nicht gänzlich irrsinnig ist. Es kann gut sein, dass sie daran arbeiten, noch unheimlichere Gebilde zu schaffen, die sie als »Viren« bezeichnen. Das heißt aber nicht, dass sie das bereits geschafft haben, und auch nicht, dass es sich dabei um »SARS-CoV-2« handelt. Ich behaupte auch nicht, dass diese Labore nicht *versuchen*, Krankheitserreger zu entwickeln, die den Menschen schaden. Ich bin sicher, dass sie das tun. Ich spreche hier aber von »*Viren*«. Wir sollen also glauben, dass die Chinesen die Freisetzung eines »Virus« planten und nicht wollten, dass die Welt davon erfährt? Dennoch nahmen sie Geld von Faucis Organisation an, mit einer Papierspur, die man aufspüren kann – und um zu verbergen, woher der »Virus« kam, setzten sie ihn dann im Labor in Wuhan frei? Ich habe ein Interview mit dem psychopathischen CEO von Moderna gesehen, in dem er die Möglichkeit akzeptierte, dass das »Virus« versehentlich aus dem Labor in Wuhan ausgetreten ist. Was braucht es noch an Bestätigung, dass das ganze angebliche Szenario eine Nebelkerze und ein Ablenkungsmanöver ist, um die eigentliche Wahrheit zu verbergen: *Es gibt kein »Virus«!*

Und dann ist da noch die grundlegendste Frage. Wenn sie das tödliche »Virus« freigesetzt haben, wo zum Teufel ist es dann? Gefälschte Tests, gefälschte Totenscheine, gefälschte Daten, Midazolam, Remdesivir, finanzielle Anreize für die Diagnose. Wo *ist* es? Der gemeinsame Nenner zwischen den »Unfall«- und den »Mit Absicht«-Geschichten lautet, das Virus existiert. Der Kult kümmert sich nicht darum, warum Sie glauben, dass es ein »Virus« gibt, ob natürlich, zufällig oder absichtlich, solange Sie glauben, dass es eins gibt. Wenn Sie das tun, sind sich alle einig, dass es etwas gibt, mit dem man sich befassen und auf das man reagieren muss. Die Menschen mögen sich über die Mittel und die Gefahren streiten, aber sie sind sich einig, dass es eine Art von Problem gibt. Sobald Sie erkennen, dass es nie ein »Virus« gab, fällt das Kartenhaus in sich zusammen. Ich würde jedem und insbesondere den alternativen Medien in diesem Fall raten, sehr vorsichtig zu sein, wenn man ihnen erzählt, was sie hören wollen. Der Kult hat eine Technik, die ich »Designer-Manipulation« nenne. Sie wissen, dass die meisten Menschen ihrem verlogenen Narrativ Glauben schenken werden, eine wachsende Zahl jedoch nicht. Diese Menschen sind auf der Suche nach anderen Erklärungen. Der Kult sagt, okay, sie suchen nach einer Verschwörung, also designen wir ihnen eine. Wir geben ihnen aber die *falsche* Verschwörung.

Naivität – die menschliche Krankheit

Ich habe den »Covid«-Schwindel in diesem letzten Kapitel über die Befreiung des Geistes aus gutem Grund hervorgehoben. Er beinhaltet alle Elemente und Techniken der Gedankenkontrolle auf Makroebene. Wir haben es mit einem »Virus« zu tun, dessen Existenz nie bewiesen wurde und der die Welt veränderte, wobei viele der Auswirkungen, die er mit sich brachte, noch gar nicht bekannt sind. Da wäre zunächst die massenpsychologische Wirkung auf Babys und Kinder und die reproduktiven Folgen der Scheinimpfstoffe für sie und die Erwachsenen. Wir haben bisher nur an der Spitze dessen gerührt, was die »Covid«-Jahre mit dem menschlichen Geist und der Welt gemacht haben. Wir sehen bereits die Auswirkungen auf die Freiheit und die Finanzen, aber das ist erst der Anfang. Dies alles wurde nicht durch ein »Virus«, sondern durch den *Glauben* an ein »Virus« ermöglicht. Das ist an sich schon verblüffend.

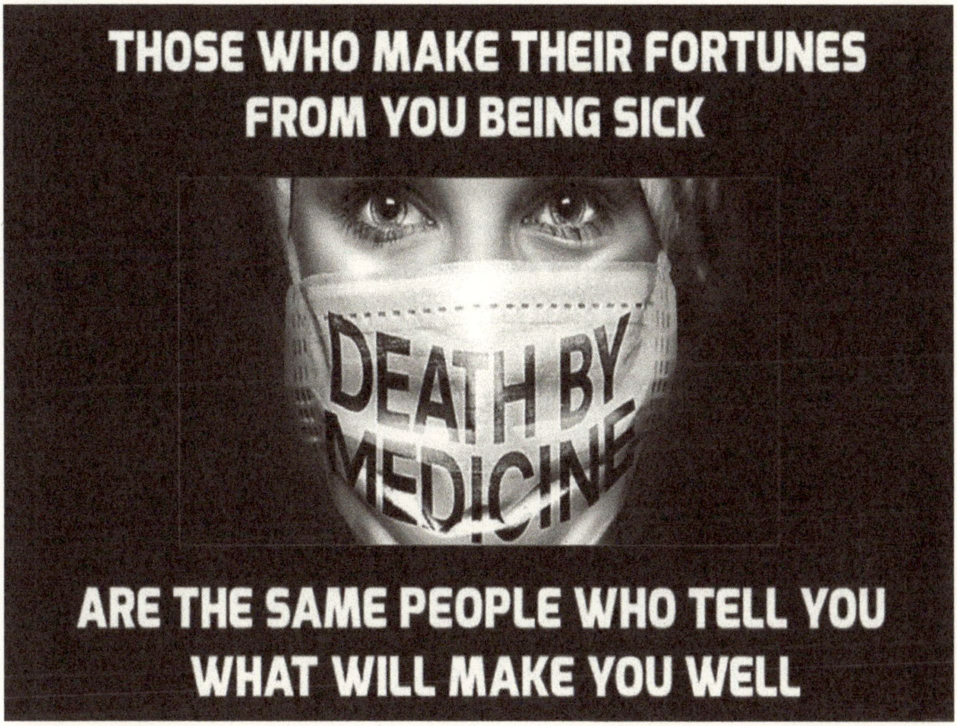

Abb. 156. »Diejenigen, die ein Vermögen damit verdienen, dass Sie krank sind, sind dieselben, die Ihnen sagen, was Sie gesund macht.« Ein freier Geist würde diesen eklatanten Widerspruch sofort erkennen.

Um den Verstand zu befreien, muss man die Methode verstehen, mit der er versklavt wird. Fast jeder hat dem Kult die globale Lüge über das »Virus« in irgendeiner Form abgekauft. Anschließend haben Milliarden die Ärmel hochgekrempelt und akzeptiert, worum es bei dem gefälschten »Virus« wirklich ging – den *Scheinimpfstoff*. Produziert wird diese Scheusslichkeit von dem vom Kult gegründeten und kontrollierten Big-Pharma-Kartell, das eine schreckliche Bilanz der gefühllosen Missachtung der Gesundheit und des Wohlbefindens der Menschen vorzuweisen hat, die schon zu rekordverdächtigen Geldstrafen in Milliardenhöhe führte (siehe Abbildung 156). Der »Covid«-Scheinimpfstoff-Hersteller Pfizer gehört zu den schlimmsten. Pfizer wurde allein seit dem Jahr 2000 mit Geldstrafen in Höhe von mindestens *8,5 Milliarden* Euro belegt. Darin enthalten sind 377 Millionen Euro für Schmiergelder und Bestechungsdelikte, *1,25 Milliarden* Euro für falsche Angaben und im Jahr 2009 rekordverdächtige *1,95 Milliarden* Euro für die betrügerische Werbung für ein inzwischen zurückgezogenes Schmerzmittel. Dasselbe Pfizer hat mit seinen Kult-Kohorten bei der Food and Drug Administration (FDA) versucht, eine gerichtliche Zustimmung zu erwirken, um die vollständige Veröffentlichung seiner Scheinimpfstoff-»Studien«-Daten um *75 Jahre* zu verzögern. Als dies nicht gelang, folgten spektakuläre Enthüllungen über Todesfälle und Verletzungen durch Scheinimpfstoffe, auf die ich bereits hingewiesen habe. Gleichzeitig ist Pfizer ein massiver Sponsor von Mainstream-Fernsehsendungen, einschließlich Nachrichtenmagazinen, und *die* sollen dann ihre Zahlmeister für das Verbrechen entlarven, das sie betreiben? Der »Impfstoff«-Hersteller Johnson & Johnson sieht sich in Amerika mit Tausenden von Klagen wegen krebserregender asbesthaltiger Babypuder konfrontiert. J & J wusste davon und hielt die Wahrheit vor den Aufsichtsbehörden geheim. Die Psychopathen zogen sogar in Erwägung, eine Tochtergesellschaft zu gründen, um den finanziellen Schaden aufzufangen, den sie dann durch den Bankrott dieser Schein-Firma vermeiden wollten. »Impfstoff« von J & J gefällig? Sie wissen, dass Sie solchen Leuten bestimmt vertrauen können. All diese psychopathischen Tötungsmaschinen genießen Immunität vor strafrechtlicher Verfolgung für den Massentod und die Lebenszerstörung, die ihre Scheinimpfstoffe verursachen. Aber he, »Impfgegner« sind einfach nur egoistisch und paranoid, weil sie einen Scheinimpfstoff, der von psychopathischen Ausgeburten des Bösen hergestellt wird, nicht nehmen.

Trotz der grotesk manipulierten Daten und dem Schwindel-Narrativ haben erheblich mehr Menschen mit Scheinimpfstoffen »Covid« bekommen als solche, die keine Scheinimpfstoffe genommen haben. Public Health Scotland hat die Veröffentlichung von Todesfällen nach Scheinimpfstoffen eingestellt, um zu verhindern, dass die Wahrheit von »Impfgegnern« »missbraucht« wird. Man erkennt deutlich den Grund: In den vier Wochen bis zum 4. Februar 2022 gab es in Schottland angeblich 478 Todesfälle mit oder durch »Covid«-Scheinimpfstoffe, von denen 417 – ganze 87 Prozent – vollständig scheingeimpft waren. Natürlich macht das keinen Unterschied. Ob Sie »Covid« bekommen oder nicht, hat nichts mit der Ansteckung mit einer Krankheit zu tun. Es geht nur darum, ob Sie mit einem Test positiv getestet wurden, der gar nicht auf die Krankheit testet. Der Punkt ist der, dass die Scheinimpfstoffe selbst nach ihren eigenen Lügen und Kriterien nicht funktionieren und Milliarden von Menschen unbewusst und unhinterfragt mehrfach geimpft wurden, nur weil eine psychopathische und verlogene Obrigkeit dies so wollte. Was ist der wahre Grund für die Scheinimpfstoffe? Das habe ich bereits erklärt: Entvölkerung und genetische Veränderung für diejenigen, die überleben. Wie haben sie das geschafft? Die menschliche Naivität, die am Ende immer schon tödliche Ausmaße hat, ist der Schlüssel.

Die Techniken der Wahrnehmungsmanipulation zu verstehen, ist entscheidend für die Vorbereitung auf die nächste künstliche »Pandemie«, die kommen wird. Auf die koordinierte Lockerung der »Covid«-Beschränkungen in vielen Ländern ab Februar 2022 folgte mit dem russischen Einmarsch in der Ukraine sofort der nächste Angstporno. Der Faschismus im Namen der »Gesundheit« ist nicht verschwunden, sondern soll in anderer Form zurückkehren, und dann werden alle »Pässe« wieder in Kraft treten. Bis dahin wollen sie die freie Meinungsäußerung weiter einschränken, um zu verhindern, dass die nächste »Pandemie« so leicht entlarvt werden kann wie diese, die so durchschaubar war für jeden, der den Blick von den Mainstream-Quellen abwenden konnte. »Covid« war in vielerlei Hinsicht ein Vorläufer für noch Extremeres, nicht zuletzt, um die Todesfälle zu vertuschen, die durch selbstreplizierende Substanzen in den Scheinimpfstoffen verursacht werden – Substanzen, die sich in den Körpern der Geimpften ausbreiteten, die nicht das Glück hatten, die Kochsalzfläschchen zu bekommen. Der Psychopath Bill Gates sagte auf der Münchner Sicherheitskonferenz im Februar 2022: »Wir werden eine weitere Pandemie haben. Das nächste Mal wird es ein anderer Erreger sein.« Sie verstehen, was ich meine.

Ich wiederhole, also bin ich

Der »Covid«-Schwindel hat so viele Lektionen geboten, um den Verstand von den Programmen des Kults zu befreien. Die Menschheit muss aufhören, »Experten« in der Medizin, der »Wissenschaft«, der akademischen Welt und anderen Bereichen Ehrfurcht entgegenzubringen. Die meisten von ihnen sind überhaupt keine »Experten«. Sie sind darauf programmiert, zu glauben, dass alles auf eine bestimmte Art und Weise abläuft, und es gibt für sie finanzielle Anreize und berufliche Zwänge, das zu *denken*, was ihnen gesagt wird, das zu *glauben*, was ihnen gesagt wird, und der Öffentlichkeit das *vorzusetzen*, was ihnen vorgesetzt wird. Wenn wir das nicht von »Covid« gelernt haben, werden wir es dann jemals lernen? Der Berufsstand der »Mediziner« ist eine absolute Schande und hat eine unvorstellbare Anzahl von Menschen getötet und verstümmelt, weil die »Mediziner« das taten, was ihre wenigen »Vorgesetzten« an der Spitze der vom Kult kontrollierten Hierarchie ihnen befahlen. Selbst zahlreiche Ärzte, die noch einen Funken Hirnaktivität aufweisen und die Lüge durchschauen, haben gesagt, dass sie sich nicht äußern können, weil sonst ihre Karriere beendet wäre. Diese charakterlose Feigheit und Selbstbesessenheit ist äußerst beschämend. Wie viele Kinder und Erwachsene sind infolgedessen gestorben und werden dies auch weiterhin tun? Wie viele Leben sind zerstört worden? Anständige Ärzte, Krankenschwestern und Wissenschaftler (von denen es nur wenige zu geben scheint) waren entsetzt über das, was sie gesehen haben, und haben ihren Job verloren, weil sie es öffentlich machten. Wenigstens können sie sich noch jeden Morgen im Spiegel anschauen, ohne den Blick abwenden zu müssen.

Schon lange vor »Covid« sind mir viele Ärzte begegnet, denen ich nicht einmal bei einer Diagnose von Akne vertraut hätte. Mir fallen sofort zwei »TV-Ärzte« aus dem britischen Fernsehen ein: »Dr.« Hilary Jones und »Dr.« Amir Khan. Wenn man eine Praxis betritt und einen der beiden dort sitzen sieht, sollte man sofort den Notausgang suchen. Diese schockierend uninformiert nachplappernden Clowns und ihresgleichen haben der Weltöffentlichkeit erzählt, dass das, was Regierungen und medizinische Hierarchien behaupten, wahr ist. Der kleine Mann muss das, was die Autoritäten sagen, als unhinterfragte Tatsache glauben. Wie die vom Kult besessene Jacinda Ardern erklärte, als sie in Neuseeland den Faschismus einführte: »Wenn Sie es nicht von uns hören, ist es nicht die Wahrheit.« Jeder, der eine andere Meinung vertritt, setzt sein Leben aufs Spiel. Was für eine Ironie. Das Blut an ihren Händen ist nicht zu übersehen. Ich könnte ein ganzes Buch mit der Idiotie von »Dr.« Amir Khan füllen. Er sagte einer besorgten Frau, dass der Scheinimpfstoff »ihre Fruchtbarkeit nicht beeinträchtigt«. Das zu behaupten, sei »Desinformation«. Er hatte keine Ahnung von *irgendeiner* Nebenwirkung der Scheinimpfstoffe. Es wurden keine ordentlichen Studien durchgeführt und schon gar keine Langzeitstudien, und die dramatische Zunahme von Fruchtbarkeitszyklusproblemen und Fehlgeburten ist doch nur ein weiterer Zufall, oder? Der Mann ist ein Idiot. Ein gefährlicher.

Fragen Sie sich selbst: Würden diese »Ärzte«, »Wissenschaftler« und »Akademiker« im Fernsehen auftreten und in den Mainstream-Medien zitiert werden dürfen, wenn sie nicht die offizielle Geschichte nachplappern würden? Schauen Sie sich das fast unvorstellbare Ausmaß der Zensur gegen medizinische und wissenschaftliche Fachleute an, die eine andere Meinung vertreten, wie zum Beispiel Dr. Robert Malone, der aus den sozialen Medien gelöscht wurde, weil er vor den Gefahren der mRNA-Technik gewarnt hatte, *an deren Entwicklung er selbst beteiligt war.* Jeder »Experte«, den Sie heute in den Mainstream-Medien sehen, ist ein Wiederholer des offiziellen Narrativs, sonst sähen Sie ihn *nicht.* Man erzählt Ihnen, was der Kult und seine Autoritätshierarchie Sie glauben lassen wollen, und das war's. Und die Erzähler dieses Narrativ sind eine Mischung aus korrupt, programmiert, ahnungslos und geradezu psychopathisch. Das Gleiche gilt für die ständig schreiende Schar von »Prominenten«, die ihre selbstgerechte, integritätslose Ignoranz zur Schau stellen und ihre Unterstützung für jede Parteilinie des Kultes twittern, egal zu welchem Thema. Sie wissen, dass ihre Karrieren beschädigt oder zerstört würden, wenn sie es nicht täten. Was die »Promis« Ihnen erzählen, ist – mit erbärmlich wenigen Ausnahmen – das, was ihre Herren vom Kult Sie glauben machen wollen. Was wäre aus Elton John und dem arschkriecherischen Promi-Pöbel des Kults geworden, wenn sie gesagt hätten: »Lasst euch nicht impfen«, statt auf die Befolgung der Impfkampagne zu drängen, mit all den Folgen für so viele, die von ihnen überzeugt wurden? Wir kennen die Antwort aus den Erfahrungen der wenigen Promis, die diese tödliche Orthodoxie herausgefordert oder gar in Frage gestellt haben. Die Mainstream-Medien mit ihren sinkenden Einschaltquoten sind zunehmend auf staatlich finanzierte Werbung (Propaganda) und Subventionen angewiesen, um zu überleben. Anfragen nach dem Freedom of Information Act, dem Informationsfreiheitsgesetz, haben ergeben, dass fast der gesamte amerikanische Mainstream Geld von der Biden-Regierung erhalten hat, um die Scheinimpfstoffe zu bewerben. Dazu gehörten auch »konservative« Medien, deren Publikum der Impfkampagne instinktiv misstraute.

Menschen, die wirklich die Wahrheit suchen, müssen andere Quellen außerhalb des Mainstreams konsultieren. Warum glauben Sie wohl, werden diese Quellen vom Mainstream so gezielt gelöscht? Aber selbst bei alternativen Medien müssen wir als Einzelpersonen immer entscheiden, was *unsere* Wahrheit ist, unabhängig von der Quelle. Denken Sie daran, dass die Technik des Kults die Umkehrung ist. Stellen Sie alles, was diese Leute sagen, auf den Kopf und Sie kommen dem, was wirklich vor sich geht, erheblich näher. Betrachten Sie die »Covid«-Jahre aus dieser Perspektive und Sie werden sehen, dass die Umkehrung genau das ist, was geschehen ist. Maßnahmen, Masken und Impfungen zum »Schutz Ihrer Gesundheit« haben die Gesundheit der Menschen systematisch zerstört, sowohl körperlich als auch psychologisch. Es ist in der Tat alles psychologisch, wenn Sie nur tief genug gehen. Aus diesem Grund wurde die »Covid«-Politik von Verhaltenspsychologen vorangetrieben, am deutlichsten in Großbritannien durch das teilweise der Regierung gehörende Behavioural Insights Team (BIT) und durch kaltblütige Leute wie Professor Susan Michie, die, wenn sie nicht gerade die Regierung bei der Manipulation der öffentlichen Psychologie berät, eine führende Persönlichkeit in der britischen Kommunistischen Partei ist.

Was glauben SIE, wer Sie sind?

Wir kommen nun zur Befreiung des Geistes auf der Makroebene, das heißt zur Befreiung von der Simulation selbst. Der gleiche Ansatz gilt auch hier, denn wir müssen aufhören, die großen Fragen den programmierten, ahnungslosen und psychopathischen »Experten« zu überlassen. Ich meine diese Fragen: Wer sind wir? Wo sind wir? Was ist diese Realität, die wir die Welt nennen? Der ausgetrickste Verstand, der »Bildung« für Intelligenz nimmt, bewirkt, dass die Menschen die Verantwortung für diese großen Fragen wieder einmal an diejenigen abgeben, die sie für »Experten« und »klug« halten. Wen *meinen* sie damit? Was macht einen »Experten« aus? In der öffentlichen Meinung bedeutet das, dass Leute in der Schule und an der Universität akademisch erfolgreich waren und jetzt einen schicken Titel wie »Professor« oder »Forschungsleiter« tragen. Okay, und was bedeutet es wirklich, in der Schule und an der Universität erfolgreich zu sein? Im Prüfungsbogen einzutragen, was man vom System als Realität vorgegeben bekommt. Das ist die Ausbildung eines »Experten« in einem einzigen Satz und der Prozess setzt sich weiter fort, wenn die »Experten« in ihrem gewählten Fachgebiet antreten, wo sie sich der Orthodoxie anpassen müssen oder vor die Tür gesetzt werden. Meinem Sohn Jaymie wurde geraten, die »globale Erwärmung« in seiner Schulabschlussprüfung nicht in Frage zu stellen, da er sonst nicht bestehen würde, obwohl sein Lehrer ihm unter vier Augen sagte, dass er mit dieser Kritik sympathisierte.

Der Kult lügt Sie an und setzt seine Armee von »Experten« ein, um in seinem Sinne zu lügen und zu betrügen. Das bedeutet nicht, dass es keine klugen Leute gibt, die sich »Professor« oder »Forschungsleiter« nennen. Es gibt sie, aber sie sind ausnahmslos die Außenseiter. Der Punkt ist, dass sie nicht klug sein *müssen* und schon gar nicht *weise*, um eine »Experten«-Karriere zu machen. Die meisten, ja, die *allermeisten*, sind weder das eine noch das andere. Seit den »Covid«-Anfängen wird mir schlecht, wenn jemand als »Professor« vorgestellt wird. Man weiß einfach, dass gleich völliger Müll (und die offizielle Linie) ausgespuckt wird, aber warum überlassen wir solchen Leuten die Entscheidung, wer wir sind und wo wir sind? Das ist verrückt und eine zentrale Säule im Gulag des Geistes. Ein weiterer Punkt ist, dass die akademische Mentalität von Komplexität besessen ist. Ihre Wahrnehmungsprogrammierung kann sich nicht vorstellen, dass die großen Antworten auf die großen Fragen etwas anderes als komplex sein könnten. Dabei ist das Gegenteil der Fall (mehr Umkehrung), wenn Sie sich mit den Grundlagen der Realität befassen und sich nicht von der äußeren Erscheinung der Komplexität hypnotisieren lassen. Wahres Genie besteht nicht darin, Komplexität zu verstehen. Es besteht darin, das Einfache zu sehen, das sich hinter der Illusion der Komplexität verbirgt. Wenn es kompliziert ist, ist es nicht die Wahrheit. Es verdeckt dann die Wahrheit, die in ihrem Kern immer einfach ist.

Auf der Makroebene der geistigen Versklavung herrschen weitgehend die gleichen »Experten«. Die vom Kult gesteuerte und finanzierte »Wissenschaft« verkauft uns den Unsinn über eine »physische« Welt und den Glauben, dass das »Ich« der Körper, das Gehirn und damit der »Mensch« ist. Betrügerische und auf Wahrnehmung programmierte Mainstream-Wissenschaftler erzählen uns ständig, was der Kult uns glauben machen will, um uns in der Simulation gefangen zu halten. Wir seien lediglich unsere fünf Sinne und das wäre alles. Was Sie sehen, berühren, riechen, schmecken und hören, ist nicht nur die »Welt«, es ist SIE. Es ist alles von Ihnen. Ich habe bereits hervorgehoben, dass es dem Kult unterm Strich darauf ankommt, die Aufmerksamkeit des Geistes so sehr auf die Simulation zu richten, dass eine Trennung vom 5D-Bewusstsein sichergestellt ist. Sobald dies geschieht, gibt es für den 4D-Verstand *nur noch* die Simulation in all ihren Formen, ob in der illusorischen Körperlichkeit oder in der Reinkarnationsschleife. Sklaverei oder Freiheit hängt von der eigenen Identität und Wahrnehmung ab und damit kommen wir wieder zu dem zentralen Punkt, die Ursache zu finden, um die Wirkung zu beseitigen. Die Ursache für die Unterwerfung und Begrenzung des Geistes ist die Unterwerfung und Begrenzung der Selbstidentität. Was glauben Sie denn, wer Sie sind? Was *leben* Sie? Ihren Körper, Ihren Namen, Ihre Rasse, Ihre Religion, Ihr Geschlecht, Ihre Sexualität, Ihre Einkommensklasse und Ihre Politik? Dann hat die Matrix Sie und Sie sind ihr Vasall und ihr Gefäß. Sie werden so lange in ihren Fängen bleiben, bis Sie Ihre Wahrnehmung aus dieser Wahrnehmungsfalle befreien. Denn das ist alles, was die Simulation ist. *Die Falle* ist eine Wahrnehmungsfalle, und wer kontrolliert unsere Wahrnehmung, wenn wir uns aus der Falle befreien? WIR TUN ES. Es ist an der Zeit, diese Erkenntnis zu verinnerlichen und seine Wahl zu treffen. Sind Sie illusorisches »Fleisch« oder doch ein einzigartiger Ausdruck des Unendlichen Gewahrseins, letztlich sogar des Unendlichen Gewahrseins in seiner ewigen Gesamtheit?

Abb. 157. Das Kult-Symbol des Allsehenden Auges. Was ist das Gegenmittel? Das Allsehende »Ich«.

Das Hauptsymbol des Wetiko-Kults ist das einzelne Auge oder das Allsehende Auge, das Sie auf dem Dollarschein und der Rückseite des Großen Siegels der vom Kult gegründeten Vereinigten Staaten sehen (siehe Abbildung 157). Die Antwort auf das Allsehende Auge ist das Allsehende »Ich«. Es gilt, sich an das zu erinnern, das zu vergessen man uns manipuliert hat: wer wir wirklich sind, nämlich die Unendlichkeit selbst. Das Kult-Symbol des »Allsehenden Auges« soll die allmächtige Macht seines Wetiko/Jaldabaoth/Satan-Meisters symbolisieren. Für mich bedeutet das Symbol, dass »im Reich der Blinden der Einäugige König ist«. Wetiko ist nicht allmächtig. Er ist ein Schwächling. Seine Macht beruht darauf, die Menschen dahingehend zu manipulieren, dass sie ihre Macht *aufgeben*. Wetiko operiert in der winzigen Box der wahrgenommenen Realität. Bewusstsein wie seines – in einem unzusammenhängenden, verkehrten und chaotischen Zustand – hat keine andere Wahl. Es hat sich nur deshalb so weit durchgesetzt, weil es die Menschheit in eine noch kleinere Box eingesperrt hat. Verglichen mit der zwei- oder dreiäugigen Menschheit, die mit ihrem wahren Selbst verbunden ist, ist der »allmächtige« Wetiko nur eine Fliege auf dem Rücken eines Elefanten.

Die Ursache

Der menschliche Geist war einst ein 5D-Bewusstsein und reichte noch weit darüber hinaus. Er identifizierte sich selbst mit der Unendlichen Freiheit – der Ewigkeit, die Liebe ist. Furcht und Dualität waren unbekannte Emotionen und Konzepte. Was ist Angst, was ist Dualität, wenn alles Eins ist? Aus dieser 5D-Selbstidentität und diesem Bewusstsein entsteht der hochfrequente Zustand, der Ihnen einen Platz in der hochfrequenten Realität sichert. Ihre Schwingung spiegelt wider, was Sie sind und was Sie zu sein glauben. Die Menschheit, wie dieses Bewusstsein heute genannt wird, lebte im biblischen Garten oder Paradies. Dann kam die Spaltung, die die Harmonie ins Visier nahm und Aspekte dieses Bewusstseins in die Dualität von »Gut und Böse« zog – die simulierte »schlechte Kopie« der irdischen Ur-Realität. Die »Kopie« spiegelte die Primäre Erde zunächst digital wider, was die Täuschung und Verlockung unterstützte. Aspekte des 5D-Bewusstseins fielen die Oktaven hinunter in einen Zustand, den wir Verstand nennen und der durch Adam und Eva und ihre Erfahrung mit der Schlange symbolisiert wird. Das Bewusstsein verließ den Garten von 5D und wurde zu 4D und dann zu einem niedrigeren 4D-Verstand, der mit einer simulierten Realität gefüttert wurde, die immer weniger eine Kopie der Ur-Erde und immer mehr ein Ausdruck der schismatischen Inversion war, der Trennung und Umkehrung, die die Menschen immer tiefer in ihre Falle lockte. Die Frequenz sank ständig weiter ab und der Verstand wurde so süchtig nach den Eindrücken der fünf Sinne, dass die wiederholte Rückkehr in die »physische« Welt auf den Verstand wie Kokain wirkte. Der Körper war die dekodierte holografische Projektion eines illusorischen Vehikels, in dem der Verstand glaubte, sich zu befinden, während der Verstand die Simulation in jedem Aspekt, einschließlich des Körpers, dekodierte. Die Simulation ist ein Headset für den Verstand und diktiert die Realität und die *Selbstidentität* des Verstandes, der diesen Illusionen erliegt.

Im gnostischen Nag-Hammadi-Text *Apokryphon des Johannes* heißt es:

> »Und sie führten das Volk, das ihnen gefolgt war, in große Bedrängnis, indem sie es mit vielen Täuschungen in die Irre führten. Sie [die Menschen] wurden alt, ohne Genuss zu haben. Sie starben, ohne die Wahrheit gefunden zu haben und ohne den Gott der Wahrheit zu kennen.
>
> Und so wurde die ganze Schöpfung für immer versklavt, vom Anbeginn der Welt bis heute. Und sie nahmen sich Frauen und zeugten Kinder der Finsternis, nach dem Bild ihres Geistes. Und sie verschlossen ihre Herzen und verhärteten sich durch die Härte des gefälschten Geistes bis heute.«

Die Trennung vom Einfluss, ja sogar von der Wahrnehmung der 5D-»Heimat«, führte die Menschen zunehmend in die Irre und machte sie dumm. Sie beteten Götter an, die nicht mehr waren als ihre Sklavenhalter und glaubten, dass in jeder neuen »Inkarnation« nur die von ihnen wahrgenommene »physische« Welt existierte. Ganze Armeen von Denkern, Wissenschaftler und Akademiker genannt, wurden darauf programmiert, zu bestätigen, dass die Illusion real war, so wie die Gefangenen in Platons Höhle zu Experten für die Schatten an der Wand wurden. Das Gefühl der Getrenntheit in der Fünf-Sinne-Realität erzeugte die Bruchlinien, durch die der Verstand gespalten und in einen Krieg mit sich selbst versetzt werden konnte, während die Simulation und die Simulatoren alle Parteien kontrollierten. Außerhalb des Körpers lebende Menschen glaubten, dass sie ein Leben nach dem Tod oder einen »Himmel« betreten würden, aus dem sie in das »Physische« zurückkehren müssten, um Lektionen zu lernen, sich weiterzuentwickeln und dem Kreislauf zu entkommen. Die Simulatoren hatten nicht die Absicht, eine solche Flucht zuzulassen, und jeder Geist, der nach Hause in 5D zurückkehrt, wird von ihnen als Scheitern und Katastrophe betrachtet. Was ist der Unterschied zwischen dem 5D-Bewusstsein vor dem »Sündenfall« und dem 4D-Geist danach? Selbst-Identität. Das ist es – kurz und bündig, kompakt, prägnant, knackig, knapp, auf den Punkt gebracht: Selbst-Identität. Wie sind wir in diesen Schlamassel geraten? Selbst-Identität. Wie kommen wir da wieder raus? Selbst-Identität. Wir hören auf, uns mit dem Körper, dem Geist oder sogar der Seele zu identifizieren und identifizieren uns damit, der Geist von *Alles Was Ist* zu sein. Das wahre und Unendliche »Ich«. Wenn wir das tun, verbinden wir uns mit ihm und alles ändert sich.

Die Beseitigung der Ursache

Der Verstand wurde so manipuliert, dass er sich selbst mit dem Körper und sogar mit der »Seele« identifiziert, die der Verstand als Vehikel in einem außerkörperlichen Simulationszustand wahrnimmt. Die Seele ist eine weitere Illusion. Es gibt nur einen Punkt der Aufmerksamkeit innerhalb des Unendlichen Gewahrseins, der alles sein kann, von der Unendlichkeit selbst bis hin zu der alten Dame mit dem Rollator, die sich zum Laden quält und auf den Tod wartet. Die Seele nimmt den Ring der Verblendung wahr. Die Unendlichkeit weiß, dass er nicht da ist. Jeder Punkt der Aufmerksamkeit ist eine *Selbst*-Identität und jede *Selbst*-Identität ist eine Frequenz, bis man so sehr in der Unendlichen Identität aufgegangen ist, dass der alte Frequenzbereich nicht mehr existiert. Das »menschliche« Bewusstsein ging den umgekehrten Weg und fiel die Frequenzen hinunter in die simulierte Illusion. Unsere Herausforderung besteht darin, wieder aufzusteigen, indem wir das, was uns hierher gebracht hat – Selbst-Identität –, umkehren. Die Gnostiker haben zu Recht gesagt, dass der Körper ein Gefängnis ist, und das ist er auch – ein Wahrnehmungsgefängnis, ein Gefängnis der Selbst-Identität. Das körperliche Gefühl der Begrenzung, auch die Seele, wird zur Frequenz der Begrenztheit, die zur Isolation vom wahren »Ich« wird. Daher auch das Konzept der »verlorenen Seele«. Die woke Besessenheit von den Kleinigkeiten der Selbst-Identität, bei der die Rasse und die gewählte sexuelle Präferenz das »Ich« diktieren, ist ausschließlich Manipulation, um das Selbst in eine immer dichtere wahrnehmungsbezogene Kurzsichtigkeit zu verstricken, auf die dann die Absorption in die Künstliche Intelligenz folgt, die von da an die Identität diktieren wird. Selbst-Identität ist kein Konzept oder ein intellektuelles Gesprächsthema. Damit sich Identität auf die Frequenz auswirken kann, muss sie *gelebt* werden. Sie muss ins *Sein* kommen. Sie ist kein Denken, nicht einmal ein Glauben, sie ist ein *Sein*, ein *Wissen*. Jede Welle, jedes Teilchen, lebt und atmet dann das Wahre »Ich«.

Wir können unseren Körper und die Welt unserer Sinne als eine *Erfahrung* anerkennen, während wir zu jeder Zeit *leben* und *wissen*, dass wir Unendliches Bewusstsein sind und eine *Erfahrung* in einem Reich der Illusion, der Täuschung und des Betrugs machen. Wir mögen *in* dieser »Welt« sein, aber wir dürfen niemals *von* ihr sein. *Von* ihr zu sein bedeutet, von ihren Fantasien und Märchen kontrolliert zu werden. Ich sagte über die »K«-Erfahrung, dass sie mich von der Selbst-Identität mit einem 15-jährigen Jungen befreite, der einfach nur ein Bewusstsein war, das eine Momentaufnahme der Unendlichkeit erlebte:

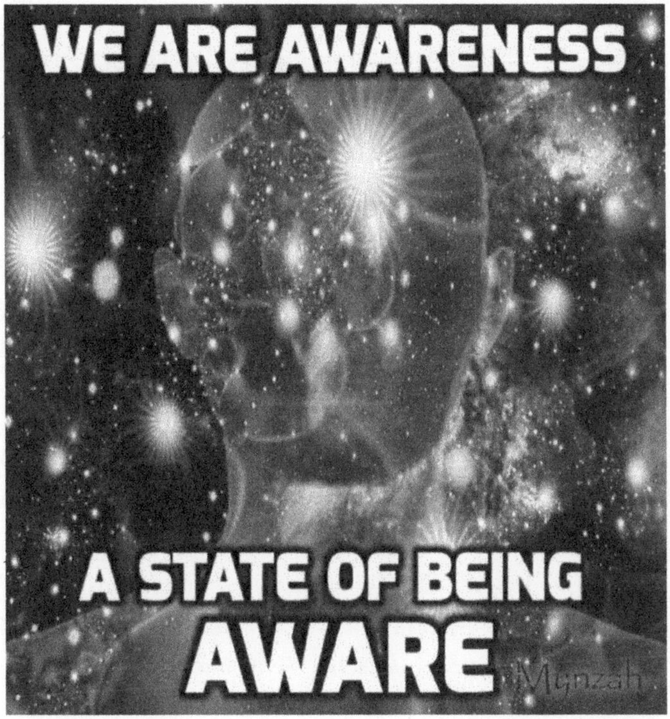

Abb. 158. »Wir sind Gewahrsein – seiner selbst gewahres Sein«. Das sind wir jenseits aller Formen, Persönlichkeiten und Illusionen.

Ich bin Unendliches Ewiges Bewusstsein – David Icke ist nur eine kurze Erfahrung in der Unendlichkeit der Ewigkeit (siehe Abbildung 158). Wir müssen aufhören, uns vor »Experten« zu fürchten und stattdessen vor uns selbst und dem, was wir wirklich sind, Ehrfurcht haben. Allein der Gedanke an diese Revolution der Selbst-Identität versetzt Wetiko in völlige Panik. Dieser Zustand des Seins, der Selbst-Identität, ist das, was es jede illusorische Sekunde seiner illusorischen Simulation zu verhindern versucht. Wetiko weiß, dass der Schiedsrichter das Ende des Spiels ankündigt, wenn die Welle eines neuen Gewahrseins heranrauscht. Die Zuschauer verlassen das Stadion und Wetiko geht mit ihnen. Lichter aus. Gehen Sie jetzt weiter zur Unendlichen Erkundung. Hier gibt es nichts mehr zu sehen.

Um die Illusionen und den Einfluss der Simulation zu überwinden, müssen wir jederzeit klar erkennen, dass es sich um eine Simulation handelt. Das ist entscheidend wichtig für die Freiheit der Wahrnehmung. Subliminals, unterschwellige Einblendungen in Werbung, Film und Fernsehen, kommunizieren mit dem Unterbewusstsein. Die Simulation tut dasselbe. Unterschwellig bedeutet »unterhalb der Schwelle« – unterhalb der Wahrnehmungsschwelle der bewussten Ebene des Geistes. Die bewusste Ebene sieht die Einblendungen nicht, während das Unterbewusstsein alles aufnimmt. Subliminals lösen im Unterbewusstsein Reaktionen aus, die als das ins Bewusstsein dringen, was die Menschen für ihre eigenen Gedanken, Meinungen und Einsichten halten. In anderen Büchern habe ich gezeigt, wie die Wirkung einer unterschwelligen Einblendung zunichte gemacht wird, sobald das Bewusstsein davon Kenntnis erlangt. Sie können ein Bild betrachten und die unterschwellige Einblendung nicht sehen, aber wenn Sie darauf hingewiesen werden, ist von da an die Einblendung das Erste, was Sie jedes Mal sehen, wenn Sie das Bild betrachten. Das Unbewusste wurde bewusst gemacht und hört auf, unterschwellig Einfluss zu nehmen. Je mehr wir uns bewusst und unterbewusst klarmachen, dass wir eine Simulation erleben, desto weniger wird sie unsere Wahrnehmung und unseren Realitätssinn beeinflussen.

Ich weiß, wie viele Menschen es lieben, in der »natürlichen Welt« der Natur zu sein, und mir geht es genauso. Der Punkt ist, dass es nicht die »natürliche Welt« *ist*. Es ist eine digitale *Kopie* von ihr. Wir können uns immer noch an ihrer Schönheit erfreuen, wie an einem erstaunlichen Kunstwerk, während wir darüber nachdenken, wie viel schöner und magischer sie in ihrem besten Zustand in der 5D-Realität sein muss. Die »natürliche Welt« kommuniziert auf eine Art und Weise, die den Techniken der Simulation folgt, und das ist zwangsläufig der Fall, wenn Tiere, Insekten, Vögel, Bäume und die »Natur« im Allgemeinen Teil der Simulation sind, wie der menschliche Körper auch. Sie verwenden Elektrizität, Elektromagnetismus und Schallwellen, um zu kommunizieren, zu orten und zu identifizieren. Bienen summen, um eine Frequenz auszulösen, die die Pflanzen dazu veranlasst, Pollen freizugeben, ein Prozess, der als »Schwirrbestäubung« bezeichnet wird. Dr. Suzanne Simard von der kanadischen University of British Columbia fand heraus, dass Bäume mit chemischen elektrischen Signalen durch Pilznetzwerke unter dem Boden Warnungen übermitteln. In einem kleinen Teil des Waldbodens wurden kilometerlange Netzwerke entdeckt, die wie Glasfaser-Internetkabel in einem System funktionieren, das als »Wood Wide Web« bekannt ist. Michael Pollan, ein auf diese Themen spezialisierter Autor und Forscher, sagte über Bäume und Pflanzen:

> »Sie verfügen über Mittel und Wege, um all die sensorischen Daten, die sie in ihrem Alltag sammeln, zu verarbeiten … zu integrieren und dann auf angemessene Weise darauf zu reagieren. Und sie tun dies ohne Gehirn, was in gewisser Weise das Unglaubliche daran ist, denn wir nehmen automatisch an, dass man ein Gehirn braucht, um Informationen zu verarbeiten.«

Was Pflanzen brauchen, ist ein Empfänger-Sender-System, das in alle Aspekte der Simulation und ihres elektrischen Kommunikationsnetzes eingebaut ist. Sie können einen Film genießen, ohne zu wissen, dass es sich um einen Film handelt, und Sie können die Simulation und ihre »natürliche Welt« genießen, ohne zu wissen, dass es sich um einen holografischen Film handelt. Ich habe Momente erlebt, in denen ich bei einem Spaziergang durch Wälder oder anderswo gesehen habe, wie sich das Hologramm in ein extremes 3D verwandelt hat, so als ob man durch diese alten 3D-ViewMaster schaut, die jedem Auge das gleiche Bild zeigen, um die Wirkung hervorzurufen. Das ist ein beeindruckender Anblick. Ich kann die Schönheit der Szene immer noch genießen, obwohl ich weiß, dass es sich um eine simulierte holografische Illusion handelt. Wenn Sie sich die Simulation buchstäblich »vor Augen halten« und sich bewusst sind, dass Sie ein Ausdruck des Unendlichen Bewusstseins sind, kann die Matrix nicht mehr Ihr Selbstverständnis und Ihre Realität kontrollieren. Das Unterschwellige wird bewusst und verliert seine Wirkung.

Das Simulationsfeld transformieren

Die Auswirkung der Schwingungen auf das energetische Gefüge der Simulation ist unermesslich, wenn sich genügend Menschen an ihre wahre Identität erinnern und sie leben, sie *erkennen.* Die Frequenzen, die sie in das Simulationsfeld projizieren, werden Wetiko einen Tritt in den Hintern versetzen. Er kann inmitten solcher Schwingungen nicht existieren, weshalb er vierundzwanzig Stunden am Tag, sieben Tage die Woche damit verbringt, die Menschheit in *seiner* Schwingung zu halten. Jeder, der an den Freiheitsmärschen und Kundgebungen auf der ganzen Welt teilgenommen hat, weiß, was ich mit Schwingung und Frequenz meine. Es handelt sich dabei weniger um Proteste als vielmehr um Ausbrüche von Liebe, Freude, Einheit, gegenseitigem Respekt und Unterstützung. Es ist ein erweitertes Bewusstsein, das öffentlich zur Schau gestellt wird und in krassem Gegensatz zu den missbräuchlichen und ängstlichen Menschen steht, die sich mit ihren Gesichtswindeln unterwerfen und eine dunkle Wolke um sich tragen, wohin sie auch gehen oder diese Wolke sie treibt. Ich spüre die erwachende Energie mit jedem neuen Ereignis und sie wird immer stärker. Ich höre von anderen, die diese Freiheitsschwingungen auf der ganzen Welt gespürt haben, auf den Straßen Londons bis zu den Straßen von Ottawa, Wien, Paris, Sydney, Wellington, Berlin, Amsterdam und Rom (siehe Abbildung 159). Forscher der Universität Aarhus in Dänemark haben herausgefunden, dass Scheingeimpfte Impfverweigerer »verachten« und »stereotyp den

Abb. 159. Die Botschaft des erwachenden Bewusstseins hinter den Freiheitsmärschen.

Schluss ziehen, Menschen, die sich nicht impfen lassen, seien unzuverlässig und unintelligent – eine Feindseligkeit, die den Vorurteilen gegenüber anderen von der Norm abweichenden Gruppen gleicht«. In der Studie, für die zehntausend Menschen aus einundzwanzig Ländern befragt wurden, wurden eine vergleichbare Einstellungen von Nicht-Scheingeimpften gegenüber den Scheingeimpften nicht festgestellt. Diese beiden Gruppen repräsentieren größtenteils sehr unterschiedliche Bewusstseinszustände und Frequenzen und damit sehr unterschiedliche Einstellungen.

Aus »Covid«-Eiferern sind inzwischen Dauer-Eiferer geworden, die ständig auf der Suche nach dem neuesten Anlass sind. Sie haben ihr Recht auf freie Gedanken aufgegeben. Verzeihen Sie ihnen, denn sie wissen nicht, was sie tun. Für andere öffnen sich die Herzen, damit die Liebe aus dem Herzchakra hervorbrechen kann, um die Wahnvorstellungen von Gehirn und Bauch zu überwinden. Im Angesicht von Wetikos Angst müssen wir lachen und wir müssen lieben. Wetiko in seiner legendären Unsicherheit verlangt, ernst genommen zu werden, und wir sollten über seine Lächerlichkeit lachen. Der Weg, die Manifestationen von Wetiko zu überleben, besteht darin, zu wissen, dass Sie es mit geistig kontrollierten Schwachköpfen zu tun haben. Lachen Sie über die Lächerlichkeit des Ganzen. Wenn Sie sie ernst nehmen, werden Sie in den Wahnsinn hineingezogen. Ich finde es immer weniger möglich, irgendetwas von diesem Mist ernst zu nehmen. Die Simulation ist ein Irrenhaus, denn dafür wurde sie geschaffen. Aber wenn man im Irrenhaus ist, muss man nicht gleich ein Irrer sein. Das kann nur passieren, wenn Sie die Simulation ernst nehmen und glauben, dass sie real ist. Ich sage seit vielen Jahren: Wenn Sie in einer Anstalt wären, würden Sie es persönlich nehmen, wenn die Insassen Sie beschimpfen würden, während Sie herumlaufen? Nein, Sie würden sagen, das ist zu erwarten, wenn sie ihren Verstand nicht unter Kontrolle haben. Ganz genau. Mit dem »Planeten Erde« ist es dasselbe.

Nichts entwaffnet und verunsichert Wetiko mehr, als ihn nicht ernst zu nehmen, sich nicht einschüchtern zu lassen, sondern seinen Unsinn urkomisch zu finden. Wetiko muss uns mit Angst versklaven, um zu überleben, und wir müssen ihm im Gegenzug unsere angstfreie Liebe geben. Wenn wir das tun, hören wir auf, die Bestie zu füttern und ihren invertierten Wahn zu bestärken. Liebe ist für Wetiko wie Knoblauch für einen Vampir. Wetiko hat Angst vor Ungewissheit und vor jeder Situation, deren Ausgang er nicht kontrollieren kann. Deshalb versucht er, in jeder Situation alle Seiten zu kontrollieren. Er will unbedingt ein sicheres Ergebnis. Schauen Sie sich an, wie von Wetiko verblendete Menschen – die Woke-Mentalität – das widerspiegeln. Sie fürchten die Ungewissheit und streben nach der Gewissheit der vermeintlichen »Sicherheit«, was bedeutet, dass sie sich in einen risikofreien Kokon zurückziehen, der vom Staat überwacht wird, um im Gegenzug eingebildete Freiheit zu genießen. Die Unsicherheit von Wetiko rührt von der Angst her, dass er jeden Moment auffliegen kann und sein Spiel dann vorbei ist. Die faschistischen Aktionen von Wetiko Trudeau in Kanada waren kein Ausdruck von Stärke. Sie waren Schwäche, die verzweifelt versuchte, zu überleben. Es war Unsicherheit, die sich in Angst ausdrückte. Wetiko ist Angst. Deshalb ist die Angst seine energetische Nahrung. Verglichen mit der Liebe ist sie machtlos. Nehmen Sie die Liebe aus dem Spiel – das Böse ist da. Bringen Sie Liebe hinein – kein Böses mehr. Öffnen Sie Ihr Herz – der Himmel. Schließen Sie es – die Hölle.

All You Need is Love: Alles, was du brauchst, ist Liebe, Liebe ist alles, was du brauchst

In 5D und in der Unendlichkeit erwartet Sie eine Liebe, die über jede Vorstellung hinausgeht, die der menschliche Verstand von ihr haben kann. Sie hat die ganze Zeit geduldig darauf gewartet, dass die Menschen aus ihrem induzierten Koma erwachen.

Abb. 160. Verbindung zum Einen.

Die Öffnung des Herzens, von der ich schon so lange gesprochen habe und die mir bei meinem Erwachen im Jahr 1990 angekündigt wurde, ist nun für eine noch nie dagewesene Anzahl von Menschen in der Simulations-Ära gegeben (siehe Abbildung 160). Das ist der Grund, warum diese Menschen von den Kräften der Spaltung und Umkehrung ins Visier genommen werden. Sie versuchen, unsere Herzen mit Angst zu verschließen. Wir dürfen das nicht zulassen und wenn wir nicht nachgeben, werden wir siegen. Im Nag Hammadi gibt es das folgende Zitat über die Wirkung der Archonten auf die Menschheit: »… sie verschlossen ihre Herzen.« Der Forscher Paul Levy bezeichnet Wetiko als ein »eiskaltes, eisiges Herz, das keine Gnade kennt«. Sehen Sie sich Schwab, Gates, Fauci, Whitty an, Trudeau, Freeland, Biden, Johnson, Macron, Draghi, Ardern, Morrison und so weiter und so fort. Was sehen Sie? Erstarrte, eiskalte Herzen, die keine Gnade kennen. Levy fügt hinzu, dass der Weg, das Böse zu »besiegen«, nicht darin besteht, zu versuchen, es zu vernichten, indem man das Spiel von Wetiko spielt. Es geht vielmehr darum, den unverwundbaren Ort in uns selbst zu finden, an dem das Böse uns nicht besiegen kann. Dieser »Ort« ist die Liebe und das 5D-Bewusstsein. Wir sollten nie vergessen, dass Wetiko und seine Manifestationen in der Simulationswelt *uns* brauchen. Wir brauchen *sie* nicht.

Wetiko/Jaldabaoth/Satan/Saytan/Iblis und sein Kult sind auf uns angewiesen, um zu überleben. Levy schreibt:

»Der Vampir hat keine intrinsische, unabhängige, substanzielle Existenz an sich; er existiert nur in Beziehung zu uns. Der pathogene, vampirische Geist-Parasit, der Wetiko genannt wird, ist an sich nichts – er ist nicht in der Lage, aus sich selbst heraus zu existieren – und doch hat er eine ›virtuelle Realität‹, so dass er unsere Spezies potenziell zerstören kann …

… Die Tatsache, dass ein Vampir nicht von einem Spiegel reflektiert wird, kann auch bedeuten, dass wir sehen müssen, dass da nichts ist, es nichts zu sehen gibt außer uns selbst. Die Tatsache, dass Wetiko der Ausdruck von etwas in uns ist, bedeutet, dass das Heilmittel für Wetiko auch in uns selbst liegt. Der entscheidende Punkt ist, dieses Heilmittel in uns zu finden und es dann für uns anzuwenden.«

Die Figur in *Matrix Revolutions*, die der Merowinger genannt wird, sagt: »Es ist überaus bemerkenswert, wie ähnlich das Muster der Liebe dem Muster des Wahnsinns ist.« Der Merowinger ist ein symbolischer Repräsentant der Matrix, deshalb muss er das denken. Ohne die Erfahrung der Liebe der unendlichen Art und ohne das, was die Liebe Sie tun und wofür sie Sie einstehen lässt, muss sie Wetiko als Wahnsinn erscheinen. Aber diese Liebe ist es, die die Unendlichkeit zusammenhält; sie ist die Grundlage, das Erste und Letzte von allem (siehe Abbildung 161). Wenn Sie einmal von ihr berührt werden und Zugang zu ihren Gaben der Weisheit und des Wissens haben, sind Sie nie wieder derselbe. Ich weiß, dass das wahr ist. Die Liebe hat mich 1990 auf einem Hügel in Peru berührt. Wenn wir vom menschlichen Geist sprechen, meinen wir in Wirklichkeit ein erweitertes Bewusstsein *jenseits* des »Menschlichen«. Wir sind zu erstaunlicher Kreativität und Taten des Mutes, der Entschlossenheit, der Freundlichkeit und … der LIEBE fähig. Wir sehen das immer wieder inmitten von Wahnsinn und Selbstzerstörung. Dies sind alles Ausdrucksformen unseres natürlichen Zustands und unserer wahren Grundeinstellung – der Liebe in ihrem unendlichen Sinn. Wo die Liebe regiert, hat Wetiko keinen Platz, und

Abb. 161. Der Weg nach Hause.

die gesamte Grundlage seines Fokus ist es, die Manifestation der Liebe in den Herzen und Köpfen seiner Zielpersonen zu blockieren. Die Erkenntnis, dass wir nicht »menschlich« sind, sondern ein Zustand des erweiterten Bewusstseins, der in der Illusion des »Menschseins« gefangen ist, wird unsere bewusste Verbindung zu dem auslösen, was wir wirklich sind – Liebe. Einfach Liebe. Wir wurden so manipuliert, dass wir das vergessen haben, und es ist an der Zeit, uns daran zu erinnern. Was von hier an geschieht, hängt von dieser Erinnerung ab. Liebe ist nicht auf Anziehung beschränkt. In ihrem wahren Sinn erfordert sie keine Anziehung. Und Liebe ist auch kein Wort, das einem so leicht über die Lippen kommt, ob man es nun meint oder nicht oder ob man es versteht oder nicht. Die Menschen, die mir am häufigsten gesagt haben, wie sehr sie mich lieben und meine Arbeit unterstützen, haben mich und meine Arbeit vor die größten Herausforderungen gestellt, und ich habe erlebt, dass diejenigen, die von Liebe sprechen, so voller Hass sind, dass sie versuchen, andere zu zerstören. Worte sind einfach. Die Liebe in ihrer reinsten Form ist nicht so leicht auszudrücken in einer Welt, die sie zu beseitigen trachtet. Aber wir müssen versuchen, diese Liebe zu sein, denn sie ist das, was wir wirklich sind.

Diese Liebe

Diese Liebe ist nicht »Ich liebe dich«. Sie ist »Ich liebe«. Diese Liebe ist nicht die menschliche Liebe der bloßen Anziehung. Sie kommt nicht aus der Leistengegend, sondern aus dem Herzen, das unsere Verbindung zu der Unendlichen Liebe ist, die wir sind. Diese Liebe ist ohne Angst, denn sie weiß, dass es nichts zu fürchten gibt. Wir sind für immer unendlich und bleiben es auch, ganz gleich, wie unsere aktuelle Erfahrung aussieht (siehe Abbildung 162). Diese Liebe wird immer das tun, von dem sie weiß, dass es richtig ist, und sie wird sich niemals durch Angst vor den Konsequenzen davon abbringen lassen. Konsequenzen in Betracht zu ziehen, bedeutet, nicht das zu tun, was man für richtig hält, und das würde diese Liebe niemals tun. Diese Liebe ist nicht dazu da, um gefühlt zu werden. Sie will *sein*. Sie ist kein Gefühl, sie ist ein *Wesen*, ein Seiendes. Diese Liebe entsteht durch eine Transformation der eigenen Identität.

Erkennen Sie, dass der Körper und die »menschliche« Welt eine Illusion sind. Halten Sie dieses Bewusstsein immer aufrecht. Seien Sie sich bewusst, dass Sie Unendliches Bewusstsein sind, und Sie werden sich wieder mit dem wahren »Ich« verbinden – der Liebe. Die Energie der weltweiten Freiheitsmärsche und Veranstaltun-

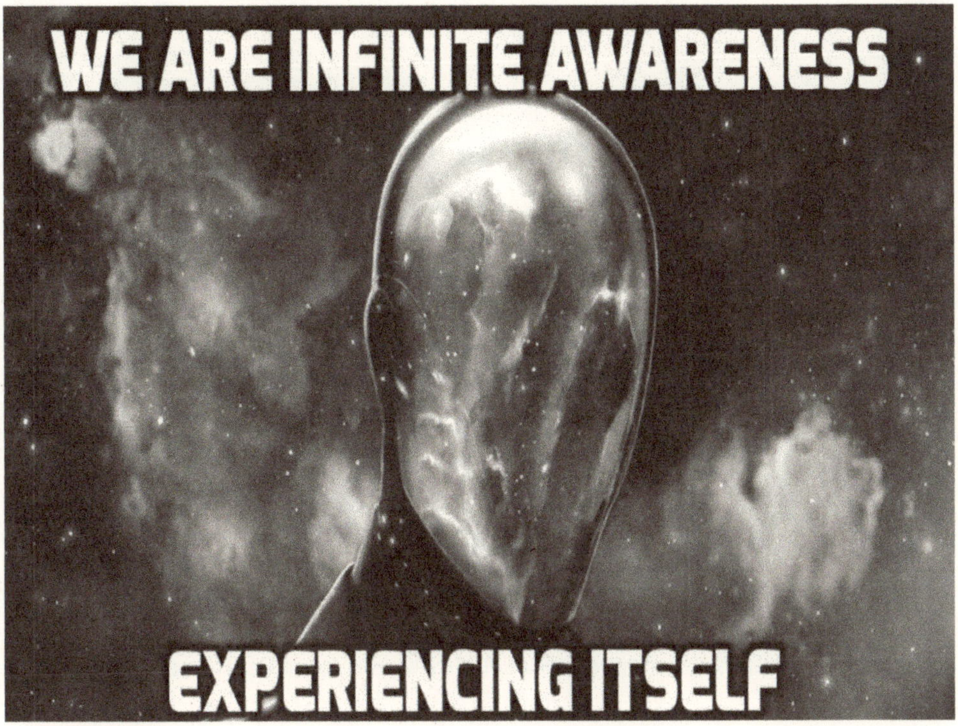

Abb. 162. »Wir sind Unendliches Gewahrsein, das sich selbst erfährt«: Das ist es, was ihr hinter dem Schleier des Vergessens wirklich seid – du, Mary im Call-Center, und du, Bill, am Steuer deines Busses.

gen ist deshalb so anders. Die Liebe ist die Energie, das Wesen, die Wahrnehmung, das Sein, die unsere Realität verändern und uns ins Paradies zurückbringen wird. Wir müssen nur unsere Herzen öffnen und das leben, was unsere Herzen uns sagen, dass wir es leben sollen.

Wer ich bin? Ich bin *Alles Was Ist, War und Je Sein Kann* – mit einer kurzen Erfahrung namens »Mensch«.

Und wer sind Sie?

Dasselbe.

***Leben* Sie es, *seien* Sie es – und alles wird sich ändern.**

It's been no bed of roses, no pleasure cruise.
I consider it a challenge before the whole human race
and I ain't gonna lose.
And we mean to go on, and on, and on, and on …
We are the champions, my friends.

Ein Zuckerschlecken war's nicht, keine Vergnügungsreise.
Ich sehe es als eine Herausforderung für die gesamte Menschheit,
und ich werde nicht verlieren.
Und wir werden weitermachen, weitermachen, weitermachen …
Wir sind die Champions, meine Freunde.

FREDDIE MERCURY

David Icke

ist ein erfolgreicher britischer Autor, der seit dreißig Jahren bahnbrechende Bücher schreibt, die sich immer wieder als ihrer Zeit voraus erwiesen haben. Hunderte von Vorhersagen darüber, wohin sich die Welt entwickelt, haben sich als unheimlich genau herausgestellt, sogar bis ins Detail – eine Tatsache, die ein riesiges weltweites Publikum angezogen hat, das von Tag zu Tag wächst.

Icke wurde am 29. April 1952 in Leicester, England, geboren. In seinem unglaublich abwechslungsreichen Leben war er Profifußballer, Zeitungs-, Radio- und Fernsehjournalist, landesweiter Sportmoderator bei der BBC und nationaler Sprecher der britischen Grünen Partei, bevor er die letzten dreißig Jahre damit verbrachte, aufzudecken, wer und was wirklich die Richtung der menschlichen Gesellschaft steuert. Seine Erkenntnisse wurden zunächst von vielen mit Unglauben und Spott bedacht – bis sich seine Aussagen Jahr für Jahr als richtig erwiesen und die Skeptiker zuzuhören begannen.

Icke lebt seit 1982 in Ryde auf der Isle of Wight vor der Südküste Englands, wo er durch seine jahrzehntelange schriftstellerische Tätigkeit, seine öffentlichen Vorträge und seine Kontroversen zum bekanntesten Einwohner der Insel geworden ist.

....

www.davidicke.com

....

Deutsche Bücher von David Icke

2023: *Die Falle. Was sie ist, wie sie funktioniert und wie wir ihren Illusionen entkommen*; AMRA Verlag, Hanau. – Englische Ausgabe: »The Trap. What it Is, How it Works and How We Escape its Illusions«; Ickonic Publishing 2022.

2022: *Wahrnehmungen eines abtrünnigen Denkers*; AMRA Verlag, Hanau. – Englische Ausgabe: »Perceptions of a Renegade Mind«; Ickonic Publishing 2021.

2022: *Die Antwort*; Mosquito Verlag, Immenstadt. – Englische Ausgabe: »The Answer«; Ickonic Publishing 2020.

2020: *Alles, was Sie wissen sollten, Ihnen aber nie jemand erzählt hat*; Mosquito Verlag, Immenstadt. – Englische Ausgabe: »Everything You Need to Know But Have Never Been Told«; Ickonic Publishing 2018.

2018: *Das Ich-Phantom … und der Weg zum wahren Selbst*; Mosquito Verlag, Immenstadt. – Englische Ausgabe: »Phantom Self (And How to Find the Real One)«; David Icke Books 2016.

2016: *Die Wahrnehmungsfalle (Teil 2) oder … Alles nur Mumpitz – ja, ALLES*; Mosquito Verlag, Immenstadt. – Englische Ausgabe: »The Perception Deception (Part Two) Or … It's ALL bollocks – yes, ALL of it«; David Icke Books 2013.

2015: *Die Wahrnehmungsfalle (Teil 1) oder … Alles nur Mumpitz – ja, ALLES*; Mosquito Verlag, Immenstadt. – Englische Ausgabe: »The Perception Deception (Part One) Or … It's ALL bollocks – yes, ALL of it«; David Icke Books 2012.

2011: *Der Löwe erwacht. Jetzt wird die Menschheit endlich frei*; Mosquito Verlag, Immenstadt. – Englische Ausgabe: »Human Race, Get Off Your Knees. The Lion Sleeps No More«; David Icke Books 2010.

2010: *… und die Wahrheit wird euch frei machen. Aktualisierte Ausgabe fürs 21. Jahrhundert (Teil 1 & Teil 2)*; Mosquito Verlag, Immenstadt. – Englische Ausgabe: »… And the Truth Shall Set You Free. The most explosive book of the 20th century«; Bridge of Love Publications, Neuausgabe David Icke Books 2004.

2008: *Das Größte Geheimnis. Dieses Buch verändert die Welt*; Mosquito Verlag, Potsdam. – Englische Ausgabe: »The Biggest Secret. The Book That Will Change the World«; David Icke Books 1999.

2006: *Unendliche Liebe ist die einzige Wahrheit, alles andere ist Illusion. Die Entlarvung der Traumwelt, die wir für wirklich halten*; Mosquito Verlag, Potsdam. – Englische Ausgabe: »Infinite Love is the Only Truth, Everything Else is Illusion. Exposing the dreamworld we believe to be ›real‹«; David Icke Books 2005.

2005: *Alice im Wunderland und das World Trade Center Desaster. Warum die offizielle Geschichte des 11. September eine monumenale Lüge ist*; Mosquito Verlag, Potsdam. – Englische Ausgabe: »Alice in Wonderland and the World Trade Center Disaster. Why the official story of 9/11 is a monumental lie«; David Icke Books 2002.

Sachregister

C

I

J

K

L

M

Q

R

S

V

W

Y

Z

Personenregister

E

F

G

H

I

J

K